HISTOIRE

DE

DANEMARK

HISTOIRE
DE
DANEMARK

DEPUIS LES TEMPS LES PLUS RECULÉS JUSQU'A NOS JOURS

AVEC UNE BIBLIOGRAPHIE
ET DES TABLES GÉNÉALOGIQUES

PAR

C.-F. ALLEN

OUVRAGE COURONNÉ, TRADUIT D'APRÈS LA SEPTIÈME ÉDITION DANOISE

PAR

E. BEAUVOIS

Complété pour les neuf dernières années
du règne de Frédéric VII

ET ENRICHI D'UNE BIBLIOGRAPHIE ET DE TROIS CARTES EN COULEUR

TOME PREMIER

ANDR.-FRED. HØST ET FILS
ÉDITEURS

1878

AVIS DES ÉDITEURS

En publiant cette traduction, nous réalisons un projet conçu depuis la guerre de 1864 : celui de mettre à la portée des lettrés de tous les pays civilisés une Histoire de Danemark assez ample, vraiment originale, toute récente, composée pour la génération actuelle, poussée jusqu'à l'avénement du roi régnant, et dans laquelle l'auteur a pu profiter et a, en effet, largement usé des découvertes de la science contemporaine, sans parler des siennes propres. Dans aucune des langues universellement répandues, ni en français, ni en anglais, ni même en allemand, encore moins en italien ou en espagnol, il n'existe sur le sujet d'ouvrage qui réponde à ces conditions : à part quelques abrégés de seconde main et sans prétentions scientifiques, les plus récentes des histoires générales de Danemark destinées à l'étranger, celle de I. Meursius, annotée par Gram (1746) en latin, celle de Mallet (1758-77) en français, celle de L. A. Gebhardi (1770) en allemand, remontent à plus de cent ans et sont toutes antérieures à la publication des grands recueils de documents; en outre, depuis qu'elles ont paru, il a été fait d'immenses recherches sur le sujet par des savants ingénieux et de grands érudits, dont s'honoreraient nombre d'États plus étendus que le Danemark : les faits ont été approfondis, les points obscurs élucidés, les dates discutées, la chronologie établie, les erreurs rectifiées.

Cependant ces travaux sont à peu près ignorés en dehors des pays scandinaves, peu d'écrivains étrangers ayant été assez versés dans la langue danoise pour être à même de puiser à ces sources. Parmi les récents ouvrages danois où sont consignés les résultats de ces recherches, le plus sérieux, le plus profond et le plus complet est l'*Histoire de Danemark* de C. F. Allen. C'est celle qui nous a paru le plus propre à être présentée en français et par suite aux savants du monde entier. Le traducteur qui a bien voulu se charger de cette entreprise difficile et de longue haleine a déjà prouvé sa connaissance de la langue danoise tant par des traductions que par de nombreux ouvrages et mémoires sur le Nord scandinave : son nom est une garantie de la fidélité avec laquelle a été rendue la pensée de l'auteur.

Par nos soins particuliers, plusieurs améliorations ont été apportées à cette Histoire qui en avait tant reçu dans diverses éditions remaniées. Grâce au concours que nous a gracieusement prêté M. Chr. Bruun, conservateur en chef de la Grande Bibliothèque Royale, le catalogue systématique des matériaux pour l'histoire de Danemark a été complété jusqu'à l'année 1877 ; si cette bibliographie n'est pas aussi ample que la *Bibliothèque historique* de G. L. Baden (1815), elle a sur celle-ci le grand avantage de comprendre la plupart des nouvelles publications relatives au sujet; unique en son genre pour les soixante dernières années, elle sera le guide indispensable de ceux qui veulent connaître les meilleurs écrits historiques sur le Danemark.

Nous avons, en outre, fait composer exprès pour l'édition française un précis sommaire des événements qui ont marqué les neuf dernières années du règne de Frédéric VII, et fait dresser les trois cartes qui accompagnent l'ouvrage : le Danemark au temps des expéditions des Normands, le Danemark sous le règne de Marguerite, fille de Valdemar, et le Danemark réduit aux limites que lui a imposées la guerre de 1864.

ANDR.-FRED. HØST ET FILS
Libraires de l'Université de Copenhague.

DE LA

TRANSCRIPTION DES NOMS PROPRES

(AVERTISSEMENT DU TRADUCTEUR)

Afin de ne pas augmenter mal à propos le nombre des noms propres qui ont été francisés, c'est-à-dire altérés gratuitement, dans les siècles passés, on s'est efforcé, pour les noms encore en usage, de reproduire aussi fidèlement que possible leur forme nationale, et, pour les noms tombés en désuétude, celle que nous ont conservée les principaux documents où il en est question.

Conformément à ce principe, on a rétabli la forme propre pour les noms danisés dans l'original et l'on n'a maintenu la forme danoise que pour les noms danois, en la rejetant, non-seulement pour les noms suédois, norvégiens, allemands, mais encore pour ceux de l'ancienne langue commune des peuples septentrionaux, dont la forme primitive n'est pas danoise, mais bien norraine ou, en d'autres termes, islandaise.

On a donc écrit : *Knutsson, Nilsson, Svensson*, comme en suédois, et non *Knudsen, Nielsen, Svendsen*, comme en danois ; *Olaf, Eirik, Hákon*, comme en norvégien, et non *Oluf, Erik, Haagen*; *Holstein*, comme en allemand, et non *Holsteen*. Pour les noms slesvigois qui ont deux formes, l'une danoise,

a

l'autre allemande, on a généralement préféré la première, parce que la grande majorité de la population de ce duché est d'origine scandinave. Quelques-uns doivent pourtant s'écrire à l'allemande, parce que le radical est allemand ; ainsi *Glücksburg*, au lieu de *Glücksborg*, dont la première partie est allemande, la seconde scandinave. Si l'on voulait adopter une vraie forme danoise, il faudrait orthographier *Lykkesborg* (château du bonheur).

Pour les langues modernes dont les noms ne se déclinent pas, la transcription n'offre guère de difficulté ; il n'en est pas de même pour les noms islandais qui varient selon le cas, non-seulement dans les désinences, mais parfois aussi dans le corps du mot. Pour simplifier sa tâche, le traducteur aurait pu s'en tenir au nominatif singulier ; mais, comme ce cas n'est pas toujours celui qui se rapproche le plus du radical, et qu'il est parfaitement inutile de reproduire des désinences qui n'appartiennent pas réellement au nom, on a pris le parti de dégager celui-ci des marques de la flexion, et, à cet effet, on a classé sous six catégories les anciens noms norrains à transcrire.

1° Pour les noms masculins dont le singulier a pour désinence *r* au nominatif, *s* ou *ar* au génitif (*Ymir, Ymis; Fenrir, Fenris; Heimdalr, Heimdals* ou *Heimdallar; Njœrdr, Njardar; Sigurdr, Sigurdar*); pour ceux dont le nominatif singulier est marqué par la réduplication de la consonne finale ou n'a pas de suffixe, mais dont le génitif est en *s* ou en *ar* (*Odinn, Odins; Thorr, Thors;* l'archaïque *Tyrr, Tyrs; Njáll, Njáls; Sveinn, Sveins; Baldr, Baldrs; Hákon, Hákonar; Bjœrn, Bjarnar*), on a adopté le nominatif singulier comme radical, en supprimant la désinence, là où il y en avait, et écrit : *Ymi, Fenri, Heimdal, Njœrd, Sigurd, Odin, Thor, Tyr, Njál, Svein, Baldr, Hákon, Bjœrn.*

2° Pour les noms masculins dont le nominatif singulier est en *i*, le génitif en *a* (*Loki, Loka; Helgi, Helga; Bragi, Braga*), on n'a conservé ni la désinence en *i* ni celle en *a*, qui n'auraient pas permis de distinguer ces noms de ceux de la classe précédente ou de la suivante, mais on a rétabli le *e* final qui se trouve dans les plus anciens manuscrits et qui se prononce *é*, et l'on a orthographié *Loké, Helgé, Bragé*.

3° Pour les noms féminins dont le nominatif singulier est en *a*, le génitif en *u* (*vala, vœlu; Embla, Emblu; holmganga, holmgœngu*) on a conservé le nominatif sans changement et écrit : *vala, Embla*, etc.

4° Pour les noms féminins dont le nominatif singulier est en *r* et le génitif en *ar* (*Gunnhildr, Gunnhildar; Sigridr, Sigridar*), on a remplacé la désinence par un *e* muet, et écrit : *Gunnhilde, Sigride*.

5° Pour les noms féminins qui n'ont pas de signe de flexion au nominatif singulier et dont le génitif est en *ar* (*tœnn, tannar; nástrœnd, nástrandar; sol, solar; brok, brokar; ey, eyjar*), on a considéré le génitif comme se rapprochant davantage du radical, et, après avoir supprimé la désinence, on a écrit : *Hilditann, Nástrand, Dalsol, Lodbrok, Færeys*.

6° Le nominatif singulier des noms neutres, n'ayant jamais de signe de flexion, a pu être conservé sans changement : *land, thing, skald*.

Quoique ces règles n'embrassent pas tous les anciens noms norrains, elles sont pourtant suffisantes pour la transcription de ceux que contient le présent ouvrage.

AVANT-PROPOS

DE LA PREMIÈRE ÉDITION

Le présent ouvrage a été composé à l'occasion d'un concours ouvert, en 1836, par la *Société pour la postérité* (Selskabet for Efterslægten), qui avait proposé un prix de 300 riksdaler (855 fr.) pour la meilleure « Histoire de Danemark où il serait spécialement tenu compte du développement intérieur de la nation et de l'État [1] ». Après l'avoir soumis au jugement de cinq censeurs nommés à cet effet, les conseillers de conférence *Werlauff, A. S. OErsted, Collin*, l'évêque *Mynster*, et le conseiller d'État *OEhlenschlæger*, je reçus de la Société l'avis suivant :

« L'ouvrage historique portant la devise : *Præ omnibus quæramus verum*, qui a été présenté au concours ouvert, le 4 mars 1836, par la Société pour la postérité, à l'occasion du cinquantième anniversaire de sa fondation, et dont vous êtes l'auteur, comme on le sut plus tard, — a mérité, au jugement des cinq censeurs élus, le prix proposé. Mais, comme

---

[1] « En Danmarks Historie med særligt Hensyn til Folkets og Statens indre Udvikling ». Aussi l'auteur de l'ouvrage couronné lui a-t-il donné le titre suivant : *Haandbog i Fædrelandets Historie med stadigt Henblik paa Folkets og Statens indre Udvikling* (Manuel d'histoire de la patrie, avec un exposé suivi du développement intérieur de la nation et de l'État). 1re édition, 1840; 2e, 1842, 3e, 1845; 4e, 1849; 5e, 1854; 6e, 1863; 7e, 1870, LXXXVII-754 pages in-8º, avec 4 tableaux généalogiques. (*Note du traducteur.*)

l'appréciation qui a été faite de votre travail, et qui vous a été communiquée, contient un assez grand nombre de remarques importantes, aussi bien au point de vue des idées que de l'exposition, la Direction de la Société ne doute pas que vous n'en teniez compte, lors de la publication de cet ouvrage; elle espère aussi que la présente communication sera insérée dans l'avant-propos qui doit accompagner le livre. »

La Direction de la Société pour la postérité, le 18 décembre 1839,

AAGESEN, COLLIN, KIRSTEIN.

À ce qui précède, il faut ajouter encore une explication : la Société a eu la libéralité de laisser à l'auteur le droit de propriété du manuscrit qui, d'après une décision antérieure, devait appartenir à la Société ; de plus, sa souscription pour un certain nombre d'exemplaires a favorisé la publication de l'ouvrage. En revisant le manuscrit, je n'ai pas manqué de profiter des instructives remarques que les censeurs, notamment MM. *Werlauff* et *OErsted,* avaient jointes à leur critique ; et c'est pour moi un devoir bien cher que de les en remercier, bien que je n'aie pas toujours pu m'approprier les opinions de ces très-honorables savants.

On a longtemps senti le besoin d'une histoire peu volumineuse et à la portée de tous les esprits, qui donnerait une esquisse du développement intérieur du Danemark avec un exposé des événements extérieurs, et ce besoin s'est encore accru dans les dernières années, où les tendances à une meilleure organisation sociale et un intérêt plus vif pour les affaires publiques devaient naturellement attirer l'attention du public sur le passé et les circonstances d'où est sorti l'état de choses actuel. Le but du présent ouvrage est de satisfaire autant que possible ce besoin en donnant au public un aperçu des faits, intérieurs et extérieurs, les plus importants de l'histoire nationale. J'espère aussi que cet ouvrage pourra servir de livre de lecture et de récitation dans les écoles où l'histoire du Danemark est l'objet d'un enseignement spécial, et, là où ce n'est pas le cas, je serais charmé que les professeurs d'histoire en fissent un auxiliaire et y renvoyassent les élèves pour y chercher de plus amples explications que n'en donnent les manuels écourtés et que n'en peuvent donner les maîtres dans un temps restreint. C'est au lecteur à juger si j'ai atteint le but que je me suis proposé ; je ne puis que m'en remettre à sa bienveillante appréciation.

ns profonds
AVANT-PROPOS

DE LA SECONDE ÉDITION

Je n'ai pas eu occasion d'apporter de changements profonds à cette nouvelle édition, et je ne crois pas non plus qu'il fût à propos d'en faire; car il est difficile d'éviter qu'un remaniement n'altère le ton du récit et la juste proportion entre les différentes parties de l'ouvrage. Je me suis, au contraire, efforcé d'augmenter l'utilité de ce livre par des corrections et des améliorations de détail, et en ajoutant çà et là des traits qui avaient été négligés, mais qui ne méritaient pas de l'être. De divers côtés on m'a fait amicalement des remarques dont j'ai profité dans cette édition. Les récentes recherches sur notre plus ancienne économie rurale m'ont guidé dans ce que j'ai dit à cet égard, mais il s'en faut encore beaucoup que cette question compliquée soit débrouillée. C'est d'ailleurs l'histoire de Frédéric Ier qui a subi les plus grandes modifications (Diète de 1530, Tausen, etc.). Quant à son contenu même, l'ouvrage n'a été grossi que d'une dizaine de pages, mais il a été pourvu de plusieurs appendices : tables des noms et des matières, tableaux généalogiques, bibliographie, contenant un choix des meilleurs documents, ouvrages et mémoires relatifs à l'histoire de Danemark [1], additions qui, je l'espère, seront appréciées des chercheurs.

Avant de terminer, je dois ajouter quelques mots sur la traduction allemande publiée, à la fin de l'année passée, par les soins du conseiller d'État *Falck*, professeur à Kiel. C'est seulement à l'occasion des changements qui y ont été introduits que je trouve à propos d'en parler ici : en effet, il n'est pas sans intérêt pour les lecteurs danois de voir dans quel esprit ces modifications ont été faites. J'en dois citer quelques-unes de très-caractéristiques. L'éditeur a cru devoir donner au livre le titre de : *Geschichte des* Königreiches *Dänemark* (Histoire du *royaume* de Danemark). Je crois qu'il aurait suffi de l'appeler : *Geschichte Dänemarks* (Histoire de Danemark). A la vérité, les affaires du Slesvig n'y sont pas traitées en détail, ce qui, d'ailleurs, n'aurait été de mise que dans une histoire spéciale de cette partie de la monarchie danoise; mais les événements slesvigois n'y sont pourtant pas omis au point qu'il ait été nécessaire d'adopter un nouveau titre, qui semble être comme une protestation contre la dénomination de Danemark étendue au Slesvig. Dans la phrase suivante [2] : « Griffenfeldt doit avoir déjà eu l'idée d'unifier la monarchie danoise en échangeant les comtés d'Oldenbourg et de Delmenhorst contre la partie ducale des duchés de Holstein et de Slesvig », le traducteur a supprimé tout ce qui concerne *l'unification de la monarchie danoise*; de plus, en omettant des points très-importants dans l'exposé des relations entre le Slesvig et le Danemark, en 1721 [3], il leur a donné un aspect

---

[1] Ce choix a été augmenté, par les soins des éditeurs, de plus de 230 titres d'ouvrages et mémoires, la plupart parus depuis 1870.

[2] Page 415 de la traduction allemande; 509 de la 1re édition danoise; 510 de la 7e; t. II de la traduction française.

[3] Page 389 de la traduction allemande; 475 de la 1re édition danoise; 474 de la 7e; t. II de la traduction française.

nouveau. Selon lui, il ne faut pas dire que, « *dans la prestation d'hommage, chacun promit pour soi et ses descendants d'être fidèle et obéissant au roi, comme à son unique seigneur souverain, de même qu'à ses successeurs royaux, en vertu des dispositions de la Loi Royale* », ni que, « en raison de la nouvelle situation du Slesvig dans la monarchie, on modifia la place des armoiries slesvigoises dans l'écusson royal ». De plus, la traduction allemande omet complétement tout ce que j'ai dit [1] du *sort de la langue danoise dans le Slesvig*; de même que le passage [2], aussi vrai qu'innocent, qui est souligné dans la phrase suivante : « Adolphe obtint la partie gottorpienne et fut la souche de la maison de Holstein-Gottorp, *dont les relations avec le Danemark furent si hostiles dans les temps suivants.* » Je ne puis reconnaître à M. Falck le droit de faire de tels changements dans un ouvrage, sur le titre duquel mon nom figure, changements motivés par une manière de voir que je suis loin de partager et qui a été combattue par les historiens et les publicistes danois les plus renommés. Tout au moins ne fallait-il pas introduire ces modifications sans en faire la remarque dans la préface. Il est bien dit dans celle-ci que la traduction diffère de l'original, mais chacun peut croire que ces différences concernent le développement des institutions sociales en Danemark, que M. Falck considère à un point de vue différent du mien, et relativement auquel il fait diverses remarques, que l'on aura peut-être l'occasion d'examiner ailleurs. Dans la traduction, pourtant, il y a peu ou point de changements dans l'exposé de ces institutions, mais d'autant plus dans l'exposé des relations politiques entre le Slesvig et le Danemark, sans que la préface

[1] Pages 476-77 de la 1re édition danoise; 474-76 de la 7e; t. II de la traduction française.
[2] Page 283 de la traduction allemande; 346 de la 1re édition danoise; t. II de la traduction française.

dise un mot à ce sujet. — Je me propose de publier moi-même une traduction allemande de cette édition.

Copenhague, 1842.

Dans la sixième édition, quelques lacunes de l'histoire des temps anciens avaient été remplies ; mais c'est surtout la dernière partie du livre qui avait reçu un accroissement considérable, en ce que le récit des événements et l'exposé de la situation, de 1800 à 1815, avaient été amplifiés et continués, de 1815, où s'arrêtaient les anciennes éditions, jusqu'à la mise en vigueur de la Constitution commune de 1855. La présente édition a été revue et augmentée, en quelques endroits, de diverses additions étendues ; mais le récit n'a pas été poussé plus loin que dans la précédente, car beaucoup de circonstances et de faits des dernières années, notamment de la guerre de 1863-64, sont encore trop incomplétement éclaircis pour entrer dans le domaine de l'histoire positive.

C.-F. Allen.

Copenhague, octobre 1870.

CHOIX

DES PRINCIPAUX DOCUMENTS ET MÉMOIRES

RELATIFS A

L'HISTOIRE DE DANEMARK[1].

I

RECUEILS.

LANGEBEK, *Scriptores rerum Danicarum medii ævi*, t. I-VII, in-fol. Copenhague, 1772-1792, t. VIII, 1834; comprend la plupart des chroniques, des annales, des documents statistiques et géographiques, et d'autres publications analogues servant à éclairer l'histoire de Danemark au moyen âge, le tout édité avec une rare critique et beaucoup de soin, et accompagné d'introductions et de savantes remarques des éditeurs : Langebek (t. I-III), Suhm (t. IV-VII), L. Engelstoft et E.-C. Werlauff (t. VIII). Il serait trop long d'indiquer, sous chaque catégorie, les divers documents contenus dans ce recueil; ce n'est pas non plus nécessaire;

[1] Ce n'est qu'un choix, il ne faut pas l'oublier, et c'est surtout d'une appréciation arbitraire qu'a dépendu l'admission ou l'exclusion d'un écrit. Comme ces écrits ne sont pas rangés dans un ordre rigoureusement systématique, il est bon, pour faciliter les recherches, d'indiquer ici les catégories sous lesquelles ils sont classés : — I. Recueil de documents qui concernent aussi bien le Danemark que le Holstein, le Slesvig, la Norvége et la Suède; — II. Documents isolés du moyen âge; — III. Ouvrages modernes relatifs à l'histoire générale ou particulière : 1º du Danemark; 2º du Slesvig et du Holstein; — IV. Ouvrages et mémoires concernant soit les divers rois, soit les événements ou les personnages importants (les biographies des hommes remarquables se trouvent sous chaque règne); — V. Recueils biographiques et généalogiques; — VI. Ouvrages et mémoires généraux sur l'histoire de l'Église (les ouvrages spéciaux sont classés par ordre chronologique sous la rubrique IV); — VII. Histoire de la civilisation et renseignements sur la situation intérieure du pays (y compris les publications sur l'archéologie et la vie dans l'antiquité, les runes, la langue ancienne et moderne, la mythologie septentrionale, les chants et les traditions populaires, la médecine, le commerce et l'économie rurale, la guerre); — VIII. Constitution politique, histoires de la législation et du droit; — IX. Géographie, topographie, statistique; — X. Notices sur la littérature, les sociétés scientifiques et les fondations.

il suffit de renvoyer à la liste par ordre des matières et par ordre chronologique; qui se trouve dans les *Historiske Aarbæger* (Annales historiques), publiées, pour la Société historique, par C. Molbech, t. I. Copenhague, 1845, in-8°. Une table des noms et des matières doit paraître prochainement. — La valeur historique des chroniques est appréciée dans les deux ouvrages suivants : R. Usinger, *Die dänischen Annalen und Chroniken des Mittelalters, kritisch untersucht* (Examen critique des annales et chroniques danoises du moyen âge). Hannovre, 1861 ; — D. Schæfer, *Dänische Annalen und Chroniken von der Mitte des XIII bis zum Ende des XV Jahrh., mit Berücksichtigung ihres Verhältnisses zu schwedische und deutsche Geschichtswerke kritisch untersucht* (Examen critique des annales et des chroniques danoises du milieu du xiii° à la fin du xiv° siècle, eu égard à leurs relations avec les ouvrages historiques suédois et allemands). Hannovre, 1872.

Holger Rœrdam, *Monumenta historiæ danicæ. Historiske Kildeskrifter og Bearbeidelser af dansk Historie, især fra det XVI Aarhundrede* (Documents historiques et travaux sur l'histoire danoise, surtout du xvi° siècle), t. I-II. Copenhague, 1873-75.

Il faut encore citer de semblables recueils pour les pays qui ont eu beaucoup de relations avec le Danemark, savoir, la Suède, la Norvége et l'Allemagne, comme : *Scriptores rerum Suecicarum medii ævi*, édités et annotés par Fant, Geijer, Schrœder et C. Annerstedt. Upsala, in-fol., t. I, 1818; II, 1828; III, 1876; — Pertz, *Monumenta Germaniæ historica*; historiens, t. I-XII et XVI-XXIII; lois, t. I-IV; diplômes, I. Hannovre, 1826-1874, in-fol. La table des matières des 10 premiers volumes a été publiée à Hannovre, 1848; — *Scriptores qui vernacula lingua usi sunt*, t. II, fasc. 1-2, Hannovre, 1876, in-4; — J. Jaffé, *Bibliotheca rerum germanicarum*, t. I-VI. Berlin, 1864-73. — Ces publications rendent superflus les anciens recueils d'historiens septentrionaux et allemands du moyen âge. Parmi ceux-ci, les *Monumenta inedita rerum Germanicarum*, de Westphalen, Leipzig, 1739-45, 4 vol. in-fol., sont encore la source la plus importante pour l'histoire de Danemark.

J. Quistgaard, *Index chronologicus sistens fœdera a regibus Daniæ et Norvegiæ ac comitibus Holsatiæ inita* (1058-1789). Gœttingue, 1826.

H.-C. de Reedtz, *Répertoire historique et chronologique des traités conclus par la couronne de Danemarc depuis Canut le Grand jusqu'à 1806*. Gœttingue, 1826.

Danske Tractater efter 1800 (Traités danois conclus après 1800) : 1re série, Traités politiques, t. I, 1800-1863, Copenhague, 1877; 2e série, Traités de commerce et autres, t. I, 1800-1863, Copenhague, 1874. Édité par ordre du ministère des affaires étrangères.

C. Molbech et N. M. Petersen, *Udvalg af danske Diplomer og Breve fra det* 14, 15, 16 *Aarhundrede* (Choix de chartres et de pièces danoises des xiv⁰, xv⁰ et xvi⁰ siècles). Copenhague, 1858.

G. J. THORKELIN, *Diplomatarium Arna-Magnæanum*, t. I-II. Copenhague, 1786, in-4° (Diplômes danois de 1085-1259 ; norvégiens de 1146-1299). Les textes n'y sont pas toujours reproduits avec exactitude.

Islandsk diplomatarium, publié, pour la Société littéraire islandaise ; par Jon SIGURDSSON, t. I (834-1264). Copenhague, 1857-1876.

Regesta Diplomatica historiæ Danicæ, liste chronologique des diplômes et autres documents publiés pour éclairer l'histoire de Danemark, avec une brève analyse du contenu; édité par la Société danoise des sciences, t. I-II (822-1660). Copenhague, 1847-1870, in-4°.

Urkundensammlung der Schleswig-Holstein-Lauenburg. Gesellschaft für vaterländische Geschichte (Recueil de documents de la Société de Slesvig-Holstein-Lauenburg pour l'histoire nationale), t. I-II (1154-1400). Kiel, 1839-1858, in-4°. La livr. I⁰ du t. III, 1852-1877, contient le *Diplomatarium* du cloître d'Arensbök (1328-1565) ; le t. IV, 1875, contient le registre du roi Christian I.

Urkundenbuch der Stadt Lübeck, herausgeg. von dem Verein für Lübeck. Gesch. (Cartulaire de la ville de Lübeck, édité par la Société pour l'histoire de Lübeck), t. I-V (1139-1466). Lübeck, 1843-1876, in-4°.

Hamburgisches Urkundenbuch (Cartulaire de Hambourg), édité par J. M. Lappenberg, t. I, in-4° (786-1300). Hambourg, 1842.

Bremisches Urkundenbuch (Cartulaire de Brême), édité par D. R. Ehmck et W. von Bippen, t. I-II (787-1350). Brême, 1873-1876, in-4°.

C. G. FABRICIUS, *Urkunden zur Geschichte des Fürstenthums Rügen* (Documents sur l'histoire de la principauté de Rügen), t. I-IV (jusqu'à l'année 1325). Stralsund et Berlin, 1841-1869, in-4°.

Codex Pomeraniæ diplomaticus, édité par K. F. W. Hasselbalch et J. G. L. Kosegarten, t. I, livr. 1-5 (786-1253). Greifswald, 1843-1862, in-4°.

Monumenta Livoniæ antiquæ, t. I-V. Riga et Leipzig, 1835-1847, in-4°.

NAPIERSKY, *Index corporis historico-diplomatici Livoniæ, Esthoniæ et Curoniæ*, t. I-II. Riga et Dorpat, 1834, in-fol.

R.-E. NAPIERSKY, *Russische-Livländische Urkunden* (Documents russo-livoniens), 1 vol. (1189-1603). Saint-Pétersbourg, 1868, in-4.

F.-G. BUNGE, *Liv- Esth- und Curländisches Urkundenbuch nebst Regesten* (Cartulaire livonien, esthonien, courlandais, avec des Régestes), t. I-VI (1093-1423), Reval, 1853-1873, in-4.

Codex diplomaticus Prussiæ. Urkundensammlung nebst Regesten (Recueil de documents, avec Régestes), édité par J. Voigt, t. I-VI (jusqu'à 1404). Kœnigsberg, 1836-1861, in-4.

A.-F. Riedel, *Codex diplomaticus Brandenburgiæ*, seconde division principale, ou Recueil de documents sur l'histoire des affaires étrangères, t. I-VI (1200-1566). Berlin, 1843-1858, in-4.

G.-C.-F. Lisch, *Meklenburgische Urkunden* (Documents meklenbourgois), t. I-III. Schwerin, 1837-1841.

Meklenburgisches Urkundenbuch, herausgeg. von d. Verein für Meklenburgische Geschichte und Alterthumskunde (Recueil de documents meklenbourgois, édité par la Société d'histoire et d'archéologie du Meklenbourg), t. I-X (786-1350). Schwerin, 1863-1877, in-4.

G. Sartorius, *Urkundliche Geschichte des Ursprungs der deutschen Hanse* (Histoire documentée de l'origine de la Hanse allemande), édité par J.-M. Lappenberg, t. I-II (jusqu'à l'an 1370). Hambourg, 1830, in-4. (Le tome II ne contient que des documents.) On peut regarder comme supplément à cet ouvrage celui dont le titre suit :

J.-M. Lappenberg, *Urkundliche Geschichte des hansischen Stahlhofes zu London* (Histoire documentée du comptoir hanséatique de Londres). Hambourg, 1851, in-4.

Hansisches Urkundenbuch (Recueil de documents hanséatiques), publié par K. Höhlbaum, I, Halle, 1876, in-4.

Hanserecesse. Herausgegeben durch die historische Commission bei der Königl. (bayer.) Academie der Wissenschaften (Recez de la Hanse, publiés par la Commission historique de l'Académie des sciences de Bavière) : 1re division, Recez et autres actes des diètes hanséatiques, de 1256 à 1430, t. I-III, Leipzig, 1871-1875 ; — 2e division, Herausgeg. vom Verein für hansische Geschichte (publié par la Société d'histoire hanséatique), Recez de la Hanse, de 1431 à 1476, édités par Goswin Baron von der Ropp, t. I. Leipzig, 1876, in-4.

Hansische Geschichtsblätter. Herausgegeben vom Verein für Hansische Geschichte (Feuilles d'histoire hanséatique, publiées par la Société pour l'histoire de la Hanse), t. I-V. Leipzig, 1871-1875.

Danske Magazin (Magasin danois), t. I-VI, publié pour la Société danoise, par Langebek. Copenhague, 1745-1752. — *Nye danske Magazin* (Nouveau Magasin danois), t. I-VI. Copenh. 1794-1836. — *Danske Magazin*, 3e série, t. I-VI. Copenh. 1843-1860 — *Danske Magazin*, 4e série, t. I-IV, livr. 1-3. Copenhague, 1861-1876. Ces quatre séries renferment une multitude de matériaux fort importants, de contenu très-varié, mais concernant surtout l'histoire moderne du Danemark.

Aarsberetninger fra det kongl. Geheime-Archiv, indeholdende Bidrag til dansk Historie af utrykte Kilder (Rapport annuel des archives privées de la couronne, contenant des documents pour l'histoire de Danemark, tirés de sources inédites), édité par C.-F. Wegener, t. I-V, livr. 1-2. Copenhague, 1855-1877, in-4.

De ældste danske Archiv-Registraturer (Les plus anciens Cartulaires danois), édité par T.-A. Becker, t. I-IV, 1re livr. Copenhague, 1855-1875, in-4.

Danske Samlinger (Collections danoises), édité par Chr. Bruun, O. Nielsen, A. Petersen et S. Birket-Smith, t. I-VI. Copenhague, 1865-1871; 2e série, t. I-V, 1re livr., ibid., 1871-77.

Meddelelser fra Rentekammerarchivet, indeholdende Bidrag til Danmarks Historie af utrykte Kilder (Publications des archives de la chambre des comptes, renfermant des matériaux pour l'histoire de Danemark, tirés de sources inédites), édité par J. Grundtvig. Copenhague, 1871-1872 et 1873-1876.

Samlinger til jydsk Historie og Topographi (Recueil pour l'histoire et la topographie du Jutland), Aalborg, 1866-1877.

Dänische Bibliothek (Bibliothèque danoise), livr. 1-9. Copenhague et Leipzig, 1738-1747, édité par Harboe, Langebek et Mœller.

L. EWENSEN, *Samlinger af juridiske og historiske Materier* (Recueil de matériaux de jurisprudence et d'histoire), t. I-II. Throndhjem, 1784-86.

N. BANG, *Samling af nyttige Materier i 7 Stykker* (Recueil de matériaux utiles en sept parties). Copenhague, 1743-47.

J.-H. SCHLEGEL, *Sammlung zur dänischen Geschichte, Münzkenntniss, Œkonomie und Sprache* (Collection pour l'histoire, la numismatique, l'économie et la langue du Danemark). Copenhague, 1771-76, t. I-II. (concernant surtout l'histoire de la dynastie d'Oldenbourg).

P.-F. Suhms Samlinger til den danske Historie (Collections de P.-F. Suhm concernant l'histoire de Danemark), édité par Sandvig, t. I-II. Copenhague, 1771-76, in-4.

Suhms nye Samlinger til den danske Historie (Nouvelles Collections de Suhm pour l'histoire de Danemark), édité par Nyerup, t. I-IV. Copenhague, 1792-95, in-4. (Ce recueil et le précédent contiennent d'importants matériaux sur l'histoire moderne et contemporaine du Danemark.)

Aktstykker til Oplysning især af Danmarks indre Forhold i ældre Tid (Pièces servant surtout à éclairer la situation intérieure du Danemark dans les temps anciens), édité par la Société littéraire du diocèse de Fionie (Fyens Stifts litterære Selskab). Recueils I-II. Odense, 1841-45, in-4.

A.-C. GASPARI, *Urkunden und Materialien zur nähern Kenntniss der Geschichte und Staatsverfassung nordischer Reiche* (Documents et matériaux pour faire connaître plus amplement l'histoire et la constitution des États septentrionaux). Hambourg, 1786-90, t. I-III. (Recueil important pour l'histoire récente du Danemark.)

A.-C. GASPARI, *Materialien zur Statistik der dänischen Staaten* (Matériaux pour la statistique de la monarchie danoise), t. I-III. Flensborg et Leipzig, 1784-91.

A.-F. BÜSCHING, *Magazin für die neuere Geschichte und Geographie* (Magasin d'histoire et de géographie modernes), t. I-XXII, in-4. Ce recueil contient, dans les t. XIV, XVII et autres, d'importants documents sur l'histoire et la statistique récentes du Danemark.

Les recueils ci-dessus énumérés contiennent surtout des sources proprement dites, et des documents; les collections et revues qui suivent renferment, au contraire, principalement des mémoires et des notices, à côté de pièces isolées.

Skandinavisk Museum (Musée scandinave), t. I-VII. Copenhague, 1798-1803; continué sous le titre de : *Det Skandinaviske Litteratur-Selskabs Skrifter* (Écrits de la Société de littérature scandinave), t. I-XXIII. Copenhague, 1805-1832.

Saga, publié par J. Storm Munch, t. I-III. Christiana, 1816-20.

Historisk Kalender (Calendrier historique), publié par L. Engelstoft et J. Mœller, t. I-III. Copenhague, 1814-17.

J. COLLIN, *For Historie og Statistik* (Pour l'histoire et la statistique), t. I-II. Copenhague, 1822-25.

C. MOLBECH, *Nordisk Tidsskrift for Historie* (Revue septentrionale historique), t. I-IV. Copenhague, 1827-1836.

J. MŒLLER, *Mnemosyne*, t. I-IV. Copenhague, 1830-33.

T.-A. BECKER, *Orion, historisk-geographisk Maanedsskrift* (Orion, revue mensuelle d'histoire et de géographie), t. I-IV. Copenhague, 1839-41, et *Historisk Quartalskrift* (Revue historique trimestrielle), t. I-II. Copenhague 1843-51.

Historisk Tidsskrift, udgivet af den danske historiske Forening (Revue historique publiée par la Société historique danoise), t. I-VI. Copenhague, 1840-45; *Nyt* (nouvelle) *historisk Tidsskrift*, t. I-VI. Copenhague, 1846-56; *Historisk Tidsskrift*, 3e série, t. I-VI, 1858-69; 4e série, t. I-VI, livr. 1re et 2e, 1870-77.

Samlinger til Fyens Historie og Topographi (Recueils pour l'histoire et la topographie de la Fionie), publié par la Société littéraire du diocèse de Fionie, t. I-VII. Odense, 1859-1875.

D'importants mémoires et des recherches historiques ont paru dans les cinq séries de *Videnskabernes Selskabs Skrifter* (Écrits de la Société des sciences), Copenhague, in-4 : 1re série, t. I-XII, 1745-79; — nouvelle série, t. I-V, 1781-99; — 3e, t. I-VI, 1801-1818; — *Videnskabernes Selskabs philosophiske og historiske Afhandlinger* (Mémoires historiques et philosophiques de la Société des sciences), t. I-VII, 1823-1845; — enfin, 5e série, t. I-IV, Copenhague, 1852-74. De même dans *Oversigter over det danske*

Videnskabernes Selskabs Forhandlinger (Coup d'œil sur les actes de la Société danoise des sciences), 1842-1877, 35 vol. in-8.

Il y a aussi d'importants matériaux historiques dans *Magazin for militær Videnskab* (Magasin des sciences militaires), *Militært Repertorium* (Répertoire militaire), *Arkiv for Sœvæsen* (Archives maritimes) et *Nyt Arkiv for Sœvæsen*.

Les revues et collections suivantes traitent d'archéologie septentrionale :

Antiqvariske Annaler (Annales archéologiques), t. I-IV. Copenhague, 1812-27.

Tidsskrift for nordisk Oldkyndighed (Revue d'archéologie septentrionale), t. I-II. Copenhague, 1826-29.

Nordisk Tidsskrift for Oldkyndighed (Revue septentrionale pour l'archéologie), t. I-III. Copenhague, 1832-36.

Annaler for nordisk Oldkyndighed (Annales d'archéologie septentrionale), t. I-V. Copenhague, 1836-1845.

Annaler for nordisk Oldkyndighed og Historie (Annales d'archéologie et d'histoire septentrionales), t. I-XVIII. Copenhague, 1846-63.

Antikvarisk Tidsskrift (Revue archéologique), t. I-VII. Copenhague, 1843-63.

Aarbøger for nordisk Oldkyndighed og Historie (Annales d'archéologie et d'histoire septentrionales), 1866-77, 12 vol. in-8.

Mémoires de la Société royale des antiquaires du Nord. Copenhague, 1836-76.

Urda, et norsk antiquarisk-historisk Tidsskrift (Urda, Revue archéologique et historique), t. I-III, livr. I. Bergen, 1837-47, in-4.

R. Dybeck, *Runa, en Skrift för Fäderneslandets Fornvänner* (Runa, Publication pour les amateurs d'archéologie nationale), livr. 1-4; Stockholm, 1842-43, in-4. Continué sous le titre de : *Runa, Antiqvarisk Tidskrift*, livr. 1-8; Stockh., 1844-45, in-4; *Runa, Svenska Fornsamlingar* (Runa, Collections d'antiquités suédoises), livr. 1-3; Stockh., 1847-48; *Runa, Läsning* (lecture) *för Fäderneslandets Fornvänner*, livr. 1-2; Stockh., 1848-50; et *Svenska minnesmärken, tecknade och beskrifna* (Monuments suédois, dessinés et décrits), par R. Dybeck. Stockh., 1851, avec plusieurs continuations.

Les recueils suivants concernent surtout le Slesvig et le Holstein.

J.-F. Noodt, *Beyträge zur Erläuterung der Geschichte der Herzogthümer Schleswig und Holstein* (Éclaircissements sur l'histoire des duchés de Slesvig et de Holstein), t. I-II. Hambourg, 1744-52, in-4.

I.-C.-H. Dreyer, *Monumenta anecdota*. Lübeck et Altona, 1760, in-4.

W.-A. Heinze, *Kielisches Magazin* (Magasin kielois), t. I-II; Kiel, 1783-84, et *Neues Kielisches Magazin*, t. I-II. Copenhague, 1786-88.

Kieler Blätter (Feuilles kieloises), t. I-VII. Kiel, 1815-19.

Kieler Beyträge (Matériaux kielois), t. I-II. Slesvig, 1820-21.

Schleswig-holsteinische Provincial-Berichte (Rapports provinciaux du Slesvig-Holstein), 1787-1801 (sous le titre de : *Blätter für Polizei und Kultur*; depuis 1799), et *Neue Schleswig-holsteinische Provincial-Berichte*, depuis 1811, 1 vol. chaque année.

Slesvigske Provindsialefterretninger (Notices provinciales slesvigoises), édité par C. Juel et Fr. Knudsen, t. I-IV. Flensborg et Haderslev, 1858-63.

Biernatzki, *Schleswig-Holstein-Lauenburgische Landesberichte* (Rapports provinciaux sur le Slesvig-Holstein-Lauenburg). Altona, 1846-47.

N. Falck, *Sammlungen zur Kunde des Vaterlandes* (Collections pour faire connaitre la patrie), t. I-III. Altona, 1819-24.

N. Falck, *Sammlung der wichtigsten Abhandlungen, welche in den Schleswig-Holsteinischen Anzeigen erschienen sind* (Recueil des mémoires les plus importants qui ont paru dans les Annonces slesvig-holsteinoises), t. I-VI. Tœnder, 1821-40.

N. Falck, *Staatsbürgerliches Magazin* (Magasin du citoyen), t. I-X, Slesvig, 1821-31 ; et *Neues Staatsbürgerliches Magazin*, t. I-X, 1833-41 ; continué sous le titre de : *Archiv für Geschichte der Herzogthümer Schleswig, Holstein und Lauenburg* (Archives pour l'histoire des duchés de Slesvig, Holstein et Lauenburg), t. I-V. Kiel, 1842-47.

Michelsen et Asmussen, *Archiv für Staats und Kirchengeschichte der Herzogthümer Schleswig, Holstein und Lauenburg* (Archives pour l'histoire politique et ecclésiastique des duchés de Slesvig, Holstein et Lauenburg), t. I-V, Altona, 1833-43, depuis 1844 sous le titre de *Nordalbingische Studien* (Études nordalbingiennes), t. I-VI, Kiel, 1844-54 ; depuis 1858, sous celui de *Jahrbücher für die Landeskunde der Herzogthümer Schleswig, Holstein und Lauenburg* (Annales pour l'étude nationale des duchés de Slesvig, Holstein et Lauenburg), t. I-X, Kiel, 1858-69 ; depuis 1870, sous celui de : *Zeitschrift der Gesellschaft für die Geschichte der Herzogthümer Schleswig, Holstein und Lauenburg* (Revue de la Société pour l'histoire des duchés de Slesvig, Holstein et Lauenburg), t. I-VII, Kiel, 1870-77.

Quellensammlung der schleswig-holstein-lauenburgischen Gesellschaft für vaterländische Geschichte (Recueil de documents de la Société slesvig-holstein-lauenburgoise d'histoire nationale), t. I-IV ; Kiel, 1862-75. (1. Chronicon Holsatiæ auctore Presbytero Bremensi, édité par J.-M. Lappenberg ; 3. *Die Chronik der nordelbischen Sassen* (Chronique des Saxons nordalbingiens); 4. Scriptores minores rerum Slesvico-Holsaticarum).

Il y a aussi quelques matériaux pour l'histoire de Danemark dans : *Jahrbücher des Vereines für Meklenburgische Geschichte* (Annales de la Société d'histoire meklenbourgoise). Schwerin, 1836 et s.

Baltische Studien (Études baltiques). Stettin, 1832 et s.

Zeitschrift des Vereines für Hamburgische Geschichte (Revue de la Société d'histoire hambourgoise), édité par J.-M. Lappenberg, t. I-III. Hambourg, 1841-51; nouvelle série, 1854 et s.

Zeitschrift des Vereines für Lübeckische Geschichte (Revue de la Société d'histoire lübeckoise), t. I-III. Lübeck, 1855-76.

De même que les collections danoises intéressent l'histoire de Norvège et de Suède, de même les collections norvégiennes et suédoises ont de l'importance pour l'histoire de Danemark. Il faut citer notamment :

Budstikken, et Ugeblad af historisk, statistisk og œkonomisk Indhold (Le Messager, feuille hebdomadaire traitant d'histoire, de statistique et d'économie), t. I-VII. Christiania, 1817-29. Dans la série précédente, commencée en 1808, il n'y a guère que l'année 1808 qui intéresse l'histoire.

Samlinger til det norske Folks Sprog og Historie (Recueils pour la langue et l'histoire du peuple norvégien), édité par une Société, t. I-VI. Christiania, 1833-38, in-4.

Norske Samlinger (Collections norvégiennes), édité par une Société historique, t. I-II. Christiania, 1849-60.

Norske Magazin (Magasin norvégien), édité par N. Nicolaysen, t. I-III. Christiania, 1860-70.

Meddelelser fra det norske Rigsarchiv (Publications des archives nationales de la Norvège), t. I. Christiania, 1870.

Historisk Tidsskrift (Revue historique), publiée par la Société historique norvégienne (Den norske historiske Forening), t. I-IV. Christiania, 1871-77; 2e série, t. I, livr. 1-2, 1876-77.

Norske Rigsregistranter udgivne efter offentlig Foranstaltning (Registres nationaux de la Norvège, publiés par ordre du gouvernement), t. I-VI, livr. 1re (1523-1631). Christiania, 1861-74.

Diplomatarium Norvegicum, publié par Chr. Lange et C.-R. Unger, t. I-V. Christiania, 1849-61; t. VI-IX, livr. 1re, par Unger et H.-J. Huitfeldt, 1864-76.

S. Bring (Lagerbring), *Samling af Handlingar och Påminnelser i Svänska Historien* (Recueil d'actes et de mémoires concernant l'histoire de Suède), t. I-III. Lund, 1754-58.

B. Bergius, *Nyt Förråd af äldre och nyare Handlingar rörande Nordiska Historien* (Nouveau recueil d'anciens et nouveaux documents sur l'histoire du Nord). Stockholm, 1753-54, in-4.

C.-C. Gjörwell, *Det svenska Bibliotheket* (La Bibliothèque suédoise),

t. I-V; Stockholm, 1757-62, in-4; continuation : *Nya Svenska Bibliotheket*, t. I-II. Stockholm, 1764-65, in-8.

E. Ekholm, *Den Svenska Fatburen* (Le Magasin suédois), livr. I-VIII. Stockholm, 1767-70.

Sam. Loenbom, *Svenska Archivum.* (Archives suédoises), t. I-III. Stockholm, 1766-72.

Sam. Loenbom, *Historiska Märkvärdigheter* (Curiosités historiques), t. I-IV, 2º édit. 1768-81.

Sam. Loenbom, *Upplysningar i Svenska Historien* (Éclaircissements de l'histoire de Suède), t. I-IV. Stockholm, 1768-71.

Sam. Loenbom, *Historiskt Archivum* (Archives historiques), livr. 1-6. Stockholm, 1774-76.

C.-G. Nordin, *Handlingar til Upplysning af Svenska Krigshistorien* (Documents pour éclairer l'histoire militaire de la Suède), livr. 1-2. Stockholm, 1787-88.

E.-M. Fant, *Handlingar til Upplysning af Svenska Historien* (Documents pour éclairer l'histoire de Suède), livr. 1-4. Upsala, 1789-1802.

C. Adlersparre, *Historiska Samlingar* (Collections historiques), t. I-V. Stockholm, 1793-1822.

P. Wieselgren, *De la Gardiska Archivet* (Archives des De la Gardie), t. I-XX. Lund. 1831-43.

G. Adlersparre, *Handlingar rörande Sveriges äldre, nyare och nyaste Historia* (Documents sur l'histoire ancienne, moderne et contemporaine de la Suède), t. I-IX. Stockholm, 1830-33.

A. Fryxell, *Handlingar rörande Sveriges historia, ur Utrikes Arkiver samlade* (Documents sur l'histoire de Suède, tirés des archives étrangères), t. I-IX. Stockholm, 1836-43.

Vitterhets Academiens Handlingar (Mémoires de l'Académie des belles-lettres), t. I-V. Stockholm, 1755-88 ; continuation : *Vitterhets, Historie och Antiqvitets Academiens Handlingar.* (Mém. de l'Acad. des belles-lettres, d'histoire et d'archéologie), t. I-XX. Stockholm, 1789-1852 ; — Nouv. série, t. I-VII; 1857-76.

Samlingar til Skånes historia, fornkunskap och beskrifning (Collections pour l'histoire, l'archéologie et la topographie de la Skanie), revue éditée par M. Weibull, livr. 1-6. Lund., 1868-73.

Samlingar utgifna för de Skånska landskapens historiska och arkeologiska Förening (Collections éditées pour la Société d'histoire et d'archéologie des provinces skaniennes), par M. Weibull, 1-4. Lund. 1874-76.

Handlingar rörande Skandinaviens Historia (Documents sur l'histoire de Scandinavie), t. I-X, et *Nya Handlingar*, t. I-XXX. Stockholm, 1816-60. Table, 1865.

Historiska Handlingar, till trycket befordrade af Samfundet för utgifvandet af Handskrifter rörande Skandinaviens Historia (Documents historiques, édités par les soins de la Société pour la publication de manuscrits relatifs à l'histoire de Scandinavie), t. I-IX. Stockolm, 1861-74.

Svenskt Diplomatarium (Diplomatarium suédois), édité par J.-G. Liljegren, t. I-II. Stockholm, 1819-37, in-4. (Documents de 817-1310), t. III-V, par B.-E. Hildebrand. Stockh., 1842-65 (Doc. de 1311-1447).

Svenskt Diplomatarium från och med år 1400, utgifne af Riks-Archivet (Diplomatarium suédois à partir de 1400, publié pour le compte des Archives nationales), par Ch. Silfverstolpe, t. I, livr. 1-2 (1400-1405). Stockholm, 1875-76, in-4.

Svenska Riks-Archivets Pergamentsbref (Documents sur parchemin conservés aux Archives nationales de la Suède), catalogue avec indication du contenu, t. I-III (1351-1400). Stockholm, 1866-72.

Svenska Medeltidens Rim-Krönikor (Chroniques suédoises rimées du moyen âge), éditées par G.-E. Klemming, t. I-III. Stockholm, 1865-68.

Olai Petri Svenska Krönika (Chronique suédoise d'Olaüs Petri), éditée par G.-E. Klemming. Stockholm, 1860.

Gustaf I^s Krönika af Peder Svart (Chronique de Gustave Ier, par Pierre Svart), éditée par G.-E. Klemming. Stockholm, 1870.

O.-G. STYFFE, *Bidrag till Skandinaviens Historia ur utländska Arkiver* (Matériaux pour l'histoire de Suède, tirés des archives étrangères), t. I-IV. Stockholm, 1859-1875 (1314-1503).

Sverges Traktater med främmande Magter jemte andra dit hörande Handlingar (Traités de la Suède avec les puissances étrangères et autres documents qui s'y rapportent), édités par O.-S. Rydberg, t. I (822-1335). Stockholm, 1877, in-4.

Historisk Bibliothek (Bibliothèque historique), publiée par C. Silfverstolpe. Stockholm, 1875-77.

Le tome II des *Svenske Rimkröniker* (Chroniques suédoises rimées), éditées par Hadorph, Stockholm, 1676, in-4, ne contient que des documents de 1308 à 1523.

MAGNUS A CELSE, *Bullarium Romano-Sveo-Gothicum*. Stockholm, 1782, in-4 (817-1648).

N.-M. PETERSEN, *Samlede Afhandlinger* (Recueil de mémoires), t. I-IV. Copenhague, 1870-74.

R. KEYSER, *Efterladte Skrifter* (Œuvres posthumes), t. I-II. Christiania, 1866-67; — *Samlede Afhandlinger* (Recueil de mémoires). Christiania, 1868.

P.-A. MUNCH, *Samlede Afhandlinger* (Recueil de mémoires), édité par G. Storm, t. I-IV. Christiania, 1873-74.

II

SOURCES SPÉCIALES DU MOYEN AGE.

Saxonis Grammatici historiæ Danicæ libri XVI. Les neuf premiers livres ne contiennent que des traditions; les autres prennent successivement un caractère de plus en plus historique, et cet ouvrage constitue, pour une longue série d'années qui se termine au règne de Knud VI (1185), la source la plus complète et la plus importante de l'histoire de Danemark au moyen âge. *Stephanius* en donna une excellente édition à Soroe, 1644-45, in-fol.; mais la plus récente et la meilleure est celle de *Peter Erasmus Müller*, édition dont la première partie (t. I-II), contenant le texte et les brèves annotations, parut en 1839; la seconde, en 1858; celle-ci, qui contient les éclaircissements étendus, a été achevée et publiée, après la mort de l'éditeur, par le professeur H.-M. Velschow.

P.-E. MÜLLER a publié d'importantes recherches sur les sources de Saxo, dans *Videnskabernes Selskabs historisk-philosophiske Afhandlinger*, t. II (les 9 premiers livres) et t. IV (les 7 derniers livres); aussi tiré à part, sous les titres de *Kritisk Undersögelse af Danmarks og Norges Sagnhistorie*, Copenhague, 1823, in-4; et de *Kritisk Undersögelse af Saxos Histories syv sidste Böger.* Copenh., 1830, in-4.

F.-C. DAHLMANN a aussi traité le même sujet dans ses *Forschungen auf dem Gebiete der Geschichte* (Recherches dans le domaine de l'histoire), t. I. Altona, 1822.

Saxo a été traduit en danois par Anders Soerensen Vedel, 1575, in-fol.; 2º édit. 1610; 3º, 1851, et de nos jours par N.-S. Grundtvig. Copenhague, 1818-22, t. I-III, in-4.

Ansgars Levnetsbeskrivelse ved Rimbert (Biographie de Saint-Anschaire par RIMBERT), traduction par P.-A. Fenger. Copenhague, 1863.

La Chronique de Danemark, par SVENO AGGONIS (Svend Aagesen), a été éditée à part par Stephanius, en 1642, insérée dans les *Scriptores rerum Danicarum*, et traduite par R.-Th. Fenger. Copenhague, 1842.

Adami Bremensis historia ecclesiastica traite surtout des relations religieuses du Nord et de l'Allemagne septentrionale, de 754 à 1076. Cet ouvrage a été édité par A.-S. Vedel, Copenhague, 1579, et avec *Adami Bremensis de situ Daniæ libellus* dans *Scriptores rerum Germanicarum septentrionalium* de Lindenbrog; mais la dernière et la meilleure édition est celle de Lappenberg, dans *Monumenta Germaniæ historica* de Pertz, t. VII, in-fol. Il y a une traduction danoise par P.-W. Christensen. Copenhague, 1862.

Helmoldi presbyteri Busoviensis et *Arnoldi Abbatis Lubecensis Chronica*

Slavorum ; la première s'étend de 804 à 1170 ; la continuation d'Arnold embrasse les années 1171-1209. Bien que ces ouvrages traitent surtout des Pays Vendes, ils donnent pourtant de précieux éclaircissements pour l'histoire de Danemark ; édités par Bangert, Lübeck, 1659, in-4, et par Lappenberg dans les *Monumenta* de Pertz, *Scriptores*, t. XXI.

Chronicon Alberti Abbatis Stadensis, a condita urbe usque ad annum 1256 deductum. Helmstad, 1587, in-4.

Albertus Krantzius († 1517) donne dans ses divers ouvrages, qui tous se terminent à peu près vers l'an 1500, savoir *Metropolis* (Histoire ecclésiastique du Nord de l'Allemagne), *Vandalia* (Histoire des peuples Slaves); *Saxonia*, d'importants matériaux pour l'histoire de Danemark ; mais c'est surtout sa *Chronica regnorum aquilonarium*, Francfort, 1575, in-fol., qui est une source principale de l'histoire de Danemark au xve siècle.

G. Waitz, *Eine ungedruckte Lebensbeschreibung des Herzogs Knud Laward von Schleswig* (Biographie inédite du duc Knud Laward de Slesvig). Gœttingue, 1858, in-4.

Chronik des Franciscaner Lesemeisters Detmar (Chronique du lecteur franciscain Detmar), avec des additions tirées d'autres chroniques, éditée par Grautoff, t. I-II. Hambourg, 1829-30 ; concerne surtout Lübeck et la Ligue hanséatique, mais donne aussi d'importantes notions sur l'histoire de Danemark au moyen âge. La *Continuatio Annalium Alberti Stadensis* (1264-1324), Copenhague, 1720, in-4, éditée par André Hœier, n'a plus d'importance, puisque ce n'est qu'un extrait de la Chronique de Detmar. Au contraire, *Hermanni Corneri Chronica novella*, qui va jusqu'à l'année 1435, bien qu'elle soit extraite de Detmar pour les temps anciens, est encore une précieuse source de l'histoire du temps où vivait l'auteur ; elle est imprimée dans le *Corpus historicum medii ævi* de J.-H. Eccard, t. II. Leipzig, 1723, in-fol.

Les nombreuses autres sources de l'histoire de Danemark au moyen âge se trouvent, pour la plupart, dans les *Scriptores* de Langebek.

Il faut aussi consulter les *Sagas*, qui intéressent surtout la Norvège et l'Islande, mais qui fournissent aussi beaucoup de renseignements sur les affaires du Danemark et qui donnent une idée claire de la vie et des mœurs dans les pays du Nord pendant l'antiquité et la première partie du moyen âge. La *Saga-Bibliothek* (Bibliothèque des Sagas), de P.-E. Müller, Copenhague, 1817-20, t. I-III, est un guide indispensable pour ceux qui veulent les étudier. Elles ont été éditées pour la plupart, soit par la Commission *Arna-Magnænne*, avec traduction latine et de savantes remarques, soit par la Société des antiquaires du Nord (Det nordiske Oldskriftselskab) avec traduction latine et danoise. La Société de littérature septentrionale (Det nordiske Litteratursamfund) de Copenhague en a aussi édité un certain nombre sous le titre de : *Nordiske Oldskrifter* (Anciens Écrits septentrionaux). A Christiania, plusieurs Sagas et d'autres anciens ouvrages concernant l'histoire de Norvège ont été publiés, en partie comme programmes de l'Université, par P.-A. Munch, C.-R. Unger et R. Keyser.

Le t. XI de *Fornmanna Sögur* ou *Scripta historica Islandorum* contient *Knytlingasaga* (Saga des Knuts) et *Jómsvíkingasaga* (Saga des Corsaires de Jómsborg), et quelques épisodes qui se rattachent particulièrement à l'histoire de Danemark.

Une traduction danoise abrégée des Sagas relatives aux Islandais a été publiée, pour la Société des antiquaires du Nord, par N.-M. Petersen, sous le titre de : *Historiske Fortællinger om Islændernes Bedrifter hjemme og ude* (Récits historiques sur les actes des Islandais dans leur pays et à l'étranger), t. I-IV. Copenhague, 1839-44 ; 2ᵉ édit., 1862-68. — Un autre recueil du même genre est intitulé : *Billeder af Livet paa Island. Islandske Sagaer* (Tableaux de la vie en Islande. Sagas islandaises), traduction danoise par F. Winkel-Horn, t. I-III. Copenhague, 1871-76.

Le *Heimskringla* (le Globe terrestre), de SNORRÉ STURLUSON, et les Sagas des rois de Norvège, qui en sont la continuation, ont été édités, avec traductions latine et danoise et de savantes et nombreuses annotations, par Schœnning, Sk. et B. Thorlacius et Werlauff, t. I-VI. Copenhague, 1777-1826, in-fol. Le texte de cette édition a été reproduit dans *Konunga Sögur af Snorra Sturlusyni* (Sagas des rois, par SNORRÉ STURLUSON), t. I-III. Stockholm, 1816-19, in-8. Une édition sans notes a été publiée, pour la Société des textes anciens de Norvège (*Det Norske Oldskriftselskab*), par C.-R. Unger. Christiania, 1868.

L'histoire des rois de Norvège de Snorré a été traduite en danois par N.-S. Grundtvig, t. I-III, Copenhague, 1818-22, in-4 ; par J. Aall, t. I-III, Christiania, 1838-39, in-4 ; et par P.-A. Munch, Christiania, 1859, in-8, avec une suite contenant les autres sagas royales traduites par O. Rygh, 1871.

G. STORM, *Snorre Sturlassons Historieskrivning, en kritisk Undersøgelse* (Examen critique de l'œuvre historique de Snorré Sturluson). Copenhague, 1873.

III

OUVRAGES MODERNES, QUI EMBRASSENT LA TOTALITÉ OU UNE GRANDE PARTIE DE L'HISTOIRE DE DANEMARK.

ARILD HVITFELDT, *Danmarks Riges Krønike tilligemed Bispekrøniken* (Chronique du royaume de Danemark, avec la Chronique épiscopale). Copenhague, 1595-1604, en 10 vol. in-4, et 1652, en 2 vol. in-fol. La première édition est beaucoup plus correcte que la seconde, mais rare. Cet ouvrage, qui va des plus anciens temps à la mort de Christian III, contient beaucoup de renseignements puisés à des sources aujourd'hui perdues et un grand nombre de documents qui, malheureusement, sont en général reproduits sans soin. L'auteur se place à un point de vue aristocratique.

Joh.-Is. Pontanus, *Rerum Danicarum historia.* Hambourg, 1631, in-4; Amsterdam, 1631, in-fol. C'est en grande partie une traduction de Hvitfeldt, avec quelques corrections ; elle comprend, en outre, l'histoire de Frédéric II. — La période de 1448-1588 a été reproduite dans les *Monumenta* de Westphalen, t. II.

Erasmus M. Lætus, *Rerum Danicarum libri XI.* Francfort, 1573, in-4.

J. Meursius, *Historia Danica* (formant le t. IX de ses *Opera*). Florence, 1746, in-fol. Ouvrage de peu de valeur; mais les savantes remarques de Gram lui ont donné une grande importance pour les études critiques sur l'histoire de Danemark au moyen âge.

Holberg, *Danmarks Riges Historie* (Histoire du royaume de Danemark), t. I-III. Copenhague, 1732-35, in-4, souvent réimprimée. Se termine à la mort de Frédéric III. L'auteur n'a pas beaucoup de critique, surtout pour les temps anciens; l'ouvrage devient plus important en arrivant à la dynastie d'Oldenbourg, et surtout au règne de Frédéric III; en raison du style, c'est l'histoire de Danemark qui a le plus de lecteurs.

J.-H. Schlegel, *Geschichte der Könige von Dänemark aus dem Oldenburgischen Stamme* (Histoire des rois de Danemark de la dynastie d'Oldenbourg), t. I-II, livr. 1. Copenhague, 1769-71, in-fol. — S'arrête en 1629. Ouvrage profond, mais écrit sous l'influence de beaucoup de considérations extérieures.

L.-A. Gebhardi, *Geschichte der Königreiche Dänemark und Norwegen* (Histoire des royaumes de Danemark et de Norvège). Halle, 1770. 2 vol. in-4. L'auteur, qui comprenait le danois et qui vécut quelques années dans le pays, se procura à cette occasion beaucoup de renseignements qu'il utilisa. La traduction danoise par Heilmann est médiocre.

P.-H. Mallet, *Histoire de Danemark.* Copenhague, 1758-77. 3 vol. in-4, souvent réimprimé. L'auteur vécut longtemps aussi en Danemark.

P.-F. Suhm, *Historie af Danmark fra de ældste Tider til Aar 1400* (Histoire de Danemark depuis les temps les plus anciens jusqu'à 1400). Copenhague, 1782-1828, 14 vol. in-4 (les t. VIII-IX édités par Abr. Kall; les suivants par Nyerup). Cet ouvrage témoigne d'une incomparable érudition et d'un zèle infatigable; mais l'exposition laisse à désirer, et la critique plus profonde et plus exacte des contemporains y a relevé beaucoup d'erreurs de détail.

F. Sneedorf, *Forelæsninger over Fædrelandets Historie, holdne i Aarene*

1789-90 (Leçons sur l'histoire nationale, faites en 1789-90). Copenhague, 1797-98, en 2 vol. — Récit animé.

G.-L. BADEN, *Danmarks Riges Historie*. Copenhague, 1829-32, 5 vol. in-8.

J.-P.-F. KŒNIGSFELDT, *Dansk Chronologie* (Chronologie danoise), coup d'œil chronologique sur les événements les plus importants de l'histoire de Danemark (jusqu'en 1848), dans *Historiske Aarbœger* (Annuaire historique) publié par C. Molbech, t. II, Copenhague, 1848; continué jusqu'à 1860 dans les Programmes de l'École de Frederiksbourg, 1853 et 1861.

N.-M. PETERSEN, *Danmarks Historie i Hedenold* (Histoire de Danemark dans l'antiquité). Copenhague, 1834-37, 3 vol. in-8; 2ᵉ édition, 1854-55.

F.-H. JAHN, *Danmarks politisk-militære Historie under Unions-Kongerne, fra Kong Oluf og Dronning Margrete indtil Kong Hanses Død* (Histoire politico-militaire du Danemark sous les rois de l'Union, depuis le roi Olaf et la reine Marguerite jusqu'à la mort du roi Jean). Copenhague, 1835, in-4.

L.-C. MÜLLER, *Danmarks Historie* (Histoire de Danemark). Copenhague, 1836-40, 3 vol. (Va jusqu'à l'expulsion de Christian II.)

CHR. MOLBECH, *Fortællinger og Skildringer af den danske Historie* (Récits et esquisses de l'histoire de Danemark). Copenhague, 1837-38, 2 vol. (Va jusqu'à la mort du roi Knud VI.)

FR. HAMMERICH, *Danmark i Valdemarernes Tid* (le Danemark au temps des Valdemar). Copenhague, 1847-48, 2 vol. (1157-1375); — *Danmark under de nordiske Rigers Forening* (le Danemark pendant l'Union scandinave); ibid., 2 vol., 1849-54 (1375-1523); — *Danmark under Adelsvælden* (le Danemark sous l'aristocratie), 1854-59, 4 vol. (1523-1660).

F.-C. DAHLMANN, *Geschichte von Dänemark* (Histoire de Danemark). Hambourg, 1840-43, 3 vol. in-8. (Va jusqu'à l'an 1523.)

ARNGRIMUS JONAS, *Rerum Islandicarum libri III*. Hambourg, 1610, in-4.

J. ESPOLIN, *Islands Arbœkr i sögu formi* (Annales de l'Islande en formes de saga); t. I-IX, Copenhague, 1821-30; X-XII, 1843-55 (jusqu'à 1832).

P.-A. MUNCH, *Norges, Sveriges og Danmarks Historie* (Histoire de Norvège, de Suède et de Danemark). Christiania, 1838.

N. BACHE, *Danmarks, Norges og Sveriges Historie* (Histoire de Danemark, de Norvège et de Suède). Copenhague, 1867-76, 5 vol.

C.-T. ODHNER, *Lärobok i Sveriges, Norges och Danmarks Historia* (Manuel d'histoire de Suède, de Norvège et de Danemark). Stockholm, 1869.

A. CHRICHTON AND H. WHEATON, *Scandinavia, ancient and modern, being a history of Denmark, Sweden and Norway* (la Scandinavie ancienne et moderne, hist. de Danemark, de Suède et de Norvège). Édimbourg, 1838, 2 vol.

A. GEFFROY, *Histoire des États scandinaves*. Paris, 1851.

E.-C. OTTÉ, *Scandinavian History* (Hist. de Scand.). Londres, 1874.

P.-A. MUNCH, *Det norske Folks Historie* (Histoire du peuple norvégien), 1re division (jusqu'à 1319), Christiania, 1852-59, 6 vol. in-8 ; 2e division, période de l'Union (1319-1381), 1862, 2 vol.

A. FAYE, *Norges Historie* (Histoire de Norvège), 3e édition améliorée. Christiania, 1842.

R. KEYSER, *Norges Historie* (jusqu'à 1387). Christiania, 1866-70, 2 vol.

J.-E. SARS, *Udsigt over den norske Historie* (Coup d'œil sur l'histoire de Norvège). Christiania, 1873-77. 2 vol.

J.-E. SARS, *Norge under Foreningen med Danmark* (la Norvège pendant l'union avec le Danemark, 1537-1814), dans *Nordisk Universitets-Tidsskrift* (Revue universitaire septentrionale, années IVe et VIIe, 1858-60.

G. SCHŒNING, *Norges Historie* (jusqu'à 965). Sorœ, 1771-81, 3 vol. in-4.

T. TORFÆUS, *Historia rerum Norvagicarum* (jusqu'à 1387). Copenhague, 4 vol. in-fol.

L. DAAE, *Norske Bygdesagn* (Traditions locales de la Norvège). Christiania, 1870-72, 2 vol.

A. FRYXELL, *Berättelser ur svenska Historien* (Récits de l'histoire de Suède). Stockholm, 1828-75, 43 vol. (Va jusqu'en 1772.)

E.-G. GEIJER, *Svenska Folkets Historia* (Histoire du peuple suédois). OErebro, 1832-36, 3 vol. (jusqu'à l'avénement de la reine Christine).

E.-G. GEIJER, *Svea Rikes Häfder* (Fastes du royaume de Suède). Upsala, 1825, 1 vol. Cet ouvrage, qui se distingue par une rare union de l'esprit et de la science, ne comprend que l'histoire des temps anciens.

A.-M. STRINHOLM, *Svenska Folkets Historia* (Histoire du peuple suédois). Stockholm, 1834-54, 5 vol. (jusqu'à 1319).

A.-M. STRINHOLM, *Sveriges Historia i Sammandrag* (Résumé de l'histoire de Suède). Stockholm, 1857-60, 3 vol. (Va jusqu'à la mort de Gustave Vasa, 1560.)

A. CRONHOLM, *Skånes politiska Historia* (Histoire politique de la Skanie), t. I, Lund, 1847 ; II, Stockholm, 1851.

J.-J. NORDSTRÖM, *Bidrag til den svenska samhälls-författningens historia* (Matériaux pour l'histoire de la Constitution sociale de la Suède). Helsingfors, 1839-40, 2 vol.

S. LAGERBRING, *Svea Rikes Historia* (Histoire du royaume de Suède). Stockholm, 1769-88, 4 vol. in-4 (jusqu'à 1457).

O. DALIN, *Svea Rikes Historia*. Stockholm, 1747-62, 3 vol. in-4 (jusqu'à 1611).

Sveriges historia fran äldsta tid till våra dagar (Histoire de Suède, depuis les plus anciens temps jusqu'à nos jours), en cours de publication. Stockholm, in-8. T. I, Temps païens jusqu'à 1350, par Oscar Montelius, 1875-77, livr. 1-6 (achevé); t. II, Fin du moyen âge, 1350-1521, par Hans Hildebrand, 1876-77, 6 livr. (complet); t. III, Rénovation de la Suède, 1521-1611, par Oscar Alin, 1877, livr. 1re et 2e (jusqu'à 1560).

III[b]

HISTOIRES DE SLESVIG ET DE HOLSTEIN.

W.-E. Christiani, *Geschichte der Herzogthümer Schleswig und Holstein* (Histoire des duchés de Slesvig et de Holstein). Flensborg et Leipzig, 1775-79, 4 vol. in-8.

W.-E. Christiani, *Geschichte der Herzogthümer Schleswig und Holstein unter dem Oldenburgischen Hause* (Hist. des duchés de Slesvig et de Holstein sous la dynastie d'Oldenbourg). Kiel, 1781, 2 vol. in-8 (1460-1588). — D.-G. Hegewisch en donna une continuation en 2 vol. Kiel, 1802 (1588-1694), qui n'est pas aussi profonde que la partie rédigée par son prédécesseur.

P. v. Kobbe, *Schleswig-holsteinische Geschichte* (Histoire de Slesvig-Holstein), de la mort du duc Christian-Albert jusqu'à la mort du roi Christian VII (1694-1808). Altona, 1834.

L. Ross, *Geschichte der Herzogthümer Schleswig und Holstein,* jusqu'à l'avénement de la dynastie d'Oldenbourg. Kiel, 1831 (d'après les leçons de Dahlmann).

A. Forchhammer, *Geschichte der Herzogthümer Schleswig und Holstein,* depuis la Réformation luthérienne. Kiel, 1834, 2 vol. (Va jusqu'à 1711.)

C. v. Wimpfen, *Geschichte und Zustände des Herzogthums Schleswig oder Südjütland* (Histoire et situation du duché de Slesvig ou Sudjutland). Flensborg, 1839.

Georg Waitz, *Schleswig-Holsteins Geschichte in drei Büchern* (Histoire du Slesvig-Holstein, en III livres). Gœttingue, 1851-54, 2 vol. (jusqu'à 1660). L'auteur se place au point de vue du parti slesvig-holsteinois.

A. Ipsen, *Die alten Landtage der Herzogthümer Schleswig und Holstein* (les anciennes diètes provinciales des duchés de Slesvig et de Holstein, de 1588 à 1675, d'après les actes manuscrits des diètes). Kiel, 1852.

N. Falck, *Handbuch des Schleswig-Holsteinischen Privatrechts* (Manuel du droit privé des duchés de Slesvig-Holstein). Altona, 1825-48, t. I-V, livr. 1. Cet ouvrage profond donne plus que le titre ne promet; il contient, en effet, un exposé non-seulement du droit privé, mais encore du droit public, de l'administration, de la constitution ecclésiastique, etc., et jette aussi un coup d'œil sur l'histoire des duchés. Il se distingue aussi par l'indication exacte et détaillée des sources.

C. PAULSEN, *Lehrbuch des Privatrechts in Schleswig und Holstein* (Manuel du droit privé dans le Slesvig et le Holstein). Altona, 1834.

J.-A. BOLTEN, *Ditmarsische Geschichte* (Histoire de Ditmarche). Flensborg et Leipzig, 1781-88, 4 vol. in-8.

NEOCORUS, *Chronik des Landes Ditmarschen* (Chronique du pays de Ditmarche), éditée par F.-C. Dahlmann. Kiel, 1827, 2 vol.

Geschichte Ditmarschens (Histoire de Ditmarche), d'après les leçons faites par F.-C. DAHLMANN, dans l'hiver de 1826, publié, terminé et accompagné de dissertations par W.-H. KOLSTER. Leipzig, 1873.

A.-L.-J. MICHELSEN, *Das alte Ditmarschen in seinem Verhältnisse zum Bremischen Erzstift, beurkundet* (L'ancienne Ditmarche dans ses relations avec l'archevêché de Brême, avec les preuves). Slesvig, 1829.

A.-L.-J. MICHELSEN, *Urkundenbuch zur Geschichte des Landes Ditmarschen* (Documents sur l'histoire du pays de Ditmarche). Altona, 1834, in-4.

A.-L.-J. MICHELSEN, *Nordfriesland im Mittelalter* (la Nordfrise au moyen âge). Slesvig, 1828.

HEIMREICH, *Nordfresische Chronik* (Chronique de Nordfrise), publiée par N. Falck. Tœnder, 1819, 2 vol.

P. v. KOBBE, *Geschichte und Landesbeschreibung des Herzogthums Lauenburg* (Histoire et description du duché de Lauenburg). Altona, 1836-37, 3 vol.

G.-A. HALEM, *Geschichte des Herzogthums Oldenburg* (Histoire du duché d'Oldenbourg). Oldenbourg, 1794-96, 3 vol.

A. VON DUVE, *Mittheilungen zur Geschichte des Herzogthums Lauenburg* (Communications sur l'histoire du duché de Lauenbourg). Ratzeburg, 1857.

F.-C. JENSEN et D.-H. HEGEWISCH, *Privilegien der Schleswig-Holsteinischen Ritterschaft* (Priviléges de la chevalerie slesvig-holsteinoise). Kiel, 1797, in-4.

N. FALCK, *Sammlung der wichtigsten Urkunden, welche auf Schleswig-Holsteins Staatsrecht Bezug haben* (Recueil des documents les plus importants qui concernent le droit public du Slesvig-Holstein). Kiel, 1847. (Cfr. les livr. 6 et 7 des *Anti-Schleswig-Holsteinische Fragmenten*, qui contiennent en partie les mêmes documents.)

N. FALCK, *Das Herzogthum Schleswig* (le Duché de Slesvig). Kiel, 1816.

J.-F.-V. SCHLEGEL, *Aperçu sur la liaison politique entre les duchés de*

Slesvig et de Holstein. Copenhague, 1816; trad. en allemand, avec remarques, par N. Falck. Kiel, 1816.

F.-C. DAHLMANN, *Urkundliche Darstellung des Steuerbewilligungsrechts des Schleswig-Holsteinischen Landtages* (Exposé du droit de voter les impôts de la diète slesvig-holsteinoise, d'après les documents). Kiel, 1819.

UWE LORNSEN, *Die Unionsverfassung Dänemarks und Schleswig-Holsteins* (l'Union constitutionnelle du Danemark et du Slesvig-Holstein). 1841.

C.-W.-A. VON WIMPFEN, *Ueber die staatsrechtlichen Verhältnisse der Herzogthümer Schleswig und Holstein* (Sur les relations politiques des duchés de Slesvig et de Holstein). Kiel, 1831. Traduit avec remarques, par J.-Chr. Berg, dans *Norsk Tidsskrift for Videnskab og Litteratur* (Revue norvégienne d'art et de littérature), t. III. Christiania, 1849. Aussi à part.

A.-L.-J. MICHELSEN, *Die vormalige Landesvertretung in Schleswig-Holstein, mit Urkunden* (la Représentation nationale d'autrefois dans le Slesvig-Holstein, avec documents). Hambourg, 1831.

H.-F.-J. ESTRUP, *Undersøgelse af Akterne angaaende Hertugdømmet Slesvigs Forhold til Danmark* (Examen des actes qui concernent les rapports du duché de Slesvig avec le Danemark), dans *Blandinger fra Sorø* (Mélanges de Sorø). Livr. III, 1832.

C. PAULSEN, *Ueber Volksthümlichkeit und Staatsrecht des Herzogthums Schleswig* (De la nationalité et du droit public du duché de Slesvig). Kiel, 1832.

C. PAULSEN, *Für Dänemark und für Holstein* (Pour le Danemark et pour le Holstein). Altona, 1836.

Die Erbfolge in Schleswig-Holstein (l'Ordre de succession dans le Slesvig et le Holstein). Halle, 1837.

A.-L.-J. MICHELSEN, *Die erste holsteinische Landestheilung* (le premier partage du Holstein). 1838.

C.-L. DIRCKINCK-HOLMFELD, *Danmark, Slesvig og Holsteen*. Copenhague, 1844.

Stimmen aus Dänemark über die schleswigschen Verhältnisse (Voix du Danemark sur les affaires du Slesvig). Copenhague, 1843. Recueil de mémoires, traduit de *Dansk Ugeskrift* (Revue danoise hebdomadaire), éditée par J.-F. Schouw.

K. SAMWER, *Die Staatserbfolge der Herzogthümer Schleswig-Holstein* (la Succession politique dans les duchés de Slesvig-Holstein). Hambourg, 1844.

A.-L.-J. MICHELSEN, *Polemische Erörterung über die schleswig-holsteinische Staatssuccession* (Discussion polémique sur la succession politique dans le Slesvig-Holstein), avec documents; 1844, et *Zweite* (seconde), *polemische Erörterung*, etc. Leipzig, 1846.

C.-F.-A. OSTWALD, *Zur Würdigung der Schrift : Zweite polemische Erörterung von A.-L.-J. Michelsen* (Examen de la seconde discussion polémique de Michelsen), t. II, Documents. Copenhague, 1848. (Le t. I n'a pas paru.)

Staats und Erbrecht des Herzogthums Schleswig (Droit public et successoral du duché de Slesvig), critique de l'*Avis de la Commission*, par N. FALCK (et huit autres professeurs de Kiel). Hambourg, 1846. L'avis de la Commission se trouve dans *Ny Collegial-Tidende* (Nouveau Journal du ministère), Copenhague, n° 31, 1846.

K. SAMWER, *Die Vorgänge des Jahres 1721 im Herzogthum Schleswig, mit Rücksicht auf das Kommissionsbedenken* (les Précédents de l'année 1721 dans le duché de Slesvig, à propos de l'*Avis de la Commission*). Hambourg, 1846.

Das Kommissionsbedenken, die Kieler Kritik und Samwers staatsrechtliche Untersuchung (l'Avis de la Commission, la critique kieloise et l'étude de droit public de Samwer). Altona, 1847. (Dirigé contre les deux ouvrages précédents.)

C.-A. VON KAMPZ, *Staatsrechtliche Bemerkungen über den königlichen dänischen offenen Brief vom 8 Juli 1846, die Erbfolge in den Herzogthümern betreffend* (Remarques de droit public sur les lettres patentes du roi de Danemark, en date du 8 juillet 1846, concernant l'ordre de succession dans les duchés). Berlin, 1847. (Dirigé contre les prétentions du parti slesvig-holsteinois.)

E. WIPPERMANN, *Staatsgeschichte der Herzogthümer Schleswig und Holstein* (Histoire politique des duchés de Slesvig et de Holstein). Halle, 1847.

J.-G. DROYSEN et K. SAMWER, *Die Herzogthümer Schleswig-Holstein und das Königreich Dänemark* (les Duchés de Slesvig-Holstein et le royaume de Danemark). Histoire de la politique danoise depuis 1806, d'après les documents. Hambourg, 1850 (Cfr. Wegener, dans *Antislesvigholsteenske Fragmenter*, livr. 15-16).

A. VON WARNSTEDT, *Rendsburg eine holsteinische Stadt und Festung* (Rendsborg est une ville et une forteresse holsteinoise). Kiel, 1850. (Cfr. Wegener, dans *Antislesvigholsteenske Fragmenter*, livr. 12.)

BUNSEN, *Memoir on the constitutional rights of the duchies of Schleswig and Holstein* (Mémoire sur les droits constitutionnels des duchés de Slesvig et de Holstein). Londres, 1848.

Noten zur Beleuchtung der angeblichen Thatsachen in dem Memoir of Bunsen (Notes pour éclairer les prétendus faits exposés dans le *Mémoire* de Bunsen). Copenhague, 1848.

T. Twiss, *On the relations of the duchies of Schleswig and Holstein* (Sur les relations des duchés de Slesvig et de Holstein). Londres, 1848. (Dirigé contre les prétentions des Slesvig-Holsteinois).

L.-S. Navne, *Breve om det slesvig-holsteenske Røre* (Lettres sur le mouvement slesvig-holsteinois), liv. 1-3. Copenhague, 1848.

C. Hinrichsen, *Udsigt over de slesvig-holsteenske Partibevægelser* (Coup d'œil sur les mouvements du parti slesvig-holsteinois), 2º édit. Copenhague, 1847.

H.-M. Velschow, *Bemærkninger angaaende det slesvigske Ridderskabs Oprindelse* (Remarques sur l'origine de la chevalerie slesvigoise), dans *Nyt historisk Tidsskrift* (Nouvelle Revue historique), t. II.

C. Molbech, *Hertugdømmet Slesvig i dets Forhold til Danmark og Holsteen* (le Duché de Slesvig dans ses rapports historiques avec le Danemark et le Holstein), dans *Nyt historisk Tidsskrift*, t. I. Traduit en allemand avec additions. Copenhague, 1846; en français, ibid., 1847.

Antislesvigholsteenske Fragmenter (Fragments antislesvigholsteinois), aussi en allemand sous le titre de : *Antischleswigholsteinische Fragmente*, publiés pour le Consistoire de l'Université de Copenhague, par A.-F. Krieger, livr. 1-16. Copenhague, 1848-51. Série de mémoires historiques et politiques où sont réfutées les prétentions des Slesvig-Holsteinois, par divers auteurs, savoir : Livr. I, J.-E. Larsen, *Om Samforleningsinstitutet* (Sur l'institution de l'inféodation commune) ; — II, J.-E. Larsen, *Om Anvendelsen af Samforleningen med Hensyn til Successionen i Hertugdømmet Holsteen* (Sur l'emploi de l'inféodation commune par rapport à la succession dans le duché de Holstein); — III, Grimur Thomsen, *Om de fransk-engelske Garantier for Slesvig af* 1720 (traduction française : *les Garanties anglo-françaises pour le duché de Slesvic*); — IV, A.-F. Krieger, *Det augustenborgske Oprør i Rendsborg og det preussisk-tydske Overfald* (la Rébellion augustenborgoise à Rendsborg, et l'agression prusso-allemande) ; — V, J.-J.-A. Worsaae, *Dannevirke* ; — VI, C. Paulsen, *Om Slesvigs indre Forbindelse med Danmark* (De l'union intime du Slesvig avec le Danemark), et H. Knudsen, *Aktstykker til Oplysning af Hertugdømmernes Lensforhold* (Documents relatifs aux relations féodales des duchés) ; — continuation de ce dernier mémoire, dans la livr. VII qui contient en outre : *Om* (sur) *Constitutio Valdemari* par E.-C. Werlauff ; — VIII, C.-F. Allen, *Om Sprog og Folkeeiendommelighed i Hertugdømmet Slesvig eller Sønderjylland* (Sur la langue et les particularités nationales dans le duché de Slesvig) ; — IX, H.-M. Velschow, *Udsigt over de Begivenheder, Forhandlinger, og Overeenskomster, der have bestemt Hertugdømmet Slesvigs statsretlige Forhold til Danmark og Holsteen siden Aaret* 1459 (Coup d'œil sur les événements, les négociations et les traités qui ont déterminé les relations politiques du duché de Slesvig avec le Danemark et le Holstein depuis 1459), non achevé ; — X,

C.-F. WEGENER, *Om den evige Forbindelse mellem Slesvig og Danmark i statsretlig Henseende* (en français : Sur l'union politique inséparable du Slesvig et du Danemark), et FR. WOLFHAGEN, *Om det slesvigske og holsteenske Ridderskabs Socialnexus* (Sur le lien social de la chevalerie du Slesvig et du Holstein); — XI, C.-F. WEGENER, *Om Hertugen af Augustenborgs Forhold til det holsteenske Oprør* (en français : le Duc d'Augustenborg et la révolte du Holstein. Exposé authentique, extrait des papiers augustenbourgeois); — XII, C.-F. WEGENER, *Om Landshøiheden over det gamle Rendsborg paa Eiderøen* (De la souveraineté sur l'ancien Rendsborg, dans l'île de l'Eider); — XIII, C. PAULSEN, *Det danske Kongehuses Ret til Pinneberg, Rantzau og Altona* (Droits de la maison royale de Danemark sur Pinneberg, Rantzau et Altona); et H. KNUDSEN, *Nogle Dokumenter til Hertugdømmet Slesvigs Historie* (Documents sur l'histoire du duché de Slesvig); — XIV, H. KNUDSEN, *Domme og Voldgiftskjendelser i Sagen mellem Kong Erik og Greverne af Holsteen angaaende Hertugdømmet Slesvig* (Jugements et sentences arbitrales dans le procès entre le roi Erik de Poméranie et les ducs de Holstein, relativement au duché de Slesvig, 1413-1424); — XV-XVI, C.-F. WEGENER, *Aktmæssige Bidrag til Danmarks Historie i det nittende Aarhundrede* (Notices documentées pour l'histoire du Danemark au XIX° siècle).

Schleswigsche Beleuchtung einer Preussischen angeblich officiellen Denkschrift (Renseignements slesvigois sur un mémoire prussien prétendu officiel). Copenhague, 1862, avec 3 cartes.

E. BEAUVOIS, *la Nationalité du Slesvig* (traduit en danois par J.-N. Mohn. Bergen, 1864), et *le Principe des nationalités appliqué à la question dano-allemande*. Paris, 1864. 2 brochures in-8.

IV

OUVRAGES ET MÉMOIRES CONCERNANT LES DIVERS RÈGNES ET LES ÉVÉNEMENTS OU LES PERSONNAGES IMPORTANTS.

C.-A.-E. JESSEN, *Undersøgelser til Nordisk Oldhistorie* (Recherches sur l'histoire ancienne du Nord). Copenhague, 1862.

J.-J.-A. WORSAAE. *Minder om de Danske og Nordmændene i England, Skotland og Irland* (Souvenirs des Danois et des Norvégiens en Angleterre, en Écosse et en Irlande). Copenhague, 1851 ; trad. en anglais. Londres, 1852, et en allemand par N.-M.-W. Meissner. Leipzig, 1852.

J.-J.-A. WORSAAE, *Den danske Erobring af England og Normandiet* (Conquête de l'Angleterre et de la Normandie par les Danois). Copenhague, 1863.

A. Cronholm, *Fornnordiska Minnen*: *Nordboarne i Westerviking och i Austrvegr* (Anciens souvenirs septentrionaux : les Corsaires scandinaves dans les mers de l'Ouest et de l'Est). Lund, 1833-35, 2 vol.

G.-B. Depping, *Histoire des expéditions maritimes des Normands et de leur établissement en France au x{^e} siècle*, 2{^e} édit. Paris, 1844; trad. en danois et remanié par N.-M. Petersen. Copenhague, 1830.

H. Wheaton, *History of the Northmen or Danes and Normans from the earliest times to the conquest of England by William of Normandy* (Histoire des Northmanni ou Danois et des Normands, depuis les temps les plus anciens jusqu'à la conquête de l'Angleterre par Guillaume de Normandie). Londres, 1831.

A. Cronholm, *Wäringarne* (les Værings), recherches historiques. Lund, 1832.

F. Schiern, *Udvandringerne fra Normandiet til Italien og Normannernes færste Erobringer i Neapel og Sicilien* (Émigrations de Normandie en Italie et premières conquêtes des Normands à Naples et en Sicile), dans ses *Historiske Studier* (Études historiques), t. I. Copenhague, 1856.

The Wars of the Gaedhil with the Gaili, or the invasion of Ireland by the Danes and other Norsemen (les Guerres des Gaedhil avec les Gaili, ou invasion de l'Irlande par les Danois et autres septentrionaux), publié avec une traduction par James H. Todd. Londres, 1867.

The anglo-saxon Chronicle according to several original authorities (la Chronique anglo-saxonne, conformément à divers manuscrits originaux), édité et traduit par Benjamin Thorpe. Londres, 1861, 2 vol.

E. Freeman, *The History of the norman conquest of England, its causes and its results* (Histoire de la conquête normande de l'Angleterre, ses causes et ses résultats). Oxford, 1867-76, 5 vol.

J.-C.-H.-R. Steenstrup, *Indledning i Normannertiden* (Introduction à l'époque normanne). Copenhague, 1876.

Vedel Simonsen, *Historisk Udsigt over nordiske Valfarter og Korstog til det hellige Land* (Coup d'œil historique sur les pèlerinages des septentrionaux et leurs croisades en Terre-Sainte), 2{^e} liv. du t. II de son *Udsigt over Nationalhistoriens ældste og mærkeligste Perioder* (Coup d'œil sur les périodes les plus anciennes et les plus remarquables de l'histoire nationale). Copenhague, 1813.

E.-S. Bring, *Om Valfarterna och Korstågen från Skandinavien till heliga Landet* (Sur les pèlerinages et les croisades de Scandinavie en Terre-Sainte). Lund, 1827.

P. Riant, *Expéditions et pèlerinages des Scandinaves en Terre-Sainte au temps des croisades*. Paris, 1865, in-8 (1000-1350); trad. en danois. Copenhague, 1868.

Anders Sœrensen Vedel, *Kong Svend Haraldsen Tveskjæg* (Svend Tveskjæg, roi de Danemark, de Norvège et d'Angleterre). Copenhague, 1705.

H. Gram, *Om Aaret da Knud den Store reiste til Rom* (Sur la date du voyage de Knud le Grand à Rome), dans *Vidensk. Selskabs Skrifter*, t. I, 1745.

J.-G.-F. Ræder, *Danmark under Svend Estridsen og hans Sœnner* (le Danemark sous Svend Estridsen et ses fils). Copenhague, 1870; bibliographie, ibid. 1871.

R. Usinger, *Deutsch-dänische Geschichte* (Histoire dano-allemande, de 1189 à 1227). Berlin, 1863.

A.-D. Jœrgensen, *Bidrag til Nordens Historie i Middelalderen* (Études sur l'histoire du Nord au moyen âge). Copenhague, 1871.

C. Paludan-Müller, *Studier til Danmarks Historie i det 13 de Aarhundrede* (Études sur l'histoire de Danemark au xiiie siècle). 1re partie: Négociations relatives à la captivité de Valdemar II; le comté de Nœrrehalland; dans *Vidensk. Selskabs Skrifter*, 5e série, Hist. et philos., t. IV; aussi tiré à part.

H.-F.-J. Estrup, *Absalon som Helt, Statsmand og Biskop* (Absalon comme guerrier, homme d'État et évêque). Sorœ, 1826; trad. en allemand, avec additions, par Mohnike. Leipzig, 1832.

Morten Pedersœn, *Biscops Absalons oc Her Esbern Snaris Herrekomst og Adelige Stamme* (Origine et noblesse de l'évêque Absalon et de messire Esbern Snare). Copenhague, 1580, in-4.

A. Crone, *Valdemar Knudsen, Bisp i Slesvig og Ærkebisp i Bremen* (V. Knudsen, évêque de Slesvig et archevêque de Brême). Odense, 1848.

P.-E. Müller, *Vita Andreæ Sunonis Archiepiscopi Lundensis*. Copenhague, 1830, in-4.

L. Engelstoft, *Philip August, Konge af Frankrig, og Ingeborg, Prindsesse af Danmark* (Philippe-Auguste, roi de France, et Ingeburge, princesse de Danemark). Copenhague, 1801; réimprimé dans *Udvalg af Engelstofts Skrifter*, t. I. Copenhague, 1859; traduit librement en allemand par J.-M. Schultz. Kiel, 1804.

A. Fabricius, *Ingeborg, Philip Augusts Dronning*. Copenhague, 1870.

N.-M. Petersen, *De Danskes Tog til Venden* (Expéditions des Danois chez les Vendes), dans *Annaler for nordisk Oldkyndighed*, 1836-39.

C.-G. Fabricius, *Studien zur Geschichte der wendischen Ostseeländer* (Études sur l'histoire des pays vendes de la Baltique). Berlin, 1856-59, 2 livr.

F. Schiern, *Om Dronning Dagmar* (Sur la reine Dagmar), dans ses *Historiske Studier*, t. II. Copenhague, 1857, et à part.

Chr. Molbech, *Kong Erik Plovpennings Historie* (Histoire du roi Erik Plovpenning). Copenhague, 1821.

H.-M. Velschow, *Om Regner Biskop i Odense* (Sur Regner, évêque de Odense, 1252-67), dans *Genealogiske og biographiske Archiv*, t. I, et à part. Copenhague, 1844. (La 1re édition était en latin, 1825.)

A. Cronholm, *Historiske kritiske Bemærkninger om Danmarks Tilstand under Erik Glipping* (Remarques historiques critiques sur la situation du Danemark sous Erik Glipping), dans *Histor. Forenings Tidsskrift*, t. VI, et à part.

C. Paludan-Müller, *Studier til Danmarks Historie i det 13de Aarhundrede* (Études sur l'histoire de Danemark au xiiie siècle), 3e partie : Les princes de l'Allemagne du Nord obtiennent une part dans les domaines héréditaires de la famille royale de Danemark ; — 4e partie : Le roi Erik Glipping et la Curie romaine dans la lutte du roi avec l'archevêque Jacob Erlandsen ; dans *Vidensk. Selskabs Skrifter*, 5e série, hist. et philos., t. IV ; aussi à part.

E.-C. Werlauff, *Krigene mellem Danmark og Norge i Slutningen af det 13 de og Begyndelsen af det 14 de Aarhundrede* (Guerres entre le Danemark et la Norvège à la fin du xiiie et au commencement du xive siècle), dans *Nordisk Tidsskrift for Historie* de Molbech, t. II.

E.-C. Werlauff, *Om Foreningen mellem Sverrig og Norge under Kong Magnus Smeks Regjering* (Sur l'union entre la Suède et la Norvège sous le règne du roi Magnus Smek), dans *Nordisk Tidsskrift for Historie* de Molbech, t. III.

A.-G. Carstens, *Om Christoffer den Andens Dronning Euphemia og hans Söns Erik Christoffersens Ægtefælle Elisabet* (la Reine Euphémie, femme de Christophe II, et Élisabeth, femme de leur fils Erik), dans *Vidensk. Selskabs Skrifter*, t. VII, 1758. — Le même a écrit *Sur la femme du comte Geert le Grand, Sophie de Werle, petite-fille d'Erik Glipping*, ibid., t. VIII.

M.-H. Rosenœrn, *Greve Geert af Holsten og Niels Ebbesœn af Nœrreris* (le Comte Geert de Holstein et Niels Ebbesen de Nœrreriis). Randers, 1874-76, 4 livr.

Chr. Olsen, *Efterretninger om Niels Ebbesen* (Renseignements sur Niels Ebbesen). Randers, 1839.

W.-A. Heinze, *Diplomatische Geschichte des dänischen Königs Waldemar Christophersen* (Histoire documentée du roi de Danemark, Valdemar III Atterdag). Leipzig, 1781.

H. Gram, *Forbedringer til Kong Valdemar Christophersens Historie* (Corrections à l'histoire de Valdemar III), dans *Vidensk. Selskabs Skrifter*, t. IV, 1750.

C.-E.-F. Reinhardt, *Til Belysning af nogle Punkter i Valdemar Atter-*

dags Historie (Éclaircissements de quelques points de l'histoire de Valdemar Atterdag), dans *Historisk Tidsskrift*, 4ᵉ série, t. III et IV.

Otto Fock, *Rügensch-Pommersche Geschichten* (Histoire de Rügen et de Poméranie), dont le t. III comprend *la Période des luttes dano-allemandes au XIVᵉ siècle jusqu'à* 1370. Leipzig, 1865.

F.-H. Jahn, *Om Skaanes Adskillelse fra Danmark efter Christoffer den Andens Dœd og Gjenforening ved Valdemar Atterdag* (la Skanie séparée du Danemark après la mort de Christophe II et réunie par Valdemar Atterdag), dans *Skandin. Litteratur-Selskabs Skrifter*, t. XXII, 1827.

J. Paludan-Müller, *Gullands Forhold til Danmark og Sverrig i det 14, 15 og 16 Aarh.* (Relations de l'île de Gotland et de la Suède du xivᵉ au xviᵉ siècle), édité par C. Paludan-Müller. Copenhague, 1865.

F. Schiern, *Descente en Angleterre projetée par le roi de Danemark Valdemar Atterdag de réunion* (concert) *avec les Français*, dans Mémoires de la Soc. Roy. des antiquaires du Nord, 1850-60; trad. de *Annaler for nordisk Oldkyndighed og Historie*, 1858; aussi à part.

Erasmus M. Lætus, *Margarethicorum libri X*. Francfort, 1574, in-4.

A.-G. Carstens, *Om Grev Gerhards Forlening med Hertugdœmmet Slesvig*, 1386 (Sur l'investiture du duché de Slesvig donnée au comte Geert, en 1386), dans *Vidensk. Selskabs Skrifter*, 1ʳᵉ série, t. X. — Cfr. le mém. d'Estrup sur le même sujet, cité p. xxxii.

Chr. Lange, *Bidrag til Norges Historie under Unionen* (Notice sur l'histoire de Norvège pendant l'Union), dans *Norsk Tidsskrift for Videnskab og Litteratur*, t. I.

H.-C. Behrmann, *Beretning om Kong Oluf Hagensœns Dœd og den falske Oluf* (Notice sur la mort du roi Olaf Hakonarson et sur le faux Olaf). Copenhague, 1846.

C.-P. Paludan-Müller, *Observationes criticæ de fœdere inter Daniam, Sueciam et Norvegiam, auspiciis Margaretæ reginæ icto*. Copenhague, 1840.

F.-C. Muncheberg, *De Unione Calmariensi*. Copenhague, 1749, in-4.

D. Hegewisch, *Ueber die Kalmarische Union* (Sur l'Union de Kalmar), dans ses *Historische-philosophische Schriften*, t. I.

G. von der Ropp, *Zur deutsch-skandinavische Geschichte des XV Jahrh.* (Sur l'histoire d'Allemagne et de Scandinavie au xvᵉ siècle). Leipzig, 1876.

C. Lange, *Den sorte Dœd* (la Peste noire), dans *Dansk Maanedsskrift* de Steenstrup, 2ᵉ série, ann. 1862, t. II; et à part.

———

C. Paludan-Müller, *De færste Konger af den Oldenborgske Stamme* (les premiers rois de la dynastie d'Oldenbourg). Copenhague, 1874.

J. LANGEBEK, *Christiern den Færstes udædelige Ihukommelse fornyet udi en Jubeltale* (la Mémoire immortelle de Christian Ier rafraîchie dans un discours jubilaire). Copenhague, 1749.

E.-C. WERLAUFF, *Tre Afhandlinger til Christiern den 1stes Historie* (Trois Mémoires sur l'histoire de Christian Ier), dans *Skand. Lit. Selskabs Skrifter*, t. XVI, 1819.

G. WAITZ, *König Christian I und sein Bruder Gerhard* (le Roi Christian I et son frère Gerhard), dans *Nordalbingische Studien*, t. V.

A.-G. CARSTENS, *Om Kong Christiern den Færstes Nedstammelse fra de forrige danske Konger* (Christian Ier comme descendant des anciens rois de Danemark), dans *Vidensk. Selskabs Skrifter*, t. VIII, 1760.

J.-H. SCHLEGEL, *Om Christiern den Færstes Udenlandsreise og Ophold i Rom* (Voyage de Christian Ier à l'étranger et son séjour à Rome en 1474), dans sa *Sammlung zur dänischen Geschichte*, t. II.

Kong Christiern den Færstes Breve til Niels Erichsen (Lettres de Christian Ier à N. Erichsen), dans *Nye Samlinger* de Suhm. Un recueil plus complet de la correspondance du même monarque se trouve dans *Script. rerum Danicarum*, t. VIII.

HANS KNUDSEN, *Diplomatarium Christierni primi*, édité par C.-F. Wegener. Copenhague, 1856, in-4.

Outre ces quelques écrits relatifs à Christian Ier et à ses plus proches successeurs ou prédécesseurs, il y a une multitude de matériaux qui les concernent dans *Danske Magazin* et *Nye danske Magazin*, recueils de Schlegel, de Suhm, etc.

P.-P. ROSÆFONTANUS (Jean Svaning), *Chronicon seu historia Johannis regis Daniæ*, 1560, in-4, dans sa *Refutatio calumniarum Joh. Magni Gothi*.

Aktstykker i Bandssagen mellem Dronning Dorothea og Hr. Steen Sture (Documents sur l'excommunication fulminée contre Steen Sture à l'instigation de la reine Dorothée), dans *Aarsberetninger fra Geheime-Archiv.*, t. IV.

P.-W. BECKER, *De rebus inter Johannem et Christiernum II ac Ludovicum XII et Jacobum IV, ann. 1511-1514, actis*. Copenhague, 1835.

CHR. MOLBECH, *Historie om Ditmarskerkrigen i Aaret 1500* (Histoire de la guerre de Ditmarche en 1500). Copenhague, 1813.

CHR. MOLBECH, *Bidrag til Skildring af Sæder og Levemaade under Kong Hans og Dronning Christine* (Essai d'esquisse des mœurs et de la manière de vivre sous le roi Jean et la reine Christine, de 1487 à 1511) dans son *Nordisk Tidsskrift*, t. I.

Kong Hanses og Dronning Christines Regnskabsbæger (Livres de comptes du roi Jean et de la reine Christine), dans *Danske Magazin*, 4ᵉ série, t. I.

Kong Hanses Brevbog (Registre épistolaire du roi Jean), dans *Aarsberetninger fra Geheime-Archivet*, t. I.

Forhandlinger mellem Danmark og Sverrig under Kong Hans (Négociations entre le Danemark et la Suède sous le roi Jean), dans *Aarsberetninger fra Geheime-Archivet*, t. IV.

JOH. SVANINGIUS, *Christiernus secundus Daniæ rex*. Francfort, 1658 et 1670.

H. GRAM, *Om Kong Christiern den Andens forehafte Religions Reformation i Danmark* (Sur la réforme religieuse projetée par Christian II en Danemark), dans *Vidensk. Selskabs Skrifter*, t. III, 1747, et trois mémoires du même sur l'histoire de Christian II, dans *Vidensk. Selskabs Skrifter*, t. IV, 1750.

Kong Christiern den Andens Forordninger og aabne Breve for Sjælland, Fyn, Jylland, o. s. v. (Ordonnances et lettres patentes de Christian II pour la Sélande, la Fionie, le Jutland), dans *Samlinger* de SUHM, t. II, et *Nye Samlinger*, du même, t. I, II, III.

H. BEHRMANN, *Kong Christiern den Andens Historie udarbeidet efter Dokumenter* (Histoire de Christian II d'après les documents), t. I-II. Copenhague, 1815.

H. BEHRMANN, *Christiern den Andens Fængsels og Befrielseshistorie* (Histoire de la captivité et de la délivrance de Christian II). Copenhague, 1812.

C.-F. ALLEN, *De rebus Christierni secundi exsulis*. I. Copenhague, 1844.

C.-F. ALLEN, *De tre nordiske Rigers Historie under Hans, Christiern den Anden, Frederik den Færste, Gustav Vasa, Grevefeiden* (Histoire des trois royaumes septentrionaux sous Jean, Christian II, Frédéric Iᵉʳ, Gustave Vasa et la Guerre du Comte) (1497-1536). Copenhague, 1864-72, 5 vol. in-8. Ne va que jusqu'à 1526.

C.-F. ALLEN, *Om Christian den Andens saakaldte geistlige Lov eller Loven for Landet* (de la loi dite ecclésiastique de Christian II ou loi pour la campagne); dans Vid. Selsk. Skrifter, 5ᵉ série, hist. et philos., t. III, 1867.

Christiern den andras Arkiv (Archives de Christian II) : I. *Documents concernant Severin Norby*, édités par N.-J. Ekdahl. Stockholm, 1835-42, 4 livr.

C.-F. ALLEN, *Breve og Aktstykker til Oplysning af Christiern den Andens og Frederik den Færstes Historie* (Lettres et documents pour éclairer l'histoire de Christian II et de Frédéric Iᵉʳ), t. I. Copenhague, 1854.

A. HEISE, *Kristiern den Anden i Norge og hans Fængsling* (Christian II en Norvège et sa captivité), recherches historiques. Copenhague, 1877.

J.-J. Altmeyer, *Isabelle d'Autriche et Christiern II*. Bruxelles, 1842.

G.-A. Yssel de Schepper, *Lotgevallen van Christiern II en Isabella van Oostenrijk, koning en koningin van Denemarken, voornamelijk gedurende hunne ballingschap in de Nederlanden* (Aventures de Christian II et d'Isabelle d'Autriche, principalement pendant leur exil dans les Pays-Bas). Zwolle, 1870.

C.-P. Paludan-Müller, *Jens Andersen Beldenak*, évêque de Fionie. Odense, 1837, 2ᵉ édit. augmentée.

C.-F. Allen, *Elisabeth, Prindsesse af Danmark, Kurfyrstinde af Brandenborg* (Élisabeth de Danemark, princesse de Brandebourg), dans le *Dansk Maanedsskrift* de Steenstrup, t. III, 1856, et à part.

Saint-Genois et Yssel de Schepper, *Missions diplomatiques de Corneille de Schepper, ambassadeur de Christiern II, de Charles V*, etc. Bruxelles, 1856, in-4.

J.-Fr. Sick, *Nogle Bidrag til Christiern den Andens Historie under Landflygtigheden* (Notice sur l'histoire de Christian II pendant son exil). Copenhague, 1860.

Forhandlinger paa Herredagene 1523-30 (Délibérations des Diètes de 1523 à 1530), dans *Nye danske Magazin*, t. V; Délibérations de 1531, *Ibid.*, t. VI.

Danmarks Forhandlinger med Frankrig, England og Skotland (Négociations du Danemark avec la France, l'Angleterre et l'Écosse), sous le règne de Frédéric Iᵉʳ et au commencement de celui de Christian III, dans *Aarsberetninger fra Geheime-Archivet*, t. III et IV.

Oplysninger til Mellemrigets Historie efter Frederik den Førstes Død (Éclaircissements de l'histoire de l'interrègne après la mort de Frédéric Iᵉʳ), dans *Nye danske Magazin*, t. II.

A. Heise, *Herredagen i Kjøbenhavn 1533* (la Diète de Copenhague en 1533), dans *Historisk Tidsskrift*, 4ᵉ série, t. III et IV.

A. Heise, *Bondeoplœb i Jylland i Kong Frederik den Førstes Tid* (Soulèvement populaire en Jutland sous Frédéric Iᵉʳ), Mogens Gœje et Mogens Munk, dans *Historisk Tidsskrift*, 4ᵉ série, t. V.

Dokumenter til Christoffer af Oldenborgs Historie (Documents sur l'histoire de Christophe d'Oldenbourg), dans *Danske Magazin*, t. III, et *Nye Danske Magazin*, t. V.

Aktstykker henhœrende til Danmarks Historie i Reformationstiden, samlede af udenlandske Arkiver (Documents sur l'histoire de Danemark au temps de la Réforme, tirés des Archives étrangères), par C.-H. Kalkar. Odense, 1845, in-4 (1523-42). La plupart de ces pièces ont été, depuis, mieux reproduites dans d'autres recueils, notamment : Lanz, *Correspon-*

denz des Kaisers Karl V (Correspondance de l'empereur Charles-Quint), Leipzig, 1844-46, 3 vol. ; Lanz, *Statspapiere zur Geschichte des Kaisers Karl V* (Documents politiques pour l'histoire de Charles-Quint), Stuttgart, 1845.

Aktstykker til Nordens Historie i Grevefeidens Tid, udgivne af Fyns litterære Selskab (Documents sur l'histoire du Nord au temps de la guerre du Comte, édités pour la Société littéraire de Fionie), par C. Paludan-Müller. Odense, 1852-53, t. I-II.

C. Paludan-Müller. *Grevens Feide* (la Guerre du Comte). Copenhague, 1853-54, 2 vol.

C. Paludan-Müller, *Fire Studier til Grevefeidens Historie* (Quatre Études sur l'histoire de la guerre du Comte), dans *Annaler for Nordisk Oldkyndighed og Historie*, 1853.

J. Grundtvig, *Bidrag til Oplysning af Grevefejdens Tid* (Étude sur le temps de la guerre du Comte), dans *Danske Magazin*, 4° série, t. III.

Vedel Simonsen, *Fyns Vilkaar under Grevens Feide* (Situation de la Fionie pendant la guerre du Comte). Copenhague, 1813.

Holger Rœrdam, *Efterretninger om Byen Assens* (Renseignements sur la ville d'Assens), au temps de Christian II, de Frédéric Ier et de la guerre du Comte, dans *Samlinger til Fyens Historie og Topographi*, t. I.

H.-J. Blom, *Unionskrigene og Borgerkrigene* (les Guerres de l'Union et les guerres civiles), étude sur l'histoire militaire du Danemark. Copenhague, 1826.

Georg Waitz. *Lübeck unter Jürgen Wullenwever und die Europäische Politik* (Lübeck sous George Wullenweber et la politique européenne). Berlin, 1855-56, 3 vol.

F. von Alten, *Graf Christoff von Oldenburg und die Grafenfehde* (le Comte Christophe d'Oldenbourg et la guerre du Comte). Hambourg, 1853.

Barthold, *Jürgen Wullenweber oder die Bürgermeisterfehde* (G. Wullenweber, ou la guerre du Bourgmestre), dans *Historisches Taschenbuch* de Raumer, t. VI.

Der Kampf demokratischer und aristokratischer Principien zu Anfang des 16ten Jahrh. (la Lutte des principes démocratique et aristocratique au commencement du xvi° siècle), exposée en trois monographies, par J.-J. Altemeyer, trad. du français. Lübeck, 1843. (Contient, outre la monographie sur la reine Élisabeth, citée plus haut, deux autres mémoires concernant la guerre du Comte et les circonstances s'y rattachant.)

H. Handelmann, *Die letzten Zeiten Hansischer Uebermacht im Skandinavischen Norden* (les derniers temps de la prépondérance de la Hanse dans le Nord scandinave). Kiel, 1853.

C.-F. Wurm, *Die politischen Beziehungen Heinrichs VIII zu Marcus Meier und Jürgen Wullenweber* (les Relations politiques de Henri VIII avec Marc Meier et G. Wullenweber). Hambourg, 1852, programme.

J.-J. ALTMEYER, *Histoire des relations commerciales et diplomatiques des Pays-Bas avec le Nord de l'Europe pendant le XVI° siècle, accompagnée de pièces justificatives inédites*. Bruxelles, 1840.

H. KNUDSEN. *Bidrag til Oplysning af den danske Reformations Historie* (Étude critique sur l'histoire de la Réforme en Danemark), dans *Annaler for nordisk Oldkyndighed*, 1847.

C. PALUDAN-MÜLLER, *Herredagene i Odense 1526 og 1527* (les Diètes d'Odense en 1526 et 1527), étude critique sur l'histoire de la Réforme en Danemark, dans *Vidensk. Selskabs Skrifter*, 5° série, hist. et philosophique, t. II, et à part.

En gammel Krønike om Graabrødrenes Udjagelse af deres Klostre i Danmark (Vieille Chronique sur l'expulsion des Frères-Gris de leurs cloîtres en Danemark), publié avec remarques explicatives par H. Knudsen, dans *Kirkehistoriske Samlinger*, t. I.

C.-T. ENGELSTOFT, *Herredagen i Kjøbenhavn 1530* (la Diète de Copenhague en 1530), dans *Theologisk Tidsskrift*, t. I, 1837, et à part.

C.-T. ENGELSTOFT, *Reformantes et Catholici concertantes*. Copenhague, 1836.

J. KINCH, *Ribe Domkapitel paa Reformationens Tid* (le Chapitre épiscopal de Ribe au temps de la Réforme), dans *Nye kirkehistoriske Samlinger* (Nouvelles Collections pour l'histoire de l'Église), t. I.

SONNENSTEIN WENDT, *Om Reformatorerna i Malmö och de foersta lutherska presterna derstädes* (les Réformateurs à Malmœ et les premiers prêtres luthériens dans cette ville), dans *Nye Kirkehist. Saml.*, t. II.

Malmøbogen af Peder Laurenssen (le Livre de Malmœ de Pierre Laurenssen), édité par Holger Rørdam. Copenhague, 1869.

HOLGER RØRDAM, *Bidrag til den danske Reformations Historie* (Études sur l'histoire de la Réforme en Danemark), dans *Nye Kirkeh. Saml.*, t. II.

HANS KNUDSEN, *Joachim Rønnow, udvalgt Bisp til Roeskilde* (J. Rønnow, évêque élu de Roeskilde). Copenhague, 1840.

C. OLIVARIUS, *Vita Pauli Eliæ*. Copenhague, 1741.

C.-T. ENGELSTOFT, *Paulus Eliæ, en biographisk-historisk Skildring fra den danske Reformations Tid* (Esquisse historico-biographique du temps de la Réforme en Danemark), dans *Nyt historisk Tidsskrift*, t. II, et à part.

POVEL ELIESEN, *Danske Skrifter* (Œuvres danoises), édité par la Société pour l'histoire ecclésiastique du Danemark, par C.-E. SECHER, t. I. Copenhague, 1855.

HOLGER RØRDAM, *Mester Jørgen Jensen Sadolin* (Maître G.-J. Sadolin). Odense, 1866. (Extrait de *Samlinger til Fyens Hist. og Topographi*, t. IV.)

P. Rœn, *Johan Tausens Liv og Levnets Historie* (Histoire de la vie et des actes de J. Tausen). Copenhague, 1757.

P.-E. Müller, *Vita Lagonis Urne, episcopi Roeskildensis*. Copenhague, 1831-33, 2 part. in-4.

Il y a des notices détaillées sur l'histoire de l'évêque *Ove Bilde*, dans *Ny danske Magazin*, t. I-II, et *Danske Magazin*, 3ᵉ série, t. I.

L. Daae, *Fru Inger Ottesdatter og hendes Dættre* (Madame Inger, fille de Otte, et ses filles), dans *Norsk historisk Tidsskrift*, t. III.

Nicolas Kragius († 1602), *Annalium libri VI, quibus res Daniæ ab excessu Frederici primi a Christiano tertio gestæ ad annum 1550 enarrantur, cum præfatione Johannis Grammii*. Copenhague, 1737, in-fol. Un appendice : St. Stephanii *Historiæ Danicæ libri duo*, traite de la période de 1550 à 1559.

Niels Krag et Stephanius, *Kong Christian den Tredies Historie* (Histoire du roi Christian III), traduite du latin, publiée avec remarques et appendices par B.-C. Sandvig. Copenhague, 1776-79, 3 vol. in-4. Il ne faut pas se fier à la traduction, qui n'est pas de Sandvig, mais les remarques et les appendices : recez, ordonnances et autres documents (dans les t. II et III) ont de l'importance, quoiqu'ils ne soient pas reproduits correctement.

Samling af Christian den Tredies Breve til anseete tydske Reformatorer (Recueil de lettres de Christian III à d'illustres réformateurs allemands), dans *Aarsberetninger fra Geheime-Archivet*, t. I.

Samling af Dronning Dorotheas Breve (Recueil de lettres de la reine Dorothée), dans *Aarsberetninger fra Geheime-Archivet*, t. I-III.

Tegnelser over alle Lande (Notes sur toutes les provinces, en 1535-42), dans *Danske Magazin*, 3ᵉ série, t. IV-VI; Notes des années 1543 et suivantes dans *Danske Magazin*, 3ᵉ série, t. I et IV.

Erich Jörensson Tegel, *Gustaff den Förstas Historia* (Histoire de Gustave Iᵉʳ). Stockholm, 1622, 2 vol. in-fol.

A.-M. Strinholm, *Svenska Folkets Historia under Konungarne af Vasa Ätten* (Histoire du peuple suédois sous les rois de la dynastie de Vasa), Gustave Iᵉʳ. Stockholm, 1819-23, 3 vol.

O. Celsius, *Gustav den Förstes Historia*, 2ᵉ édit. Stockholm, 1775, 2 vol.

Gustaf den Förstes Registratur (Registres de Gustave Iᵉʳ), par V.-G. Granlund. Stockholm, 1851-75, t. I-VI (1521-29).

H. Gram, *Om Christine af Danmark, Kong Christiern den Andens Datter*

(Christine de Danemark, fille de Christian II), dans *Vidensk. Selskabs Skrifter*, t. V, 1751.

Peder Skrams Levnet, fortalt af hans Datter (Vie de P. Skram, contée par sa fille), dans *Danske Magazin*, 3ᵉ série, t. III, publiée par Kall Rasmussen, et *P. Skrams Levnet*, par Pontoppidan, dans *Vidensk. Selskabs Skrifter*, t. III, 1746.

B.-C. Sandvig, *Peder Svaves Levnet* (Vie de P. Svave). Copenhague. 1777, in-4.

Études détaillées sur la vie de Jesper Brochmann, dans *Danske Magazin*, t. VI.

A.-C.-L. Heiberg, *Peder Palladius*, premier évêque évangélique de la Sélande, dans *Theologisk Tidsskrift*, t. IV, 1840.

Udkast til den Danske Kirke-Ordinants (Projet d'ordonnance ecclésiastique pour le Danemark), en 1537, par H. Knudsen, dans *Kirkeh. Saml.*, t. I.

C.-T. Engelstoft, *Kirke-Ordinantsens Historie* (Histoire de l'ordonnance ecclésiastique), dans *Nye Kirkehist. Saml.*, t. II.

Kong Frederik den Andens Krœnike (Chronique du roi Frédéric II), tirée et compilée de divers manuscrits par P.-H. Resen. Copenhague, 1680, in-fol.

C.-F. Bricka, *Kong Frederik den Andens Ungdomskjærlighed* (Amour de jeunesse du roi Frédéric II). Copenhague, 1873.

L. Daae, *Om Frederik IIs paatænkte lothringske Giftermaal* (le Mariage projeté de Frédéric II avec une princesse lorraine, et les relations du Danemark avec les troubles de Grumbach), dans *Norsk Historisk Tidsskrift*, t. II.

Eric Jöranson Tegel, *Eric. den XIV des Historia* (Histoire d'Erik XIV). Stockholm, 1751, in-4.

O. Celsius, *Erik den XIV des Historia*. Lund, 1795.

Ægidius Girs, *Johan den IIIdes Chrönika* (Chronique de Jean III). Stockholm, 1745, in-4.

Correspondance de Charles Dantzai, *ministre de France à la cour de Dannemarc*, Dépêches 1575-86, dans *Nya Handlingar rörande Skandinaviens Historia*, t. I.

E.-C. Werlauff, *Sophia af Meklenborg*, reine de Danemark et de Norvége, dans *Historisk Forenings Tidsskrift*, t. III, 1841, et à part.

Christianus Cilicius (Henri Ranzau), *Belli Ditmarsici gesti 1559 vera descriptio*. Bâle, 1578, in-8; plusieurs fois réimprimé.

Wahrhaftiges Verzeichniss des Krieges, welchen Friederich der 2te, König in Dänemark, im Jahre 1559 wider die Ditmarsen geführet (Relation véridique de la guerre que Frédéric II a faite aux Ditmarches en 1559). Strasbourg, 1569, in-4. L'auteur doit être J. Ranzau, qui commandait cette expédition.

Admiral Herluf Trolles Breve til Kong Frederik den 2den (Lettres de l'amiral Herluf Trolle au roi Frédéric II, en 1564), dans *Danske Magazin*, t. III-IV.

Breve vedkommende Krigen med Sverrig (Lettres sur la guerre avec la Suède en 1564-66), dans *Danske Magazin*, 3º série, t. II.

L. STOUD PLATOU, *Historisk Udsigt over Norges Skjæbne i den syvaarige nordiske Krig* (Coup d'œil historique sur les affaires de Norvège pendant la guerre septentrionale de Sept Ans). Christiania, 1808.

L. DAAE, *Krigen nordenfjelds* (la Guerre dans le Nordenfjelds en 1564). Christiania, 1872.

AXEL GYLDENSTJERNE, *Om den nordiske Syvaarskrig* (Sur la guerre septentrionale de Sept Ans); un extrait concernant la Norvège a été publié dans le *Norske Magazin* de Nicolaysen, t. I.

J.-A. FIBIGER, *Daniel Ranzau*, biographie, dans *Magazin for militær Videnskab*, t. V, et à part. Copenhague, 1838.

L. BOESEN, *Herluf Trolles Levnet* (Vie de H. Trolle). Copenhague, 1780.

T.-A. BECKER, *Herluf Trolle og Birgitte Göie*, biographies. Copenhague, 1865, in-4.

H.-F. RŒRDAM, *Sivert Grubbes Dagbog* (Journal de S. Grubbe), dans *Danske Magazin*, 4º série, t. II et IV.

C.-P. ROTHE, *Christoffer Walkendorfs Levnet* (Vie de Chr. Walkendorf). Copenhague, 1751.

Études étendues sur la vie de Tycho Brahe, dans *Danske Magazin*, t. II; 4º série, t. II; *Dänische Bibl.*, t. IX, et *Samlinger* de Bang, livr. 5, 6, 7.

P. PEDERSEN, *Tyge Brahes Levnet* (Vie de Tycho Brahe). Copenhague, 1838.

F.-R. FRIIS, *Tyge Brahe*, Exposé historique d'après les sources imprimées et inédites. Copenhague, 1871.

F.-R. FRIIS, *Tychonis Brahei et ad eum doctorum virorum epistolæ*. Copenhague, 1876-77, 2 fasc. in-4.

F.-R. FRIIS, *Breve og Aktstykker angaaende Tyge Brahe og hans Slægtninge* (Lettres et documents concernant Tycho Brahe et ses parents). Copenhague, 1875.

P.-N. RYGE, *Peder Oxes Liv og Levnet* (Vie et actes de Peder Oxe). Copenhague, 1765, in-4.

T. Lund, *Historiske Skitser efter utrykte Kilder* (Esquisses historiques d'après des sources inédites). Copenhague, 1875.

T. Lund, *Mogens Heinesœn*, type du xvi° siècle. Copenhague, 1877.

C.-F. Wegener, *Historiske Efterretninger om Anders Sœrensen Vedel* (Renseignements historiques sur A.-S. Vedel); la première édition a paru comme programme de l'Académie de Sorœ, Copenhague, 1846, in-4; la seconde accompagne la traduction de Saxo par Vedel, Copenhague, 1851.

Joh. Grundtvig, *Ejler Brokkenhuses historiske Kalender-Antegnelser for XVIde Aarhundrede* (Notes de E. Brokkenhuus, écrites dans des calendriers du xvi° siècle), dans *Samlinger til Fyens Hist.*, t. VI, et à part. Copenhague, 1873.

Jens Mœller, *Niels Hemmingsens Levnet* (Vie de N. Hemmingsen), dans *Hist. Kalender*, t. II, 1815.

J. Mœller, *Frederik den Andens Mægling i udenlandske Religionsstridigheder* (Médiation de Frédéric II dans les troubles religieux à l'étranger), dans *Vidensk. Selskabs phil. og hist. Afhandlinger*, t. II.

K.-H. von Büsse, *Herzog Magnus, König von Livland* (le Duc Magnus, roi de Livonie). Leipzig, 1871.

F. Schiern, *James Hepburn, Jarl af Bothwell, hans Anholdelse i Norge og Fængselsliv i Danmark* (Bothwell, son arrestation en Norvège et sa captivité en Danemark), dans *Histor. Tidsskrift*, 3° série, t. II, et *Nyère historiske Studier*, t. I.

P.-V. Jacobsen, *Bidrag til Danmarks Personal- og Tidshistorie* (Étude sur l'histoire des personnages et des événements danois au xvi° siècle), dans *Hist. Forenings Tidsskrift*, t. V.

Niels Slange, *Kong Christian den Fjerdes Historie* (Histoire de Christian IV), revue et corrigée d'après des documents manuscrits par Hans Gram. Copenhague, 1749, 4 part. in-fol. L'ouvrage de Slange a été remanié avec érudition par J.-H. Schlegel, qui le résuma en allemand et y joignit des remarques et des appendices remplis de faits. Copenhague et Leipzig, 1759-71, 3 vol. in-4. Cette traduction s'arrête malheureusement à l'année 1629.

R. Nyerup, *Kong Christian den Fjerdes Dagbøger* (Journaux tenus par Christian IV). Copenhague, 1825. (Outre ceux-ci, qui ont été publiés par Nyerup, il y en a plusieurs d'imprimés dans divers recueils.)

C. Molbech, *Uddrag af Christian den 4des Dagbøger* (Extrait des journaux de Christian IV), mis en ordre d'après des sources particulières dans *Nyt hist. Tidsskrift*, t. IV.

R. Nyerup, *Charakteristik af Kong Christian den 4de* (Portrait de Christian IV peint d'après ses lettres autographes). Copenhague, 1816.

C. Molbech, *Kong Christian den 4des egenhændige Breve* (Lettres autographes de Christian IV), t. I (1596-1631). Copenhague, 1848.

Amores Christiani quarti, dans *Nye Samlinger de Suhm*, t. I.

Kirstine Munks Levnet (Vie de Christine Munk), dans *Samlinger* de Bang, livr. 3.

Samtidig Beretning om Prindsesse Annas og Jakob den Sjettes Giftermaal (Relation contemporaine du mariage de la princesse Anna et du roi Jacques VI), publié par P.-A. Munch, dans *Norske Samlinger*, t. I.

Jonas Carisius, *Dagbog over Christian den Fjerdes Reise til Norge og Vardœhuus* (Journal du voyage de Christian IV en Norvége et à Vardœ, en 1599), dans *Samml. zur dän. Geschichte* de Schlegel, t. I.

Oversigt över Indtægt og Udgift af Danmark og Norge (Coup d'œil sur les revenus et les dépenses du Danemark et de la Norvège en 1602), dans *Sammlung* de Schlegel, t. I.

F.-H. Jahn, *Christian den 4des Krigshistorie* (Histoire militaire de Christian IV), t. I-II, contenant les deux premières guerres. Copenhague, 1820-22.

Ægidius Lauridtzon, *Efterretninger om Kalmarkrigen* (Notice sur la guerre de Kalmar), dans *Nye danske Magazin*, t. II.

J.-Chr. Berg, *Bidrag til Christian den 4des Krig med Sverrig* (Étude sur la guerre de Christian IV avec la Suède en 1611-12), dans *Saml. til det norske Folks Hist.*, t. III.

Nye Bidrag til Kalmarkrigens Historie (Nouvelles Études sur l'histoire de la guerre de Kalmar), par Chr. Lange, dans *Norske Samlinger*, t. I, II.

L. Engelstoft, *Om Forsvarsanstalterne i Sjælland under Kalmarkrigen* (Sur les préparatifs de défense en Sélande pendant la guerre de Kalmar), dans *Skand. Litt. Selskabs Skrifter*, 1808, et à part.

Ove Gjedde, *Dagbœger paa Reisen til Ostindien* (Journaux tenus pendant le voyage dans les Indes orientales en 1618-22, et autres documents pour l'histoire du commerce des Indes), dans *Sammlung* de Schlegel, t. I, II.

Efterretninger om Marselis Boshouwer (Renseignements sur M. Boshouwer), dans *Nye danske Magazin*, t. I.

B.-G. Niebuhr, *Efterretninger om Vilhelm Leyel og den danske ostindiske Handel* (Renseignements sur V. Leyel et le commerce danois dans les Indes orientales), dans *Skand. Litter. Selskabs Skrifter*, 1805, t. I.

Des Hayes, baron de Courmesvin, *Voyage en Danemark* (1629), Paris, 1664.

Greven af Leicester Robert Sidneys Beretning om sit Gesandtskab til

d

Danmark og Holsteen (Rapport du comte de Leicester, R. Sidney, sur son ambassade en Danemark et en Holstein, en 1632), publié et annoté par P.-W. Becker, dans *Danske Magazin*, 3ᵉ série, t. I.

Carolus Ogerius, *Iter Danicum*, etc. (1634). Paris, 1656, trad. avec remarques dans *Sammlung* de Schlegel, t. II.

J.-P. Opel, *Der niedersächsisch-dänische Krieg* (la Guerre de Danemark et de Basse-Saxe), t. I. Halle, 1872.

G. Lichtenstein, *Die Schlacht bei Lutter am Barenberge* (la Bataille de Lutter sur le Barenberg en 1626), Braunschweig, 1850; nouv. édit. revue et publiée par A. Lichtenstein. Copenhague, 1873. Aussi avec le titre de *Dänemarks Theilnahme an dem dreissigjährigen Kriege bis zum Friede von Lübeck* (Participation du Danemark à la guerre de Trente Ans jusqu'à la paix de Lübeck).

Svenske Residenten i Danemark Johan Fegræi Ambetsbref (Brevet de F. Fegræus, résident de Suède en Danemark, janvier 1629 à décembre 1630), dans *Historiska Samlingar*, de C. Adlersparre, t. III.

Bidrag til Landets indre Historie i Krigsaaret 1627 (Documents sur l'histoire intérieure du Danemark pendant l'année de guerre 1627), publié par T.-A. Becker, dans *Danske Magazin*, 3ᵉ série, t. V.

J.-A. Fridericia, *Danmarks politiske Historie i Tiden fra Freden i Lybek til Freden i Prag* (Histoire politique du Danemark, depuis la paix de Lübeck jusqu'à celle de Prague, 1629-35). Copenhague, 1876.

P. Adler, *Bidrag til Ribes Historie under de Keiserliges Indfald i Danmark* (Étude sur l'histoire de Ribe pendant l'invasion du Danemark par les Impériaux, 1627-29). Ribe, 1834. Programme de l'école.

P. Adler, *Bidrag til Ribes Historie under Krigen med Sverrig* (Étude sur l'histoire de Ribe pendant la guerre avec la Suède, 1643-45). Ribe, 1836. Programme. (Ces deux mémoires sont tirés de sources manuscrites et accompagnés de documents inédits.)

L. Engelstoft, *Om den svenske Enkedronnings Maria Eleonores Undvigelse til Danmark og Ophold der i Aarene 1640-43* (la Fuite de la reine douairière de Suède, Marie-Éléonore, et son séjour en Danemark, de 1640 à 1643), dans *Skandin. Litt. Selskabs Skrifter*, 1811, et à part.

Hannibal Sehested, *Beretning om sit Gesandtskab til Madrid* (Rapport de H. Sehested sur son ambassade à Madrid, en 1640-41), dans *Aarsberetninger fra Geheime-Archivet*, t. VI.

Hannibal Sehesteds Kopibog for 1645 under Statholderskabet i Norge (Livre de copie de H. Sehested, tenu pendant sa lieutenance générale en Norvége), publié par Ch. Lange, dans *Samlinger til det norske Folks Sprog og Hist.*, t. II-V.

De kongelige Kommissarers Beretning om Aarhuus Stifts Tilstand efter

Krigen 1645 (Rapport des commissaires royaux sur la situation du diocèse d'Aarhuus après la guerre, en 1645), publié par T.-A. Becker, dans *Orion, histor. Quartalskrift*, t. II.

Scheel, *Rendsborgs Beleiring i Aaret 1645* (Siége de Rendsborg en 1645), dans *Skand. Litt. Selskabs Skrifter*, 1807, t. I.

J.-H. Bœclerus, *Historia belli Danici annis 1644-45 gesti*. Stockholm, 1676, in-4.

Lodewijk de Geer, 3° édit. Utrecht, 1852.

A.-H. Lackmann, *Einleitung zur schleswig-holsteinischen Geschichte* (Introduction à l'histoire slesvig-holsteinoise). Hambourg et Kiel, 1730-1754, 7 vol. Ouvrage savant, dont les t. II-VII contiennent l'histoire des duchés sous le règne de Christian IV jusqu'à 1643.

Vedel Simonsen, *Eske Brocks Dagbæger fra 1608, 1612 et 1613* (Journaux de Eske Brock, pour les années 1608, 1612 et 1613). Odense, 1842-43, 2 livr. — Ceux de 1604, 1609 et 1619 ont été publiés par L. Moltke dans *Danske Samlinger*, 2° série, t. II, III, VI.

L. Helweg, *Hans Knudsen Veiles Proces og Dom* (Procès et jugement de H.-K. Veile), dans *Kirkehistoriske Samlinger*, t. I.

S.-M. Gjellerup, *Biskop Jens Dinesen Jersin* (l'Évêque J.-D. Jersin). Copenhague, 1870.

A. Crone, *Den tredie fynske evangeliske Biskops, Mester Jakob Madsens Visitatsbog*. (Livre d'inspection de maître J. Madsen, troisième évêque évangélique de Fionie, 1588-1604). Odense, 1853.

Olai Wormii et ad eum doctorum virorum epistolæ. Copenhague, 1751, 2 vol.

Holger Rœrdam, *Anders Arreboes Levnet og Skrifter* (Vie et écrits de A. Arreboe). Copenhague, 1857, 2 vol.

J. Mœller, *Biskop Jesper Brochmands Levnet* (Vie de l'évêque J. Brochmand), dans *Hist. Kalender*, t. III, 1817.

Holger Rœrdam, *Klaus Christoffersen Lyskanders Levned, samt hans Bog om danske Skribenter* (Vie de Cl.-Chr. Lyskander, avec son livre sur les écrivains danois). Copenhague, 1868.

Yngvar Nielsen, *Jens Bjelke til Œstrât, Norges Riges Kantsler* (J. Bjelke d'Œstrât, chancelier de Norvége); étude sur l'histoire intérieure de la Norvége dans la première moitié du xvii° siècle. Christiania, 1872.

Biskop Hans Mikkelsens Dagbog (Journal de l'évêque H. Mikkelsen), publié par Höjer Mœller, dans *Samlinger til Fyns Hist. og Topogr.*, t. V, VI, VII.

J. Werwing, *Sigismunds och Carl den niondes Historia* (Hist. de Sigismond et de Charles IX). Stockholm, 1746-47, 2 vol. in-4.

J. HALLENBERG, *Svea Rikes Historia under Gustaf Adolph den Stores Regering* (Histoire de Suède sous le règne de Gustave-Adolphe). Stockholm 1790-96, 5 vol. Cet ouvrage, plein d'érudition ne va que jusqu'à 1626.

A. CRONHOLM, *Sveriges Historia under Gustaf II Adolfs Regering*. Stockholm, 1857-72, 6 vol.

A. CRONHOLM, *Trettioåriga kriget och underhandlingarne i Tyskland från Gustaf II Adolphs död till Westphaliska fredsslutet* (la Guerre de Trente Ans et les négociations en Allemagne, depuis la mort de Gustave II Adolphe jusqu'à la conclusion du traité de Münster), t. I, liv. 1. Stockholm, 1876.

R. NYERUP, *Efterretninger om Kong Frederik den Tredie og de mærkværdigste Begivenheder under hans Regjering* (Notice sur le roi Frédéric III et sur les événements les plus remarquables de son règne). Copenhague, 1817.

Rigsraad Christen Skeels Dagbog (Journal du conseiller d'État Chr. Skeel, de 1649 à 1659), publié par T.-A. Becker, dans *Danske Magazin*, 3ᵉ série, t. IV.

Prinds Christians Hylding i Norge (Prestation d'hommage au prince Christian en Norvége, 1656), dans *Meddelelser fra det norske Rigsarkiv*, t. I, liv. 2, 1867.

Mémoires du chevalier de Terlon depuis l'année 1656 jusqu'en 1661. Paris, 1681, 2 vol., trad. en danois par Delgast. Copenhague, 1753-54, 2 vol.

ROGERT MANLEY, *History of the late wars in Denmark* (Histoire des dernières guerres en Danemark, 1657-60). Londres, 1670, in-fol.

P.-W. BECKER, *Samlinger til Danmarks Historie under Kong Frederik den Tredie af udenlandske Arkiver* (Collection pour l'histoire du Danemark sous le roi Frédéric III, tirée d'archives étrangères). Copenhague, 1847-57, 2 vol.

OTTO KRAG, *Relation om hans Gesandtskab til Kurfyrsten af Brandenburg* (Relation de son ambassade auprès du prince électeur de Brandebourg, 1659), dans *Samlinger* de Suhm, t. I, liv. 1.

VITUS BERINGIUS, *Obsidio Hafniensis*, 1676, in-4.

A. MATTHISŒN HIŒRRING, *Leyres Politie* (Police des camps). Copenhague, 1661; Le même publia *Leyers Krantz* (Couronne obsidionale). Copenhague, 1660; plusieurs fois rééditée.

HOLGER RŒRDAM, *De danske og norske Studenters Deeltagelse i Kjøbenhavns Forsvar mod Karl Gustav* (Participation des étudiants danois et norvégiens à la défense de Copenhague contre Charles X Gustave). Copenhague, 1855. Le même a donné un appendice à cet ouvrage dans *Kjøbenhavns Universitets Beskatning og Trængsler i Krigsaarene 1657-60*

(Contribution et tribulations de l'Université de Copenhague pendant la guerre de 1657-60), dans *Nyt histor. Tidsskrift*, t. VI, et à part.

Bidrag til Krigens Historie (Étude sur l'histoire de la guerre de 1657-58), dans *Danske Samlinger*, t. I, 1866.

J.-G. GEIJERSTAM, *Om Orsakerna til Carl X Gustafs Anfall på Danmark i August 1658* (Sur les causes de l'agression de Charles X Gustave contre le Danemark en août 1658). Stockholm, 1854.

Fältmarskalk Grefve Erik Dahlbergs Dag-Bok (Journal du feld-maréchal comte E. Dahlberg). Stockholm, 1823.

Om de Svenskes Overgang til Fyn 1658 og Slaget ved Nyborg 1659 (Du passage des Suédois en Fionie, 1658, et de la bataille de Nyborg, 1659), dans *Danske Magazin*, 3° série, t. II.

P. ROGERT, *Nakskovs Overgivelse 1658* (Reddition de Nakskov, en 1658); N. SAXTRUP, *Nakskovs Beleiring* (Siège de Nakskov, 1659); tous deux édités par F. Rogert, 1775.

P. ADLER, *Bidrag til Ribes Historie under Krigen med Sverrig* (Notice sur l'histoire de Ribe pendant la guerre avec la Suède, 1657-60). Ribe, 1838. Programme, d'après des sources manuscrites et avec des documents inédits. — *Tillæg til Krigene 1643-45 et 1657-60* (Appendice aux guerres de 1643-45 et 1657-60). Ribe, 1848.

J.-CHR. BERG, *Samlinger til Krigens Historie i Norge under Kong Frederik den Tredie* (Recueil pour l'histoire de la guerre en Norvége sous le roi Frédéric III), dans *Saga*, t. I.

Om Svenskerne i Norge (les Suédois en Norvége, 1658-60), dans *Norske Magazin* de Nicolaysen, t. II.

J.-H. SCHLEGEL, *Abhandlung über den Olivischen Frieden von 1660* (Mémoire sur la paix d'Oliva, en connexion avec la paix de Copenhague, d'après les *Acta Pacis Oliviensis* de Böhme et la relation de Chr. Parsberg), dans ses *Saml. zur Dänischen Geschichte*, t. II.

Udtog af den svenske Resident Magni Dureels Relation om Danmark (Extrait de la relation du Danemark par le résident suédois M. Dureel), dans *Samlinger* de Suhm, t. II. liv. 3. Ce rapport donne des renseignements très-importants sur la constitution du Danemark peu avant l'établissement de l'autocratie.

Dans les t. I, II et III des *Nye Samlinger* de Suhm, on trouve de précieux matériaux pour l'histoire de l'établissement de l'absolutisme.

Dagbogsoptegnelser fra Rigsdagen 1660 (Notes journalières sur la diète de 1660), éditées par Chr. Bruun, dans *Danske Samlinger*, 2° série, t. II.

SPITTLER, *Geschichte der dänischen Revolution im Jahre 1660* (Histoire de la révolution danoise en 1660). Berlin, 1796.

J.-L. ROHMANN, *Historisk Fremstilling af Souveræniletens Indførelse i Danmark* (Exposé historique de l'établissement de l'autocratie en Danemark). Odense, 1840.

JENS MŒLLER, *Ærkebisp Hans Svanes Levnet* (Vie de l'archevêque H. Svane) dans *Historisk Kalender*, t. I, 1814.

FR. HAMMERICH, *Præsident Hans Nansen den ældre* (le Président H. Nansen l'ancien), dans *Historisk Tidsskrift*, 3e série, t. I.

FR. HAMMERICH, *Enevældens Indførelse i Danmark og Norge* (Établissement de l'autocratie en Danemark et en Norvége), dans *Nordisk Universitets Tidsskrift*, 3e année, 1857.

OROSIUS ANNILO (Vitus Bering), *Dissertatio de bello Danico-Anglico*. Ad exemplar Parisiis impressum. (Sans date.)

D.-G. MOLDENHAWER, *Hannibal Sehesteds Ambassade i Frankrig*, dans *Skand. Litter. Selskabs Skrifter*, 1806 et 1808. — Plusieurs documents pour l'histoire de H. Sehested se trouvent dans *Danske Magazin*, 3e série, t. I.

Hannibal Sehesteds politiske Testament (Testament politique de H. Sehested), dans *Nye danske Magazin*, t. IV.

E.-C. WERLAUFF, *Efterretninger om Italieneren J.-F. Borros Ophold ved det danske Hof* (Renseignements sur le séjour de l'Italien J.-F. Borro à la cour de Danemark, 1667-70), dans *Dansk Minerva*, 1817, et à part.

L. THURA, *Hans Rostgaards Levnet* (Vie de H. Rostgaard). Copenhague, 1726, in-4.

C. MOLBECH, *Uddrag af Biskop Jens Bircherods hist. biograf. Dagbøger for Aarene* 1658-1708 (Extrait des journaux histor.-biographiques de l'évêque J. Bircherod, pour les années 1658-1708). Copenhague, 1846.

C. MOLBECH, *Bidrag til Corfits Ulfeldts Levnetshistorie* (Notice sur la vie de Corfits Ulfeldt), dans *Hist. Tidsskrift*, t. III, et *Nyt hist. Tidsskrift*, t. IV.

Otto Sperling den ældres Levnet (Vie de O. Sperling l'ancien), dans *Nye Samlinger* de Suhm, t. III.

T.-A. BECKER, *Gunde Rosenkrands's Levnet* (Vie de G. Rosenkrands), dans *Orion* (revue mensuelle), t. II.

H.-F.-J. ESTRUP, *Bidrag til Kundskab om Frankrigs, Danmarks og Sverrigs indbyrdes politiske Forhold*, 1663-1689, *efter franske Legationsberetninger* (Étude sur les relations politiques mutuelles de la France, du Danemark et de la Suède, de 1663 à 1689, d'après les rapports de la légation française). Copenhague, 1823, in-4.

N.-D. RIEGELS, *Forsœg til Femte Christians Historie* (Essai sur l'histoire de Christian V). Copenhague, 1792.

C. MOLBECH, *Kong Christian den Femtes egenhœndige Dagbœger* (Journaux autographes du roi Christian V, avec un appendice contenant d'autres documents inédits), dans *Nyt historisk Tidsskrift*, t. I-II.

JOH. LAURENTZEN, *Tageregister Christian des 5ten* (Registre quotidien de Christian V). Copenhague, 1701.

Bidrag til Danmarks Historie under Christian V (Documents pour l'histoire de Danemark sous Christian V), tirés des archives étrangères par C.-F. ALLEN, édité par Chr. Bruun, dans *Danske Samlinger*, 2ᵉ série, t. III-V.

Christian den Femtes Testamenter, som Tillæg til Kongeloven (Testaments de Christian V, comme appendice à la Loi royale), édité par J.-J.-A. Worsaae. Copenhague, 1860.

Leonora Christina Ulfeldts Jammersminde (Doléances d'Éléonore-Christine Ulfeldt), édité par Soph.-B. Smith. Copenhague, 1869; seconde édit. la même année.

Leonora Christinas Selvbiografi (Autobiographie d'Éléonore-Christine), édit. par S.-B. Smith, dans *Danske Samlinger*, 2ᵉ série, t. I.

S.-B. SMITH, *Leonora Christina paa Maribo Kloster* (Éléonore-Christine au Cloitre de Maribo). Copenhague, 1872.

Mémoires de C. MOLBECH sur *Corfits Ulfeldt* et *Éléonore-Christine*, dans *Hist. Tidsskrift*, t. III, et *Nyt histor. Tidsskrift*, t. IV.

AUBERY DU MAURIER, *Mémoires de Hambourg, de Lubeck et de Holstein, de Dannemarck*, etc. (Sur C. Ulfeldt). Blois, 1735.

Aktstykker vedkommende det polske Kongevalg (Documents sur l'élection du roi de Pologne, en 1674), dans *Aarsberetninger fra det Kongel. Geheime-Archiv*, t. V.

FRIEDENREICH, *Kong Christian den 5tes Krigshistorie for Aarene 1675-79* (Histoire militaire du roi Christian V pour les années 1675-79). Copenhague, 1758-65, t. I-II, in-4.

Bidrag til Christian den 5tes Krigshistorie, 1678-79, og hans Regjering, 1670-80 (Matériaux pour l'histoire militaire de Christian V, 1678-79, et de son gouvernement, 1670-80), dans *Samlinger* de Suhm, t. I, livr. 2.

Niels Juels og Cornelius Tromps Indberetninger om den danske Flaades Foretagender (Rapports de N. Juel et de C. Tromp sur les entreprises de la flotte danoise en 1676), dans *Nye danske Magazin*, t. IV.

H. SPEGEL, *Diarium öfver skånske kriget* (Journal de la guerre de Skanie en 1675-79), dans *Svenska Bibliotheket*, t. I, II, V.

M. WEIBULL, *Freden och förbundet i Lund* (Paix et traité de Lund en 1679), dans *Lunds Universitets Årsskrift* (Annuaire de l'Université de Lund), 1871.

C.-F. WAHRENBERG, *Quæ a rege Carolo XI ad ducem Gottorpiensem restituendum acta sint* 1679-89. Upsala, 1847, in-4.

Négociations entre le Danemark et les ducs de Gottorp, de 1658 à 1684, dans *Nordalb. Studien*, t. IV, 1847.

C. MOLBECH, *Brevvexling mellem Kong Christian den Femte og Hertug Chr. Albrecht af Gottorp* (Correspondance entre Christian V et le duc Chr. Albert de Gottorp, de 1668 à 1676), dans *Nyt histor. Tidsskrift*, t. III.

H.-C. REEDTZ, *Om Danmarks og Sverrigs Forbindelse til den neutrale Handels Beskyttelse* (Alliance du Danemark et de la Suède pour la protection des neutres, en 1690 et 1693), dans *Skand. Litt. Selskabs Skrifter*, t. XXI.

J.-H.-F. JAHN, *De danske Auxiliærtropper* (les Troupes auxiliaires danoises), essai d'histoire militaire. 1re division : le Corps auxiliaire danois au service de l'Angleterre, 1689-97 ; — 2e div. : les Troupes danoises dans la guerre de la succession d'Espagne. Copenhague, 1840-41 ; continué dans *Militært Repertorium*, 2e série, ann. 1843.

J. BECHER, *M. P. Farstrups og L. Axelsons Dagbog* (Journal de Farstrup jusqu'en 1643 et de L. Axelson, de 1681 à 1715), avec appendice et remarques. Aalborg, 1813.

MOLESWORTH, *An account of Denmark, as it was in the year* 1692 (Relation du Danemark, comme il était en 1692), 3e édit. Londres, 1694. — Pleine d'erreurs et passionnée, mais contenant divers renseignements intéressants.

J. WICHFELDT, *Erindringer om Niels Steensen* (Souvenirs de Nicolas Steno), dans *Histor. Tidsskrift*, 3e série, t. IV.

E.-F. KOCH. *Oluf Borck*, Esquisse de biographie et d'histoire littéraire. Copenhague, 1866.

O. WOLFF, *Peder Griffenfeldts Levnet* (Vie de P. Griffenfeldt). Copenhague, 1820, in-4.

CHR. BRUUN, *Curt Sivertsen Adelaer*. Copenhague, 1871 ; supplément dans *Danske Samlinger*, 2e série, t. V.

H.-G. GARDE, *Niels Juels Levnet* (Vie de N. Juel). Copenhague, 1842.

CHR. BRUUN, *Niels Juel og Hollænderne* (N. Juel et les Hollandais), dans *Danske Samlinger*, 2e série, t. I, et à part.

A.-C.-L. HEIBERG, *Thomas Kingo*, évêque de Fionie, biographie. Odense, 1852.

L. DAAE, *Sorenskriver Mathies Skaanlunds Autobiographi* (Autobiographie du greffier M. Skaanlund), tableau du temps de Christian V, dans *Norsk histor. Tidsskrift*, t. III.

S. LOENBOM, *Handlingar till Carl XItes Historia* (Documents pour l'histoire de Charles XI). Stockholm, 1763-74, 15 livr.

F.-F. CARLSON, *Sveriges Historia under Konungarne af Pfalziska Huset* (Histoire de Suède sous les rois de la maison palatine). Stockholm, 1851-1875, 4 vol. (Ce qui a paru contient l'histoire de Charles X Gustave et celle de Charles XI jusqu'à 1689).

A. HŒIER, *König Friderich des 4ten glorwürdigstes Leben* (Vie glorieuse du roi Frédéric IV). Tœnder, 1829, t. I-II. (Cet ouvrage, très-profond et important, fut écrit peu après la mort de Frédéric IV; mais il resta manuscrit jusqu'à ce qu'il fût édité par N. Falck en 1829.)

N.-D. RIEGELS, *Udkast til Fjerde Frederiks Historie efter Hœier* (Aperçu de l'histoire de Frédéric IV, d'après Hœier). Copenhague, 1795-99, en 2 vol. (Va jusqu'en 1720 et contient quelques faits omis par Hœier.)

CHARLOTTE BIEHL, *Historiske Breve* (Lettres historiques), dans *Historisk Tidsskrift*, 3ᵉ série, t. IV. (Concernant Frédéric IV, Christian VI, Frédéric V et Christian VII.)

Geschichte des gottorfischen Hofes unter der Regierung Herzog Friedrichs des 4ten und dessen Sohnes Herzog Karl Friedrichs (Histoire de la cour de Gottorp sous le règne du duc Frédéric IV et son fils Charles Frédéric, avec des éclaircissements sur les affaires du Nord en général), par un contemporain, mais publié beaucoup plus tard, à Francfort et Leipzig en 1774, in-4.

A. BUSSÆUS, *Historisk Dagregister over Kong Frederik den 4de* (Journal historique concernant le roi Frédéric IV). Copenhague, 1770.

Historiske Optegnelser af Carl Deichman (Notes historiques de Ch. Deichman), dans *Meddelelser fra det norske Rigsarkiv*, t. I, livr. I, 1865.

E. TORM, *Antegnelser til Friderik den 4des Historie* (Notes pour l'histoire de Frédéric IV), dans *Nye Samlinger* de Suhm, t. II.

Auszug der Regierungsregeln, welche Friderich IV seinem Sohne Christian VI hinterlassen (Extrait des règles de gouvernement que Frédéric IV laissa à son fils Christian VI), dans *Dansk Maanedskrift*, 2 série, 1865, t. I.

J. MŒLLER, *Bidrag til Frederik den 4des Privathistorie* (Étude sur l'histoire privée de Frédéric IV). 1º Premières amours du roi; 2º Vie de la reine Anne-Sophie, dans *Skandin. Litter. Selskabs Skrifter*, t. XXIII.

H.-O. SCHEEL, *Krigens Skueplads, som Indledning til Frederik den 4des*

Krigshistorie. (Théâtre de la guerre, servant d'introduction à l'histoire militaire de Frédéric IV). Copenhague, 1785, in-4.

L. ENGELSTOFT, *Kjæbenhavns Stilling og Farer i Sommeren* 1700 (Situation et dangers de Copenhague dans l'été de 1700), dans *Hist. Kalender*, t. I, 1814, réédité dans ses *Skrifter* (Écrits), t. II. Copenhague, 1861.

Bidrag til den danske Land- og Sœkrigshistorie (Documents pour l'histoire militaire et maritime du Danemark en 1700), dans *Nye Danske Magazin*, t. III.

DE LAHONTAN, *Voyage de Danemarc* (1694), à la suite de ses *Mémoires de l'Amérique*, t. II, 2e édit. Amsterdam, 1728.

LACOMBE DE VRIGNY, *Relation d'un voyage fait en Danemarc* en 1702. Rotterdam, 1706.

J.-A. FRANTZEN, *Gjenlyd af danske og norske Krigeres Tapperhed* (Échos de la bravoure de guerriers danois et norvégiens). Viborg, 1783, 2 vol. (En partie d'après des documents inédits).

Z. WOLF, *Journal des was in Tönningen v.* 1 *Jan.* 1713 — 30 *Jan.* 1714 *passüret* (Journal de ce qui s'est passé à Tœnning du 1er janvier 1713 au 30 janvier 1714). Copenhague (1714).

Der Holstein. Gottorp. Hof im Jahr 1713 (la Cour de Holstein-Gottorp en 1713), dans *Nordalb. Studien*, t. II, 1845.

C. PALUDAN-MÜLLER, *Omrids af Kong Frederik den Fjerdes Kamp med Grev Magnus Stenbock og Baron Gœrtz* (Esquisse de la lutte du roi Frédéric IV avec le comte M. Stenbock et le baron de Gœrtz, de 1712 à 1714), dans *Historisk Tidsskrift*, 4e série, t. VI.

A. FAYE, *Carl XII i Norge* (Charles XII en Norvége). Christiania, 1868.

Bidrag til den norske Krigshistorie under Frederik den 4de (Études sur l'histoire militaire norvégienne sous Frédéric IV, 1716-1718), dans *Samlinger til det norske Folks Historie*, t. III.

B. MOE, *Aktstykker til den norske Krigshistorie under Frederik den 4de* (Documents sur l'histoire militaire norvégienne sous Frédéric IV, 1716-18). Christiania, 1838-40, 3 livr. (Extrait de *Norsk militær Tidsskrift*, livr. 15-17.)

Bidrag til Norges Historie (Étude sur l'histoire de Norvége, 1716-19), dans *Norske Samlinger*, t. I-II.

A. FAYE, *Carl XII's Angreb paa Norge* (Invasion de la Norvége par Charles XII en 1716 et 1718), dans *Historisk Tidsskrift*, 3e série, t. VI.

Le duc OSCAR FREDERIK (Oscar II), *Några bidrag till Sveriges Krigshistoria* (Études sur l'histoire militaire de la Suède, de 1711 à 1713), dans *Vitt. Hist. och Antiqvitets Academ. Handlingar.* Nouv. série, t. II, IV, V.

C.-F.-J. WAHRENBERG, *Sveriges yttre Förhållanden från* 1697 *till Freden i*

Traventhal (Affaires étrangères de la Suède, de 1697 à la paix de Traventhal). Stockholm, 1856.

FR.-F. CARLSON, *Om Fredsunderhandlingarne* (Des négociations de paix, de 1709 à 1718). Stockholm, 1857.

F.-F. CARLSON. *Quæ a Carolo XII post pugnam Pultavensem de pace acta sint et quæ fuerint consilia Goerzii*. Dissert. Upsala, 1848.

C.-G. MALMSTRŒM, *Sveriges politiske Historia från K. Carl XII's dœd till statshvälfningen 1772* (Histoire politique de la Suède, depuis la mort de Charles XII jusqu'au coup d'État de 1772). Stockholm, 1855-77, 5 vol.

SAM. LOENBOM. *Grev Magnus Stenbocks Levnet* (Vie du comte M. Stenbock), trad. en danois avec diverses additions. Copenhague, 1789-90, 3 vol.

C.-P. ROTHE, *Tordenskjolds Levnet* (Vie de Tordenskjold). Copenhague, 1747-50, 3 vol. in-4.

H. BOHR. *Peder Tordenskjolds Levnet*. Copenhague, 1839.

N.-M. PETERSEN, *Hans Egedes Levnet* (Vie de H. Egede). Copenhague, 1839.

J. ERICHSEN, *Thormod Torfesens Levnet* (Vie de Th. Torfæus), dans *Minerva*, 1786-88, et à part. Copenhague, 1788.

J. OLAFSEN, *Biographiske Anmærkninger om Arne Magnussen* (Remarques biographiques sur Arnas Magnæus), avec additions de E.-C. Werlauff, dans *Nord. Tidsskrift for Oldkyndighed*, t. III.

E. PHILIPSEN, *Ole Rœmers Liv og Virksomhed* (Vie et œuvres de O. Rœmer), dans *Nord. Universitets Tidsskrift*, 5e année, 1859.

CHR. BRUUN, *Frederik Rostgaard og hans Samtid* (Fr. Rostgaard et son temps). Copenhague, 1870-71, 2 vol.

CHR. BRUUN, *Falsteriana, indeholdende nye Bidrag til Christian Falsters Historie og Udvalg af hans danske Brevvexling* (Falsteriana, contenant de nouveaux documents pour la biographie de Chr. Falster et un extrait de sa correspondance danoise). Copenhague, 1869.

J. MŒLLER, *Biskop Bartholomæus Deichmanns Levnet* (Vie de l'évêque B. Deichmann), dans *Mnemosyne*, t. I, 1830.

B. DEICHMANN, *Forsvarsskrift for de Norske* (Apologie des Norvégiens), dans *Saga*, t. II, et à part. Copenhague, 1768-76.

K. AF LUNDBLAD, *Geschichte Karl des 12ten* (Histoire de Charles XII). Hambourg, 1835-40, 2 vol. — Traduit du suédois, avec des corrections et des additions de G.-F. von Jenssen.

F.-V. MANSA, *Pesten i Helsingœr og Kjœbenhavn* (la Peste d'Elseneur et de Copenhague en 1710-11), dans *Hist. Forenings Tidsskrift*, t. I, III et IV; supplément publié à part. Copenhague, 1844. L'ouvrage complet a été réédité à Copenhague, 1853.

N.-D. Riegels, *Skilderi af Sjette Christian* (Esquisse de Christian VI), dans le t. III de ses *Smaae historiske Skrifter* (Petits Écrits historiques). Copenhague, 1798. — Écrit dans le même ton passionné que son Histoire de Christian V. L'esprit contraire se manifeste dans :

Jens Mœller, *Forsøg til en historisk Vurdering af Kong Christian den 6te* (Essai d'appréciation historique du roi Christian VI), fondé sur les documents et surtout sur les propres lettres de ce monarque, dans *Mnemosyne*, t. II-IV. Copenhague, 1831-33. — L'auteur a une tendance à montrer le roi sous un beau jour et à le justifier des reproches que lui adressent d'autres historiens.

Jœrgen Bilde, *Forslag om Jyllands slette Tilstands Forbedring* (Projet pour améliorer la mauvaise situation du Jutland, en 1730), dans *Danske Samlinger*, t. IV, 1869.

L. Helweg, *Christian den 6te og den Tids religiøse Bevægelser.* (Christian VI et les mouvements religieux du temps), d'après des sources inédites, dans *For Litteratur og Kritik* (Pour la littérature et la critique), revue trimestrielle, t. III. Odense, 1845.

Aktstykker vedkommende det svenske Thronfœlgervalg (Documents concernant l'élection de l'héritier présomptif en Suède), dans *Aarsberetninger fra Geh. Archivet*, t. V.

Aktstykker af H.-A. Brorsons Liv og Virken som Biskop i Ribe (Documents sur la vie et les actes de l'évêque de Ribe, H.-A. Brorson, de 1741 à 1764), publié par D. Pontoppidan, dans *Kirkehistoriske Samlinger*, t. I.

Erik Pontoppidan, *Levnetsbeskrivelse og hans Dagbog fra en Reise i Norge* (Autobiographie et journal de son voyage en Norvège en 1749), publié par N.-E. Hofman (Bang). Odense, 1874.

Jens Mœller, *Iver Rosenkrands's Levnet* (Vie de I. Rosenkrands), dans *Mnemosyne*, t. I-II. Copenhague, 1830-31.

J. Mœller, *Hans Grams Levnet* (Vie de H. Gram), dans *Skandin. Litt. Selskabs Skrifter*, 1810.

C.-W. Smith, *Om Holbergs Levnet og populære Skrifter* (Sur la vie et les ouvrages populaires de Holberg). Copenhague, 1858.

H. Treschow, *Grev F. Danneskjold-Samsœes Levnet* (Vie du comte F. Danneskjold-Samsœe). Copenhague, 1796, réédité en 1834.

Grev J. S. Schulins Levnet (Vie du comte J.-S. Schulin), dans *Nye Samlinger* de Suhm, t. I.

J.-K. Hœst, *Mærkværdigheder i Kong Frederik den Femtes Levnet og Regjering* (Curiosités de la vie et du règne de Frédéric V). Copenhague, 1820.

G.-L. BADEN, *Frederik den Femtes Regjerings Aarbog* (Annales du règne de Frédéric V). Copenhague, 1832.

Grev Adam Gottlob Moltkes efterladte Mindeskrifter (Mémoires posthumes du comte A.-G. Moltke), publiés par C.-F. Wegener, dans *Historisk Tidsskrift*, 4ᵉ série, t. II.

G. HILLE, *Grev Adam Gottlob Moltkes Plan for Frederik den Femtes Regjering* (Plan de gouvernement pour Frédéric V tracé par le comte A.-G. Moltke), dans *Historisk Tidsskrift*, 4ᵉ série, t. IV.

A.-F. VON DER ASSEBURG, *Denkwürdigkeiten* (Mémoires). Berlin, 1842.

GRAFF FR. LYNAR, *Hinterlassene Staatsschriften* (Écrits politiques posthumes). Hambourg, 1793-97, t. I-II. (Concernant aussi l'histoire de Christian VI.)

Vie de Fr. Lynar, dans *Beiträge zur Lebensgeschichte denkwürdiger Personen*, de A.-F. BÜSCHING, t. IV.

G. JANSEN, *Rochus Friedrich Graf zu Lynar* (le Comte R.-Fr. de Lynar), matériaux pour l'histoire de la politique septentrionale au XVIIIᵉ siècle. Oldenbourg, 1873.

P. VEDEL, *Grev Rochus Friderich Lynar* (le Comte R.-Fr. Lynar), dans *Histor. Tidsskrift*, 4ᵉ série, t. IV.

H.-P. STURZ, *Ueber das Leben des Grafen Joh.-Hartw.-Ernst Bernstorff* (Sur la vie du comte J.-H.-E. Bernstorff). Leipzig, 1777.

Correspondance entre le comte Joh.-Hartw.-Ernst Bernstorff et le duc de Choiseul, 1758-66. Copenhague, 1871.

J. MŒLLER, *Jakob Langebeks Levnet* (Vie de J. Langebek), dans *Nye danske Magazin*, t. IV.

J.-L. RASMUSSEN, *Det afrikanske Kompagnies Historie* (Histoire de la Compagnie africaine). Copenhague, 1818.

A. CRONE, *Rigsdags-Relation af den svenske Minister 1760 om Danmark* (Rapport sur le Danemark adressé à la Diète par le ministre suédois en 1760), dans *Danske Samlinger*, t. VI.

J.-K. HŒST, *Entwurf einer Geschichte der Dänischen Monarchie unter der Regierung Christian des 7ten* (Essai d'histoire de la monarchie danoise sous le règne de Christian VII). Copenhague, 1813-16, t. I-III, 1ʳᵉ-2ᵉ divisions.

G.-L. BADEN, *Christian den Syvendes Regjerings Aarbog* (Annuaire du règne de Christian VII, de 1766 à 1784). Copenhague, 1833.

F.-C. CLAUSEN, *Recueil de tous les traités conclus et publiés par la couronne de Dannemarc depuis 1766 jusqu'à 1794*. Berlin, 1795.

H.-G. Garde, *Bidrag til Grev Danneskjold-Samsœes Virksomhed under Christian den VIIde* (Étude sur les actes du comte Danneskjold-Samsœe sous Christian VII), dans *Danske Magazin*, 3° série, t. III.

J.-K. Hœst, *Grev Struensee og hans Ministerium* (le Comte Struensee et son ministère). Copenhague, 1824; 3 vol. Traduit en allemand et amélioré. Copenhague, 1826.

Authentische Aufklärungen über die Geschichte der Grafen Struensee und Brandt (Éclaircissements authentiques pour l'histoire des comtes Struensee et Brandt). Germanie, 1788.

F. Schiern, *Bidrag til Oplysning af Katastrophen den 17 Januar 1772* (Étude sur la catastrophe du 17 janvier 1772), dans *Historisk Tidsskrift*, 4° série, t. II.

Ludwig d'Yves, *Geheime Hof- und Staats-Geschichte des Königreichs Dänemark* (Histoire secrète de la cour et de la politique du royaume de Danemark). Germanie, 1790.

Mémoires de M. de Falckenskjold. Paris, 1826.

Struensee et la Cour de Copenhague, 1760-72. Mémoires de Reverdil. Paris, 1858. Traduit en danois par L. Moltke. Copenhague, 1859.

C. Molbech, *Bemærkninger om Christian den VIIde, Hoffet og Struensee* (Remarques sur Christian VII, la cour et Struensee), avec quelques documents, dans *Nyt historisk Tidsskrift*, t. IV et V.

E. Holm, *Styrelsen af Danmark-Norges Udenrigspolitik under Struensee* (la Direction de la politique étrangère du Danemark et de la Norvége sous Struensee), dans *Historisk Tidsskrift*, 4° série, t. II.

Charlotte Biehl, *Regjeringsforandringen den 14 April 1784* (le Changement du gouvernement, le 14 avril 1784), dans *Histor. Tidsskrift*, 3° série, t. V.

Slanbusch, *Beretning om Regjeringsforandringen* (Rapport sur le changement du ministère, le 14 avril 1784), publié par F. Schiern, dans *Historisk Tidsskrift*, 3° série, t. V.

E.-G. Geijer, *Gustaf IIIs efterlæmnade Papper* (Écrits posthumes de Gustave III). Upsala, 1843-44, t. I-III, 1re division.

Charles de Hesse, *Mémoires de la campagne en Suède, 1788*. Copenhague, 1789; trad. en danois, *ibid., id.*

Charles, prince de Hesse, *Mémoires de mon temps*. Copenhague, 1861.

E. Holm, *Caspar von Saldern og den dansk-norske Regjering* (C. de Saldern et le gouvernement dano-norvégien), dans *Hist. Tidsskrift*, 4° série, t. III.

E. Holm, *Om Danmarks Deeltagelse i Forhandlingerne om en væbnet Neutralitet* (Sur la part prise par le Danemark aux négociations sur la neutralité armée, de 1778 à 1780), dans *Hist. Tidsskrift*, 3° série, t. V.

E. HOLM, *Danmarks Politik under den svensk-russiske Krig* (Politique du Danemark pendant la guerre suéco-russe, de 1788 à 1790), dans *Vidensk. Selsk. Skrifter*, 5e série, hist. et philos. t. IV.

E. HOLM, *Danmarks politiske Stilling under den franske Revolution* (Attitude politique du Danemark pendant la Révolution française, 1791-97, surtout par rapport à la Suède). Copenhague, 1869.

E. HOLM, *Danmark-Norges udenrigske Historie under den franske Revolution og Napoleons Krige* (Histoire des relations extérieures du royaume de Danemark-Norvège pendant la Révolution française et les guerres de Napoléon, de 1790 à 1807). Copenhague, 1875, 2 vol.

YNGVAR NIELSEN, *Gustav den IIIs norske Politik* (Politique norvégienne de Gustave III), dans *Historisk Tidsskrift*, publié par la Société historique de Norvége, 2e série, t. I, 1877.

C.-U.-D. EGGERS, *Denkwürdigkeiten aus dem Leben des Staatsministers A.-P. Bernstorff* (Mémoires sur la vie du ministre d'État A.-P. Bernstorff). Copenhague, 1800.

A.-F. BERGSŒE, *Grev C.-D.-F. Reventlovs Levnet* (Vie du comte C.-D.-F. Reventlov). Copenhague, 1837, 2 vol.

C. MOLBECH, *Johannes Ewalds Levnet* (Vie de J. Ewald). Copenhague, 1831.

MARTIN HAMMERICH, *Ewalds Levnet*. Copenhague, 1860.

R. NYERUP, *Suhms Leonet* (Vie de Suhm). Copenhague, 1798.

A. BAGGESEN, *Jens Baggesens Biographi* (Biographie de J. Baggesen). Copenhague, 1842-56, 4 vol.

RASMUS NYERUP, *Levnetslœb, beskrevet af ham selv* (Autobiographie), publié avec des appendices par C.-L. Strœm. Copenhague, 1829.

K.-L. RAHBEK, *Erindringer af mit Liv* (Souvenirs de ma vie). Copenhague, 1824-29, 5 vol.

P.-CHR. ZAHLE, *Knud Lyne Rahbek og hans Samtid* (K.-L. Rahbek et ses contemporains). Copenhague, 1860.

CHRISTEN THAARUP, *Peter Andreas Heibergs Levnet* (Vie de P.-A. Heiberg), dans *Hist. Tidsskrift*, 3e série, t. II.

L. KOCH, *Biskop Nicolai Edinger Balle* (l'Évêque N.-E. Balle). Copenhague, 1876.

L.-J.-F. MOLTKE, *Geheimeraad Frederik Moltkes Levnetsbeskrivelse* (Vie du conseiller intime Fr. Moltke), dans *Historisk Tidsskrift*, 4e série, t. II.

A.-CHR. BANG, *Hans Nielsen Hauge og hans Samtid* (H.-N. Hauge et son temps). Christiania, 1874; 2e édit., 1875.

C. MOLBECH, *Digteren A.-V. Schack-Staffelt* (le Poëte A.-V. Schack-Staffelt), essai biographique. Copenhague, 1851; extrait de l'édition des *Samlede Værker* du poëte.

C.-F. WEGENER, *Liden Krœnike om Kong Frederik og den danske Bonde*

(Petite Chronique du roi Frédéric et du paysan danois). Copenhague, 1843.

A. THORSŒE *Den danske Stats politiske Historie*. (Histoire politique de l'État danois, de 1800 à 1864), tirée de documents imprimés. t. I (1800-1814), Copenhague, 1873; II, 4 livraisons (1814-1848), Copenhague, 1877.

STEEN BILLE, *Det danske Flag i Middelhavet i Slutningen af det 18de Aarhundrede* (le Pavillon danois dans la Méditerranée, à la fin du xviiie siècle), avec des souvenirs biographiques du conseiller intime, ministre d'État et amiral STEEN BILLE, dans *Archiv for Søvæsenet*, t. VI-XII, et à part. Copenhague, 1840.

BÖHME, *Materialien zu einer Chronik der Herzogthümer Schleswig und Holstein* (Matériaux pour une chronique des duchés de Slesvig et de Holstein, de 1800 à 1816), dans *Staatsburg. Magazin*, t. I-VI; — années 1817-18, *ibid.*, t. X.

C.-F. ALLEN, *Slaget paa Kjøbenhavns Rhed* (Combat dans la rade de Copenhague, en 1801), dans *Dansk Folkekalender*, 1842.

H.-J. BLOM, *Krigstildragelserne i Sjælland* (Événements militaires en Sélande, 1807). Copenhague, 1845.

L. MEYER, *Seeland im Sommer 1807* (la Sélande dans l'été de 1807), Germanie, 1808.

Bidrag til Nordens Historie (Étude sur l'histoire du Nord en 1807), dans *Saga*, t. II.

C.-F. VON HELLFRIED, *Politisk Overskuelse af Englands Overfald paa Danmark* (Coup d'œil politique sur l'agression de l'Angleterre contre le Danemark en 1807). Copenhague, 1808.

H.-P. MUMME, *Begivenhederne i Fyen* (Événements en Fionie, 1808). Odense, 1848.

Le journal hebdomadaire norvégien *Budstikken* (le Messager), 1808, doit aussi être consulté.

JOH. FORCHHAMMER, *Napoleon den Is Forhold til Norden og særligt til Danmark* (Relations de Napoléon Ier avec le Nord et surtout avec le Danemark), dans *Dansk Maanedskrift* de Steenstrup, 1867.

JOH. FORCHHAMMER, *Christian August, Prinds af Augustenborg*, dans *Dansk Maanedskrift* de Steenstrup, 1868.

Skrivelser fra Frederik den 6te til Prinds Christian August (Lettres de Frédérik VI au prince Christian-Auguste, de 1807 à 1809), dans *Norske Samlinger*, t. I.

Rapporter og Breve fra Prinds Christian August (Rapports et lettres du prince Christian-Auguste, de 1807 à 1809), publiés par C.-N.-St. Platou et C.-A. Lange. Christiania, 1860. (Extrait de *Norske Samlinger*, t. II, avec un supplément.)

A. Faye, *Landkrigen i Norge* (Guerre continentale en Norvège, 1808), dans *Nordisk Universitets Tidsskrift;* 7° année, 1861.

C.-A. Adlersparre, *1809 Års Revolution och dess Män* (la Révolution de 1809 et ses personnages). Stockholm, 1849, 2 vol. — *1809 och 1810, Tidstaflor* (1809 et 1810, tableaux du temps), par le même. Stockholm, 1850, 2 vol. (Cfr. *Handlingar rörande Sveriges äldre, nyare och nyaste Historia,* t. I-IX. Stockholm, 1830 et s.)

F. Schiern, *Om Sverrigs Thronfœlgervalg* (Sur l'élection d'un héritier présomptif en Suède, 1809-10), dans *Historiske Studier,* t. I. Copenhague, 1856.

J. v. Ræder, *Danmarks Krigs- og politiske Historie fra Krigens Udbrud 1807 til Freden i Jœnkœping 1809* (Histoire militaire et politique du Danemark, depuis l'ouverture des hostilités en 1807 jusqu'à la paix de Jönköping en 1809). Copenhague, 1845-52, 3 vol.

C. Meijer, *Kriget emellan Sverige og Danmark* (Guerre entre la Suède et le Danemark, 1808-1809). Stockholm, 1867.

G.-D. Lœwendal, *Felttoget ved Elben i Aarene 1813 og 1814* (Campagne de l'Elbe dans les années 1813 et 1814). Copenhague, 1818; trad. en allemand, avec des notes et additions par F.-H. Jahn. Kiel, 1818.

H.-P. Holmboe, *Britternes Krigsforetagender langs Norges Kyster* (Entreprises des Anglais le long des côtes de la Norvège, de 1808 à 1814), dans *Samlinger til Norske Folks Historie,* t. II.

C.-F. Sœrensen, *Kampen om Norge* (Combat pour la Norvège dans les années 1813 et 1814), étude sur l'histoire militaire des États septentrionaux. Copenhague, 1871, 2 vol.

J.-Chr. Berg, *Bidrag til Nordens Historie* (Étude sur l'histoire du Nord en 1814), dans *Saga,* t. I.

J. Aal, *Erindringer som Bidrag til Norges Historie fra 1800-1815* (Souvenirs servant à éclairer l'histoire de Norvège de 1800 à 1815). Christiania, 1844-45, 3 vol. Nouv. édit. avec addit. et correct. par C.-A. Lange. Christiania, 1859.

G.-P. Blom, *Norges Statsforandring* (Révolution de Norvège en 1814). Christiania, 1860.

Ludv. Kr. Daa, *K. Magnus Falsen,* matériaux pour l'histoire de la Constitution norvégienne. Christiania, 1860. Extrait de *Vidensk. Selskabs Forhandlinger,* 1860.

Plusieurs mémoires de Julius Ree sur les affaires de Norvège dans l'année 1814 et les suivantes, dans *Dansk Maanedsskrift* de Steenstrup, 1860-62.

Breve fra Danske og Norske, især i Tiden nærmest efter Adskillelsen

(Lettres de Danois et de Norvégiens, surtout du temps qui suivit la séparation), éditées par L. Daae. Copenhague, 1876.

Claus Pavels, *Biografi og Dagbøger* (Biographie et journal), édités par C.-P. Riis. Bergen, 1864.

Claus Pavels, *Autobiografi*, édité par C.-P. Riis. Christiania, 1866.

Claus Pavels, *Dagbogs Optegnelser* (Notes quotidiennes, 1815-16), éditées par C.-P. Riis. Christiania, 1867.

A.-S. Œrsted, *Af mit Livs og min Tids Historie* (Histoire de ma vie et de mon temps). Copenhague, 1850-57.

Y. Nielsen, *Bidrag til Norges og Sveriges Historie* (Matériaux pour l'histoire de Norvège et de Suède, 1812-16). Christiania, 1869.

Touchard-Lafosse, *Histoire de Charles XIV* (Jean Bernadotte). Paris, 1838, 3 vol.

B. Sarrans jeune, *Histoire de Bernadotte Charles-Jean XIV*. Paris, 1845, 2 vol.

B. von Schinkel, *Minnen ur Sveriges nyare Historia* (Souvenirs de l'histoire contemporaine de la Suède), édités par C.-W. Bergman et Rogberg. Stockholm, 1852-72, 11 vol. (S'étend de 1771 à 1828.).

J.-M. Thiele, *Mindeblade om Christian den 8de* (Souvenir de Christian VIII). Copenhague, 1848.

H.-C. Œrsted, *Mindeskrift om Christian den 8de* (A la mémoire de Christian VIII), publié par l'Acad. des sciences de Danemark. Copenhague, 1848.

C.-F. Wegener, *Mindeblad om Christian den 8de*. Copenhague, 1848.

J.-M. Thiele, *Thorvaldsens Ungdomshistorie* (Histoire de la jeunesse de Thorvaldsen, 1770-1804). Copenhague, 1851; — *Thorvaldsen i Rom* (Thorv. à Rome, 1805-39). Copenh., 1852-54, 2 vol.; — *Thorvaldsen i Kjøbenhavn* (Thorv. à Copenhague, 1839-44). Copenh. 1856.

Œhlenschlæger, *Levnet* (Autobiographie). Copenhague, 1830-31, 2 vol.; — *Erindringer* (Souvenirs), Copenh., 1850-51, 4 vol.

Kr. Arentzen, *Baggesen og Œhlenschlæger*. Copenhague, 1870-77, 7 vol.

Provst Frederik Schmidts Dagbøger (Journal du prévôt Fr. Schmidt), extrait édité par N. Hancke. Copenhague, 1868.

C.-F. Wegener, *Biographiske Antegnelser om L. Engelstoft* (Notice biographique sur L. Engelstoft), dans *Videnskabernes Selskabs Forhandlinger*, 1851, et à part. Copenhague, 1852.

Udvalg af L. Engelstofts Breve (Choix de lettres de L. Engelstoft), dans *L. Engelstofts Skrifter*. Copenhague, 1852, t. III.

F.-C. Olsen, *Poul-Martin Mœllers Levnet* (Vie de P.-M. Mœller), dans le t. III de *P.-M. Mœllers efterladte Skrifter*, et à part. Copenhague, 1843.

J.-P. Mynster, *Brændsteds Biographie* (Biographie de Brœndsted), dans le t. I de *Brændsteds Reise i Grækenland*. Copenh., 1844, et à part.

E.-C. Werlauff, *Danske, især kjœbenhavnske, Tilstande og Stemninger* (Situation et aspirations du Danemark, surtout de Copenhague, au commencement du xixe siècle), dans *Historisk Tidsskrift*, 4e série, t. IV.

H. Steffens, *Was ich erlebte* (Ce que j'ai vu et éprouvé). Breslau, 1840-44, 10 vol.

J.-P. Mynster, *Meddelelser om mit Levnet* (Renseignements sur ma vie). Copenhague, 1854.

Breve fra J.-P. Mynster (Lettres de J.-P. Mynster), Copenhague, 1860; et *Af efterladte Breve til J.-P. Mynster* (Choix de lettres adressées à J.-P. Mynster). Copenh., 1862.

Nogle Blade af J.-P. Mynster's Liv og Tid (Quelques feuilles sur la vie et le temps de J.-P. Mynster), éditées par C.-L.-N. Mynster. Copenhague, 1875.

C. Hauch, *Hans Christian Œrsteds Levnet* (Vie de H.-C. Œrsted), dans le t. IX de *H.-Chr. Œrsteds samlede Skrifter*. Copenhague, 1852.

Breve fra og til Hans Christian Œrsted (Correspondance de H.-Chr. Œrsted), éditée par Mathilde Œrsted. Copenhague, 1870, 2 vol.

Breve fra og til Johan Ludvig Heiberg (Correspondance de J.-L. Heiberg). Copenhague, 1862.

B.-S. Ingemann, *Levnetsbog skrevet af ham selv* (Autobiographie), éditée par J. Galskjœtt. Copenhague, 1862.

H. Hage, *Johannes Hage*, vie et caractère. Copenhague, 1854.

H.-N. Clausen, *Joakim-Frederik Schouws offentlige Liv* (Vie publique de J.-Fr. Schouw). Copenhague, 1856. (Extrait de *Dansk Maanedsskrift*, novembre 1856.)

Th. Overskou, *Af mit Liv og min Tid* (de ma vie et de mon temps, 1798-1830). Copenhague, 1868.

N.-C.-L. Abrahams, *Meddelelser om mit Liv* (Notice sur ma vie). Copenhague, 1876.

H.-N. Clausen, *Optegnelser om mit Levneds og min Tids Historie* (Notes sur l'histoire de ma vie et de mon temps). Copenhague, 1877.

P. Weilbach, *Maleren Eckersbergs Levned og Værker* (Vie et œuvres du peintre Eckersberg). Copenhague, 1872.

A.-P. Berggreen, *C.-E.-F. Weyses Biographie* (Biographie de C.-E.-F. Weyse). Copenhague, 1876.

J.-L. Ussing, *Niels Laurits Høyens Levned med Bilag af Breve* (Vie de N.-L. Hœyen, avec des lettres). Copenhague, 1872.

J.-M. Thiele, *Af mit Livs Aarbøger* (Extrait des annales de ma vie, 1795-1826). Copenhague, 1873.

C. Hauch, *Minder fra min Barndom og Ungdom* (Souvenirs de mon enfance et de ma jeunesse). Copenhague, 1867.

Orla Lehmann, *Efterladte Skrifter* (Écrits posthumes), édités par H. Hage et C. Ploug. Copenhague, 1872-74, 4 vol.

C.-E.-F. Reinhardt, *Orla Lehmann og hans Samtid* (O. Lehmann et son temps), étude sur le développement des idées de liberté et de nationalité en Danemark. Copenhague, 1871.

Af Anton-Frederik Tschernings efterladte Papirer (Extrait des papiers laissés par A.-Fr. Tscherning). Copenhague, 1876-77, t. I-III, livr. 1.

H.-N. Clausen, *Slesvigeren Christian Ditlef Paulsens Livshistorie i Omrids* (Esquisse de la vie du Slesvigois Chr.-D. Paulsen). Copenhague, 1857.

Hans Nissen i Hammelef (Hans Nissen, de Hammelef), notice historique, par Laurids Skau. Haderslev, 1857.

Laurids Skau, *Peter Hjort Lorenzen*, étude sur l'histoire des affaires dano-slesvigoises. Copenhague, 1865.

K. Jensen, *Uwe Jens Lornsen*, Étude sur l'histoire de la renaissance de la nation allemande. Kiel, 1872.

F. Thaarup, *Fædrelandsk Nekrolog eller Efterretninger om bekjendte og berœmte Afdœde i Tidslœbet fra* 1821 (Nécrologie nationale, ou Notices sur les personnages célèbres ou connus qui sont morts depuis 1821). Copenhague, 1835-45, 10 livr.

H.-P. Selmer, *Nekrologiske Samlinger* (Recueil nécrologique). Copenhague, 1849-52, 2 années.

Les Fragments antislesvigholsteinois, qui ont pour la plupart été écrits à l'occasion des mouvements et de la révolte des Slesvig-Holsteinois, ont été cités plus haut.

Aktstykker vedkommende det slesvigske Spœrgsmaal (Documents sur la question du Slesvig). Copenhague, 1848, 2 livr.

C. Rosenberg, *Danmark i Aaret* 1848 (le Danemark en 1848). Copenhague, 1873.

C. Paludan-Müller, *Udenrigsministeren Grev Knuths Fremstilling af Danmarks Underhandlinger 1848 indtil Vaabenstilstanden i Malmœ* (Exposé des négociations du Danemark depuis 1848 jusqu'à l'armistice de Malmœ, fait par le comte Knuth, ministre des affaires étrangères), dans *Historisk Tidsskrift*, 4º série, t. V.

Den slesvigske Krig i 1848 (la Guerre du Slesvig en 1848, par un officier de l'armée). Copenhague, 1849, 2 livr. — Remarques sur cet ouvrage, par F. Læssœ. Copenhague, 1849.

Slaget ved Kolding (la bataille de Kolding), racontée par un officier d'infanterie. Copenhague, 1852.

Slaget ved Fredericia (Bataille de Fredericia, le 6 juillet 1849, exposée d'après les rapports, par un officier danois). Copenhague, 1849.

D. RECKE, *Insurgenternes Angreb paa den danske Armees Flæistillinger* (Attaques des insurgés contre les positions de flanc de l'armée danoise (Miœsund et Frederiksstad) en sept. et oct. 1850). Copenhague, 1852.

FR. HAMMERICH, *Det tredie slesvigske Felttog* (la Troisième Campagne du Slesvig). Copenhague, 1851. (Traduit en français par A. Caroé. Paris, 1852.)

FR. HAMMERICH, *Den slesvigske Treaarskrig* (la Guerre triennale du Slesvig), publiée par la Société slesvigoise des publications populaires. Haderslev, 1852.

OTTO VAUPELL, *Kampen for Sønderjylland* (Lutte pour le Sudjutland, 1848-50). Copenhague, 1863-67, 3 vol.

Den dansk-tydske Krig (la Guerre dano-allemande, de 1848 à 1850), publié par l'état-major général. Copenhague, 1867-77, t. I-II, 2e division.

Breve fra danske Krigsmænd skrevne til Hjemmet under Felttogene 1848, 1849, 1850 (Lettres écrites par des militaires danois à leur famille pendant les campagnes de 1848 à 1850), recueillies par C.-F. Allen, éditées par Chr. Bruun. Copenhague, 1873.

ORLA LEHMANN, *Den svensk-norske Hjælp* (l'Assistance de la Suède et de la Norvège en 1848), dans *Nord. Universitets Tidsskrift*, 7e année, 1861.

Aufzeichnungen des Prinzen von Noer aus den Jahren 1848 bis 1850 (Notes du prince de Noer, des années 1848 à 1850). Zurich, 1861.

Den dansk-tyska frågan (la question dano-allemande), essai historique par un Suédois. Copenhague, 1862.

C.-A. GOSCH, *Denmark and Germany since 1815* (le Danemark et l'Allemagne depuis 1815). Londres, 1862, avec 4 cartes.

C.-F. WEGENER, *Mindeskrift over Kong Frederik den syvende* (En souvenir du roi Frédéric VII), dans *Aarbøger for nordisk Oldkyndighed*, t. I.

J.-T. RAVN, *Fremstilling af Krigsbegivenhederne paa Als* (Exposé des événements militaires de l'île d'Als, du 18 avril au 1er juillet 1864). Copenhague, 1870.

F. SCHŒLLER, *Forsvaret af Dybbølstillingen* (Défense de la position de Dybbøl en 1864), en partie d'après des documents officiels, dans *Tidsskrift for Krigsvæsen*, 1867.

J.-P.-F. KŒNIGSFELDT, *Genealogiske Tabeller over Danmarks, Norges og Sverrigs Kongefamilier* (Tables généalogiques des familles royales de Danemark, de Norvège et de Suède). Copenhague, 1833, in-fol.; 2e édit.

remaniée, Copenh., 1856, in-4. — Le même a publié *Geneal. Tabeller over den Oldenborgske Stamme*. Copenh., 1840, in-fol.

Den danske Kongerække (la Série des rois de Danemark, depuis Gorm l'Ancien jusqu'à Christian VIII), avec notices historico-biographiques, dans *Historiske Aarbœger*, éditées par C. Molbech, t. I. Copenhague, 1845.

V

BIOGRAPHIES ET RECUEILS DE MATÉRIAUX POUR L'HISTOIRE DES PERSONNAGES REMARQUABLES. — GÉNÉALOGIES [1].

HOFMAN, *Portraits historiques des hommes illustres de Danemark*, traduction danoise remaniée par Sandvig, sous le titre de : *Efterretninger om velfortjente danske Adelsmænd*. Copenhague, 1777-79, 3 vol. in-4.

Lexicon over adelige Familier i Danmark, Norge og Hertugdœmmerne (Dictionnaire des familles nobles du Danemark, de la Norvège et des Duchés), 2 vol. in-4. — Supplément par C.-C.-L. VON CASTENSKJOLD. Copenhague, 1872, in-4.

Magazin til den danske Adels Historie (Magasin pour l'histoire de la noblesse danoise), t. I. Copenhague, 1824, in-4.

F. KROGH, *Den hœjere danske Adel* (la Haute-Noblesse danoise), manuel généalogique. Copenhague, 1866.

F. KROGH, *De danske Majorater* (les Majorats du Danemark), manuel généalogique. Copenhague, 1868.

C.-F. BRICKA et S.-M. GJELLERUP, *Den danske Adel i det 16de og 17de Aarhundrede* (la Noblesse danoise au XVIe et au XVIIe siècle), extrait d'oraisons funèbres imprimées ou inédites. 1er recueil. Copenhague, 1874-75.

L. VON AHLEFELDT et W.-A. VON RUMOHR DRULLT, *Die Schleswig-holsteinische Ritterschaft* (la Chevalerie slesvig-holsteinoise), matériaux pour l'histoire nobiliaire de l'Allemagne et du Danemark. Slesvig, 1869, 2 vol. in-4.

S.-W. WIBERG, *Personalhistoriske, statistiske og genealogiske Bidrag til en almindelig dansk Præstehistorie* (Matériaux biographiques, statistiques et généalogiques pour une histoire générale du clergé danois). Odense, 1870-73, 3 vol. avec table.

D.-G. ZWERGIUS, *Det sjællandske Kleresi* (le Clergé danois). Copenhague, 1754, in-4.

G. TRESCHOW, *Danske Jubellærere* (Maîtres danois jubilaires, c'est-à-dire, qui ont enseigné pendant cinquante ans). Copenhague, 1753, in-4.

(1) Les biographies isolées sont classées par règnes.

C. Gjessing, *Ny Samling af Jubellærere* (Nouveau Recueil de maîtres jubilaires). Copenhague, 1779-86, t. I, II, et 1re livr. du t. III.

J. Barfod, *Den falsterske Geistligheds Personalhistorie* (Histoire biographique du clergé de l'île de Falster). Copenhague, 1849-50, 2 livr.

J.-K. Bloch, *Fyens Geistligheds Historie* (Histoire du clergé de Fionie). Odense, 1787-90, t. I-II, livr. 1.

P.-C. Rothe, *Brave danske Mænds og Qvinders berœmmelige Eftermæle* (Louable Souvenir d'honorables personnages danois des deux sexes). Copenhague, 1753, 2 vol.

P.-T. Wandall, *De paa Jægerspriis ved Mindestene hædrede Mænds Levnetsbeskrivelse* (Biographies des personnages à qui des pierres commémoratives ont été dressées dans le parc de Jægerspriis). Copenhague, 1783-1784, t. I-II, 1re livr. in-4.

Nyerup et Lahde, *Samling af fortjente danske Mænds Portrætter* (Recueil de portraits de Danois remarquables), avec des notices biographiques, Copenhague, 1798-1806, 3 vol.

G.-L. Lahde, *Portrætter med Biographier af Danske, Norske og Holstenere* (Portraits et biographies des Danois, Norvégiens et Holsteinois). Copenhague, 1805-1806, 6 livr.

Billeder af berœmte danske Mænd og Kvinder (Portraits d'illustres Danois et Danoises, qui ont vécu depuis l'établissement de la Réforme jusqu'à la mort de Frédéric VII), avec texte par P... Copenhague, 1867-69, 3 vol. in-4.

Le t. I de *Klio*, par J.-K. Hœst, contient aussi quelques courtes biographies.

J.-H. Schlegel, *Om de danske Rigsraader* (les Rigsraads ou membres du Grand Conseil de Danemark, depuis la Réforme jusqu'à l'établissement de l'autocratie), dans ses *Sammlungen zur dänischen Geschichte*, t. II.

Efterretninger om Familien Krummedige (Renseignements sur la famille Krummedige), surtout sur Erik, Hartvig et Henri Krummedige au xve et au xvie siècle, publiés par F.-H. et J.-F.-H. Jahn, dans *Nye Danske Magazin*, t. VI, et *Danske Magazin*, 3e série, t. II.

T.-A. Becker, *Slægten Limbek* (la Famille Limbek), dans *Orion*, t. I.

J.-H. Begtrup, *Familien Munch med tre Roser i Skjoldet* (la Famille Munch, qui avait trois roses dans son blason), dans *Genealog. et biogr. Archiv*, t. I.

Vedel Simonsen, *Efterretninger om de danske Ruders Adelsslægt* (Notice sur la famille noble danoise des Ruder). Odense, 1845; 2 livr.

C.-T. Engelstoft, *Den gamle danske Adelsslægt Brockenhuus* (l'Ancienne Famille noble danoise de Brockenhuus), dans *Histor. Tidsskrift*, 4e série, t. IV et V.

K. Barner, *Familienbuch der von Barner* (Livre généalogique des von Barner), 1867, in-fol.

F. Hvass, *Samling af Meddelelser om Personer og Familier af Navnet Hvas* (Recueil de notices sur les personnes et les familles portant le nom de Hvas). Copenhague, 1861-73, 3 vol.

H.-H. Langhorn, *Historiske Efterretninger om de danske Moltker* (Renseignements historiques sur les Moltke danois). Copenhague, 1866.

Das Haus Ranzau (la maison de Ranzau), chronique de famille. Celle, 1866.

K. Barner, *Familien Rosenkrantz's Historie* (Histoire de la famille Rosenkrantz), t. I, depuis les temps les plus anciens jusqu'au commencement du xvie siècle. Copenhague, 1874.

V.-S. Skeel, *Optegnelser om Familien Skeel* (Notes sur la famille Skeel). Copenhague, 1871.

J.-C. Barfod, *Märkvärdigheter rörande Skånske Adeln* (Curiosités concernant la noblesse skanienne). Stockholm, 1847.

S. Cawallin, *Lunds Stifts Herdaminne* (Souvenir des pasteurs du diocèse de Lund). Lund, 1854-58, 5 vol.

O.-W. Lemke, *Visby Stifts Herdaminne* (Souvenir des pasteurs du diocèse de Visby). OErebro, 1868.

S. Pettersson et A.-R. Litzén, *Gœteborgs Stifts Herdaminne* (Souvenir des pasteurs du diocèse de Gœteborg). Gœteborg, 1872.

Biographiskt Lexicon öfver namnkunnige svenska män (Dictionnaire biographique des Suédois célèbres). Upsala, 1835-1855, 22 vol.; Supplément, I-VII, 1re liv., 1857 et suiv.

Herm. Hofberg, *Svensk biographiskt Handlexicon* (Dictionnaire abrégé de biographie suédoise). Stockholm, 1876.

Genealogisk og biografisk Archiv (Archives généalogiques et biographiques), publiées par la Société généalog. biogr., t. I, nos 1-8. Copenhague, 1840-49.

C. Molbech, *Historisk-biographiske Samlinger* (Collections historico-biographiques). Copenhague, 1847-51, 3 livr.

Ph. Weilbach, *Dansk Kunstnerlexicon* (Dictionnaire des artistes danois), contenant de courtes biographies des artistes qui ont vécu et travaillé, jusqu'en 1876, en Danemark ou dans les États danois. Copenhague, 1877.

Tidsskrift for den norske Personalhistorie (Revue de biographie norvégienne), publiée par B. Moe. Christiania, 1840-46, 9 livr.; nouv. série, 1846-47, 5 livr.

W. Lassen, *Norske Stamtavler* (Tables généalogiques norvégiennes), t. I. Christiania, 1868, in-4.

VI

OUVRAGES ET MÉMOIRES GÉNÉRAUX SERVANT A ÉCLAIRER
L'HISTOIRE ET LA CONSTITUTION DE L'ÉGLISE [1].

E. Pontoppidan, *Annales ecclesiæ Daniæ* (en allemand). Copenhague, 1741-53, 4 vol. in-4.

Fr. Münter, *Kirchengeschichte von Dänemark und Norwegen* (Histoire de l'Église en Danemark et en Norvège). Leipzig, 1823-33, 3 vol. — S'arrête à l'histoire de la Réforme.

A.-D. Jœrgensen, *Den nordiske Kirkes Grundlæggelse og færste Udvikling* (Fondation et premiers développements de l'Église au Nord). Copenhague, 1874-76, 3 liv.

Konrad Maurer, *Die Bekehrung des Norwegischen Stammes zum Christenthum* (Conversion de la race norvégienne au christianisme). Munich, 1855-56, 2 vol. — *Norwegisch* est pris improprement dans le sens de *nordisch*, et l'ouvrage traite des trois États scandinaves.

A. Tappehorn, *Leben des heiligen Ansgar* (Vie de saint Anschaire). Münster, 1863.

Fr. Hammerich, *En Skolastiker og en Bibeltheolog* (Un Scholastique et un Théologien). Copenhague, 1865. — Il s'agit d'André Sunesœn et de maître Mathias.

P.-A. Munch, *Pavelige Nuntiers Regnskaber og Dagbœger færte under Tiendeopkrævningen i Norden* (Comptes et journaux tenus par les nonces du pape chargés du recouvrement de la dime dans le Nord, de 1282 à 1334), avec un appendice contenant des documents. Christiania, 1864.

L.-N. Helweg, *Utrykte Pavebreve angaaende danske Kirkeforhold* (Brefs apostoliques inédits concernant les affaires ecclésiastiques du Danemark), dans *Nye kirkehistoriske Samlinger*, t. III-VI.

Konrad Aslac, *Historie om den reformerede Religion, hvorledes den blev plantet, forfremmet og bevaret i Danmark og Norge* (Histoire de la Réforme, de son établissement, de ses progrès et de son maintien en Danemark et en Norvège sous Frédéric Ier, Christian III, Frédéric II et Christian IV). Copenhague, 1622, in-4.

Fr. Münter, *Den danske Reformationshistorie* (Histoire de la Réforme en Danemark). Copenhague, 1802, 2 vol.

L. Helveg, *Den danske Kirkes Historie efter Reformationen* (Histoire de

---

[1] Les monographies d'histoire ecclésiastique sont citées plus haut dans la période qu'elles concernent.

l'Église danoise après la Réforme). Copenhague, 1851-55, 2 vol. — 2º édition.

L. Helveg, *Den danske Kirkes Historie til Reformationen* (Histoire de l'Église danoise jusqu'à la Réforme). Copenhague, 1862-70, 2 vol.

Finnus Johannæus, *Historia ecclesiastica Islandiæ.* Copenhague, 1772-78, 4 vol. in-4.

Peturson, *Historia ecclesiastica Islandiæ,* 1740-1840. Copenhague, 1841, in-4.

Fr. Münter, *Magazin für Kirchengeschichte des Nordens* (Magasin pour l'histoire ecclésiastique du Nord). Altona, 1792-96, 2 vol.

Josias Lorck, *Beyträge zu der neuesten Kirchengeschichte in den dänischen Reichen* (Documents sur l'histoire ecclésiastique contemporaine dans la monarchie danoise). T. I, 2 part.; t. II, 4 part. Copenhague et Leipzig, 1756-59.

Kirkehistoriske Samlinger, udgivne af Selskabet for Danmarks Kirkehistorie (Collections pour l'histoire ecclésiastique, publiées par la Société pour l'histoire de l'Église en Danemark), Copenhague, 1852-56, 2 vol.; — *Nye Kirkehistoriske Samlinger,* par H. Rœrdam, ibid, 1857-73, 6 vol.; — *Kirkehistoriske Samlinger,* par H. Rœrdam, 1874-77, t. I.

Imm. Barfod et Holger Rœrdam, *Kirke-Kalender for Slesvig Stift* (Calendrier historique pour le diocèse de Slesvig). Copenhague, 1862-64, 2 années.

J.-P.-F. Kœnigsfeldt, *De katholske Ærkebiskopper og Biskopper i Danmark* (les Archevêques et évêques catholiques en Danemark, et les évêques évangéliques en Danemark et en Islande), avec notices historico-biograph., dans *Historiske Aarbœger,* édités par Chr. Molbech, t. III. Copenhague, 1851.

La *Dänische Bibliothek,* citée précédemment, renferme aussi des documents pour l'histoire de l'Église danoise.

G. Dehio, *Geschichte des Erzbisthums Hamburg-Bremen* (Histoire de l'archevêché de Hambourg et Brême). Berlin, 1877, 2 vol.

Sanctuarium Birgerianum eller Ærkebisp Birgers Anordning om Gudstjenesten i Lunds Domkirke (Ordonnance de l'archevêque Birger sur le service divin dans la cathédrale de Lund, en 1519), dans *Samlinger* de Suhm, t. I, livr. 3.

H.-N. Clausen, *Bidrag til den danske Kirkes Historie i Middelalderen* (Étude sur l'histoire de l'Église danoise au moyen âge), d'après des documents des archives papales, dans *Skandin. Litter. Selskabs Skrifter,* t. XXI.

H.-F.-J. Estrup, *Idea hierarchiæ Romanæ, qualis seculo XIII in Scandinavia exstiterit, gestis legationibusque Guillelmi Sabini illustrata.* Copenhague, 1817.

Magnus Matthiæ, *Series Episcoporum Lundensium*, édité par Thomas Bartholin. Copenhague, 1710.

J. Neumann, *Historia Primatus Lundensis*. Copenhague, 1799.

L.-T. Spittler, *Von der ehemaligen Zinsbarkeit der nord. Reiche an den römischen Stuhl* (Du tribut payé autrefois par les royaumes du Nord à la cour de Rome). Hannovre, 1797.

L. Helveg, *De danske Domkapitler* (les Chapitres des cathédrales danoises). Copenhague, 1855.

A. Crone, *Samlinger til Odense Bispekrœnike i Katholicismens Tid* (Collection pour la chronique épiscopale d'Odense au temps du catholicisme), dans *Samlinger til Fyns Stifts Historie og Topografi*, t. I.

Kolderup-Rosenvinge, *Bemærkninger om den kanoniske Rets Anvendelse i Danmark* (Remarques sur l'application du droit canonique en Danemark), dans *Kirkehistoriske Samlinger*, t. I.

Kolderup-Rosenvinge, *Om det hemmelige Skriftemaals Anvendelse i Norden* (Sur l'usage de la confession auriculaire dans le Nord), dans *Vidensk. Selskabs philos. og histor. Afhandlinger*, t. VII, et à part. Copenhague, 1842.

C. Engell, *Er Menighedens Valgret historisk dœmt* (le Droit électoral des paroissiens est-il jugé au point de vue historique?), dans *Theologisk Tidsskrift*, 1872.

C.-T. Engelstoft, *Liturgiens Historie i Danmark* (Histoire de la liturgie en Danemark). Copenhague, 1840.

J.-F. Fenger, *Den trankebarske Missions Historie* (Histoire de la mission de Tranquebar). Copenhague, 1843.

A.-C.-A. Kierulf, *Esrom Klosters Historie* (Histoire du Cloître d'Esrom). Copenhague, 1838.

O. Nielsen, *Dueholms Diplomatarium* (Diplomatarium de Dueholm), recueil de documents de 1371 à 1539, autrefois conservés au Cloître Saint-Jean dans l'île de Mors. Copenhague, 1872.

J.-B. Daugaard, *Om de danske Klostre i Middelalderen* (Sur les Cloîtres danois au moyen âge). Copenhague, 1830, in-4.

R. Keyser, *Den norske Kirkes Historie under Katholicismen* (Histoire de l'Église norvégienne au temps du catholicisme). Christiania, 1856-58, 2 vol.

Chr. Lange, *De norske Klostres Historie i Middelalderen* (Histoire des Cloîtres norvégiens au moyen âge), surtout d'après des sources inédites. Christiania, 1847; 2ᵉ édit. remaniée et abrégée, *ibid*, 1856.

Fr. Hammerich, *Den hellige Birgitta og Kirken i Norden* (Sainte Brigitte et l'Église au Nord). Copenhague, 1863.

H. Reuterdahl, *Svenska Kyrkans Historia* (Histoire de l'Église suédoise). Lund, 1838-66, 4 vol. (Va jusqu'à 1533.)

L.-A. Anjou, *Svenska Kyrkoreformationens Historia* (Histoire de la Réforme en Suède). Upsala, 1850-51, 3 livr. (Va jusqu'à l'assemblée d'Upsala, en 1593.)

L.-A. Anjou, *Svenska Kyrkans Historia, ifrån Upsala Möte 1593 til slutet af 17 de Århundr.* (Histoire de l'Église suédoise, depuis l'assemblée d'Upsala, en 1593, jusqu'à la fin du XVIIe siècle). Stockholm, 1866.

T. Norlin, *Svenska Kyrkans Historia efter Reformationen* (Histoire de l'Église suédoise après la Réforme). Stockholm, 1864-71, t. I, 1re et 2e divisions. La seconde division a été publ. par L.-A. Anjou. (Va jusqu'à 1646.)

VII

SITUATION MORALE ET MATÉRIELLE DU DANEMARK.

Tout le t. III de *Danmarks Historie i Hedenold*, par Petersen, traite de la civilisation et de la situation intérieure du Danemark pendant l'antiquité.

Sven Nilsson, *Skandinaviska Nordens Ur-Invånare* (les Aborigènes du Nord scandinave), essai d'ethnographie comparée ; Lund, 1838-43, in-4 ; — 2e édition remaniée et augmentée, Stockholm, 1862-66, 2 vol. in-4 (âge de pierre et âge de bronze). — 3e édition suédoise de l'Age de bronze. Lund, 1872. — L'Age de pierre a été traduit en français, d'après le manuscrit de la 3e édition suédoise, sous le titre de : *les Habitants primitifs de la Scandinavie*. Paris, 1868 ; en anglais, Londres, 1868 ; en allemand, par J. Mestorf, Hambourg, 1868.

P.-A. Munch, *Undersøgelse angaaende Danmarks ethnographiske Forhold i de ældste Tider og om Ensartetheden af Danmarks Befolkning* (Recherches sur l'ethnographie du Danemark dans les plus anciens temps et sur l'homogénéité de la population danoise), dans *Annaler for nordisk Oldkyndighed*, 1848. — Cfr. R. Keyser, *Om Nordmændenes Herkomst og Folkeslægtskab* (Sur l'origine et les affinités des Norvégiens), dans *Samlinger til det norske Folks Sprog og Historie*, t. VI, réédité dans ses *Samlede Afhandlinger*. Christiania, 1868.

J.-J.-A. Worsaae, *Ruslands og det skandinaviske Nordens Bebyggelse og ældre Kulturforhold*, dans *Aarbøger for nordisk Oldkyndighed og Historie*, 1872 ; traduit en français par E. Beauvois, sous le titre de : *La Colonisation de la Russie et du Nord Scandinave, et leur plus ancien état de civilisation*, dans *Mémoires de la Société des Antiquaires du Nord*, nouv. série, 1873-74.

C.-F. Wiberg, *Om Grekernas og Etruskernas inverkan på bronskulturen*

(De l'influence des Grecs et des Étrusques sur la civilisation de l'âge de bronze au Nord). Gefle, 1869, in-4.

C. ENGELHARDT, *Klassisk Industri og Kulturs Betydning for Norden i Oldtiden*, dans *Aarbœger for nord. Oldk. og Hist.*, 1875; trad. en franç., d'après le texte remanié, par E. Beauvois, sous le titre de : *Influence de l'industrie et de la civilisation classiques sur celles du Nord dans l'antiquité*, dans *Mém. de la Soc. Roy. des Antiq. du Nord*, 1866-72.

S.-TH. THORLACIUS, *Antiquitatum Borealium observationes miscellaneæ*, fasc., I-VIII. Copenhague, 1778-99.

TH. BARTHOLINUS, *Antiquitatum Danicarum libri tres*. Copenhague, 1689, in-4.

W.-E. WILDA, *Das Gildenwesen im Mittelalter* (les Gildes au moyen âge). Halle, 1831.

H.-F.-J. ESTRUP, *Om Trældom i Norden* (Sur l'esclavage au Nord). Copenhague, 1823. — Cfr. *Trældom i Norge* (l'Esclavage en Norvège), par A. GJESSING, dans *Annaler for nord. Oldkyndighed og Historie*, 1862.

L. ENGELSTOFT, *Qvindekjœnnets Kaar hos Skandinaverne* (Condition des femmes chez les Scandinaves); Copenhague, 1799; reproduit dans *Udvalg af L. Engelstofts Skrifter*, t. I. Copenhague, 1859.

L. ENGELSTOFT, *Om den Priis Oldtidens Skandinaver satte paa Legemsœvelser* (Sur le cas que les anciens Scandinaves faisaient des exercices corporels), dans *Skandinavisk Museum*, 1802.

B. THORLACIUS, *Om Tvekampe i det hedenske Norden* (Sur les combats singuliers dans le Nord scandinave), dans *Vidensk. Selskabs Skrifter*, 1809-10.

R. KEYSER, *Nordmændenes Boliger og daglige Sysler* (Demeures et occupations quotidiennes des anciens Norvégiens), dans *Norsk Tidsskrift for Videnskab og Litteratur*, 1re année, 1847; reprod. dans ses *Samlede Afhandlinger*. Christiania, 1868.

K. WEINHOLD, *Altnordisches Leben* (Vie dans l'ancien Nord). Berlin, 1856.

KR. KÅLUND, *Familielivet paa Island i den fœrste Sagaperiode* (la Vie de famille en Islande dans la première période des Sagas, jusqu'en 1300), dans *Aarbœger for nordisk Oldkyndighed og Hist.*, 1870.

G.-W. DASENT, *The Norsemen in Iceland* (les Norvégiens en Islande), dans *Oxford Essays*, 1858.

OLAUS WORMIUS, *Antiquitates Danicæ*. Copenhague, 1651, in-fol.

T. ARNKIEL, *Cimbrisches Heidenthum* (Paganisme cimbrique). Hambourg, 1703, in-4.

N.-H. SJÖBORG, *Kännedom af Fäderneslandets Antikviteter* (Connaissance des antiquités nationales). Lund, 1797.

N.-H. Sjöborg, *Samlinger för Nordens fornälskure* (Collections pour les amateurs d'antiquités septentrionales). Stockholm, 1822-30, 3 vol. in-4.

Atlas for Nordisk Oldkyndighed (Atlas de l'archéologie du Nord) avec figures de l'âge de bronze et de l'âge de fer ; édité par Nord. Oldskrifts-Selskab. Copenhague, 1857, in-fol.

J.-J.-A. Worsaae, *Nordiske Oldsager i det Kongl. Museum* (Antiquités septentrionales du Musée royal de Copenhague), avec figures. Copenhague, 1859.

A.-P. Madsen, *Afbildninger af danske Oldsager og Mindesmærker* (Figures d'antiquités et de monuments danois) : Age de pierre, Copenhague, 1868, in-fol.; — Age de bronze, *ibid.*, 1872-76, 2 vol. in-fol.

J.-J.-A. Worsaae, *Blekingske Mindesmærker fra Hedenold* (Monuments antiques de Bleking). Copenhague, 1846, in-4.

P.-A. Munch, *Kortfattet Fremstilling af den ældste nordiske Runeskrift* (Exposé sommaire de la plus ancienne écriture runique septentrionale). Christiania, 1848.

J.-G. Liljegren, *Run-Lära* (Grammaire runique). Stockholm, 1832.

Run-Urkunder (Documents runiques), édités par J.-G. Liljegren. Stockholm, 1833.

L.-F.-A. Wimmer, *Runeskriftens Oprindelse og Udvikling i Norden* (Origine et développement de l'écriture runique dans le Nord), dans *Aarbøger for nordisk Oldkyndighed og Historie*, 1874, et à part.

Olaus Wormius, *Danicorum monumentorum libri sex*. Copenhague, 1643, in-fol. (Traité des pierres runiques du Danemark, des provinces skaniennes et de la Norvège.)

Finn Magnusen, *Runerne og Runamo* (les Runes et le rocher de Runamo); forme le t. VI de *Vidensk. Selskabs phil. hist. Afhandlinger.* Copenhague, 1841, in-4. — Cfr. Worsaae, *Runamo og Braavallaslaget* (Runamo et la bataille de Braavalla). Copenhague, 1844, in-4.

C.-C. Rafn, *De sydslesvigske Runestene* (les Pierres runiques du Slesvig méridional), dans *Annaler for nordisk Oldkyndighed og Historie*, 1859.

P.-G. Thorsen, *De danske Runemindesmærker forklarede* (les Monuments runiques danois expliqués). 1re division : Monum. run. du Slesvig. Copenhague, 1864.

P.-G. Thorsen, *Om Runernes Brug til Skrift udenfor det monumentale* (l'Usage des runes ailleurs que sur les monuments). Copenhague, 1877; forme l'appendice d'une édition photolithographique de *Skaanske Lov skreven med Runer* (la Loi skanienne écrite avec des runes).

George Stephens, *The old-northern Runic Monuments of Scandinavia and England* (les Inscriptions en runes anciennes de la Scandinavie et de l'Angleterre). Copenhague et Londres, 1866-68, 2 vol. in-fol.

C. ENGELHARDT, *Sænderjydske og fynske Mosefund* (Trouvailles dans les tourbières du Slesvig et de la Fionie). Copenhague, 1863-69, 4 vol. in-4, avec 56 pl.; I, Thorsbjerg, 1863; II, Nydam, 1865; III, Kragehul, 1867; IV, Vimose, 1869. — La description des trouvailles de Thorsbjerg et de Nydam a été traduite en anglais : *Denmark in the early iron age* (le Danemark dans le premier âge de fer). Londres, 1866, avec 33 pl.

J.-N. SCHMIDT, *Urnehoved-Egnen i Slesvig* (les Environs de Urnehoved, Slesvig), dans *Antiqvar. Tidsskrift,* 1849-51.

CHR.-C. LORENZEN, *De sydslesvigske Befæstningsværker fra Oldtiden,* etc. (les Travaux de fortification du Slesvig méridional, dans l'antiquité et au moyen âge), dans *Annaler for nord. Oldkynd. og Hist.* 1859.

J. WICHFELD, *Fortidsminder fra Egnen ved Maribo Sø* (Monuments antiques des alentours du lac de Maribo). Copenhague, 1862.

E. BEAUVOIS, *les Antiquités primitives du Danemark,* dans *Revue Contemporaine,* 1863, 1864, 1865.

J.-H.-G. VALDEMAR SCHMIDT, *Coup d'œil sur l'histoire du travail en Danemark,* dans *Le Danemark à l'Exposition universelle de 1867.* Paris, 1867.

Danske Mindesmærker (Monuments danois), publié par C.-F. Holm, Henri Hansen, C.-F. Herbst, N. Höyen, J. Kornerup, C.-A. Strunck et J.-J.-A Worsaae. Copenhague, 1869-77, in-fol.

R.-K. RASK, *Undersœgelse om det gamle nordiske eller islandske Sprogs Oprindelse.*(Recherches sur l'origine de l'ancienne langue septentrionale ou islandaise). Copenhague, 1818.

P.-E. MÜLLER, *Om det islandske Sprogs Vigtighed* (Sur l'importance de la langue islandaise). Copenhague, 1813.

P.-A. MUNCH, *Om det ældste fællesnordiske Sprogs Udseende* (Sur la plus ancienne forme de la langue septentrionale commune), dans *Annaler for nordisk Oldkyndighed,* 1846.

N.-M. PETERSEN, *Det danske, norske og svenske Sprogs Historie under dets Udvikling af Stamsproget* (Histoire de la langue danoise, norvégienne et suédoise, pendant qu'elle se développait de la langue mère). Copenhague, 1829-30, 2 vol.

N.-M. PETERSEN, *Nogle Bemærkninger om Modersmaalet* (Quelques remarques sur la langue maternelle), programme de l'Université. Copenhague, 1852, in-4; nouv. édit., 1853, in-8.

N.-M. PETERSEN, *Om danske og norske Stedsnavnes Oprindelse og Forklaring* (Origine et explication de noms de lieux danois et norvégiens), dans *Nordisk Tidsskrift for Oldkyndighed,* t. II.

E. Madsen, *Sjælandske Stednavne* (Noms de lieux sélandais), dans *Annaler for nord. Oldkynd.* 1863.

C. Molbech et N.-M. Petersen, *Udvalg af hidtil utrykte danske Diplomer og Breve fra det 14de, 15de og 16de Aarh.* (Choix de diplômes et documents danois inédits des xiv°, xv° et xvi° siècles). Copenhague, 1858. — Recueil important aux points de vue historique et philologique.

E. Pontoppidan, *Om det danske Sprogs Skjæbne i Sønderjylland* (Sur le sort de la langue danoise dans le Slesvig), dans *Vidensk. Selskabs Skrifter*, t. I, 1745.

C. Paulsen, *Det danske Sprog i Hertugdømmet Slesvig* (la Langue danoise dans le duché de Slesvig). Copenhague, 1837.

E.-C. Werlauff et N. Outzen, *Priisskrifter angaaende det danske Sprog i Hert. Slesvig* (Ouvrages couronnés sur la langue danoise dans le duché de Slesvig). Copenhague, 1819.

E. Hagerup, *Det danske Sprog i Angel* (la Langue danoise dans l'Angel). Copenhague, 1854; 2° édit., 1867.

C.-F. Allen, *Det danske Sprogs Historie i Hert. Slesvig eller Sønderjylland* (Histoire de la langue danoise dans le duché de Slesvig). Copenhague, 1857-58, 2 vol. avec 4 cartes des langues. Traduit en allemand. Slesvig, 1857-58. Abrégé, par J.-W. Marckmann, sous le titre de: *Danskhedens Skjæbne i Slesvig* (Sort de la nationalité danoise dans le Slesvig). Haderslev, 1860.

J. Kok, *Det danske Folkesprog i Sønderjylland* (l'Idiome populaire du Slesvig). Copenhague, 1863-67, 2 vol.

J. Kok, *Danske Ordsprog og Talemåder fra Sønderjylland* (Proverbes et locutions danoises du Slesvig). Copenhague, 1870.

Nogle grammatiske Bemærkninger over den vesterjydske Dialekt (Quelques remarques grammaticales sur le dialecte du Jutland occidental), éclairées par des tableaux ethnographiques et géographiques, publiées par V. Bloch. Horsens, 1837.

L. Varming, *Det jydske Folkesprog grammatisk fremstillet* (l'Idiome populaire du Jutland étudié au point de vue grammatical). Copenhague, 1862.

K.-J. Lyngbye, *Bidrag til en sønderjydsk Sproglære* (Matériaux pour une grammaire de l'idiome du Slesvig). Copenhague, 1858.

K.-J. Lyngbye, *Om Nordfrisisk i Bøkking og Hvidding Herreder* (Sur le Nordfrison dans les cantons de Bœkking et de Hvidding). Copenhague, 1858.

H. Gram, *Danske Ord og Talemaader forklarede af Angelsaxisk* (Mots et locutions danoises expliqués par l'anglo-saxon), dans *Vidensk. Selskabs Skrifter*, t. V, 1751.

On trouve des explications de mots et d'autres notions philologiques dans les éditions de *Den danske Riimkrœnike*, *Henrik Harpestrengs danske Lægebog*, *den ældske danske Bibeloversættelse*, *Michaels tre Riimværker*, *Bibeloversættelserne fra det 16de Aarhundrede*, données par Molbech, et dans l'édition des anciennes lois danoises, par Kolderup-Rosenvinge.

C. MOLBECH, *Dansk Glossarium eller Ordbog over forældede danske Ord* (Glossaire danois, ou Dictionnaire de mots danois tombés en désuétude). Copenhague, 1857-66, 2 vol.

C. MOLBECH, *Dansk Dialektlexicon* (Dictionnaire des dialectes danois). Copenhague, 1841.

G.-F.-V. LUND, *Det ældste danske skriftsprogs ordforråd* (Lexique de la plus ancienne langue écrite du Danemark), de 1200 à 1300 environ. Copenhague, 1877.

IVAR AASEN, *Ordbog over det norske Folkesprog* (Dictionnaire de la langue populaire de la Norvège), Christiania, 1850; 2e édit., sous le titre de *Norsk Ordbog* (Dictionnaire norvégien), *ibid.*, 1873.

P. MŒLLER, *Ordbok æfver Halländska Landskapsmålet* (Dictionnaire de l'idiome du Halland). Lund, 1858.

J.-E. RIETZ, *Ordbok öfver Svenska Allmoge-Språket* (Dictionnaire de l'idiome du peuple suédois). Lund, 1867, in-4.

Edda Sæmundar (Edda de Sæmund), en islandais et en latin. Édition Arna-Magnéenne. Copenhague, 1787-1827, 3 vol. in-4.

Edda Sæmundar, texte établi par Rask, publié par A. Afzelius. Stockholm, 1818.

Den ældre Edda (l'Ancienne Edda), éditée d'après les plus anciens et les meilleurs manuscrits, par P.-A. Munch et C.-R. Unger. Christiania, 1847.

SOPHUS BUGGE, *Norrœn Fornkvædhi eller : Sæmundar Edda hins frodha* (Anciens Chants norrains, ou Edda de Sæmund le savant). Christiania, 1867.

Sv. GRUNDTVIG, *Sæmundar Edda hins frodha*, édit. critique. Copenhague, 1867; 2e édition revue, *ibid.*, 1874.

H. LÜNING, *Die Edda, eine Sammlung altnordischer götter- und heldenlieder* (l'Edda, recueil d'anciens chants septentrionaux, mythologiques et héroïques), texte avec explications, glossaire et introduction. Zurich, 1859.

Die Lieder der älteren Edda (les Chants de l'ancienne Edda), édités par K. Hildebrand. Paderborn, 1876.

Den ældre Edda (l'Ancienne Edda), traduite et expliquée par Finn Magnussen. Copenhague, 1821-23, 4 vol.

Die ältere Edda (l'Ancienne Edda), traduite et expliquée par Adolf Holtzmann, éditée par A. Holder. Leipzig, 1875.

Snorra Edda (Edda de Snorre), éditée par Rask. Stockholm, 1818.

Edda Snorra Sturlusonar, édition Arna-Magnéenne, par Sveinbjœrn Egilsson. Copenhague, 1848-52, 2 vol.

Edda Snorra Sturlusonar, éditée par Th. Jónsson. Copenhague, 1875.

Finn Magnussen, *Eddalæren og dens Oprindelse* (la Doctrine eddaïque et son origine). Copenhague, 1824-1826. 4 vol.

P.-E. Müller, *Om Authentien af Snorres Edda og Beviset derfra kan hentes for Asalærens Ægthed* (Sur l'authenticité de l'Edda de Snorre et la preuve que l'on en peut tirer en faveur de celle de la religion odinienne), dans *Skandin. Selskabs Skrifter*, 8ᵉ année, 1812, trad. en allemand par Sander. Copenhague, 1811.

N.-M. Petersen, *Nordisk Mythologi* (Mythologie septentrionale). Copenhague, 1849; 2ᵉ tirage, 1863.

J.-C. Hauch, *Die nordische Mythenlehre* (les Mythes septentrionaux). Leipzig, 1847.

F. Hammerich, *De episk-kristelige Oldkvad hos de gotiske Folk* (Anciennes Épopées chrétiennes chez les peuples gothiques). Copenhague, 1873, in-4.

R. Keyser, *Nordmændenes Religionsforfatning i Hedendommen* (Constitution religieuse des Norvégiens pendant le paganisme). Christiania, 1847; reproduit dans ses *Samlede Afhandlinger*. Christiania, 1868.

P.-A. Munch, *Nordmændenes Gudelære* (Mythologie des Norvégiens). Christiania, 1847.

Grundtvig, *Nordens Mythologi eller Udsigt over Eddalæren for dannede Mænd, der ei selv ere Mythologer* (Mythologie du Nord, ou Coup d'œil sur la doctrine eddaïque, pour les hommes instruits qui ne sont pas eux-mêmes mythologues). Copenhague, 1809.

Grundtvig, *Nordens Mythologi eller Sindbilledsprog, historisk poetisk udviklet og oplyst* (Mythologie du Nord, exposée et expliquée aux points de vue historique et poétique). Copenhague, 1832; 3ᵉ édit., 1870.

J.-L. Heiberg, *Nordische Mythologie* (Mythologie septentrionale); Slesvig, 1827; en danois par C. Winther. Copenhague, 1862.

J. Grimm, *Deutsche Mythologie* (Mythologie germanique), 4ᵈ édition. Berlin, 1875-77, 2 vol.

A. Holtzmann, *Deutsche Mythologie* (Mythologie germanique), leçons éditées par A. Holder. Leipzig, 1874.

Martin Hammerich, *Om Ragnaroksmythen og dens Betydning i den oldnor-*

diske Religion (le Mythe de Ragnarok et son importance dans la mythologie septentrionale). Copenhague, 1836.

L. UHLAND, Der Mythus von Thor (le Mythe de Thor), d'après les sources septentrionales. Stuttgart et Augsbourg, 1836.

TH. WISÉN, Odin och Loke (Odin et Loké). Stockholm, 1873.

L. FRAUER, Die Walkyrien der skandinavisch-germanischen Gœtter- und Heldensage (les Walkyries des traditions mythiques et héroïques des Scandinaves et des Germains), d'après les sources septentrionales. Weimar, 1846.

B. THORPE, Northern Mythology (Mythologie septentrionale), comprenant les principales traditions et superstitions populaires de la Scandinavie, de l'Allemagne septentrionale et des Pays-Bas. Londres, 1851-52, 3 vol.

H. PETERSEN, Om Nordboernes Gudedyrkelse og Gudetro i Hedenold (Sur le culte et les croyances des septentrionaux au temps du paganisme). Copenhague, 1876.

Les ouvrages suivants servent à faire connaître les mœurs du peuple, sa manière de penser et ses qualités intellectuelles :

Udvalgte danske Viser fra Middelalderen (Choix de chansons danoises du moyen âge), édité par Abrahamson, Nyerup et Rahbek. Copenhague, 1812-14, 5 vol.

Udvalg af danske Viser fra Midten af det 16de til henimod Midten af det 18de Aarh. (Choix de chansons danoises du milieu du xvie siècle jusque vers le milieu du xviiie siècle), édité par P. Rasmussen et R. Nyerup. Copenhague, 1821, 2 vol.

S. GRUNDTVIG, Danmarks gamle Folkeviser (Anciennes chansons populaires du Danemark). Copenhague, 1853-76, 3 vol. et 4 livr. du t. IV, in-4.

M.-B. LANDSTAD, Norske Folkeviser (Chansons populaires norvégiennes). Christiania, 1853.

E.-G. GEIJER et A.-A. AFZELIUS, Svenska Folkvisor från forntiden (Chansons populaires suédoises des anciens temps). Stockholm, 1814-16, 3 vol.

A.-J. ARWIDSSON, Svenska Fornsånger (Anciennes chansons suédoises). Stockholm, 1834-42, 3 vol.

VEDEL SIMONSEN, Kjæmpevisernes Skildring af Middelalderens Riddervæsen eller den danske Adels Skikke og Sæder i den katholske Tidsalder (la Chevalerie du moyen âge, mœurs et coutumes de la noblesse danoise au temps du catholicisme, d'après la description qu'en donnent les chansons populaires), dans Nordisk Tidsskrift de Molbech, t. III.

N.-M. PETERSEN, Om Behandlingen af Kjæmpeviserne (Sur la manière d'éditer les chansons héroïques), dans *Annaler for nordisk Oldkyndighed*, 1842-43.

J.-M. Thiele, *Danmarks Folkesagn* (Traditions populaires du Danemark). Copenhague, 1843, 2 vol. Un 3ᵉ porte le titre de *Den danske Almues overtroiske Meninger* (Croyances superstitieuses du peuple danois). Copenhague, 1860.

Sv. Grundtvig, *Gamle danske Minder i Folkemunde* (Anciens Souvenirs danois dans la bouche du peuple). Copenhague, 1854-61, 3 vol.

E.-T. Kristensen, *Jydske Folkeminder især fra Hammerum Herred* (Souvenirs populaires du Jutland, surtout du canton de Hammerum). Copenhague, 1871-76, 3 vol.

J. Kamp, *Danske Folkeminder, Æventyr, Folkesagn, Gaader og Rim, og Folketro* (Souvenirs populaires danois : contes, traditions, énigmes, rimes et superstitions), le tout recueilli de la bouche du peuple. Odense, 1877.

R. Nyerup, *Almindelig Morskabslæsning i Danmark og Norge* (Lectures amusantes communes en Danemark et en Norvège). Copenhague, 1816.

Ældre danske Digtere (Anciens Poëtes danois), choix par C.-J. Brandt. Copenhague, 1862, t. I.

Peder Lolle, *Ordsprog* (Proverbes), édité par R. Nyerup. Copenhague, 1828.

Peder Syv, *Danske Ordsprog* (Proverbes danois), 1682-88, 2 vol.

Ord-Bog over danske Ordsprog paa fransk oversatte (Dictionnaire des proverbes danois traduit en français). Copenhague, 1757, in-4.

C. Molbech, *Danske Ordsprog, Tankesprog og Riimsprog* (Proverbes danois, maximes et sentences rimées). Copenhague, 1850.

Den danske Riimkrønike (la Chronique danoise rimée), éditée par Chr. Molbech, Copenhague, 1825 ; par C.-J. Brandt, *ibid.*, 1858. — L'édition originale de 1495 a été reproduite en photolithographie, *ibid.*, 1873.

F.-V. Mansa, *Et Bidrag til at oplyse Apothekernes Oprindelse i Danmark* (Étude sur l'origine des pharmaciens en Danemark), dans *Nyt Histor. Tidsskrift*, t. I.

F.-V. Mansa, *De epidemiis quæ medio ævo in Daniâ grassatæ sunt et de Medicinæ statu*. Période Iʳᵉ, 1348-1478. Copenhague, 1831.

Imm. Ilmoni, *Bidrag til Nordens sjukdomshistoria* (Matériaux pour l'histoire des maladies dans le Nord). Helsingfors, 1846-53, 3 vol.

F.-V. Mansa, *Bidrag til Folkesygdommenes og Sundhedspleiens Historie i Danmark fra de ældste Tider til Begyndelsen af det attende Aarhundrede* (Matériaux pour l'histoire des épidémies et de l'hygiène en Danemark, depuis les plus anciens temps jusqu'au commencement du xviiie siècle). Copenhague, 1873.

J.-D. HERHOLDT, *Et Bidrag til Apothekerkunstens Historie i de danske Stater* (Étude sur l'histoire de la pharmacie dans les États danois), dans *Skandin. Litter. Selskabs Skrifter*, 1811.

J.-D. HERHOLDT, *Archiv for Lægevidenskabens Historie i Danmark* (Archives pour l'histoire de la médecine en Danemark), t. I, livr. 1. Copenhague, 1823.

J.-D. HERHOLDT et F.-V. MANSA, *Samlinger til den danske Medicinalhistorie* (Collections pour l'histoire médicale du Danemark), t. I. Copenhague, 1835.

V. INGERSLEV, *Danmarks Læger og Lægevæsen fra de ældste Tider indtil Aar 1800* (les Médecins et la médecine danoise depuis les plus anciens temps jusqu'à l'année 1800). Copenhague, 1873, 2 vol.

D.-H.-O. COLD, *Lægevæsenet og Lægerne under Christian den Fjerdes Regjering* (la Médecine et les médecins sous le règne de Christian IV). Copenhague, 1858.

TH. BARTHOLIN, *De medicinâ Danorum domesticâ dissertationes X*. Copenhague, 1666.

R. NYERUP, *Udsigt over Hexeprocesserne i Norden* (Coup d'œil sur les procès de sorcellerie dans le Nord), dans *Skandin. Litt. Selskabs Skrifter*, t. XIX-XX.

FINN-MAGNUSSEN, *Udsigt over Astrologiens Opkomst og Udbredelse til Norden* (Coup d'œil sur l'origine de l'astrologie et sa propagation dans le Nord), dans *Annaler for nord. Oldkynd.*, 1840-41.

R. NYERUP, *Historisk-statistisk Skildring af Tilstanden i Danmark og Norge i ældre og nyere Tider* (Esquisse historique et statistique de la situation du Danemark et de la Norvège dans les temps anciens et modernes). Copenhague, 1803-1806, 4 vol. — T. I, Progrès de la civilisation et situation des paysans et des bourgeois; II, Littérature nationale au moyen âge; III, Histoire des écoles latines et de l'Université de Copenhague; IV, Coup d'œil sur les monuments antiques. L'auteur est rarement complet et exact dans les détails, mais son ouvrage contient des matériaux abondants.

G.-L. BADEN, *Afhandlinger i Fædrelandets Kulturhistorie* (Mémoires sur l'histoire de la civilisation nationale). Copenhague, 1820-22, 3 vol.

G.-L. BADEN, *Smaae Afhandlinger* (Petits Mémoires). Copenhague, 1821-24, 2 vol.

C.-E. SECHER, *Danmark i ældre og nyere Tider* (le Danemark dans les temps anciens et modernes). Copenhague, 1874-76, 3 vol.

F.-R. Friis, *Samlinger til dansk Bygnings- og Kunsthistorie* (Collections pour l'histoire de l'architecture et de l'art en Danemark). Copenhague, 1872-73, 4 livr.

J.-M. Thiele, *Kunst-Akademiet og Hest-Statuen paa Amalienborg* (l'Académie des beaux-arts et la statue équestre à Amalienborg), étude sur l'histoire de l'art danois. Copenhague, 1860.

Sartorius, *Geschichte des hanseatischen Bundes* (Histoire de la ligue Hanséatique). Gœttingue, 1802-1808, 3 vol. (va jusqu'à la dissolution finale de la ligue Hanséatique en 1669) ; 2ᵉ édit. par Lappenberg (voy. plus haut, p. xvi).

J.-L. Rasmussen, *De orientis commercio cum Russia et Skandinavia*. Copenhague, 1825, in-4.

J.-C.-H. Dreyer, *Specimen juris publici Lubecensis* (juris naufragii). Lübeck, 1761, in-4 (avec beaucoup de documents).

G.-L. Baden, *Udkast til en Historie af Danmarks og Norges Handel og Næringsveie fra Oldtiden til Nutiden* (Essai d'une histoire du commerce et de l'industrie en Danemark et en Norvège, depuis l'antiquité jusqu'à nos jours). Copenhague, 1806.

C. Alberti, *Den danske Slavehandels Historie* (Histoire de la traite des nègres dans les colonies danoises), dans *Nyt historisk Tidsskrift*, t. III, 1850.

Velschow, *Om Kornpriserne under Erik Eiegod* (Sur le prix des grains sous le règne d'Erik Eiegod), dans *Nordisk Tidsskrift* de Molbech, t. III.

W. Scharling, *Kort Udsigt over den danske Mœnthistorie* (Bref coup d'œil sur l'histoire des monnaies en Danemark). Copenhague, 1869.

C. Nyrop, *Bidrag til den danske Industris Historie* (Matériaux pour l'histoire de l'industrie danoise). Copenhague, 1873.

C. Nyrop, *Bidrag til den danske Boghandels Historie* (Matériaux pour l'histoire de la librairie danoise). Copenhague, 1870, 2 vol.

Vedel Simonsen, *Udsigt over Nationalhistoriens ældste og mærkeligste Perioder* (Coup d'œil sur les périodes les plus anciennes et les plus remarquables de l'histoire nationale). Copenhague, 1813-16, t. I-II, et 1ʳᵉ livr. du IIIᵉ. — I, Livr. 1ʳᵉ. Sort divers des sources manuscrites de l'histoire nationale ; 2ᵉ livr., la Première Colonisation du Nord, ou périodes des Jettes et des Ases ; — II, 1ʳᵉ livr., les Corsaires de Jomsborg ; 2ᵉ livr., Pèlerinages et croisades des Septentrionaux en Terre-Sainte ; — III, Livr. 1ʳᵉ,

COMMERCE. — NOBLESSE. — ÉCONOMIE.

la Noblesse et la chevalerie danoise jusqu'à l'établissement de l'autocratie.

GRAM, *Om Ordet Herremand* (Sur le mot *herremand* ou seigneur), dans *Vidensk. Selskabs Skrifter*, t. II.

J. KINCH, *Om den danske Adels Udspring fra Thinglid* (le Thinglid, ou garde royale, comme source de la noblesse danoise), dans *Aarbøger for nordisk Oldkyndighed og Historie*, 1875.

GEORG HANSEN, *Ansichten über das Agrarwesen der Vorzeit* (Vues sur le système agraire du passé), dans *Neues Staatsb. Magazin,* t. III et VI.

OLUFSEN, *Bidrag til Oplysning om Danmarks indvortes Forfatning i ældre Tider* (Études sur la constitution intérieure du Danemark dans les anciens temps), économie rurale surtout au XIIIe siècle, dans *Vidensk. Selskabs hist. og philos. Afhandlinger,* t. I.

J.-F.-V. SCHLEGEL, *Om Agerdyrkningens og Landækonomiens Tilstand i Danmark før og under de første Valdemarer* (Sur la situation de l'agriculture et de l'économie rurale en Danemark, avant et sous les premiers Valdemar), dans *Skandin. Litt. Selskabs Skrifter*, t. II, 1806.

CHR. MOLBECH, *Indledning og Udkast til en Skildring af den germanisk-skandinaviske indre Forfatning, med Hensyn til dens agrariske og, offentlige Forhold i Oldtiden* (Introduction et plan d'une description de la constitution germano-scandinave, au point de vue de l'économie rurale et politique dans l'antiquité), dans *Historisk Tidsskrift,* t. IV, 1843, et à part.

N.-M. PETERSEN, *Bonde, Bryde og Adel* (Paysan, régisseur et noble), étude sur la condition des ordres danois au moyen âge, dans *Annaler for nord. Oldkyndighed*, 1847.

VELSCHOW, *Om Bryder* (Sur les régisseurs), dans *Historisk Tidsskrift*, t. I.

OLUFSEN, *Bemærkninger om danske Herregaarde* (Remarques sur les châteaux danois); dans *Skand. Litter. Selskabs Skrifter*, t. XXII.

J. HERTZHOLM, *Parerga de servitute personali et reali.* Copenhague, 1673.

L. ENGELSTOFT, *Christian den Fjerdes mislykkede Forsøg paa at ophæve Vornedskabet i Aaret 1634* (Vaine tentative de Christian IV pour supprimer le servage en 1634), dans *Skand. Litter. Selskabs Skrifter*, 1813.

Om Afløsning af Kongeægter og Hoveri paa Krongodset (Sur l'abolition du charroi et de la corvée dans le domaine royal en 1623-25), publiée par T.-A. Becker, dans *Danske Magazin*, 3e série, t. IV.

GEORG HANSEN, *Die Aufhebung der Leibeigenschaft in den Herzogthümern Schleswig und Holstein* (l'Abolition du servage dans les duchés de Slesvig et de Holstein). Saint-Pétersbourg, 1861.

Jacobsen, *Om Selveiergods og de Maader, paa hvilke denne Art af Eiendom overgik til Fæste under Christian den tredie og Frederik den anden* (Sur le franc-alleu et les manières dont cette espèce de propriété se transforma en fermage sous Christian III et Frédéric II), dans *Juridisk Tidsskrift*, t. XVIII, 1831.

L. Engelstoft, *Uddrag af Sorterups Præstigiæ œconomiæ ruralis* (Extrait de *Præstigiæ œconomiæ ruralis* de Sorterup), avec des explications, dans *Skand. Litt. Selskabs Skrifter*, 1805.

Il est question de l'origine de la *Corvée* (Hoveri) et du *Patronat* (Vornedskab), dans l'appendice à *Beskrivelse af Tygestrup* (Description de Tygestrup), par Estrup. Copenhague, 1838; dans *Historiske Fortællinger om Islændernes Bedrifter*, par N.-M. Petersen, appendice du t. II, et dans *Historisk Tidsskrift*, t. II, mém. de Chr. Molbech.

H.-F.-J. Estrup, *Den historiske Udvikling af Livsfæstet i Danmark* (Développement historique du fermage à vie en Danemark), dans *Historisk Tidsskrift*, t. VI.

T. de Hofman, *Om Oprindelsen til at give og tage Tiende og Rettighed til at kalde Præster* (Origine de la coutume de donner et de prendre dîme, et du droit de nommer les pasteurs), 2ᵉ édit. augmentée. Copenhague, 1777, in-4.

J. Mandix, *Haandbog i den danske Landvæsensret* (Manuel du droit rural du Danemark), 2ᵉ édit. Copenhague, 1813, 2 vol.; avec appendice, Copenhague, 1829.

W. Ussing, *De danske Landboforhold* (la Situation agricole du Danemark). Copenhague, 1847.

N.-V. Dorph, *De jydske Zigeunere og en rotvelsk Ordbog* (les Bohémiens du Jutland, avec un dictionnaire du rothwælsch). Copenhague, 1837.

F. Dyrlund, *Tatere og Natmandsfolk i Danmark betragtede med Hensyn til Samfundsforholdene i det Hele* (les Bohémiens et la gent nocturne en Danemark, considérés par rapport à la société en général). Copenhague, 1872.

J.-M. Velschow, *De institutis militaribus Danorum regnante Valdemaro secundo*, part. I. Copenhague, 1831.

F.-H. Jahn, *Almindelig Udsigt over Nordens, især Danmarks Krigsvæsen Middelalderen* (Coup d'œil général sur l'organisation militaire du Nord, surtout du Danemark, au moyen âge). Copenhague, 1825.

O. Vaupell, *Den danske Hærs Historie til Nutiden, og den norske Hærs*

Historie til 1814 (Histoire de l'armée danoise jusqu'à nos jours et de l'armée norvégienne jusqu'en 1814). Copenhague, t. I, 1872; t. II, liv. 1-2, 1876.

C.-L. Lœvenskiold, *Efterretninger om den kongl. Livgarde tilfods* (Notice sur la garde royale à pied). Copenhague, 1858.

O. Blom, *Kristian den Fjerdes Artilleri, hans Tœjhuse og Vaabenforraad* (Artillerie de Christian IV, ses arsenaux et ses provisions militaires). Copenhague, 1877.

P. Ramshart, *Efterretning om den danske Flaades Tjeneste* (Notice sur le service de la flotte danoise, de 1752 à 1807). Copenhague, 1808.

Dichman, *Samlinger Sœetaten i Almindelighed og Sœkadet-Akademiet i Særdeleshed vedkommende* (Collections concernant l'état-major maritime en général et l'académie des cadets de marine en particulier), 1er recueil. Copenhague, 1801.

H.-G. Garde, *Efterretninger om den danske og norske Sœmagt* (Notice sur les forces maritimes du Danemark et de la Norvège). Copenhague, 1832-36, 4 vol.

H.-G. Garde, *Den dansk-norske Sœmagts Historie* (Histoire de la marine dano-norvégienne, de 1700 à 1814). Copenhague, 1852.

H.-G. Garde, *Bidrag til Sœmagtens Historie* (Documents pour l'histoire de la marine, de 1814 à 1848), dans *Historisk Tidsskrift*, 3e série, t. V.

H.-G. Garde, *Den dansk-norske Sœmagts Historie* (Histoire de la marine dano-norvégienne, de 1535 à 1700). Copenhague, 1861.

J.-C. Tuxen, *Den danske og norske Sœmagt fra de ældste Tider indtil vore Dage* (la Marine dano-norvégienne depuis les temps les plus anciens jusqu'à nos jours). Copenhague, 1875.

VIII

CONSTITUTION POLITIQUE. — HISTOIRE LÉGISLATIVE, ET JURISPRUDENCE.

J.-F.-V. Schlegel, *Danmarks og Hertugdœmmernes Statsret* (Droit public du Danemark et des Duchés). Copenhague, 1828, t. I, le seul paru. (Cfr. notice détaillée et pleine de faits, par L. Engelstoft, dans *Maanedsskrift for Litteratur*, t. I.)

T.-H. Aschehoug, *Statsforfatningen i Norge og Danmark indtil 1814* (Droit public de la Norvège et du Danemark jusqu'en 1814). Christiania, 1866.

De danske Kongers Haandfæstninger og lignende Acter (Capitulations des rois de Danemark et autres actes de ce genre), dans le t. II des *Aarsberetninger fra Geheime-Archivet*.

O. SPERLING, *De summo regio nomine Konning et eius apud Danos origine et potestate*). Copenhague, 1707, in-4.

LARSEN, *Om Kongeværdighedens Arvelighed fordum i Danmark* (Sur l'hérédité de la couronne en Danemark dans les anciens temps), dans *Nordisk Tidsskrift* de Molbech, t. IV.

E.-C WERLAUFF, *De danske Kongers Salving og Kroning i Middelalderen* (Sur le sacre et le couronnement des rois de Danemark au moyen âge), dans *Nordisk Tidsskrift* de Molbech, t. IV.

E.-C. WERLAUFF, *Om Dannebrog og Dannebrogsordenen* (Sur le Dannebrog et l'ordre de ce nom), recherches historiques, publiées par C.-F. Wegener. Copenhague, 1872, in-4.

LARSEN, *De danske Kongers personlige Deeltagelse i Retspleien* (la Participation personnelle des rois de Danemark à l'administration de la justice), dans *Historisk Tidsskrift*, t. I.

JACOBSEN, *Om Landsthinget var Adelens almindelige Værnething paa Christian den 3dies og Frederik den 2dens Tid* (Si le Landsthing ou assemblée provinciale était le tribunal ordinaire de la noblesse, sous les règnes de Christian III et de Frédéric II), dans *Historisk Tidsskrift*, t. II.

H.-F.-J. ESTRUP, *De danske Majorater* (les Majorats en Danemark). Copenhague, 1845.

CHR. MOLBECH, *Et nyt Bidrag til den danske Birkerets Historie* (Nouvelle Étude sur l'histoire des juridictions spéciales en Danemark), dans *Historisk Tidsskrift*, t. IV.

LARSEN, *Om Rigsdage, Provindsialforsamlinger, samt Rigsraadet i Danmark fra 13de Aarh. til 1660* (Sur les diètes nationales et provinciales, et le conseil du royaume, en Danemark, depuis le XIIIe siècle jusqu'en 1660), dans *Historisk Tidsskrift*, t. I.

P.-F.-A. HAMMERICH, *Om de tre uadelige Stænders Deeltagelse i Danmarks og Norges Statsanliggender fra Rigsdagen 1523 til Rigsdagen 1660* (Sur la participation des trois ordres plébéiens aux affaires d'État du Danemark et de la Norvège, depuis la diète de 1523 jusqu'à celle de 1660), avec des documents, dans *Nyt historisk Tidsskrift*, t. I, et *Fire kjøbenhavnske Rigsdage* (Quatre diètes tenues à Copenhague, 1645, 1648 et deux en 1650), dans *Nyt historisk Tidsskrift*, t. V.

J.-A. FREDERICIA, *Nogle Bemærkninger om Rigsmarskerne og Rigsmarskembedet* (Quelques remarques sur les maréchaux du royaume et leurs fonctions, surtout sous Christian IV), dans *Historisk Tidsskrift*, 4e série, t. III.

C.-T. ENGELSTOFT, *Om Geistligheden som Rigsstand i Danmark efter Reformationen* (Du clergé comme l'un des ordres du Danemark après la Réforme), dans *Nyt historisk Tidsskrift*, t. IV.

P.-V. JACOBSEN, *Om de kongelige Nathold, Borgeleier og Gjæsteri i Danmark under Christian den 3die og Frederik den 2den* (Sur le droit de gîte pour le roi et de garnison dans les châteaux et chez les paysans du Danemark sous Christian III et Frédéric II), dans *Historisk Tidsskrift*, t. II.

P.-V. JACOBSEN, *Det danske Skattevæsen under Kongerne Christian den tredie og Frederik den anden* (les Impôts sous les rois Christian III et Frédéric II). Copenhague, 1833.

J. GRUNDTVIG, *Frederik den Andens Statshusholdning oplyst af utrykte Kilder* (l'Économie-politique du roi Frédéric II, éclairée par des documents inédits). Copenhague, 1876.

Instruxer for Collegier og høie Statsembedsmænd umiddelbart efter Souveræniteten (Instructions pour les collèges ministériels et les hauts fonctionnaires, immédiatement après l'établissement de l'autocratie), dans *Aarsberetninger fra Geheime-Archivet*, t. II.

F.-C. BRUUN, *Til Erindring om det kongelige danske Udenrigsministeriums hundredaarige Bestaaen som selvstændigt Regjeringsdepartement* (Centenaire du ministère royal danois des affaires étrangères comme département spécial du gouvernement, 1770-1870). Copenhague, 1870, in-4.

J.-E. LARSEN, *Om Islands hidtil værende statsretlige Stilling* (Sur la situation constitutionnelle de l'Islande jusqu'à nos jours). Copenhague, 1855, in-4.

J. SIGURDSSON, *Om Islands statsretlige Forhold* (Sur la situation constitutionnelle de l'Islande). Copenhague, 1856.

Aktstykker vedkommende den islandske Forfatnings- og Finantssag (Documents concernant la constitution et le budget de l'Islande), imprimés par ordre du ministère de la justice. Copenhague, 1870.

A. AAGESEN, *Fortegnelse over Retssamlinger, Retsliteratur m. m. i Danmark, Norge, Sverig og til Dels Finland* (Catalogue des recueils de jurisprudence, des bibliographies du droit, etc., en Danemark, en Norvège et en Suède, et en partie en Finlande). Copenhague, 1876.

OSTERSON VEILE, *Glossarium juridicum Danicum*. Copenhague, 1641, nouv. édit. 1652 et 1665.

KOFOD ANKER, *Dansk Lovhistorie* (Histoire de la jurisprudence danoise). Copenhague, 1769-76, 2 vol. in-4. Réédité avec de nombreuses remarques explicatives par Schlegel et Nyerup, dans les *Samlede juridiske Skrifter* de l'auteur. Copenhague, 1807-14, 3 vol. in-8.

Kolderup-Rosenvinge, *Grundrids af den danske Retshistorie* (Esquisse de l'histoire du droit danois), 2ᵉ édit. Copenhague, 1832-33, 2 vol., avec une bibliographie détaillée. J.-E. Larsen a publié des additions et des corrections à cet ouvrage dans *Forelæsninger over dansk Retshistorie* (Leçons sur le droit danois), 1ʳᵉ division, t. I, de ses *Samlede Skrifter*.

Chr.-L.-E. Stemann, *Den danske Retshistorie indtil Christian V's Lov* (Histoire du droit danois jusqu'à la loi de Christian V). Copenhague, 1871.

Chronologisk Fortegnelse over de vigtigste ældre danske Love, Anordninger, By- og Gildeskraaer (Liste chronologique des plus importantes et des plus anciennes lois danoises, ordonnances, statuts des villes et des confréries), dans *Historiske Aarbøger* de Chr. Molbech, t. II. Copenhague, 1848.

Kolderup-Rosenvinge, *Samling af gamle danske Love* (Recueil d'anciennes lois danoises). Copenhague, 1821-37, t. II-V, in-4; 1847, t. I, livr. 1.

Samling af danske Forordninger indtil Aar 1500 (Recueil d'ordonnances danoises jusqu'à 1500), dans *Aarsberetninger fra Geheime-Archivet*, t. V.

N.-M. Petersen, *Kong Valdemar den Andens jydske Lov* (Loi jutlandaise du roi Valdemar II). Copenhague, 1850.

P.-G. Thorsen, *Danmarks gamle Provindslove* (Anciennes Lois des provinces danoises). Copenhague, 1852-53, 4 vol. — I, Loi sélandaise de Valdemar et loi ecclésiastique de la Sélande; II, Loi sélandaise d'Erik; III, Loi civile et loi ecclésiastique de la Skanie; IV, Loi jutlandaise de Valdemar II, d'après le manuscrit de Flensborg, avec le texte édité en 1590 et la traduction en bas-allemand par Ekenberger, en 1593.

Kolderup-Rosenvinge, *Danmarks Rigens Ret* (Droit du royaume de Danemark), dans *Danske Magazin*, 3ᵉ série, t. I, et à part.

G.-J. Thorkelin, *Samling af danske Kirkelove* (Recueil de lois ecclésiastiques du Danemark). Copenhague, 1781, in-4.

Kolderup-Rosenvinge, *Leges Canuti Magni*. Copenhague, 1826, in-4.

Kolderup-Rosenvinge, *Udvalg af gamle danske Domme, afsagte paa Kongens Retterthing og paa Landsthing* (Choix d'anciens jugements danois, rendus au tribunal du roi et dans les assemblées provinciales). Copenhague, 1842-48; 4 vol. in-4. Ces documents ne sont pas seulement précieux pour l'histoire du droit, ils jettent également du jour sur plusieurs points de l'histoire de la civilisation.

Larsen, *Bidrag til de gamle danske Provindsialloves Historie* (Étude sur l'histoire des anciennes lois provinciales du Danemark), dans *Juridisk Tidsskrift*, t. XIII, XIV, XV.

A.-D. Jœrgensen, *Bidrag til Oplysning af Middelalderens Love og Sam-*

fundsforhold (Étude sur les lois et la société au moyen âge), dans *Aarbøger for nordisk Oldkyndighed*, 1872-76.

PAULSEN, *Beiträge zu der Geschichte der südjütischen Stadtrechte* (Études sur l'histoire des lois municipales du Sudjutland), dans *Staatsburg. Magazin*, t. V.

P.-G. THORSEN, *De med jydske Lov beslægtede Stadsretter for Slesvig, Flensborg, Aabenraa og Haderslev, samt Thord Degens Artikler og Skraaen for St Knuds Gilde i Flensborg* (les Lois municipales ayant des affinités avec la Loi jutlandaise, pour les villes de Slesvig, de Flensborg, d'Aabenraa et de Haderslev; les articles de Thord Degen et les statuts de la Confrérie de St Knud à Flensborg). Copenhague, 1855.

CHR.-L.-E. VON STEMANN, *Schleswigs Recht und Gerichtsverfassung im siebenzehnten Jahrhundert* (le Droit et l'organisation judiciaire du Slesvig au XVIIe siècle). Slesvig et Flensborg, 1855.

CHR.-L.-E. VON STEMANN, *Geschichte des öffentlichen und Privat-Rechts des Herzogthums Schleswig.* (Histoire du droit public et privé du duché de Slesvig). Copenhague, 1866-67, 3 vol.

C. JUEL, *Om fremmede Loves Indflydelse paa Retsudviklingen i Sønderjylland* (De l'influence des lois étrangères sur la jurisprudence dans le Sudjutland), dans *Slesvigske Provindsialefterretninger*, t. I-III.

PALUDAN-MÜLLER, *Om Harald Blaatands Lovgivning* (Sur la législation de Harald Blaatand). Programme. Odense, 1832.

SCHLEGEL, *Om de gamle Danskes Retssædvaner og Autonomi* (Sur les coutumes judiciaires et l'autonomie des anciens Danois), dans *Vidensk. Selskabs histor.-philos. Afhandlinger*, t. III, 1827.

KOLDERUP-ROSENVINGE, *Om Edens Anvendelse efter de gamle danske Love* (Sur l'usage du serment d'après les anciennes lois danoises), dans *Nyt juridisk Archiv.*, t. XXI-XXII, 1848.

G.-L. BADEN, *Danske og norske Lovkyndigheds Historie* (Histoire de la jurisprudence danoise et norvégienne). Copenhague, 1809.

V. FINSEN, *Graagaas, Islændernes Lovbog i Fristatens Tid* (le Graagaas, code des Islandais au temps de leur indépendance). Copenhague, 1850-70, 4 vol.

V. FINSEN, *Fremstilling af den islandske Familieret efter Graagaas* (Exposé du droit de famille en Islande d'après le Graagaas), dans *Annaler for nordisk Oldkyndighed*, 1849-50.

K. MAURER, *Graagaas*, dans *Allgemeine Encyklopädie der Wissenschaften und Künste*, de Ersch et Gruber. 1re section, t. LXXVII.

V. FINSEN, *Om de islandske Love i Frihedstiden* (Sur les lois de l'Islande au temps de son indépendance), dans *Aarbøger for nordisk Oldkyndighed og Historie*, 1873.

O. Stephensen et J. Sigurdsson, *Lovsamling for Island* (Recueil des lois islandaises). Copenhague, 1853-77, 17 vol.

R. Keyser et P.-A. Munch, *Norges gamle Love indtil 1387* (Anciennes Lois de la Norvège jusqu'en 1387). Christiania, 1846-49, 3 vol. in-4.

L.-M.-B. Aubert, *De norske Retskilder og deres Anvendelse* (les Sources du droit norvégien et leur usage). Christiania, 1877, t. I.

E. Hertzberg, *Grundtrækkene i den ældste norske Proces* (les Principes de la plus ancienne procédure norvégienne). Christiania, 1877.

C.-J. Schlytter, *Corpus juris Sveo-Gotorum antiqui*, t. I-XII. Stockholm et Lund, 1827-69, in-4. H.-S. Collin a pris part à l'édition des 2 premiers volumes. Le t. IX contient la Loi skanienne.

J.-E. Larsen, *Samlede Skrifter*, 1re division, t. I-III. Copenhague, 1857-61. Contenant plusieurs mémoires sur l'histoire de la législation danoise et le droit public.

IX

GÉOGRAPHIE. — TOPOGRAPHIE. — STATISTIQUE.

N.-M. Petersen, *Haandbog i den gammel-nordiske Geografi* (Manuel de géographie de l'ancien Nord). Copenhague, 1834, t. I, le seul paru.

R. Rask, *Ottars og Ulfsteens korte Reisebeskrivelser* (Brève description des voyages d'Ohthere et de Wulfstan), avec traduct. et remarques dans *Skandin. Litter. Selskabs Skrifter*, 1815, et dans ses *Samlede Afhandlinger*. — Aussi édité avec traduction suédoise et commentaires par H.-G. Porthan, dans *Skrifter i Urval* (Opera selecta), publiés par la Société finnoise de Littérature, t. V, Helsingfors, 1873; — avec trad. dan. par Munch, dans *Antiquités Russes*, publiées par la Soc. des Antiq. du Nord, t. II; — par Jos. Bosworth: *A Description of Europe and the Voyages of Ohthere and Wulfstan, written in Anglo-Saxon by King Alfred the Great*. Londres, 1858, in-fol.

E.-C. Werlauff, *Bidrag til den nordiske Ravhandels Historie* (Étude sur l'histoire du commerce de l'ambre dans le Nord), dans *Videnskabernes Selskabs hist.-philos. Afhandlinger*, t. V.

G.-M. Redslob, *Thule: Die phönicischen Handelswege nach dem Norden* (Thule. Voies commerciales des Phéniciens vers le Nord). Leipzig, 1855.

H. Genthe, *Ueber den etruskischen Tauschhandel nach dem Norden* (Sur le commerce d'échange des Étrusques dans le Nord). Francfort-sur-le-Main, 1874.

C.-F. Wiberg, *Bidrag till kännedom om Phœniciernas, Etruskernas och Massiliensernas handelsförbindelser med nordvestra Europa* (Étude sur les

C.-F. Wiberg, *De klassiska folkens förbindelse med Norden och inflytande på dess civilisation* (les Relations des peuples classiques avec le Nord et leur influence sur sa civilisation). Gefle, 1867, in-4 ; 2ᵉ édit., 1868. La 1ʳᵉ a été trad. en allemand par J. Mestorf. Hambourg, 1867.

E.-C. Werlauff, *Om de gamle Nordboers Bekjendtskab med den pyrenæiske Halvø* (Sur la connaissance que les anciens Scandinaves ont eue de la péninsule ibérique), dans *Annaler for nordisk Oldkyndighed*, 1836-37.

E.-C. Werlauff, *Forsøg til at oplyse og forklare Procops Efterretninger om de nordiske Lande* (Essai d'éclaircissement et d'explication des notices de Procope sur les pays septentrionaux), dans *Vidensk. Selskabs hist.-phil. Afhandl.* t. VII, et à part. Copenhague, 1841, in-4.

E.-C. Werlauff, *Symbolæ ad geographiam medii ævi*. Copenhague, 1821, in-4.

H. Knudsen, *Danmark i Middelalderen* (le Danemark au moyen âge). Copenhague, 1832, livr. 1.

C.-G. Styffe, *Skandinavien under Unionstiden* (la Scandinavie pendant la période de l'Union), étude de géographie historique. Stockholm, 1867.

P.-W. Becker, *Bidrag til en geographisk antiqvarisk Beskrivelse over Vendsyssel og Thy* (Matériaux pour une description géographique et archéologique de Vendsyssel et de Thy au xıᵉ siècle), dans *Nordisk Tidsskrift* de Molbech, t. IV.

J.-M. Velschow, *Om Folkemængden i Danmark* (De la population du Danemark au milieu du xıııᵉ siècle), dans *Historisk Tidsskrift*, t. IV.

P.-V. Jacobsen, *Bidrag til det danske Kjøbstadvæsen* (Études sur le régime municipal en Danemark sous les règnes de Christian III et de Frédéric II), dans *Historisk Tidsskrift*, t. V.

P.-V. Jacobsen, *Bidrag til Kundskab om de danske Kjøbstæders Borgervæbning og Deeltagelse i Krigsvæsenet i det XVIde Aarhundrede* (Études sur les milices urbaines du Danemark et leurs services militaires au xvıᵉ siècle), dans *Nyt historisk Tidsskrift*, t. I.

O. Nielsen, *Kjøbenhavns Diplomatarium*, Recueil de documents sur la situation de Copenhague avant 1728. Copenhague, t. I, II, III, 3 livr., 1870-77, in-4°.

E. Pontoppidan, *Origines Havnienses eller Kjøbenhavn i sin oprindelige Tilstand* (ou État primitif de Copenhague). Copenhague, 1760, in-4.

BIBLIOGRAPHIE.

N. Jonge, *Kjœbenhavns Beskrivelse* (Description de Copenhague). Copenhague, 1783, in-4.

R. Nyerup, *Kjœbenhavns Beskrivelse*. Copenhague, 1800.

S. Sterm, *Statistisk-topographisk Beskrivelse over Kjœbenhavn* (Description statistique et topographique de Copenhague). Copenhague, 1839-41, 3 livr.

O. Nielsen, *Kjœbenhavns Historie og Beskrivelse* (Histoire et description de Copenhague). T. I, Moyen âge. Copenhague, 1877.

G.-F. Lassen, *Dokumenter og Aktstykker til Kjœbenhavns Befæstnings Historie* (Pièces et documents pour l'histoire des fortifications de Copenhague). Copenhagye, 1855.

G.-F. Lassen, *Bidrag til Bœrsens Historie i de fœrste halvhundrede Aar* (Étude sur l'histoire de la Bourse de Copenhague pendant les cinquante premières années). Copenhague, 1858, in-4.

L. Holst, *Kjœbenhavn og Kongerigets Kjœbstæder for omtrent hundrede Aar siden* (Copenhague et les villes du royaume, il y a environ cent ans). Copenhague, 1862.

Holger Rœrdam, *Kjœbenhavns Kirker og Klostre i Middelalderen* (les Églises et les Cloîtres de Copenhague au moyen âge). Copenhague, 1863.

H. Behrmann, *Beskrivelse af Roeskilde By og Domkirke* (Description de la ville et de la cathédrale de Roeskilde). Copenhague, 1832.

E.-C. Werlauff, *De hellige tre Kongers Kapel i Roeskilde Domkirke* (la Chapelle des trois saints Rois dans la cathédrale de Roeskilde), description historico-archéologique. Copenhague, 1849, in-4.

Steen Friis, *Roeskilde Domkirke* (la Cathédrale de Roeskilde), avec figures. Copenhague, 1851-52, 2 livr.

N. Hœyen, *Frederiksborg-Slot* (le Château de Frederiksborg), dans *Dansk Ugeskrift* de Schouw, t. I.

A. Reyersen, *Beskrivelse over St Bendts Kirke i Ringsted* (Description de l'église de Saint-Benoît à Ringsted). Copenhague, 1779, in-4.

E.-C. Werlauff, *Beskrivelse over Kong Erik Menveds og Dronning Ingeborgs Gravminde i Ringstedkirke* (Description du monument funéraire du roi Erik Menved et de la reine Ingeborg dans l'église de Ringsted). Copenhague, 1815, in-4.

Kongegravene i Ringsted, aabnede, istandsatte og dækkede med nye Mindestene (les Sépultures royales de Ringsted, ouvertes, restaurées et couvertes de nouvelles pierres sépulcrales), par ordre du roi Frédéric VII. Copenhague, 1858, in-4.

F.-F. Wendelboe, *Beskrivelse over Mindesmærkerne i Soræ Akademies Kirke* (Description des monuments de l'église de l'Académie de Soræ), avec une introduction historique sur l'ancienne église du monastère, par H.-F.-J. ESTRUP. Copenhague, 1836, in-4.

J.-CHR. QVISTGAARD, *Efterretninger om Slagelse By og Skole i ældre Tider* (Renseignements sur la ville et l'école de Slagelse dans les anciens temps). Slagelse, 1831.

P. EDVARDSEN FRIIS, *Underretning om Skjelskœr Kjøbstad* (Notice sur la ville de Skjelskœr). Sorœ, 1759, in-4.

FRANZISKA CARLSEN, *Rœnnebæk Sogn med Rœnnebæksholm* (la paroisse et le château de Rœnnebæksholm). Copenhague, 1861.

FRANZISKA CARLSEN, *Efterretninger om Gammel-Kjœgegaard og Omegn* (Notice sur Gammel-Kjœgegaard et les environs), t. I. Copenhague, 1877.

N. H. WEINWICH, *Beskrivelse over Stevns Herred* (Description du canton de Stevns). Copenhague, 1798.

J. JUNGE, *Den nordsjællandske Landalmues Charakteer* (le Caractère du peuple des campagnes de la Sélande septentrionale). Copenhague, 1798.

(L. BOESEN), *Helsingœrs Beskrivelse* (Description d'Elseneur). Aalborg, 1757.

Bidrag til Helsingœrs Historie (Étude sur l'histoire d'Elseneur), programmes de l'école professionnelle supérieure de cette ville, 1866-76.

Samling af Aktstykker til Byen Helsingœrs Historie (Recueil de documents pour l'histoire de la ville d'Elseneur), dans *Aarsberetninger fra Geheime-Archivet*, t. III et IV.

P. PALUDAN, *Beskrivelse over Kallundborg* (Description de Kallundborg). Copenhague, 1788.

F. ALGREEN-USSING, *Efterretninger om Kallundborg* (Notice sur Kallundborg). Copenhague, 1869.

C.-F. WEGENER, *Om Udgravningen af Asserbos og Sœborgs Ruiner* (Exploration des ruines d'Asserbo et de Sœborg), dans *Annaler for Nordisk Oldkyndighed*, 1851.

C.-F. WEGENER, *Historiske Efterretninger om Abrahamstrup Gaard* (Notices historiques sur le domaine d'Abrahamstrup). Copenhague, 1855-56, 2 vol. (Extr. de *Annaler for Nordisk Oldkyndighed*.)

A. PETERSEN, *Vallœ og Omegn* (Vallœ et ses environs). Copenhague, 1877, 3 livr.

CHR.-H. BRASCH, *Vemmetoftes Historie som Herregaard, Slot og Kloster* (Histoire de Vemmetofte, comme seigneurie, château et couvent). Copenhague, 1859-63, 3 vol.

CHR.-H. BRASCH, *Gamle Eiere af Bregentved fra 1340 til 1740* (Anciens propriétaires de Bregentved, de 1340 à 1740). Copenhague, 1873.

O.-F.-C. Rasmussen, *Optegnelser om Gisselfeld* (Notes sur Gisselfeld). Næstved, 1868.

H.-F.-J. Estrup, *Tygestrup som det var og som det er* (Tygestrup, état passé et présent), description hist. et statist. Copenhague, 1838.

M.-G.-P. Repholz, *Beskrivelse over Baroniet Stampenborg* (Description de la baronnie de Stampenborg). Copenhague, 1820, in-4.

P. Rhode, *Samlinger til Laaland og Falsters Historie* (Collections pour l'histoire de Laaland et de Falster). Copenhague, 1776-94. 2 vol. Nouv. édit. par J.-J.-P. Friis. Copenhague, 1859, 2 vol.

P.-H. Boye, *Bidrag til Nakskovs Statistik* (Étude sur la statistique de Nakskov au commencement du xviie siècle), dans *Nyt hist. Tidsskrift*, t. V.

J.-A. Larsen, *Laaland og Falster topographisk beskrevne* (Description topographique de Laaland et de Falster). Copenhague, 3 vol.; t. I, 1833, Cantons Nord, Sud, et de Fugelse; — t. II, 1866, Canton de Musse, livr. 1, paroisse de Maribo, par A. Kall-Rasmussen; — t. III, 1872, Canton de Musse, livr. 2, par F.-R. Friis.

J. Paludan, *Beskrivelse over Møen* (Description de l'île de Møen). Copenhague, 1822-24, 2 vol.

L.-L. Thurah, *Beskrivelse over Bornholm og Christiansø* (Description de Bornholm et de Christiansø). Copenhague, 1756, in-4.

P.-N. Skougaard, *Beskrivelse over Bornholm* (Description de Bornholm). Copenhague, 1804, t. I, le seul paru.

J.-R. Hübertz, *Aktstykker til Bornholms Historie* (Documents pour l'histoire de Bornholm, 1327-1621). Copenhague, 1852.

C.-G. Brunius, *Konstanteckningar under en Resa til Bornholm* (Notes artistiques recueillies dans un voyage à Bornholm). Lund, 1860.

Aug. Schrœder, *Meddelelser om Faaborg Kjøbstad* (Notice sur la ville de Faaborg). Faaborg, 1866.

J. Begtrup, *Beskrivelse over Svendborg* (Description de Svendborg). Odense, 1823.

F.-C. Lund, *Beskrivelse over Œen Thorseng* (Description de l'île de Thorseng). Odense, 1823, in-4.

C.-T. Engelstoft, *Historisk statistisk Beskrivelse af Œen Thurø* (Description historique et statistique de l'île de Thurø), dans *Historisk Tidsskrift*, 3e série, t. I.

P. Rasmussen, *Oplysninger om Rudkjøbing Kjøbstad og Œen Langeland* (Éclaircissements sur la ville de de Rudkjøbing et l'île de Langeland). Rudkjøbing, 1849.

H.-P. Mumme, *St Knuds Kirke i Odense* (l'Église de saint Knud à Odense), description historique, 1844.

C.-E. WERLAUFF, *Monument over Kong Hans og Dronning Christine i St Knuds Kirke i Odense* (Monument du roi Jean et de la reine Christine dans l'église de Saint-Knud à Odense). Copenhague, 1827, in-4.

H.-P. MUMME, *Bidrag til Odense Byes Historie* (Étude sur l'histoire de la ville d'Odense). Odense, 1857.

C.-T. ENGELSTOFT, *Odense Byes Kirkehistorie efter Reformationen* (Histoire religieuse de la ville d'Odense après la Réforme), dans *Nyt histor. Tidsskrift*, t. VI.

C.-T. ENGELSTOFT, *Odense Byes Historie* (Histoire de la ville d'Odense). Odense, 1862. (Forme le t. II de *Fyens Stifts litteraire-Selskabs Samlinger*).

VEDEL-SIMONSEN, *Bidrag til Odense Byes ældre Historie* (Étude sur l'histoire ancienne de la ville d'Odense). Odense, 1841-45, 5 livr. ; — *Samlinger til Hagenskov Slots Historie* (Collections pour l'histoire du château [de Hagenskov). Odense, 1842 ; — *Bidrag til danske Slottes og Herreborges Bygningshistorie* (Étude sur l'histoire de la construction de forteresses et de châteaux danois). Odense, 1840 ; — *Bidrag til Rugaards Historie* (Étude sur l'histoire de Rugaard). Copenhague, 1843-44, 5 livr. ; — *Samlinger til Elvedgaards Historie* (Collections pour l'histoire d'Elvedgaard). Odense, 1845 et suiv., 4 livr. ; — *Borgruinerne* (les Ruines de châteaux). Copenhague, 1813, 2 livr.

L. BOESEN, *Beskrivelse over Herresædet Lundsgaard* (Description de la seigneurie de Lundsgaard). Copenhague, 1769.

T.-A. BECKER, *Herregaarden Egeskov* (le Château de Egeskov), dans *Orion*, revue mensuelle, t. III.

N. RASMUSSEN-SŒKILDE, *Gamle og nye Minder om Brahetrolleborg og Omegn* (Souvenirs anciens et récents de Brahetrolleborg et des environs). Copenhague, 1870 ; — *Holstenshus et Nakkebœlle*, avec les paroisses et les îles voisines. Odense, 1875.

J.-C. BENDTZ, *Efterretninger om Rœnninge og Rolfsted Sogne* (Notice sur les paroisses de Rœnninge et de Rolfsted). Odense, 1820, in-4.

H. LEERBECH, *Beskrivelse over Ringe Sogn* (Description de la paroisse de Ringe). Odense, 1826, in-4.

A. TOMMERUP, *Topografi over Drejœ Sogn* (Topographie de la paroisse de Drejœ). Odense, 1823.

L.-L. THURAH, *Beskrivelse over Samsœ* (Description de l'île de Samsœ). Copenhague, 1758, in-4.

L.-H. BING, *Beskrivelse over Lessœ* (Description de l'île de Læssœ). Copenhague, 1802.

O. OLAVIUS, *Beskrivelse over Skagens Kjœbstad og Sogn* (Description de la ville et de la paroisse de Skagen). Copenhague, 1787.

D.-H. Wulff, *Statistiske Bidrag til Vendelbo Stifts Historie* (Étude statistique sur l'histoire du diocèse de Vendelbo, aux xvie et xviie siècles). Aalborg, 1872-74.

R. Aagaard, *Beskrivelse over Thy* (Description du canton de Thy). Viborg, 1802.

A.-C. Fabricius, *Siæringvoldes Beskrivelse og Historie* (Histoire et description de Siæringvolde), dans *Antiqvarisk Tidsskrift*, 1846-48.

C. Schade, *Beskrivelse over Mors* (Description de l'île de Mors). Aalborg, 1811.

C. Erichsen, *Viborg Byes Beskrivelse* (Description de la ville de Viborg). Copenhague, 1727.

A.-C. Krog, *Samlede Efterretninger om Viborg By i ældre og nyere Tider* Recueil de renseignements sur la ville de Viborg dans les temps anciens et modernes). Viborg, 1779.

M.-R. Ursin, *Stiftsstaden Viborg* (la ville épiscopale de Viborg), description historique et statistique. Viborg, 1849.

M. Galthen, *Beskrivelse over Randers* (Description de Randers). Aarhuus, 1802.

S.-A. Stadfeldt, *Chorographisk økonomisk Beskrivelse over Randers Kjæbstad* (Description topographique et économique de la ville de Randers). Copenhague, 1804.

Neckelmann, *Randers Kjæbstad fra den ældste Tid indtil 1448* (la Ville de Randers, depuis les temps les plus anciens jusqu'en 1448). Randers, 1833.

Neckelmann, *Om Fiskeriet i Randers Fjord* (De la pêche dans le golfe de Randers). Randers, 1833.

F. Nannestad, *Hilaria Arhusiensia*. Copenhague, 1748, in-4.

J.-R. Hübertz, *Aktstykker vedkommende Stiftet og Staden Aarhuus* (Documents sur le diocèse et la ville d'Aarhuus). Copenhague, 1845-46, 3 vol.

C.-V. Hertel, *Beskrivelse over Aarhuus Domkirke* (Description de la cathédrale d'Aarhuus). Aarhuus, 1809-10, 2 vol.

K. Hansen, *Beskrivelse over Skanderborg* (Description de Skanderborg). Copenhague, 1833.

O. Fabricius, *Horsens Kjæbstads Beskrivelse og Historie* (Description et histoire de la ville de Horsens). Odense, 1876-77, 3 livr.

C. Dreyer, *Beskrivelse over Lemvig samt Skodborg og Vandfuld Herreder* (Description de Lemvig et des cantons de Skodborg et de Vandfuld). Viborg, 1795.

L.-C. Frœlund, *Holstebro*, description historique, topograph. et statist. de cette ville. Aalborg, 1871.

N. BLICHER, *Topografi over Vium Præstekald* (Topographie de la paroisse de Vium). Viborg, 1795.

P.-N. FROST, *Beskrivelse over Kjæbstaden Ringkjæbing* (Description de la ville de Ringkjœbing). Borris près Ringkjœbing, 1817.

P. FLŒE et O. NIELSEN, *Historiske Efterretninger om Nœrre-Horne Herred* (Notions historiques sur le canton de Nœrré-Horne). Varde, 1875.

G.-F. GAARMANN, *Efterretninger om Veile* (Notice sur Veile). Fredericia, 1794.

Kongegravene i Jellinge og deres Undersœgelse efter Kong Frederik VII's Befaling i 1861 (les Sépultures royales de Jellinge et les fouilles qui y furent faites en 1861, par ordre du roi Frédéric VII), publiées pour la Société des Antiquaires du Nord, par J. Kornerup. Copenhague, 1875, in-fol. — — Cfr. C. ENGELHARDT, *Kong Gorms og Dronning Thuras Mindestene i Jellinge* (les Pierres sépulcrales du roi Gorm et de la reine Thura à Jellinge), dans *Aarbœger for nordisk Oldkyndighed og Historie*, 1876.

J.-N. WILSE, *Beskrivelse over Fredericia* (Description de Fredericia). Copenhague, 1767.

E.-G. TAUBER, *Breve fra Kolding* (Lettres de Kolding). Odense, 1822.

J.-J. FYHN, *Efterretninger om Kolding* (Notice sur Kolding). Copenhague, 1848.

T.-A. BECKER, *Herregaarden Tirsbæk* (le Château de Tirsbæk), dans *Orion*, revue trimestrielle, t. I.

P. TERPAGER, *Ripæ Cimbricæ*. Flensborg, 1736, in-4.

M. GALTHEN, *Beskrivelse over Ribe* (Description de Ribe). Odense, 1792.

P.-N. FROST, *Efterretninger om Ribe Domkirke* (Notice sur la cathédrale de Ribe). Ribe, 1841.

N. HŒYEN, *Ribe Domkirke*, dans *Dansk Ugeskrift* de Schouw, 2e série, t. II.

P.-N. FROST, *Optegnelser om Ribe* (Notes sur Ribe). Ribe, 1842.

P.-N. THORUP, *Antiqvariske Bidrag til Ribe Byes Beskrivelse* (Matériaux archéologiques pour la description de la ville de Ribe), programmes. Ribe, 1833-39, 2 livr.; et *Historiske Efterretninger om Ribehuus* (Notice historique sur le château de Ribe), progr. Ribe, 1835.

P. ADLER, *Bidrag til en Skildring af Byen Ribe i de forrige Aarhundreder* (Matériaux pour la description de la ville de Ribe dans les siècles passés), d'après des sources inédites. Progr. de l'école. Ribe, 1842-47, 3 livr. — I, Navigation et commerce aux xve, xvie et xviie siècles; — II, Administration et justice dans la même période. Ces excellents mémoires sont, comme les précédents, accompagnés de pièces inédites.

Ribe Oldemoder eller Avia Ripensis (l'Aïeule Ribe), édité par O. Nielsen.

Copenhague, 1869. (Recueil de documents sur le chapitre et l'évêché de Ribe).

J. Kinch, *Ribe Byes Historie og Beskrivelse indtil Reformationen* (Histoire et description de la ville de Ribe jusqu'à la Réforme). Ribe, 1869.

J. Kinch, *Af Ribe Byes Tingbœger fra Slutningen af det 16 og 17 Aarhundrede* (Extrait des registres des tribunaux de Ribe, depuis la fin du xvie siècle et au xviie), dans *Samlinger til jydsk Hist. og Topogr.*, t. III et VI.

O. Nielsen, *Ribe Stifts Beskrivelse* (Description du diocèse de Ribe, 1638). Rapports des prêtres du diocèse, adressés à O. Worm, dans *Danske Samlinger*, 2e série, t. IV.

O. Nielsen, *Historiske Efterretninger om Skadst Herred* (Renseignements historiques sur le canton de Skadst). Copenhague, 1862; — *om Malt Herred*, ibid., 1870; — *om Vester-Horne Herred*, ibid., 1866; — *om Slavs Herred*, ibid., 1868; — *om Gœrding Herred*, dans *Danske Samlinger*, 2e série, t. II.

P.-N. Frost, *Statist. œconomisk Beskrivelse over Vaarbasse og Heinsvig Sogne* (Description statist. et économ. des paroisses de Vaarbasse et Heinsvig), dans l'*Amt de Ribe*. Borris près Ringkjœbing, 1819.

J. Richardsson, *Hallandia antiqua et hodierna eller Hallands Beskrifning* (Description du Halland). Stockholm, 1752-53, 2 vol. in-fol.

S.-P. Bexell, *Hallands Historia och Beskrifning* (Histoire et description du Halland). Gœteborg, 1817-19, 3 vol.

P. von Mœller, *Halländska Herregårdar* (Châteaux du Halland). Halmstad, 1871, in-4.

P. v. Mœller, *Bidrag till Hallands Historia* (Étude sur l'histoire du Halland), t. I. Lund, 1874.

A.-E. Holmberg, *Bohusläns Historia och Beskrifning* (Description et histoire du Bohuslæn). Uddevalla, 1842-45, 3 vol. — 2e édit., revue et corrigée après la mort de l'auteur, par G. Brusewitz. Œrebro. 1867, 3 vol.

J. Œdman, *Chorographia Bahusiensis eller Bohus Läns Beskrifning* (Description du Bohuslæn). Stockholm, 1746.

J. Brusewitz, *Elfsyssel (Sœdra Bohus Län). Historiska Minnan* (l'Elfsyssel, ou Bohuslæn méridional. Souvenirs historiques), tiré d'ouvrages et de documents anciens et modernes. Gœteborg, 1864, in-4.

J.-L. Gillberg, *Beskrifning œfver Malmœhus-Län* (Description du bailliage de Malmœhus). Lund, 1765; 2e édition, remaniée par N. Bruzelius, Lund, 1840.

J.-L. Gillberg, *Beskrifning öfver Christianstads Län* (Description du bailliage de Christianstad). Lund, 1767.

E. FOLLIN, *Helsingborgs Historia* (Hist. de Helsingborg). Upsala, 1851.

N.-H. SJÖBORG, *Blekings Historia og Beskrifning* (Histoire et description du Bleking). Lund, 1792-93, 2 vol.

S.-W. GYNTHER, *Blekings Historia och Beskrifning*, t. I. Stockholm, 1847.

F. RICHARDT och G. LJUNGGREN, *Skånska Herregårdar* (Châteaux de la Skanie). Lund, 1853-61, 6 vol. in-4.

C.-G. BRUNIUS, *Skånes Konsthistoria för Medeltiden* (Histoire de l'art en Skanie au moyen âge). Lund, 1850.

G. SOMMELIUS, *De templo cathedrali Lundensi*. Lund, 1755, in-4.

C.-G. BRUNIUS, *Nordens äldsta Metropolitankyrka eller hist. och architect. Beskrifning öfver Lunds Domkyrka* (La plus ancienne église métropolitaine du Nord, ou description historique et architecturale de la cathédrale de Lund). Lund, 1836; 2ᵉ édition considérablement augmentée. Lund, 1854.

P.-G. AHNFELDT, *Lunds Universitets Historia* (Histoire de l'Université de Lund), t. I. Stockholm, 1859.

C.-G. BRUNIUS, *Glimminge faste Steenhuus i Christianstad Len i Skaane* (la Forteresse de Glimminge en Skanie), dans *Historisk Tidsskrift*, t. V.

NICOLOVIUS, *Folklifvet i Skytts Härad i Skåne* (la Vie populaire dans le canton de Skytt, en Skanie, au commencement de ce siècle), souvenirs d'enfance. Lund, 1847.

(FINN MAGNUSSEN et C.-C. RAFN). *Grœnlands historiske Mindesmærker* (Monuments historiques du Grœnland). Copenhague, 1838-45, 3 vol.

V.-A. GRAAH, *Undersœgelsesreise til Œstkysten af Grœnland* (Voyage d'exploration à la côte orientale du Grœnland). Copenhague, 1832, in-4.

H. RINK, *Grœnland, geographisk og statistisk beskrevet* (Description historique et géographique du Grœnland). Copenhague, 1852-57, 4 parties formant 2 vol.

C.-C. RAFN, *Antiquitates Americanæ*. Copenhague, 1837, in-4.

L'Islande est décrite dans les voyages de : G.-S. MACKENZIE, Édimbourg, 1812, in-4; — de E. HENDERSON, Édimbourg, 1818, 2 vol.; — OLAFSEN et POVELSEN, Sorœ, 1772, 2 vol. in-4, traduct. française par Gauthier de Lapeyronie, Paris, 1802, 5 vol. in-8, avec atlas; — OLAVIUS, Copenhague, 1780, 2 vol. in-4.

N. HORREBOW, *Efterretninger om Island* (Notices sur l'Islande). Copenhague, 1752; trad. en franç. sous le titre de : *Nouv. descript. phys.-hist., civile et polit. de l'Islande,* avec des observ. par Anderson. Paris, 1764, 2 vol.

U. VON TROÏL, *Bref rörande en Resa til Island*. Upsala, 1777, trad. en franç. par Lindblom : *Lettres sur l'Islande*. Paris, 1781.

K. Maurer, *Island, von seiner ersten Entdeckung bis zum Untergange des Freistaats* (l'Islande depuis sa découverte jusqu'à la ruine de son autonomie). Munich, 1874.

L.-J. Debes, *Færoa Reserata eller Færœernes Beskrivelse* (Description des Færeys). Copenhague, 1673.

J. Landt, *Beskrivelse over Færœerne* (Description des Færeys). Copenhague, 1800.

C.-J. Graba, *Tagebuch auf einer Reise nach Färö* (Journal d'un voyage aux Færeys). Hambourg, 1830.

Th. Torfæus, *Historia Færeyensium.* Copenhague, 1695.

N. Winther, *Færœernes Historie* (Histoire des Færeys). Copenhague, 1858-75.

O. Nielsen, *Bidrag til Oplysning om Syssel-Inddelingen i Danmark* (Étude sur la division du Danemark en syssels ou districts). Copenhague, 1867.

Jonas Koldingensis, *Daniæ descriptio nova.* Francfort, 1594.

De regno Daniæ et Norwegiæ tractatus varii, cura St.-J. Stephanii. Leyde, 1629.

J.-L. Wolf, *Encomion Regni Daniæ eller Danmarckes Riges Loff* (Éloge du royaume de Danemark). Copenhague, 1654, in-4.

Arent Berntsen, *Danmarckis og Norgis fructbar Herlighed* (la fructueuse seigneurie de Danemark et de Norvège). Copenhague, 1656, in-4.

L. Holberg, *Danmarks og Norges Beskrivelse* (Description du Danemark et de la Norvège). Copenhague, 1729, in-4; 3º édit. sous le titre de *Danmarks og Norges geistlige og verdslige Stat* (État ecclésiastique et civil du Danemark et de la Norvège). Copenhague, 1762, in-4.

E. Pontoppidan, *Den danske Atlas* (l'Atlas danois). Copenhague, 1763-81, 7 vol. in-4. Les 4 derniers vol. sont de H. Hofmann.

H. Hofmann, *Samling of Fundationer og Gavebreve* (Recueil de fondations et de donations). Copenhague, 1755-80, 11 vol. in-4. (Contient d'importants suppléments à l'ouvr. précéd.)

J.-C. Trap, *Statistisk topografisk Beskrivelse af Danmark* (Description statist. et topogr. du Danemark). Copenhague, 1856-60, 3 vol.; t. I, généralités et suppléments; II et III, descript. par paroisses. — 2º édit. en cours de publication depuis 1871.

J.-C. Trap, *Statistisk topografisk Beskrivelse af Hertugdœmmet Slesvig* (Description statistique et topographique du duché de Slesvig). Copenhague, 1864.

F. RICHARDT, T.-A. BECKER et C. SECHER, *Prospekter af danske Herregaarde med historisk Beskrivelse* (Vues de châteaux danois, avec description historique). Copenhague, 1844-68, 20 vol. in-4 avec table, 1870.

K. HANSEN, *Danske Ridderborge* (Châteaux danois). Copenhague, 1832-76, 2 vol.

F. LÜTKEN, *Œkonomiske Tanker til hœiere Eftertanke* (Pensées économiques à méditer plus amplement). Copenhague, 1755-61. 9 part. formant 2 vol. (Les passages supprimés par la censure se trouvent dans les *Nye Samlinger* de Suhm, t. II.)

FR. THAARUP, *Magazin for Danmarks og Norges Beskrivelse* (Magasin pour la description du Danemark et de la Norvège). Copenhague, 1797-1803, 2 vol.

Bidrag til Kundskab om de danske Provindsers nærværende Tilstand i œkonomisk Henseende, udgivet ved Landhuusholdningsselskabet (Notices sur l'état actuel des provinces danoises au point de vue économique, éditées par la Société d'économie rurale). Copenhague, 1826-44, 19 vol. par divers auteurs et contenant chacun la description d'un *amt* ou district.

J.-F.-V. SCHLEGEL, *De danske Staters Statistik* (Statistique des États danois). Copenhague, 1793-96, I et livr. 1re de II.

F. THAARUP, *Udfœrlig Veiledning til det danske Monarkies Statistik* (Guide détaillé de la statistique de la monarchie danoise). Copenhague, 1812-19, 6 vol.

FR. THAARUP, *Statistisk Udsigt over den danske Stat* (Coup d'œil statistique sur l'État danois). Copenhague, 1825.

A.-F. BERGSŒE, *Den danske Stats Statistik* (Statistique de l'État danois). Copenhague, 1844-53, 4 vol.

FALBE-HANSEN et W. SCHARLING, *Danmarks Statistik* (Statistique du Danemark), en cours de publication. Copenhague, 1877, 5 livr. ont paru.

J. MANDIX, *Danmarks Historie for omtrent 60 Aar siden sammenlignet med den nærværende* (Histoire du Danemark, il y a 60 ans, comparée avec celle du présent). Copenhague, 1830.

C. PALUDAN-MÜLLER, *Studier til Danmarks Historie i det 13de Aarhundrede* (Études sur l'histoire de Danemark au XIIIe siècle), IIe partie, Sur le Cadastre du roi Valdemar, dans *Vidensk. Selskabs Skrifter*, 5e série, hist.-philos., t. IV, et à part.

O. NIELSEN, *Liber census Daniæ. Kong Valdemar den Andens Jordebog* (Cadastre de Valdemar II). Copenhague, 1873, in-4.

J.-C.-H.-R. STEENSTRUP, *Studier over Kong Valdemars Jordebog* (Études sur le cadastre du roi Valdemar), d'après des documents imprimés et inédits. Copenhague, 1873-74, 2 livr.

L.-C. Brinck-Seidelin, *Det danske Skatte- og Afgiftsvæsen* (les Impôts et contributions en Danemark). Copenhague, 1840.

A. Baggesen, *Den danske Stat betragtet geografisk og statistisk* (l'État danois considéré au point de vue géographique et statistique). Copenhague, 1840; 2º édit., 1862.

Ed. Erslew, *Den danske Stat* (l'État danois). Copenhague, 1855-57.

Statistisk Tabelværk, udgivet af en kongelig Kommission (Tableaux statistiques publiés par une commission royale). Copenhague, 1835-52, 21 vol. in-fol. — Nouvelle série, in-4, depuis 1850.

M.-L. Nathanson, *Historisk-statistisk Fremstilling af Danmarks National- og Stats-Huusholdning fra Frederik den 4des Tid indtil Nutiden* (Exposé historique et statistique de l'économie sociale et politique du Danemark, depuis Frédéric IV jusqu'à nos jours). Copenhague, 1844.

M.-L. Nathanson, *Om Mynt- og Bankvæsen, Finantsvæsen, Handel og Industri* (Sur le système monétaire, les banques, les finances, le commerce et l'industrie). Copenhague, 1862.

Fr. Fischer, *Slesvigske Folkesagn* (Traditions populaires du Slesvig). Copenhague, 1861.

Chr.-L. Lorenzen, *Gamle og Nye Minder fra Sundeved* (Souvenirs anciens et récents du Sundeved). Haderslev, 1859.

C.-P. Hansen, *Friesische Sagen und Erzählungen* (Traditions et récits frisons). Altona, 1858.

K. Müllenhoff, *Sagen, Märchen und Lieder der Herzogthümer Schleswig, Holstein und Lauenburg* (Traditions, contes et chansons des duchés de Slesvig, Holstein et Lauenburg). Kiel, 1845.

J.-A. Dyssel, *Forsœg til en Indenlands-Reise* (Essai de voyage à l'intérieur). Copenhague, 1774.

F. Geerz, *Geschichte der geogr. Vermessungen und der Landkarten Nordalbingiens* (Histoire des opérations géodésiques et des cartes terrestres de la Nordalbingie), de la fin du xvᵉ siècle à 1859. Berlin, 1859.

J.-N. Schmidt, *Slesvigs Land og Folk* (le Slesvig, pays et population). Aabenraa, 1852.

J.-N. Schmidt, *Om Trovœrdigheden af J. Meiers Kaart over Nordfriesland 1240* (Sur l'authenticité de la carte du Nordfrisland en 1240, par J. Meier), dans *Annaler for nordisk Oldkyndighed*, 1851.

C. Danckwerth, *Newe Landesbeschreibung der zwei Herzogthümer Schleswig und Holstein* (Nouvelle Description des deux duchés de Slesvig et de Holstein), 1652, in-fol.

J.-F. Hansen, *Vollständigere Staatsbeschreibung des Herzogthums Schleswig* (Description politique détaillée du duché de Slesvig). Flensborg, 1770.

H.-N.-A. Jensen, *Bispedœmmet Slesvigs gamle Omfang og Inddeling* (Ancienne étendue et division du duché de Slesvig), dans *Annaler for Nordisk Oldkyndighed,* 1849.

P. Rhode, *Samlinger til Haderslev Amts Beskrivelse* (Collections pour la description du district de Haderslev). Copenhague, 1775.

E. Lautrup, *Chronik und Monografie der Stadt Hadersleben* (Chronique et monographie de la ville de Haderslev). Haderslev, 1844.

O. Kier, *Mittheilungen über das Amt Hadersleben* (Communications relatives au district de Haderslev). Altona, 1852.

Michelsen, *Haderslebens Seeweg in alter und neuer Zeit* (Voie maritime de Haderslev, dans les temps anciens et modernes), avec carte. Progr. Haderslev, 1847, in-4.

K. Aagaard, *Beskrivelse over Tœrninglehn* (Description du Tœrninglehn). Copenhague, 1815.

C.-E. Carstens, *Die Stadt Tondern, ein hist. statist. Monographie* (la ville de Tœnder, monographie hist.-statist.). Tœnder, 1861.

Georg Hanssen, *Statistische Forschungen über das Herzogthum Schleswig* (Recherches statist. sur le duché de Slesvig), livr. 1-3 (Slesvig du Nord et districts frisons). Heidelberg, Altona et Slesvig, 1832-35.

J.-C. Gude, *Bericht von der Halbinsel Sundewitt* (Relation sur la péninsule de Sundeved). Flensborg et Leipzig, 1788.

C. Duus, *Topogr.-historische Darstellung der Halbinsel Sundewitt* (Exposé topogr.-histor. de la péninsule de Sundeved). Slesvig, 1836.

J.-R.-F. Augustiny, *Chronik des Kirchspiels Hollingstedt* (Chronique de la paroisse de Hollingstedt). Flensborg, 1852.

H.-N.-A. Jensen, *Beschreibung von Angeln* (Description d'Angel). Flensborg, 1844.

J.-H. Seelen, *Memorabilia Flensburgensia.* Lübeck, 1752, in-4.

G. Clæden, *Monumenta Flensburgensia.* Flensborg, 1765 et suiv. in-4.

O.-H. Mœller, a publié nombre de monographies sur l'histoire de Flensborg.

P. Rivesell, *Beschreibung der Stadt Flensburg* (Description de la ville de Flensborg), t. I. Altona, 1817.

O.-M. Brasch, *Flensborgs Latin og Realskoles Historie* (Histoire de l'école latine et professionnelle de Flensborg), t. I. Flensborg, 1861.

H.-C.-P. Seidelin, *Diplomatarium Flensborgense.* Copenhague, 1865-73, 2 vol.

J.-A. Bolten, *Beschreibung von der Landschaft Stapelholm* (Description du pays de Stapelholm). Wöhrden, 1777.

Nachrichten über das Amt Bredstedt (Notice sur l'amt de Bredstedt), extrait de *Schriften der patriotischen Gesellschaft*. Altona, 1821.

J. Melchior Krafft, *Husums zweyfaches zweihundertjähriges Jubelgedächtniss* (Souvenir du second jubilé bi-centenaire de Husum). Hambourg, 1723, in-4.

J. Lasz, *Samlung einiger Husumischen Nachrichten von 1089 bis 1700* (Recueil de notices sur Husum, de 1089 à 1700). Flensborg, 1750, in-4.

C.-U. Beccau, *Urkundliche Darstellung der Geschichte Husums* (Exposé documenté de l'histoire de Husum). Slesvig, 1854.

Nic. Helvaderus, *Beschreibung der Stadt Schleswig* (Description de la ville de Slesvig), 1603, in-4; réédité et continué par J.-C. Jürgensen. Slesvig, 1822.

J. von Schrœder, *Beschreibung der Stadt Schleswig*. Slesvig, 1827.

A. Sach, *Geschichte der Stadt Schleswig*, d'après les sources. Slesvig, 1875.

C.-C. Lorenzen, *Historisk-topografiske Meddelelser om Gottorp Slot* (Notice histor.-topog. sur le château de Gottorp). Aalborg, 1875.

C.-G. Hanssen, *Chronik von Eckernförde* (Chronique d'Egernfjord). Kiel, 1833.

J.-R. Hübertz, *Beskrivelse over Ærœ* (Description d'Ærœ). Copenhague, 1834.

George Hanssen, *Statistische Skizze der Insel Ærœ* (Esquisse statistique de l'île d'Ærœ), dans *Neues staatsbürg. Magazin* de Falck, t. IX.

C.-P. Hanssen, *Die Insel Sylt* (l'Ile de Sild), aux points de vue histor. et statist., dans *Archiv für Geschichte der Herzogthümer* de Falck, t. IV.

J. Boysen, *Beschreibung der Insel Sylt* (Description de l'île de Sild). Slesvig, 1828.

J.-G. Kohl, *Die Marschen und Inseln der Herzogthümer Schleswig und Holstein* (les *Marsches* ou terres d'alluvion et les îles des duchés de Slesvig et de Holstein). Leipzig, 1846, 3 vol.

Peters, *Beschreibung der Insel Föhr* (Description de l'île de Fœr), dans *Schleswig-Holstein-Lauenburg. Prov. Berichte*, 1824-26.

George Hanssen, *Histor. statist. Darstellung der Insel Fehmern* (Exposé histor. et statist. de l'île de Femern). Altona, 1832.

J.-F. Camerer, *Nachrichten von einigen merkwürdigen Gegenden der Herzogthümer Schleswig und Holstein* (Notice sur quelques localités remarquables des duchés de Slesvig et de Holstein). Flensborg et Leipzig, 1758-1762, 2 vol.

H.-N.-A. JENSEN, *Kirchliche Statistik des Herzogthums Schleswig* (Statistique ecclésiastique du duché de Slesvig). Flensborg, 1840-42, 4 vol.

M. MŒRK HANSEN et C.-L. NIELSEN, *Kirkelig Statistik over Slesvig Stift* (Statistique ecclésiastique du diocèse de Slesvig). Copenhague, 1863-64, 3 vol., qui contiennent la description spéciale.

A. NIEMANN, *Handbuch der Schleswig Holsteinischen Landeskunde* (Manuel d'économie rurale du Slesvig et du Holstein); t. I, duché de Slesvig. Hambourg, 1799.

A.-C. GUDME, *Statistik der Herzogthümer Schleswig-Holstein* (Statistique des duchés de Slesvig et de Holstein). Kiel, 1833.

J. VON SCHRŒDER, *Topografie des Herzogthums Schleswig* (Topographie du duché de Slesvig), 2ᵉ édit. Oldenburg, 1854.

J. VON SCHRŒDER et BIERNATZKI, *Topografie der Herzogthümer Holstein und Lauenburg* (Topographie des duchés de Holstein et de Lauenbourg), 2ᵉ édit. remaniée. Oldenburg, 1855-56, 2 vol.

GEORGE HANSSEN, *Das Amt Bordesholm* (l'Amt de Bordesholm). Kiel, 1842.

A.-C. LUCHT, *Beiträge zu der Geschichte von Glückstadt* (Études sur l'histoire de Glückstadt). Kiel, 1854.

J. KRAFT, *Topografisk-statistisk Beskrivelse over Norge* (Description topogr.-statist. de la Norvège). Christiania, 1820-35, 6 vol.

J. KRAFT, *Histor. topogr. Haandbog over Norge* (Manuel histor.-topogr. de la Norvège). Christiania, 1849.

G.-P. BLOM, *Das Kœnigreich Norwegen* (le royaume de Norvège). Leipzig, 1843, 2 vol.

A.-M. SCHWEIGAARD, *Norges Statistik* (Statistique de la Norvège), 1ʳᵉ moitié, la seule parue. Christiania, 1840.

M.-B. TVETHE, *Norges Statistik*. Christiania, 1848.

Norske Stiftelser. Samling af Fundatser, Testamenter og Gavebreve. (Fondations norvégiennes; recueil d'institutions, de testaments et de donations), avec des notices hist.-statist. sur d'autres fondations en Norvège, édité par N.-N. Nicolaysen. Christiania, 1858-74, 4 vol.

D. DIURBERG, *Geografiskt Lexicon öfver Skandinavien* (Dictionnaire géographique de la Scandinavie). Œrebro, 1818.

E. TUNELD, *Geographie öfver Swerige* (Géographie de la Suède), 7ᵉ édit. Stockholm, 1793-94, 3 vol.; 8ᵉ édit., 1827-33, 4 vol.

P.-B. Sköldberg, *Beskrifning öfver Skandinaviska Halfön* (Description de la péninsule scandinave). Stockholm, 1846.

Historisk-geografiskt och statistiskt Lexikon öfver Sverige (Dictionnaire hist., géogr. et statist. de la Suède). Stockholm, 1859-69. 7 vol. avec supplément.

Carl af Forsell, *Statistik öfver Sverige* (Statistique de la Suède), 4ᵉ édit. Stockholm, 1844.

C.-A. Agardh, *Statsekonomisk Statistik öfver Sverige* (Statistique économico-politique de la Suède). Carlstad, 1852-57, 3 vol.

M. Höjer, *Konungariket Sverige. En topografisk-statistisk Beskrifning* (le royaume de Suède, description topogr. et statist.), avec notice histor. Stockholm, 1875 et s.

X

HISTOIRE DE LA LITTÉRATURE, DES SOCIÉTÉS SAVANTES, DES INSTITUTIONS SCIENTIFIQUES ET DES ÉCOLES.

Sibbern, *Bibliotheca historica Dano-Norvegica*. Hambourg et Leipzig, 1716.

G.-L. Baden, *Dansk-Norsk historisk Bibliothek* (Bibliothèque historique du Danemark et de la Norvège). Odense, 1815.

R. Usinger, *Die Dänischen Annalen und Chroniken des Mittelalters kritisch untersucht* (les Annales et les Chroniques danoises du moyen âge, examinées au point de vue critique). Hannovre, 1861.

Holger Rœrdam, *Historieskrivningen og Historieskriverne i Danmark og Norge siden Reformationen* (l'Historiographie et les historiens en Danemark et en Norvège depuis la Réforme), t. I, jusqu'à André Vedel. Copenhague, 1867.

C.-G. Warmholtz, *Bibliotheca historica Sueo-Gothica*. Stockholm et Upsala, 1782-1817, 15 vol.

Joh. Mollerus, *Cimbria litterata*. Copenhague, 1744, 3 vol. in-fol.

B. Kordes, *Lexicon der jetzlebenden Schleswig-Holsteinischen und Eutinischen Schriftsteller* (Dictionnaire des écrivains contemporains du Slesvig, du Holstein et de la principauté d'Eutin). Slesvig, 1797.

D.-L. Lübker et H. Schröder, *Lexikon der Schleswig-Holstein-Lauenburg, und Eutinischen Schrifsteller* (Dictionnaire des écrivains du Slesvig, du Holstein, du Lauenburg et d'Eutin; de 1796 à 1828). Altona, 1829-30, 2 vol.

E. Alberti, *Lexikon der Schleswig-Holstein-Lauenburg und Eutinischen*

Schriftsteller von 1829 bis Mitte 1866 (De 1829 au milieu de 1866). Kiel, 1867-68, 2 vol.

J. WORM, *Lexicon over danske, norske og islandske lærde Mænd* (Dictionnaire des savants danois, norvégiens et islandais). Elseneur et Copenhague, 1771-84, 3 vol.

NYERUP et KRAFT, *Almindeligt Litteraturlexikon for Danmark, Norge og Island* (Dictionnaire général de littérature pour le Danemark, la Norvège et l'Islande). Copenhague, 1820, in-4.

TH.-H. ERSLEW, *Almindeligt Forfatterlexikon for Kongeriget Danemark med tilhœrende Bilande* (Dictionnaire général des écrivains du Danemark et de ses dépendances, de 1814 à 1840). Copenhague, 1843-53, 3 vol. — Supplément. Copenhague, 1854-68, 3 vol.

N.-M. PETERSEN, *Bidrag til den danske Literaturs Historie* (Études sur l'histoire de la littérature danoise). Copenhague, 1853-61, 5 vol., avec table, par Secher, 1864 ; 2ᵉ édit. par Secher, Copenhague, 1867-72, 5 vol. et table. (Comprend le moyen âge et les temps modernes jusqu'à 1800).

C.-A. THORTSEN, *Historisk Udsigt over den danske Litteratur* (Coup d'œil historique sur la littérature danoise jusqu'en 1814). Copenhague, 1839 ; 6ᵉ édit., *ibid.*, 1866.

J. GRAMMIUS, *Oratio de origine et statu rei litterariæ in Dania et Norvegia usque ad fundatam Universitatem Hafniensem*, dans *Dänische Biblioth.*, t. VII.

R. NYERUP, *Historie af Danmarks, Norges og Islands Litteratur i Middelalderen* (Histoire de la littérature du Danemark, de la Norvège et de l'Islande au moyen âge), forme le t. II de son *Hist. stat. Skildring af Danmark og Norge*.

A. THURA, *Idea historiæ litterariæ Danorum*. Hambourg, 1723.

CHR. BRUUN, *Bibliotheca danica. Systematisk Fortegnelse over den danske Literatur* (Catalogue systématique de la littérature danoise, de 1482 à 1830) ; t. I, Théologie, droit, médecine, philosophie, pédagogie, sciences politiques, belles-lettres et beaux-arts. Copenhague, 1877.

VEDEL SIMONSEN, *Om Nationalhistoriens især dens haandskrevne Kilders Skjæbne i Norden* (le Sort de l'histoire nationale et surtout de ses sources écrites dans le Nord), forme le t. Iᵉʳ, livr. 1 de son *Udsigt over Nationalhistoriens ældste og mærkeligste Perioder*.

T.-A. BECKER, *Den Ledreborgske Haandskriftsamling* (la Collection des manuscrits de Ledreborg, mise en ordre et cataloguée), dans *Historisk Museum* de T.-A. BECKER, t. I, livr. 1. Copenhague, 1848.

C. MOLBECH, *Videnskabernes Selskabs Historie i dets færste Aarhundrede* (Histoire de la Société des sciences dans le premier siècle de son existence). Copenhague, 1843.

E.-C. Werlauff, *Det danske Selskab for Fædrelandets Historie og Sprog* (la Société danoise d'histoire et de langue nationale dans le premier siècle de son existence). Copenhague, 1847.

J. Langebek, *Det kongelige danske Selskabs Begyndelse og Tilvæxt* (les Débuts et les progrès de la Société royale danoise dans ses trois premières années, 1745, 1746, 1747). Copenhague, 1748.

E.-C. Werlauff, *Det store kongelige Bibliotheks Historie* (Histoire de la grande bibliothèque royale), 2° édit. augmentée. Copenhague, 1844.

Chr. Bruun, *Det store kongelige Bibliotheks Stiftelse under Kong Frederik den Tredie og Kong Christian den Femte* (Fondation de la grande bibliothèque royale sous les rois Frédéric III et Christian V). Copenhague, 1873, in-4.

E.-C. Werlauff, *Jœrgen Seefeldt og hans Bibliothek* (George Seefeldt et sa bibliothèque), dans *Nyt histor. Tidsskrift*, t. VI.

Chr. Bruun, *Samfundet til den danske Literaturs Fremme* (la Société pour les progrès de la littérature danoise, de 1827 à 1877). Copenhague, 1877.

H.-F. Rœrdam, *Selskabet for Danmarks Kirkehistorie i dets færste 25 Aar* (la Société pour l'histoire ecclésiastique du Danemark dans ses vingt-cinq premières années). Copenhague, 1875.

Th. Overskou, *Den danske Skueplads i dens Historie fra de færste Spor af danske Skuespil indtil vor Tid* (Histoire du théâtre danois depuis les premières pièces danoises jusqu'à nos jours). Copenhague, 1854-76, 7 vol.

Af Jonas Collins Papirer. Bidrag til det kongelige Theaters og dets Kunstneres Historie (Extrait des papiers de J. Collin. Études sur l'histoire du théâtre royal et de ses artistes), recueilli et publié par E. Collin. Copenhague, 1871.

Dans *Langebekkiana, Luxdorphiana et Suhmiana*, recueils publiés par R. Nyerup, il y a de précieux matériaux pour l'histoire de la littérature dans la seconde moitié du xviii° siècle.

R. Nyerup, *De lærde Skolers og Universitetets Historie* (Histoire des écoles savantes et de l'Université), forme le t. III de son *hist. stat. Skildring af Danmark og Norge*.

Jens Worm, *Forsœg til en Historie af de latinske Skolers og Skolevæsenets Tilstand i Danmark fœr Reformationen* (Essai d'histoire des écoles latines et de la situation des écoles en Danemark avant la Réforme), dans *Vidensk. Selskabs Skrifter*, t. XI.

R.-J.-F. Henrichsen, *Bidrag til Skoletugtens Historie i Norden* (Matériaux pour l'histoire de la discipline scolaire dans le Nord); Odense, 1853, programme; — *Om Deposits og Pennalisme* (Sur les cérémonies de réception et les béjaunes), *ibid.*, progr., 1856; — |*Disciplenes Stilling i de latinske Skoler* (Situation des élèves des écoles latines dans les anciens temps), *ibid.*, progr. 1871-72, 2 livr.

A. THURA, *Regiæ Academiæ Hafniensis infantia et pueritia.* Flensborg et Altona, 1734.

E.-P. VINDINGIUS, *Regia Academia Hafniensis.* Copenhague, 1665, in-4.

E.-C. WERLAUFF, *Bidrag til det kjøbenhavnske Universitets Historie* (Études sur l'histoire de l'Université de Copenhague, depuis sa fondation jusqu'à la Réforme); Copenhague, 1836, in-fol.; — *Universitetets Bygnings Historie* (Histoire des bâtiments de l'Université, depuis sa fondation jusqu'en 1836); Copenhague, 1836, in-fol.; — *Kjøbenhavns Universitet* (l'Université de Copenhague depuis sa fondation jusqu'à la Réforme). Copenhague, 1850, in-4.

HOLGER RŒRDAM, *Kjøbenhavns Universitets Historie* (Histoire de l'Université de Copenhague, de 1537 à 1621). Copenhague, 1868-77, 4 vol. Le t. IV ne contient que des documents.

MARTIN HAMMERICH, *Nordens Universiteter i Fortid og Fremtid* (les Universités du Nord dans le passé et l'avenir), dans *Nordisk Universitets Tidsskrift,* 6° année, 1860.

H. BECKMANN, *Communitatis regiæ Havniensis historia.* Copenhague, 1785.

C.-E.-F. REINHARDT, *Kommunitetet og Regentsen fra deres Stiftelse til vore Dage* (la Communauté et la Régence depuis leur fondation jusqu'à nos jours), dans *Historisk Tidsskrift,* 3° série, t. III et à part.

E.-G. TAUBER, *Historia scholæ cathedralis Arhusiensis.* Aarhuus, 1817.

E.-G. TAUBER, *Soræ Akademies Forfatning* (Statuts de l'Académie de Soræ, 1623-65), avec des documents. Copenhague, 1817, in-fol.

H.-B. MELCHIOR, *Historiske Efterretninger om den frie adelige Skole Herlufsholm* (Notice historique sur l'école libre pour les nobles à Herlufsholm). Copenhague, 1822. — Nouvelle édition, remaniée depuis 1788 et continuée par Albert Leth. Næstved, 1865.

A. LETH et G.-L. WAD, *Meddelelser om Dimitterede fra Herlufsholm* (Notices sur les élèves sortis de Herlufsholm, depuis la fondation de l'école jusqu'en 1875). Næstved, 1875.

P.-N. THAARUP et P.-T. HANSEN, *Blandede Efterretninger om Ribe Kathedralskole* (Notices variées sur l'école cathédrale de Ribe). Ribe, 1823-43, 10 progr. de grande valeur.

S.-N.-J. BLOCH, *Bidrag til Roeskilde Domskoles Historie* (Études sur l'école cathédrale de Roeskilde). Roeskilde, 1842-46, 4 livr. in-4.

F.-P.-J. DAHL, *Historiske Efterretninger om den lærde Skole ved Frederiks-*

borg (Notice historique sur l'école savante de Frederiksborg). Copenhague, 1836, 2 livr.

A.-F. Mühlertz, *Historiske Efterretninger om Nyborg latinske Skole i ældre og nyere Tider* (Notice historique sur l'école latine de Nyborg dans les temps anciens et modernes). Odense, 1821-23, 3 livr.

R.-J.-F. Henrichsen, *Bidrag til Odense Cathedralskelos Historie* (Étude sur l'histoire de l'école cathédrale d'Odense), 10 programmes. Odense, 1856-68.

Schurmann, *Historiske Efterretninger om Skaarup Seminarium* (Notice historique sur l'école normale primaire de Skaarup), 1853.

N. B. — La librairie Höst et Fils à Copenhague se charge de l'envoi à l'Étranger de tout ouvrage concernant le Danemark, la Norwège, la Suède et l'Islande.

HISTOIRE
DE
DANEMARK

HISTOIRE
DE
DANEMARK

INTRODUCTION

COUP D'ŒIL SUR LES TEMPS PAÏENS

I

La plus ancienne population du Nord. — Mythologie. — Culte. — Poésies des Skalds. — La langue. — Les runes.

Nos ancêtres septentrionaux, les anciens Scandinaves, appartenaient à la grande race gothico-germanique, qui se répandit dans toute la moitié septentrionale de l'Europe, autour de la mer du Nord et de la Baltique. Venus de la lointaine Asie, des environs du Caucase, de la mer Noire et de la mer d'Azov, et peut-être encore de plus loin à l'est, ils émigrèrent à travers la plaine orientale de l'Europe jusqu'à l'Allemagne actuelle. Ils se divisaient en deux branches très-rapprochées : les *Germains* et les *Goths,* qui avaient beaucoup de rapports entre eux pour la manière de vivre, les mœurs, les croyances religieuses et le gouvernement, mais se distinguaient par plusieurs particularités, notamment en ce qui concerne la langue. Les Goths, après s'être arrêtés un certain temps sur le littoral méridional de la Baltique, où nous les rencontrons quelques siècles avant notre ère, continuèrent leur migration de l'est à l'ouest. De bonne heure habitués à la navigation, ils traversèrent la Baltique et occupèrent les contrées situées de l'autre côté de cette mer. Une famille s'établit dans la Skanie, la Sélande, la Fionie et les îles voisines, ainsi que dans le Jutland et une partie du Slesvig, tandis que d'autres rameaux de la même branche s'étendirent en Suède et en Norvège. Dans la partie orientale du Jutland se fixèrent les *Angles*, et, dans la partie occidentale, les *Frisons*; ces deux peuples venaient du sud et appartenaient à la branche germanique, tout en étant très-rapprochés de la branche septentrionale. Comme les Angles, au cinquième siècle, émigrèrent en grande partie en Angleterre, le pays fut occupé par leurs voisins du Nord, les Jutes. Sur les frontières méridionales du Danemark, en Holstein, habitaient les Saxons, qui étaient également un rameau de la branche germanique.

Les peuples gothiques, émigrés au Nord, ne trouvèrent pas le pays inhabité. Deux peuples au moins s'y étaient établis avant eux. Le plus ancien de ceux-ci appartenait, sans aucun doute, à la race finnoise, et le temps qu'il y demeura fut appelé : *âge de pierre*, d'après la matière qu'il employait surtout à faire ses armes et ses outils. On ne sait pas avec certitude le nom de l'autre peuple; mais le temps qu'il passa au Nord est nommé : *âge de bronze*, d'après le métal qui était principalement en usage pour la fabrication des armes et de toutes sortes d'instruments. A leur arrivée au Nord, les Goths apportaient la connaissance du fer, et leur période a été appelée : *âge de fer*. Faute de documents écrits, les notions sur la manière de vivre et l'état social de ces peuples doivent être puisées à trois principales sources : les tas de débris culinaires ou *kjœkkenmœddings*, étudiés depuis peu d'années seulement, les *chambres sépulcrales* (Gravkamre) et les *tourbières* du pays, trois grandes sources de renseignements, d'où l'on a tiré et où l'on cherche encore sans cesse beaucoup de choses différentes : des armes, des instruments de chasse, des ustensiles, des parures et d'autres objets qui ont appartenu à ces populations et servent à éclairer leur condition.

Les *kjœkkenmœddings* sont de grands amas, que l'on trouve dans le voisinage de la mer, et qui se composent surtout d'écailles d'huîtres et de moules. Leur étendue est souvent très-considérable; un des plus grands que l'on connaisse a environ deux kilomètres de longueur et plusieurs mètres de largeur et de profondeur. On admet, pour expliquer la formation de ces amas, que les hommes d'alors ont, pendant une longue série d'années, pris leurs repas dans ces endroits et y ont jeté les débris culinaires : os, écailles, etc.; on y trouve aussi du charbon, des cendres, des pierres noircies par le feu, dont on s'est servi pour cuire les aliments. A quelle date éloignée remontent ces amas, on peut le conclure de ce fait qu'ils renferment des ossements d'espèces depuis longtemps éteintes en Danemark, comme le *bos primigenius,* le sanglier et l'élan; les éclaircissements que fournit leur contenu concernent donc exclusivement les plus anciens habitants du Nord, le peuple de l'âge de pierre. Outre les valves d'huîtres et de moules, on trouve en quantité dans ces amas des restes de cols et têtes d'os d'oiseaux, de poissons, de mammifères, et parmi ces derniers : le loup, le renard, l'ours, le sanglier, le *bos primigenius,* le chien, le chat, le phoque, etc. La population d'alors se nourrissait donc des produits de la chasse et de la pêche qui lui faisait préférer le voisinage des côtes; les immenses forêts, qui couvraient alors la plus grande partie du territoire et qui abondaient en gibier, rendaient la chasse facile et productive. Il n'y a pas trace d'élève du bétail, et le chien semble avoir été le seul animal domestique. L'étendue des amas et les restes des animaux qui s'y trouvent et qui, comme les naturalistes l'ont démontré, ont été abattus à toute époque de l'année, donnent à penser que la population n'était pas nomade, mais demeurait à poste fixe dans les lieux où elle trouvait ses aliments. Il en résulterait qu'il y avait là une abondance tout à fait extraordinaire de poissons et de crustacés dans la mer, de gibier dans les bois. Dans les amas on trouve aussi quantité d'instruments de diverses espèces, faits principalement de silex, mais aussi d'os, de corne et de bois de cerf; mais ils sont d'un travail passablement grossier en comparaison de ceux que fournissent les caveaux funéraires de l'âge de pierre. Les parois de ces caveaux sont faites d'énormes blocs erratiques, dont la face intérieure a été dressée et parfois ornée de dessins et de figures; le plafond consiste en une ou plusieurs dalles, souvent de dimension extraordinaire, qui sont également dressées du côté intérieur. Sur la chambre sépulcrale a été d'ordinaire élevé un grand tertre. Une allée de pierres ménagée à l'est donnait accès au caveau. Il n'est pas rare non plus que des chambres funéraires sans revêtement s'élèvent en plein champ ou bien au sommet d'une éminence ronde ou oblongue, dont la base est entourée d'une rangée de puissants blocs de pierres (*Runddysser*, tertres ronds, et *Langdysser*, tertres longs); d'ordinaire, pourtant, elles sont couvertes d'un amas de terre souvent très-considérable : protégées de cette façon, elles risquaient moins d'être détruites de la main de l'homme. Les cadavres humains y étaient déposés sans avoir été brûlés, souvent sur leur séant, et à côté d'eux toute sorte d'outils, d'armes et de parures. Parmi les objets que l'on trouve, soit dans les caveaux, soit dans les tas de débris culinaires ou dans les tourbières, on peut citer des lames pointues de formes très-variées, qui, après avoir été grossièrement taillées, ont été polies sur des polissoires dont on connaît des échantillons. Pour s'en servir, on a dû les fixer à des manches de bois, qui sont tombés en poussière dans le cours des temps. Il y a en outre des ciseaux de menuiserie et des gouges, des marteaux ou des haches avec un trou pour l'emmanchement; des couteaux de diverses espèces, portant quelquefois des figures tracées dans le silex; des pointes de lance ou de pique, en silex ou en os; des hameçons en pierre; des peignes en os; des vases d'argile, dont quelques-uns destinés à être suspendus, et dont beaucoup sont ornés avec goût de lignes et de dessins. Un grand nombre de ces objets sont polis et façonnés avec une habileté qui doit exciter l'admiration, si l'on considère combien imparfaits étaient les instruments avec lesquels on les a faits. Il ne paraît guère qu'il y ait eu d'autres parures que des grains d'ambre. Les vêtements étaient sans aucun doute faits de cuir et de pelleteries, et les habitations de terre et de bois.

La population de l'âge de pierre fut supplantée par une autre qui en différait beaucoup par la manière de vivre, les occupations et la civilisation. La période où dominait cette dernière race est appelée âge de bronze, d'après le métal qui lui était propre et qui consistait en un alliage d'étain ($\frac{1}{10}$) et de cuivre ; l'or aussi lui était connu; mais non l'argent. Les rites funéraires subirent un changement complet après l'immigration du nouveau peuple, mais non pas de suite : dans les premiers temps, on continua à inhumer les cadavres non brûlés, selon la coutume de l'âge de pierre, non plus toutefois dans de grandes chambres de pierres, mais dans des caveaux oblongs, faits de pierres plates, et parfois couverts d'un toit de bois. Il y a aussi des exemples que l'on a déposé les cadavres dans des cercueils de chêne évidé et pourvus d'un couvercle. Plus tard, on adopta l'usage de brûler les corps et de recueillir les cendres dans des urnes d'argile que l'on déposait parfois dans les tertres de l'âge précédent, dont les chambres funéraires renfermaient déjà des squelettes non brûlés. Toutefois, il était beaucoup plus commun de placer les urnes dans de petits caveaux, que l'on recouvrait de puissants tertres, comme dans l'âge de pierre. Souvent l'on trouve dans le même tumulus quantité de ces urnes remplies de cendres et de restes d'ossements; il avait donc longtemps servi de lieu de sépulture pour toute une famille (*Ættehœie*). La population de l'âge de bronze doit avoir atteint un degré de civilisation passablement avancé; c'est ce qui ressort du goût et de la grande habileté technique que l'on remarque dans la fabrication des armes, des parures et de toute sorte d'instruments. Beaucoup de ces objets sont en même temps d'un grand prix : le bronze étant fréquemment incrusté d'or et les parures faites d'or pur. C'est principalement dans les sépultures, mais aussi dans les tourbières, et occasionnellement en pleine terre que l'on trouve des restes de cette période, notamment : des haches, des glaives, des couteaux, de belles trompettes en bronze coulé et longues d'un mètre, des heaumes et des boucliers richement ornés et incrustés d'or; des diadèmes et bandeaux, des colliers, des phalères, des anneaux, des bracelets, tantôt de bronze, tantôt d'or; des fibules, des broches et épingles; des coupes d'or, etc. Que tous ces objets aient été réellement fabriqués par les indigènes du pays, et ne soient pas de provenance étrangère, on en a la preuve convaincante dans les trouvailles que l'on a faites de grands dépôts d'objets entiers ou inachevés, ayant sans doute appartenu à un fondeur en bronze. On a trouvé des moules et des objets coulés auxquels adhérait encore le métal resté dans le jet. Un indice remarquable du développement que ce peuple avait atteint, et de sa civilisation bien supérieure à celle de l'âge de pierre, ce sont les pièces de laine tissée que l'on a trouvées avec les cadavres renfermés dans des cercueils de chêne évidé. L'art de tisser était donc dès lors connu, et l'on en peut induire que la population était aussi fort avancée à d'autres égards. Elle n'était certainement pas étrangère à l'agriculture; elle occupait une plus grande étendue de territoire que les hommes de l'âge de pierre, puisque l'on rencontre ses tombeaux non-seulement près des côtes, mais encore dans l'intérieur du pays; toutefois elle ne connaissait ni l'écriture ni la monnaie.

Si bien douée qu'elle fût à beaucoup d'égards, elle dut pourtant céder le pas à une race plus forte, nos ancêtres gothiques. Lors de leur immigration au Nord, ceux-ci apportèrent la connaissance du plus important de tous les métaux, d'après lequel on nomme cette période: l'âge de fer. Des différences passablement accentuées ont permis de subdiviser celui-ci en *ancien* et *récent âge de fer* et de placer au milieu du cinquième siècle de notre ère la limite qui les sépare. Elles consistent surtout dans le plus ou moins de goût, d'art et d'habileté que l'on a mis à fabriquer les objets en usage dans chacune de ces périodes. Et à ce point de vue, l'avantage reste décidément à l'ancien âge de fer, qui se distingue, comme l'âge de bronze, par de belles, nobles et gracieuses formes et par une grande habileté technique; en même temps se manifeste une forte influence du goût qui régnait dans l'empire romain sous les Césars; une très-grande partie des objets trouvés ont même été importés des possessions romaines par la voie du trafic, et plusieurs d'entre eux portent des marques de fabrique romaines. Outre le fer, l'argent était aussi connu, et le bronze était préparé d'une autre manière que précédemment, par l'alliage du zinc avec le cuivre. Les ustensiles de verre paraissent aussi en grande quantité, et différents objets étaient faits d'ivoire. Plusieurs de ces antiquités portent des caractères d'écriture (anciennes runes). Des monnaies romaines, frappées dans les deux premiers siècles de notre ère et au commencement du troisième, ont été importées en très-grand nombre. Les rites funéraires subirent de nouveau une modification, en ce que l'on recommença à inhumer les cadavres non brûlés; mais, au lieu de les recouvrir de tertres, comme dans les âges de pierre et de bronze, on les déposait dans des éminences naturelles, des bancs de sable ou de gravier. Parmi les objets de cette période que l'on trouve partie dans les sépultures, partie en terre ou dans les tourbières, on peut nommer des armes de fer, des genres les plus différents, tant pour la défense que pour l'attaque, divers vases et coupes de bronze, beaucoup d'espèces de fibules et de parures d'or et d'argent, des pions de damier en verre, des boutons, des vases à boire, des gobelets, des coupes de même matière; des éperons et des mors en bronze, qui indiquent que le cheval était devenu un animal domestique. Quelques trouvailles très-remarquables, servant à faire connaître l'ancien âge de fer, ont été faites récemment dans les trois tourbières de Vimose, près Odense, en Fionie, de Thorsbjerg dans le pays d'Angel, et de Nydam dans le Sundeved, en Slesvig. Les antiquités qui en font partie, comme les armes, plus entières ici que partout ailleurs, les parures et les ustensiles, se distinguent par le bon goût, la valeur et la finesse de l'exécution. La plupart décèlent l'influence romaine, et beaucoup d'entre elles sont même des produits romains. On les recueille brisées, enroulées sur elles-mêmes, forgées ensemble, et l'on a cru pouvoir expliquer ces faits en admettant que c'étaient des dépouilles de l'ennemi mises hors de service à dessein pour être consacrées aux dieux, et jetées dans un lac sacré, devenu tourbière dans le cours des temps. Il faut faire une mention particulière d'un bateau de chêne, découvert dans la tourbière de Nydam, long de 25 mètres, large de $3^m 10$ au milieu et pourvu de vingt-huit rames.

Dans le récent âge de fer, le goût et l'habileté artistiques tombèrent en décadence : la noble simplicité de la période précédente fit place à une ornementation chargée et à une profusion d'enroulements et d'entrelacs dont on décora les armes, les parures et les ustensiles. En même temps se manifeste une prédilection pour les figures d'animaux monstrueux et fantastiques. Ce changement, qui était une conséquence de la chute de l'empire romain, s'étendit à une grande partie de l'Europe. Le goût et l'art, qui avaient régné dans l'empire, disparurent avec lui ; les peuples barbares, qui prirent le dessus, manquant de culture, ne surent qu'imiter grossièrement et sans goût les modèles romains. Les effets de cette décadence se firent aussi sentir au Nord, mais même sous cette influence les armes et les parures fabriquées en Danemark n'étaient pas sans un cachet particulier. Les monnaies romaines, qui abondaient pendant le premier âge de fer, furent désormais remplacées par des monnaies d'or byzantines qui

furent importées en nombre. Cette période est aussi caractérisée par les bractéates d'or, qui servaient de parures et qui semblent être des imitations de monnaies étrangères, surtout byzantines.
— Les sépultures qui, dans l'ancien âge de fer, étaient simples et sans ostentation, éprouvèrent un changement dans la période suivante, où elles prirent un caractère de faste et de magnificence. On déposa les cadavres dans de grands tertres, dont plusieurs renferment des squelettes d'hommes et de chevaux, des restes de harnais, des parures et des armes de fer. Une des plus somptueuses sépultures de cette époque est celle de Thyra Dannebod, dans un des puissants tertres de Jellinge. Le caveau est fait de gros brins de chêne, revêtus à l'intérieur de planches de même bois. Sur les parois, on remarque des vestiges de tissus de laine dont elles avaient été tapissées.

Ce qui distingue les anciens Danois, et en général les Scandinaves, plus que la plupart des autres peuples, c'est l'*esprit guerrier* dont la nation était animée. La gloire et la renommée ne pouvaient être acquises que par de sanglants exploits sur mer et sur terre; les arts de la paix et les calmes labeurs ne jouissaient, au contraire, que de peu de considération. « Il leur semble lâche et honteux de gagner par la sueur ce que l'on peut obtenir par le sang, » disait des Germains un auteur étranger qui vivait au premier siècle de notre ère et connaissait exactement les mœurs du Nord. Aussi la force corporelle et l'habileté à manier les armes étaient-elles le plus grand avantage; la bravoure, la première des vertus, et la lâcheté, le plus honteux des vices. Cette manière de voir influe sur les coutumes et les institutions de tous les peuples du Nord : sur leur point de vue religieux, sur la constitution de l'État, sur l'éducation, sur l'amour de la femme et sur l'amitié de l'homme. Plus fortes étaient les diverses manifestations de la vie nationale, plus clairement s'y reflète cette philosophie particulière des Septentrionaux; aussi est-elle le plus fortement empreinte dans leur religion et leur théologie, formées et animées du même esprit qui vivait et s'agitait dans la nation. La mythologie septentrionale n'est pas le récit d'événements ayant eu lieu à une époque où l'on n'avait pas d'autre histoire que les traditions composées de conceptions et de souvenirs populaires et enveloppées d'images poétiques, bien qu'il ne soit pas invraisemblable que des faits réels puissent être le fondement de quelques-unes de ces traditions. Cette mythologie ne peut pas non plus être considérée comme l'exposé des rêveries de quelques sages sur les secrets de la nature et le mouvement des astres; c'était un fruit de la conception propre et spontanée du peuple, qui y déposa ses idées sur les choses divines et humaines, et se peignit lui-même avec ses passions, ses désirs et ses espérances.

Odin était, d'après les anciennes traditions, le créateur du monde, le maître et le père des dieux et des hommes. Au commencement des temps naquit le géant *Ymi*, animé par la chaleur vivifiante du soleil qui frappait les masses informes. Il fut l'auteur des méchants *Thurses* ou *Jœtnes* (géants); mais Odin tua le monstre, dont toute l'engeance fut noyée dans le flot de sang, à l'exception d'un seul individu qui fut la souche des géants, race ennemie des dieux. Odin relégua celle-ci aux extrémités du Nord, dans le *Jœtunheim*, qui fut également assigné pour demeure aux nains astucieux. Du cadavre d'Ymi il créa le monde organisé : de la chair, il fit la terre; des os, les montagnes; du sang, la mer; de la cervelle, les nuages; des cheveux, les arbres, et des sourcils, le *Midgård* (enceinte du milieu), demeure des hommes, dont le premier couple, *Ask* et *Embla*, fut formé du frêne. La sollicitude et la bonté que les dieux montrent à l'égard des hommes attirent à ceux-ci la haine et la persécution des féroces géants; mais *Thor*, le fils d'Odin, est leur protecteur; aussi le nomme-t-on le « sauveur des peuples et le défenseur du Midgård ». Il est continuellement en course contre les Thurses et, parcourant le ciel sur son char, il les frappe du carreau de sa foudre ou les écrase avec *Mjœllni*, son pesant marteau. Il est l'ami et le protecteur de tous les braves; ceux-ci s'adressent à lui lorsqu'ils sont dans la détresse, et il leur donne la force de triompher de leurs ennemis. Thor fut toujours le dieu préféré des belliqueux Septentrionaux, et il continua à être honoré, alors même que la croyance aux autres dieux commençait à s'éteindre peu à peu; ses exploits et ses combats contre les géants faisaient le sujet de la plupart des traditions mythiques, et, après bien des siècles, le mythe de Thor au lourd marteau survit encore dans quelques localités écartées du Nord. *Odin*, qui du haut de son Hlidskjálf observe la terre avec son œil de sagesse, est le maître universel du monde et le modérateur des destinées humaines. Il décide du succès à la guerre et de l'issue des batailles, c'est pourquoi on l'appelle le *Père de la victoire* et *des armées;* il est aussi l'inspirateur des bons conseils, et il donne à ses favoris la sagesse et l'éloquence dans les assemblées. Les vierges d'Odin, les *Valkyries*, traversent l'air avec des javelots resplendissants pour secourir les héros dans les périls ou les marquer de la pointe de leur arme, lorsqu'ils doivent aller rejoindre Odin dans la *Valhalle*. Cette demeure des dieux est si spacieuse, que huit cents hommes peuvent y entrer de front par chacune des cinq cent quarante portes ; elle a pour toit de brillants boucliers, les parois sont faites de piques, et les glaives éblouissants tiennent lieu de flambeaux. En dehors de la Valhalle s'étend un vert préau où les *Einherjar,* c'est-à-dire les héros admis dans la Valhalle, continuent, comme par le passé, le jeu de la guerre ; ils sortent chaque matin pour se combattre mutuellement ; mais les morts ressuscitent et retournent à la Valhalle ; ils y sont reçus par les Valkyries, qui circulent à la ronde, avec la corne d'hydromel, au milieu d'un magnifique festin, préparé avec la chair du porc *Sæhrimnir*, qui, saigné chaque jour, revient sans cesse à la vie. Les mieux accueillis à la Valhalle sont les héros qui ont ravagé beaucoup de pays et sont suivis d'une troupe considérable d'ennemis égorgés. Les guerriers de la Valhalle se lèvent tous devant de tels hôtes, auxquels les Valkyries présentent, comme témoignage de bienvenue, le gobelet de vin qui est d'ordinaire réservé à Odin. Le héros était accompagné du butin fait à la guerre, que l'on déposait sur son bûcher ou dans son tombeau ; car il ne convenait pas « d'aller vers Odin dans le dénûment ».

Tel était le brillant sort alloué au brave guerrier qui s'était rendu célèbre par ses exploits. Celui, au contraire, qui n'avait jamais vu couler le sang de l'ennemi, le lâche qui avait terminé une vie sans gloire sur un lit de maladie, était relégué aux extrémités du Nord, dans le *Helheim*, séjour affreux où régnait la hideuse *Hele*. La table de celle-ci s'appelait la faim ; sa salle, la misère ; son seuil, la trahison et la chute ; son lit, la consomption et la blême souffrance. Là, les ombres des lâches continuaient leur misérable existence, sans joie, condamnées à une éternelle inactivité, et tremblant d'effroi chaque fois qu'il leur parvenait un bruit du monde supérieur.

Odin et Thor, de même que l'intrépide *Tyr*, étaient les vrais dieux de la guerre et appartenaient à la race des Áses ; plus doux étaient les *Vanes : Njœrd* et *Frei*, qui accordaient à leurs adorateurs la richesse et le superflu, et qui avaient dans leurs attributions les travaux paisibles, la température et l'air, le vent favorable sur mer, la chasse, la pêche et les bonnes années. La race des Vanes comprenait aussi *Freia*, la déesse de l'amour, qu'invoquaient les amants.

A côté de cette manière belliqueuse d'envisager la vie, qui a si fortement influé sur les doctrines relatives aux dieux et à la prolongation de l'existence après la mort, et qui répondait le mieux aux vraies tendances générales du caractère septentrional, se manifeste une autre manière de voir, d'après laquelle les hommes ne se divisent plus en braves et en lâches, mais en bons et en mauvais, et d'après laquelle le mérite pacifique et les mœurs pures obtiennent aussi leur récompense. Bien que cette conception n'ait jamais été générale, elle n'a pourtant pas été sans laisser quelques traces dans l'histoire ; celle-ci représente en effet divers personnages chez lesquels se reflète cette tendance pacifique et plus morale. C'est le cas surtout pour le peuple danois, qui semble généralement s'être distingué, par un caractère plus paisible et plus doux, de ses voisins septentrionaux, dont le climat plus rigoureux était aussi plus propre à engendrer et entretenir des sentiments plus durs. Il est dit, par exemple, de *Skjold*, roi de Leire, qu'il ne se signala pas moins par la douceur de son gouvernement et sa sollicitude pour le bien de ses sujets que par sa vaillance et ses exploits militaires ; il payait avec ses propres trésors les dettes des pauvres ; il faisait soigner et guérir les malades à ses frais, et remplaçait les lois dures et injustes par des lois plus humaines. On rapporte du roi de Leire, *Fredfrode* ou *Frodafrid*, que, de son temps, une paix universelle régna dans le pays ; que la terre donnait des récoltes surabondantes, que la sécurité était si grande, que le frère d'un homme assassiné ne se vengeait pas sur le meurtrier, alors même qu'il le rencontrait, mais s'en remettait à la justice. *Hrolf Kraké* n'est pas plus célèbre par ses actions héroïques que par la popularité dont il jouissait; il l'avait gagnée par ses manières aimables et par l'équité avec laquelle il appliquait les lois, sans distinction du riche et du pauvre, de sorte que, bien des siècles plus tard, les rois chrétiens eux-mêmes le prenaient pour modèle dans l'exercice des vertus royales. On nomme enfin le noble *Hroar* comme le type d'un vrai roi-citoyen; tandis que son frère *Helgé* écumait les mers, domptait ses ennemis et ravageait leur pays, Hroar restait tranquillement dans son royaume, bâtissant des villes, faisant la chasse aux brigands et aux voleurs pour assurer la sécurité des routes, protégeant les marchands et les artisans, et favorisant tous les travaux de la paix.

Ces exemples suffisent à montrer que, au moins chez une partie des Septentrionaux, chez les Danois, la gloire ne se gagnait pas uniquement par des exploits sanglants, et servent à expliquer le remarquable contraste qui se développa dans la doctrine religieuse, en vertu de laquelle les anciens dieux des combats firent place à une puissance morale nouvelle et plus haute. Ce changement dans les conceptions religieuses est indiqué, quoique faiblement, dans des traditions de l'antiquité qui nous sont parvenues. Les Dieux étaient bien les maîtres du ciel et de la terre, forts et victorieux, *mais ils n'étaient pas immortels;* des prédictions menaçantes annonçaient que les Dieux devaient succomber un jour et le monde périr dans les *Ragnarœks* (ténèbres des dieux). Cependant ils n'avaient rien à craindre, tant qu'ils n'introduiraient pas parmi eux le germe de la corruption en se mêlant avec les Géants pernicieux. *Loké*, au langage équivoque et au cœur perfide, appartenant tout à la fois à la race des Thurses et à celle des Áses, fut celui qui commença par introduire la mort au milieu des Dieux. Il engendra avec une géante trois monstres horribles : *Hele*, que Odin précipita dans le Helheim, pour y garder les ombres de ceux qui étaient morts sans gloire; le vorace loup *Fenri* et le *serpent de Midgard*, qui fut jeté dans la mer, où il enveloppe toute la terre de ses énormes replis, guettant sans cesse l'heure où les Dieux doivent succomber. L'astucieux Loké sut se rendre agréable aux Dieux, jusqu'à ce qu'il fût tardivement expulsé de leur société, après avoir fait exécuter sa trahison contre *Baldr*. Ce fils d'Odin et de Frigg était le plus doux, le plus juste et le plus sage de tous les Asès; rien d'impur n'était toléré en sa présence, et ses jugements étaient inviolables. Il était le favori des Asès, et tant que vécut ce type de pureté et d'innocence, la Valhalle fut à l'abri de tout danger. Mais, par les machinations de Loké, il périt de la main de son frère aveugle, *Hœd*. Cet événement remplit le monde d'effroi et de sombres pressentiments. Les Dieux dépêchent un messager à Hele pour la prier de rendre Baldr; mais elle répond qu'elle ne veut pas le laisser sortir, à moins que tous les êtres ne pleurent sa mort. Cette condition est remplie par les hommes et les animaux, les pierres, les plantes et les métaux; Loké seul, déguisé en vieille sorcière, déclare qu'il ne veut verser que des larmes sèches, et il faut que Baldr reste dans le Helheim. Maintenant que l'innocence et la justice ont quitté les Ases, leur chute approche. Le loup Fenri est déchaîné, le serpent du Midgård sort de la mer, et Loké, avec les Thurses et le *brûlant Surt*, se précipite contre la Valhalle. Les Ases font une sortie avec les Einherjar, mais tous succombent dans le suprême combat. La mer déborde, le soleil s'obscurcit, les étoiles tombent du firmament, le feu éclate partout et le monde entier est réduit en cendres. Mais il se forme une nouvelle terre et un nouveau ciel où règne la justice, et le *Puissant*, dont l'antique *Vala* (prophétesse), qui a raconté les destinées des Dieux, n'ose prononcer le nom, le Puissant vient d'en haut pour juger et apaiser les querelles; il donne des lois saintes et inviolables. La terre émerge de l'Océan, couverte d'une splendide verdure; les plantes croissent dans les champs non ensemencés, et tout besoin disparaît. Dans le *Gimlé*, les justes et les hommes fidèles à leur parole jouissent d'un bonheur sans fin dans un château couvert d'un toit d'or et plus beau que le soleil; Baldr et tous les Dieux, qui ont été purifiés par le feu, reviennent habiter le Gimlé avec le Tout-Puissant. Les méchants, au contraire, les meurtriers, les parjures, les séducteurs des femmes mariées, subissent des tourments éternels dans les *Nåstrands*, où ils pataugent à travers un courant de venin dans une forteresse tressée de vertèbres de serpents. C'est avec ces traits que les vénérables traditions de l'antiquité dépeignent les conceptions de nos ancêtres relativement au triomphe final du bien sur le mal et à la rémunération morale. Mais les idées belliqueuses, qui attribuaient à la bravoure un mérite absolu, sans considération pour la valeur morale de l'homme, étaient de beaucoup prépondérantes, et l'idée d'un ordre moral n'obtint une faveur universelle que lors du triomphe du christianisme, qui trouva un point d'appui dans cette ancienne conception.

Dans les plus anciens temps, les cérémonies du culte divin avaient lieu sous la voûte du ciel, au milieu des bois sacrés, dans des enceintes entourées de pierres. Plus tard, on éleva des temples de bois, parmi lesquels celui d'Upsala était particulièrement célèbre, et on y érigeait les statues des Dieux. Dans les sociétés restreintes, le culte était présidé par le père de famille et le chef de la tribu; dans les plus grandes, par le roi, et bien qu'il y eût des prêtres qui faisaient les sacrifices et remplissaient les fonctions sacerdotales dans les plus grands temples, il n'est pourtant pas prouvé qu'ils formassent une classe spéciale, ayant pour mission de propager une doctrine différente de la religion nationale. La plus importante partie du culte divin consistait dans les sacrifices qui avaient lieu lors des grandes fêtes, dont trois étaient particulièrement solennelles : après les récoltes et à l'entrée de l'hiver, la fête de l'automne, où l'on remerciait les Dieux de leurs bienfaits et où l'on saluait l'hiver à venir; la *fête de Jol*, célébrée au commencement des plus longues nuits d'hiver et durant plusieurs jours, pendant lesquels on faisait des sacrifices aux Dieux pour obtenir une belle récolte et une bonne année; les *sacrifices du printemps*, pour demander le succès dans la guerre et les courses sur mer, qui commençaient à cette époque. La fête de Jol était la plus joyeuse de toutes et se passait au milieu de jeux et de festins animés, où la bière et la corne d'hydromel circulaient à la ronde parmi les invités. Tous ceux qui pouvaient se rendaient alors au temple principal, et les absents y envoyaient leurs offrandes; les amis se faisaient des présents, et il y avait une trêve générale. On sacrifiait diverses espèces d'animaux : des *bœufs*, des *chevaux*, des *chèvres*, des *moutons*, des *éperviers* et des *coqs;* le *porc de Jol* était consacré le soir de la fête, avec beaucoup de cérémonies solennelles, mais on ne le sacrifiait qu'à une date plus avancée de l'hiver. Lors de ces sacrifices, les prêtres tiraient des pronostics des entrailles des animaux et du sang non coagulé, qui servait ensuite à asperger les images des Dieux, les murs du temple et le peuple assemblé. La chair était cuite dans des chaudrons placés sur le feu allumé au milieu du temple, et ensuite préparée pour un festin donné aux hôtes. On trouve aussi que parfois des sacrifices humains avaient lieu pour apaiser le courroux des Dieux, lors des grandes guerres, des famines, ou en d'autres occasions extraordinaires; mais ces sanglantes solennités, dont les victimes étaient des prisonniers de guerre, des esclaves ou des malfaiteurs, ne sont pas mentionnées fréquemment. Lors des sacrifices, on faisait des libations en l'honneur des Dieux, d'abord à Odin pour demander le triomphe du roi et du royaume; ensuite, à Njœrd et à Frei, pour obtenir la paix et une bonne année; ensuite, on avait coutume de boire une troisième coupe en l'honneur de *Bragé*, le Dieu de l'éloquence et de la poésie; beaucoup portaient aussi une santé en mémoire de leurs ancêtres célèbres.

Bien que l'occupation la plus ordinaire de nos ancêtres fût la guerre et la course en mer, bien que la nature fût rigoureuse et rude la manière de vivre, ils n'étaient pourtant pas dépourvus de culture intellectuelle. S'il est inutile de chercher la vraie science chez eux, l'art des *skalds* (poëtes) était pourtant estimé de tous, et les talents poétiques étaient un moyen aussi sûr que les exploits guerriers, pour se faire une immortelle renommée; aussi les hommes les plus considérés de la nation mettaient-ils leur honneur à connaître et à exercer cet art. Le peuple écoutait volontiers le skald dans les assemblées judiciaires ou dans les festins, et les rois avaient pour les célèbres poëtes non moins d'attention que pour les braves guerriers; car c'est seulement grâce aux skalds, dont les chants se transmettaient de génération en génération, qu'ils pouvaient espérer une renommée durable chez les générations à venir. Le sujet de ces chants était les belles actions du passé et du présent; et le plus souvent le skald lui-même avait été témoin ou acteur dans les événements qu'il célébrait. Ces chants formaient comme une histoire suivie de la nation, et, conservés à la postérité par la tradition orale, ils forment le fondement le plus certain de nos connaissances sur les plus anciens événements et la constitution du Nord. Mais les terribles scènes de guerre n'étaient pas l'unique sujet de ces chants; l'amour et la grâce féminine y trouvaient place aussi, et ces tons plus doux ne manquaient pas d'auditeurs bénévoles parmi nos ancêtres.

Dans tous les pays septentrionaux on parlait *une même langue,* qui s'est conservée avec fort peu de modifications en Islande, cette île, que sa situation isolée a soustraite à beaucoup des influences qui, dans les autres pays du Nord, ont contribué à transformer la langue. Il y avait bien de petites différences locales dès les temps anciens, de même que l'on en remarque dans la prononciation, la grammaire et le vocabulaire des provinces d'un même royaume, mais nulle part assez importantes pour empêcher qu'on ne s'entendît. Ces différences étaient même beaucoup moindres que ne le donnerait à supposer l'étendue de ces pays; les communications continuelles qui avaient lieu entre les peuples du Nord, et que facilitait la mer s'insinuant partout dans l'intérieur des terres, affaiblissaient les idiotismes provinciaux et faisaient obstacle à leur fixité et à leur durée. A quoi il faut ajouter que ces peuples avaient les mêmes occupations, manière de vivre, mœurs, religion et constitution, et l'abîme que la différence d'éducation, de condition et de culture creuse entre les hommes, n'existait pas encore ou était très-peu profond. Dans les chants des skalds et dans les assemblées, où les paroles s'échangeaient entre hommes avec liberté et éloquence, la langue septentrionale atteignit un haut degré de flexibilité, de richesse et de variété dans l'expression. Les idiomes germanique et scandinave étaient des rejetons d'une même racine, et étroitement apparentés, mais ils différaient par plusieurs particularités, tenant à une séparation ancienne et à un développement séparé qui en avait été la conséquence. Le nom général de l'idiome septentrional était *langue danoise,* dénomination fondée partie sur la grande considération et la supériorité que le peuple danois avait acquises de bonne heure, partie sur d'autres circonstances accidentelles. Le Danemark avait eu dans les derniers siècles du paganisme plusieurs rois célèbres, comme *Harald Hilditann, Sigurd Ring* et *Ragnar Lodbrok,* qui régnaient sur de grandes parties du royaume et qui, par leurs heureuses expéditions dans les pays situés autour de la Baltique et de la mer du Nord, avaient fait connaître et redouter le nom danois. A la fin, le Danemark fut réuni en un seul État, c'est pourquoi les expéditions et les conquêtes isolées furent considérées comme l'œuvre de tout un peuple et attribuées aux Danois. Il est vrai que la Norvège fut également unifiée peu après le Danemark; mais les dissensions intestines et les guerres civiles qui survinrent consumèrent ses forces. Quant à la Suède, elle était trop isolée et divisée en trop de parties, dans l'antiquité, pour pouvoir jouer un rôle important parmi les peuples du Nord. De tous les pays septentrionaux, le Danemark avait la plus favorable situation entre la mer du Nord et la Baltique; aussi était-il le centre des relations pour le Nord; des milliers d'embarcations se réunissaient dans ses eaux, surtout dans le Sund et les Belts, qui étaient les clefs de la Baltique. Plus rapproché des peuples étrangers du Sud, c'est par son intermédiaire que le Sud commença à connaître le Nord, quelquefois dans des relations commerciales et pacifiques, le plus souvent dans des rencontres hostiles. Ces circonstances et plusieurs autres firent que les Danois étaient regardés comme le principal peuple du Nord, et que l'idiome commun fut nommé d'après eux.

Nos ancêtres, comme leurs congénères établis hors des limites de la Scandinavie, avaient un caractère d'écriture particulier, le remarquable *alphabet runique*, dont l'origine se perdait si bien dans la nuit des temps, qu'on l'attribuait aux Dieux. Le mot *rune*, qui signifie *secret* dans l'ancienne langue, dénote en partie que la connaissance de ces lettres a été primitivement restreinte à un petit nombre d'initiés; en partie, qu'elles étaient en usage dans les arts occultes, la sorcellerie et les évocations. Il y avait plusieurs espèces de runes : les *runes obscures* ou *lettres mystérieuses* étaient artificielles et difficiles, et ne pouvaient être lues ou tracées que par ceux qui avaient beaucoup d'expérience; d'autres étaient simples et faciles à comprendre. Les runes, surtout celles de la première espèce, étaient employées à toutes sortes d'usages superstitieux. On leur attribuait la vertu de communiquer ou guérir les maladies, d'émousser les armes de l'ennemi, d'éteindre le feu, d'apaiser la tempête, de déchaîner les orages, de métamorphoser l'homme en animal, de faire connaître l'avenir, d'évoquer les ombres des morts, etc. C'est surtout aux *runes d'amour* que l'on recourait fréquemment, dans la croyance qu'elles étaient propres à inspirer cette passion ; mais si l'opérateur n'était pas parfaitement versé dans son art, ses incantations, au lieu de produire l'effet désiré, pouvaient causer la mort ou la maladie. On gravait des runes sur le gouvernail des navires, sur la poignée des glaives, sur les ongles, dans le creux de la main ou sur le poignet, comme une sorte d'amulettes pour attirer le bonheur et détourner le malheur. Mais elles ne servaient pas seulement à la superstition ; on les employait aussi comme moyen de communication écrite, et on les gravait à cet effet sur de minces tablettes de bois, que l'on envoyait en guise de lettres à l'occasion des affaires importantes. Si l'on voulait garder le secret, on recourait aux runes mystérieuses, au risque de les rendre si obscures que le destinataire lui-même ne pût les interpréter. On n'écrivait pas en runes d'amples récits, mais seulement des généalogies, des listes de rois, et d'autres documents semblables, qui autrement eussent été difficiles à retenir de mémoire : il est aussi dit expressément que des poëmes entiers ont été parfois transcrits avec ces caractères.

L'importance des runes pour la postérité consiste en ce que les Septentrionaux avaient coutume de graver des inscriptions sur pierre pour perpétuer le souvenir des événements remarquables ou des hommes célèbres. Il y a dans les pays septentrionaux plusieurs centaines de ces *pierres runiques*, beaucoup en Suède, moins en Danemark et en Norvège. La plupart datent des temps postérieurs à l'introduction du christianisme, mais quelques-unes remontent jusqu'aux temps païens. Deux des plus remarquables monuments de ce genre sont les *pierres de Jellinge,* dressées près des tombeaux de Gorm et de Thyra Dannebod, toutes deux pourvues d'inscriptions ; l'une d'elles a été élevée par Gorm en souvenir de sa femme Thyra ; l'autre par Harald Blaatand en souvenir de ses parents, Gorm et Thyra. Le rocher de *Runamo*, dans le Bleking, dont la surface est entièrement couverte de traits et de crevasses, est devenu une curiosité, parce que l'on a pendant très-longtemps regardé ces crevasses comme des runes, et que dès le douzième siècle on a tenté de les déchiffrer ; mais aujourd'hui on est porté à considérer le tout comme un jeu de la nature. L'écriture runique se maintint pendant une bonne partie du moyen âge, la population ayant peine à se décider à l'abandon de ses vieux caractères d'écriture, qui pourtant finirent par faire place aux lettres onciales latines. — Outre les runes ordinaires ou récentes, dont on vient de parler, on trouve aussi, notamment dans l'ancien âge de fer, une autre espèce de runes plus anciennes et bien différentes. Celles-ci sont très-difficiles à interpréter, tandis que les plus récentes n'embarrassent généralement pas beaucoup les commentateurs ; elles ne figurent ordinairement que sur des objets mobiles, rarement sur des pierres fixées au sol.

II

L'esprit national. — La vie de corsaire, les expéditions des Normands. — Les combats singuliers. — L'éducation militaire. — Les frères d'armes. — La vendetta. — L'exposition des enfants. — La condition des femmes. — L'hospitalité. — Le culte des morts. — Le *Hávamál*.

De même que les tendances belliqueuses, dont la religion de nos ancêtres est imprégnée, étaient un produit de l'esprit national, de même une doctrine qui proclamait la valeur personnelle comme la plus haute des vertus, et la lâcheté comme le plus honteux des vices, devait en revanche contribuer puissamment à enraciner et nourrir le goût inné de la guerre. La soif de la gloire et l'espoir du butin étaient les deux fortes passions qui animaient les Septentrionaux, et pour la satisfaction desquelles ils ne reculaient ni devant les difficultés ni devant les périls. Le danger au contraire excitait leur courage ; car plus grand était le péril, plus grande était la gloire ; et celui qui succombait couvert d'honorables blessures jouissait dans la Valhalle de la plus grande félicité dont il pût se faire idée, et sur terre sa mémoire était perpétuée par les chants des skalds. Mourir sur un lit de maladie était le plus grand malheur qui pût atteindre un héros scandinave, car ce genre de mort était déshonorant et l'excluait des joies de la Valhalle. Il n'était donc pas rare qu'un guerrier devenu vieux, après avoir vainement cherché la mort dans les batailles, priât un de ses amis de le percer du glaive, ou bien, par une mort violente, mît fin lui-même à une existence qui n'avait plus aucun charme pour lui. Ce mépris de la vie était si profondément enraciné dans l'esprit des Septentrionaux, que la mère elle-même faisait taire sa sollicitude pour ses enfants plutôt que d'assurer leur salut au prix du moindre déshonneur. Ainsi l'on rapporte qu'un chef septentrional consultant sa mère sur la question de savoir s'il ne valait pas mieux se retirer devant un ennemi bien plus fort, elle répondit : « Si j'avais cru que tu dusses vivre éternellement, je t'aurais fait emmailloter de laine. Sache que la vie dépend du destin; il vaut mieux mourir avec honneur que vivre avec honte. » C'était d'ailleurs une maxime des guerriers du Nord que l'on devait vaincre un seul adversaire, en attaquer deux, mais que l'on pouvait céder un peu à trois, et fuir sans honte devant quatre. Accoutumés dès l'enfance à un rude genre de vie et à une nourriture saine et simple, qui développaient leurs forces, ils étaient en état de supporter facilement les fatigues de la guerre, et la conscience de leur propre valeur leur faisait braver tous les périls sur terre et sur mer. Les limites du pays natal étaient le plus souvent trop étroites pour des jeunes gens avides de gloire et d'aventures périlleuses; aussi cherchaient-ils dans les pays étrangers un théâtre plus vaste pour leurs sauvages exploits. L'opinion dominante ne permettait d'ailleurs à aucun homme d'honneur de rester inactif à la maison; s'il voulait être estimé de ses compatriotes et gagner l'amour des femmes, il devait courir le monde et acquérir à l'étranger réputation et richesses. Les pays du Nord étaient d'ailleurs pauvres et stériles et produisaient à peine de quoi subvenir aux besoins de leurs habitants : la nécessité et l'inclination s'unissaient pour développer la barbare coutume de la *piraterie,* qui fit tant redouter les Septentrionaux et les rendit si célèbres. Chaque printemps de nombreuses bandes quittaient les rives de la patrie, croisaient dans toutes les mers, pillaient les marchands et ravageaient les côtes. Ces terribles corsaires ne ménageaient rien; s'ils épargnaient la vie du captif, c'était pour le réduire à l'esclavage; ses biens étaient considérés comme un butin légitime. Pourtant les corsaires n'étaient pas tous de la même espèce; quelques-uns faisaient un métier de la piraterie et passaient presque toute leur vie sur mer, sans avoir de demeure sur terre, si ce n'est tout au plus une petite forteresse sur le littoral, pour y mettre leurs prises en sûreté. C'est d'eux que l'on dit « qu'ils ne dormaient jamais sous un toit enfumé et ne s'asseyaient ou ne buvaient à aucun foyer ». Leur genre de vie et leurs mœurs étaient aussi sauvages que leur métier cruel, si l'on doit croire ce que les Sagas rapportent de quelques-uns d'entre eux : qu'ils buvaient le sang et mangeaient de la viande crue ; mais il y avait aussi des corsaires plus nobles qui, au lieu d'inquiéter le paisible marchand, le protégeaient et mettaient leur gloire à poursuivre et à combattre les féroces pirates ; ils ne demandaient au marchand que ce dont ils avaient besoin pour eux et leurs compagnons, puis ils le laissaient aller en paix. Le corsaire Hjalmar déclarait, par exemple : « Je ne prendrai jamais au marchand ou au paysan plus qu'il ne m'est nécessaire pour l'entretien de mon équipage, et encore en payerai-je la valeur. Je ne veux jamais laisser piller aucune femme, si riche fût-elle ; et si l'un de mes hommes fait violence à une femme ou l'amène au vaisseau malgré elle, il lui en coûtera la vie, qu'il soit de haute ou de basse condition. »

Les *Vikings* (corsaires) ne se confinaient pas dans les parages septentrionaux, mais de bonne heure ils se hasardèrent dans les mers plus éloignées et s'avancèrent jusque dans les contrées méridionales de l'Europe, qui les séduisaient par leur fertilité et leur richesse, et dont les habitants plus civilisés, mais aussi moins vigoureux, ne pouvaient opposer qu'une faible résistance à la fougueuse bravoure des Septentrionaux. L'Angleterre, où l'ordre social, le commerce et l'agriculture s'étaient développés de bonne heure et avaient répandu le bien-être et la richesse parmi les habitants, fût la première exposée aux incursions et aux ravages des Danois, tandis que l'Écosse et l'Irlande furent principalement visitées par les Norvégiens, qui sous le nom d'*Orientaux* y fondèrent des royaumes particuliers et plus tard étendirent aussi leur domination sur le nord de la Grande-Bretagne. Mais les *Normands* (comme étaient appelés par les Méridionaux tous les Vikings venus des parages septentrionaux, qu'ils fussent Danois, Norvégiens ou Suédois) répandirent aussi la terreur de leur nom dans des pays encore plus méridionaux. Toutes les côtes du sud et de l'ouest de l'Europe : la Flandre, la France, le Portugal, l'Espagne, l'Italie et la Grèce, furent ravagées et pillées par les terribles Normands. Les populations basanées de l'Afrique apprirent même à connaître la puissance du Nord. Une fois presque toute la France fut conquise par eux : du sud, de l'ouest et du nord, ils remontèrent sur leurs bateaux plats les grands cours d'eau et firent leur jonction au centre de ce pays; la ville de Paris fut prise, pillée et saccagée; la capitale de la Chrétienté, Rome, ne dut qu'à un hasard d'échapper au même sort. Les habitants de ces contrées, trop faibles pour repousser par le fer les envahisseurs étrangers, cherchèrent dans leur détresse à les faire retirer à prix d'or et d'argent, mais c'était encourager ces bandes rapaces à revenir bientôt. Les chroniqueurs étrangers de ce temps ont laissé d'effroyables descriptions des cruautés et des horreurs que commettaient les Normands dans leurs expéditions. Le long des rivières, les contrées les plus belles et les plus fertiles étaient changées en déserts où l'on pouvait parcourir de grandes distances sans rencontrer un être vivant; les enfants et les vieillards étaient massacrés de sang-froid ou précipités vivants dans les flammes des maisons en feu; les femmes étaient maltraitées et les hommes sabrés ou réduits à l'esclavage. Mais c'étaient principalement les églises, les cloîtres et les autres édifices sacrés, avec leurs habitants, les nonnes, les moines et les prêtres qui étaient l'objet de la fureur, des insultes et des outrages des Normands encore païens, dont la cruauté naturelle se compliquait de haine de religion. Aux neuvième et dixième siècles, les courses des pirates s'accrurent d'une manière si étonnante, qu'il semblait que tout le Sud allait inévitablement devenir la proie d'innombrables bandes de vikings, qui s'élançaient du Nord, comme si de nouvelles migrations avaient commencé sur mer. La raison de cet accroissement était en partie l'état de décomposition où se trouvait alors l'Empire franc, par suite des dissensions entre les incapables successeurs de Charlemagne. Il fut donc facile pour les audacieux Normands de faire de grands progrès, et, dès que quelques-uns s'étaient établis dans un lieu, de nouvelles bandes d'aventuriers y étaient bientôt attirées par l'espoir d'un semblable succès. A quoi il faut ajouter un important changement qui survint en même temps dans le Nord même. Dans ces siècles en effet les nombreux petits royaumes, aussi bien du Danemark que de la Norvège et de la Suède, furent réunis en grands États, et le christianisme commença à se propager dans ces pays et à supplanter l'ancienne religion. Beaucoup de chefs perdirent leurs possessions et il y avait en outre nombre d'autres mécontents qui, sincèrement attachés à la religion de leurs pères et aux anciennes coutumes, ne pouvaient s'accommoder au nouvel ordre de choses. Ils aimaient donc mieux abandonner leur patrie que leur religion et la liberté illimitée à laquelle ils étaient accoutumés. Par leur émigration ils augmentaient les bandes déjà nombreuses des vikings. Les courses prirent désormais un autre caractère : les Normands ne cherchaient plus seulement le butin et le pillage, ils aspiraient aussi à faire des établissements durables pour remplacer la patrie qu'ils avaient perdue. C'est seulement après que des États normands eurent été fondés en Normandie, en Italie, en Russie et ailleurs, et après que la réunion des petits royaumes et l'introduction du christianisme, causes momentanées des migrations, en eurent peu à peu tari la source en faisant régner la paix et l'ordre au Nord, — c'est alors que le mouvement se ralentit successivement et que l'Europe fut délivrée d'un fléau qui, pendant des siècles, avait désolé ses plus belles contrées.

Une conséquence naturelle du caractère général de nos ancêtres était que les différends qui s'élevaient fréquemment entre eux se terminaient moins souvent par une composition amiable que par une lutte armée. On considérait comme plus honorable pour les hommes de combattre avec l'épée qu'avec la langue. Ces combats singuliers s'appelaient *duels* ou *holmganga* (descente dans un îlot), parce qu'ils avaient lieu d'ordinaire dans des îlots ou, à leur défaut, dans des champs clos de pierres ou de bâtons de coudrier. Aucun des combattants ne devait sortir de l'enclos, sous peine d'être considéré comme vaincu. La cause la plus fréquente des duels était quelque manifestation injurieuse pour l'honneur ou la bravoure d'autrui, outrage qu'un homme du Nord ne pardonnait pas avant d'avoir vu couler le sang de son adversaire ; mais, même pour les différends qui s'élevaient à propos d'héritages, de limites des propriétés, etc., on préférait volontiers une prompte décision par les armes à une longue procédure judiciaire. Si général était l'usage de prendre le glaive pour suprême arbitre dans toutes les affaires, que les poëtes même, qui étaient jaloux l'un de l'autre, après avoir épuisé leur art pour surpasser leur adversaire, finissaient par recourir aux armes pour trancher leur différend. Le prétendant éconduit avait pour ressource ordinaire de provoquer en duel le père récalcitrant qui, d'après les usages du temps, ne pouvait refuser de laisser décider par l'épée à qui sa fille appartiendrait. Dans ces siècles d'anarchie, il y avait aussi des batailleurs audacieux qui parcouraient le pays et, se fiant en la force de leur bras, extorquaient sans autre raison les biens et les propriétés du plus faible, qui, outre la perte, subissait la honte de s'être exempté d'un duel à prix d'argent. Le droit du plus fort n'avait de contrepoids que dans le dévouement de plus nobles guerriers qui cherchaient une meilleure renommée en provoquant et en tuant de tels brigands. Les deux adversaires, après s'être défiés mutuellement en public, se rencontraient d'ordinaire le troisième jour suivant, munis de leurs meilleures armes et accompagnés de leurs parents et amis, sur le terrain désigné. Le provoqué avait la faculté de se faire remplacer, quoique ce ne fût pas honorable; mais le provocateur était tenu de comparaître en personne, et c'était pour lui une honte ineffaçable de manquer au rendez-vous fixé. Il était qualifié de lâche, déclaré indigne de paraître dans la société des hommes honorables, de prêter serment en justice, et généralement privé de toute considération sociale et de ses droits civiques. On lui dressait une *perche de déshonneur* (nidstœng), à l'extrémité de laquelle on fixait une tête de cheval, et sur laquelle on gravait des runes pour proclamer sa honte. Il n'était pas rare que le combat durât plus d'un jour; et alors les adversaires se retiraient souvent ensemble et passaient paisiblement la nuit l'un à côté de l'autre, dans une magnanime confiance en leur mutuelle loyauté. Lorsque l'issue du combat mettait la vie du vaincu à la disposition du vainqueur, celui-ci voulait parfois donner quartier à celui-là; mais ordinairement le vaincu aimait mieux mourir comme ennemi de son adversaire que vivre comme son ami. Les combats singuliers cessèrent peu à peu sous l'influence du christianisme et d'une constitution mieux réglée; mais un reste de la barbarie des anciens temps s'est perpétué jusqu'à nos jours dans la pratique du duel.

La guerre était considérée par les Septentrionaux comme le but de la vie; la bravoure et l'adresse à manier les armes étaient presque les seules qualités au moyen desquelles l'homme pouvait se faire estimer de ses compatriotes et défendre ses droits contre les outrages des puissants ; aussi l'éducation avait-elle pour but d'exciter et d'entretenir les goûts belliqueux et l'amour de la renommée acquise par les armes, d'endurcir le corps et de le disposer aux exercices qui sont indispensables à un guerrier. Dès ses plus tendres années, le jeune Septentrional n'entendait parler que de guerre, de combats, de courses maritimes ; il voyait le brave honoré, le lâche méprisé, et apprenait ainsi dès son enfance à regarder la vaillance et l'intrépidité comme les vertus qui font le plus d'honneur à l'homme. Lorsque le viking revenait l'hiver de ses expéditions aventureuses, son plus grand plaisir était de parler des pays étrangers qu'il avait vus et des actes de bravoure dont il était l'auteur. Dans les festins et les autres réunions solennelles, jeunes et vieux se pressaient autour du guerrier célèbre et écoutaient avec une attention soutenue ses récits qui reportaient les anciens aux jours de leur jeunesse et éveillaient dans l'esprit des jeunes le désir de se distinguer par de semblables exploits. Dans ces assemblées aussi les poëtes glorifiaient les grands hommes de la nation et entretenaient ainsi dans tout le peuple l'enthousiasme guerrier. L'éducation des garçons portait presque uniquement sur les exercices qui les rendaient propres à leur destination future ; les jeux de l'enfance eux-mêmes tendaient à développer l'agilité, la souplesse et la force du corps. Les garçons cherchaient à se surpasser l'un l'autre par des actions d'audace et des tours d'adresse, et celui qui s'y montrait le plus habile obtenait une supériorité marquée sur ses camarades. Toute pénible occupation domestique, toute fatigue était abandonnée aux esclaves, tandis que les hommes libres s'occupaient seulement à fabriquer de bonnes armes et s'exerçaient à s'en servir avec force et facilité. *Nager, lutter, courir, sauter* et *grimper*, tels étaient les exercices corporels qui excitaient l'émulation des jeunes Scandinaves, et dans lesquels ils acquéraient une habileté presque incroyable. Dans les exercices militaires, ils atteignirent un degré plus élevé que peut-être aucun peuple : toucher avec la flèche le but le plus éloigné, manier l'épée avec facilité, tout à la fois pour parer les coups de l'adversaire et l'assaillir promptement lorsqu'il se découvrait, saisir au vol les dards de l'ennemi et les renvoyer aussitôt à leur point de départ, ou bien les esquiver en sautant en l'air, voilà les talents dont on ne pouvait se passer quand on voulait se rendre célèbre par des faits d'armes. On rapporte du fameux Islandais *Gunnar* « qu'il savait brandir le glaive ou lancer le javelot aussi bien de la main gauche que de la droite ; lorsqu'il combattait, il agitait l'épée avec une telle vitesse, que l'on croyait voir trois lames à la fois dans l'air ; avec ses flèches, il touchait tout ce qu'il visait ; sous une armure complète, il sautait plus haut que sa propre hauteur, et il nageait comme un phoque ».

L'esprit belliqueux et énergique des peuples septentrionaux se reflète dans la manière particulière dont l'amitié se manifestait chez eux, dans les remarquables liaisons appelées *fostbrœdralag* (union des frères d'armes). Lorsque des jeunes gens avaient appris à se connaître et à s'estimer mutuellement pour avoir reçu une éducation commune et avoir longtemps vécu ensemble, ils se juraient, en mêlant leur sang, de partager le bonheur et le malheur dans la vie et de venger la mort l'un de l'autre. Les droits d'une telle amitié étaient regardés comme plus sacrés que les liens de famille les plus intimes, et si l'un des contractants manquait au devoir de venger le meurtre de son frère d'armes, il était considéré comme un lâche et un infâme, dont tout homme d'honneur évitait la société. Ces liaisons n'étaient pas toujours le fruit d'une longue fréquentation ou d'une connaissance intime ; un combat sanglant était souvent l'origine d'une fidèle amitié entre hommes qui, auparavant, avaient été étrangers l'un à l'autre. Lorsque deux vikings avaient longtemps combattu sans que la victoire voulût se déclarer pour l'un d'eux, souvent, remplis d'admiration pour leur bravoure mutuelle, ils se tendaient la main pour contracter amitié à la vie et à la mort. Parfois l'obligation de venger le meurtre d'un frère d'armes se changeait en un serment de ne pas lui survivre, pour goûter avec lui les joies de la Valhalle, comme on avait partagé les peines et les dangers de la lutte ; et l'histoire de l'antiquité offre beaucoup d'exemples de la fidélité avec laquelle des Scandinaves ont rempli cette promesse. Ainsi l'on raconte que, à la mort du célèbre Islandais *Ingimund*, son ami *Eyvind Sœrkvi* dit à son fils : « Va dire à mon ami *Gaut* ce que tu m'as vu faire. » Après quoi il se jeta sur son épée et expira. Lorsque cette nouvelle parvint à *Gaut*, il s'écria : « Maintenant, il n'est plus permis aux amis d'Ingimund de conserver la vie ; je suis le conseil amical d'Eyvind ; » sur quoi il saisit une épée et se transperça. Aussi fidèlement que le Scandinave aimait son ami, aussi ardemment et implacablement il haïssait son ennemi. Lorsqu'une querelle avait éclaté entre deux familles, il était rare qu'elle se terminât avant que l'un des partis eût exterminé l'autre. Chaque meurtre devait être vengé par un autre, car c'était le comble du déshonneur que de laisser impuni l'assassinat d'un parent, et même lorsque le meurtrier offrait une réparation, elle ne pouvait être honorablement acceptée par un père, un frère ou tout autre proche parent.

L'inévitable obligation de la *vendetta* entraînait des attaques et des incendies continuels, dans lesquels on n'épargnait pas même l'enfant au berceau, « car souvent, dit un ancien poëme septentrional, un loup est aux aguets dans le tendre enfant ». Ce mépris de la vie humaine, aussi bien lorsqu'il s'agissait de sacrifier la sienne que d'enlever celle d'autrui, se montre sous son plus mauvais aspect dans l'inhumaine *exposition des enfants*. L'excès de la pauvreté pouvait parfois porter un père sans entrailles à abandonner son enfant au milieu des champs, livré à la chance d'être recueilli par un passant compatissant, ou plus probablement de mourir de misère. Parfois aussi un défaut corporel chez l'enfant, de mauvais présages sur son avenir, ou bien des griefs du mari contre sa femme ou les parents de celle-ci, le désir de s'en venger terriblement, étaient les mobiles de cette manière d'agir si contraire à la nature. Mais ces abandons, qui d'ailleurs n'étaient pas fréquents et ne se produisaient guère que dans les localités les plus désertes et les plus stériles du Nord, avaient toujours quelque chose d'odieux, lorsqu'ils n'étaient pas occasionnés par la plus dure nécessité ; et lorsque le père avait reconnu l'enfant en lui donnant un nom, ce qu'il faisait en aspergeant d'eau le nouveau-né, l'exposition était qualifiée de meurtre.

La condition de la femme chez un peuple est toujours un indice certain de l'état intellectuel de la nation ; car, plus libre et plus noble est celle-ci, plus elle respecte la dignité du sexe. Chez les libres et généreux Scandinaves, la femme était naturellement très-bien traitée. La beauté, la vertu et l'intelligence n'étaient pas moins estimées chez les femmes que la vigueur, le courage et la bravoure chez les hommes. Les filles étaient élevées chez leurs parents, avec une liberté convenable, dans la pratique des devoirs qui devaient les occuper plus tard comme mères de famille : coudre, filer, tisser et s'acquitter des travaux domestiques; elles prenaient part aux festins et aux autres réunions de société ; elles s'entretenaient avec les étrangers et allaient de rang en rang présenter aux hôtes la corne d'hydromel. Les femmes scandinaves se distinguaient par un caractère ferme et viril, par l'adresse à se tirer des périls, par leur fidélité conjugale, et il n'était pas rare que ces qualités fussent relevées par la beauté et la grâce. Les Septentrionaux avaient un vif sentiment du charme féminin, et ils l'exprimaient en donnant des noms particuliers, comme *Náttsol* (soleil de la nuit), *Dalsol* (soleil de la vallée), aux beautés célèbres, qui étaient en outre chantées par les poëtes de la nation. La pudeur était tenue en haute estime chez les Scandinaves, et l'infraction à la chasteté était un crime aussi rare qu'impardonnable; c'est pourquoi les anciens écrivains étrangers qui ont parlé des pays septentrionaux relèvent les mœurs chastes et pures du Nord, par opposition à la licence du Midi. Bien que, d'après la loi et l'usage, le père pût disposer de la main de sa fille, il la mariait pourtant rarement sans l'avoir préalablement consultée et sans avoir obtenu son consentement. La femme partageait avec la nation l'estime qui s'attachait universellement à la valeur militaire ; aussi le prétendant, pour avoir quelque chance d'être bien accueilli, devait-il toujours s'être exercé au métier des armes et avoir acquis un nom honoré parmi ses compatriotes. Le nom de *Brúdkaup* (achat de fiancée) qui, dans l'ancienne langue, signifie fiançailles, ne doit pourtant pas être compris en ce sens que le père vendait sa fille et que le mari achetait sa femme; mais une certaine somme (*mund*) était donnée au père pour le trousseau qui accompagnait toujours sa fille lorsqu'elle quittait la maison paternelle. L'emblème de la dignité de maîtresse de maison était le *trousseau de clefs,* que le mari présentait à sa femme, en l'introduisant dans sa demeure, dont elle prenait dès lors la direction intérieure. L'homme avait souvent recours à sa femme pour lui demander conseil dans les affaires les plus difficiles ; et les anciennes sagas offrent beaucoup d'exemples de femmes qui, par leur courage, leur présence d'esprit et leur habileté, avaient tiré leur mari des pas les plus périlleux. Dans les anciens temps, on attribuait même aux femmes quelque chose de divin ; c'est pourquoi le culte religieux, dans beaucoup de temples, était célébré par des prêtresses qui parlaient au nom de la Divinité et prédisaient l'avenir. Les femmes du Nord étaient particulièrement connues pour leur habileté à *interpréter les songes*, auxquels les Scandinaves attachaient une si grande importance, qu'ils se laissaient souvent guider par eux dans les actes les plus importants de leur vie. Un autre art qui, dans l'antiquité, était exercé presque exclusivement par les femmes, et où l'on recourait parfois aussi aux moyens surnaturels, c'était la *médecine*. Bien qu'elles n'eussent pas grande connaissance de la nature de la maladie, elles réussissaient pourtant souvent, à l'aide de certaines plantes et de préceptes domestiques, dont l'efficacité était confirmée par l'expérience, à guérir des blessures dangereuses et d'autres affections, surtout externes, en ce que des soins attentifs suppléaient en partie l'ignorance du médecin, et la guérison était facilitée par le tempérament sain et vigoureux du malade.

Bien que la *polygamie* ne fût pas interdite par les lois, elle était pourtant peu commune, si l'on excepte les rois et les chefs, qui usaient parfois de cette faculté pour des raisons politiques. Il n'était, au contraire, pas rare d'avoir des *concubines*, et quoique cette coutume fût autorisée par les mœurs du temps, elle donnait pourtant facilement occasion à des querelles domestiques qui se terminaient par des répudiations, et de là naissaient à leur tour de sanglantes luttes de familles entre le mari et les parents de l'épouse outragée. Souvent aussi l'épouse se décidait à demander la séparation d'avec son mari lorsqu'elle remarquait chez lui des indices de lâcheté et de bas sentiments, ce qui était insupportable au cœur généreux de la femme septentrionale. Mais nous rencontrons beaucoup plus souvent, dans les anciens récits, des exemples du sincère attachement, de la fidélité et du dévouement de l'épouse pour son mari. Un des plus beaux types de matrone scandinave et un modèle de dévouement conjugal est *Bergthora*, la digne femme de *Njál*. Elle avait donné à son époux un grand nombre d'enfants et les avait bien élevés, de sorte qu'ils étaient estimés partout pour leurs bons sentiments ; pendant beaucoup d'années elle avait gouverné la maison à la satisfaction de Njál et l'avait lui-même souvent aidé de bons conseils. A un âge avancé, Njál eut le malheur d'être cerné dans sa demeure, à laquelle ses ennemis mirent le feu. Ceux-ci invitèrent Bergthora et les autres femmes à sortir de la maison en flammes, mais elle répondit : « J'étais jeune lorsque j'ai été accordée à Njál, et je lui promis alors de ne jamais séparer ma destinée de la sienne. » Après avoir préparé un lit, elle s'y coucha avec son mari, et tous deux furent ensevelis sous les ruines de la maison. C'est ainsi qu'elle tint sa promesse.

L'*hospitalité* était une vertu tenue en haute estime chez les Scandinaves, comme chez tout peuple non corrompu. Le voyageur fatigué était partout accueilli avec une prévenance amicale ; la maîtresse de maison lui préparait aussitôt un repas et un lit pour la nuit, tandis que les hommes de la famille s'entretenaient avec lui sur ses aventures et le but de son voyage ; lors de son départ, ils manquaient rarement de l'accompagner jusqu'à une certaine distance, ou même, s'il était exposé à des actes d'hostilité, de le reconduire jusqu'à sa demeure. L'hospitalité avait ses droits, qu'il n'était pas permis d'enfreindre, même à l'égard de l'ennemi le plus acharné ; la personne de l'hôte était sacrée, même pour celui dont il avait tué le fils, et c'était là un des cas rares où la vendetta était interdite. — Un beau trait du caractère de nos ancêtres, c'était leur respect pour *la mémoire de leurs pères*. Ils élevaient de grands tertres funéraires, gravaient sur une pierre le nom et les exploits de celui qui y reposait, et les poëtes célébraient la mémoire de celui-ci dans des chants dont beaucoup sont parvenus jusqu'à nous. Dans les sacrifices solennels, on ne faisait pas seulement des libations en l'honneur des dieux, on vidait aussi une coupe en souvenir des ancêtres, et c'est ce que l'on appelait *minni* (souvenir). Il n'était pas convenable que le fils s'assît sur le siége d'honneur de son père décédé avant d'avoir célébré les *libations funéraires* (gravœl), auxquelles étaient invités les parents et les amis du défunt. Les vertus et les exploits de celui-ci étaient loués dans les discours du fils et des assistants, et l'on faisait vœu de l'imiter et de l'honorer par de belles actions. Mais le fils, en vidant la coupe de mémoire, devait surtout prendre l'engagement solennel d'accomplir quelque fait d'audace, comme pour prouver son droit d'occuper la place de son père en qualité de chef de famille. C'est seulement après avoir rempli ces formalités qu'il s'asseyait à la place d'honneur qui avait appartenu à son père.

Les mœurs de nos ancêtres, et en général leur manière de penser, sont excellemment mises en lumière par l'antique poëme septentrional intitulé : *Hávamál* (maximes d'Odin). Il y est dit, notamment : « Le fils de chef doit être silencieux, réfléchi et brave dans les combats, gai et généreux envers chacun, jusqu'à l'heure de la mort. L'insensé croit pouvoir vivre toujours, s'il évite la lutte, mais la vieillesse ne lui fera aucune merci, tandis que le glaive peut lui en faire. Que personne ne se sépare un instant de ses armes, car on ne peut savoir si l'on n'aura pas besoin d'épée lorsqu'on sera en route. Celui-là seulement qui va au loin et voit beaucoup peut savoir quelle humeur doit garder l'homme de sens. Il faut se lever matin quand on veut s'emparer du bien d'autrui; il est rare que le loup couché trouve sa proie ou qu'un dormeur obtienne la victoire. La richesse passe, les amis succombent et l'on meurt soi-même, mais un nom illustre ne périt jamais pour celui qui l'a mérité. La richesse passe, les amis succombent et l'on meurt soi-même, mais je sais une chose qui ne périt jamais : c'est le jugement porté sur chaque mort. — J'ai vu des magasins remplis chez les fils du riche qui, maintenant, vont mendier; la richesse est comme un clin d'œil, c'est le plus inconstant des amis. On n'est nulle part mieux que dans sa propre demeure, si médiocre soit-elle : chacun est maître chez soi. N'eût-on que deux chèvres et une chaumière, c'est meilleur que de mendier. Le cœur saigne quand il faut demander sa nourriture pour chaque repas. Une grande intelligence est la meilleure provision que l'on puisse emporter avec soi ; elle est plus appréciée que la richesse en pays inconnu; c'est la ressource de l'opprimé. L'insensé veille des nuits entières à méditer sur tout; il se trouve fatigué lorsque vient le matin, et son souci n'est pas diminué. Il ne faut pas être trop bien informé; on ne doit pas connaître sa destinée d'avance si l'on veut avoir l'esprit libre de préoccupations. — Si tu as un ami qui possède ta confiance, mêle tes pensées avec les siennes, échange des présents avec lui et visite-le souvent, car les broussailles croissent dans le chemin et l'herbe pousse dans le sentier par où personne ne passe. De longs détours vous mènent chez un ami infidèle, bien qu'il demeure dans le voisinage, mais des chemins de traverse vous conduisent chez un ami fidèle, bien qu'il habite au loin. Le chagrin te rongera l'âme si tu ne peux confier à personne les pensées de ton cœur; lorsque tu connais le chagrin de ton ami, prends-en ta part, mais ne laisse pas tes ennemis en paix. Entre faux amis, l'amitié est plus ardente que le feu pendant cinq jours, mais, le sixième, elle s'éteint. Le sot croit que tout flatteur est son ami, mais, lorsqu'il a une cause à soutenir, il fait l'expérience que ses soutiens sont peu nombreux. — Ne rudoie pas ton hôte, ou bien mets-le à la porte. Sois bon pour les malheureux; leurs prières te porteront bonheur. Ne te réjouis pas du mal, mais fais seulement bien parler de toi. Ne ris jamais de l'orateur à cheveux blancs : souvent il est bon d'entendre ce que disent les anciens, et de bonnes paroles sortent souvent de la bouche du vieillard ridé. Les fils des hommes portent dans leur poitrine un mélange de vices et de vertus; personne n'est si parfait qu'il soit sans défauts, ni si mauvais qu'il ne vaille rien. »

On ne niera pas que nos ancêtres ne fussent un peuple intelligent et capable, doué de sentiments forts et sains, et regardant la vie avec des yeux ouverts et non prévenus. Avec leur esprit loyal et brave, ils haïssaient tout ce qui était bas et mauvais; le profond sentiment de l'honneur, la constance, la fidélité à sa parole, la magnanimité, sont des vertus que nous rencontrons communément dans les anciens récits, mêlées de défauts, comme la bouillante colère, l'amour de la vengeance, la cruauté envers les ennemis, qui se développent facilement chez une nation toujours en guerre et en lutte, et dont les passions peuvent se donner carrière avec une liberté presque illimitée. Étrangers aux sciences et aux arts, les anciens Scandinaves ne manquaient pourtant pas de culture proprement humaine, d'un sens ouvert pour le bon et le beau, et d'un esprit capable d'apprécier ce qu'il y a de grand et de distingué dans la vie humaine. L'amour de la patrie et un vif intérêt pour les affaires générales du pays avaient un aliment dans des assemblées publiques, où chaque homme capable pouvait exprimer ouvertement ce qu'il croyait utile pour le peuple et l'État. Le climat du pays n'était ni assez rigoureux pour dompter la nature humaine et opposer des obstacles insurmontables à la civilisation, ni assez doux ou fertile pour amollir l'homme et ralentir ses efforts et son activité. L'heureuse situation du pays, totalement entouré par la mer, facilitait les relations avec les peuples étrangers; dans l'intérieur des terres, les nombreux golfes et lacs offraient de bons moyens de communication, et, pendant l'hiver, la neige et la glace fournissaient des chemins aisés. Les nombreux petits États qui se formèrent des diverses tribus de la nation entretenaient dans tout le pays, par leurs rapports tantôt hostiles, tantôt amicaux, un mouvement et une vie qui contribuèrent singulièrement aux progrès de la civilisation. En outre, la principale occupation du peuple était la navigation, où la lutte continuelle avec un élément périlleux et violent est le meilleur moyen de développer les forces corporelles et intellectuelles de l'homme. La conscience d'être complétement indépendants des puissances et de l'influence étrangères devait exciter à un haut degré l'amour-propre de nos ancêtres. Jamais les habitants du Nord n'avaient été soumis à une nation étrangère, tandis qu'eux, au contraire, ils avaient souvent porté leurs armes victorieuses dans les contrées éloignées. Religion, langue, mœurs et constitution politique, rien ne venait de l'extérieur, mais tout avait pris son origine et son développement dans la nation même. Ces favorables circonstances développèrent chez nos ancêtres le caractère élevé et les sentiments libres et énergiques qui font l'admiration de la postérité.

III

La constitution politique. — Les divers petits États. — Les hommes libres, les propriétaires, les chefs. — Le roi, son élection. — Les *Things* ou assemblées. — La justice. — Les esclaves. — Le *Rigsmál*.

Dans les temps les plus anciens, où la civilisation était encore à son plus bas degré, les habitants du Nord vivaient épars et isolés, sans demeures fixes et non pas en société réglée par la loi. Mais, la population croissant, il se forma bientôt de petites associations dont l'étendue fut déterminée par les limites naturelles qu'offraient la mer, les montagnes, les fleuves, les grandes forêts ou les landes désertes, et dont les membres étaient, pour la plupart, unis par les liens de la parenté, de sorte que le père de famille passa *chef de tribu*. Dans des temps agités, où les voisins étaient sans cesse en relations hostiles, les dangers communs unirent encore plus intimement entre eux quelques membres de l'association; un chef fut élu, ordinairement le chef de la famille, ou un autre qui avait su se faire une réputation de courage et de talents militaires, et la considération que ce chef s'était acquise en guerre assurait son autorité pendant la paix pour le maintien de l'ordre et de la sécurité publique. Peu à peu s'établirent des lois et des coutumes dont l'observation importait à chacun, et, dans le cours des temps, il se forma diverses espèces de relations privées qui donnèrent à la société la fixité et l'uniformité intérieures. La religion aussi était un important moyen pour fonder et unir ces petits États, car, bien que les mêmes principes religieux fussent admis dans tout le Nord et que les dieux y reçussent partout à peu près le même culte, chaque tribu avait pourtant ses sanctuaires propres, où l'on se réunissait pour sacrifier à la divinité qui était considérée comme la protectrice spéciale de la tribu. Une des plus anciennes divisions que nous trouvions en Danemark est le *Herred* (canton) qui, à en juger d'après le nom, signifiait originairement la réunion de cent familles. La division en *Syssel* (bailliage), également ancienne, comprenait plusieurs Herreds; elle semble se rapporter à une union de plusieurs tribus, indépendantes l'une de l'autre et souvent en guerre l'une avec l'autre, mais alliées pour la défense commune, lorsqu'un péril général appelait toute la nation sous les armes. Les mariages, et plus souvent encore les guerres, unissaient des tribus, et de cette façon il se forma quantité de petits États en Skanie, en Sélande, dans les îles voisines, dans le Jutland et le Slesvig, États dont les limites s'étendaient ou se retrécissaient selon les facultés et les succès du roi et du peuple. Les pays conquis étaient administrés par des *Jarls*, ou gouverneurs, qui répondaient au roi suzerain du tribut et du service militaire. Ces petits royaumes, entre lesquels la Sélande avec *Leire,* sa capitale, se distinguait par sa célèbre dynastie des *Skjoldungs*, furent enfin réunis en un seul État par Gorm l'ancien, dans la seconde moitié du neuvième siècle.

La nation se partageait dans l'antiquité en deux grandes classes : les *hommes libres* et les *esclaves*; et, comme les derniers ne jouissaient d'aucun droit civil, il n'y avait en réalité qu'un ordre, celui des *Bondes*, mot qu'il faut pourtant dégager de sa signification présente : paysan, agriculteur. Le nom de Bonde (habitant) s'appliquait autrefois à tout propriétaire libre, qui avait une demeure fixe ; il comprenait tout à la fois l'agriculteur, le marchand et l'artisan. C'était le plus honorable que l'antiquité connût pour qualifier l'homme libre et le citoyen. L'influence des citoyens sur les plus importantes affaires de l'État était aussi grande que leur ordre était honorable; ils élisaient le roi dans les *things* (assemblées), faisaient les lois, siégeaient dans les tribunaux comme juges, et décidaient de la guerre comme de la paix. Le roi ne devait rien entreprendre d'important avant d'avoir pris l'avis des citoyens, et il devait suivre leur conseil, s'il ne voulait pas s'exposer à perdre le trône. A ces droits considérables ne correspondaient que peu de devoirs; en ce temps, on ne connaissait pas les impôts, et lorsqu'il y avait lieu d'établir quelque contribution, ce ne pouvait être qu'avec le consentement des citoyens. Tout homme en état de porter les armes était, au contraire, tenu d'aller au secours de la patrie lorsqu'elle était attaquée par l'ennemi; devoir que remplissait volontiers le belliqueux Scandinave. En tel cas, chacun devait pourvoir à son propre équipement et à son entretien, et c'étaient là, avec l'obligation de recevoir et d'héberger le roi lorsqu'il parcourait le royaume comme *Gest* (hôte), les seules charges du citoyen envers l'État. Lorsque le citoyen n'était pas en expédition militaire ou en course maritime, il vivait dans sa demeure avec la plus parfaite indépendance. Il était considéré comme la tête de la famille, jugeait comme arbitre dans les différends qui pouvaient s'élever entre les membres et dirigeait les affaires communes.

La *noblesse* (adel) n'était pas connue dans l'antiquité avec la signification actuelle de ce mot, comme un ordre pourvu de priviléges qui se transmettent de père en fils. Les *Jarls*, les *chefs*, les *hommes du roi* sont bien cités comme plus distingués et plus considérés que les *Bondes*, mais sans que des droits particuliers et exclusifs fussent attribués à ce haut rang. Nos ancêtres attachaient un grand prix à une naissance illustre, et souvent les membres des grandes familles sont mentionnés comme étant considérés pour leur noble origine ; mais il n'en faudrait pas conclure que le sang leur donnait plus de droit qu'aux autres hommes libres. Alors, comme toujours, un nom honoré était un bel héritage, et le fils qui savait le porter dignement en tirait des avantages importants; sinon, il n'avait aucune prééminence sur les hommes de famille obscure. Cette différence de rang, mais non de droits, procédait directement des circonstances. La richesse et le mérite procuraient la considération et l'influence ; l'homme riche était en état de pourvoir ses fils d'armes précieuses et de leur donner une meilleure éducation, ce qui les rendait plus propres à remplir de hautes charges à la cour royale. Les rois choisissaient aussi de préférence leurs plus proches serviteurs dans ces races, dont l'attachement pour la maison royale avait été mis à l'épreuve pendant une longue série d'années. Bien que parfois les emplois pussent sembler héréditaires dans certaines familles, l'accès aux plus hauts postes de la cour et de l'armée était pourtant ouvert à tout homme libre ; mais le citoyen préférait généralement la vie sans gêne dans sa demeure à une position plus dépendante à la cour du roi. Ainsi un fils de propriétaire, que Harald Hárfágré de Norvège voulait attirer à sa cour en lui promettant un haut titre honorifique, répondit « qu'il aimait mieux rester paysan, et qu'il se considérerait pourtant comme égal de celui qui avait le plus beau titre honorifique à la cour. ».

Dans la belliqueuse Scandinavie, la première qualité d'un roi devait être de savoir commander l'armée, car son principal devoir était de conduire le peuple en guerre. Lorsque les ennemis attaquaient le pays, il faisait appel à la nation, et chaque homme devait y répondre en s'armant pour la défense, sous peine de bannissement et de note d'infamie. La convocation avait lieu au moyen du *Bódstiké* (bâton de commandement) ou de la *Herpila* (flèche de guerre), qui était portée de maison en maison. C'était une branche d'arbre, façonnée en arc, ayant une corde d'un bout et brûlée de l'autre, image tout à la fois de l'invasion ennemie et du sort réservé à tous ceux qui se dérobaient au devoir de défendre la patrie : tous leurs biens devaient être détruits par le feu. Si l'on jouissait de la paix à l'intérieur, on allait chercher l'ennemi à l'étranger, dans des courses annuelles, que l'on appelait *Leidang* (expédition maritime). Au printemps, une partie des hommes en état de porter les armes étaient ordinairement invités à de semblables expéditions, qui avaient pour but de piller et de ravager les pays voisins et se terminaient seulement à l'approche de l'hiver, où la flotte retournait au pays pour partager les prises. Les subordonnés comme les chefs en obtenaient chacun une partie, mais la plus grande part revenait au roi, dont les revenus se composaient principalement de ce butin annuel. Lorsque la campagne était terminée, l'armée expéditionnaire était licenciée, et chacun regagnait sa demeure; mais les rois conservaient toujours une petite troupe de guerriers stables, qui était appelée *Hirde* (garde) et choisie parmi les hommes les plus notables et les plus braves de la nation. Dans ces gardes, hommes jurés du roi et entretenus à ses frais, étaient ordinairement choisis les *chefs*, pour commander des divisions de l'armée, les *Jarls* (ducs), pour gouverner les provinces conquises, et d'autres grands officiers de la couronne. La considération et l'autorité dont jouissait le roi dépendaient en grande partie de sa bravoure, de ses victoires et du succès avec lequel il gouvernait en général; car le peuple regardait comme une honte d'obéir à un lâche, et il était disposé à considérer la disette et la cherté comme des effets du courroux des dieux. Aussi, en pareil cas, n'était-il pas rare que le roi fût déposé et parfois privé de la vie. Le consentement du peuple était nécessaire pour la validité des lois; les procès étaient jugés dans les *things* (assemblées) sous la présidence du roi, qui était en même temps le gardien des lois; il lui appartenait de veiller à leur exécution et de maintenir la sécurité intérieure contre les voleurs et les brigands. Il présidait également au service religieux et était regardé comme souverain pontife, dignité qui dut contribuer beaucoup à affermir l'autorité royale, si chancelante et si bornée en d'autres points. Comme chefs du culte, les rois recevaient une *contribution des temples;* et, comme gardiens de la loi et du droit, ils obtenaient une partie des amendes judiciaires. Ces deux revenus, avec la portion considérable de butin attribuée aux rois, faisaient d'excellentes ressources pour le fisc; mais plus importants étaient les grands *domaines*, disséminés dans le royaume, qui étaient affectés à l'entretien du roi et de sa cour. Dans ces domaines, il y avait des maisons royales, où le roi logeait ordinairement dans ses voyages à travers le royaume, et qui étaient administrées par des *intendants* (bryté) ou bien données en fiefs à des hommes de guerre. D'après le principe admis dans l'antiquité et le moyen âge, que tout ce qui n'avait pas de propriétaire appartenait au roi, celui-ci s'appropriait toutes les rivières, les eaux, les lacs, avec leur contenu, tous les bois, les communaux et les espaces incultes. Pourtant il n'était pas défendu aux habitants de pêcher dans les eaux, d'abattre du bois de construction, d'envoyer les porcs à la glandée et les bestiaux dans les parcours ; mais, lorsque plus tard, par suite de l'accroissement de la population et de l'extension des cultures, on laboura les défrichés, il fallut acheter le terrain au roi ou bien lui en payer la rente. D'après les mêmes principes, le roi avait également droit au trésor sans maître trouvé en terre (danefé), à l'aubaine ou succession de l'étranger mort sans héritier dans le royaume (dancarv), aux épaves jetées sur la côte, etc.

Lorsque le trône devenait vacant par la mort du roi, le peuple se réunissait dans les things pour élire un nouveau souverain. En général, on choisissait le plus proche des agnats ou parents de la ligne masculine ; car, dans la belliqueuse antiquité, il ne pouvait être question des femmes qui, d'ailleurs, n'avaient aucun droit d'hérédité. Bien que le peuple ne s'astreignît pas à suivre l'ordre de primogéniture et préférât parfois un parent éloigné aux plus proches, lorsque celui-là donnait l'espoir d'un meilleur règne, on s'écartait pourtant rarement de l'ordre régulier de succession, de peur de donner lieu à des discordes intestines. C'était le cas principalement dans les temps anciens, où le droit d'hérédité et la parenté avec la famille régnante étaient mieux pris en considération que dans des temps plus récents. Cependant le droit d'hérédité seul ne suffisait jamais à conférer l'autorité royale. C'est seulement après avoir été élu et acclamé par tous les hommes libres du pays que le roi était tenu pour le souverain légitime.

Le peuple exerçait ses droits dans des assemblées qui se tenaient en plein air sur une place entourée d'une enceinte de pierres ou bordée de frênes, arbres sacrés. Le mot *thing*, qui désignait cette place, s'appliquait également à l'assemblée. A l'intérieur du cercle, le roi était assis sur un siége élevé; près de lui les chefs les plus anciens et les plus considérés; et tout autour se tenaient les hommes du peuple avec leurs plus belles armes et dans leurs plus beaux habits. Aucun homme libre n'était exclu des délibérations; mais chacun pouvait y assister et exprimer son opinion. Comme tous étaient en armes et que de sanglantes querelles pouvaient facilement s'élever, le thing était déclaré inviolable, et celui qui y troublait la paix se rendait coupable du plus grand crime et encourait la mort ou le bannissement. Dans l'antiquité, la constitution politique et la religion étaient en étroite relation et se donnaient un appui mutuel. Aussi les things étaient-ils en même temps des lieux de sacrifice, où le roi et le peuple se préparaient par des prières et des holocaustes aux plus importantes délibérations. Comme ces assemblées étaient toujours fréquentées par une grande foule d'hommes, elles donnaient lieu à des marchés et des échanges et attiraient des commerçants qui dressaient leur boutique à proximité du thing, comme pour une foire. Dans le cours des temps, l'emplacement du thing se change parfois en un marché, et c'est là l'origine de plusieurs des plus anciennes villes danoises. Dans les things, on réglait aussi les affaires privées de quelque importance, comme les ventes, les partages, les conventions matrimoniales, etc.; parce que ces actes, ainsi traités en assemblée publique et en présence de beaucoup de témoins, devenaient plus authentiques. Mais c'étaient principalement les affaires de l'État, faisant le sujet des délibérations dans les things, qui formaient le centre autour duquel tournait toute la vie publique chez nos ancêtres. C'est là que se faisaient et qu'étaient promulguées les lois, que se rendait la justice, qu'il était décidé de la guerre ou de la paix, qu'étaient élus les rois, et que se discutaient toutes les affaires qui avaient de l'importance pour l'État en général. Si le roi voulait faire une entreprise, il devait exposer son projet au thing et chercher à gagner le peuple par la persuasion et le raisonnement; car le peuple connaissait et maintenait ses droits, et il aurait été aussi inutile que dangereux de parler impérieusement.

Aussi l'éloquence était-elle indispensable aux rois de l'antiquité; elle ne leur était pas moins nécessaire que les talents militaires pour exercer de l'influence sur le peuple et diriger l'esprit mobile de la multitude. Le cliquetis des armes produit par le choc de l'épée contre le bouclier était la manière d'applaudir dans les things. Si, au contraire, l'orateur excitait le mécontentement de l'assemblée, il s'élevait du bruit et des murmures.

Dans l'antiquité, avant que la société civile eût produit la multiplicité de relations qu'amène le développement ultérieur, la législation et l'administration de la justice étaient très-simples. Quelques dispositions suffisaient à réglementer la vie civile et à trancher les différends qui revenaient toujours sous la même forme. Il appartenait, comme on l'a dit, au peuple réuni dans ses comices, d'adopter ou de rejeter les nouveaux projets de lois, ou de faire aux lois existantes tels changements que le temps rendait nécessaires. Il n'y avait pas de lois écrites, parce qu'il était facile de conserver de mémoire les quelques coutumes en vigueur, qui étaient sans cesse rappelées au peuple par la publicité requise pour toutes les délibérations. La justice était rendue dans des things, tenus sous la présidence du roi, par les citoyens assemblés ou par certains personnages que leur droiture et leur expérience avaient fait élire par le peuple pour siéger au tribunal. Dès l'antiquité paraît avoir été pratiqué l'usage régnant au moyen âge de permettre à l'accusé de se disculper au moyen d'un serment prêté par lui et un certain nombre de cojurants. Les peines consistaient pour la plupart en amendes, et le meurtre lui-même pouvait être expié de cette manière; mais on préférait au prix du sang la *vendetta* exercée contre les proches parents du meurtrier. Un père, à qui l'on offrait une composition pour le meurtre de son fils, répondit qu'il ne voulait pas porter dans sa bourse le sang de son fils. Cette réplique exprime l'opinion régnante à cet égard. Il y avait aussi quelques forfaits bas et odieux, qui ne pouvaient être expiés par l'amende (*ubótamál*), comme la haute trahison, le guet-apens, l'assassinat, le vol, la violation de la paix du thing, etc., crimes punis de mort, de bannissement ou d'esclavage.

Comme on l'a déjà dit, les Scandinaves, conformément à leur penchant guerrier, recouraient souvent au combat singulier, comme à un moyen légal et tranchaient leurs différends par le glaive, soit pour en avoir plus tôt fini, soit pour obtenir une réparation plus satisfaisante que ne l'aurait accordée la loi.

L'esclavage, au Nord, était en étroite relation avec toute la manière de vivre et la constitution du pays. L'homme libre, qui était toujours en expédition et en course, avait peu de temps pour s'occuper des affaires domestiques, cultiver la terre, soigner le bétail, occupations qu'il considérait d'ailleurs comme indignes d'un guerrier. Il laissait donc aux esclaves ces vils travaux, pour se livrer tout entier à son goût pour la guerre et la course. Aussi l'esclavage dura-t-il aussi longtemps que les Septentrionaux furent guerriers de profession, et il ne diminua que lorsque le peuple prit goût aux travaux de la paix et que l'agriculture, le commerce et l'industrie se développèrent; la nécessité d'une classe servile disparut alors, et le christianisme, dont l'introduction coïncide avec ce changement dans le caractère du peuple et sa manière de vivre, mit en honneur des principes plus humains. Les sources de l'esclavage étaient nombreuses et différentes. Sa première souche se composait sans doute des peuples subjugués lors de l'immigration des Goths; elle s'accrut sans cesse par suite des guerres et des courses continuelles; car, chaque captif étant réduit à la condition servile, le Nord était ainsi approvisionné d'une grande quantité d'esclaves des pays les plus divers et les plus éloignés. Il y avait des marchés d'esclaves réguliers, et où les vikings conduisaient leurs captifs pour les vendre comme toute autre marchandise. Des crimes ordinairement frappés de mort étaient quelquefois punis de l'esclavage; et même le débiteur qui ne pouvait s'acquitter était parfois privé de sa liberté personnelle. Mais ce dernier genre de servitude était plus doux et le propriétaire n'osait pas maltraiter un tel esclave. Il y a aussi des exemples qu'un homme libre, privé de moyens de subsistances, se mettait volontairement en servitude; mais il était aussi déshonorant de vendre sa liberté que d'acheter celle d'autrui, et le cas était des plus rares. Cependant l'esclavage s'accroissait surtout par la naissance, car l'enfant né d'esclaves appartenait au maître du même droit que ses parents. Si l'un de ceux-ci était libre, l'enfant suivait la condition de la mère; mais le père ingénu pouvait, en reconnaissant l'enfant avant qu'il eût passé trois fêtes de Noël, lui procurer la liberté, à charge d'indemniser le propriétaire de la mère. Il était extrêmement rare que la mère fût ingénue et le père esclave; car une femme qui contractait mariage avec un esclave perdait elle-même ordinairement sa liberté et imprimait une tache ineffaçable à la famille dont elle faisait partie.

Les esclaves appartenaient à la classe des êtres les plus misérables et les plus méprisés que connût l'antiquité. On leur attribuait les vices les plus honteux, la lâcheté, la perfidie, le penchant au vol, et on leur déniait toutes les vertus qui honorent l'homme. Aussi la langue septentrionale n'avait-elle pas d'injure plus violente que la qualification d'esclave donnée à un homme libre, et celui qui s'était permis un tel outrage pouvait s'attendre à de sanglantes représailles. On pensait que la bassesse d'esprit se manifestait dans les traits du visage et l'air de l'esclave et l'on croyait qu'un ingénu, même déguisé en esclave, pouvait être reconnu à son regard plus hardi et à ses réponses plus sensées. Lorsque l'on présenta à Gunnar le cœur d'un esclave, il vit que c'était celui d'un lâche : « Il tremble maintenant, dit-il, mais pourtant moitié moins que dans la poitrine qui le renfermait ! » Le mépris que l'on professait pour l'esclave se manifeste dans l'anecdote sur les Throndes (habitants du Throndhjem) qui, dit-on, préférèrent un chien à un esclave lorsque le roi Eistein leur eut ordonné de choisir l'un des deux pour roi. Mourir de la main d'un esclave était regardé comme la suprême humiliation ; c'est pourquoi les Jomsvikings captifs ne demandèrent pas qu'on leur laissât la vie, mais bien qu'on leur épargnât la honte d'être mis à mort par un esclave. L'indignité de l'esclave s'étendait même au-delà des limites de cette vie, car il était exclu de la Valhalle, dont les joies étaient réservées aux braves et aux hommes libres. Les esclaves, disait-on, appartenaient à *Thor*, peut-être parce que ce dieu ou une divinité analogue avait reçu un culte du peuple subjugué lors de l'immigration des Goths. La conséquence de cette abjection était que l'on n'accordait aux esclaves aucun droit civil ou naturel. On ne les considérait pas mieux que les bêtes brutes, au rang desquelles ils sont expressément placés par les anciennes lois. « Si un bœuf ou un *esclave* fait du dommage, y est-il dit, l'indemnité ne sera que de moitié ; et, si un esclave est tué, il faudra prêter le même serment que pour tout *autre animal.* » Aussi le maître pouvait-il faire de l'esclave tout ce que bon lui semblait : le vendre, le châtier, le mutiler, et même le tuer, si sa colère était plus forte que la considération de son propre intérêt, ou si sa propre sécurité l'exigeait. L'Islandais *Ketilbjœrn*, ayant enfoui une somme d'argent, n'hésita pas à massacrer les esclaves qui l'avaient aidé, de peur qu'ils ne trahissent le secret. Si l'on faisait du mal à un esclave, le délit n'était pas considéré comme commis envers celui-ci, mais bien envers son maître, à qui était due l'indemnité. La valeur en était réglée d'après la perte éprouvée par le propriétaire, en ce que son esclave était privé totalement ou en partie de la faculté de travailler. Pour l'amputation de la main droite, le maître obtenait comme indemnité la moitié de la valeur de son esclave ; pour l'amputation des deux mains, l'auteur du délit devait payer la valeur d'un esclave propre au travail. En revanche, le maître était responsable des actes illégaux de son esclave et devait réparer le dommage causé par celui-ci, comme il l'eût fait pour son cheval et son bœuf. En conséquence, les indemnités dues pour les actes des esclaves étaient très-faibles, s'ils avaient agi de leur propre mouvement ; mais, s'ils avaient agi par ordre du maître, on les considérait comme des instruments inconscients, et l'entier dédommagement était dû. Étant privés des droits civils ordinaires, les esclaves ne pouvaient ni acheter, ni vendre, ni hériter, ni servir de caution, ni témoigner contre les ingénus, ni prêter serment devant les tribunaux, ni contracter de mariages réguliers. Bien que leur sort ne fût certainement pas très-doux, ils n'étaient pourtant aucunement traités avec la cruauté qui était ordinaire dans les pays plus méridionaux. Lorsqu'ils étaient fidèles et obéissants, leur condition pouvait devenir assez tolérable, et le maître plus humain permettait même à ses esclaves de gagner quelque chose par leur travail ; ce pécule, appelé *orka* (travail), leur procurait peu à peu les moyens de se racheter. Tous n'étaient pas dans la même condition ; ceux qui se distinguaient par une bonne conduite étaient constitués surveillants des autres, et, lorsque le maître possédait plusieurs domaines, souvent il les faisait administrer par les plus fidèles de ses esclaves (bryté). La position de ces derniers était naturellement beaucoup meilleure que celle des simples manœuvres ; c'était aussi le cas pour ceux qui étaient attachés au service personnel du maître ou de la maîtresse. Il y a un beau et remarquable trait dans la relation des esclaves avec les ingénus : c'est que dans les réjouissances générales, les fêtes, les noces, les festins, ils étaient mieux traités que d'habitude et participaient aux droits des ingénus. Lorsqu'ils suivaient leurs maîtres à ces réunions, ils étaient traités et régalés comme les autres invités, et placés sur le même pied que les ingénus pour la réparation des torts qu'ils subissaient. L'*affranchissement* avait lieu par rachat, soit de la part des parents, soit de la part de l'esclave lui-même, lorsqu'il avait eu occasion de gagner quelque chose par son travail. Le maître émancipait souvent aussi l'esclave qui l'avait longtemps servi ou lui avait rendu quelque service signalé, soit en lui sauvant la vie, soit en tuant un dangereux ennemi. L'affranchi n'acquérait pourtant aucunement les droits de l'ingénu, mais il demeurait perpétuellement dans une situation de dépendance à l'égard de son ancien maître, sans l'approbation duquel il ne devait rien faire d'important ; et, lorsqu'il était tué, le prix du sang ne s'élevait qu'à la moitié de la somme due pour un homme libre. La pleine jouissance des droits civils ne commençait qu'à la seconde génération.

Un vieux poëme septentrional, le *Rigsmál*, donne une idée claire des relations mutuelles des diverses classes sociales et de toute la manière de vivre au Nord, avant l'introduction du christianisme. Le dieu *Heimdal*, qui est représenté errant sur terre sous l'aspect de Rig, arriva d'abord dans la maison de l'esclave, dont il trouva la porte ouverte, et s'assit sur le banc. La femme lui présenta un pain cuit sous la cendre et rempli de son, et lui offrit un bol de soupe, mais le meilleur mets était du veau bouilli. Quelque temps après, la femme accoucha d'un fils qui fut aspergé d'eau et nommé *Thræl* (esclave). Il avait le teint foncé ; la peau de ses mains était rugueuse, ses articulations noueuses, ses doigts épais ; il avait le visage triste, le dos courbé et les pieds longs. Il grandit et apprit à travailler de force. Un jour il vint à la maison une femme à la démarche lourde, aux bras hâlés et qui avait des ampoules sous les pieds. Elle s'appelait *Thy* (servante) et se maria avec Thræl. Leurs fils, qui s'appelaient Hreim (braillard),

Fiosni (bouvier), Klur (grossier), Kleggé, Kefsi, Fulni (sombre), Drumb (rustaud), Digraldé (épais), Drœtt (lent), Hœsvi (leste), Lut (courbé) et Leggialdé, s'occupèrent à faire des clôtures, à fumer les champs, à garder les porcs et les chèvres et à extraire de la tourbe. Leurs filles s'appelaient : Drumba (rustaude), Kumba (trapue), OEkkvinkálfa (jambes calleuses), Arrinnefia (nez aquilin), Ysja, Ambátt (servante), Eikintsiasna, Tœtrughypia (vêtue de loques), et Trœnubeina (jambes de grue). C'est de cette famille qu'est issue la race des esclaves. Ensuite Rig continua son chemin et arriva à la maison du propriétaire. Le foyer flambait au milieu de la chambre, où le mari assis façonnait un joug de métier à tisser; sa barbe était peignée et ses cheveux coupés sur le front; sa chemise étroite s'ouvrait sur la poitrine. La femme tournait le fuseau et préparait du fil à tisser; elle avait un châle sur la tête, un corsage autour de la poitrine, une cravate au cou, des boutons sur les épaules. Elle eut un fils qui fut enveloppé de lin, aspergé d'eau et appelé *Karl* (homme fort). Il avait les cheveux rouges, la face rubiconde et les yeux mobiles. En grandissant, il apprit à manier la hache, à faire des charrues et des voitures, à charpenter des maisons, à élever des granges et à conduire la charrue. Une fille, nommée *Snœr* (alerte), arriva en voiture, vêtue de peau de chèvre, le trousseau de clefs au côté. On les maria et ils vécurent heureux ensemble. Leurs fils furent : Hal (homme), Dreng (garçon), Hœld (propriétaire), Thegn (colon), Smid (artisan), Breid (large), Bondé (paysan), Bundinskeggé (barbe liée), Bué (habitant), Boddé, Brattskegg (barbe pendante) et Segg (homme). Les noms des filles étaient : Snot (femme), Brud (fiancée), Svanné (élégante), Svarré (superbe), Sprakké (sémillante), Fliod (fille), Sprund (fière), Vif (épouse), Feima (timide) et Ristill (héroïque). Rig arriva ensuite à une construction dont l'entrée était tournée au sud; elle était fermée et il y avait un anneau dans la porte; l'aire était jonchée de litière. Le mari et la femme assis se regardaient en jouant des mains. L'homme tressait des cordes, courbait l'orme et fixait à la hampe des pointes de flèche. La femme lissait le linge, empesait les manches et cambrait sa coiffure. La poitrine était ornée d'anneaux, la robe large et la chemise bleue. Le front et le cou étaient plus blancs que la neige pure. Elle couvrit la table d'une blanche nappe de lin brodée, servit des gâteaux légers de froment, du lard et des oiseaux rôtis, des vases bordés d'argent qui contenaient du lait, du vin que l'on versa dans des gobelets. Au bout de quelque temps, elle donna le jour à un fils qui fut emmaillotté de soie, aspergé d'eau et appelé *Jarl* (duc). Ses cheveux étaient clairs, ses yeux brillaient comme ceux du serpent. Il apprit à tendre l'arc, à aiguiser les flèches, à lancer les javelots, à brandir la pique, à monter à cheval, à nager, à poursuivre le gibier avec des chiens de chasse et à combattre avec l'épée. Rig revint plus tard, reconnut Jarl pour son fils et lui enseigna les runes. Jarl partit en expédition, fit la guerre, abattit ses ennemis et fit du butin, de sorte qu'à la fin il possédait dix-huit domaines. Il arriva à un édifice, où habitait Hersi, et se fiança avec une jeune fille, qui était élancée et svelte, et qui se nommait *Erna* (vive). Ils eurent beaucoup de fils qui, comme leur père, accomplirent toute sorte d'exploits guerriers ; c'est d'eux qu'est issue la race des Jarls.

IV

Manière de vivre. — Aliments. — Métiers. — Commerce. — Costume. Armes. — Demeures.

La chasse et la pêche ont sans doute été pour les habitants du Nord les plus anciens moyens de subsistance. Les bords de la mer et les rives des golfes et des lacs poissonneux furent les premières localités habitées, tandis que les forêts couvraient encore la plus grande partie du pays. Les simples instruments de pierre pour la chasse et la pêche, que l'on exhume du sol, témoignent de la manière de vivre des plus anciens habitants. A mesure que les bois furent défrichés et remplacés par des pâturages, l'élève du bétail s'étendit et devint, avec la chasse et la pêche, le principal moyen de subsistance. Une civilisation plus avancée et l'accroissement de la population firent naître aussi l'agriculture, qui portait principalement sur la production de l'orge, de l'avoine et du seigle, mais qui dans la période en question restait passablement arriérée. La même progression que l'on observe dans d'autres parties du globe : le passage des tribus de chasseurs à la vie pastorale, et plus tard à la vie plus parfaite de l'agriculteur, a également eu lieu dans le Nord. *Pythéas*, commerçant marseillais qui visita le Nord, environ 300 ans avant l'ère chrétienne, rapporte que les habitants de cette contrée s'entendaient à cultiver les céréales, à préparer une boisson avec du miel ; qu'ils ne battaient pas en plein air, comme on faisait au sud de l'Europe, mais que, à cause de l'humidité de la température, ils liaient la récolte en gerbes et l'emmenaient dans de spacieuses granges pour la battre. Les principaux animaux domestiques étaient les chevaux, les bêtes à cornes, les moutons, les chèvres, les porcs. La chair de porc était pour nos ancêtres un aliment de prédilection, dont ils n'auraient pas même voulu être privés dans l'autre vie. Ils en tenaient de grands troupeaux, qui trouvaient une abondante nourriture dans les vastes forêts de chênes qui couvraient le pays. La chair de cheval était un aliment ordinaire, qui fut abandonné seulement lors de la propagation du christianisme ; les ecclésiastiques proscrivirent cette nourriture qui, leur étant étrangère, leur paraissait rebutante et barbare, mais encore plus parce que la chair de cheval avait été surtout en usage dans les sacrifices et qu'elle perpétuait ainsi le souvenir du paganisme. Le poisson, frais, salé, séché, les farineux, le chou, le lait préparé de diverses façons, le gibier à poil et à plume, entraient également dans l'alimentation quotidienne des Septentrionaux. La *bière* et l'*hydromel*, à cause duquel on s'appliquait beaucoup à l'apiculture, étaient les boissons les plus en faveur, et qui ne devaient manquer à aucun festin. Bien que l'élève du bétail et la pêche fussent la principale occupation du peuple, on porta de bonne heure certains *métiers* à un assez haut degré de perfection. L'industrieux forgeron était fort estimé et pouvait même se rendre célèbre. On faisait des parures et d'autres objets d'art aussi bien en or qu'en argent ; mais la fabrication des armes était surtout importante chez un peuple qui était sans cesse en guerre. Une bonne épée avait une valeur extrêmement grande ; elle portait un nom spécial et passait en héritage du père au fils. L'histoire, qui mentionne plusieurs de ces glaives renommés, ne manque ordinairement pas, en pareil cas, de nommer l'armurier. Non moins honorée était l'architecture navale, tandis qu'au contraire les métiers qui demandaient plutôt de la pratique et de l'habileté étaient abandonnés aux esclaves.

Le *commerce* florissait principalement dans les contrées situées près de la Baltique et de la mer du Nord, mais les navigateurs s'aventuraient aussi dans les pays plus éloignés ; l'habitude et l'intrépidité compensaient le manque de grandeur et de force des vaisseaux, et les étoiles montraient la voie à défaut de boussole. La navigation était troublée par le nombre des pirates qui écumaient toutes les mers ; c'est pourquoi les navires de commerce devaient être armés comme des vaisseaux de guerre et l'équipage exercé au maniement des armes ; mais, ordinairement, le marchand était lui-même corsaire, et, suivant les circonstances, il faisait le commerce ou la piraterie. Au nombre des denrées les plus fréquemment importées étaient les grains, la farine, le miel, le sel, les étoffes, ainsi que les esclaves ; les premières venaient surtout d'Angleterre, les derniers étaient fournis par toute l'Europe. Par le commerce de transit à travers la Russie, on obtenait les produits de l'Orient, et les ports situés sur la côte méridionale de la Baltique facilitaient les relations avec l'Europe centrale. Le pays n'avait presque pas d'autres denrées à exporter que le poisson et les pelleteries, et aussi, dans les temps les plus anciens, l'ambre, qui se trouvait sur la côte occidentale du Jutland. A cette époque on ne connaissait pas les monnaies, mais les marchandises étaient échangées contre d'autres ou payées au moyen d'anneaux d'or ou d'argent, entiers ou coupés et pesés. On exhume encore fréquemment de ces anneaux, offrant des traces palpables d'excision. Dès les temps païens sont nommées diverses villes, comme *Roeskilde*, *Lund*, *Skanœr*, *Odense*, *Viborg*, *Ribe*, *Slesvig*, dont les deux dernières surtout étaient d'importantes places de commerce.

Le plus ancien *costume* de nos pères se composait des peaux d'animaux que fournissait la chasse ; plus tard, de linge et de drap, partie fabriqués dans le pays, partie importés de l'étranger. L'art de tisser fut de bonne heure connu et pratiqué par les femmes septentrionales, qui étaient généralement fort industrieuses. Les dames s'entendaient non-seulement à tisser les précieux tapis, dont les murs étaient tendus, mais encore à y broder des scènes historiques ou mythologiques. Les Septentrionaux aimaient beaucoup le luxe des habits, comme en témoignaient les réunions dans les things, les festins et autres solennités, où les riches paraissaient souvent vêtus de somptueux manteaux de soie ou de vêtements teints de pourpre, qui avaient été introduits dans le pays par le commerce et la piraterie. Les femmes étaient ornées de colliers, d'anneaux, de boutons d'or et d'autres parures d'or et d'argent, de perles d'ambre et de mosaïque, objets qui se trouvent encore en grand nombre dans la terre et les anciennes sépultures. Plusieurs de ces parures leur étaient communes avec les hommes; ceux-ci, pourtant, se distinguaient surtout par des anneaux d'or et d'argent qu'ils portaient à la fois aux doigts, aux poignets et aux bras, et qui étaient roulés en boudin, de sorte que l'on en pouvait couper des morceaux pour servir de monnaie. Une belle chevelure était considérée comme un des plus splendides ornements pour les hommes aussi bien que pour les femmes; ceux-là la laissaient pendre librement; celles-ci la tressaient en chignon, parfois maintenu au moyen d'un diadème d'or. Parfois la dernière prière du guerrier captif, au moment d'avoir la tête tranchée, était que l'on prît garde de souiller ses beaux cheveux. L'*aspect* de nos ancêtres est souvent mentionné par les écrivains étrangers, qui les décrivent comme hauts de taille et élancés, avec un teint clair, des cheveux blonds et des yeux bleu clair pleins de feu. La propreté et la beauté du corps étaient entretenues par des bains fréquents, tellement en faveur que les riches avaient dans leur demeure des salles de bain pour l'hiver. — Le bien le plus précieux pour un Septentrional, et celui dont la beauté et la qualité lui tenait le plus au cœur, c'étaient ses armes, qui étaient appropriées, soit à la défensive, soit à l'offensive. Au nombre des premières étaient la *cotte d'armes*, jaque épaisse, tissue ou tressée de plusieurs couches de fils entrelacés; la *cotte de mailles* ou plastron, composé de quantité de petits anneaux de métal entrelacés ou de petites plaques de fer très-rapprochées l'une de l'autre, disposition au moyen de laquelle on obtenait que le fer se prêtât à tous les mouvements du corps; enfin le *heaume* et le *bouclier*; ce dernier, fait de bois, de cuir et de fer, ordinairement décoré avec élégance et peint. Le bouclier et le heaume portaient le plus souvent l'un et l'autre des figures d'animaux, comme des porcs, des dragons.

des serpents, etc., d'où le blason et les armoiries tirèrent plus tard leur origine. Les armes offensives étaient l'épée, le poignard, la bipenne, le maillotin, la massue, la lance, la pique, la fronde, l'arc et les flèches. Les armes, comme la plupart des outils, étaient faites de pierre dans les plus anciens temps, ensuite de cuivre ou de bronze; beaucoup plus tard on apprit à travailler le fer, dont la fusion est beaucoup plus difficile et qui se présente plus rarement sans mélange.

Les habitations étaient sans doute d'abord des huttes de terre, avec des branches d'arbres entrelacées pour soutenir le toit et former les parois; on commença bientôt à les faire avec du bois de charpente que fournissaient en abondance les grandes forêts. Pour les familles pauvres, la même pièce servait à la fois de cuisine, de chambre commune et de chambre à coucher. Le jour y pénétrait par des ouvertures ménagées dans le toit et les parois; on pouvait les fermer par un châssis tendu d'une vessie ou d'une peau mince, qui avait le double emploi de donner passage à la lumière et de le fermer à la pluie. On ne connaissait pas les cheminées, mais la fumée s'échappait par la même ouverture du toit qui servait à éclairer la chambre. Immédiatement au-dessous se trouvait le foyer entouré de blocs erratiques, et tout autour, le long des murs, étaient les lits des membres de la famille. Les demeures des riches étaient, au contraire, beaucoup plus somptueuses et confortables : elles se composaient de plusieurs pièces, comme une chambre pour les femmes, des chambres à coucher particulières, une étuve, une cuisine et plusieurs constructions extérieures pour divers usages. La *salle* de réception surtout se distinguait par la somptuosité et était si spacieuse, qu'un riche propriétaire pouvait souvent recevoir plusieurs centaines d'hôtes. Au milieu, le feu flambait, mais seulement pour chauffer et éclairer, non pour cuire les aliments; dans les circonstances solennelles, le parquet était jonché de paille. De deux côtés, le long des murs, s'étendait une rangée de bancs couverts de tapis et de coussins, et au milieu de chaque rangée s'élevait un *siége d'honneur*. Celui du sud, le plus important, était occupé par le père de famille lui-même, tandis que le siége placé vis-à-vis était réservé à l'hôte le plus honoré; les autres invités et les gens de la maison, assis des deux côtés de ces hauts siéges, en étaient plus ou. moins rapprochés selon leur rang et leur dignité. Pour les femmes, il y avait une estrade élevée à l'une des extrémités de la salle, en face de la porte ; c'était le *banc transversal,* au milieu duquel était également disposé un siége plus élevé pour la maîtresse de la maison. Les murs étaient ornés de tapis et tendus de boucliers luisants, de heaumes et d'autres armes ; et derrière étaient généralement ménagées des alcôves pour le père de famille et ses proches.

PREMIÈRE PÉRIODE

DEPUIS LA RÉUNION
DES PETITS ÉTATS ET LES PREMIÈRES PRÉDICATIONS DE L'ÉVANGILE
JUSQU'A LA MORT DE VALDEMAR LE VICTORIEUX
ET A LA PROMULGATION DE LA LOI JUTLANDAISE, EN 1241

PREMIÈRE DIVISION.

JUSQU'A LA RUPTURE DE L'UNION DU DANEMARK ET DE L'ANGLETERRE (1042)

I

Paganisme et christianisme. — Les empereurs francs, Charlemagne et Louis le Pieux. — Les rois jutlandais, Godfred, Hemming, Harald Klak. — L'archevêque Ebbe et Halitger; Anschaire, Autbert, Rembert.

Parmi les nombreux et importants changements dans la situation intérieure et extérieure du Danemark, qui caractérisent cette période, aucun n'eut une plus profonde influence régénératrice que l'*introduction du christianisme*, mais aucun non plus ne rencontra une résistance plus longue et opiniâtre. Plus de cent cinquante ans s'écoulèrent avant que le christianisme fût à peu près universellement répandu, et deux siècles avant qu'on pût le considérer comme la religion nationale. Il était en opposition tranchée avec toute la manière de vivre et de penser des anciens Septentrionaux. Ceux-ci étaient accoutumés à se conduire en farouches corsaires et à se faire justice avec l'épée; or, il fallait abandonner ces mœurs et tenir les combats singuliers et les vengeances privées pour des péchés. Le christianisme prohibait le suicide, la polygamie, l'exposition des enfants, l'usage de la chair de cheval, d'épervier et de corbeau, aliments usuels et en faveur dans le Nord ; il interdisait le travail les dimanches et les nombreux autres jours de fête, tandis qu'il enjoignait aux fidèles de se mortifier la chair par des jeûnes et des flagellations ; il portait même atteinte au droit de propriété en proscrivant l'esclavage, ou tout au moins en réagissant contre cette institution. Il fallait que le Septentrional reniât ses divinités guerrières, dont le souvenir était mêlé à toute l'histoire de sa patrie, dont il avait, depuis son enfance, entendu chanter les louanges dans les poëmes des Skalds, et dont la protection avait assuré le bonheur et la puissance de ses ancêtres. Il fallait substituer à ces divinités un Christ, un Dieu de paix, dont les exploits étaient jusqu'alors inconnus, et dont la splendeur devait sembler pâle en comparaison de celle de Thor le fulminant. Il fallait renoncer aux joies de la Valhalle, aux Valkyries et à leur corne d'hydromel, à la fréquentation des héros, échanger tout cela contre un ciel pour les félicités duquel on n'avait pas de sens, où l'on serait éloigné de ses parents et de ses amis, où l'on aurait pour société des prêtres et des moines, qui n'avaient rien fait de grand sur la terre, mais s'étaient seulement mortifiés et torturés eux-mêmes. Un prince païen était, à ce que l'on rapporte, sur le point de descendre dans l'eau baptismale, lorsqu'il lui vint à l'idée de demander au moine où étaient allés ses ancêtres décédés. « En enfer ! » lui fut-il répondu. — « Eh bien, moi, s'écria le païen, j'aime mieux aller près d'Odin, vers mes ancêtres, ces braves et vaillants hommes, que d'être au ciel avec quelques misérables chrétiens et des moines chauves ; » sur quoi il retira ses pieds du baptistère et s'éloigna du moine. Si les Danois jetaient les yeux sur leurs voisins les *Saxons*, ni la manière dont le christianisme avait été imposé à ces derniers, ni ses conséquences immédiates, ne pouvaient leur faire aimer la nouvelle religion. Après plus de trente années de lutte sanglante, les Saxons avaient été baptisés de force par ordre de Charlemagne ; ils avaient ainsi perdu leur antique indépendance et avaient dû se soumettre à la *dîme*, redevance odieuse à un peuple auparavant exempt d'impôts. Les Danois voyaient là un avertissement pour eux-mêmes, et ils regardaient avec défiance toute tentative de l'empereur pour introduire le christianisme en Danemark, et ils supposaient, non sans raison, que des vues politiques étaient cachées là-dessous.

A côté de ces circonstances si défavorables à la propagation du christianisme en Danemark, il y en avait d'autres qui la favorisaient et qui finirent par lui procurer la victoire. Le paganisme était décrépit et la foi morte dans la plupart des cœurs; il y avait des groupes entiers qui niaient tous les dieux et ne croyaient plus qu'en leur propre force, tandis que d'autres ne se trouvaient plus satisfaits par l'ancienne théologie, mais sentaient des aspirations vers quelque chose de plus haut et de meilleur. C'est ainsi que l'Islandais *Máné*, peu d'instants avant sa mort, se fit porter en plein air et déclara « qu'il mourait avec la croyance en un Dieu créateur du ciel, du soleil, de la terre et de toutes les étoiles ». Pour ces esprits plus profonds, les doctrines païennes sur le pur et innocent Baldr, sur la chute des Ases, sur un Dieu juste et tout-puissant, qui finirait par triompher, sur la félicité des bons dans le Gimlé, sur le châtiment des méchants dans les Nástrahds, devaient être des points de rapprochement, auxquels pouvaient s'attacher les missionnaires chrétiens dans leurs prédications. Pour les esprits superficiels, il y avait plusieurs similitudes; à la vérité plutôt apparentes et fondées sur des méprises, mais qui facilitaient pourtant la transition de l'une des religions à l'autre. Le païen du Nord retrouvait, par exemple, dans le dogme de la trinité la triade eddaïque d'Odin, Thor et Frei; dans le démon, le perfide et mauvais Loké; dans les anges, les bons Alfs blancs. Quelques-uns des nombreux saints du christianisme pouvaient facilement être transformés en divinités septentrionales; le signe de la croix ressemblait au marteau de Thor, et c'était un ancien usage septentrional d'asperger d'eau l'enfant auquel on donnait un nom. Le païen scandinave pouvait ainsi, rien qu'en changeant la dénomination, attribuer au christianisme beaucoup de ses anciennes idées; d'autant plus que la plupart des premiers prédicateurs de l'Évangile ne pouvaient et ne devaient pas être trop sévères dans leurs exigences envers les néophytes. Ils demandaient seulement que le païen se laissât baptiser, s'abstînt de la participation aux sacrifices et de l'usage de la viande de cheval; ils abandonnaient les enseignements ultérieurs au temps et aux circonstances favorables. Beaucoup de païens se bornaient à recevoir la *prima signatio* (primsigne), c'est-à-dire que le prêtre faisait sur eux le signe de la croix, ce qui leur conférait le droit de prendre part à l'office divin ; mais ils ajournaient leur baptême jusqu'à ce qu'une maladie ou un danger menaçât leur vie ; le tout parce qu'ils croyaient superstitieusement que l'eau du baptême les purifierait de tous leurs péchés. Les beaux habits blancs dont on revêtait les catéchumènes, avec les présents qu'on leur offrait, décidaient beaucoup de personnes à se faire baptiser, et même plusieurs fois, comme on en a des exemples. Dans le personnel d'une nombreuse ambassade danoise, qui avait été envoyée vers l'empereur, il y eut tant de personnes qui demandèrent à se faire baptiser, qu'on finit par manquer de tuniques ; l'empereur fit alors couper quelques vieilles couvertures pour en faire des robes baptismales. Un vieux catéchumène considéra quelque temps la robe qu'on lui avait donnée, et s'écria avec dépit : « Je me suis fait baptiser vingt fois, et j'ai toujours reçu les plus beaux habits blancs ; mais le sac que voici convient à un porcher et non à un guerrier : si je n'avais pas honte de rester nu, je te le rejetterais immédiatement avec ton Christ ! » La pompe du culte chrétien n'était pas non plus sans influence : le magnifique costume des évêques, leur suite nombreuse, le chant, l'encens, les peintures, les églises imposantes, tout contribuait à frapper les sens et l'imagination du païen et le prédisposait à adopter la nouvelle doctrine.

Les empereurs francs comprirent parfaitement que le seul moyen de dompter les barbares Septentrionaux qui ravageaient leurs États par mer et par terre était de les convertir au christianisme ; mais les rois danois voyaient aussi quel péril il y avait là pour leur liberté et leur indépendance. L'actif et intrépide *Godfred*, roi de Jutland, s'indignait de ce que Charlemagne eût mis sous le joug les Saxons qui, pour les mœurs, la langue, la religion et l'origine, étaient apparentés de très-près avec les Danois. Dans la pensée très-juste que, après les Saxons, viendrait le tour des Danois, il résolut de prévenir Charlemagne et d'attaquer le sanglant vainqueur de ses voisins. Il eut du succès, et il était sur le point d'exécuter sa menace de visiter l'empereur dans sa résidence d'Aix-la-Chapelle, lorsque la trahison de l'un de ses gens l'enleva à ses entreprises et délivra Charlemagne d'un dangereux ennemi. Son successeur *Hemming* conclut une paix d'après laquelle l'Eider fut reconnu comme limite entre le Danemark l'empire franc. Peu après mourut Charlemagne (814); mais *Louis le Pieux* continua à suivre l'exemple de son père et à travailler à propager le christianisme chez les Allemands du Nord et les Danois. Les Saxons et les Frisons étaient déjà convertis, et l'un des apôtres de ces derniers, *Wilbrord,* avait aussi pénétré en Danemark; mais la première tentative, faite directement par l'empereur, eut lieu en 822, lorsque l'archevêque *Ebbo,* de Rheims, et le moine *Halitger,* furent envoyés en Danemark. Ils parcoururent le pays et baptisèrent quelques personnes; mais leur œuvre fut sans suites durables. Cependant les relations entre la cour impériale et les rois de Jutland furent entretenues par les discordes civiles qui éclatèrent après le meurtre de Godfred. Plusieurs princes à la fois élevaient des prétentions au trône, et ceux qui furent expulsés par leurs rivaux cherchèrent un refuge auprès de l'empereur. Un de ces fugitifs était *Harald Klak,* qui reçut de l'empereur Louis le Pieux un bon accueil et des promesses de secours pour recouvrer son trône, à condition d'adopter le christianisme. Il y consentit, d'autant plus que, lors de l'ambassade de Ebbo en Danemark, il s'était familiarisé avec la doctrine chrétienne, et il fut baptisé en grande pompe, avec toute sa suite, à *Ingelheim,* près Mayence (826). L'empereur fit de beaux présents à tous les néophytes; il donna même à son filleul Harald diverses possessions dans le nord de l'Allemagne, et quelques localités situées près du Rhin et de la Moselle, où l'on récoltait du *vin,* que les Danois commençaient à préférer à l'hydromel; en retour, il dut se reconnaître vassal de l'empereur. C'est ce qu'il fit par un acte symbolique, en plaçant ses mains sur la poitrine de l'empereur, comme marque de soumission.

Mais la conséquence la plus importante du baptême de Harald Klak fut la mission d'*Anschaire* (Ansgarius) en Danemark. Celui-ci avait été élevé, dès sa plus tendre enfance, au monastère de *Corbie,* en Picardie, et il se distinguait déjà dans son adolescence par son caractère paisible et sérieux et par son exactitude à remplir les devoirs monastiques. Souvent il se retirait dans une profonde solitude pour se livrer aux méditations religieuses, et parfois alors il croyait recevoir des révélations des saints apôtres et de

Jésus-Christ lui-même. Il n'était pas moins savant que pieux ; aussi fut-il, dès l'âge de vingt ans, placé à la tête de l'école du monastère de *Corvey,* en Westphalie, qui avait été fondé par celui de Corbie (822). C'est à lui que s'adressa l'empereur lorsqu'il cherchait un missionnaire pour accompagner Harald Klak, le fortifier dans la foi et propager le christianisme au Nord. Bien que ses amis le dissuadassent de se charger de cette périlleuse mission, Anschaire n'hésita pas à se rendre à une invitation qu'il considérait moins comme un ordre de l'empereur que comme une vocation céleste. Un personnage de grande maison, qui était animé d'un zèle semblable, *Autbert,* se joignit à lui. Après s'être rendus avec Harald Klak dans le Jutland méridional, en 827, ils se mirent immédiatement à l'œuvre et choisirent pour centre de leur activité la ville alors florissante de *Slesvig* ou *Hedeby,* qui était en relations commerciales avec toutes les contrées du Nord et de l'Allemagne septentrionale. Ils y fondèrent une école pour former des maîtres indigènes, baptisèrent beaucoup de personnes à la ville et, dans leurs excursions en dehors, rachetèrent des esclaves, qu'ils convertissaient ensuite et élevaient pour le service du Christ. Après trois ans de séjour, Autbert dut, pour cause de maladie, quitter Anschaire et retourner à Corvey, où il mourut en 830. Cependant une ambassade suédoise était allée demander à Louis le Pieux des missionnaires chrétiens. Invité par l'empereur à s'y rendre, et encouragé par une révélation céleste, Anschaire partit encore pour ce périlleux voyage. En route, il fut attaqué par des pirates qui le dépouillèrent de tout ce qu'il emportait, et notamment de 49 livres. Il ne réussit pas moins à se rendre en Suède, où il fut bien accueilli, et travailla un an et demi à la propagation du christianisme. Il retourna ensuite, en 832, vers l'empereur, avec une lettre du roi de Suède, qui était écrite en caractères runiques, et lui annonça le succès de sa mission. Ce résultat détermina l'empereur à créer un siége métropolitain à Hambourg, pour assurer le maintien du christianisme au Nord, et Anschaire fut naturellement choisi pour administrer le nouvel archevêché (834). Il continua donc sa noble mission avec un zèle ardent, fit des voyages continuels à travers son immense diocèse, instruisit, baptisa, racheta des captifs et des esclaves, et gagna autant d'âmes par sa piété, sa conduite exemplaire et sa charité que par son enseignement et ses paroles. Il établit une école à Hambourg, y fonda une bibliothèque et envoya quelques disciples en Flandre, pour y être élevés au cloître de Thourout, qui lui avait été assigné comme prébende, attendu qu'il tirait peu de revenus de son diocèse. Tout était en bonne marche, lorsque Hambourg fut subitement assailli, en 837, par les corsaires septentrionaux, qui mirent la ville en feu. L'église, l'école et la bibliothèque furent réduites en cendres, et Anschaire dut s'enfuir après avoir vainement exhorté les chrétiens à opposer aux pillards une virile résistance. Ses disciples se dispersèrent et son œuvre fut interrompue pour longtemps. Il eut le malheur de perdre son protecteur Louis le Pieux, dont la mort, en 840, fut suivie de grands troubles dans l'empire franc, troubles pendant lesquels on perdit de vue la conversion du Nord. Abandonné de tous, Anschaire erra de lieu en lieu, jusqu'à ce qu'il finit par trouver un refuge dans un bois à quelques milles de Hambourg ; il y fonda un cloître et forma de nouveau autour de lui une petite réunion de disciples.

C'est seulement lorsque *Louis le Germanique* eut rétabli un peu d'ordre dans l'empire qu'il se rouvrit de plus brillantes perspectives pour Anschaire. On résolut alors de réunir Hambourg et Brême en un seul archevêché, union qui, malgré plusieurs obstacles, eut lieu en 847, mais qui fut confirmée par le pape seulement en 858. Anschaire choisit pour siége métropolitain la ville de Brême et recommença à travailler à la propagation du christianisme en Danemark et en Suède. Il réussit à gagner la faveur d'Erik, roi tributaire du Jutland, surtout en lui servant d'intermédiaire auprès de l'empereur. Il obtint l'autorisation d'élever une église à Slesvig, la première du Danemark, rouvrit l'école, et le christianisme gagna des adhérents de plus en plus nombreux. De Slesvig Anschaire fit un nouveau voyage en Suède (861), avec une lettre de recommandation du roi Erik, où ce dernier déclarait qu'il n'avait jamais connu d'homme plus intègre et plus pieux, et qu'il s'était toujours trouvé heureux de suivre ses conseils ; c'est pourquoi il priait le roi de Suède d'autoriser Anschaire à prêcher le christianisme en Suède avec la même liberté qu'il avait obtenue en Danemark. L'apôtre du Nord évangélisa la Suède avec succès pendant un an ; mais, lors de son retour à Slesvig, il trouva un grand changement. Erik avait succombé dans une bataille, et son fils *Erik Barn* (l'Enfant), qui se laissait diriger par d'autres conseillers, avait commencé une violente persécution contre les chrétiens, et fait renverser l'église de Slesvig. Mais l'intrépide Anschaire, s'étant rendu près de lui, sut faire une telle impression sur l'esprit du jeune roi, qu'il obtint, non-seulement la permission de rebâtir l'église de Slesvig, mais encore d'en élever une nouvelle à Ribe, dont son ami et disciple *Rembert* fut nommé pasteur. Il approchait de sa soixante-quatrième année, âge peu avancé, mais une activité de près de quarante ans parmi les infidèles, des fatigues, des privations et des dangers continuels, et avec cela une vie extrêmement austère, avaient ruiné sa constitution, d'ailleurs assez faible. Il mourut à Brême, le 3 février 865, pleuré et regretté de ses diocésains, qu'il avait formés par son zèle et conservés pour l'Église au milieu des plus grands revers. Anschaire avait toujours été très-rigoureux pour lui-même. Il portait toujours une haire sur son corps ; ses aliments se composaient de pain, d'eau et de légumes, et, selon l'exemple de l'apôtre Paul, il gagnait sa vie par des travaux manuels. Aussi dur il était pour lui-même, aussi doux et indulgent il était pour les autres ; les pauvres surtout et les malheureux trouvaient toujours en lui un ami et un bienfaiteur. Il portait d'ordinaire une bourse à sa ceinture pour pouvoir distribuer des secours instantanément, et il ne se mettait jamais à table avant d'avoir donné à manger aux pauvres. Son vœu le plus cher était de souffrir le martyre pour l'Église, et on le trouva souvent en pleurs parce que cette grâce lui était refusée. Sa mémoire doit être sacrée pour les Danois ; car peu de peuples ont obtenu la faveur d'être évangélisés par un apôtre si zélé, si dévoué et si plein de bonté. Son successeur au siége archiépiscopal et à l'apostolat fut *Rembert*, qui fonctionna jusqu'en 888. Il travailla dans l'esprit de son maître et ne ménageait pas même les vases sacrés, lorsqu'il s'agissait du rachat des captifs. « Il vaut mieux, disait-il, gagner des âmes au Seigneur que de l'or à l'Église. » Mais l'histoire ne rapporte rien de détaillé sur son œuvre.

II

Gorm l'ancien; réunion des petits États. — Henri l'Oiseleur. — Le christianisme persécuté. — Thyra Dannebod.— Le Dannevirke. — Harald Blaatand. — Ses relations avec la Norvège. — Propagation du christianisme. — Les archevêques Unni et Adaldag.— Les empereurs Otton I et II.— Lutte du paganisme et du christianisme.— Palnatoke.

Au temps des missions d'Anschaire et de Rembert régnait en Danemark *Gorm l'Ancien* (de 860 à 935 environ). Par mariage, par force et par ruse, ce prince avait réuni les nombreux petits États en un seul royaume, sans que nous sachions précisément comment il s'y prit. Le royaume de Danemark comprenait alors le Jutland propre ou septentrional et le Jutland méridional (duché de Slesvig), dont l'Eider était la limite méridionale, la Fionie, la Sélande, les îles de Laaland et Falster, la Skanie et le Halland. L'île de Bornholm fut encore quelque temps indépendante sous ses propres rois. Mais, bien que toutes ces provinces fussent soumises au même monarque, il fallut longtemps pour les unifier. Pendant presque tout le moyen âge, il s'y perpétua non-seulement des différences de langage et des coutumes nationales, mais les trois grandes divisions, le Jutland avec la Fionie, la Sélande avec les îles voisines, et la Skanie avec le Halland, avaient chacune une législation propre, et les rois se faisaient rendre hommage dans chacune de ces provinces. Gorm détestait la nouvelle doctrine qui avait pénétré dans le royaume, et il commença contre les néophytes une cruelle persécution, que la reine *Thyra*, qui était chrétienne, s'efforça vainement d'adoucir. L'église de Slesvig fut de nouveau détruite, les prêtres expulsés et beaucoup de chrétiens massacrés ou mutilés. L'empereur d'Allemagne, *Henri I l'Oiseleur*, prit sous sa protection les chrétiens persécutés et envahit le Danemark; Gorm fut ainsi contraint de tolérer la prédication de l'Évangile. L'empereur rétablit ensuite l'ancien margraviat allemand, qui comprenait le territoire situé entre l'Eider au sud et le Dannevirke, la Slie et Ekernfjord au nord, contrée alors en grande partie déserte et inculte. On a prétendu qu'il avait élevé un château fort dans la ville de Slesvig ; mais c'est une erreur qui, d'abord, ne repose sur aucune autorité valable, et qui est en outre contredite par l'établissement d'une fortification danoise, le Dannevirke, qui aboutissait près de Slesvig.

Déjà Godfred, qui avait l'œil ouvert sur les progrès des Méridionaux vers le Nord, avait élevé pour la défense de la frontière une fortification nommée *Kurvirke;* mais l'expédition de Henri l'Oiseleur ayant montré la nécessité d'un rempart encore plus fort, la femme de Gorm, la noble et intelligente Thyra, se chargea de faire élever des fortifications nouvelles sur une plus grande échelle. On réunit des ouvriers de toutes les provinces du royaume, et le travail fut exécuté dans l'espace de trois ans sous la surveillance de la reine. Le rempart, fait de terre, de bois et de pierres, était très-haut et ne laissait de passage que par une seule porte étroite ; en outre, il y avait de cent toises en cent toises des citadelles soigneusement fortifiées et devant lesquelles était creusé un fossé de dix toises de largeur, qui gênait l'approche de l'ennemi du côté du sud. Cette fortification, qui fut appelée *Dannevirke*, commençait tout près de Slesvig, à l'anse de la Slie qui se nomme Selk-Noor, se prolongeait ensuite, à la distance d'un quart de lieue au nord du rempart de Godfred, sur une étendue de quinze kilomètres, jusqu'à Hollingsted sur la Treene, qui se jette dans l'Eider. La situation du Dannevirke était extrêmement bien choisie : à l'est, il était protégé par la ville de Slesvig et le golfe de la Slie ; à l'ouest par la Treene et les lacs et marécages de cette contrée ; au sud s'étendait, à plusieurs milles de distance, un pays désert rempli de bois, de marécages et de bruyères, où il était presque impossible à l'ennemi de s'ouvrir un passage. Le Dannevirke, comme il est dit dans le vieux poëme, « a bien des fois résisté aux assauts des Allemands, des Slaves et des Vendes. » Le mérite de l'avoir fondé valut à Thyra, d'après certains auteurs, le beau surnom de Danmarkarbut ou Danniebod (la gloire des Danois) ; d'autres le font venir de ce que, dans une famine, elle sauva le peuple en bâtissant des magasins et en les remplissant de blé. Gorm l'Ancien avait deux fils, dont l'aîné s'appelait *Knud Dana-ast* (l'amour des Danois), et le plus jeune *Harald*. Il avait tant d'affection pour le premier, qu'il avait décrété la peine capitale contre quiconque lui annoncerait la mort de ce fils chéri. Aussi Knud ayant péri dans une expédition en Angleterre, personne n'osait annoncer au roi ce triste événement; mais l'ingénieuse Thyra imagina un expédient. Elle fit tendre en bleu, qui était alors la couleur du deuil, la salle de réception, et ordonna à tous les courtisans de garder le plus profond silence lorsque le roi entrerait. Gorm, étonné, demanda des explications à Thyra; elle lui donna à entendre, par un discours figuré, qu'un malheur était arrivé; de sorte que, à la fin, soupçonnant la mort de son fils, il s'écria : « Puisque tout le Danemark est en deuil, c'est que mon fils Knud est mort! » — « C'est toi qui l'as dit, seigneur, répliqua Thyra, et non pas nous, mais le fait est vrai. » Cette perte affligea tellement le vieux roi, qu'il tomba tout aussitôt malade et mourut le lendemain (935).

Ensuite le fils puîné de Gorm, Harald, surnommé Blaatand (en vieux norrain *Blátann*, à la dent bleue), monta sur le trône de Danemark (935-985). Selon la coutume de ses ancêtres, il fit des expéditions maritimes dans les pays voisins ou lointains. Les Normands de Neustrie étant pressés par le roi de France, qui s'était même emparé par ruse de leur duc, Harald, avec une grande flotte, doit avoir porté secours à ses compatriotes méridionaux et les avoir délivrés des Francs. Plus certaines sont ses relations avec la Norvège, où régnait *Hákon Adalsteinsfostré*, après en avoir expulsé son frère *Eirik Blódœxe* et ses enfants. Ceux-ci, avec leur mère *Gunnhilde*, trouvèrent un asile en Danemark, et Harald Blaatand *prit* même *sur ses genoux* l'un d'entre eux, *Harald Gráfeld*, et par là le déclara son fils adoptif. Hákon se vengea par des incursions dévastatrices sur les côtes du Danemark; mais Harald Gráfeld finit, avec l'aide du roi de Danemark, par triompher de Hákon et par devenir roi de Norvège. Lorsqu'il eut le pouvoir en main, il oublia son bienfaiteur et refusa de payer le tribut qu'il avait promis. En outre, il se fit détester en Norvège par ses violences, surtout par le meurtre du puissant *Sigurd Jarl*, qu'il fit périr dans les flammes, d'après le conseil de son odieuse mère Gunnhilde. Aussi Harald Blaatand prêta-t-il une oreille favorable au fils de Sigurd, à *Hákon Jarl*, qui l'engageait à attirer Harald Gráfeld en Danemark pour le faire tuer. Après quoi il s'emparerait de la Norvège et la donnerait en fief à *Gullharald*, fils de Knud Dana-ást, qui réclamait une partie du Danemark, et se débarrasserait ainsi de ces prétentions. Mais l'astucieux Hákon Jarl, qui voulait la Norvège pour lui-même, représenta à Harald que, si Gullharald avait eu de hautes prétentions, alors qu'il ne possédait rien, il en aurait encore bien davantage lorsqu'il serait maître de toute la Norvège. Harald se laissa persuader et consentit au meurtre de son neveu, de même qu'auparavant il avait approuvé celui de son fils adoptif. Dans le Liimfjord, Harald Gráfeld fut assailli et mis à mort par Gullharald ; mais ce crime fut puni par un autre, car aussitôt après survint Hákon qui fit périr Gullharald (963). Puis, avec *Harald Grenské,* prince norvégien, qui descendait de Harald Hárfagré, et qui avait également cherché un refuge en Danemark, il accompagna Harald Blaatand, qui faisait voile pour la Norvège avec une flotte qui doit s'être composée de six cents navires. Après que ce pays eut été conquis sans grande difficulté, les côtes méridionales en furent abandonnées à Harald Grenské, qui fut en même temps proclamé roi ; le reste de la Norvège échut à Hákon Jarl ; Harald Blaatand se réserva seulement la suzeraineté et un tribut annuel. Plus tard, après la mort de Harald Grenské, Hákon prit possession de toute la Norvège et paya le tribut en une fois pour trois ans ; mais il s'en dispensa ultérieurement et n'envoya à son suzerain que quelques faucons de loin en loin.

Peu de temps avant l'avénement de Harald, l'empereur Henri l'Oiseleur avait stipulé des garanties en faveur des chrétiens du Danemark, et le roi lui-même, suivant l'impulsion de sa mère Thyra, était bien disposé pour le christianisme, dont ces favorables circonstances augmentaient les adhérents de jour en jour. Les églises renversées à Slesvig et à Ribe se relevèrent, et l'archevêque *Unni* en fit construire une nouvelle à Aarhuus. Ce prélat fit beaucoup de voyages à travers le Danemark, aussi bien dans les îles que sur le continent ; il passa même en Suède, où il mourut en 936. Son successeur *Adaldag,* qui occupa le siége métropolitain pendant tout le règne de Harald Blaatand (936-988), appartenait à une grande famille saxonne ; il fut en grande faveur auprès des trois Ottons ; il était extrêmement actif, aussi le christianisme s'étendit-il considérablement sous sa longue administration. En 948, il institua les trois évêchés de Slesvig, de

Ribe et de Aarhuus, dont les titulaires avaient aussi pour mission de propager le christianisme dans les îles danoises, en Skanie et en Suède. Ce fut pour l'empereur *Otton le Grand* une occasion de se mêler directement des affaires de l'Église danoise. Par une lettre de l'année 965, il donna aux évêques de Slesvig, Ribe et Aarhuus, divers domaines en Danemark, les exempta de tout impôt et affranchit leurs paysans et leurs serviteurs de toute autre sujétion que celle que les évêques exerçaient par leurs baillis. Cette immixtion, conforme aux prétentions que l'empereur avait d'être considéré comme le chef de tous les princes de l'Europe et le protecteur de l'Église chrétienne, devait naturellement exciter l'indignation du roi de Danemark. Le conflit s'aggrava par la protection que Harald Blaatand accordait sans cesse aux rebelles allemands, et notamment au duc de Saxe *Wigmann*. Otton le Grand menaça de renouveler l'expédition de Henri l'Oiseleur, pour affermir le christianisme chancelant chez les Danois et se venger de leurs insultes. Mais d'autres occupations l'empêchèrent si longtemps d'exécuter ce dessein, qu'à sa mort il le laissa en héritage à son fils *Otton II* qui, vers l'an 975, envahit le Danemark et attaqua le Dannevirke. Plusieurs assauts furent courageusement repoussés par les Danois, avec l'aide des Norvégiens, sous la conduite de Hákon Jarl, qui, conformément à son devoir de vassal, était venu au secours du Danemark, et le Dannevirke ne fut pas pris avant que les Allemands, suivant le conseil donné, d'après une tradition, par un chef norvégien, devenu plus tard le célèbre *Olaf Tryggvason*, n'eussent mis le feu au rempart, en grande partie composé de bois. Les Danois durent alors battre en retraite, et Harald Blaatand fut refoulé jusqu'à l'île de *Mors*, dans le Liimfjord, où s'ouvrirent des négociations. Le résultat fut que Harald dut se faire baptiser avec son fils *Svend* et tolérer la libre propagation du christianisme en Danemark. L'exemple du roi fut suivi par beaucoup de ses hommes, et une partie d'entre eux, qui ne voulaient pas s'y décider, furent guéris de leur incrédulité par un moine nommé Poppo, qui saisit de sa main nue un morceau de fer rouge. Un nouvel évêché fut alors érigé en Fionie et la cathédrale construite à Odense; Harald Blaatand lui-même fit bâtir l'*église de la Sainte-Trinité* à Roeskilde. Jusqu'ici le christianisme n'avait été prêché que par des étrangers; mais désormais il y eut aussi des prêtres indigènes, parmi lesquels on cite principalement *Odinkar Hvide l'ancien*, qui doit avoir été le premier évêque d'Odense. Issu d'une famille ducale du Vendsyssel en Nordjutland, laquelle possédait presque le tiers de ce canton, il fut un zélé propagateur du christianisme et donna à l'Église tous ses grands domaines.

Mais plus cette religion prenait d'extension dans le royaume, plus vive devenait l'irritation des nombreux partisans du paganisme. Ils voyaient avec colère que les anciennes coutumes tombaient en désuétude, que les temples restaient déserts, que les dieux étaient méprisés, tandis que l'influence allemande menaçait de plus en plus l'indépendance du pays. La haine des païens était principalement tournée contre le roi, qui avait trahi la foi nationale et prêté la main à l'introduction d'une religion étrangère. A la tête du parti païen était *Palnatoke*, personnage en qui vivait dans toute sa force le vieil esprit septentrional, et qui détestait les doctrines et les mœurs du Sud. D'après l'histoire légendaire, à laquelle les récits sur Palnatoke et sur la société de corsaires fondée par lui à Jomsborg appartiennent généralement plus qu'à l'histoire positive, il nourrissait une inimitié particulière contre le roi, qui avait fait mettre à mort un de ses plus proches parents. Une fois aussi Harald aurait forcé Palnatoke, qui se vantait d'être le meilleur archer du Nord, à justifier cette prétention en abattant à coup de flèche une pomme placée sur la tête de son propre fils. Le fier Palnatoke ne voulut pas se rétracter; il se tira avec succès de la cruelle épreuve; mais il déclara en même temps qu'une autre flèche, cachée dans son baudrier, était destinée au roi si la première avait atteint son fils. *Svend*, fils naturel de Harald Blaatand, fut élevé chez Palnatoke dans les doctrines du paganisme et dans la haine de son père chrétien, qui d'ailleurs ne lui témoigna jamais ni bienveillance ni affection. Des hostilités formelles finirent par éclater entre le père et le fils, entre les partis chrétien et païen. Les églises furent renversées, les prêtres et les évêques mis à mort ou bannis, et la persécution doit avoir été si sanglante, que le roi *Svend Estridsen*, qui vivait environ un demi-siècle plus tard, affirma qu'un livre ne suffirait pas à contenir tous les noms des martyrs. La guerre passa par beaucoup de vicissitudes et ne se termina que par la mort du roi, tué d'un coup de flèche par son ennemi Palnatoke (985).

III

Svend Tveskjæg. — Les corsaires de Jomsborg. — Sigvald l'artificieux. — Expédition de Svend en Angleterre.— Olaf Tryggvason, Sigride Storråda. — Bataille de Svöldr. — Harald. — Knud le Grand. — Conquête de l'Angleterre. — Introduction complète du christianisme en Danemark. — Ecclésiastiques anglais. — Thinglid. — Voyage de Knud à Rome. — Hardeknud. — Traité du Gœtaelf. — Fin de l'union du Danemark et de l'Angleterre.

Svend, surnommé *Tveskjæg* [1] (985-1014), se rendit alors de thing en thing avec Palnatoke, et, grâce aux recommandations de ce dernier, il fut partout proclamé roi, attendu que le parti chrétien était trop faible pour faire longue résistance. Au commencement, Palnatoke avait caché qu'il était le meurtrier de Harald Blaatand, mais plus tard, lorsque sa culpabilité eut été reconnue, la bonne entente cessa entre Svend et lui; car l'obligation pour un fils de venger son père naturel était plus sacrée que sa gratitude envers son père adoptif. Palnatoke, qui en outre ne pouvait se plier aux nouvelles mœurs et à la nouvelle religion de plus en plus répandue en Danemark, résolut de quitter pour toujours sa patrie, que l'inimitié de son fils adoptif lui rendait doublement insupportable. Dans le pays des *Vendes*, sur l'embouchure orientale de l'Oder, était située la florissante ville marchande de *Julin*, actuellement *Wollin*, qui était alors le centre du commerce du Nord avec le reste de l'Europe. Des marchands francs, vendes et russes, y apportaient les produits de l'Est et du Sud, qui de là étaient expédiés, surtout par la ville de Slesvig, à toutes les contrées du Nord. Les rois de Danemark avaient de bonne heure tourné leur attention sur ce point important, et Harald Blaatand avait fondé, à proximité de Julin, une forteresse appelée *Jomsborg*, partie pour dominer la place commerciale, partie pour

---

[1] En vieux norrain *Svein Tjúguskegg*, en latin Sueno, d'où le français Suénon. Le surnom signifie *barbe double* ou *fourchue*.

maintenir en respect les corsaires vendes des environs. Mais, pendant les troubles des dernières années de son règne, la garnison de la lointaine citadelle s'était rendue presque indépendante et ne payait qu'un faible tribut. En s'expatriant, Palnatoke s'y réfugia et fut accueilli avec joie par les habitants, qui ne pouvaient espérer un chef plus célèbre et plus brave. Il résolut d'y fonder une société de vikings (corsaires), où l'esprit du Nord pourrait se transplanter à l'abri de la contagion exotique. Après avoir construit une forteresse maritime à peu près imprenable, il donna à ses subordonnés des lois qui avaient pour but d'en faire des guerriers obéissants ou des corsaires intrépides. On ne pouvait être admis dans la société au-dessous de quinze ans et au-dessus de cinquante ans ; et l'exclusion était prononcée contre quiconque reculait devant un adversaire dans un combat à armes égales. Aucune femme ne pouvait entrer à Jomsborg, et aucun guerrier ne devait s'en absenter plus de trois jours. Tous devaient se regarder comme frères, et se venger entre eux comme des frères d'armes. S'il survenait des différends entre les membres de la société, il leur était interdit sévèrement de se faire justice à eux-mêmes, mais tous devaient s'en remettre à la décision du chef. C'est à ce dernier que devait être remis le butin pour être partagé, et chacun était tenu de lui faire connaître les nouvelles qu'il apprenait ; mais il y avait des peines rigoureuses pour la propagation de rumeurs vagues et inquiétantes.

Palnatoke mourut peu de temps après avoir fondé cette société guerrière qui, depuis, se distingua à tel point par des exploits d'audace que le nom de *Jomsviking* (corsaire de Jom) devint synonyme de brave. *Sigvald,* qui était aussi astucieux et lâche que Palnatoke avait été franc et généreux, fut élu pour lui succéder. A l'instigation du roi des Vendes, *Burislav,* dont il recherchait la fille, il voulut libérer Jomsborg du tribut dû au Danemark, et il se servit pour ce dessein de la seule arme qu'il savait manier : la trahison et l'astuce. Il fit voile pour le Danemark avec quelques navires et mit à terre des messagers, chargés d'annoncer au roi que Sigvald, retenu à bord par une maladie mortelle, désirait lui parler avant de rendre le dernier soupir. Svend se laissa prendre au piége : il se rendit près de Sigvald, qui feignit de pouvoir à peine parler à cause de sa faiblesse, et qui, au moment où le roi se penchait vers lui pour écouter ses paroles, le saisit par le cou et cria à ses gens de faire force de rames et de voiles pour s'éloigner le plus vite possible. Svend fut ainsi emmené prisonnier à Jomsborg, et dut souscrire aux conditions que Sigvald et Burislav jugèrent à propos de lui imposer. Jomsborg et le pays des Vendes furent déclarés indépendants, et Svend dut payer une rançon extraordinairement forte, consistant, dit-on, en autant d'or ou d'argent qu'il en fallait pour faire son poids. Sigvald obtint alors en mariage *Astride*, fille de Burislav, et l'alliance entre les Danois et les Vendes fut confirmée par une double union : Svend épousa *Gunnhilde*, autre fille de Burislav, et donna à ce dernier sa sœur *Thyra*. Sigvald persévéra jusqu'au bout dans sa duplicité : il avait fait croire à Svend que Gunnhilde était beaucoup plus belle qu'Astride, mais celui-ci s'aperçut ensuite, avec dépit, que c'était le contraire. Aucun de ces mariages forcés ne fut heureux : Thyra abandonna son époux, et, plus tard, Svend répudia Gunnhilde. A propos de la captivité de Svend à Jomsborg, la tradition ajoute que le roi de Danemark, pour parfaire sa rançon, dut aliéner les domaines de la couronne et les biens communaux, et que, comme la somme ainsi obtenue n'était pas encore suffisante, les femmes danoises vendirent leurs parures d'or et d'argent pour racheter leur roi, qui, en récompense de ce dévouement, leur accorda, dans les successions, la moitié de la portion virile. Mais, si belle et si honorable pour les femmes que soit cette tradition, elle n'est pas conforme à la vérité, car, longtemps après cette époque, les rois continuèrent à posséder les domaines de la couronne et les biens communaux, et ces derniers, qui consistaient en terrains déserts et boisés, ne furent que beaucoup plus tard, après avoir été mis en culture, soit vendus, soit affermés. Quant à l'hérédité des femmes, un changement si profond dans le droit en vigueur n'est certes pas dû à une circonstance inopinée, mais doit avoir été préparé graduellement par l'influence du christianisme, qui augmenta peu à peu les droits des femmes dans le Nord. La tradition, selon son habitude, a attribué à un événement déterminé, qui semblait pouvoir les expliquer, les modifications qui se sont produites dans une longue série d'années.

A son retour, Svend médita une vengeance pour laquelle une occasion favorable ne tarda pas à s'offrir, lors des libations funéraires faites en souvenir de *Strutharald*, père de Sigvald. Dans ces cérémonies il était d'usage, comme on l'a déjà remarqué, de s'engager à accomplir tel ou tel exploit en l'honneur du défunt. Svend fit vœu de conquérir l'Angleterre ou de périr à la tâche; Sigvald, vidant une coupe à la mémoire de son père, fit vœu de se rendre en Norvège et de dompter le puissant Hakon jarl. Rien ne pouvait être plus agréable à Svend, car, si les Jomsvikings échouaient, il se trouverait ainsi vengé du perfide Sigvald, qui l'avait si cruellement outragé; s'ils réussissaient, ce serait le châtiment de Hakon jarl, qui, vers la fin du règne de Harald Blaatand, s'était entièrement soustrait à la suprématie danoise. Les Jomsvikings furent totalement défaits à Hjœrungavág (994), et Sigvald fut le premier à fuir; un grand nombre de ses hommes périrent, d'autres furent faits prisonniers; mais, par l'intrépidité avec laquelle ils marchèrent à la mort, ils acquirent une gloire immortelle dans l'histoire du Nord. Cette défaite brisa pour quelque temps la puissance de Jomsborg, mais celle-ci se releva, et les côtes du Danemark furent affreusement ravagées pendant plusieurs siècles par de féroces pirates partis, soit de là, soit des côtes voisines, après que la forteresse même eut été ruinée par Magnus le Bon.

Svend songea alors à exécuter son second dessein, la conquête de l'Angleterre. Bien que les Danois eussent pris une part active aux expéditions des Normands en France et dans d'autres pays plus méridionaux, leurs pensées avaient cependant été tournées surtout du côté de l'Angleterre. Pendant plus de deux cents ans ils avaient non-seulement fait de sanglantes incursions dans ce royaume, oubliant leur parenté avec les Anglo-Saxons qui, au milieu du cinquième siècle, avaient émigré du Jutland et du Nord de l'Allemagne, mais ils s'étaient successivement emparés de toute la partie orientale et septentrionale du pays. Ils y avaient fondé des États particuliers, comme le Northumberland et l'Est-Anglie, où des princes danois gouvernaient une population en majorité danoise. Mais dans la première partie du dixième siècle, surtout après que l'excellent roi *Alfred* eut donné une nouvelle force au royaume Anglo-Saxon, les Danois avaient été pour la plupart soumis et leurs États renversés. Or, Svend voulait restaurer la puissance danoise en Angleterre, et les circonstances ne pouvaient jamais être plus favorables. Le roi d'alors, *Ethelred,* surnommé *l'Indécis,* était un mauvais prince, haï et méprisé de ses propres sujets, à cause de sa lâcheté et de sa cruauté; le peuple anglais était corrompu, lâche et amolli; les grands, séditieux, et leur foi à vendre s'il se trouvait des acheteurs. Dans ces circonstances, Svend n'avait pas à craindre de rencontrer une vive résistance; il fut d'ailleurs aidé par les nombreuses familles danoises établies dans le pays. Il parcourut le royaume d'un bout à l'autre avec la plus grande cruauté. Hommes et femmes, vieillards et enfants, tombaient sous les coups de l'envahisseur; les villes, les églises et les monastères en feu, les cadavres des personnes massacrées, les tas de cendres fumantes, marquaient partout le passage des Danois. Ethelred ne vit pas d'autre moyen, pour se débarrasser de l'ennemi, que de lui payer un fort tribut, qui fut imposé au pays sous le nom de *Danegeld* (dette danoise), mais c'était un nouvel appât pour l'ennemi, qui revint le printemps suivant, ravagea, pilla, jusqu'au payement d'un tribut plus élevé. Svend continua ainsi pendant une série d'années, au bout desquelles il fut rappelé par d'autres affaires.

Le prince norvégien *Olaf Tryggvason* avait été quelque temps uni avec Svend pour les expéditions en Angleterre, mais s'en était ensuite séparé et avait conclu la paix avec Ethelred pour retourner dans son royaume héréditaire, la Norvège. Il en devint bientôt le maître, après avoir vaincu Hákon jarl, qui s'était rendu odieux par son despotisme. Les dispositions hostiles de Svend envers Olaf s'accrurent lorsque ce dernier, sans lui avoir demandé son consentement, épousa sa sœur Thyra, qui avait abandonné son époux imposé, Burislav, roi des Vendes. Olaf s'était en outre fait une ennemie mortelle de *Sigride Stórráda,* seconde femme de Svend; il avait en effet demandé en mariage cette femme altière, et, à cette occasion, il eut une entrevue avec elle; mais comme elle ne voulut pas se convertir au christianisme, selon le désir du prétendant, il se laissa emporter à la colère et lui jeta son gant au visage, en la traitant de « vieille païenne », outrage qu'elle jura de lui faire payer de sa vie. Elle tint parole : Olaf, avec une faible flotte, s'étant rendu dans le pays des Vendes, à l'instigation de la reine Thyra, pour réclamer quelques biens qu'elle avait dans le pays, Sigride, qui avait épousé Svend, l'aiguillonna si longtemps qu'il finit par se décider à attaquer Olaf lors de son retour. Dans ce dessein, il s'allia avec le fils de Sigride, *Olaf Skautkonung* et *Eirik jarl*, fils de Hákon jarl, marié avec *Gyda*, fille de Svend. Ils rencontrèrent Olaf à *Svoldr*, près du pays des Vendes, où l'avait retenu jusqu'à l'arrivée de la flotte norvégienne (1000) le perfide Sigvald, qui espérait regagner ainsi l'amitié de Svend. Olaf succomba avec la plus grande partie de ses troupes, après une courageuse résistance, contre des forces supérieures. La Norvège fut partagée entre les vainqueurs, Olaf Skautkonung, Svend Tveskjæg et Eirik jarl, lequel pourtant, avec son frère *Svein Hákonarson*, obtint pour sa part la plus grande partie du royaume. L'infortunée Thyra, dont le premier mari, *Styrbjœrn*, avait péri dans un combat, qui ensuite avait été forcée d'épouser un homme qu'elle détestait, se laissa mourir de faim pour ne pas survivre à un époux qu'elle aimait et dont elle avait occasionné la mort.

Tandis que les affaires norvégiennes étaient réglées par Svend, il se passa en Angleterre un événement qui criait vengeance. Ethelred, trop lâche pour attaquer des hommes armés, avait conçu le plan de se délivrer du joug des étrangers en massacrant tous les Danois sans défense, hommes, femmes et enfants qui se trouvaient dans les provinces où il était maître. Ce cruel projet fut exécuté le 13 novembre 1002, un dimanche où les Danois étaient le moins préparés à la défense : le massacre fut accompagné d'horreurs qui surpassaient en atrocité, si c'est possible, toutes celles qui avaient été précédemment commises par les Danois. La sœur de Svend, *Gunnhilde*, fut aussi mise à mort, après avoir vu percer sous ses yeux son mari et son petit enfant, mais elle prédit que la vengeance ne se ferait pas attendre. Sa prédiction se vérifia : à peine Svend eut-il appris ce qui s'était passé, qu'il en fit répandre la nouvelle dans tous les pays du Nord, et en peu de temps il réunit une flotte et une armée considérables, qui brûlaient de la soif de la vengeance. A l'arrivée de Svend en Angleterre, il eut pour auxiliaires non-seulement les Danois du Northumberland et de l'Est-Anglie, que le carnage n'avait pu atteindre, mais encore beaucoup d'Anglais, qui étaient apparentés ou alliés avec les victimes d'Ethelred, et qui réprouvaient son acte aussi barbare qu'impolitique. L'Angleterre fut pendant plusieurs années mise à feu et à sang, et la misère générale fut accrue par une famine si affreuse, que des parents désespérés vendirent leurs enfants pour du pain. Ethelred, qui avait provoqué ces terribles représailles, ne pouvait plus les détourner à prix d'or : le pays n'était plus en état de fournir l'énorme somme de 48,000 livres, à laquelle le Danegeld avait fini par s'élever. Abandonnant tout espoir, il s'enfuit en Normandie avec sa femme et ses enfants, vers la fin de l'an 1013. Svend Tveskjæg resta maître de toute l'Angleterre, mais son règne y fut de courte durée; dès le commencement de l'année 1014, il fut emporté par une subite maladie, qui fit croire aux Anglais que *saint Edmond* leur patron, les avait délivrés de ce funeste ennemi.

Le fils de Svend, *Knud*[1], surnommé plus tard le *Grand* ou le *Puissant*, qui se trouvait en Angleterre lors de la mort de son père, fut aussitôt élu roi par les Danois présents. Mais l'amour des Anglais pour leur dynastie nationale et l'espoir de secouer le joug étranger se réveillèrent dès que le terrible Svend fut mort et qu'il fut remplacé par un jeune homme encore inexpérimenté, qui semblait ne pas devoir être un adversaire redoutable. Ethelred revint de Normandie avec son fils, le brave *Edmond côte de fer*, et partout eut lieu le soulèvement contre les odieux oppresseurs, de sorte que Knud finit par être forcé de quitter l'Angleterre. Avant de s'éloigner, il eut la cruauté de couper le nez et les oreilles des otages qu'il avait reçus, et de les mutiler d'autres façons; puis il se rendit en Danemark, où son frère *Harald* avait été élu roi. Il le décida à partager le royaume avec lui; mais ses aspirations l'entraînaient vers l'Angleterre, et, avec l'aide de son frère, il arma, pour reconquérir ses possessions d'outre-mer, une flotte de plus de cent navires, dont les anciennes chroniques vantent la somptuosité avec une complaisance inépuisable et dont l'équipage se composait d'hommes d'élite, à l'exclusion non-seulement des esclaves, mais même des affranchis. Beaucoup d'hommes célèbres de tous les pays du Nord accompagnaient Knud dans cette expédition; mais on cite particulière-

---

[1] En vieux norrain *Knut hin riki Sveinsson*; en latin *Canutus*, d'où le français *Canut*.

ment avec éloge le grand homme de guerre *Thorkel le Haut*, frère de Sigvald, le chef de Jomsborg. Il avait bien pendant quelque temps abandonné les Danois pour faire cause commune avec Ethelred, mais il trouvait maintenant son compte à marcher avec ses compatriotes. On nomme ensuite le chef norvégien *Eirik jarl*, beau-frère de Knud, et *Ulf jarl*, qui épousa plus tard *Estride*, autre sœur de Knud, et qui eut d'elle Svend Estridsen, ancêtre de la dynastie estridienne qui gouverna le Danemark presque jusqu'à la fin du moyen âge. Accompagné de ces personnages, Knud alla débarquer à Sandwich, en Angleterre (1015), et commença aussitôt les hostilités. Cependant les Anglais étaient sortis de leur torpeur; ils résistèrent virilement, sous la conduite de Edmond côte de fer, qui bientôt après succéda à son père. Il méritait un meilleur destin, mais avec toute sa bravoure il ne put rien faire, parce qu'il était entouré de traîtres, parmi lesquels son propre beau-frère, *Edrik Streon*, se distingua ignominieusement en s'unissant plusieurs fois avec les Danois contre sa patrie et son parent. Et, bien qu'il ne se conduisît pas plus loyalement avec ses alliés, ils accueillaient pourtant toujours à bras ouverts ce puissant chef.

Après avoir combattu pendant trois ans et livré plusieurs batailles sanglantes, avec des succès divers, Knud et Edmond eurent une entrevue personnelle (1017) à l'île de *Light*, dans la Saverne, et convinrent de partager l'Angleterre de telle manière que Edmond aurait la partie méridionale, surtout peuplée d'Anglo-Saxons, et Knud la partie septentrionale, où dominait l'élément danois. Après avoir fait la paix, Knud et Edmond s'embrassèrent et se jurèrent une paix perpétuelle et une amitié éternelle. Mais il ne s'était pas écoulé un mois que Edmond perdit la vie, assassiné, d'après le rapport général des chroniques, par Edrik Streon, qui doit avoir commis ce crime pour se concilier la faveur de Knud. Le traître fut en effet récompensé par l'investiture du duché de *Mercie*. Dans une assemblée des principaux nobles et ecclésiastiques de l'Angleterre, Knud fut élu roi de tout le pays et tuteur des jeunes fils d'Edmond, à l'exclusion des frères de ce dernier. Il tenta de se débarrasser de ceux-ci, et il réussit à l'égard d'*Edwin*, l'un d'eux. Quant aux fils d'Edmond, il les envoya au roi de Suède, Olaf Skautkonung, qui, pour soustraire les malheureux princes aux embûches et aux appréhensions de Knud, les fit passer en Hongrie. De même que Edrik Streon avait été investi du duché de Mercie, de même les autres auxiliaires de Knud, Thorkel le Haut et Eirik jarl, furent récompensés, celui-là avec le duché d'Est-Anglie, celui-ci avec le Northumberland. Mais, averti par la malheureuse destinée d'Edmond, Knud chercha bientôt à se défaire de quelques-uns de ces puissants vassaux. Edrik Streon fut le premier qui tomba victime de la politique de Knud et de sa propre perfidie : un jour qu'il se vantait de ses éminents services et demandait une plus grande récompense, Knud s'écria avec indignation : « Traître! peux-tu m'être fidèle, toi qui as tué ton propre maître, mon frère par alliance! Tu vas recevoir la récompense que tu mérites et tu ne trahiras plus personne! » Au même instant il fit un signe à Eirik jarl, qui était près de là, et d'un coup de hache celui-ci mit fin à la vie du traître. Les fils partagèrent peu après le sort du père. Plus tard, le propre père nourricier de Knud, *Thorkel le Haut*, tomba en disgrâce, quoiqu'il eût eu la part la plus importante dans les victoires sur Edmond; mais ce puissant jarl commençait à exciter l'appréhension du roi, et sa fidélité n'était pas à toute épreuve, puisqu'il avait déjà une fois trahi les Danois. Banni de l'Angleterre, il dut chercher un refuge en Danemark, où il erra quelque temps sans ressource, jusqu'à ce qu'il fût tué.

Une fois que Knud eut établi sa domination en Angleterre, il se donna beaucoup de peine pour gagner l'affection de ses sujets. A cette fin, il témoigna le plus grand respect pour les mœurs et les usages du pays, il remit en vigueur les anciennes lois anglo-saxonnes et veilla à leur maintien. Il rétablit non-seulement la sécurité à l'intérieur, mais il mit aussi en état de défense les côtes, qui avaient été pendant des siècles exposées aux incursions des corsaires, et pas un de ceux-ci ne put désormais y faire impunément une descente. Il éleva les Anglais aux plus hauts emplois et dignités, et l'armée danoise fut, à la demande des indigènes, renvoyée dans son pays. Mais il s'efforça surtout de gagner le puissant clergé anglais, de la faveur duquel dépendait en grande partie le jugement que le présent ou la postérité portait sur les rois. Aussi fit-il de riches donations aux ecclésiastiques, aux églises et aux monastères; il observa exactement les coutumes de l'Église et les pratiques religieuses de l'époque; il construisit quantité de temples et de cloîtres, surtout dans les localités où les Danois et les Anglais s'étaient livré bataille. Pour s'assurer encore mieux l'amour de ses sujets, il épousa *Emma*, veuve d'Ethelred, mariage par lequel il songeait aussi à se prémunir contre les fils de son prédécesseur, qui le menaçaient de la Normandie. Cette intelligente reine, qui connaissait parfaitement les mœurs et l'état de l'Angleterre, contribua beaucoup à affermir la puissance de Knud et à le faire aimer du peuple anglais. Sous le gouvernement sage et fort de ce prince, le commerce, l'agriculture, l'industrie, les arts et les sciences recommencèrent à fleurir en Angleterre, et la nation jouit d'une heureuse sécurité intérieure et extérieure qu'elle ne connaissait plus depuis bien des siècles. Aussi oublia-t-on peu à peu que Knud était un conquérant étranger, et l'on se mit à aimer un souverain à qui était dû un si favorable changement dans la situation du pays.

Après avoir réglé ses affaires en Angleterre, Knud se rendit en Danemark, où son frère Harald était mort (1018); mais nous connaissons généralement fort peu ses actes dans ce royaume, dont il paraît n'avoir pas fait grand cas; il doit avoir préféré le séjour de l'Angleterre, qu'il considérait comme sa principale possession. On raconte pourtant qu'il fit une expédition contre les Vendes, soumit une partie de leur territoire et dompta leurs corsaires, qui commençaient déjà à écumer les eaux danoises. La complète introduction du christianisme en Danemark fut l'œuvre de Knud, et on peut regarder cette religion comme dominante à partir du règne de ce prince. Les violentes persécutions par lesquelles avait commencé le gouvernement de Svend s'étaient ralenties dans ses dernières années, lorsque son attention fut exclusivement tournée vers l'Angleterre; et à la fin il avait si complètement changé sa manière de voir, qu'il chercha même à propager le christianisme en Danemark, en y envoyant des missionnaires anglais. On peut juger de l'influence exercée par le clergé anglais sous Knud le Grand, par le fait qu'il avait fourni au Danemark plusieurs évêques, comme *Gerbrand* à Roeskilde et *Reginar* en Fionie; *Bernhard*, qui prêcha le christianisme en Skanie, était également Anglais, et même l'évêque danois de Ribe, *Odinkar*

Hvide le jeune, neveu de *l'ancien,* avait été élevé et instruit en Angleterre. Knud le Grand envoya en Danemark non-seulement des prêtres et des évêques anglais, mais il doit aussi y avoir le premier introduit des moines; il montra à l'égard de l'Église et du clergé danois la même libéralité qui l'avait rendu si populaire en Angleterre. Les plus anciennes églises étaient construites de bois, mais il est vraisemblable que, dès le règne de Knud, quelques-unes d'entre elles, surtout en Slesvig, furent bâties en pierre. Des écrivains plus récents rapportent même que Knud envoya d'Angleterre des architectes anglais, des pierres et du plomb, pour l'édification des églises danoises, et l'on a prétendu en retrouver la preuve dans la ressemblance de quelques-unes de nos plus anciennes églises avec celles de l'Angleterre, autant que le style primitif peut être reconnu sous les nombreuses modifications qu'elles ont subies postérieurement. L'Angleterre était de plusieurs siècles en avance sur le Danemark pour l'agriculture, l'industrie, les arts et les sciences, et put ainsi le faire participer à la civilisation plus élevée dont le reste de l'Europe était en possession depuis longtemps. Les Anglais émigrés, aussi bien les laïques que les ecclésiastiques, importèrent la connaissance d'une agriculture perfectionnée, de nouveaux arts et métiers, et posèrent les premiers fondements de l'agriculture méthodique, bien que cette dernière soit restée longtemps encore à un niveau très-bas. Le christianisme adoucit les mœurs, et sous son influence continue cessa peu à peu la sauvage vie de corsaire, dont la source la plus riche, les guerres et les discordes intestines, était déjà en partie tarie par la réunion des petits États. Le peuple prit goût aux occupations paisibles et à une organisation sociale qui se développa sous les auspices du christianisme et qui, en moins d'un siècle, donna au Danemark une nouvelle physionomie. Ce que Knud le Grand avait commencé, sous ce rapport, fut maintenu avec soin et continué par quelques-uns de ses premiers successeurs, principalement par Svend Estridsen et Knud le Saint. Tel fut l'heureux résultat des sanglantes expéditions de corsaires, qui à leurs débuts menaçaient d'anéantir tout ordre social dans les pays qui en étaient l'objet, mais qui finirent par amener la civilisation au foyer même des pirates.

De même que Knud jeta les premiers fondements de la puissance ecclésiastique, d'où se développa plus tard la *théocratie*, de même aussi il sema les premiers germes de la noblesse, d'où sortit la *féodalité* ou *aristocratie*. Comme on l'a remarqué plus haut, il n'y avait en Danemark aucune noblesse propre, mais bien des chefs, et d'autres qui, grâce à leur nom ou à leur richesse, ou bien à leurs hauts faits, jouissaient d'une plus grande considération publique, sans posséder cependant de priviléges légaux. Au nombre de ces personnages plus considérables étaient les *gardes* (hirdmen) et les *familiers* (huuskarle), que les rois de l'antiquité entretenaient toujours à leur cour, tant pour la garde de leur personne que pour l'exécution de subites entreprises militaires. Pendant les longues guerres en Angleterre, il fut nécessaire d'augmenter considérablement l'effectif des gardes du corps, vu que la milice n'était pas restreinte à un service permanent, mais rentrait généralement dans ses foyers, en automne, à la fin de chaque expédition. Ce que Svend avait commencé, Knud l'acheva en instituant une armée permanente, appelée *thingmannalid* ou *thinglid* (troupes du thing ou de l'assemblée) et se composant de 3,000 hommes d'élite, ou même de 6,000, comme quelques-uns le prétendent, probablement en réunissant les deux troupes anglaise et danoise. Le thinglid n'était pas une noblesse, encore moins une noblesse héréditaire; mais il renfermait le germe de l'une et de l'autre, attendu que d'un côté ses membres obtinrent de grands priviléges, et que de l'autre il était exclusivement recruté parmi les hommes les plus riches et les plus considérables du pays. Ce résultat n'avait sans doute pas été cherché lors de l'institution du thinglid, où pouvait, au contraire, être admis chaque homme libre et irréprochable, mais c'était une conséquence naturelle du haut prix de l'équipement que les hommes de la garde étaient tenus de se procurer. Ils devaient, en effet, tous être pourvus de hallebardes dorées, d'épées à poignée dorée, de heaumes et de boucliers précieux, et l'acquisition de cette brillante armure n'était possible qu'aux fils de famille riche et distinguée. Au nombre des plus importants priviléges accordés aux gardes était celui de ne pouvoir être jugés que par leurs pairs dans l'*assemblée des gardes* (huuskarlastefne), exception à la règle d'après laquelle toutes les causes devaient être jugées dans les assemblées judiciaires sans égard à la condition des personnes.

Knud le Grand promulgua une loi spéciale pour le thinglid, appelée *vitherlagsret* et composée par le Sélandais *Oppe l'Ingénieux* et son fils *Eskil*. Elle prescrit aux gardes leurs droits et leurs devoirs, leurs rapports mutuels, les dispositions pénales et la procédure à suivre. Si un garde se plaignait d'un autre, il devait prouver son dire par le témoignage de deux de ses pairs et par serment sur les reliques des saints; après quoi le jugement était rendu par l'assemblée des gardes. Pour maintenir la discipline militaire dans une troupe si nombreuse, les lois étaient très-sévères; non-seulement la haute trahison, le meurtre d'un garde et les blessures, mais encore les coups portés par malveillance étaient punis de mort et de confiscation des biens. Mais le dernier supplice était souvent commué en bannissement, et dans ce cas on accordait au condamné un délai pour se préparer à l'exil; on mettait même à sa disposition un cheval ou, s'il voulait fuir par eau, une barque; mais, s'il revenait, il était passible de mort, alors même que le vent l'aurait rejeté sur le rivage, car cet accident était regardé comme un jugement de Dieu. Les délits étaient frappés d'amende, ou bien le coupable rétrogradait d'un rang à la table commune, ce qui était considéré comme un grand déshonneur. Celui qui avait été dégradé trois fois, était la quatrième relégué à la dernière place, où il devait manger et boire à part; chacun de ses frères d'armes avait le droit de le honnir et lui jeter les os. Knud le Grand fut le premier à violer manifestement sa propre loi en tuant un des membres de son thinglid; mais il donna à la même occasion un grand exemple de soumission au vitherlagsret, car à peine eut-il réfléchi aux pernicieuses conséquences que son acte pourrait avoir sur la discipline du thinglid, qu'il se repentit de sa violence; il convoqua les gardes à une assemblée et, après être descendu de son siège royal, il les invita à le juger selon la rigueur de la loi. Mais ceux-ci, émus à cette vue, le replacèrent sur le trône en le priant de fixer lui-même la peine. Il se condamna à payer neuf fois le prix du sang, et cet événement doit avoir fait une telle sensation que, dans le cours d'un siècle, il ne se représenta plus d'exemples de meurtre dans le thinglid. Le vitherlagsret était encore en vigueur sous le règne de Niels, mais il fut renouvelé sous Knud VI et subit à cette occasion diverses modifications.

Knud le Grand possédait maintenant tout le Danemark et l'Angleterre, une partie du pays des Vendes et de l'Écosse, qu'il avait enlevée au roi Malkolm; non content de cette vaste étendue de territoire, il commença à songer à la conquête de la Norvège. Ce royaume qui, sous Svend Tveskjæg et Harald Blaatand, l'aïeul et le père de Knud, avait reconnu la domination danoise, obéissait maintenant à *Olaf le Saint*, qui s'était attiré l'inimitié de Knud, avant même l'avénement de ce dernier, en combattant avec Ethelred et les Anglais contre les Danois. Plus tard, s'étant rendu en Norvège, il avait expulsé (1017) le frère et le fils d'Eirik jarl, tandis que celui-ci aidait son beau-frère Knud à conquérir l'Angleterre. Cependant Knud attendit avec sa prudence ordinaire le moment favorable; et, profitant de ce que son adversaire s'était fait haïr pour le zèle intempéré avec lequel il propageait le christianisme, il attira une partie des mécontents à sa cour et les combla d'or et de présents. Olaf, qui n'ignorait pas les pratiques de Knud, s'allia avec le roi de Suède, *Anund*, qui regardait aussi avec défiance la puissance croissante du roi de Danemark. Knud ne croyait pourtant pas que l'explosion des hostilités était si prochaine, et il n'hésita pas à entreprendre un pèlerinage à Rome (1026). Sur son passage du Danemark en Allemagne, en Flandre, en France et en Italie, il répandit dans ces pays méridionaux, par ses libéralités en faveur des églises et des monastères et par ses visites aux sanctuaires, la renommée de piété qu'il s'était déjà faite au Nord, mais il ne négligea pas pour cela les desseins politiques qui l'avaient en grande partie déterminé à entreprendre un si long et si pénible voyage. Avant d'arriver à Rome, il se fit céder par l'empereur *Conrad II* le margraviat de Slesvig, que les Allemands n'occupaient plus depuis longtemps, mais sur lequel ils n'avaient pas abandonné toute prétention; le mariage de sa fille *Gunnhilde* avec *Henri*, fils de l'empereur, fut en outre convenu. A Rome, où il se rencontra avec l'empereur et plusieurs princes, il obtint d'eux l'exemption de douanes et de redevances pour ceux de ses sujets qui commerçaient ou voyageaient dans leurs États, et il détermina le souverain pontife à abaisser considérablement les sommes d'argent que les clergés danois et anglais payaient au siége apostolique. Il fonda à Rome un hospice où étaient couchés et nourris gratis tous ceux qui parlaient la langue danoise, c'est-à-dire les Norvégiens, les Danois et les Suédois. C'est ainsi que Knud avait sans cesse en vue l'avantage de ses États, tandis que le but apparent de son voyage était un simple exercice de piété. Avant de quitter Rome, il fit sur le tombeau de saint Pierre et de saint Paul le vœu solennel de s'amender, de mener à l'avenir une vie chrétienne et de gouverner avec justice, promesse qu'il fit connaître à ses sujets anglais dans une lettre qui existe encore.

Cependant Olaf et Anund avaient profité de l'absence de Knud pour ravager la Skanie et la Sélande avec une grande flotte. *Ulf jarl*, qui était lieutenant général en Danemark, partageait le mécontentement général des Danois sur les fréquentes absences de Knud, alors d'autant plus sensibles que l'ennemi avait pénétré dans le pays. Après s'être concerté avec la reine Emma, il représenta au peuple assemblé au thing de Viborg que, dans ces temps critiques, il fallait un chef à la tête de l'État, et proposa d'élire pour roi de Danemark *Hardeknud*, fils de Knud et d'Emma. Cette motion fut approuvée par l'assemblée, et le jeune prince fut proclamé roi. Mais Knud qui, à la nouvelle de l'invasion ennemie, s'était hâté de regagner l'Angleterre, puis le Danemark, fut à son arrivée extrêmement irrité de la présomptueuse démarche d'Ulf. Il pardonna à Hardeknud, en disant que ce n'était qu'un enfant, mais il attendit une bonne occasion pour se venger d'Ulf jarl, et répondit, lors des tentatives de réconciliation faites par ce dernier, qu'il eût d'abord à rassembler les troupes contre l'ennemi et que l'on parlerait plus tard du reste. Les flottes se rencontrèrent près du Helgeaa en Skanie (1027), où un stratagème des Norvégiens et des Suédois mit la confusion parmi les Danois, de sorte que Knud lui-même, dont le navire avait été jeté au milieu des ennemis, courut le plus grand danger. Ulf jarl lui porta secours, le sauva et repoussa l'ennemi; ce grand service ne lui valut pas le pardon du roi qui, s'étant rendu à Roeskilde, laissa éclater sa colère, un jour qu'ils jouaient ensemble aux échecs. Ulf se leva avec dépit pour se retirer. « T'enfuis-tu maintenant, lâche? » lui cria le roi. Ulf, s'étant retourné, répondit : « C'est toi qui aurais fui plus loin à la bataille de Helgeaa, si tu l'avais pu! Tu ne m'appelais pas poltron, lorsque je me hâtais à la rescousse et que les Danois étaient battus comme des chiens. » A ce moment tous les mérites de Ulf furent oubliés, et Knud prononça un arrêt de mort contre son parent et sauveur. Cet ordre tyrannique fut exécuté par un des courtisans, qui assassina le *jarl* (duc) devant l'autel de l'église de la Sainte-Trinité, où il avait cherché refuge. Le roi essaya de tranquilliser sa conscience en donnant à l'église tout un canton, auquel deux autres furent ajoutés par la femme de la victime, Estride, sœur de Knud, de sorte que la cathédrale de Roeskilde devint très-riche à cette occasion. L'été suivant, Knud se rendit en Norvège, où les chefs subornés affluèrent auprès de lui, et Olaf fut réduit à la fuite. Après que Knud eut été, sans opposition, proclamé roi de toute la Norvège, il donna le gouvernement du pays au fils de sa sœur Gyda et d'Eirik jarl, *Hákon Eiríksson*, ; mais la mort de ce prince survenue peu après ouvrit l'accès du trône de Norvège à *Svend*, fils de Knud et de sa première femme *Alfifa*. Olaf revint bien encore une fois, soutenu par des auxiliaires suédois, mais il succomba à Stiklarstads (1030), sous les coups de ses sujets révoltés. Mais Svend, qui se laissait conduire par l'inepte Alfifa, se rendit odieux par ses lois sévères et son gouvernement impolitique, et il dut bientôt abandonner le pouvoir, lorsqu'un puissant parti de mécontents eut appelé *Magnus le Bon*, fils de saint Olaf. Le grand empire, dont les éléments n'étaient pas réunis par des liens intimes, mais seulement par la force et la sagesse de Knud, commença ainsi à se désagréger du vivant même de ce prince. Peu après, en 1035, mourut à l'âge de quarante ans le plus puissant roi qui eût régné au Nord. Doué d'une heureuse physionomie, il avait bonne mine, le teint clair, de beaux cheveux longs, de beaux yeux et le nez aquilin. Pour arriver à ses fins aucun moyen ne lui répugnait, même les plus injustes, et sa mémoire est souillée de plusieurs assassinats; mais on ne peut dénier ni un éminent génie dominateur au souverain qui sut unir et maintenir de si grands territoires, ni une rare habileté à maîtriser les événements et à les faire tourner à son avantage.

A la mort de Knud, l'autre fils qu'il avait eu de sa première femme Alfifa, *Harald*, surnommé *Harefod*[1], se trouvait en Angleterre et fut reconnu roi par les Anglais, malgré tous les efforts d'Emma

---

[1] En vieux norrain *Herafót*, pied-de-lièvre où l'agile.

pour procurer la couronne à son fils *Hardeknud*[1]. Celui-ci, qui était en Danemark, y fut proclamé roi. La guerre avec Magnus le Bon, roi de Norvège, à propos de l'expulsion de Svend, fut continuée après la mort de Knud le Grand, et les deux armées étaient sur le point de venir aux prises, près du Gœta-elf (1036), lorsque fut négocié un arrangement entre les jeunes princes. Une paix perpétuelle fut conclue entre le Danemark et la Norvège, et, si l'un des deux rois mourait sans enfants, son royaume devait échoir au survivant. Ce remarquable traité n'était pas l'œuvre des rois, qui ne pouvaient ainsi disposer de leurs États, mais bien, à ce que l'on rapporte, du peuple et des chefs qui étaient assemblés dans les deux armées. Le plus puissant mobile des Danois fut sans doute le désir de se rendre en Angleterre pour réunir de nouveau ce pays au Danemark. Cependant Hardeknud, retenu par d'autres affaires, ne put qu'en 1039 gagner l'Angleterre, où, peu avant son arrivée, son frère consanguin, Harald, venait de mourir. Il réunit de nouveau l'Angleterre au Danemark, puis il mourut en 1042, dans un festin, après un règne peu remarquable et peu glorieux. *Édouard*, fils d'Ethelred, fut alors élu roi d'Angleterre, et l'union de ce royaume avec le Danemark fut rompue pour toujours. Il n'était pas à supposer que le Danemark pourrait maintenir longtemps sa domination sur un pays beaucoup mieux peuplé et plus puissant; une plus longue durée de l'union n'eût peut-être pas été désirable : à la longue le Danemark en serait venu à jouer, vis-à-vis de sa puissante alliée, un rôle encore plus subalterne que sous Knud. Plus durable, et plus important que l'Union même, fut le germe d'une civilisation plus avancée, dont elle fut le véhicule pour le Danemark.

[1] En vieux norrain *Hœrdaknut*.

DEUXIÈME DIVISION

de 1042 à 1157

I

Magnus le Bon. — Svend Estridsen. — Lutte avec Harald Hardråde. — Expédition en Angleterre. — Les Vendes. — Affaires ecclésiastiques. — L'archevêque Adalbert. — Adam de Brême. — L'ordre de succession. — Harald Hein. — Knud le Saint. — Établissement de la théocratie. — Olaf Hunger.

Après la mort de Hardeknud, *Magnus le Bon* prit possession du royaume de Danemark en vertu du traité du Gœta-elf, et, bien que les Danois, naguère maîtres de l'Angleterre et de la Norvège, eussent peine à se soumettre à un prince étranger, ils ne purent faire autrement, parce qu'il avait pour otages une partie des enfants des principales familles, et qu'en outre la ligne agnatique de l'ancienne dynastie s'était éteinte avec Hardeknud. Mais il restait un cognat, savoir *Svend*, fils de *Ulf jarl* et d'*Estride,* sœur de Knud, que l'on nomme vulgairement Svend Estridsen. Lorsque ce prince apprit en Angleterre ce qui s'était passé en Danemark, il s'empressa d'aller en Norvège, où il réussit à gagner la faveur de Magnus le Bon, qui le fit *jarl* ou gouverneur du Danemark. Le vieil *Einar Thambarskelfi,* chef plein d'expérience et père adoptif de Magnus, l'en avait en vain dissuadé, disant : « C'est un trop grand jarl, mon fils, un trop grand jarl! » Le roi eut bientôt à se repentir de son imprudence, car, lorsque Svend fut en Danemark et qu'il remarqua l'amour du peuple pour l'ancienne dynastie et sa répugnance pour la domination des Norvégiens, il ne put résister à la tentation de se rendre indépendant, et il se fit élire roi au thing de Viborg. A cette nouvelle, Magnus fit une descente en Jutland avec une grande force et une puissante armée, de sorte que Svend dut fuir en Suède; mais, avec l'aide de son ami,

Anund Jacob, roi de Suède, il retourna en Danemark, où il eut bientôt un grand parti. Le roi de Norvège marchait de nouveau contre lui, lorsqu'il apprit que les pirates vendes avaient envahi le pays et s'étaient avancés jusqu'à Ribe; au lieu de s'attaquer à son rival, il eut la magnanimité de combattre d'abord les ennemis de l'État, et eut la gloire de tailler en pièces leur armée, beaucoup plus nombreuse, à la sanglante bataille de *Lyrskovshede,* près Slesvig, après quoi il se retourna contre Svend, qui dut céder de nouveau. Il reprit le Danemark, mais il eut encore bien des fois à repousser les agressions de Svend, qui fut toujours malheureux, bien que soutenu par les sympathies populaires.

Cependant il eut un nouveau rival plus dangereux dans son oncle *Harald Hardrådé,* qui était revenu des pays étrangers, où il avait longtemps guerroyé et amassé de grandes richesses. Ce prince demanda que son neveu lui cédât la moitié de la Norvège, et, sur le refus de celui-ci, il fit alliance avec Svend, à qui la fortune semblait vouloir sourire; ce fut pour peu de temps : il fut de nouveau réduit à fuir en Suède, lorsque Magnus eut jugé plus prudent de céder aux prétentions de son oncle. Magnus étant mort en 1047, après avoir reconnu Svend pour son légitime héritier en Danemark, les perspectives devinrent plus brillantes pour ce dernier, d'autant plus que Harald n'était pas aimé des chefs norvégiens et qu'il dut quitter le Danemark, bien malgré lui, pour accompagner en Norvège les dépouilles de Magnus, le puissant Einar Thambarskelfi ayant déclaré « qu'il aimait mieux suivre Magnus mort que tout autre roi vivant ». Svend était sur le point de s'éloigner du Danemark pour toujours et de renoncer à une lutte sans espoir; mais, lorsqu'il eut appris la fin de Magnus, il jura solennellement de ne jamais abandonner les Danois et de conquérir le royaume ou de périr à la tâche. Il eut à soutenir une guerre de dix-sept ans contre le belliqueux Harald, et le plus souvent il eut le dessous, sans jamais perdre courage. Presque chaque été, le roi de Norvège venait en Danemark avec sa flotte, ravageait les côtes, et pillait les villes situées à proximité de la mer et des golfes. Svend Estridsen, avec des forces supérieures, réussit une fois à le surprendre près de l'île de Lessœ, à son retour d'une expédition où la riche ville de Hedeby, aujourd'hui Slesvig, avait été saccagée et brûlée. Harald se sauva par un stratagème : il ordonna d'abord à ses gens de jeter le butin par-dessus le bord, dans l'attente que l'ennemi s'attarderait à le repêcher; mais, les Danois continuant leur poursuite sur l'ordre de leur roi, Harald fit jeter à la mer les hommes et les femmes qu'il emmenait en captivité. Svend fit alors opérer le sauvetage de ses sujets en détresse, et pendant ce temps Harald s'échappa. Une autre fois, qu'il était entré avec sa flotte dans le Liimfjord et qu'il s'avançait en pillant les deux rives du golfe, il fut surpris par Svend, et, comme il n'avait que peu de navires, il courut le plus grand danger; mais, au lieu de s'abandonner, il allégea ses vaisseaux de la plus grande partie de leur cargaison, puis il les fit tirer à travers le petit isthme plat de Harboœre, qui séparait alors le Liimfjord de la mer du Nord, et s'échappa ainsi. La dernière et la plus grande bataille de la longue guerre entre Svend et Harald fut livrée à Nisaa (1062), près de la côte du Halland. L'engagement dura toute une nuit; Svend combattit avec sa bravoure ordinaire, mais avec aussi peu de succès que d'habitude; sa flotte fut dispersée et, lui-même, il fut en grand danger de perdre la vie ou la liberté; il dut son salut au jarl norvégien Hákon Ivarsson, qui avait été autrefois à son service et qui lui procura une barque pour gagner la côte. La paix fut enfin conclue en 1064, après quoi Harald fit une expédition en Angleterre pour conquérir ce royaume, mais il y fut tué en 1066.

Svend employa les douze dernières années de son règne à propager la civilisation parmi ses sujets, à affermir le christianisme et à guérir les profondes blessures faites à son royaume dans une guerre meurtrière de vingt-deux ans (1042-1064). Ces opérations pacifiques ne furent interrompues pour quelque temps que par ses projets de conquête de l'Angleterre. Il ne pouvait se décider à renoncer à ce beau royaume, bien que *Guillaume le Conquérant* s'y fût établi si fortement qu'il était difficile de l'en déposséder. Les Danois y firent quelques expéditions, s'emparèrent, dans l'une d'elles, de plusieurs places fortes, mais ils en furent bientôt expulsés, soit de vive force, soit par la trahison de leurs chefs, car Guillaume savait aussi bien faire usage de l'or que du fer. Plus inquiétantes que ces expéditions lointaines furent les incursions des Vendes qui, pendant tout le règne de Svend Estridsen, affligèrent le Danemark de leurs pirateries, et rendirent avec usure aux Danois les maux que ceux-ci avaient fait souffrir anciennement aux autres peuples. Ces pillards occupaient le littoral méridional de la Baltique, depuis les frontières du Danemark jusqu'au golfe de Finlande. Le plus près de l'Eider se trouvaient les *Wagriens*, puis suivaient les *Obotrites* dans le Meklenbourg, après quoi venaient les plus dangereux et les plus puissants d'entre eux tous, les *Wiltzes* jusqu'à l'Oder; au-delà de ce fleuve habitaient d'autres peuples slaves, jusqu'en Esthonie. Ils envahissaient souvent les pays voisins, en y portant le meurtre, l'incendie et la dévastation. De sorte que les côtes, jusqu'à plusieurs milles à l'intérieur, étaient transformées en déserts inhabités. Le nombre de ces pirates était si grand que, d'après un contemporain, *Adam de Brême*, les navigateurs favorisés du meilleur vent ne pouvaient échapper aux corsaires dans les Belts danois.

L'organisation ecclésiastique fut achevée sous Svend Estridsen, qui, pour cette œuvre, se servit principalement d'Anglais, à l'exemple de son oncle Knud le Grand. Outre les anciens évêchés de Slesvig, Ribe, Aarhuus, Odense et Roeskilde, quatre autres furent créés, à Viborg et à Bœrglum, dans le Jutland; à Lund et à Dalby, en Skanie. Mais, après la mort de Henri l'Anglais (1080), ce dernier siège fut réuni au diocèse de Lund, sous le vénérable *Egino*, également Anglais, par le zèle duquel le christianisme fut établi dans le Bleking et à Bornholm. Le nombre des églises fut aussi considérablement augmenté, et l'on affirme que, sous Svend Estridsen, il y en avait 300 en Skanie, 150 en Sélande, 100 en Fionie, la plupart construites de bois.

Bien qu'ami du clergé, Svend ne put pourtant éviter un violent conflit avec l'impérieux et ambitieux archevêque *Adalbert* de Hambourg, dont la juridiction s'étendait sur les églises du Nord. Il voulait forcer le roi à rompre avec sa seconde femme, *Jutta*, belle-fille de la première; il déclara ce mariage illégitime et, sur le refus de Svend, il lui écrivit une lettre menaçante, où il disait notamment : « Si, avec ta puissance royale, qui n'est qu'impuissance, tu prétends nous résister, une croisade sera prêchée contre toi et tu seras retranché, comme un membre gangrené, de la communion du Christ et de son Église. » Le roi répondit par la menace de brûler Hambourg, mais il finit par céder et par se séparer de

Jutta. Cette lutte, jointe à l'inconvénient de relever d'un prélat étranger pour les affaires religieuses, fit sentir à Svend le besoin de faire ériger un siége métropolitain dans son propre royaume. Il entretint des négociations persévérantes à ce sujet avec quatre des souverains pontifes qui se succédèrent alors, et c'est précisément pour faciliter la réalisation de son vœu qu'il créa tant d'évêchés. Sous *Grégoire VII,* le dernier des papes avec lesquels il fut en correspondance amicale, il était sur le point d'atteindre son but lorsque la mort l'enleva, et l'affaire en resta là pour quelques années. La lutte avec l'archevêque Adalbert montra jusqu'à quel point allaient dès lors les prétentions ecclésiastiques. Mais la conduite de l'évêque de Roeskilde, *Guillaume*, Anglais de naissance et ami du roi, fit voir aussi l'autorité religieuse sous un aspect plus sympathique, comme obstacle à la licence mondaine, qui se croyait tout permis. Dans un accès de colère, Svend avait fait massacrer, le jour de l'an, en pleine église de Roeskilde, quelques personnes qui, la veille, s'étaient servies d'expressions blessantes à son égard. Lorsqu'il voulut ensuite pénétrer dans l'église, l'évêque Guillaume se plaça devant lui, l'appela meurtrier, lui reprocha d'avoir souillé de sang le sanctuaire divin, et prononça contre lui l'excommunication, ce qui n'avait pas encore eu lieu en Danemark. Les gardes tirèrent l'épée pour repousser l'évêque, mais, comme le pontife restait inébranlable, le roi fut touché, rentra à son palais et revint couvert de grossiers vêtements, en signe de contrition. Guillaume alla au-devant de lui, le releva de l'excommunication et l'introduisit dans la cathédrale, à laquelle le roi donna, à cette occasion, la moitié d'un canton. L'évêque Guillaume resta depuis dans les meilleurs termes avec le roi, et la tradition ajoute qu'il ne survécut pas à son ami. Lors, en effet, que le convoi royal approchait de Roeskilde, le prélat marcha à sa rencontre, en demandant à Dieu de le laisser mourir. Il décéda le même jour, et fut inhumé, à côté du roi, dans la cathédrale de Roeskilde (en 1074 ou 1076).

Svend Estridsen possédait une instruction rare pour son temps, qu'il avait acquise, soit dans ses voyages à l'étranger, soit dans ses relations avec les savants. Il savait le latin et il était fort versé dans l'histoire de son pays; ses notions à cet égard ne furent pas perdues pour la postérité, car le chanoine *Adam* de Brème, dont il a été déjà question, reçut du roi, qui l'admettait dans son intimité, les précieux renseignements sur le Danemark qu'il a insérés dans sa *Chronique des évêques de Brême*. Le même historien a aussi écrit une description du Danemark qui renferme beaucoup de notions sur l'état du pays au temps de Svend Estridsen : « Le *Jutland*, dit-il, est stérile, couvert de bois et de bruyères, cultivé seulement sur les bords des rivières ; la côte est inhabitée à cause des pirates, mais au fond des golfes il y a de grandes villes. De *Slesvig*, qui est aussi appelée *Hedeby*, partent de nombreux vaisseaux pour la Suède, la Russie et les pays situés sur la Baltique ; de *Ribe* on fait voile pour la Frise, la Saxe et surtout pour l'Angleterre. La *Fionie*, où se trouve la grande ville d'*Odense*, est, comme les petites îles voisines, fertile en céréales. La *Sélande*, dont la plus grande ville est *Roeskilde*, capitale du Danemark, est célèbre aussi bien par la bravoure de ses guerriers que par l'abondance de ses récoltes. Il y a beaucoup d'or conquis dans les expéditions maritimes : les corsaires, qu'ils appellent *vikings* et que nous nommons *Askomanns*, payent une contribution au roi de Danemark pour être autorisés à piller, mais souvent ils abusent de la permission pour pressurer leurs compatriotes. La *Skanie* est la plus belle des provinces danoises ; ses habitants sont belliqueux ; elle a des céréales en abondance, de nombreuses denrées commerciales et beaucoup d'églises. »

Svend Estridsen laissa un grand nombre d'enfants légitimes ou illégitimes, et cinq d'entre eux montèrent sur le trône l'un après l'autre, de sorte que plusieurs fois le frère du roi décédé fut préféré aux enfants de ce dernier. Ce singulier ordre de succession, si différent de l'usage d'après lequel la nation élisait le fils aîné du roi pour lui succéder, s'il avait des descendants mâles, trouve pourtant une explication suffisante dans un concours de circonstances accidentelles. Le trône n'était d'ailleurs aucunement héréditaire. Dans l'antiquité, il est vrai, on eut égard surtout à la parenté, jusque vers le temps de Harald Blaatand ; mais il fallait encore le consentement et la reconnaissance du peuple pour que le droit héréditaire à la couronne eût son plein effet. Plus tard, au moyen âge, le suffrage du peuple prit une importance de plus en plus grande, et l'on tint moins grand compte de la parenté. Cependant cette liberté de choix produisit de grands désordres, en ce que nombre de princes, plus ou moins rapprochés de la ligne régnante, formèrent des partis à l'aide desquels ils furent proclamés rois d'une partie du royaume. Pour prévenir les guerres civiles, qui étaient une conséquence inévitable de cet ordre de choses, les rois, à partir de Valdemar Ier, cherchèrent, de leur vivant même, à faire élire et couronner leur fils aîné. C'était, à la vérité, un aveu du droit électoral du peuple, mais en même temps une restriction apportée au libre exercice de ce droit. Pourtant le Danemark devint plus tard un état purement électif (bien que le roi fût ordinairement choisi dans la famille régnante), mais ce fut principalement la noblesse et le clergé qui exercèrent le droit électoral. Les femmes étaient exclues du trône ; les princes des lignes cognatiques avaient au contraire le droit d'être élus lorsque la ligne agnatique était éteinte. C'est en vertu de cette coutume que parvinrent au trône Svend Estridsen, *Olaf*, fils de la reine Marguerite, *Erik de Poméranie*, *Christophe de Bavière* et *Christian Ier*. — L'élection avait lieu dans une assemblée générale ou *Dannehof* (cour danoise), qui se tenait généralement en Sélande, à *Isœre*, près de l'Iselfjord, parfois à Viborg, en Jutland. Un propriétaire donnait un nom à l'élu qui était ensuite, au bruit des armes, proclamé roi de tout le pays, mais qui était tenu de se rendre à tous les *Landsthings* (Assemblées provinciales), pour recevoir l'hommage de chaque province. Ces assemblées particulières se réunissaient sur la colline de *Saint-Libber*, près Lund, en Skanie, à *Ringsted* ou *Vordingborg* (*Œrething*) en Sélande, à *Dannerliung*, près Viborg, en Nordjutland, et à *Urnehoved*, en Sudjutland.

Après la mort de Svend Estridsen, la nation se partagea entre ses deux fils, *Harald* et *Knud*, dont le dernier, quoique plus jeune, était soutenu par un grand parti, tant à cause de ses qualités personnelles que de la bravoure avec laquelle il avait défendu le royaume contre les incursions des Vendes. Pourtant Harald l'emporta, surtout par l'influence de son beau-père, le puissant jarl *Asbjœrn*. Son court règne n'est remarquable que par une modification introduite dans la législation. Jusqu'ici, en effet, le serment du demandeur, appuyé de témoignages, avait suffi pour faire condamner l'accusé ; si ce dernier se refusait à un combat singulier ou à l'épreuve du fer ; mais, désormais, il fut loisible à l'accusé de se purger au moyen d'un serment confirmé par témoins. Cette modification rendit Harald très-populaire, et ses dispositions législatives étaient si chères au peuple, que les successeurs de ce monarque étaient tenus de les confirmer à leur avénement. Au reste, Harald paraît avoir été un prince doux, mais faible ; aussi lui donna-t-on le surnom de *hein* (queux), qui désigne une pierre tendre.

Après la mort de Harald (1080), son frère *Knud le Saint* lui succéda sans opposition. Bien qu'il possédât beaucoup de bonnes qualités, il n'était pourtant aimé ni du peuple ni des grands, et, dès le commencement de son règne, il eut des difficultés avec les habitants du Halland et de la Skanie, parce qu'ils refusaient de faire les nombreuses corvées qu'il leur avait imposées. Mais il sut les réduire à l'obéissance, en les menaçant d'exclure, ceux-là des grandes forêts de chêne, où leurs porcs trouvaient la pâture, ceux-ci des pêcheries du Sund ; car il prétendait que les forêts et les communaux, les golfes et les détroits, appartenaient au roi. Bien que le christianisme fût depuis quelque temps établi en Danemark, beaucoup d'habitants se livraient encore secrètement à la piraterie, surtout dans les localités isolées. Un remarquable type de corsaire était le puissant chef *Egil Ragnarsen*[1], de Bornholm, ordinairement appelé *Blód-Egil*, parce qu'une fois, dans la chaleur de la lutte, il avait étanché sa soif en buvant le sang des blessés. Knud le Saint, qui avait pris la résolution de mettre fin à la barbare coutume de la piraterie, avait donné plusieurs avertissements à Egil ; et, comme celui-ci ne voulait pas renoncer à ses vieilles habitudes, le roi se rendit à Bornholm, s'empara d'Egil et le fit pendre sans merci. Cette sévérité, bien que juste, causa une grande irritation dans une partie du peuple, qui était encore animé de l'esprit du paganisme et ne pouvait comprendre ce qu'il y avait de criminel dans la piraterie ; mais ce furent surtout les nombreux et puissants amis ou parents d'Egil qui devinrent les ennemis jurés du roi. Les efforts de Knud tendaient principalement à adoucir les mœurs des Danois et à répandre une civilisation plus élevée et l'ordre en Danemark. Aussi témoignait-il beaucoup de bienveillance à l'égard des étrangers qui s'établissaient dans le pays, et travaillait-il avec zèle à supprimer l'esclavage, qui était un reste

---

[1] En vieux norrain, *Egil Ragnarsson*.

du paganisme. La cessation de la piraterie, qui pourvoyait le pays d'esclaves, prépara l'abolition de l'esclavage; mais cet heureux résultat fut dû surtout à l'influence du christianisme, qui proclamait l'égalité des hommes; et, plus l'esprit chrétien pénétra parmi le peuple, plus il refoula ce honteux héritage du paganisme. Le clergé représentait sans cesse l'esclavage comme odieux à la Divinité, et recommandait l'affranchissement des esclaves comme un sacrifice méritoire; aussi beaucoup de personnes, au lit de mort ou dans d'autres occasions, donnaient-elles la liberté à leurs esclaves, « pour imiter Dieu, comme on s'exprimait, qui avait délivré tous les hommes de l'esclavage; car, lorsque Jésus-Christ fut vendu, il libéra tous les hommes ». Cependant l'esclavage était si profondément enraciné, que plusieurs siècles passèrent avant qu'il fût extirpé. C'est dans les villes qu'il paraît avoir cessé le plus tôt; mais, à la campagne, il s'en trouvait encore des restes, dans quelques localités, au commencement du quatorzième siècle. On attribue à Knud le Saint le mérite d'avoir non-seulement aidé le clergé dans ses efforts pour l'abolition de l'esclavage, mais encore d'avoir amélioré le sort des affranchis, en leur donnant les mêmes droits qu'aux ingénus.

Tandis que Knud le Saint était en mauvaises relations avec le peuple et les chefs, parce qu'il s'efforçait de restreindre les anciennes libertés de l'un et de ramener la licence des autres dans les limites de l'ordre, il soutint de toute sa force l'influence du clergé et y chercha un appui contre les autres classes. Il était lui-même très-pieux, observait exactement les jours d'abstinence, jeûnait souvent et se livrait à de sévères exercices de pénitence; parfois il allait même jusqu'à se faire flageller par ses chapelains. Il fit preuve d'une générosité royale à l'égard des pauvres, des églises et des prêtres; et c'est la magnifique cathédrale de Lund, bâtie sous son règne, qui en reçut les plus grandes marques. Dans ce siècle, où l'Église fut gouvernée par l'énergique *Grégoire VII*, elle atteignit dans toute l'Europe un haut degré de puissance, non-seulement spirituelle, mais encore temporelle, devant laquelle peuples et rois devaient s'incliner. En Danemark, le clergé avait combattu plus d'un siècle et demi pour arriver à être toléré, mais sa force et sa puissance s'élevèrent rapidement lorsque le christianisme eut été établi partout, et sa prétention à jouir au Nord des mêmes priviléges que dans le reste de l'Europe semblait être à la fois juste et naturelle. Au milieu de la licence qui régnait dans ces siècles de barbarie, le peuple sentit le besoin d'un appui contre l'arbitraire et se jeta dans les bras de l'Église, qui soutenait la justice contre les puissants et qui donnait aux opprimés un refuge contre les persécutions des violents. Par la confession auriculaire, le clergé devint maître des consciences, et, en excluant les récalcitrants de l'office divin et de la communion, il avait un moyen de coercition qui devait être particulièrement efficace dans un siècle de dévotion. Les libéralités en faveur de l'Église et le respect envers le clergé faisaient partie des articles de foi et étaient considérés comme la plus haute marque de piété, de même que la désobéissance aux ordres de l'Église était le plus grand péché. Rien d'étonnant donc à ce que peuples et rois rivalisassent de générosité envers l'Église et les établissements religieux et les comblassent de priviléges qui procuraient à la fois richesse et considération. Ainsi favorisée par l'esprit du temps et la force des circonstances, l'Église obtint sur l'État une prééminence qui était bienfaisante aussi longtemps que celui-ci restait à un infime degré de développement et n'était pas à même de protéger la civilisation croissante ou de maintenir l'autorité des lois, mais qui devint pernicieuse lorsque l'État fut émancipé. Svend Estridsen éleva la puissance de l'Église sur les fondements jetés par Knud le Grand; mais, sous Knud le Saint, la théocratie atteignit l'apogée de son développement; il fit du clergé le *premier ordre de l'État*, en mettant les évêques au rang des plus grands seigneurs, ducs et princes laïques; il exempta les ecclésiastiques de la juridiction ordinaire dans les affaires religieuses, et, sous le roi Niels, ce privilége fut même étendu à toutes les causes, de sorte que dans aucun cas les clercs ne pouvaient être cités devant un tribunal séculier; et même plus tard, les laïques furent justiciables de l'officialité pour certaines causes prétendues ecclésiastiques, comme l'adultère, le parjure, l'usure, etc. Les ecclésiastiques obtinrent, en outre, le droit aux *amendes* pour les condamnations prononcées dans leur juridiction, source très-importante de revenus, dans un temps où la plupart des peines consistaient en réparations pécuniaires. Enfin Knud voulut aussi introduire la dîme, dont le tiers eût appartenu à l'évêque, l'autre tiers au curé, et le reste eût été employé à l'entretien de l'église et aux besoins du culte; mais cette tentative échoua par suite de la résistance ouverte que le peuple opposa à cette onéreuse innovation, et elle finit par coûter la vie au roi.

Knud le Saint, qui était aussi brave et belliqueux que pieux, avait résolu de faire une descente en Angleterre pour y restaurer la domination danoise et réparer les pertes que sa nation y avait subies, sous Svend Estridsen, dans deux expéditions malheureuses auxquelles il avait lui-même pris part. Avec l'aide de son beau-frère *Olaf Kyrré*, roi de Norvège, et de son beau-père, le comte *Robert* de Flandre, il réunit une flotte de mille navires dans le Liimfjord; mais celle-ci se dispersa pendant une assez longue absence qu'il dut faire, et les hommes d'armes, qui s'entretenaient à leurs frais, retournèrent chez eux. *Oluf,* le propre frère du roi, et quelques autres chefs, peut-être gagnés par *Guillaume le Conquérant,* qui régnait encore en Angleterre, doivent avoir excité le peuple à prendre cette résolution illégale. Dès que Knud eut été informé de ce qui s'était passé, il envoya en Flandre son frère chargé de chaînes, et se rendit ensuite de thing en thing, pour se plaindre de l'insubordination de son armée. Les habitants reconnurent leur faute et s'en remirent au roi pour la fixation du châtiment. Knud, qui croyait avoir trouvé l'occasion cherchée pour introduire la dîme, laissa aux coupables le choix entre le payement de cette redevance ou de fortes amendes; ils aimèrent mieux s'imposer pour une seule fois un lourd sacrifice que de se soumettre eux et leurs descendants à ce qu'ils appelaient un esclavage perpétuel. Les amendes furent perçues non-seulement avec rigueur, mais encore avec la plus grande injustice, en ce que les receveurs royaux falsifièrent les poids servant à peser l'argent. En même temps le roi parcourait le pays avec une nombreuse suite que les habitants étaient tenus d'héberger, et qui leur causait des dépenses exorbitantes. Lorsqu'il arriva dans le pauvre pays de *Vendsyssel,* au nord de Liimfjord, la rébellion ouverte y éclata et se répandit bientôt dans tout le Jutland. Il s'enfuit en Fionie, mais les insurgés, s'étant mis à sa poursuite, l'atteignirent à Odense, où il s'était enfermé dans l'église de Saint-Alban, avec les hommes qui lui étaient demeurés fidèles. Knud ne voulut pas se défendre, et il se mit à prier devant l'autel; mais ses frères, *Erik* et *Bénédict*, le défendirent avec la plus grande bravoure. Les révoltés assaillirent le sanctuaire en criant : « Où est Knud, ce maudit? Qu'il se montre! Où se cache-t-il? Il y a longtemps qu'il trahit les Danois; il faut que cela cesse. » D'autres disaient, en frappant sur les défenseurs du roi : « Voilà pour ma vache, roi Knud! voici pour mon bœuf! voici pour mon cheval! » Ils finirent par pénétrer dans le sanctuaire; Knud le Saint fut assassiné devant l'autel, Bénédict périt dans la lutte, mais Erik s'ouvrit passage à travers les assaillants (1086).

Knud le Saint est le seul roi danois qui ait trouvé la mort dans un soulèvement général. Il fut victime des résistances opposées au nouvel ordre de choses qui commençait à s'introduire en Danemark, mais qu'il s'efforçait de faire prévaloir avec trop de violence et de zèle inconsidéré.

Après la mort de Knud, on envoya une ambassade en Flandre pour en ramener *Oluf;* mais il ne fut remis en liberté que lorsque son frère *Niels* se fut mis en otage pour la garantie d'une rançon de 10,000 marcs d'argent, que l'on ne put fournir de suite. Il régna pendant neuf ans (1086-1095); mais son règne n'est marqué que par une grande famine, d'où lui vient son surnom de *Hunger*. Bien que la disette et la cherté fussent alors générales dans toute l'Europe, le clergé ne manqua pas de représenter ces calamités comme une punition divine du meurtre commis sur saint Knud. En même temps commença à circuler le bruit des miracles qui avaient lieu sur son tombeau; mais il fallut longtemps pour amener le peuple à croire à la sainteté de ce roi détesté.

II

Erik Eiegod. — L'archevêque Liemar. — Voyage à la cour pontificale. — Canonisation de saint Knud. — Pèlerinage. — Gildes. — Progrès de la bourgeoisie. — Origines des villes. — Niels. — Institution de l'archevêché de Lund. — Le célibat des prêtres. — Knud Lavard. — Magnus Nielsen. — Bataille de Fodevig. — Erik Emune. — L'évêque Eskil. — Erik Lam. — Les Vendes. — Guerre civile. — Vetheman. — L'empereur Frédéric Barberousse s'immisce dans les affaires danoises. — Partage du royaume. — Bataille de Gradehede.

Erik, surnommé *Eiegod*, c'est-à-dire toujours bon, qui, avant son avénement, s'était acquis l'affection générale en défendant la cause du peuple dans les assemblées contre son impétueux frère Knud et en combattant avec vaillance les ennemis de l'État, monta sur le trône après la mort d'Oluf (1095-1103). Il respecta l'ancien droit qu'avait le peuple de décider de la guerre et de la paix, et il n'entreprit rien d'important sans lui avoir demandé son assentiment. Dans les assemblées populaires, il était affable envers tous les assistants, s'entretenait avec eux de leurs affaires domestiques et, en les quittant, les chargeait de ses compliments pour leur femme et leurs enfants. Il était d'ailleurs éloquent et doué d'une voix si claire et si perçante, qu'elle parvenait à tous les membres de l'assemblée, même des plus éloignés. La cessation de la famine aussitôt après son avénement et une série de bonnes récoltes contribuèrent aussi beaucoup à le rendre plus cher au peuple. Il s'efforça de mettre fin aux pirateries des Vendes et il fit plusieurs expéditions contre eux. Dans l'une d'elles, à laquelle il ne prit pas part, les Vendes furent, en représailles du meurtre d'un frère du chef *Skjalm Hvide*, traités avec une cruauté presque incroyable. Ce fait, joint à d'autres circonstances, avait occasionné une violente querelle entre le roi et l'archevêque *Liemar* de Hambourg, qui doit même avoir excommunié son adversaire, et éveillé chez le roi l'idée de reprendre le projet de son père Svend Estridsen relativement à la création d'un archevêché spécial pour le Danemark, afin de soustraire son

royaume à la juridiction métropolitaine de Hambourg, ou plutôt
Brême; car c'est d'après cette dernière ville, où séjournaient
ordinairement les archevêques, que l'on commençait à nommer
l'archidiocèse. Erik aspirait aussi à faire canoniser son frère
Knud, et son principal mobile était sans doute l'affection qu'il
portait à cette victime des troubles populaires; peut-être son-
geait-il aussi à rendre la personne royale plus sacrée et plus respectée, s'il faisait admettre au nombre des saints le roi massacré.
En outre la plupart des pays avaient alors leur saint national, de
sorte que les habitants n'étaient pas forcés de faire de dispendieux pèlerinages aux sanctuaires étrangers. Erik Eiegod se rendit
personnellement auprès du pape *Urbain II* (1098), qui se trouvait
alors à Bari dans l'Italie méridionale et qui se montra parfaitement disposé à combler les vœux du roi. On rapporte que ce dernier était si versé dans les langues étrangères que, dans son
voyage à travers tant de pays étrangers, il n'eut pas besoin d'interprète. A l'imitation de Knud le Grand il fonda en Italie, près
de la ville de *Plaisance,* un hospice pour les pèlerins de toutes les
contrées du Nord, et un autre à *Lucques,* et il les dota de revenus
assez grands pour que tout voyageur y pût être hébergé gratuitement. Quelque temps après son retour, les reliques de saint
Knud furent tirées de leur sépulcre et mises en châsse dans la
magnifique église de *Saint-Knud* à Odense. Cette ville y gagna un
accroissement considérable; les personnes pieuses, non-seulement du Danemark, mais aussi des pays étrangers, affluèrent au
tombeau du célèbre saint, dans l'espoir d'y obtenir la guérison
des maux physiques ou moraux dont elles souffraient. L'autre
but du voyage d'Erik, la création d'un archevêché en Danemark,
ne fut pas atteint sous son règne; car, avant l'arrivée de la bulle
papale qui autorisait cette érection, le roi s'était rendu en pèlerinage à Jérusalem pour expier un meurtre qu'il avait commis,
probablement en état d'ivresse, sur quatre de ses courtisans. Il
communiqua ce dessein à l'assemblée réunie au thing de Viborg
et la remercia de la fidélité et de l'affection qu'elle lui avait
témoignées jusque-là. Le peuple le supplia, les larmes aux yeux, de
ne pas donner suite à ce projet, et de tâcher d'apaiser la colère
divine plutôt par un bon gouvernement que par des pèlerinages
lointains, et il offrit même d'abandonner le tiers de ses biens

pour obtenir que le roi fût relevé de son vœu. Mais Erik fut inébranlable. Il se mit en route, et mourut dans l'île de Chypre (1103) avant d'avoir vu la Terre-Sainte. Peu de rois ont été aimés de leur peuple autant que le fut Erik Eiegod et l'ont mieux mérité que lui.

La canonisation de saint Knud eut des suites importantes, en donnant lieu à la fondation de confréries ou *gildes*, qui furent fondées en son honneur et placées sous sa protection. C'étaient des associations qui avaient pour but soit l'assistance mutuelle contre la misère et les périls et la défense commune contre les attaques de l'ennemi, soit le maintien du bon ordre et des bonnes mœurs dans ce siècle de licence. Ces confréries se composaient d'hommes et de femmes et étaient gouvernées par des *Oldermænd* (anciens), d'après des *Skraa* ou statuts particuliers que les membres s'engageaient par serment à observer, et elles avaient, sans aucun doute, leur origine dans les fréquentes réunions sociales ou *gildes* de l'antiquité. Cela ressort aussi bien de l'identité du nom que de la coutume, aussi pratiquée par les membres des gildes postérieures, de se réunir pour banqueter et s'amuser. Mais c'est seulement par l'influence du christianisme que les gildes prirent leur caractère spécial d'associations à demi religieuses et à demi mondaines; aussi se montrent-elles avec ce caractère chez d'autres peuples germaniques, les Francs et les Anglo-Saxons, plus tôt que chez les Danois convertis bien plus tard au christianisme. Les plus anciennes gildes avaient un but purement religieux, comme de dire des prières et des offices communs, de se cotiser pour faire des dons aux églises et aux monastères, d'assister les pauvres et les pèlerins, de soigner les malades, etc. Mais, par suite des nécessités et des exigences du temps, il se forma bientôt des confréries qui avaient aussi pour objet le bien-être matériel et la sécurité de leurs membres. Bien que plus mondaines, ces sociétés conservèrent pourtant toujours un caractère religieux et continuèrent à être en relations avec l'Église; elles étaient sous la protection d'un saint dont elles prenaient le nom; lors du décès d'un des frères, les membres faisaient *vigile*, c'est-à-dire qu'ils passaient la nuit à chanter des hymnes et à réciter des prières; ils faisaient célébrer des messes pour le repos de l'âme du défunt; ils offraient sans cesse des dons, surtout des luminaires, à l'église dédiée au saint patron de la confrérie. Les gildes ont peut-être été introduites en Danemark lors de l'union du pays avec l'Angleterre, l'un des plus anciens foyers de ces associations; mais il est bien possible aussi qu'elles soient nées spontanément de circonstances et de nécessités analogues à celles qui ont produit les gildes ailleurs; en tout cas, on ne peut montrer avec certitude l'existence des gildes en Danemark avant la canonisation de saint Knud.

Les gildes mondaines instituées à cette occasion, et que l'on a appelées *royales*, parce qu'elles étaient dédiées à *saint Knud* et plus tard au duc *Knud Lavard* ou au roi *Erik Plovpenning* qui, sans être canonisé, était honoré en Danemark comme un bienheureux, les gildes furent bientôt en renom et se répandirent rapidement. Leur trait distinctif était la protection que les membres se promettaient l'un à l'autre. Lorsqu'un frère était tué par un étranger, le devoir des membres était de forcer le meurtrier à payer le prix du sang, et, s'il s'y refusait, il était en butte à la vindicte de la confrérie, contre laquelle ne pouvaient le préserver ni la puissance ni le rang, à tel point qu'un roi même (Niels) ne put s'y soustraire. La gilde exerçait une juridiction étendue sur ses membres et les différends qui les divisaient étaient jugés par son propre tribunal. Lorsque au contraire un membre était traduit par un étranger devant les tribunaux ordinaires, ses confrères étaient tenus de comparaître avec lui, de le soutenir de leur serment et de leurs témoignages, et ces derniers étaient si considérés qu'un seul d'entre eux en valait trois autres. Le péril qui pouvait en résulter pour la justice en général était en partie atténué par cette circonstance, que les confréries n'admettaient dans leur sein que des personnes de bonne conduite, et excluaient celles qui se rendaient coupables d'actions déshonorantes. Par ces dispositions, comme par la discipline et l'ordre qui régnaient dans les assemblées, les gildes exercèrent dans ces temps de barbarie une influence très-bienfaisante et servirent d'appui à la moralité, aussi longtemps qu'elles se maintinrent elles-mêmes dans leur pureté primitive.

Tout en ne jouissant pas de la même considération que les gildes royales, les *petites gildes* étaient pourtant extrêmement importantes. Elles se composaient d'artisans et de marchands, qui se réunissaient à certaines dates dans un local spécial pour manger, boire et délibérer sur leurs intérêts communs. Chaque membre devait payer sa part des dépenses occasionnées par ces festins, et, comme les frais étaient assez élevés, il n'y avait que les bourgeois les plus aisés et les plus considérés qui pussent faire partie des gildes. Celles-ci n'avaient pas une juridiction aussi étendue que les gildes royales; pourtant la plupart des procès concernant le commerce et l'industrie étaient d'abord jugés par le tribunal de la corporation avant d'être portés devant les tribunaux ordinaires. Quelques gildes appelées *Calendres*, parce que leurs membres se réunissaient le premier jour de chaque mois (calendæ), se composaient exclusivement, ou pour la plus grande partie, de prêtres et d'autres ecclésiastiques et ne s'occupaient que de questions religieuses.

Le caractère et l'organisation des gildes deviendront encore plus clairs, si l'on cite les plus importantes des dispositions contenues dans leurs règlements : « Lorsqu'un membre cause la mort de l'un de ses confrères, il doit payer 40 marcs aux héritiers de la victime et être exclu de la confrérie comme félon. Lorsque au contraire un membre de la gilde tue un étranger, ses confrères, s'ils sont présents, doivent l'aider à sauver sa vie; s'il est sur mer, lui procurer une barque avec des avirons, une escope, un briquet et une hache; c'est ensuite à lui de se défendre comme il peut; s'il a besoin d'un cheval, ils doivent l'accompagner au bois et lui procurer gratis un cheval pour un jour et une nuit. Les membres qui ont assisté au meurtre d'un confrère, sans prendre sa défense, sont exclus de la gilde comme félons. Lorsqu'un membre perd son argent, on fait une collecte en sa faveur, lors du plus prochain banquet, et chacun des confrères doit donner ce qu'il juge à propos. Chaque membre doit donner trois pièces de monnaie au confrère dont la maison est brûlée ou le navire naufragé, ou qui veut partir en pèlerinage. Les membres ne doivent pas se nuire entre eux, par leurs actes ou leur conduite, soit en se faisant concurrence, soit de toute autre façon. Les membres doivent veiller deux à deux auprès du confrère malade qui a besoin de leur assistance, et continuer ainsi jusqu'à son rétablissement. A la mort d'un membre, quatre confrères doivent garder le cadavre, et tous doivent concourir aux frais

funéraires; accompagner le corps et le porter au tombeau. »
D'autres dispositions fort nombreuses avaient pour but de prévenir les injures, les querelles, l'ivresse et d'autres incongruités qui auraient troublé les réunions. Les plus anciennes gildes qui soient citées sont celles d'*Odense*, de *Slesvig*, de *Ribe*, de *Flensborg*, de *Malmœ*, de *Lund* et de *Skanœr*; mais il y en eut bientôt dans presque toutes les villes du royaume. Leurs relations avec l'Église et le besoin de protection contre la licence et l'immoralité régnantes, facilitèrent leur extension. Lorsque l'ordre social s'établit et que les lois furent mieux respectées, les gildes devinrent non-seulement superflues, mais même nuisibles, en leur qualité de petits États dans l'État. A quoi il faut ajouter qu'elles dégénérèrent peu à peu et devinrent des foyers de querelles, d'ivrognerie, de débauche et de toutes sortes de violences, que leur institution primitive avait précisément pour but de prévenir. Aussi les rois s'efforcèrent-ils de les réduire et de les supprimer successivement; Valdemar Atterdag et sa fille Marguerite y travaillèrent dès la fin du quatorzième siècle et leurs successeurs poursuivirent le même but. La Réformation, qui abolit le culte des saints et les messes des morts, amena la complète dissolution des gildes, qui se transformèrent en simples corporations, compagnies d'arquebusiers, sociétés d'assurance contre l'incendie, etc.

Les gildes imprimèrent un puissant essor au développement de la bourgeoisie, en ce qu'elles donnèrent aux bourgeois de l'amour-propre avec la conscience de leur propre force, et leur apprirent à s'associer pour défendre leurs droits par des efforts communs. Bien qu'il y eût dès l'antiquité diverses villes, non sans importance, le nombre n'en était pourtant pas grand, et l'origine de la plupart des villes danoises peut être rapportée à la présente période. Le commerce et les métiers firent des progrès considérables; de nouvelles sources d'industrie s'ouvrirent, et la population des villes commença à se distinguer de plus en plus de celle des campagnes, par ses occupations, sa manière de vivre et sa constitution. La plupart des villes, qui sont situées près de la mer ou des golfes, tirent leur origine des forteresses qui furent élevées çà et là sur les côtes pour les protéger contre les pirates et pour abriter pendant l'hiver les navires tirés sur le rivage.

Marchands et pêcheurs, artisans et laboureurs s'établirent dans le voisinage de ces lieux sûrs, où il y avait en outre des chances de profit; d'autres affluaient sans cesse, jusqu'à ce qu'il se formât ainsi toute une ville, dont l'origine se révèle par la terminaison *borg*, comme Aalborg, Flensborg, Vordingborg, Faaborg, etc., et leurs habitants furent appelés *bourgeois* (borgere). Un assez grand nombre de villes doivent leur origine à la fondation des monastères et d'autres établissements religieux. La construction de ces édifices attirait une foule de maçons, de charpentiers, de forgerons, qui s'établissaient dans le voisinage avec leurs familles; d'autres venaient ensuite se joindre à eux, dans l'espoir de participer aux travaux et aux gains qu'il y avait à faire près des riches établissements religieux. C'est ainsi que naquirent les villes de Nestved, de Sorœ, de Præstœ, de Maribo, de Mariager, de Nykjœbing dans l'île de Mors et plusieurs autres. Un port sûr, une bonne pêcherie et une heureuse situation pour le commerce et la navigation donnèrent lieu à la fondation de villes qui, en conséquence, portent volontiers la désinence de *kjœbing* (emporium, marché), comme Ringkjœbing, Stubbekjœbing, Rudkjœbing, Kjœbenhavn (Copenhague), ou bien la désinence de *œr*, lorsqu'elles étaient situées sur une pointe de terre, comme Korsœr, Helsingœr, Skanœr, etc. Les artisans et les marchands qui s'établirent le plus tôt dans les villes étaient ceux qui s'occupaient de préparer et de vendre les choses les plus nécessaires à la vie; tels étaient les boulangers, les brasseurs, les bouchers, les aubergistes, les cordonniers, les tanneurs, les forgerons, les maçons, les charpentiers, etc. Au commencement, les villes avaient les mêmes tribunaux que les campagnes voisines; mais, à mesure que les différences augmentèrent entre les villages et les villes, celles-ci obtinrent des tribunaux séparés, une législation propre et une constitution très-libre sous des magistrats élus. Mais, bien que ces changements eussent commencé à se produire dans la présente période, ils ne s'accomplirent pourtant que dans la suivante, où la bourgeoisie prend place pour la première fois parmi les ordres de l'État.

Il se passa une année avant que la nouvelle de la mort du roi Erik Eiegod parvînt en Danemark. Son fils aîné, *Harald Kesia,* qui exerçait la régence, s'était fait haïr pour son mauvais gouvernement et sa violence, et ses deux plus jeunes fils, *Knud* et *Erik*, n'étaient pas encore entrés dans l'âge viril. Aussi le peuple élut-il pour roi *Niels* (Nicolas), un des frères d'Erik; attendu qu'un frère plus âgé, *Svend*, était mort peu auparavant, et qu'un autre, *Ubbe*, avait renoncé volontairement à la couronne, dont le poids lui semblait trop lourd. Niels fut le dernier des fils de Svend Estridsen qui montèrent sur le trône, mais aussi le plus faible et le plus incapable, et avec son règne commença pour le Danemark une période malheureuse qui dura plus d'un demi-siècle. Des rois impuissants, des princes violents et ambitieux, des régicides successifs, de sanglantes guerres civiles, l'anarchie générale à l'intérieur et des incursions dévastatrices des Vendes, tels sont les traits de l'histoire de cette période.

La création d'un siége métropolitain spécial pour le Nord, si longtemps méditée et préparée, fut enfin réalisée. Un légat apostolique vint à cette occasion en Danemark et choisit, pour la résidence du futur archevêque, la ville de Lund, qui était déjà le siége d'un important évêché, et qui se trouvait bien située pour être la métropole ecclésiastique des trois royaumes du Nord. L'évêque de Lund, *Adser*, neveu de la reine *Bothilde*, femme d'Erik Eiegod, fut le premier appelé à cette dignité (1104). Par l'institution d'un archevêché national, les rois furent soustraits à l'inconvénient d'avoir affaire à un prélat étranger, souvent impérieux et peu conciliant; mais ils ne gagnèrent pas beaucoup au change, car les archevêques de Lund se mêlèrent encore plus des affaires de l'État que les archevêques de Hambourg ne l'avaient pu faire, et, comme indigènes, ils avaient avec les hommes puissants du pays des relations de famille qui augmentaient encore leur influence. L'État eut dès lors deux chefs, l'un religieux, l'autre civil, dont les intérêts opposés occasionnaient des luttes perpétuelles. Les archevêques, grâce à leurs grands revenus, à leurs domaines importants, à l'influence dont ils jouissaient comme primats du Nord, furent bientôt à même de braver les rois et d'ébranler le trône par la rébellion et la guerre civile. L'érection de l'archevêché de Lund donna à tout le clergé un point d'appui dont il avait manqué jusqu'alors, et qui lui permit de prendre désormais une attitude plus ferme vis-à-vis de l'État. La juridiction de l'archevêque de Lund s'étendait aussi sur les églises de Suède et de

Norvège, mais sous *Eskil*, successeur d'Adser, ces deux royaumes obtinrent chacun leur archevêque, et, bien que celui de Lund reçût, avec le titre de légat apostolique et de primat de Suède, une sorte de suprématie sur tout le clergé du Nord, c'était là plutôt une distinction honorifique qu'un pouvoir réel, car les archevêques suédois et norvégien veillaient avec jalousie sur leurs droits et s'opposaient à tout empiétement du primat danois. Lorsque le Nord fut pourvu d'un chef ecclésiastique spécial, le souverain pontife songea à compléter la séparation de l'Église et de l'État en introduisant le *célibat des prêtres* qui, depuis près d'un demi-siècle, existait dans la plupart des autres pays de l'Europe. A la suite du premier concile de Latran (1123), il fut enjoint aux prêtres danois de répudier leurs épouses et de vivre dans le célibat; mais il fallut longtemps pour que cette prescription fût observée. L'archevêque Eskil lui-même était marié, et les prêtres furent soutenus par le peuple dans leur résistance à cet ordre. C'est en vain que l'énergique archevêque Absalon travailla à la suppression du mariage des prêtres; le peuple, déjà indisposé par la dîme et d'autres charges vexatoires, s'y opposa par une révolte en Skanie, où les paysans criaient : « A bas l'évêque! nous voulons conserver les prêtres, mais seulement à condition qu'ils soient mariés! » Cependant le Danemark ne put se soustraire à un règlement en vigueur dans la catholicité entière et, après une lutte de plus d'un siècle, le clergé danois dut renoncer à sa résistance opiniâtre. Le nonce apostolique *Grégoire*, qui vint en Danemark, en 1222, fit de nouveau défendre le mariage aux prêtres, dans le concile de Slesvig, et prononcer des peines civiles contre les transgresseurs, et les quelques prêtres jutlandais qui eurent le courage d'en appeler à un concile général, comme supérieur au pape, ne purent pourtant rien faire. C'est ainsi que le célibat des prêtres fut introduit peu à peu, mais non sans grand détriment pour la moralité du clergé, car les ministres de la religion eurent désormais des concubines, et ils scandalisèrent leurs ouailles par une vie déréglée. L'Église ne réprima que le désordre notoire et ferma les yeux sur le vice qui se dissimulait. En interdisant le mariage aux prêtres, elle brisa le dernier lien qui les unissait à leurs concitoyens, et elle se posa vis-à-vis de l'État comme une société séparée, souvent même hostile.

Sous le gouvernement faible et troublé de Niels, il y eut pourtant un prince qui, pendant toute sa vie, maintint un peu d'ordre à l'intérieur, et qui, par sa bravoure, inspira de la crainte aux ennemis extérieurs du royaume; c'était le fils d'Erik Eiegod, *Knud*, surnommé *Lavard* (c'est-à-dire *lord*, seigneur); caractère noble et généralement aimé. Pendant six ans il avait vécu à la cour de Lothaire, duc de Saxe, et, s'y étant familiarisé avec les institutions civiles plus perfectionnées et la civilisation plus avancée des Allemands, il avait pris à tâche de les transplanter dans sa patrie. Il y appela, notamment, une foule d'artisans allemands qui s'établirent à Slesvig et à Roeskilde. Il fut infatigable à poursuivre les pirates vendes, dont le nombre était si grand qu'un jour ils enlevèrent, sous les yeux de Niels, un navire portant une grosse somme d'argent, sans que le roi osât les attaquer. Le Sudjutland souffrait surtout des incursions des Vendes Obotrites qui venaient par terre; c'est pourquoi Niels choisit pour gouverner cette province Knud Lavard, qui vainquit bientôt *Henri*, roi des Obotrites, et lui imposa la paix. Leurs relations devinrent bientôt très-amicales, et, lorsque Henri fut mort et que ses fils eurent succombé dans des luttes intestines, Knud Lavard devint roi des Obotrites par l'appui et l'amitié de l'empereur Lothaire. Les brigands et les voleurs, qui inquiétaient le pays à l'intérieur, furent poursuivis et punis avec une impitoyable rigueur, quelle que fût leur haute origine. Un jour qu'un bandit de haut parage invoquait cette qualité comme un titre à l'indulgence, Knud ne lui accorda pas d'autre faveur que de le faire pendre à un mât de vaisseau pour le distinguer des simples voleurs. Les deux autres fils d'Erik Eiegod, *Harald Kesia* et *Erik*, plus tard surnommé *Emune*, différaient entièrement de leur noble frère, et ils désolèrent le pays par une sanglante guerre de succession. L'un, Harald, avait même construit, dans les environs de Roeskilde, un vrai repaire de brigands, d'où il pillait les alentours; mais l'énergique Knud réussit à les réconcilier et à rétablir la paix dans le royaume. Ses mérites ne le mirent pourtant pas à l'abri de la haine et des embûches. Parmi ses ennemis les plus acharnés était le vil *Henri Skatelaar*, petit-fils de Svend Estridsen, et le propre fils du roi Niels, *Magnus*, qui voyait avec envie la popularité dont jouissait Knud, et craignait, non sans raison, que celui-ci ne lui fût préféré lors de l'élection, après la mort du roi régnant. Niels lui-même alla si loin dans ses appréhensions et sa défiance que, devant le Folkething (assemblée nationale) de Ribe, il accusa Knud, qui tenait une cour brillante et jouissait de beaucoup de considération, comme roi des Obotrites, de nourrir des projets de trahison contre le roi et le royaume. Mais Knud se défendit en présence de tout le peuple avec une telle éloquence que le roi parut satisfait et que son fils Magnus jura à Knud une inviolable amitié. Peu après, Knud Lavard fut attiré en Sélande et assassiné à *Haraldsted*, près Ringsted, par Henri Skatelaar et Magnus, qui lui donna le coup mortel en s'écriant : « Maintenant, nous allons décider qui de nous deux sera roi de Danemark (1131)! ». Ce honteux assassinat excita une juste indignation dans tout le pays, et unit dans un projet de vengeance commune les deux frères ennemis, Harald Kesia et Erik Emune. L'exaspération s'accrut, lorsque Knud commença à passer pour un saint et que le bruit se répandit qu'une source avait jailli à l'endroit où son sang avait été versé. Au thing de Ringsted, où Harald et Erik se plaignirent du forfait de Magnus, l'assemblée éprouva un tel mouvement de colère qu'elle voulait porter une main violente sur le roi Niels, soupçonné d'avoir trempé dans le crime. C'est avec peine que l'archevêque *Adser* parvint à amener un accord, d'après lequel Magnus devait être banni du Danemark à perpétuité, et que le roi Niels confirma par serment.

Magnus se rendit en Suède, où il fut élu roi des Gœtes occidentaux; mais, après un court séjour dans ce pays, il retourna près de son père, malgré le récent arrangement, et il occasionna par là une sanglante guerre civile. Le parti royal eut pourtant le dessus pendant quelque temps; Erik Emune dut chercher refuge en Norvège, et Harald Kesia n'eut pas honte de faire alliance avec les assassins de son frère pour obtenir le duché de Sélande. Erik Emune revint bientôt de l'exil, et, le second jour de la Pentecôte (1134), il battit Niels dans le sanglant combat de *Fodevig*, en Skanie, où Magnus et Henri Skatelaar payèrent de la vie leur trahison envers Knud Lavard. Harald Kesia, qui avait combattu contre son frère, s'enfuit avec le roi Niels. Ce dernier se rendit à Slesvig, bien que ses amis l'eussent averti de se défier de cette ville, où Knud Lavard avait eu sa résidence ordinaire et où se trouvaient beaucoup de ses partisans, surtout parmi les membres de la gilde de Saint-Knud, dont il avait été président. Niels répondit avec insouciance : « Craindrions-nous des peaussiers et des cordonniers? » Mais il eut bientôt occasion de se repentir de son imprudence, car, à peine arrivé dans la ville, il fut massacré avec une grande partie de sa suite par les membres de la gilde.

Erik Emune, qui succéda à Niels, vainquit son frère Harald qui lui disputait le trône, et il le fit mettre à mort avec ses sept fils; le huitième, Oluf, s'échappa déguisé en femme et excita plus tard des troubles sanglants. Auparavant, Erik Emune avait déjà fait mourir deux fils de Harald, dont l'un lui avait autrefois sauvé la vie. Sanguinaire comme il était envers ses propres parents, il ne pouvait manquer de traiter avec cruauté le parti vaincu, et il se fit universellement haïr. Il fit une expédition contre les Vendes et, à cette occasion, il transporta, pour la première fois, des cavaliers sur mer, quatre par navire. Arkona, dans l'île de Rugen, fut prise et les habitants baptisés de force; mais leur conversion ne dura qu'aussi longtemps que la flotte danoise fut présente; les pirateries augmentèrent plutôt qu'elles ne diminuèrent. Erik tomba en contestation avec *Eskil,* évêque de Roeskilde, et ce puissant prélat réussit à soulever toute la Sélande contre le roi; mais Erik le força à se soumettre et à payer une amende de vingt livres d'or. Après la mort de l'archevêque Adser (1137), son neveu, Eskil, fut élu par le chapitre de Lund pour lui succéder; mais il ne remplit cette fonction que sous le règne suivant, Erik s'étant opposé à ce choix. Après trois ans d'un règne dur et cruel, il fut tué dans une assemblée, tenue près de Ribe, par *Sorteplov,* dont il avait fait mourir le père (1137).

Ceux qui pouvaient prétendre, par droit de naissance, au trône vacant, étaient nombreux, savoir : *Knud,* fils de Magnus Nielsen; *Svend,* fils d'Erik Emune; *Valdemar,* fils de Knud Lavard, et *Erik Lam,* neveu de ce dernier, ainsi que d'Erik Emune. Mais, comme aucun des trois premiers n'était âgé de plus de dix ans, le choix des électeurs se fixa sur *Erik Lam,* monarque faible et incapable, qui ne fit rien de bon ni de grand pendant dix ans de règne. Oluf, fils de Harald Kesia, souleva une révolte en Skanie et troubla le royaume, jusqu'en 1142, où il fut vaincu et tué. Les Vendes pillèrent impunément les côtes du Danemark sous ce roi impuissant, qui faillit même être fait prisonnier par eux, dans une traversée de Sélande en Fionie, et qui se sauva à terre dans une barque, après avoir abandonné navire et cargaison. Il fit, à la vérité, une expédition dans le pays des Vendes, mais il fut pour l'ennemi plutôt un objet de risée que de terreur. Fatigué du monde, il finit par abdiquer et entra comme moine au cloître de Saint-Knud, à Odense, où il mourut en 1147.

Après quoi une sanglante guerre civile s'engagea pour dix ans entre les trois princes susnommés, *Svend, Knud* et *Valdemar.* Svend fut élu roi par les habitants des îles et de la Skanie, et il prit bientôt le dessus dans le duché de Sudjutland, où il était maître de la ville de Slesvig; les Jutlandais du nord, au contraire, blessés de ce que l'élection eût été faite sans eux en Sélande et en Skanie, soutenaient Knud Magnussen, et ils le proclamèrent roi au thing de Viborg; Valdemar s'allia d'abord avec Svend, par défiance envers Knud, le fils du meurtrier de son père, et il fut nommé duc du Sudjutland. Svend, affermi par cette alliance avec le vaillant Valdemar, triompha de son rival Knud, qui était soutenu par l'archevêque Eskil. Il réussit à s'emparer de ce dernier, mais, jugeant bientôt qu'il était plus sage de faire la paix avec le puissant prélat, il le mit non-seulement en liberté, mais il fit aussi don à l'archevêché du bourg et du domaine d'*Aahuus,* de tout un canton en Skanie et des trois quarts de l'île de Bornholm. C'est ainsi que les archevêques de Lund savaient profiter de la situation malheureuse du pays pour augmenter leur puissance et leurs richesses. Après avoir subi plusieurs revers, Knud dut s'enfuir du royaume, et il ne fut pas plus heureux lorsque, à la tête de troupes étrangères, il fit une nouvelle tentative contre Svend et Valdemar, qui le défirent complétement près de Viborg.

Tandis que les prétendants se disputaient ainsi la couronne, les Vendes ravageaient sans cesse le pays, et ils ne se bornaient plus à piller les côtes et la rase campagne, mais des villes comme Roeskilde et Odense étaient aussi exposées à leurs attaques. Les bourgeois se chargèrent alors de remplir le devoir que les rois négligeaient. Dans la populeuse et florissante cité de Roeskilde, où l'esprit civique avait un plus grand essor que dans les autres villes danoises, il se forma une association pour combattre les pirates; elle avait pour chef un certain *Vetheman* et possédait des statuts propres auxquels tous les membres étaient tenus d'obéir. Avant de partir, chacun devait se confesser et recevoir la communion; l'équipage était composé d'hommes robustes et vigilants, pouvant se passer de tout autre sommeil que de celui qu'ils prenaient assis près des rames. Si un navire leur convenait, ils se l'appropriaient et indemnisaient le propriétaire en lui abandonnant la huitième partie du butin; s'ils avaient besoin de vivres, ils en prenaient là où ils en trouvaient, mais dédommageaient le possesseur; s'il y avait des esclaves chrétiens à bord des navires capturés, ils les mettaient en liberté et les renvoyaient chez eux, après les avoir pourvus de vêtements. Le butin était partagé par portions égales, de sorte que le capitaine n'avait pas une plus belle part que le simple rameur. Cette société, qui se répandit bientôt dans toute la Sélande, fit beaucoup pour la répression de la piraterie, et avec sa flotte, qui se composait de vingt-deux navires en tout, elle doit avoir pris quatre-vingt-deux vaisseaux ennemis.

Knud Magnussen s'était rendu auprès de l'empereur *Frédéric Barberousse*, et, pour gagner son appui, il se déclara prêt à le reconnaître pour suzerain, offre très-agréable à l'ambitieux souverain qui, comme ses prédécesseurs et ses successeurs, aspirait à se faire un fief du royaume de Danemark. C'était en effet l'objet constant des efforts des empereurs, que d'être reconnus pour chefs temporels de toute la chrétienté, de même que le pape en était le chef religieux; et pour rehausser cette dignité, absolument vaine et vide de sens, du moins en ce qui concerne le Danemark, ils saisissaient avec empressement toutes les occasions que les guerres civiles et les troubles intérieurs leur offraient de s'immiscer dans les affaires des pays voisins. Peu après l'assassinat de Knud Lavard, Magnus, père du roi Knud, avait reconnu pour suzerain l'empereur *Lothaire*, dans la crainte que celui-ci ne voulût venger son ami Knud Lavard; mais cette soumission fut sans conséquence, attendu que Magnus ne devint jamais roi de Danemark. Pour atteindre son but, Frédéric Barberousse attira Svend avec Valdemar à sa cour de *Mersebourg*, sous prétexte de trancher leur différend à l'avantage et à l'honneur de Svend; mais, lorsqu'ils furent en sa présence, il demanda que Svend lui rendît hommage pour le Danemark et cédât la Sélande à Knud. Svend s'y prêta par nécessité; mais, à peine était-il rentré dans ses États, qu'il déclara nuls et l'hommage et l'accord conclu, et c'est seulement sur les représentations de Valdemar, qui s'était porté garant de la convention et qui en outre commençait à se rapprocher de Knud, dont il aimait la demi-sœur, la belle princesse *Sophie*, que Svend accorda à Knud quelques domaines dispersés dans toute l'étendue du Danemark. Cependant il vit bientôt décliner sa popularité, parce qu'il voulait introduire les mœurs et les coutumes allemandes, auxquelles il avait pris goût pendant son long séjour en Allemagne, où il avait été élevé et où il s'était marié. En quoi il suivait l'exemple de Knud Lavard ; mais, comme il n'avait pas la prudence de ce dernier, il choqua beaucoup de gens qui étaient attachés aux mœurs nationales. Une expédition malheureuse en Suède ébranla son autorité ; la révolte éclata en Skanie et autre part, et, comme Valdemar se joignait maintenant ouvertement à ses ennemis, il dut quitter son royaume, comme avait fait Knud, et chercher secours à l'étranger.

Au bout de quelques années, il revint assisté de troupes d'élite qu'avait mises à sa disposition Henri le Lion, duc de Saxe ; mais il eut le dessous et dut se soumettre aux conditions que ses ennemis lui imposaient. Le Danemark fut divisé de manière que Valdemar obtint le Nordjutland et le Sudjutland ; Knud, les îles; et Svend, la Skanie, le Halland, le Bleking et Bornholm. Comme ce dernier ne pouvait plus compter sur la force, il résolut de recourir à la trahison. Quelques jours après la conclusion du traité, au milieu d'un festin auquel il avait été amicalement invité par Knud, à Roeskilde, il fit attaquer ses deux rivaux par les gardes qu'il menait avec lui. Valdemar fit un bond, éteignit rapidement les lumières ; après quoi, l'épée à la main, il s'ouvrit un passage à travers les ennemis et sauva sa vie ; l'évêque *Absalon*, ami de Valdemar, eut aussi la chance de s'échapper, mais Knud fut assassiné. Au prix de grands dangers, Valdemar s'enfuit en Jutland, où il parut devant le peuple, au thing de Viborg, encore souffrant des blessures qu'il avait reçues au guet-apens de Roeskilde. A cette vue et au récit de la trahison de Svend, tous les assistants furent remplis de compassion pour Valdemar et de haine pour son traître compétiteur. Valdemar se hâta de rassembler une grande armée et de marcher contre Svend, qu'il défit entièrement dans la bruyère de Grade (Gradehede), à quelques milles de Viborg. Ce dernier, qui depuis fut surnommé Grade, en souvenir de sa défaite, chercha son salut dans la fuite, mais il fut atteint et tué par un paysan (1157). Valdemar était le seul survivant des trois rois, et avec son règne commence une période glorieuse et heureuse pour le Danemark.

TROISIÈME DIVISION

1157-1241.

I.

Valdemar le Grand. — Relations avec l'Allemagne. — Absalon. — Expédition contre les Vendes. — Expédition en Norvège. — L'archevêque Eskil. — Les prétendants à la couronne. — Révolte des paysans en Skanie. — Knud VI. — Rapports avec l'Allemagne. — Frédéric Barberousse. — Conquête du Holstein. — Expédition sur les côtes de la Baltique. — Différend avec Philippe-Auguste, roi de France. — Législation ecclésiastique. — Autorité croissante du Clergé. — Le monachisme.

Pendant un demi-siècle environ, le Danemark avait été déchiré par des discordes intestines et des guerres civiles, et durant ces troubles les côtes avaient été la proie des pirates. Mais, sous le gouvernement heureux et énergique de Valdemar Ier et de ses deux fils, les choses prirent un tout autre aspect. Il fut mis fin pour toujours aux pirateries des Vendes, et presque tout le littoral méridional et oriental de la Baltique fut soumis au Danemark. La paix et l'ordre furent rétablis à l'intérieur; la législation, améliorée, et l'organisation judiciaire, réglée et affermie.

Dès que *Valdemar Ier*, surnommé *le Grand* (den store), eut été proclamé roi, ses principaux efforts tendirent à dompter les Vendes, et dans ce but il entreprit aussitôt diverses expéditions contre eux, bien que la terreur inspirée par ces terribles ennemis fût si grande; que Absalon et Valdemar eurent la plus grande peine à organiser les premières expéditions. Mais, avant de pouvoir rien entreprendre de sérieux contre les Vendes, le roi dut d'abord se mettre en règle avec ses voisins, parmi lesquels il y en avait de très-puissants. *Henri le Lion*, duc de Saxe, était un prince brave et entreprenant, qui avait déjà soumis les deux peuples vendes les plus rapprochés du Danemark, les *Wagriens* et les *Obotrites*, et qui aspirait à mettre tous les autres sous sa domination. Il regardait donc d'un œil jaloux toute tentative de conquête chez les Vendes formée par d'autres princes, et Valdemar Ier devait s'attendre à trouver en lui un dangereux adversaire de ses projets sur les riverains de la Baltique. Dans ces circonstances, il jugea plus prudent de flatter le puissant et ambitieux Frédéric Barberousse, qui était un ennemi secret de Henri le Lion, et sur l'assistance duquel il pouvait compter s'il y avait rupture entre le Danemark et le duc de Saxe. S'il choisissait le parti opposé et se montrait hostile à l'empereur, il s'exposait à un grand danger, car le Danemark était encore affaibli par ses dissensions intestines, et rempli de princes remuants qui, avec l'aide des Allemands, auraient pu facilement ébranler le trône peu solide de Valdemar. Celui-ci se rendit donc, malgré l'avis contraire d'Absalon et de son frère *Esbern Snare*, auprès de l'empereur qu'il trouva en Bourgogne (1162), et dont il satisfit la vanité en lui rendant hommage pour son royaume ; en retour de quoi l'empereur lui promit de l'aider à soumettre les Vendes, et tous les princes allemands présents durent en faire autant. Cet hommage cependant était une vaine cérémonie, puisque Valdemar était expressément exempté du principal devoir du vassal, qui était de suivre son seigneur en guerre avec un certain nombre de troupes ; le lien féodal n'obligeait pas non plus les successeurs du roi ; aussi fut-il sans aucune conséquence pour l'avenir.

Après son retour en Danemark, Valdemar travailla avec un nouveau zèle à la conquête du pays des Vendes ; plus de vingt expéditions y furent faites, d'année en année, principalement sous la conduite du brave et infatigable évêque Absalon. Elles n'avaient pas seulement un but politique : la répression des courses dévastatrices des Vendes et la réduction de leur pays en province danoise ; c'étaient aussi des croisades, à l'effet de convertir les habitants au christianisme. Bien que diverses bandes fussent allées combattre les infidèles en Palestine, le Nord ne fit pourtant pas de croisade générale en Terre-Sainte. Il était trop à l'écart pour être fortement saisi de l'enthousiasme universel qui régnait alors dans toute l'Europe pour la délivrance du saint sépulcre. Les Danois avaient un intérêt plus direct à faire la guerre aux païens qui occupaient le littoral de la Baltique, et les papes engagèrent à plusieurs reprises les rois de Danemark à faire des expéditions dans ces contrées, en leur promettant les mêmes indulgences que pour les croisades en Terre-Sainte. La plus importante des expéditions faites sous Valdemar Ier eut lieu en 1168, et se termina par la prise de la forte citadelle d'*Arkona* et la conquête de l'île de Rugen. Après une défense désespérée, Arkona, qui était le principal sanctuaire des Vendes, dut se rendre. Elle renfermait un grand temple, où était érigée la statue du dieu *Svantevit*, auquel tous les pays vendes envoyaient des présents et des contributions. Après que le temple eut été détruit et la statue mise en pièces, toute l'île de Rugen fut évangélisée, puis soumise au diocèse de Roeskilde, dont l'évêque était Absalon. Plus tard (1177), la célèbre ville de *Julin* fut prise et saccagée, de même que *Stettin* et plusieurs villes de la côte de Poméranie; mais, comme la plus grande partie des pays vendes était encore insoumise, la piraterie ne cessa pas, quoiqu'elle ne fût plus impunie. Absalon était infatigable à poursuivre les corsaires depuis le commencement du printemps, où les eaux devenaient libres, jusqu'à une date avancée de l'automne, et il rétablit la coutume qui avait été observée dans les jours de prospérité du Danemark, et qui consistait à envoyer en croisière une partie de la flotte pour surveiller les eaux et les rivières du royaume. De même, pour mettre les frontières à l'abri des incursions des Vendes et de Henri le Lion, le Dannevirke fut restauré et revêtu de pierres. Pendant les nombreuses expéditions contre les Vendes, les rapports avec Henri le Lion avaient toujours été tendus et parfois hostiles, et, bien qu'un mariage eût été conclu entre *Knud*, fils de Valdemar, et *Gertrude*, fille de Henri, il ne put pourtant produire une amitié durable entre deux princes dont les intérêts étaient si inconciliables.

Les discordes intestines qui troublaient alors la Norvège donnèrent à Valdemar l'occasion de s'immiscer dans les affaires de ce royaume et d'y faire diverses expéditions au milieu de la guerre contre les Vendes. Le chef norvégien *Erling Skakke*, qui cherchait à placer son fils sur le trône de saint Olaf, avec l'appui de Valdemar, fit de grandes promesses tant qu'il eut besoin du roi de Danemark, mais il les oublia lorsqu'il crut pouvoir se passer de son allié. Il finit à la vérité par abandonner à Valdemar le *Vik,* ou littoral du golfe de Christiania, mais en s'en réservant la possession viagère, à titre de vassal du roi de Danemark.

Le remuant *Eskil,* qui avait joué un rôle si important sous les règnes d'Erik Emune, d'Erik Lam et pendant les guerres civiles, occupait encore le siége métropolitain de Lund, et il osa entrer en lutte avec Valdemar le Grand. Il se permit d'user à l'égard du roi des expressions les plus injurieuses et les plus menaçantes, et il chercha, bien que vainement, à ébranler la fidélité d'Absalon. Lorsque Valdemar apprit les paroles altières et menaçantes de l'archevêque, il s'écria : « Eskil a pris l'habitude de boire le sang de mes prédécesseurs, maintenant il a soif du mien. » Mais le prélat fit l'expérience que les temps étaient changés. Le roi le força à s'enfuir du royaume, s'empara de son château fort de *Elleholm,* et ne lui accorda le pardon que contre la rétrocession d'une partie des fiefs annexés à l'archevêché de Lund pendant les troubles précédents. Eskil ne put cependant se plier à obéir là où il avait pris l'habitude de commander pendant tant d'années, et, fatigué du Danemark, il partit pour un exil volontaire. Après avoir erré sept ans en France et en Italie, et fait un pèlerinage en Terre-Sainte, il retourna en Danemark, mais ne regagna jamais son prestige d'autrefois ; il fut au contraire avec le roi en relations plus tendues qu'auparavant. Valdemar avait, en 1170, fait couronner et sacrer, comme son successeur et corégent, son fils *Knud,* âgé seulement de sept ou huit ans, et par là ôté aux nombreux princes avides de pouvoir, dont le pays fourmillait, la perspective du trône, qu'ils avaient eue jusqu'alors. Il y eut naturellement des mécontents, et *Buris,* fils de Henri Skatelaar, exprima ouvertement l'irritation que lui causait cette mesure, déclarant « qu'il ne voulait pas obéir à un enfant et ne pouvait servir deux rois ». Il fut pourtant satisfait pour quelque temps par des investitures de fiefs ; mais plus tard, ayant fait des complots avec les Norvégiens, il fut mis en prison, privé de la vue et mutilé d'autres façons. Ni ce châtiment ni les bienfaits de Valdemar ne purent détourner de tentatives semblables *Magnus,* fils naturel d'Erik Lam. Il entra avec *Knud* et *Charles,* petits-fils de l'archevêque Eskil et descendants de saint Knud, dans une conspiration qui avait pour but l'assassinat du roi ; mais le complot fut découvert par l'imprudence de deux conjurés, et Magnus et Knud allèrent rejoindre Buris en prison, tandis que Charles tombait les armes à la main. Bien que le vieil archevêque ne semblât pas avoir participé à la trahison des fils de sa fille, il fut pourtant soupçonné ; haï et méprisé, il résolut de se dépouiller d'une dignité qui était devenue une charge pour lui, et, comme il disait, d'échanger l'agitation de la vie contre le repos du cloître. Il se démit de ses fonctions archiépiscopales et nomma, avec l'assentiment du souverain pontife, l'évêque Absalon pour son successeur (1177); mais ce dernier refusa longtemps cette promotion, et il ne se décida que sur les prières communes du roi, de la nation et du clergé, à accepter la plus haute dignité ecclésiastique du Nord. Eskil se rendit ensuite au monastère de Clairvaux, en France, où il termina ses jours.

A la fin du règne de Valdemar le Grand, le mécontentement populaire causé par la violation d'anciens droits, par des abus ecclésiastiques, et par les exactions des baillis de l'archevêque et du roi, se traduisit en rébellion déclarée chez les courageux Skaniens. Les paysans se plaignaient de ce que les baillis les traitaient comme des esclaves et voulaient les forcer, non-seulement à tailler des pierres et à abattre des arbres pour les nombreuses constructions d'églises entreprises par Absalon, mais aussi à traîner ces matériaux à pied d'œuvre par des chemins impraticables ; ils refusaient en outre de payer la dîme et s'opposaient à l'interdiction du mariage pour les prêtres. A la nouvelle de ce soulèvement, Absalon passa en Skanie, mais il ne put rien faire, soit par les prières, soit par la force. Les paysans, le regardant comme leur pire ennemi, brûlèrent sa demeure et parcoururent le pays en se livrant à toutes sortes de violences sur les fonctionnaires royaux et les employés de l'archevêché. Absalon dut prendre la fuite ; il se rendit auprès de Valdemar, vers lequel les révoltés envoyèrent aussi des messagers pour demander l'abolition de la dîme et la déposition de quatre chefs qui étaient ou parents ou amis d'Absalon. Ils promettaient que, à cette condition et si l'on nommait pour chefs des indigènes de la Skanie, le tumulte s'apaiserait de lui-même. Absalon s'y opposa et le roi fit une réponse menaçante qui augmenta l'exaspération. Accompagné de l'archevêque, il se rendit en Skanie et fut, pour sa part, reçu avec le plus grand respect; mais, lorsque Absalon voulut débarquer, la foule furieuse lui jeta des pierres et la présence du roi le préserva seul d'autres avanies. Valdemar le fit retourner sur ses pas, et il parcourut lui-même la province pour calmer le peuple par des paroles amiables, ce qui lui réussit en effet. Ensuite quelques élus furent chargés de négocier avec Absalon sur la dîme, mais le prélat fut inflexible en ce point et il excommunia même les Skaniens insoumis. Nouvelle cause d'exaspération! Le peuple criait que les prêtres, étant entretenus par la nation, devaient lui obéir plutôt qu'aux évêques; que l'on pouvait se passer de ceux-ci; que l'on ne voulait pas payer la dîme et que les prêtres devaient être mariés. C'est ainsi que les rebelles, comme écrit un moine contemporain, bouleversaient toutes les institutions divines et humaines. Valdemar passa une seconde fois en Skanie, avec une puissante armée, surprit les paysans près du *Dysieaa* (1181) et leur infligea une entière défaite, dont le souvenir s'est conservé sous le nom de *Dysiefald* (catastrophe de Dysie). Les vaincus durent se soumettre partout; mais la dîme ne fut pourtant pas rétablie; car Absalon, cédant aux représentations du sage et intelligent Valdemar, qui lui rappelait le sort de saint Knud, consentit d'abord à surseoir au recouvrement de la dîme. Cependant le courage des paysans n'était pas encore abattu et le feu couvait sous la cendre. Après la mort de Valdemar, arrivée peu après, une nouvelle révolte éclata et les mêmes scènes se renouvelèrent. Mais le peuple, qui avait pour chef *Harald Skræng*, probablement fils d'Oluf et petit-fils de Harald Kesia, fut battu par les chefs skaniens, près du *Lummeaa*, et durement puni par Knud VI, qui imposa aux rebelles de fortes amendes, et qui aurait fait ravager une partie de la province par le fer et le feu, si Absalon ne l'en eût détourné par son intercession. Ainsi finit ce soulèvement populaire, comme beaucoup d'autres au moyen âge, par la soumission des paysans au joug du clergé et de la noblesse, qui vint à peser d'un double poids sur les vaincus.

Valdemar le Grand mourut en 1182. C'était un roi brave et actif, grâce auquel le Danemark se releva d'une chute profonde et atteignit, avec l'ordre intérieur, la considération de l'étranger. L'affection que lui portait le peuple se manifesta le jour de ses funérailles; car, lorsque ses restes furent conduits à Ringsted, les paysans s'offrirent spontanément pour porter le cercueil à l'église, en déplorant la mort du défenseur du Danemark et du vainqueur des Vendes.

Bien que *Knud VI* eût été couronné du vivant de son père, il jugea pourtant plus prudent d'observer l'ancienne coutume et de recevoir l'hommage du peuple dans les things provinciaux avant de prendre les rênes du gouvernement, car la révolte de la Skanie avait montré récemment qu'il fallait se garder de violer les droits fondés. Aussitôt après l'avénement de Knud, Frédéric Barberousse chercha à se faire reconnaître pour suzerain; mais le Danemark était maintenant fort et puissant, aussi l'empereur éprouva-t-il un refus catégorique. Lorsque l'ambassadeur allemand commença à rappeler hautement et avec menaces la puissance de l'empereur, Absalon lui répondit avec dignité que Knud VI exerçait en Danemark le même pouvoir souverain que l'empereur en Allemagne; il lui fit sentir que le Danemark n'était pas aussi facile à conquérir que la Thuringe, et le chargea de rapporter à son maître que Knud VI ne reconnaissait aucunement la prétendue suzeraineté de l'empereur. Le ressentiment que cette réponse excita chez Frédéric Barberousse fut encore accru par les progrès que les Danois faisaient au nord de l'Allemagne; car l'empereur était venu à bout de Henri le Lion, et il n'avait plus besoin de rechercher l'amitié des Danois pour maintenir en respect son puissant vassal; aussi voyait-il maintenant d'un mauvais œil les conquêtes qu'ils avaient faites sur les Vendes. Il renvoya honteusement la sœur de Knud, qui devait épouser son fils, et il excita *Bugislav*, duc de Poméranie, à déclarer la guerre au Danemark. Ce prince attaqua l'île de Rugen avec une flotte de cinq cents vaisseaux; mais Absalon courut à sa rencontre avec une flotte beaucoup moins nombreuse. La vue de celui qui les avait tant de fois vaincus frappa les Vendes de terreur; leur désarroi fut accru par un épais brouillard, de sorte que trente-cinq de leurs vaisseaux seulement s'échappèrent; le reste fut capturé ou bien coulé à fond. Après cette victoire (1184), la Poméranie antérieure fut soumise au Danemark; et, à la suite de plusieurs autres expéditions, il en fut de même du pays des Vendes Obotrites ou Meklenbourg; en conséquence, Knud VI prit le titre de *roi des Slaves*.

Il commença ensuite à tourner ses vues vers les côtes plus orientales de la Baltique et résolut, partie spontanément, partie à l'instigation du pape, de faire une expédition dans l'Esthonie, encore païenne. Il équipa une grande flotte, pour laquelle le diocèse de Slesvig fournit 130 navires; celui de Ribe, 120; celui de Viborg, 100; celui d'Aarhuus, 90; le Vendsyssel, au nord du Liimfjord, 50; la Fionie, 100; la Sélande, 120, et les provinces skaniennes, 150. Après plusieurs succès, une grande partie du pays fut conquise; beaucoup d'Esthoniens convertis, et des églises construites; mais, lorsque l'armée danoise eut quitté la contrée, les habitants retombèrent dans le paganisme, démolirent les églises, massacrèrent les prêtres et recommencèrent leurs courses maritimes. L'attention de Knud fut bientôt attirée par d'autres affaires et détournée de l'Esthonie. A la suite de l'échec inattendu de sa ligue avec le duc de Poméranie, l'empereur avait excité le comte *Adolphe le Holstein*, le *margrave de Brandebourg*, *l'archevêque de Brême* et plusieurs princes de l'Allemagne du Nord à prendre les armes contre le Danemark. Cette coalition était d'autant plus menaçante que Knud VI avait en Danemark même un dangereux ennemi, l'évêque *Valdemar*, fils naturel de Knud Magnussen, qui avait été assassiné à Roeskilde. Ce prélat avait, avec l'évêché de Slesvig, le gouvernement de la province de ce nom ou Sudjutland; mais, irrité de ce que cette dernière fonction lui eût été enlevée pour être donnée au frère de Knud VI, *Valdemar*, lorsque ce prince fut en âge, il se ligua avec les ennemis du royaume: l'empereur, le comte de Holstein et le roi Sverri, de Norvège. Ce dernier en voulait à Knud VI à cause de l'appui qu'avaient trouvé en Danemark, d'abord *Magnus Erlingsson*, prétendant au trône de Norvège, puis l'archevêque de Throndhjem, *Eirik*, et d'autres rebelles norvégiens. L'évêque Valdemar, ayant reçu de Sverri quelques vaisseaux de guerre, retourna à Slesvig et osa même prendre le titre de roi de Danemark; mais il fut fait prisonnier par ruse, couvert de chaînes et jeté dans une prison rigoureuse, d'abord à *Nordborg*, dans l'île d'Als, ensuite à *Sœborg*, dans la Sélande septentrionale. La captivité n'abattit pas le courage de cet ambitieux; il continua à réclamer une partie du Danemark et fut maintenu prisonnier pendant une bonne partie du règne suivant. Mais c'est contre ses autres ennemis que Knud, avec l'aide de son vaillant frère Valdemar, d'Absalon et d'*Esbern Snare*, frère de ce dernier, eut les plus brillants succès. La vieille forteresse de *Reinoldsborg*, aujourd'hui Rendsbourg, que le comte Adolphe avait commencé de restaurer, fut prise; Lübeck et Hambourg, soumises au Danemark; Adolphe de Holstein, fait prisonnier, et les frontières du Danemark reculées jusqu'à l'Elbe.

Knud VI mourut, en 1202, dans le cours de ces brillantes conquêtes, qui étaient pourtant dues principalement à l'expérience militaire de Valdemar. Dans les dernières années de son règne, il avait eu une fâcheuse querelle avec le roi de France, *Philippe-Auguste*, qui avait épousé sa sœur *Ingeborg* (Ingeburge), pour avoir part aux prétentions que les Danois élevaient d'ancienne date sur l'Angleterre. Ayant été déçu dans ses espérances, Philippe répudia Ingeborg, mais il fut anathématisé par le pape et dut finalement s'engager à reprendre Ingeborg pour épouse.

L'archevêque Absalon était mort un an avant Knud VI. Son nom a été souvent cité dans les pages précédentes et il partage, aussi bien avec Valdemar le Grand qu'avec Knud VI, la gloire de la plupart des grandes et célèbres actions faites sous leurs règnes. Il était animé d'un profond amour de la patrie et d'une inébranlable fidélité envers ces monarques, qui en retour l'aimaient comme un ami et un frère. Il possédait non-seulement de rares talents militaires, qu'il manifesta par une série de mémorables conquêtes, mais aussi une profonde habileté politique, et il se distingua dans un siècle de ténèbres par le goût de la science. C'est à son instigation que *Sveno Aggonis* (Svend Aagesen) et *Saxo grammaticus* (Saxe) écrivirent l'un sa petite, l'autre sa grande histoire de Danemark, ouvrages si précieux pour la connaissance de l'antiquité du Danemark, et de sa première période du moyen âge. Il doit en outre avoir prescrit aux moines de Sorœ de cultiver l'histoire nationale et de noter les événements remarquables. Il est vrai qu'il favorisa la théocratie, non sans grand inconvénient pour l'État dans les temps postérieurs, où des prélats moins patriotes occupèrent le siége archiépiscopal de Lund; mais cette faute ne lui est pas particulière : elle appartient à l'époque : chaque ecclésiastique d'alors devait regarder comme un devoir sacré le maintien de la prééminence et des droits de l'Église. Il n'était pas dur pour le peuple, bien qu'il fût du côté des grands ; il le montra dans la révolte de la Skanie, où il intercéda pour les paysans vaincus, quoique personnellement il eût été grièvement outragé par eux, et quoique, à son point de vue ecclésiastique, il dût considérer leur refus de payer la dîme comme une audacieuse impiété.

Sous les archevêques Eskil et Absalon, l'Église danoise reçut sa *législation propre*. Le *droit ecclésiastique de la Skanie* (den Skaanske Kirkeret), promulgué dans une assemblée populaire publique, probablement en l'année 1162, par l'archevêque Eskil, avec l'aide d'Absalon, est le plus ancien que nous possédions. Il fut établi à l'occasion des plaintes des Skaniens sur la sévérité d'un droit ecclésiastique plus ancien, aujourd'hui perdu, qui doit avoir été édicté par le premier archevêque Adser. Le *droit ecclésiastique sélandais* (den Sjællandske Kirkeret) fut également promulgué dans une assemblée populaire, tenue par l'évêque Absalon, en plein air, dans un bosquet, en dehors de Ringsted (1171), et il fut, comme le droit skanien, confirmé par Valdemar Ier. Ces deux droits sont presque identiques, et ils sont généralement basés sur les mêmes principes que le droit canon, alors en vigueur dans toute l'Europe ; ils sont pourtant en plusieurs points appropriés aux particularités du peuple danois. Sous deux archevêques aussi actifs et influents que *Eskil* et *Absalon*, dont les nombreux parents occupaient les plus importantes fonctions civiles et ecclésiastiques du royaume, et dont le dernier était en si bons termes avec les rois, la puissance et la considération du clergé devaient naturellement s'accroître beaucoup. Les évêques commençaient à s'entourer d'hommes de guerre, tenaient une cour brillante et se faisaient suivre dans leurs voyages d'une grosse troupe de gardes. Eskil brava plusieurs rois à main armée, et Absalon put offrir à Valdemar Ier de réprimer l'insurrection skanienne avec ses propres troupes. Le pouvoir temporel des évêques était non seulement soutenu par les hommes d'armes qu'ils entretenaient, mais aussi par de fortes citadelles, dont Eskil possédait plusieurs en Sélande et en Skanie. Absalon éleva un château fortifié près du bourg de *Hafn* (port), qui lui avait été donné, ainsi que les villages environnants, par Valdemar Ier, et qui fut l'origine de *Kjæbenhavn* (Copenhague). Les ecclésiastiques eux-mêmes partageaient les mœurs belliqueuses du siècle et changeaient souvent le bréviaire contre l'épée : à la bataille de Fodevig, il tomba cinq évêques et soixante autres ecclésiastiques. Absalon fut un des plus célèbres guerriers du Danemark. Les richesses des évêques s'accrurent en même temps que leur autorité politique augmentait par l'établissement des dîmes, qui devint peu à peu plus général, par le droit lucratif de frapper monnaie, par les libéralités extraordinaires des rois et des particuliers. Il ne se passait presque pas d'années sans que Valdemar le Grand et ses deux successeurs donnassent aux églises et aux cloîtres, tantôt la moitié d'un village, tantôt divers domaines, moulins, prés et bois, tantôt l'exemption d'impôts ou d'autres priviléges royaux. A mesure que les évêques voyaient augmenter leurs richesses et leur puissance, leur arrogance s'élevait aussi ; ils commencèrent à s'appeler *évêques par la grâce de Dieu*, et, à l'église, ils étaient assis sur un trône à côté des rois.

Une nouvelle branche de la hiérarchie, déjà si bien ramifiée, se développa à cette époque par la naissance des *chapitres des églises cathédrales*, composés de *chanoines* qui résidaient au siége diocésain et étaient regardés comme les conseillers et les assesseurs des évêques. Dans les plus anciens temps, les évêques avaient été assistés dans leurs fonctions par des moines ; mais dans le cours des onzième et douzième siècles ceux-ci furent, à l'exemple de ce qui se passait dans le reste de l'Europe, transformés en chanoines, qui formaient un intermédiaire entre les moines et les prêtres. Ils menaient une vie commune d'après la règle de saint Augustin, mangeaient à une même table, avaient en commun les biens et la demeure, mais se distinguaient des moines en ce qu'ils prêchaient dans les cathédrales. Formant comme un corps savant parmi les ecclésiastiques, ils devaient s'appliquer principalement à l'étude des sciences et travailler à former des maîtres de la doctrine religieuse dans les églises cathédrales, qui étaient établies près de chaque chapitre. Mais l'accroissement de leurs richesses fit déchoir la discipline parmi eux ; ils négligèrent les études et le service divin, dont ils chargèrent des vicaires ; la vie commune cessa, les biens furent partagés, et les chanoines réunirent ainsi les avantages des ecclésiastiques avec toute la liberté de la vie séculière. Les chapitres des églises cathédrales qui avaient leurs propres chefs : prélats, prévôts, archidoyens, etc., gagnèrent bientôt une si grande importance, que divers d'entre eux, comme ceux de Lund et de Viborg, prenaient dans les assemblées populaires la première place après les évêques ; mais leur influence était principalement fondée sur ce qu'ils acquirent peu à peu le droit de choisir les évêques parmi eux. D'après le droit canon c'était proprément le peuple et le bas clergé à qui il appartenait d'élire les hauts fonctionnaires ecclésiastiques ; mais de bonne heure le droit électoral passa exclusivement dans les mains des chanoines. Cependant, lorsque des dons ou des investitures eurent mis l'Église en possession de grands fonds de terre et que les évêques furent ainsi devenus les *feudataires* des princes, il devint de plus en plus important pour les chefs séculiers du royaume que les évêques élus leur fussent fidèles et dévoués. Les princes se permirent donc d'empiéter fortement sur les droits électoraux des chapitres et, par l'influence que leur donnait leur situation, ils obtinrent peu à peu qu'aucun évêque ne fût élu sans leur consentement. A cette occasion il s'éleva, à la fin du onzième et au commencement du douzième siècle, une violente querelle entre le pape *Grégoire VII* et ses successeurs d'un côté, et les empereurs *Henri IV* et *Henri V* de l'autre, les uns et les autres prétendant au droit d'investir les évêques *par la crose et l'anneau* (querelle des investitures). Cette lutte se termina en 1122 par le concordat de *Worms*, en vertu duquel l'empereur devait renoncer à la prétention d'investir les évêques par la crosse et l'anneau ; mais l'évêque, après avoir été élu par le chapitre diocésain, devait recevoir de l'empereur un sceptre comme signe de ses devoirs féodaux envers le souverain temporel. Ce concordat entre l'empereur et le pape, dont l'un était regardé comme le chef temporel de toute la chrétienté, et l'autre comme son chef spirituel, devait nécessairement tôt ou tard produire un contre-coup aussi bien en Danemark que dans les autres pays. Ici les rois avaient d'abord institué pour évêques, dans leur royaume, ceux qu'ils voulaient, et c'était exceptionnellement que, sous Erik Lam, les moines bénédictins de l'église de Saint-Knud à Odense, qui remplissaient les fonctions de chanoines, et que, sous Valdemar Ier, le chapitre de *Ribe*, avaient obtenu, à certaines conditions, le droit d'élire les évêques dans leur diocèse. Le premier exemple d'une élection épiscopale, faite en dépit du roi, est celle de *Tuvo*, que le chapitre choisit pour évêque de Ribe, en 1215, contre la volonté du puissant Valdemar Seir. Ces exemples devinrent plus tard très-fréquents; mais les rois de Danemark ne renoncèrent pourtant jamais à la prétention d'exercer une influence prépondérante sur le choix des évêques; et ce fut, dans les siècles suivants, une pomme de discorde entre les monarques et le clergé, ce dernier cherchant toujours à se placer, vis-à-vis de l'État et du pouvoir temporel, dans la même situation d'indépendance qu'il avait déjà obtenue dans d'autres pays de l'Europe.

Dès le règne de Knud le Grand, des *moines* anglais, notamment les sobres et laborieux *bénédictins*, s'étaient établis en Danemark, et sous les rois suivants le nombre des *cloîtres* augmenta; mais les douzième et treizième siècles surtout furent l'âge d'or du monachisme, sous les archevêques Eskil, Absalon et André Sunesen, et sous les généreux rois Valdemar Ier, Knud VI et Valdemar II. Eskil, qui était en étroites relations d'amitié avec *saint Bernard*, le célèbre abbé du *monastère de Clairvaux* en France, se distingua par sa prédilection pour le monachisme, et il fonda quelques-uns des plus anciens cloîtres que nous connaissions. Le *monastère d'Esrom*, établi par lui, vers 1150, reçut des moines français de l'ordre de Cîteaux, auquel appartenait saint Bernard; il fonda aussi, dans l'Isefjord, le *monastère d'Eskilsø* (île d'Eskil), qui, sous l'abbé *Guillaume*, appelé de France par Absalon, fut transféré à Ebelholt, dans la Sélande septentrionale. De la filiation d'Esrom était le grand et célèbre *monastère de Vitskøl*, dans le diocèse de Viborg, que Valdemar fonda pour remercier Dieu de l'avoir soustrait aux embûches de Svend Grade, à Roeskilde, en 1157. Mais aucun monastère ne pouvait le disputer, en renommée et en richesses, au *monastère de Sorœ*, fondé par le père d'Absalon et accru par le fils avec une grande libéralité; ses abbés prenaient rang après les évêques. Parmi les autres monastères qui se distinguaient par leur grandeur, leur richesse et leur ancienneté, était celui des *Bénédictins* à Ringsted, où Valdemar Ier, Knud VI, Valdemar II et plusieurs autres rois sont inhumés; le *Pederskloster* (monastère de Saint-Pierre), appelé plus tard *Skovkloster* (monastère du bois), près de Nestved; *Antvorskov* près de Slagelse; *Herrisvad* en Skanie; *OEmkloster* dans le diocèse d'Aarhuus; *Lægumkloster* et *Rykloster* dans le Sudjutland. Les plus grands monastères, qui étaient gouvernés par des abbés et des prieurs, étaient appelés *herreklostre* (monastères de seigneurs), à la différence des *tiggerklostre* (monastères de mendiants), qui n'avaient pas d'aussi grands priviléges que les premiers et étaient gouvernés par de simples prévôts. Les *moines mendiants* (tiggermunke), franciscains et dominicains, ou comme ils étaient appelés ici, d'après leur costume, *frères gris* (graabrœdre) et *frères noirs* (sortebrœdre), se montrèrent en Danemark dès 1221, peu après l'institution de leur ordre dans le midi de l'Europe, et ils se répandirent avec une telle rapidité, que l'on compta bientôt entre vingt et trente couvents de chaque ordre.

Les moines ont bien mérité de la civilisation danoise, spécialement ceux qui vinrent ou furent appelés d'Angleterre et de France, pays qui étaient alors beaucoup plus avancés que le Danemark. Ils apportèrent de nouvelles connaissances, institutions et inventions; ils s'appliquaient à l'élève des chevaux et du bétail; défrichaient les terres désertes et les grandes propriétés monastiques, qui, étant exemptes d'impôts, étaient généralement cultivées avec plus d'intelligence et plus d'étendue que les autres domaines. L'horticulture doit aussi beaucoup aux moines. L'abbé *Guillaume,* cité plus haut, apporta de France la salade et d'autres herbes potagères avec des pepins d'arbres fruitiers ; mais il eut beaucoup à faire pour accoutumer à cette nourriture frugale les moines danois récalcitrants. Ils étaient habitués à manger des viandes nourrissantes et déclaraient « qu'ils ne pouvaient pas vivre de feuilles et d'herbes comme le bétail au pâturage ». Le monachisme eut en outre une heureuse influence sur le développement de l'industrie; la construction de nombreux monastères, avec leurs magnifiques églises, donnait de l'occupation aux artistes et artisans étrangers et nationaux; beaucoup de moines même exerçaient un métier. On cite par exemple des moines anglais qui étaient orfévres, d'autres qui étaient architectes, etc. On a dit plus haut que des villes entières, comme Sorœ, Nestved, Præstœ, Maribo et d'autres florissaient à côté des grands monastères. Comme les moines et les chanoines seuls à cette époque cultivaient les sciences, les écoles cathédrales et monastiques étaient les uniques établissements où l'on pouvait recevoir une instruction, d'ailleurs très-élémentaire. Mais ce que l'on a remarqué sur les chapitres diocésains et le clergé en général s'applique aussi aux monastères; les richesses ruinèrent la discipline et la moralité, de sorte que l'activité, la frugalité et la science furent peu à peu remplacées par la paresse, la bonne chère et l'ignorance. La plupart des monastères se firent exempter de la surveillance des évêques, de sorte que la discipline déchut entièrement et que beaucoup de monastères devinrent le théâtre des plus honteux désordres. Ceux qui faisaient le plus de mal étaient les moines mendiants, paresseux, ignorants, qui erraient par grandes troupes, entretenant le peuple dans sa superstition et son ignorance, et troublant les prêtres dans leur œuvre par le droit qu'ils avaient, de préférence à tous les autres moines, de prêcher et de confesser partout.

II

Valdemar le Victorieux. — Agrandissement territorial du Danemark. — L'empereur Frédéric II. — L'évêque Valdemar. — Expédition en Esthonie. — Captivité de Valdemar. — Albert d'Orlamunde. — Bataille de Bornhœved.

Knud VI étant mort sans enfants, son frère *Valdemar*, surnommé *Seir* (la victoire), fut proclamé roi de Danemark, et les envoyés de Lubeck, de Hambourg, la noblesse du Holstein et du Lauenbourg, les princes de Poméranie, de Rugen et du Mecklenbourg lui rendirent hommage avec beaucoup de solennité dans la ville de Lubeck. Le comte *Adolphe de Holstein*, qui avait été quelque temps prisonnier à Sœborg avec son ancien compagnon d'armes, l'évêque Valdemar, racheta sa liberté en cédant, pour lui et ses descendants, tout le Holstein à Valdemar II, qui donna ce comté en fief au fils de sa sœur Sophie, le brave *Albert d'Orlamunde*.

Valdemar s'immisça dans les troubles de Norvège et de Suède, sans en retirer les mêmes avantages que de ses autres entreprises. A la vérité, le chef des Bagler, *Erling Steinvegg*, fut élu roi de Norvège par l'aide de Valdemar, et il lui rendit hommage, comme vassal, à *Tœnsberg* (1204), mais il ne put se maintenir, non plus que *Philippe*, qui lui avait succédé comme chef de ce parti, et qui dut faire la paix avec le roi *Ingé Bárdarson*. Le successeur de celui-ci, *Hâkon Gamlé*, réprima avec force les discordes intestines qui avaient si longtemps déchiré la Norvège. En Suède, les auxiliaires danois, qui furent envoyés au secours du roi *Sœrkvi* (Sverker) *Karlsson* subirent même une défaite totale à *Lena*.

Valdemar eut, au contraire, de brillants succès dans ses conquêtes au nord de l'Allemagne, et il marcha à pas de géants vers le but que se proposaient Valdemar le Grand, Knud VI et Absalon : la soumission de tout le littoral de la Baltique. Une grande partie des contrées situées au sud de cette mer appartenaient déjà au Danemark, et il ne restait plus à conquérir que les côtes prussiennes, la Livonie, la Courlande et l'Esthonie. Aussi, lorsque le pape prêcha une croisade contre les païens de la Baltique, Valdemar fut aussitôt prêt à prendre les armes pour une entreprise si conforme à ses propres projets. La grande île d'*Œsel*, près de l'Esthonie, fut d'abord conquise ; ensuite, après avoir obtenu du pape une lettre de sauvegarde pour ses propres États, lettre qui fut envoyée à tous les princes voisins, il passa en Prusse (1210), conquit une grande partie de ce pays et convertit les habitants au christianisme. Comme l'Allemagne, à cette époque, était déchirée par des divisions intestines, et que les trois prétendants à l'empire, *Philippe*, *Otton* et, plus tard, *Frédéric II*, se disputaient l'amitié de leur puissant voisin, Valdemar II eut d'autant plus de facilité à étendre les limites du Danemark au sud et à l'est. A la fin, il se déclara pour *Frédéric II* et, en retour, il obtint de cet empereur, en 1214, une remarquable lettre de confirmation des conquêtes que lui et ses prédécesseurs avaient faites en Allemagne, au nord de l'*Elbe* et de la rivière *Elde* (Holstein, Lauenbourg et partie du Meklenbourg), conquêtes qui devaient appartenir à perpétuité au Danemark. Mais les grands succès de Valdemar ne pouvaient manquer d'exciter la crainte et l'envie des princes du nord de l'Allemagne, en Saxe, dans le Brandebourg, à Brême et dans plusieurs autres États, qui entrèrent dans une grande coalition contre lui, de même que précédemment ils s'étaient ligués contre son frère Knud. Un de ses ennemis les plus dangereux, bien que le moins puissant, était l'*évêque Valdemar*, que le roi, cédant aux pressantes instances du souverain pontife et aux prières de la douce reine *Dagmar*, avait mis en liberté, après une captivité de quatorze ans. L'évêque avait dû s'engager par serment à ne jamais séjourner dans le voisinage du Danemark et à ne rien entreprendre au détriment de ce pays. Il se rendit pour quelque temps en Italie, mais il revint bientôt, se fit élire archevêque de Brême et prit part à la coalition contre le Danemark. Mais les armes victorieuses de Valdemar détruisirent la ligue ennemie. Les princes du nord de l'Allemagne furent forcés de demander la paix; le roi prit, à la suite d'un long siége, Hambourg, qui avait ouvert ses portes aux ennemis, et il punit durement cette ville de sa défection; l'évêque Valdemar, qui avait été plusieurs fois expulsé de Hambourg, finit par chercher refuge dans un monastère, épuisé qu'il était par sa lutte contre Valdemar le Victorieux.

Après avoir ainsi humilié ses ennemis en Allemagne, Valdemar fit sa célèbre expédition en Esthonie. Avec une grande armée et une flotte, qui doit avoir compris quatorze cents navires, sous la conduite d'*André Sunesen,* successeur d'Absalon sur le siége métropolitain de Lund, il alla débarquer en Esthonie (1219). Les habitants parurent d'abord surpris de ce grand déploiement de forces et ils offrirent de se soumettre et de se convertir au christianisme; mais, quelques jours après, ils assaillirent le camp danois dans les environs de Reval et, par cette attaque imprévue, ils jetèrent d'abord quelque confusion dans les rangs des Danois. Ceux-ci, pourtant, se remirent bientôt en ordre, après que le brave *Vitslav*, prince de Rugen, eût quelque temps arrêté l'ennemi, et, lors d'une nouvelle attaque des Esthoniens, ils leur infligèrent une défaite totale. Les anciens récits rapportent que cette victoire fut gagnée par une faveur céleste, en ce que le *Dannebroge* (étendard danois) tomba du ciel au milieu de la bataille et ranima le courage des Danois qui faiblissaient. Cette tradition est probablement fondée sur ce que le pape avait fait présent au roi, pour cette expédition, d'un étendard sacré à fond rouge, avec croix blanche au milieu, lequel devint ensuite la principale bannière des Danois dans toutes leurs guerres, jusqu'à ce qu'il fût perdu dans la malheureuse expédition en Dithmarche (1500). Après cette sanglante bataille, toute l'Esthonie fut conquise et les habitants forcés de se laisser baptiser.

Valdemar le Victorieux était maintenant à l'apogée de sa gloire. Le Holstein, le Lauenbourg, le Mecklenbourg, Rügen, la Poméranie, l'Esthonie et OEsel, des parties de la Prusse et de la Courlande, le reconnaissaient pour maître, et le Danemark n'avait jamais été plus puissant depuis le mémorable règne de Knud le Grand. C'est alors que survint un grand malheur qui, d'un coup, fit écrouler le superbe édifice élevé par Valdemar le Grand, Knud VI et Valdemar le Victorieux, et qui anéantit le fruit de nombreuses victoires. Un jour que le roi s'était amusé à chasser dans l'îlot de *Lyœ,* situé au sud-ouest de la Fionie, et que, fatigué par de grands efforts, il se reposait avec tous ses hommes, l'astucieux comte *Henri de Schwerin* réussit à surprendre le roi avec son fils aîné, Valdemar, et à les emmener en captivité sans que le cortége royal, plongé dans un profond sommeil, s'en aperçût le moins du monde. On bâillonna les prisonniers pour les empêcher de crier, et l'on perça les vaisseaux royaux qui se trouvaient près de l'île, de sorte qu'ils coulèrent à fond lorsque la suite du roi découvrit enfin la trahison et voulut poursuivre les ravisseurs qui avaient déjà mis leurs prisonniers en sûreté (1223). Le comte Henri ne manquait d'ailleurs pas de griefs contre Valdemar, qui avait non-seulement ravagé ses possessions, rasé quelques-uns de ses châteaux, mais l'avait lui-même réduit à la condition de vassal. Le roi de Danemark s'était en outre emparé de la moitié du comté de Schwerin, comme part de son petit-fils *Nicolas* dans la succession de l'aïeul maternel de ce dernier, le comte *Gunzelin* de Schwerin, frère de Henri. Il n'y a au contraire pas de fondement dans une tradition fort postérieure, d'après laquelle Valdemar aurait été en relations illicites avec la femme du comte, fait qui n'est attesté par aucun des auteurs contemporains, même parmi les plus hostiles au roi. Confiant dans les fortifications de son château, le comte osa garder prisonnier, pendant près de trois ans, le puissant roi de Danemark, bravant les menaces du pape et les ordres de l'empereur, ces derniers n'étant d'ailleurs pas très-sincères. A la nouvelle de la captivité du roi, tout en Danemark sembla paralysé d'effroi, et il se passa longtemps avant que l'on réunît une armée pour délivrer Valdemar. L'État n'avait pas gagné en force intérieure par ses immenses conquêtes, qui semblent plutôt avoir épuisé et paralysé la nation par leur étendue. Les pays soumis, qui étaient bien des fois plus grands que le Danemark et qui s'étendaient en arc sur le littoral de la Baltique, depuis l'Eider jusqu'au golfe de Finlande, n'étaient maintenus que par les grandes qualités de Valdemar le Victorieux et par la crainte de son bras puissant. Aussi, lorsqu'il disparut, une confusion sans bornes s'ensuivit; dans le pays même régnait la défiance et le découragement; les peuples soumis se révoltèrent et tous les ennemis extérieurs relevèrent la tête, tandis que les prétendus amis, fort satisfaits de l'affaiblissement du Danemark, restaient inactifs. L'empereur *Frédéric* ne dissimula pas la joie que lui causait le malheur du roi de Danemark; le comte *Adolphe le Jeune*, soutenu par tous les princes du nord de l'Allemagne, retourna dans le Holstein et se mit en possession de ses États paternels. L'évêque Valdemar lui-même, alors octogénaire, quitta la solitude du cloître dès qu'il eut appris la captivité du roi, et franchit les limites du Danemark pour assouvir sa violente haine contre Valdemar le Victorieux. Enfin, le brave Albert d'Orlamünde, qui avait été nommé régent, réunit une armée, mais il voulut d'abord voir ce qu'il obtiendrait par des négociations. Les ennemis demandaient que Valdemar payât 40,000 marcs d'argent pour sa rançon, qu'il abandonnât ses possessions slaves et vendes et ce qu'il avait conquis au sud de l'Elbe; que le Holstein fût cédé à Albert d'Orlamünde, comme fief de l'Allemagne, et que Valdemar se reconnût vassal de l'empereur pour le Danemark. Bien que ces conditions fussent avantageuses pour le régent, il les rejeta comme déshonorantes pour le roi et la patrie. Il fallait que l'épée tranchât le différend; malheureusement Albert perdit la bataille de *Mœlln* (janvier 1225), après un combat qui dura de la pointe du jour à la nuit tombante, et le noble vaincu alla rejoindre son souverain, non comme libérateur, mais comme compagnon de captivité. La ville de *Hambourg* se soumit ensuite au comte Adolphe, et *Lübeck* se donna à l'Allemagne. Valdemar dut alors se soumettre aux dures conditions que les ennemis lui imposaient; on l'exempta pourtant de l'obligation de rendre hommage à l'empereur; mais Albert dut céder le Holstein au comte Adolphe, qui fonda de nouveau la maison comtale de Holstein, si hostile au Danemark. Après une captivité de trois ans environ, Valdemar rentra, la veille de Noël 1225, en Danemark, où il trouva tout dans un déplorable désordre, sans qu'il restât rien de tant de glorieux exploits. Le serment extorqué, par lequel il avait dû confirmer le traité, ne pouvait avoir de valeur à ses yeux ; il le rompit avec l'assentiment du souverain pontife et s'arma pour la vengeance. Au commencement, il reprit le cours de ses anciens succès, mais la fortune ne tarda pas à lui tourner le dos, et, lorsque la trahison des Ditmarschais nouvellement soumis lui eut fait perdre la sanglante bataille de *Bornhœved,* en Holstein (1227), il se hâta de conclure la paix avec ses nombreux ennemis pour sauver ce qui lui restait. Ensuite, si l'on en excepte quelques petites entreprises militaires contre *Lübeck* et les *Chevaliers Porte-Glaive de la Livonie,* il passa le reste de ses jours en paix, exclusivement occupé d'améliorations intérieures dans son royaume héréditaire et de la réforme des lois. De ses grandes conquêtes il ne conserva que des restes : l'île de Rügen, quelques parties du Mecklenbourg, la Prusse, l'Esthonie, ainsi que le titre de roi des Slaves.

Valdemar Seir mourut en 1241, à l'âge de soixante-dix ans, après quarante ans de règne, dont la première partie fut signalée par une série de mémorables victoires, comme la dernière le fut par des travaux pacifiques et une louable sollicitude pour les améliorations intérieures. Toutes deux réunies lui constituent de justes titres à l'admiration et à la reconnaissance de la postérité. Il fut deux fois marié : la première, avec la princesse bohémienne *Marguerite.* Sous le nom de *Dagmar,* elle fut extrêmement aimée du peuple, et sa mémoire fut célébrée dans des chants qui se sont conservés jusqu'à nos jours. Elle eut un fils, nommé *Valdemar,* qui fut couronné dès 1218, et proclamé corégent avec son père ; mais ce prince, qui donnait de grandes espérances, périt par accident (1231), au regret de la nation et de son père, dont il avait partagé la captivité. La seconde femme de Valdemar fut la fière *Bérangère,* ou, comme on l'appelait, *Beengjard,* princesse portugaise peu populaire. Elle fut mère d'*Erik,* d'*Abel* et de *Christophe,* qui montèrent, l'un après l'autre, sur le trône de Danemark, mais qui n'héritèrent pas des grandes qualités de leur père.

III

Législation nationale. — Lois provinciales. — Administration de la justice. — Origine de la noblesse. — Organisation de l'armée navale. — Classes, condition et occupations des paysans. — Agriculture. — Communauté des terres. — Commerce. — Science. — Langage.

Notre pays a eu l'heureuse fortune de conserver sa *législation nationale*, qui s'était développée avec le peuple et où se reflétaient sa vie propre et sa manière de voir. Les Danois furent, à cet égard, plus heureux que la plupart des autres peuples de l'Europe, à qui l'on imposa le droit romain, et dont les anciennes coutumes furent modifiées d'après des lois qui leur étaient totalement étrangères. Plusieurs personnages, il est vrai, qui s'étaient familiarisés avec le droit romain, dans les universités étrangères, s'efforcèrent de l'introduire en Danemark, mais ces tentatives furent infructueuses, à cause de la prédilection du peuple pour les lois et coutumes de ses ancêtres. De même que dans l'antiquité, les lois continuèrent encore longtemps à se perpétuer par tradition orale, et l'on ne commença à les transcrire que vers la fin de cette période. Elles n'étaient pas l'œuvre des rois, mais il se forma peu à peu, à mesure que l'on en sentait le besoin, des collections privées des coutumes en usage dans une province, qui furent ensuite adoptées à une assemblée du peuple et sanctionnées par le roi. Aussi n'y avait-il à cette époque aucune *loi universelle*, mais seulement des *lois provinciales* en vigueur dans chacune des grandes divisions du royaume : Skanie, y compris la Halland et le Bleking; Sélande, avec les îles voisines; Jutland, y compris la partie méridionale de cette province (Sœnderjylland ou duché de Slesvig) et Fionie, et appropriées à leurs besoins particuliers. Comme on l'a vu, le Danemark eut sa propre législation ecclésiastique, dès la dernière moitié du douzième siècle, sous Valdemar Ier; mais les lois civiles sont un peu plus récentes.

La plus ancienne loi provinciale est la *Loi civile de la Skanie*, collection privée de coutumes skaniennes, qui paraît avoir été transcrite au commencement du treizième siècle et avoir alors reçu une sanction publique. L'*Ancienne Loi sélandaise* ou, comme on l'appelle aussi, la *Loi sélandaise du roi Valdemar*, était également un recueil privé de lois en usage dans l'île de Sélande et fut transcrite peu après la loi skanienne. La *Nouvelle Loi sélandaise* ou *Loi sélandaise du roi Erik*, ainsi nommée parce qu'elle passait à tort pour avoir été promulguée sous Erik Glipping ou Erik Menved, est, comme les précédentes, un recueil privé de coutumes en usage dans la Sélande, fait plus tard que la Loi sélandaise de Valdemar, mais avant la *Loi jutlandaise*. Cette dernière est la plus importante de nos lois provinciales et celle dont on connaît le mieux l'histoire. Elle a pour fondement d'anciennes dispositions législatives jutlandaises; à la vérité, on ne sait pas exactement qui les a mises en ordre et rédigé la loi; mais le savant évêque *Gunner*, de Viborg, y prit part avec d'autres. A une assemblée danoise (Dannehof) générale, tenue à Vordingborg, en mars 1241, le roi Valdemar II soumit cette loi à la sanction nationale. Le droit romain n'a eu que peu d'influence sur son contenu; mais plusieurs dispositions du droit canonique y ont été insérées. On est maintenant d'accord qu'elle n'a pas été promulguée comme loi générale, mais que, comme les précédentes, c'était une loi provinciale, destinée seulement au Jutland septentrional et méridional, ainsi qu'à la Fionie. Ces quatre lois provinciales, qui toutes furent recueillies et transcrites par ordre de *Valdemar Seir*, ont pendant bien des siècles régi la société civile dans notre patrie. La loi jutlandaise est encore en vigueur dans le duché de Slesvig, et elle n'a été abrogée, dans les autres parties du royaume, que par la loi de Christian V.

Les *pénalités* dans les lois provinciales sont très-douces et ont plutôt pour but de pourvoir à la réparation du dommage causé que de prévenir les crimes et délits par des peines répressives. Il n'en pouvait pas être autrement, car, dans l'antiquité, le peuple était trop accoutumé à se faire justice pour admettre que l'État s'arrogeât une grande autorité dans des affaires qui, tout en intéressant la sécurité générale, étaient pourtant encore considérées comme des comptes à régler d'homme à homme.

Aussi la plupart des crimes et délits pouvaient-ils être expiés par des *amendes* payées aux ayants droit, et dont le roi n'obtenait une partie que dans certains cas. Les peines pécuniaires remplaçaient ainsi la vendetta de l'antiquité et préparaient la transition à un ordre plus légal. Il fallut pourtant longtemps pour que la vendetta cessât entièrement, et il y en a encore de nombreux exemples dans les affaires criminelles des treizième et quatorzième siècles. Le maximum de l'amende était de 40 marcs d'argent ou environ 560 francs; les moindres étaient de 9 et de 3 marcs. Bien que la plupart des crimes et délits pussent être admis à composition, il y avait pourtant, comme dans l'antiquité, certains forfaits graves ou avilissants qui étaient punis de mort, d'esclavage, de bannissement ou de mutilation. Tel était le cas pour le vol, lorsque la valeur de l'objet volé était d'un demi-marc d'argent ou plus, l'assassinat, l'incendie, la félonie, etc., qui étaient des *cas irrémissibles* (ubodemaal). La peine de mort était d'une rare application; plus fréquent, le bannissement; mais, dans ce cas même, l'exilé pouvait se racheter pour de l'argent ou, comme on disait, *faire sa paix* avec le roi, pourvu qu'il eût préalablement composé avec les intéressés. La poursuite d'une affaire par le ministère public rencontrait beaucoup de difficultés, et, lorsque l'offensé abandonnait la cause, le *procureur du roi* ou *foged* (advocatus, avoyer) ne pouvait actionner le coupable que pour de graves forfaits, notoires ou connus au moins des habitants du canton, ou bien lorsque la partie outragée était une veuve ou une autre personne qui ne pouvait elle-même faire valoir son droit. Il était aussi difficile d'obtenir l'exécution du jugement; car le procureur du roi ne s'en occupait que lorsqu'une partie des amendes devait revenir au fisc; en d'autres cas, le demandeur devait pourvoir lui-même au recouvrement de l'indemnité que la justice lui avait allouée. Lors donc que le coupable refusait de payer les amendes auxquelles il avait été condamné, le demandeur avait le droit de pratiquer une *saisie* (nam) sur les biens meubles du défendeur; mais il devait agir secrètement, une fois seulement pour chaque affaire et en dehors de la demeure du condamné. Lorsqu'il lui était impossible de se faire payer d'une autre manière, il pouvait à la fin demander le bannissement de l'insolvable. Même pour les jugements qui entraînaient l'application d'une peine corporelle, la force publique ne se chargeait pas toujours de leur exécution, qu'elle abandonnait parfois au plaignant. Plus tard, lorsque s'établit la coutume de faire recouvrer les amendes par le procureur du roi, il fallut mettre expressément dans la loi que le foged, lorsqu'il pratiquait une saisie dans une maison en vertu de la loi et d'un jugement, ne devait pas être considéré comme un voleur et un malfaiteur. Toutes ces dispositions montrent à la fois la faiblesse de l'autorité publique à cette époque, et une extrême sollicitude pour sauvegarder la liberté des particuliers contre les empiétements de l'État, même aux dépens de la sécurité publique et de l'ordre social.

La justice était rendue dans les *assemblées cantonales* (Herredsthing) et *provinciales* (Landsthing) par des hommes choisis, appelés *nævninger* et *sandemænd*, qui ont servi de type à l'institution du jury actuel. Les *nævninger* (nommés) avaient pour mission de déclarer, sous la foi du serment, la culpabilité ou l'innocence de l'accusé. Leur nombre variait selon les usages des diverses provinces et la nature de l'affaire; mais ils étaient ordinairement douze; rarement plus, quelquefois moins. Ils étaient nommés en Sélande et en Skanie par le demandeur, en Jutland par le procureur du roi ou par les propriétaires; mais le défendeur avait la faculté d'en récuser quelques-uns qu'il jugeait mal disposés pour lui. Les *sandemænd* (hommes du verdict) étaient des juges nommés à vie par le roi; ils étaient huit pris parmi les propriétaires de chaque canton, et comme les nævninger ils rendaient leur verdict sous la foi du serment. Il y avait des nævninger dans tout le Danemark, tandis que les sandemænd étaient particuliers au Jutland et à la Fionie. Ces derniers recevaient une indemnité de voyage pour se rendre au thing; mais ce n'était pas le cas pour les nævninger. L'assemblée était présidée par le *procureur du roi* ou *foged*, qui avait mission de maintenir l'ordre, de faire valoir les droits du roi, et, en différentes occasions, de veiller à ce que le coupable fût puni et le jugement exécuté; mais, pendant la présente période, il n'avait aucune part au pouvoir judiciaire, réservé si exclusivement à la nation, que les membres de l'assemblée pouvaient casser la sentence aussi bien des nævninger que des sandemænd. Les rois qui, jusqu'ici, n'avaient eu qu'une participation restreinte à la puissance judiciaire, n'obtinrent une plus grande influence à cet égard qu'à la fin du treizième et au commencement du quatorzième siècle où fut institué un tribunal royal particulier, le *Kongens Thing* ou *Kongens Retterthing*, qui rendait la justice sous la présidence du roi ou de l'un des grands fonctionnaires, le Drost ou le chancelier, au nom du roi. Dans les commencements, il semble que les causes pouvaient être portées directement à la cour royale, sans avoir été jugées d'abord par les assemblées de canton ou de province ; de même qu'aussi un litige pouvait être tranché par l'assemblée provinciale sans avoir été préalablement soumis à l'assemblée cantonale. Mais plus tard l'instance dut passer d'abord par le Herredsthing, puis par le Landsthing, enfin par le Kongens Thing. On ne pouvait d'ailleurs être cité que devant la cour royale de la province où l'on avait son domicile, et l'affaire devait être jugée d'après le droit de la province où l'assemblée se tenait. Au-dessus de ces trois instances, il y avait la cour suprême ou *Dannehof* (cour danoise), assemblée solennelle de tous les états du royaume, qui devait être tenue au moins une fois par an. Ses sentences ne pouvaient être réformées et restaient sans appel.

Les preuves en usage devant les tribunaux étaient l'*épreuve du fer* (Jernprœve), les *cojurants* (Mededsmænd) et les *témoins* (Vidner). Les combats singuliers qui, dans les anciens temps, faisaient partie de la procédure, furent peu à peu abolis par l'influence du christianisme et remplacés par l'*épreuve du fer* (Jernprœve ou Jernbyrd), qui était considérée comme un jugement de Dieu, mettant immédiatement en lumière la culpabilité ou l'innocence de l'accusé. Cette épreuve consistait en ce que l'accusé avait à porter à un certain nombre de pas un morceau de fer rouge, ou à le jeter dans une auge, et, si le fer tombait à côté, à recommencer jusqu'à ce qu'il tombât dedans ; ou bien l'accusé devait marcher sur un certain nombre de fers de charrue incandescents. S'il s'en tirait sans dommage, il était déclaré innocent ; autrement, il était reconnu coupable ; mais personne n'était tenu de se soumettre à l'épreuve du fer avant que le demandeur eût affirmé sa plainte par serment et par témoins. Cette épreuve fut en usage jusqu'à la fin de cette période, mais elle perdit peu à peu de son importance lorsqu'on eut trouvé plusieurs onguents qui préservaient de la brûlure ; aussi fut-elle abrogée par une loi de Valdemar II. La preuve par *cojurants* était une institution spéciale au Nord. Elle consistait en ce qu'un certain nombre d'hommes d'une réputation intacte affirmaient, sous la foi du serment, qu'ils étaient convaincus de la vérité de telle déclaration de l'une des parties. Leur nombre variait, selon l'importance de la cause et les dispositions particulières des lois provinciales, entre trois, six, *douze* (Tyltered), jusqu'à *trois fois douze* (tre Tyltered) ; dans le Jutland, il était toujours de douze, ni plus ni moins. Cette preuve devint surtout d'un usage général après la réforme introduite dans la procédure par Harald Hein, dont il a déjà été question, et en vertu de laquelle il était permis au défendeur de repousser une accusation par un serment de dénégation confirmé par des cojurants. Il ne lui était pourtant pas toujours loisible de se purger de la sorte ; lorsqu'il était accusé de graves forfaits, il devait se soumettre à l'épreuve du fer, ou bien, après l'abolition de cette dernière, au jugement des nævninger ou des sandemænd, lorsque le demandeur avait confirmé son imputation par serment ou par d'autres preuves qui rendaient sa plainte vraisemblable. L'usage des cojurants ne se maintint pas seulement pendant le moyen âge, mais encore pendant une bonne partie des temps modernes, et il paraît n'avoir cessé complétement qu'au milieu du dix-septième siècle. Mais à côté de la preuve par serment et par cojurants, une autre plus sûre apparut bientôt dans les lois plus récentes que les lois provinciales, notamment dans les droits des villes ; c'était la *preuve par témoin*, qu'il appartenait à l'accusateur de fournir ; elle supplanta peu à peu l'ancien moyen de prouver qui offrait divers inconvénients.

Le gouvernement de Valdemar, remarquable à plusieurs égards, l'est encore devenu davantage par un fait d'une haute portée : c'est sous lui que la noblesse commença à se développer et à former un ordre particulier. Elle se montra d'abord sous la forme de *noblesse féodale*, composée des feudataires auxquels le prince concédait des domaines, à titre d'usufruit et à charge de s'équiper à leurs frais et de suivre en guerre leur suzerain. Celui qui s'était mis à ces conditions au service du prince était appelé son *homme lige* ou son *vassal*, et, au premier appel, il était tenu de se présenter *à cheval*, suivi de plus ou moins de cavaliers, à l'équipement et à l'entretien desquels il devait pourvoir. Dans la plupart des autres États de l'Europe, la féodalité était une conséquence de la conquête : le prince vainqueur ayant partagé le pays conquis entre ses guerriers et ayant ainsi assuré la solde d'une armée de cava-

liers toujours prête pour tenir en respect le peuple subjugué.
Comme le Danemark n'a jamais été conquis par un peuple étranger, la féodalité et la noblesse féodale y ont une origine différente, quoique militaire aussi. Depuis longtemps les rois avaient entretenu un corps de troupes domestiques pour leur service personnel, et le nombre de ces gardes du corps fut considérablement augmenté sous Knud le Grand, qui leur donna en même temps une organisation déterminée par sa *Loi pénale* (Vitherlagsret), et leur accorda de grands priviléges. Le *Thinglid*, cette première armée permanente que Knud établit, déchut sous les règnes suivants; bien que renouvelée sous Knud VI, comme elle était pour les rois d'un entretien trop dispendieux, et que toute son organisation ne répondait plus aux changements survenus dans l'art de la guerre, elle fut de nouveau dissoute. La cavalerie était en effet devenue la partie la plus essentielle de l'armée, et l'importance qu'elle prit eut une très-grande influence sur le développement de la féodalité et la formation d'un *ordre de noblesse privilégiée*. Dans les anciens temps, les Danois avaient fait la guerre par mer et avec de l'infanterie, parce que les dimensions et la disposition des navires ne permettaient pas d'avoir des chevaux à bord; mais postérieurement les guerres continentales devinrent plus fréquentes, et l'on commença à embarquer des chevaux sur mer, ce dont Erik Emune donna le premier exemple. L'usage de la cavalerie reçut une puissante impulsion des rapports qui existèrent, dans les derniers siècles de cette période, entre le Danemark et l'Allemagne, où les cavaliers bardés de fer étaient depuis longtemps employés dans les guerres et passaient pour le cœur de l'armée. Presque tous les princes, qui vivaient sous le roi Niels et qui depuis jouèrent un rôle dans les guerres civiles, avaient fait un séjour plus ou moins long en Allemagne, et quelques-uns y avaient même reçu leur éducation ; plusieurs rois, comme Svend Grade, Erik Lam, Knud VI, étaient mariés avec des princesses allemandes, et les trois derniers souverains de cette période firent de longues guerres en Allemagne, où ils acquirent même des possessions étendues. A la remarquable bataille de Fodevig, une troupe de cavaliers allemands qui combattait pour Erik Emune, décida de la victoire en faveur de ce prince, et, après que cet exemple eut été donné, l'emploi de la

cavalerie devint de plus en plus général. Mais lors même que cette nouvelle manière de faire la guerre n'aurait pas amené le développement d'*une caste militaire particulière,* celle-ci aurait été une conséquence nécessaire du nombre croissant des guerres joint à la diminution de l'esprit militaire dans la nation en général. Les goûts belliqueux, qui avaient été le trait caractéristique des Danois dans l'antiquité, commencèrent peu à peu à s'affaiblir par l'influence du christianisme et par l'affermissement de l'ordre social et de la sécurité intérieure qui se développait sous sa protection. Plus les travaux de la paix, l'agriculture, le commerce, les métiers, devenaient florissants, moins le peuple fut disposé à quitter un paisible foyer pour suivre un prince ambitieux dans des expéditions lointaines. Cependant les rois, dont les revenus en argent n'étaient pas considérables à cette époque, ne pouvaient entretenir à leurs frais une grande quantité de cavaliers, ni imposer à quelqu'un sans indemnité le coûteux service à cheval. Ils eurent donc recours à un expédient qui, ailleurs, avait été expérimenté avec succès : c'était de conférer des fiefs à ceux qui voulaient prendre cette charge, et de leur accorder en outre certains priviléges. En Danemark, ils ne pouvaient naturellement pas partager tout le pays entre leurs guerriers, comme on l'avait fait dans les États où la féodalité avait pénétré à la suite d'une invasion étrangère; mais ils n'étaient pourtant pas en peine pour trouver des terres à distribuer à leurs vassaux. Ils possédaient en effet des domaines considérables, appelés *Konunglef,* qui leur avaient été attribués pour subvenir à leurs besoins; ils avaient en outre tous les communaux, c'est-à-dire les bois et les espaces incultes, de plus toutes les terres désertes et abandonnées. Le nombre de ces dernières était précisément alors très-considérable, et elles occupaient une grande étendue de terrain dans les diverses provinces à l'avénement de Valdemar le Grand; les causes de cet abandon étaient soit les pirateries des Vendes, soit les guerres civiles. Enfin le roi avait droit à tous les biens confisqués sur ceux qui portaient les armes contre leur patrie, et ce n'était pas une médiocre source de revenus dans ces temps de troubles. Telle était l'origine des nombreux fiefs qui étaient nécessaires pour la subsistance de toute une armée de cavaliers, et qui s'accrurent aussi d'une autre manière : beaucoup de propriétaires, qui étaient à la fois désireux et capables de *servir à cheval* (Rostje-neste), demandaient à être admis au nombre des feudataires royaux pour participer ainsi aux priviléges attachés à ce titre, et leur vœu était exaucé sans difficulté dans les premiers temps.

En retour des charges imposées à ces hommes du roi, vassaux ou *gens de guerre* (*Hærmænd,* d'où vint plus tard le mot *Herremand,* seigneur), ils furent exemptés des contributions militaires ordinaires, que l'on nommait : *Inne,* corvée pour la défense du pays, pour la construction des forteresses, l'entretien des chemins, etc.; *Stœd,* impôt de guerre; *Leding,* qui signifie à la fois service militaire personnel et contribution en argent. Les gens de guerre étaient aussi favorisés d'autres manières : avant la fin de cette période, ils obtinrent le droit de recouvrer les amendes imposées à leurs fermiers lorsqu'elles ne dépassaient pas 3 marcs (environ 42 fr.), et l'autorisation d'acheter, comme il est dit dans la loi jutlandaise, « autant de domaines qu'ils pouvaient »; et ceux-ci étaient également exempts d'impôts lorsque le propriétaire les faisait cultiver pour son propre compte sans les affermer. Cette faculté, dont pourtant on ne se prévalut pas pendant longtemps, donna lieu plus tard à la formation de grands domaines seigneuriaux, qui contribuèrent puissamment au développement et au maintien, plus tard si pernicieux, du servage et de la corvée. La plupart des fiefs étaient militaires; mais il y en avait aussi de civils, ce qui était notamment le cas pour les domaines affectés à l'entretien des fonctionnaires royaux, répartis dans le royaume pour présider à l'administration intérieure du pays. L'argent étant rare dans ces siècles, tous les serviteurs du roi et de l'État recevaient des terres en payement. Les biens de l'Église aussi étaient considérés comme des fiefs, qui devaient le service militaire au roi; mais les puissants évêques avaient, en outre, dans leurs domaines, de propres vassaux qui étaient vis-à-vis d'eux dans la même relation que les vassaux royaux vis-à-vis du roi. L'archevêque de Lund avait ainsi, à une date postérieure, trente-six fiefs à sa disposition, et l'évêque de Roeskilde n'en avait pas moins de quarante-trois. Les ecclésiastiques cessèrent peu à peu d'aller en personne à la guerre, ce dont personne ne peut les blâmer; mais ils s'efforcèrent aussi de soustraire au service militaire les paysans de leurs domaines, ce qui, joint à d'autres circonstances, donna lieu à une sanglante lutte entre les rois et le clergé aux treizième et quatorzième siècles. Dans son ensemble, l'institution de la féodalité et de la noblesse, telle quelle se présente sous sa première forme, ne mérite aucunement d'être réprouvée. Elle était née directement des besoins du temps et parfaitement propre à y subvenir. Les autres citoyens furent moins dérangés dans leurs occupations pacifiques, puisque les gens de guerre fournissaient la plus grande partie du contingent, et si ceux-ci jouissaient de grands privilèges, ils avaient aussi de lourdes charges à supporter; ils devaient surtout, comme porte la loi jutlandaise, « exposer leur tête pour le repos du roi et du pays. » Les fiefs n'étaient pas non plus héréditaires; ils n'étaient conférés que comme un *prêt* (*Len*, fief, *Laan*, prêt), c'est-à-dire à titre de jouissance; aussi les droits attachés à la qualité d'homme de guerre ne se transmettaient-ils pas héréditairement dans la famille. Pour ce motif, les feudataires ne formaient pas une corporation fermée; mais tout homme qui voulait et pouvait en remplir les devoirs pouvait être admis parmi eux. C'est seulement dans la période suivante que parut la *noblesse de naissance*, qui se forma en ordre spécial; par les privilèges qu'elle s'arrogea, elle réussit à réduire au servage un grand nombre de paysans libres, et, de concert avec le clergé, elle attira les plus grands malheurs sur le Danemark.

Dans le même temps à peu près que l'organisation militaire prit une nouvelle forme par la création de la cavalerie, l'infanterie, formant l'*armée de course* (Ledingshær) ou armée navale, fut transformée par suite des changements que l'agriculture avait subis dans le cours des siècles. Dans les plus anciens temps, chaque famille fournissait un homme pour le service militaire, et cette charge n'était pas plus lourde pour l'un que pour l'autre; car toutes les propriétés rurales avaient originairement la même étendue et à peu près la même valeur. Lors de la fondation d'un village, en effet, chaque famille recevait une portion de terre de même étendue, et bien que ailleurs les propriétés pussent être plus grandes ou plus petites, la différence n'était pourtant nulle part importante, attendu que l'on n'en cultivait pas plus qu'on ne pouvait le faire avec une seule charrue et qu'il n'était nécessaire pour l'entretien d'une famille. Ces portions étaient appelées *bol;*

cependant, par suite de l'accroissement de la population, on les divisa en petits domaines, et la conséquence fut que les charges militaires, auparavant imposées à une seule famille, furent désormais partagées entre plusieurs. Mais plus importante à ce point de vue était la différence qui se produisit successivement entre les domaines, par la culture plus ou moins bonne, la fertilité plus ou moins grande, la situation plus ou moins heureuse, etc., circonstances qui souvent donnaient au lot une valeur beaucoup plus grande ou moindre, sans que les charges militaires fussent modifiées. C'était surtout le cas en Jutland, où il y avait des domaines qui valaient sept fois autant que d'autres. Aussi, l'ancienne manière de répartir les charges militaires purement et simplement d'après l'étendue du bol, étant devenue très-injuste et inégale, on en établit une autre à la fin de cette période, en se basant sur la quantité des *semences*, mode plus rationnel pour déterminer avec quelque certitude la valeur réelle de la terre. Le lot qui recevait des semences pour la valeur d'un marc, c'est-à-dire trente tonneaux de seigle ou soixante tonneaux d'avoine, ou bien qui pouvait rapporter autant en fermage annuel, était considéré comme un *bol* complet ; on l'estimait vingt-quatre fois la valeur des semences, c'est-à-dire 24 marcs d'argent ou 3 marcs d'or (336 fr.). Dans les provinces orientales, plus fertiles, les lots avaient plus de valeur ; ils pouvaient se vendre 36 marcs d'argent ou 4 marcs 1/2 d'or, et s'amodier pour quarante tonneaux de seigle ou le double d'avoine. Un *bol* de cette valeur fournissait comme auparavant un homme équipé pour l'armée ; mais, par suite de l'accroissement de la population, il fut ordinairement partagé de façon à former trois domaines complets (heelgaarde), dont beaucoup étaient divisés en demi-domaine ou même en quart de domaine. Le pays fut donc partagé en districts d'enrôlement, qui comprenaient une réunion de domaines grands et petits. On appelait *havnelag* un district qui fournissait un homme armé, équipé, entretenu et pourvu de tout ce qui était nécessaire pour la course maritime, et *havne* la contribution navale. Chaque propriétaire du district était imposé en proportion de l'étendue de son domaine : celui qui possédait une terre de la valeur d'un marc d'or, supportait le tiers des charges du district maritime ou fournissait, comme on disait, un *tredingshavne* ; celui qui avait une terre de la valeur d'un demi-marc d'or fournissait un *sextingshavne* (un sixième de la contribution navale) ; celui qui n'avait que la moitié de cette valeur devait un *tolftingshavne* (douzième de la contribution navale); au-dessous, on n'était plus assujetti au service personnel : on ne payait qu'une contribution en argent. La réunion des districts maritimes qui armaient et équipaient un navire à frais communs s'appelait *skipæn*. L'armement se faisait sous la direction d'un *Styrismand*, qui était en même temps le capitaine du navire. Cet officier était nommé par le roi et recevait en fief une prestation consistant en grains que les propriétaires des districts maritimes devaient fournir chaque fois qu'une course était ordonnée. Son emploi passait en héritage dans sa descendance masculine. — Valdemar le Victorieux ne fit que reviser la division du pays en *havnelag* et *skipæn* pour l'armement des navires et l'équipement des corsaires ; l'institution remontait jusqu'à l'antiquité païenne, et elle était organisée d'une manière analogue en Suède et en Norvège.

Tandis que le *clergé* s'était élevé dans cette période à une puissance extraordinaire et qu'un *ordre nobiliaire* particulier commençait à se développer et marchait sur les traces du clergé en s'arrogeant des priviléges qui devinrent pernicieux pour tout le corps social, *l'ordre des paysans* déchut de plus en plus du haut rang qu'il avait occupé dans la société. Des rois puissants comme Valdemar le Grand, Knud VI et Valdemar le Victorieux ne pouvaient se plier à être dépendants de la multitude et gouvernaient sans demander conseil au peuple. L'historien contemporain Saxo remarque expressément que Valdemar le Grand, par suite de la répugnance du peuple à prendre part aux expéditions contre les Vendes, s'abstenait de soumettre aux assemblées nationales les questions de guerre et de paix, mais n'en conférait qu'avec ses principaux vassaux et officiers. Au temps des Valdemar, l'ancien droit d'élire le roi, qui appartenait à la nation, reçut une grave atteinte, par le soin que ces monarques prévoyants eurent de faire toujours reconnaître et couronner de leur vivant le prince qui devait leur succéder. Le peuple supportait avec peine ces empiétements sur ses droits; mais la sanglante tentative que firent les Skaniens pour les maintenir eut une issue désastreuse, leur soulèvement ayant été comprimé par les forces coalisées du clergé, de la noblesse et du roi. L'ancien usage d'être toujours armé, qui avait tant contribué à maintenir chez les paysans le sentiment de leur force et à leur donner de la considération, disparut peu à peu lors de la formation d'une caste militaire particulière. Les villes, en prenant naissance alors et en tirant leur population de la campagne, affaiblirent la classe des propriétaires; en outre, beaucoup de ceux-ci furent appauvris par les guerres civiles et durent, pour obtenir sécurité et protection, abandonner leurs domaines à quelque puissant seigneur, dont ils devinrent les fermiers. Bien que l'on puisse avec raison dater du temps des Valdemar le déclin de la liberté populaire, les paysans-propriétaires formaient encore, pendant toute cette période, un ordre considéré et restaient en possession de nombreux droits civiques qu'ils exerçaient dans les assemblées nationales, où chaque propriétaire pouvait se rendre et prendre part aux délibérations sur les affaires de l'État. Aucun impôt ne pouvait être établi sans leur consentement ni aucune loi rendue; aussi la loi jutlandaise qui fut promulguée dans la dernière année de cette période, porte-t-elle : « Aucun jugement ne doit être en contradiction avec la loi promulguée par le roi et *adoptée par le pays;* mais c'est d'après cette loi que doit être rendue la justice dans le royaume. La loi promulguée par le roi et adoptée par le pays *ne doit pas être abrogée ni modifiée sans le consentement de la nation,* à moins qu'elle ne soit évidemment impie, et *alors même elle ne doit pas être modifiée sans le consentement du pays.* » Mais, comme on l'a dit, un changement à cet égard était déjà devenu sensible sous les derniers rois, et il s'accomplit dans la période suivante, mais d'une manière qui ne fut à l'avantage ni du roi ni du peuple. Les monarques s'étaient efforcés d'abaisser le peuple et d'élever la noblesse et le clergé, mais ils furent bientôt sans appui dans leurs luttes contre ces deux ordres, qui grandirent au détriment du reste de la nation.

La première classe, encore nombreuse, de l'ordre des paysans, se composait des *propriétaires* (selveiere) ou *paysans nobles* (adelbœnder), qui avaient la pleine propriété de leur lot de terre. Après eux venaient les *agriculteurs* (landboer) ou fermiers (fæster), qui avaient amodié une terre pour laquelle ils payaient une certaine redevance. Les *bryder* formaient une classe particulière;

leur nom signifie régisseur, gérant, et s'appliquait partie au serviteur qui surveillait la culture du domaine et la tenue de la maison, partie au chef de culture qui dirigeait, pour le compte de son maître, un domaine particulier. Différents étaient les *fælligsbryder* (régisseurs associés), qui possédaient une partie du bétail et des ustensiles du domaine qu'ils faisaient valoir en communauté avec le propriétaire. (Le mot *bryde* s'emploie aussi en parlant des fonctionnaires que les rois et les évêques préposaient à l'administration de grands domaines; il désigne alors un poste différent et plus élevé, comme celui de *lensmand* ou *foged*). A une date plus récente du moyen âge, les *bryder* cessèrent de former une classe spéciale et se confondirent peu à peu avec les fermiers, bien que leur nom se soit perpétué longtemps après. La dernière classe de la population rurale était celle des *gaardsiddere* (locataires), que l'on peut comparer à peu près aux *huusmænd* (journaliers) actuels. C'étaient originairement des serfs, auxquels leur maître cédait quelques petites parcelles de terre dans le voisinage de sa demeure principale, à condition qu'ils continueraient à cultiver ses terres et à lui faire d'autres travaux.

Dans les anciens temps où il y avait en surabondance des terres à cultiver, le territoire, à moins qu'il ne fît partie des domaines royaux (konunglef), était sans doute divisé entre les propriétaires libres, les paysans nobles, qui cultivaient leur lot à l'aide de leurs serviteurs ou journaliers, ou bien qui, s'ils possédaient plusieurs domaines, les faisaient valoir au moyen de régisseurs (bryder), serfs comme les journaliers. Le nombre des fermiers ingénus ne devait pas être considérable à cette époque. Les propriétaires étaient libres et indépendants, assujettis seulement à la *course* (leding), au service militaire personnel, à certaines contributions de guerre, à des travaux qu'exigeaient les besoins du pays, comme la construction et l'entretien des voies publiques et des forteresses, etc., et à la charge d'*héberger* le roi (gjæsteri) lorsqu'il parcourait son royaume. Cependant la *classe des fermiers* (fæste-bondestand) ne tarda pas à se former lorsque l'on vint peu à peu à manquer de terres laissées à la libre disposition du premier occupant et faciles à cultiver. C'est surtout les grandes possessions de la couronne et les propriétés de l'Église, devenues bientôt immenses par l'effet des libéralités si fréquentes envers les monastères et les autres établissements religieux, que l'on trouva facile et avantageux de faire cultiver en les louant à des fermiers pour une redevance appelée *landgilde*, et moyennant diverses réserves; et il en fut aussi de même pour les grandes propriétés privées. Les fermiers étaient soit des hommes libres qui ne possédaient pas de terre, soit des affranchis, dont le nombre devait augmenter à mesure que le servage devenait plus odieux à l'opinion publique; beaucoup de propriétaires aussi se reconnurent fermiers d'un seigneur pour se soustraire à l'oppression. Les conditions du fermage étaient soit une redevance soit aussi, lorsque la ferme était dans le voisinage de la résidence du seigneur, un certain nombre de *journées de travail* (*dagsværk*, plus tard : *hoveri*, corvée), pour labourer, semer, faucher, voiturer, etc. Il est certain que des prestations de ce genre avaient été faites dès les anciens temps par les journaliers sur les terres de leur maître, et c'est précisément comme rémunération qu'ils avaient obtenu de petites parcelles de terre à cultiver; mais de bonne heure il en fut de même pour les fermiers, d'abord sur les terres de la couronne et de l'Église, ensuite dans les plus grands domaines privés. Les prestations en nature étaient plus commodes à acquitter qu'un payement en numéraire; et, dans les anciens temps, où les propriétés privées n'étaient pas encore réunies en grands domaines, la corvée n'était pas accablante, mais modérée et en *général* fixée par un accord entre le seigneur et les paysans.

La situation de dépendance où le fermier, régisseur, journalier, se trouvait à l'égard du maître du sol est exprimée par les mots *vorned* (protégé) et *vornedskab* (patronage), signifiant partie que le seigneur prenait ses subordonnés sous sa *protection* (værn) et qu'il devait les défendre contre la violence et l'injustice, partie que leur vie et leur travail dépendaient de lui et qu'ils étaient ses hommes liges. Le patronage sous cette forme bénigne se présente de très-bonne heure dans toutes les provinces danoises. Les journaliers, comme aussi les fermiers, qui du servage avaient passé dans les rangs des affranchis, continuèrent sans doute à être dans une étroite situation de dépendance envers leur seigneur et à ne pouvoir disposer à leur gré de leur propre personne. Mais en général les *fermiers* n'étaient pas attachés à la glèbe (stavn), ni dans cette période, ni dans les cent cinquante années qui la suivirent[1]. Ils sont mentionnés dans la loi comme une classe honorable qui, en beaucoup de cas, allait de pair avec celle des paysans; les uns comme les autres prenaient part aux courses maritimes (leding), ce qui n'était pas permis aux esclaves. Le fermier avait droit à l'amende pour les violences commises sur ses serviteurs; il pouvait être cojurant, mais non nævning ni sandemand, droit attaché à la pleine propriété. Le contrat de fermage fut en général parfaitement libre et fait de gré à gré entre le fermier et le propriétaire pendant la plus grande partie du moyen âge. Si celui-là n'était pas satisfait, il lui était loisible chaque année de renoncer à l'amodiation et d'en aller chercher une autre; le seigneur avait le droit corrélatif. Le locataire ne donnait point d'arrhes en entrant, mais il payait seulement la redevance annuelle et faisait les corvées convenues; il apportait en général les matériaux de construction et le mobilier pour garnir la maison, et il remportait le tout en s'en allant. Jusqu'à la fin du quatorzième siècle fut expressément confirmé le droit qu'avaient les fermiers et régisseurs, après l'avertissement légal préalable, de quitter la terre qu'ils cultivaient pour aller où ils voulaient. — Pour l'esclave c'était un grand progrès de changer la servitude

---

[1] Dans l'état actuel de nos connaissances sur les anciennes classes rurales, il n'y a, parmi les passages cités pour prouver que les fermiers (coloni) devaient être serfs de la glèbe *avant la fin du XIVe siècle*, qu'un seul document où ils soient mentionnés *expressément*; savoir, l'ordonnance spéciale d'Erik Plovpenning, datée de 1243 et relative à quelques fermiers et journaliers (coloni et inquilini) du monastère de Sorœ; mais, comme l'esclavage existait encore dans ce siècle, il est pourtant possible que ces *coloni* aient été des affranchis qui étaient, à l'égard du cloître, dans un lien de dépendance plus étroit que les fermiers ingénus. Il est aussi parfaitement permis de supposer que les fermiers en question avaient quitté prématurément les terres du cloître sans avoir donné à temps l'avertissement légal, et avaient ainsi violé un contrat positif. Les autres passages concernant les temps antérieurs à la fin du XIVe siècle ne prouvent *rien de clair à l'égard du servage de la glèbe* (Stavnsbundethed), ou bien nomment seulement des journaliers, ou bien portent les expressions vagues de *vornede, familia*, qui ici ne désignent pas nécessairement des fermiers, mais qui peuvent parfaitement s'appliquer à des journaliers ou à des gens de cette espèce. Admettre que les *fermiers* et les *régisseurs* en général aient été serfs de la glèbe avant la fin du XIVe siècle, c'est se mettre en contradiction directe avec les termes si connus de la capitulation du roi Olut.

contre les devoirs de *vorned* (protégé) qui, de même que la corvée, sous leur ancienne forme assez douce, étaient la conséquence naturelle des données historiques; mais le patronage et la corvée dégénérèrent d'une façon regrettable au détriment du pays et de l'ordre des paysans.

L'agriculture, l'élève du bétail, le commerce et la pêche, étaient les principales branches d'industrie de cette période. Dès le onzième siècle, comme l'atteste Adam de Brême, l'*agriculture* avait une certaine importance; mais depuis elle en prit beaucoup plus. La culture *en commun* était usitée en Danemark depuis les plus anciens temps. Lorsqu'il s'agissait de défricher une étendue de terrain, plusieurs personnes se réunissaient pour s'entr'aider dans le pays faiblement peuplé, et jalonnaient d'abord un territoire assez grand pour suffire aux besoins de toutes les familles associées. Cet espace n'était pas simplement divisé en autant de parties égales qu'il y avait d'intéressés, car les lots n'auraient pas été de même valeur. On établissait d'abord de nombreuses pièces selon la qualité du terrain, la situation, la facilité de culture, et chacune d'elles était subdivisée en autant de champs qu'il y avait de familles dans le village; de sorte que celles-ci obtenaient chacune une part de même étendue et de même valeur, mais composée d'une quantité de petites parcelles, dispersées entre les autres lots. La division, qui se faisait au moyen d'une corde (reb), s'appelait *rebning*, et toutes les parcelles attribuées de la sorte à une maison de paysan se nommaient un *bol*. Les terres étaient soumises à *l'assolement triennal* (trevangskifte), c'est-à-dire que le territoire du village était réparti en trois soles, dont l'une était ensemencée de seigle, l'autre d'orge, et la troisième restait en friche et servait au parcours de tout le bétail du village. On alternait de manière à ce que, dans l'espace de trois ans, chaque sole se fût reposée une fois; il n'y avait que le Jutland, y compris sa partie méridionale, le duché de Slesvig, qui eût des assolements plus longs, variant de cinq à dix ans. Toute cette institution de la communauté et de la répartition des terres, qui était en rapport avec les connaissances de l'époque et répondait à ses besoins, devint très pernicieuse dans le cours des temps; parce qu'aucun paysan ne pouvait faire de changements ou d'améliorations dans sa culture sans le consentement des autres, et que la dispersion des parcelles et leur éloignement de la maison causait une grande perte de temps. Elle s'est néanmoins maintenue, non-seulement pendant tout le moyen âge, mais encore jusqu'aux dernières années du siècle passé, où l'on commença enfin à y mettre ordre. Du village dépendait originairement aussi un *pâtis* (overdrev), pièce écartée, souvent boisée de taillis, qui servait en été au parcours du bétail. Outre son lot de champs, chaque paysan avait un *meix* ou enclos (huustoft) devant sa maison, et plus tard ordinairement un jardin potager et un verger. Le village qui s'était formé de cette façon s'appelait *by* (village) ou *adelby* (village noble ou principal) et ses habitants étaient tous propriétaires. Les plus aisés de ceux-ci cultivaient d'habitude une partie des terres vagues, appelée *ornum* (hors part), qui n'était pas arpentée ni comptée dans le territoire, mais était considérée comme propriété privée de l'occupant. Le propriétaire la faisait cultiver par des régisseurs ou bien l'amodiait à des fermiers. Telle fut l'origine de quantité de domaines, qui devinrent peu à peu des villages complets, que l'on appelait *torper* (au singulier torp, hameau), pour les distinguer des villages nobles. Ces hameaux, où il y avait peu de propriétaires, se reconnaissent encore à la terminaison de leur nom en *torp, strup, drup, rup*; comme *Nœrtorp, Thystrup, Endrup, Aagerup*.

Le *commerce* se faisait soit par terre, à travers le Holstein et le nord de l'Allemagne, soit par mer sur la Baltique et la mer du Nord. Par la Baltique, les Danois entretenaient des relations surtout avec les villes de l'Allemagne du Nord, l'Esthonie, la Livonie et la Russie; par la mer du Nord, avec l'Angleterre et la Hollande, ayant de ce côté la ville de Ribe pour principal entrepôt. Outre cette ville, on nomme Slesvig, Horsens, Aarhuus, Randers, Viborg, Aalborg, Roeskilde, Lund et Skanœr, comme places d'une certaine importance. Les importations consistaient en vins, en étoffes, en sel, en froment, en cire, en fer, etc.; l'élève des bêtes à cornes, des chevaux et la pêche, fournissaient les principaux objets d'exportation. Le commerce se faisait encore en grande partie par l'échange des marchandises ou bien avec de l'argent pesé, la monnaie étant rare. La première pièce frappée que l'on possède remonte au règne de *Svend Tveskjæg*, qui, de même que ses successeurs immédiats, avait à son service des monnayeurs anglais ; on trouve déjà un plus grand nombre de monnaies de Knud le Grand ; plus tard elles devinrent plus fréquentes. Au reste le droit de battre monnaie n'appartenait pas exclusivement au roi, les évêques et diverses villes en faisaient aussi frapper. On comptait en *penning ;* dix de ces pièces valaient un *œrtug,* dont il fallait trois pour un *œre,* et huit *œre* pour un *marc.* Un marc d'argent, qui pesait une demi-livre de ce métal, avait en monnaie actuelle une valeur de 18 ½ *riksdaler* ou 50 francs ; mais la monnaie fut altérée de bonne heure, et au temps de Valdemar II un marc d'argent ne valait plus que 5 riksdaler (13 fr. 55), pas même le tiers de la valeur du métal pur, et plus tard le cours tomba encore plus bas. Le commerce ouvrit une nouvelle source de revenus pour les rois, par l'établissement de droits sur les marchandises importées ou exportées. La *douane* (told) prit tant d'importance que, dans la ville de Ribe seule, elle rapportait annuellement 27,000 francs sous le règne de Valdemar II. Les revenus des *domaines de la couronne* diminuèrent, au contraire, par les concessions de fiefs aux seigneurs et par les imprévoyantes libéralités des rois envers le clergé. De même les *amendes* cessèrent de rapporter autant, lorsque le clergé et la noblesse obtinrent le droit d'en faire rentrer quelques-unes, mais elles formaient encore une importante source de revenus, qui doit avoir atteint, sous Valdemar, le chiffre de 100,000 marcs de monnaie (1,355,000 fr.) par an. Un précieux document, qui nous fait connaître les revenus considérables de ce prince, est le *Terrier du roi Valdemar II* (Valdemar den andens Jordebog), où l'on trouve l'énumération des domaines royaux et des revenus qu'ils donnaient, avec d'autres renseignements curieux sur l'état de la civilisation et de l'agriculture à cette époque, sur les impôts et toute la constitution intérieure et l'administration du pays.

L'*élève du bétail* était une des meilleures ressources, attendu que le territoire offrait en abondance d'excellents pâturages, et les chevaux danois étaient dès lors recherchés de l'étranger pour leur force et leur beauté. Les *pêcheries* occupaient également un grand nombre d'individus, les eaux du royaume fournissant à profusion diverses espèces de poissons, qui étaient fort demandés pour le carême, temps où les chrétiens d'alors ne mangeaient pas de viande. D'après l'historien Saxo, il y avait des poissons en telle quantité dans le Liimfjord, que les riverains de ce golfe vivaient de la pêche aussi bien que les autres contrées de l'agriculture et de l'élève du bétail. Dans le Sund, ajoute le même écrivain, il y avait des bancs de harengs si épais, que l'on pouvait à peine s'y frayer passage en barque, et l'on n'avait pas besoin de filets pour les prendre : les mains suffisaient. Un autre chroniqueur, qui vivait à la fin de cette période, *Arnold* de Lübeck, dit : « Les Danois ont toutes sortes de richesses à profusion, à cause de la pêcherie annuelle sur les côtes de la Skanie, où se rendent tous les commerçants des nations voisines ; ils y portent de l'or, de l'argent et toutes sortes de choses précieuses pour les échanger contre des harengs, que Dieu donne aux Danois pour rien. C'est pourquoi ceux-ci se vêtent maintenant non-seulement de petit-gris avec des bordures d'écarlate, mais encore de pourpre et de linge fin. Auparavant ils se vêtaient comme des marins, mais leurs longues relations avec les Allemands leur ont appris à en imiter les mœurs et à en adopter les armes et le costume. Leur pays est aussi rempli de beaux chevaux à cause de ses excellents pâturages. »

La population du Danemark en dehors des villes, au milieu du treizième siècle, où l'on peut admettre qu'elle atteignit son maximum de densité au moyen âge, s'élevait, à ce que l'on a supputé, à 1,500,000 âmes environ, dont 240,000 à peu près pour les provinces skaniennes ; 280,000 pour le Sœnderjylland ou Sud-jutland (Slesvig), et un peu moins d'un million pour le reste du Danemark. La population des villes ne doit pas avoir été considérable à cette époque. Mais il ne faut pas perdre de vue que ces calculs n'ont qu'une certitude approximative.

La *science* était alors fort arriérée en Danemark, comme dans la plupart des autres pays de l'Europe. Après avoir été longtemps enveloppée de ténèbres, sa lumière commençait à jeter ses premiers rayons sur les peuples méridionaux plus favorisés ; mais elle tarda à éclairer le lointain Danemark. Les ecclésiastiques étaient les seuls qui étudiassent, et encore, à part quelques honorables exceptions, étaient-ils le plus souvent fort ignorants. L'archevêque *André Sunesen* et l'évêque *Gunner*, de Viborg, se distinguèrent par leur connaissance des lois nationales ; le premier a donné une traduction latine de la loi civile de Skanie, et l'autre prit part à la confection de la loi jutlandaise. *Saxo* et *Svend Aagesen* écrivirent chacun une histoire de Danemark, celui-là plus amplement, celui-ci plus brièvement; mais, à part ces quatre personnages, il n'y eut pas d'hommes de science remarquables dans cette période. La première école cathédrale fut fondée à Lund sous Knud le Saint, et elle reçut une extension considérable, grâce aux libéralités de l'archevêque Eskil; plus tard on en institua près de chaque chapitre diocésain, de même qu'il y eut des écoles de cloître dans les plus grands monastères. Mais, comme l'enseignement ne comprenait que le latin de décadence, les formulaires et les prières usitées dans l'office divin, ceux qui désiraient quelque chose de plus que cette maigre instruction devaient se rendre à l'étranger. L'archevêque Eskil avait fait ses études à *Hildesheim*, mais c'est surtout les célèbres écoles de *Paris* que fréquentaient les jeunes ecclésiastiques danois; c'est là qu'étudièrent Absalon, Gunner, André Sunesen; ce dernier même doit avoir enseigné à l'Université. Dans la dernière partie de cette période, le Danemark entretenait avec la France des relations très-suivies, établies surtout par les rapports amicaux d'Absalon avec de hauts ecclésiastiques français, par le mariage de Philippe-Auguste avec une princesse danoise, et par diverses autres circonstances. Ce fut le motif de la fondation d'un collége danois à l'Université de Paris, vers la fin du douzième siècle, collége qui depuis fut, pendant longtemps, régulièrement fréquenté par les ecclésiastiques danois; ceux-ci, après leur retour, étaient honorés du titre de *Clercs parisiens* et promus aux plus hautes dignités de l'Église. Mais l'instruction même que l'on allait chercher à l'étranger était en général de peu de valeur, et consistait surtout en subtiles spéculations sur des questions de théologie, obscures et ardues. Arnold de Lübeck, à qui l'on a déjà fait un emprunt, rapporte que les ecclésiastiques n'étaient pas seuls à visiter Paris; que les nobles y envoyaient aussi leurs fils pour être instruits dans les sciences. « Les Danois, ajoute-t-il, se font remarquer par leur habileté à disputer; cela tient à leur élocution vive et coulante et à la facilité avec laquelle ils s'assimilent les langues étrangères. Ils sont aussi fort considérés pour leurs connaissances en droit canon. »

Dans cette période encore, tous les pays septentrionaux parlaient une même langue, peu différente de l'ancien idiome norrain ou islandais, et généralement appelée *la langue danoise*. Des skalds islandais vivaient à la cour et chantaient les louanges des rois dans des poëmes qui étaient compris de tous, non-seulement sous les premiers rois de cette période, mais encore sous le dernier, Valdemar le Victorieux, qui traitait avec faveur le poëte *Olaf Hvitaskáld*. On rapporte même qu'il lui enseigna une manière particulière de disposer les lettres runiques, ce qui indique une connaissance approfondie de la langue. Il se produisit pourtant quelques différences, chez les trois peuples du Nord, dans la prononciation et la désinence des mots; aussi, à côté de la dénomination générale de *langue danoise* trouve-t-on l'expression de *langue norvégienne*, appliquée à l'idiome de la Norvège. Bien que le langage eût en général conservé sa pureté primitive, il commençait déjà à subir des altérations, qui ne furent parfaitement appréciables que dans la période suivante. Les relations continuelles avec l'Allemagne ne pouvaient manquer d'exercer une influence nuisible sur la pureté de la langue; les poëtes allemands commençaient dès lors à supplanter les skalds islandais à la cour des rois. Mais l'importance que prit le latin eut des conséquences encore plus graves. Ici, comme partout ailleurs en Europe, l'idiome national était méprisé des ecclésiastiques comme grossier et barbare; et comme les clercs étaient à peu près les seuls qui sussent lire et écrire, on n'écrivait rien qu'en latin. Un indice du peu de cas que faisaient du danois les savants du temps, c'est que l'histoire même de la patrie, qui avait droit avant tout à être écrite dans la langue des ancêtres, fut rédigée en latin par Saxo et Svend Aagesen. Les lois seules, qui étaient l'œuvre du peuple même, furent transcrites en latin, et ce sont aussi les plus anciens monuments linguistiques qui nous restent. Les *runes* commencèrent de même à être supplantées par les caractères latins dont se servaient les moines; mais, pendant toute cette période et encore plus tard, elles furent employées, comme lettres nationales, dans les inscriptions funéraires et autres. Les influences pernicieuses mirent pourtant longtemps à pénétrer partout et à vaincre la résistance que leur opposait l'idiome national. Celle de l'allemand était limitée à quelques personnes et à quelques localités; et, tandis que le clerc dans sa cellule transcrivait ses phrases latines avec des lettres onciales, le peuple se servait encore dans les assemblées de la langue nationale pure et sans mélange. C'est seulement dans la période suivante, où l'indépendance du pays fut sur le point de succomber dans les invasions allemandes, que l'idiome national aussi faillit être étouffé par les efforts unis de ses rivaux : le latin et le tudesque.

DEUXIÈME PÉRIODE

DE LA MORT DE VALDEMAR II
ET DU COMMENCEMENT DES GUERRES DU SLESVIG JUSQU'A
L'INTRODUCTION DE LA RÉFORME (1241-1536).

PREMIÈRE DIVISION

1241-1319.

I

Erik Plovpenning. — Le Sudjutland est donné en fief. — Abel. — Le développement du régime municipal et son déclin. — Christophe I. — Guerre du Sudjutland. — Lutte entre l'Église et la royauté. — Jacob Erlandsen.

Valdemar le Victorieux, après la funeste mort de son fils aîné, Valdemar, tué par accident à la chasse (1231), avait prudemment fait reconnaître et proclamer pour son successeur *Erik*, son second fils; mais il commit la faute de détacher de la couronne une grande partie des provinces pour en constituer des fiefs au profit de ses autres fils. Erik ne conserva que la Skanie, la Sélande, la Fionie et le Nordjutland, tandis qu'*Abel* obtint le Sudjutland (1232); *Christophe*, les îles de Laaland et de Falster; *Knud*, le Bleking; et *Nicolas*, petit-fils de Valdemar, le Halland septentrional. Cette erreur politique était générale dans ces temps; ce fut une source de grands malheurs pour le Danemark, lorsque les frères se révoltèrent contre leur suzerain et cherchèrent à se rendre indépendants. A l'exception du Halland septentrional, donné à Nicolas en compensation de la perte de sa succession maternelle dans le Schwerin, tous ces fiefs étaient *personnels* et non héréditaires. Le Sudjutland, surpassant les autres en étendue et en importance, fut celui qui occasionna plus tard les luttes les plus sanglantes. Cette province avait, depuis les temps les plus anciens, fait partie du royaume, avec la même constitution, les mêmes lois, la même langue que les autres ; et, bien qu'elle eût souvent été administrée séparément par des princes de la maison royale, ses rapports avec le royaume n'en étaient pas altérés. Les gouverneurs s'appelaient bien ducs, mais ce titre ne leur était donné qu'à cause de leur origine royale et ne comportait aucune idée de souveraineté. Au temps d'Abel commença une lutte funeste entre les ducs de Sudjutland et les rois de Danemark, ceux-là cherchant à faire de leur fief une possession héréditaire dans leur famille, ceux-ci s'opposant avec raison à un tel démembrement du royaume. Les ducs demandèrent et obtinrent l'appui des comtes de Holstein, qui voyaient avec plaisir l'affaiblissement du Danemark, et, après une lutte plus que séculaire, le Slesvig finit presque par être détaché de la mère patrie.

Erik, qui succéda à son père en 1241, avait la tête remplie de plans pour le venger et regagner les conquêtes perdues ; aussi rien ne pouvait le contrarier autant que l'étroite alliance contractée avec la maison comtale du Holstein par son frère Abel, qui avait épousé une princesse holsteinoise et accepté la tutelle des jeunes comtes. Il s'éleva aussitôt entre les frères une querelle qui, pourtant, fut apaisée pour quelque temps. Mais bientôt, Abel ayant mis en avant la prétention que le Sudjutland était sa part dans l'héritage paternel et qu'il en avait la possession pleine et indépendante, et ses autres frères ayant fait cause commune avec lui, il éclata une guerre qui dura plusieurs années et pendant laquelle les villes les plus importantes du Sudjutland, du Nordjutland et de la Fionie furent pillées et mises en cendres, tantôt par les troupes royales, tantôt par le parti ducal, tandis que les Lübeckois, alliés d'Abel, ravageaient les provinces orientales du royaume. Erik réussit pourtant à forcer ses frères à se soumettre ; Abel dut abandonner ses prétentions non fondées et prêter hommage au roi pour le fief de Sudjutland.

Après cette guerre, Erik résolut de faire une expédition en Esthonie, où les possessions danoises étaient menacées par les chevaliers teutoniques, et, pour faire face aux dépenses, il mit un impôt sur chaque charrue (plov), ce qui lui valut le sobriquet de *Plovpenning* (monnaie de la charrue); ce n'était pourtant pas un nouvel impôt, mais bien l'ancienne contribution de course, qui devait être payée au début de chaque guerre. Mais, comme elle était plus lourde que d'habitude, les Skaniens se soulevèrent; ils furent bientôt réduits à l'obéissance et durent payer de fortes amendes. Le clergé aussi dut, à son grand déplaisir, payer son contingent pour la guerre d'Esthonie, car le roi, qui avait noué des relations amicales avec le pape *Innocent IV*, pendant qu'ils étudiaient ensemble à Paris, avait obtenu du pontife l'autorisation de lever une partie de la dîme pour cette guerre, qui était considérée comme une croisade. Après l'heureuse issue de cette expédition, Erik se prépara à la guerre contre les comtes de Holstein, qui élevaient des prétentions sur la place frontière de Rendsbourg ou Reinoldsborg. Le roi traversa le Sudjutland et fut invité amicalement par son frère Abel à se rendre à Slesvig; mais, lors de leur entrevue, ils échangèrent des paroles amères. « Te rappelles-tu, dit Abel, que ma fille dut errer pieds nus comme une mendiante et se cacher lorsque tu pillais Slesvig? » — « Calme-toi, mon frère, repartit le roi; je suis assez riche, Dieu merci, pour lui faire présent d'une paire de souliers. » Mais Abel riposta avec acrimonie : « Non, tu ne le feras plus! » Il fit ensuite saisir son suzerain et le remit à deux de ses plus mortels ennemis, *Lauge Gudmundsen* et *Thyge Post*, en leur permettant de le traiter comme ils voudraient. Ils l'emmenèrent au-delà de la Slie, le décapitèrent et jetèrent à l'eau le cadavre chargé de pierres; après quoi l'on répandit le bruit que la barque avait sombré et que le roi avait été noyé (1250). Mais le crime fut dévoilé lorsque, plusieurs mois après, le tronc décapité revint sur l'eau; la main droite, à ce que rapporte la tradition, émergeait hors de l'eau, comme pour appeler la vengeance céleste.

Comme Erik n'avait pas laissé de fils, *Abel*, en sa qualité d'aîné des frères survivants, fut reconnu roi, bien qu'on le soupçonnât généralement du crime de fratricide; l'espoir que son avénement réunirait le Sudjutland aux possessions immédiates de la couronne et que des relations pacifiques seraient rétablies avec les comtes de Holstein l'emporta sur toute autre considération.

Pourtant Abel dut se purger par serment du soupçon de complicité dans le meurtre de son frère. Il jura solennellement qu'il était innocent, et son parjure fut confirmé par vingt-quatre nobles complaisants, après quoi Abel monta sur le trône souillé par le sang du malheureux Erik. Il ne jouit pas longtemps de sa dignité, si chèrement payée, car deux ans plus tard il perdit la vie dans un combat contre les Frisons (1252).

Dès le milieu de la période précédente, les *villes* avaient commencé à se former. On a dit plus haut ce qui donna lieu à la fondation de la plupart d'entre elles, quelles circonstances favorisèrent leur accroissement, et comment les *Gildes*, notamment, exercèrent une puissante influence sur le développement de leurs forces et leur émancipation. Il s'écoula cependant beaucoup d'années avant que les villes se séparassent complétement de la population rurale, pour former une classe bourgeoise spéciale, avec ses industries, ses droits, ses lois et ses tribunaux propres. Ce n'est que sous *Abel* qu'elles paraissent comme un ordre politique spécial à une diète (Dannehof) tenue au commencement de son règne. La première phase du développement d'un régime municipal particulier fut le privilége accordé aux villes d'avoir chacune leur *tribunal* (bything), où les procès de leurs habitants pouvaient être jugés sans qu'il fût nécessaire de recourir au tribunal du canton. Il y en a des traces dès le douzième siècle. Ensuite, dans le courant du treizième, il s'établit dans les grandes villes un *conseil municipal* (byraad), dont plus tard un des conseillers devint président, sous le nom de *bourgmestre* (borgemester). Le conseil était élu par le libre choix des bourgeois, et chacun des habitants ayant droit de cité pouvait en faire partie; mais, comme les Gildes comprenaient les citoyens les plus considérés et les plus aisés, il était naturel qu'elles eussent beaucoup d'influence sur l'élection et que leurs membres obtinssent la plupart des places au conseil. L'organisation des Gildes était, en outre, comme un type de la constitution municipale, et leurs membres étaient exercés aux affaires qui furent les objets les plus prochains des délibérations des conseils. Les municipalités n'avaient qu'une *autorité administrative*, sans *pouvoir judiciaire*. Elles devaient pourvoir au maintien de l'ordre dans la ville, au moyen des agents de police et des gardes qu'elles avaient à leur service; administrer les finances, répartir les contributions entre les bourgeois, veiller à leur rentrée, fixer les dépenses des travaux publics, etc. Le pouvoir judiciaire était, au contraire, exercé dans la ville par les bourgeois mêmes, de même qu'à la campagne par les paysans, soit par des sandemænd et des nævninger élus, soit par les justiciables (thingmænd) assemblés. Pour veiller aux intérêts du roi, il y avait dans chaque ville un *procureur* (foged, advocatus) royal, qui recevait les diverses contributions dues au fisc par la ville, présidait le tribunal municipal et faisait exécuter ses jugements; il n'avait d'ailleurs, soit dans les villes, soit dans les campagnes, aucune part au pouvoir municipal; il lui appartenait au contraire, de concert avec le conseil, de conférer le droit de cité.

Cependant ce régime de liberté municipale fut peu à peu soumis à des entraves, et les franchises populaires se perdirent aussi bien dans les villes que dans les campagnes. Le conseil chercha à étendre les limites de son pouvoir et de sa compétence, et les rois s'efforcèrent d'augmenter leur influence sur l'administration des villes et la composition des municipalités. A mesure que les bourgeois déchurent en importance et en influence, leur intérêt pour les affaires publiques diminua; ils furent moins assidus aux tribunaux et perdirent ainsi la connaissance des lois qui était nécessaire pour l'exercice du pouvoir judiciaire. Il devint donc de plus en plus commun d'abandonner le jugement des causes les plus importantes au conseil, où siégeaient les hommes les plus expérimentés et les meilleurs juristes de la ville, jusqu'à ce que les citoyens finissent par perdre entièrement le pouvoir judiciaire. Après avoir pris tant d'autorité, le conseil ne pouvait avoir de peine à faire un pas de plus et à se rendre absolument indépendant des citoyens. Les conseillers commencèrent à s'élire mutuellement, et l'administration de la cité, qui était auparavant une affaire publique, à laquelle pouvaient prendre part tous ceux que la confiance de leurs concitoyens appelait à siéger au conseil, tomba dans les mains de quelques-unes des familles les plus riches et les plus puissantes. Les rois, de leur côté, travaillèrent à limiter l'autorité du conseil en augmentant celle de leurs procureurs. Le pouvoir judiciaire ne resta pas longtemps en possession du conseil qui se l'était arrogé, mais il passa au procureur du roi, et beaucoup d'affaires importantes, dont la connaissance appartenait au conseil, furent désormais soumises à la décision du Foged ou directement évoquées par le roi. Le monarque commença alors à nommer les bourgmestres des villes et même à remplir les places vacantes dans les conseils, ce qui fit disparaître le dernier reste de la constitution libre des villes. Il faut cependant se rappeler que ces changements se produisirent dans le cours de plusieurs siècles, et que l'indépendance des municipes ne périt entièrement que dans la dernière partie du moyen âge, alors que la puissance des nobles et du clergé, dans le voisinage desquels aucune liberté politique ne pouvait prospérer, était arrivée à son plus haut degré.

Les villes n'avaient pas seulement des tribunaux particuliers, mais encore des *lois propres*. De même que les paysans au temps de la liberté populaire avaient le droit d'adopter les lois, de même aussi les bourgeois des villes, à la situation desquelles les lois provinciales n'étaient pas appropriées, faisaient eux-mêmes les lois, d'après lesquelles leur communauté était administrée. Ce fut notamment le cas pour les anciens droits de Slesvig, de Roeskilde, probablement de Flensborg, comme aussi du droit beaucoup plus récent d'Aabenraa, promulgué en 1335. Cette remarque, pourtant, ne s'applique en général qu'aux anciens temps; car les mêmes causes qui privèrent les bourgeois du pouvoir judiciaire entraînèrent aussi la diminution de leur puissance législative. Les rois avaient commencé par donner aux lois des villes une confirmation conditionnelle, en se réservant la faculté d'y faire des modifications si l'expérience en montrait l'utilité, ou bien ils refusaient même totalement leur approbation à certains articles. Plus tard ce fut l'inverse : les rois faisaient les lois et les bourgeois y donnaient leur adhésion; à la fin, les monarques imposèrent des lois aux villes sans s'inquiéter du consentement des citoyens. — La plus ancienne loi municipale du Danemark est l'*Ancien Droit de Slesvig*, qui fut l'œuvre des bourgeois, probablement en 1201, au lieu d'avoir été octroyé par Svend Grade, au milieu du douzième siècle, comme on l'admettait précédemment. Il sert de base à plusieurs lois municipales du Sudjutland, notamment à celles de Flensborg et d'Egernfjord, qui furent promulguées à la fin du treizième siècle. Vient ensuite la *Coutume de Copenhague*, octroyée, en 1254, par Jacob Erlandsen, qui était alors évêque de Roeskilde. La troisième en date est celle de *Roeskilde*, composée par les bourgeois eux-mêmes et confirmée par *Erik Glipping* (1268); puis celle de *Ribe*, octroyée par le même monarque (1269). Ces lois municipales, ou, comme on les appelait, ces *droits des villes* (stadsretter) servirent de types à ceux de la plupart des autres villes. Les municipes du Nordjutland et de la Fionie suivaient surtout le droit de Ribe; comme ceux du Sudjutland, le droit de Slesvig; ceux de Sélande, le droit de Roeskilde; ceux de Skanie se conformaient, depuis le quatorzième siècle, principalement au droit de Helsingborg. De bonne heure aussi furent octroyées des *lois municipales générales*, applicables à toutes les villes du pays. Erik Glipping doit en avoir promulgué une dès 1269; mais elle peut être plus récente que son règne, et, bien qu'elle soit appelée générale, elle ne fut mise en vigueur que dans le Nordjutland et la Fionie. Il se passa ensuite plus de cent ans avant que la reine *Marguerite* fît un nouveau code municipal général, qui fut remplacé plus tard par celui de *Christophe de Bavière*, et depuis par celui du roi *Jean*.

La sévérité des lois municipales forme un contraste frappant avec la douceur des pénalités et la crainte de violer le droit des particuliers qui se manifeste dans les lois des provinces. Dans les villes, où la population était plus agglomérée, les tentations étaient plus grandes, et plus nombreuses aussi les occasions de commettre des crimes et délits; c'est pourquoi l'autorité reçut une puissance plus étendue pour poursuivre et saisir les coupables; les peines furent aggravées et les amendes augmentées. Les lois des villes formèrent ainsi la transition à une meilleure administration de la justice et à l'établissement d'un meilleur ordre légal dans la société. Tandis que, dans la plupart des cas, les lois provinciales laissaient à l'offensé le soin d'intenter une action, le foged avait, dans les villes, le droit de citer le coupable devant le tribunal municipal et de forcer le récalcitrant à comparaître; bien plus, de saisir les biens du condamné qui refusait de payer l'amende; exécution qui, à la campagne, devait être faite par le demandeur lui-même. Les lois provinciales poussaient jusqu'à l'excès le respect de la liberté individuelle; elles ne permettaient pas qu'un coupable fût mis en arrêt avant que son affaire eût été soumise au tribunal et jugée, sauf le cas de flagrant délit; mais, dans les villes, le magistrat pouvait décréter de prise de corps même pour dette. La preuve judiciaire par cojurants, qui donnait lieu à beaucoup d'abus, fut plus tôt abrogée dans les villes qu'à la campagne et remplacée par la preuve testimoniale. Cependant la sévérité des droits municipaux passait quelquefois les bornes de la raison. La coutume de Ribe, par exemple, prononçait la peine de mort contre les vendeurs de denrées falsifiées, et elle porte ailleurs : « Toute voleuse mériterait à bon droit d'être pendue; mais, par égard pour son sexe, elle sera enterrée vivante. »

La plupart des villes étaient sous la dépendance immédiate du roi; il n'y avait d'exceptions que pour quelques cités édifiées sur des propriétés particulières, comme *Nyborg* et *Kallundborg,* dont la dernière avait été fondée par *Esbern Snare* et se transmit longtemps en héritage dans sa famille. *Skovkloster* (le monastère du bois) possédait toute la ville de *Nestved;* l'archevêque de Lund avait toutes les cités de l'île de Bornholm, et l'évêque de Roeskilde celle de Copenhague. Quelques villes étaient considérées comme propriétés privées des rois, et, après leur mort, les héritiers se les partageaient avec le reste de la succession; ce qui fut le cas pour *Skjelskœr* et *Svendborg* après le décès de Valdemar le Victorieux. Les villes privées, ou *médiates,* comme on les appelait, étaient dans la même relation vis-à-vis du propriétaire du fonds que les villes immédiates à l'égard du roi. C'est pourquoi Copenhague reçut ses deux premières lois municipales des évêques de Roeskilde ; plus tard, lorsque la ville fut à la couronne, *Erik de Poméranie* lui donna une nouvelle coutume. Bien que les rois tendissent à restreindre les priviléges municipaux et à étendre leur propre puissance, les villes étaient pourtant les objets de leur sollicitude et de leur protection; ils leur concédèrent des terres, une quote-part dans les amendes; les gratifièrent du droit de frapper monnaie ; exemptèrent beaucoup d'entre elles des taxes de douane, etc. Les villes frontières étaient surtout favorisées par les princes, parce que leur situation donnait une importance particulière à la fidélité et au dévouement des bourgeois. Ainsi *Ribe* obtint beaucoup de priviléges qui ne furent pas accordés aux autres villes du Jutland. Il en fut de même pour Haderslev, que des raisons analogues recommandaient aux ducs de

Sudjutland. En général, les villes de cette province tirèrent beaucoup d'avantages des luttes entre les rois et les ducs; car les uns et les autres s'efforçaient à l'envi de les gagner par des bienfaits, et ce fut le motif pour lequel le conseil de ces municipes conserva le pouvoir judiciaire, alors que dans les autres villes danoises il était depuis longtemps passé entre les mains du foged royal. De bons rapports aussi existèrent toujours entre les rois et la bourgeoisie, et, tandis que dans l'histoire du Danemark au moyen âge il est souvent question de révoltes du clergé, de la noblesse et des paysans, il n'y a pas d'exemples qu'une ou plusieurs villes se soient soulevées contre les rois. La couronne tirait des revenus considérables des villes; outre une part dans les amendes et les douanes, si productives, il y avait le *fouage* (arnegjæld) ou *impôt de la Saint-Jean* (midsommergjæld), le *cens* (jordskyld), *la contribution de Noël* ou *de Pâques* (juleskud ou paaskeskud); le *droit sur la bière* (œlgjæld), la *taxe de guerre* (ledingspenge), etc. Ces divers impôts furent plus tard fondus en une seule *contribution municipale* (byskat) annuelle, que le conseil répartissait entre les bourgeois d'après leur fortune et leur industrie, et que percevait le foged royal. En cas de guerre, les villes maritimes devaient en outre armer et équiper des vaisseaux de guerre commandés par leur bourgmestre, et les campagnes avaient à fournir des miliciens et des vivres pour l'armée.

Les municipes veillaient d'un œil jaloux à ce que leurs priviléges ne profitassent pas à d'autres qu'à leurs propres citoyens. Les marchands étrangers, ou *Gjæster*, comme on les appelait, étaient soumis à des restrictions considérables; à leur arrivée, ils avaient à payer à la ville le *chevage* (gjæsteskud), la *taxe sur les voitures* (vogntold), les *droits de place* (torvegjæld); ils ne pouvaient mettre en vente leurs marchandises que les jours de marché et de foire et dans certains endroits de la ville; ils ne pouvaient pas vendre ou acheter à l'aune ni au pot, mais seulement en gros; ils ne devaient commercer qu'avec les bourgeois de la ville, mais non entre eux; ils ne devaient rien vendre avant que le foged et le bourgmestre eussent déclaré s'ils voulaient user de leur droit de *préemption* (forkjœbsret) et acheter les marchandises au profit du roi ou de la ville. De bonne heure aussi les villes surent obtenir une prohibition de vendre et d'acheter des marchandises à la campagne. La première ordonnance à ce sujet fut rendue dès le règne de *Valdemar Atterdag* et confirmée par *Erik de Poméranie*, qui ajouta une autre restriction considérable à la liberté de l'industrie dans les campagnes, en défendant aux habitants d'exercer des métiers. Les nobles qui possédaient des domaines et des maisons dans une ville ne jouissaient, d'après les plus anciennes lois municipales, d'aucune exemption d'impôts et de redevances, mais ils devaient participer à toutes les charges des bourgeois de la ville. On pourrait croire que, grâce à ces priviléges et au régime de liberté qu'elles conservèrent longtemps, les villes de Danemark atteignirent un haut degré de prospérité, surtout si l'on considère la favorable situation du pays pour le commerce et sa richesse en produits importants. Ce ne fut pourtant pas le cas. Soit à cause de la puissance déjà considérable de la noblesse, soit à cause de la pernicieuse influence des villes hanséatiques, dont il sera plus amplement question plus loin, la bourgeoisie danoise n'atteignit jamais au moyen âge la puissance et l'importance politiques au moyen desquelles elle aurait pu, selon l'exemple donné par l'étranger, devenir l'appui de la royauté et la pierre d'achoppement où se serait brisé le pouvoir de la noblesse et du clergé.

Après la mort d'Abel, son frère *Christophe* fut élu roi, au détriment de *Valdemar* et d'*Erik*, fils du défunt roi, et contrairement à la promesse faite par les États, à une diète (dannehof), de reconnaître pour roi le prince Valdemar, ou, s'il prédécédait sans enfants, son frère Erik, promesse que Christophe avait même scellée de son sceau. Cette exclusion des fils d'Abel s'explique en partie par la circonstance qu'aucun d'eux n'était majeur lors de la mort de leur père, et que l'aîné, Valdemar, se trouvait alors à l'étranger; mais elles eurent les conséquences les plus funestes, qui se firent sentir pendant des siècles; car le Sudjutland fut ainsi de nouveau séparé du royaume, et le Danemark fut impliqué dans une série de guerres ruineuses avec les ducs de Sudjutland et les comtes de Holstein, qui mirent plusieurs fois l'État à deux doigts de sa perte. Christophe Ier s'empara bien du Sudjutland, mais les comtes de Holstein prirent sous leur protection les fils mineurs d'Abel, qui étaient fils de leur sœur, et continuèrent la lutte pendant plusieurs années. Finalement il intervint un accord (1253), d'après lequel la tutelle des enfants d'Abel, que revendiquait Christophe, en sa qualité d'oncle, lui fut confiée, à condition qu'il investirait Valdemar du duché de Slesvig. Ce prince s'engagea à être dévoué et fidèle au roi et à le suivre à la guerre avec un certain nombre de ses hommes; les habitants du Sudjutland devaient répondre à l'appel militaire, et prendre part à la défense du pays tout comme les habitants des autres provinces; enfin le duc n'avait pas la plénitude du pouvoir judiciaire, mais des jugements de l'assemblée de Urnehoved on pouvait appeler à la diète générale du Danemark, où le duc devait aussi se rendre comme tout autre vassal. C'est ainsi que fut conclue la paix, parce que des deux côtés l'on manquait de forces pour continuer la guerre; mais, comme on n'avait pas résolu la véritable difficulté, savoir si le fief était *heréditaire* ou *personnel*, les rois persistèrent dans leurs tendances à réunir le duché au royaume et les ducs dans leurs efforts pour se rendre héréditaires et indépendants.

Cette paix vint fort à propos pour le roi; car dans l'intérieur de ses États avaient éclaté des troubles qui réclamaient toute son attention. La *lutte entre l'Église et la royauté*, depuis longtemps préparée, fit une violente explosion sous le règne de Christophe Ier. Dans le reste de l'Europe, la sujétion des ecclésiastiques à l'égard du prince avait été déjà rompue, un peu plus tôt, lorsque les papes, après une longue lutte, se furent assuré le droit de nommer les plus hauts fonctionnaires de l'Église, et les évêques se regardèrent dès lors comme des seigneurs indépendants, qui ne devaient rendre compte et prêter obéissance qu'au chef de l'Église. En Danemark, l'explosion de la lutte fut retardée quelque temps pour plusieurs causes : le pays était éloigné du centre de la puissance pontificale; des relations amicales existèrent entre les rois et plusieurs des archevêques de Lund; enfin le caractère énergique et déterminé de quelques monarques inspirait de la crainte à tous les turbulents ou ambitieux. Mais dans cet intervalle fut établi le célibat des prêtres, et le clergé prit assez de forces pour être en état de tenir tête au pouvoir temporel avec l'expectative du succès. On a exposé précédemment quels amples revenus, quels grands domaines, quels nombreux vassaux et quelles fortes citadelles possédaient surtout l'archevêque de Lund et l'évêque de Roeskilde, et l'on voit facilement quel trouble et quel désordre pouvait causer dans le royaume un personnage qui savait disposer de ces immenses ressources avec force et prudence, surtout à une époque où le clergé était considéré avec une vénération superstitieuse par le peuple ignorant, tandis que la puissance royale était paralysée par les attaques de l'étranger, la rébellion des paysans et la désobéissance des grands vassaux. Le clergé avait d'ailleurs de justes motifs de se plaindre ; les personnes et les biens de ses membres étaient en butte aux entreprises de laïques violents, qui, dans ces temps d'anarchie, se préoccupaient aussi peu des foudres de l'Église que des menaces des rois. Comme les hôtelleries étaient rares alors, il arrivait souvent que des voyageurs pénétraient dans les presbytères et les cloîtres, se faisaient donner l'hospitalité par force et commettaient toute sorte de méfaits ; de même, on se plaignait fréquemment de ce que des seigneurs laïques forçaient les monastères et autres établissements ecclésiastiques à prendre en pension leurs chevaux et leurs chiens de chasse.

Le clergé avait jusqu'alors manqué d'un chef capable de donner du poids à ses doléances, comme de maintenir ses droits légitimes et de faire valoir ses prétentions non fondées. Mais il trouva ce chef dans l'archevêque *Jacob Erlandsen,* avec lequel s'engagea, entre les puissances temporelle et spirituelle, une lutte qui dura plus de soixante-dix ans sous quatre rois ; jointe aux guerres avec les ducs de Sudjutland et les comtes de Holstein, à la ruineuse guerre maritime avec la Norvège, à la révolte des paysans et à des régicides, elle plongea le Danemark dans la plus profonde misère. J. Erlandsen, membre de la puissante famille de Skjalm-Hvide, était rempli de hautes idées sur la puissance et l'autorité ecclésiastiques et animé du désir de mettre l'Église danoise sur le même pied que celle des autres pays. Ayant passé bien des années à l'étranger, il était parfaitement au fait de la situation du clergé dans les divers États ; il avait en outre acquis une profonde connaissance du droit canonique, et il eut une heureuse occasion de l'employer en faveur du pape Innocent IV au concile général de Lyon, où le souverain pontife eut à subir les violentes attaques de ses ennemis ; il pouvait donc à son tour compter sur la puissante assistance du chef de la catholicité. A son retour dans sa patrie, nommé évêque de Roeskilde, à cause de sa naissance et de sa science, il fut témoin des procédés autoritaires dont Erik Plovpenning usait à l'égard du clergé danois. Ce monarque avait levé la dîme sur les biens de l'Église, banni du royaume le prédécesseur d'Erlandsen, *Nicolas Stygot* ou *Stigsen*, et confisqué les propriétés diocésaines au profit de la couronne. Une bulle d'excommunication avait été fulminée au concile national d'Odense (1245) contre ceux qui violentaient les ecclésiastiques ou s'emparaient de leurs biens, mais ses défenses étaient journellement transgressées par les puissants du royaume.

Erlandsen résolut de changer cet état de choses. Au commencement du règne de Christophe, il fut, malgré le roi, élu archevêque, et la lutte éclata aussitôt lorsque le prélat voulut reviser le droit ecclésiastique de la Skanie, qui avait été promulgué anciennement avec la participation du peuple et qui en plusieurs points différait du droit canonique plus sévère. Les Skaniens ne voulurent pas que cette loi fût abrogée, ils décidèrent même qu'elle serait lue dans les assemblées populaires, afin que chacun pût avoir connaissance de son contenu, et leur opposition obtint l'appui du roi, hautement offensé de ce que l'archevêque osât amender une loi qui avait reçu la confirmation royale. Les paysans prirent parti dans l'affaire, les uns pour le roi, d'autres pour l'archevêque, et le désordre devint complet. Le métropolitain convoqua un concile à *Veile*, le 5 mars 1256; le roi voulait tenir une diète (dannehof) à Nyborg, le même jour, aussi invita-t-il le prélat à retarder le concile de quelques jours; mais cette demande fut repoussée, sous prétexte que les affaires à traiter étaient importantes et très-urgentes. Le concile s'ouvrit donc à Veile, le jour fixé, et, comme on n'y prit qu'une résolution, on vit clairement quel était le motif si pressant de cette précipitation : la *constitution de Veile* porte que, lorsqu'un évêque serait emprisonné ou autrement molesté dans sa personne par le roi, ou simplement lorsqu'il était à présumer que ces avanies auraient lieu au gré et au su du roi, le service divin cesserait et le royaume serait mis en *interdit*. Ainsi, d'après cette disposition nouvelle et inouïe, une simple présomption devait jeter le royaume dans les malheurs et la confusion qui accompagnaient toujours la fulmination d'un interdit. Cette sentence entraînait la suppression de tout culte divin : les églises étaient fermées; la messe et la confession cessaient; aucune cloche ne devait être sonnée, aucun flambeau sacré ne devait être allumé; une fois seulement par semaine la messe pouvait être dite, les portes fermées, et la communion donnée aux mourants; mais le cadavre ne pouvait être inhumé en terre sainte. On peut facilement se représenter quelles terreurs ces prohibitions devaient exciter dans une période rigoureusement religieuse, où l'on était porté à attacher le même prix aux cérémonies extérieures de l'Église qu'à la religion même.

Par suite de cette mesure, la lutte entre le roi et l'archevêque devint implacable. Le monarque convoqua une nouvelle diète à Vordingborg et y exposa, ainsi que dans plusieurs assemblées postérieures, ses griefs contre le métropolitain. Il se plaignait surtout de ce que l'archevêque s'était fait nommer malgré lui; de ce qu'il sacrait des évêques sans lui demander son consentement; de ce qu'il avait arbitrairement changé le droit ecclésiastique de la Skanie; de ce qu'il refusait d'installer les pasteurs dont la nomination appartenait à la couronne dans quelques églises bâties par les anciens rois; qu'en outre, l'archevêque avait défendu à ses paysans de répondre à l'appel militaire; qu'il les avait placés sous la juridiction ecclésiastique, même pour des affaires qui ressortissaient aux tribunaux civils; qu'il avait élevé de nouvelles forteresses sur le territoire de l'Église, et s'était arrogé des priviléges qui n'appartenaient qu'au roi, comme les amendes dans les causes de 40 marcs, les droits de douane et de rivage sur les navires abordant les domaines métropolitains, etc. Le roi enfin accusait Erlandsen d'exciter la rébellion et d'être en relations avec les ennemis de l'État : les Norvégiens et le duc de Sudjutland. L'archevêque, de son côté, ne manqua pas de formuler ses griefs concernant les usurpations des droits ecclésiastiques et les violences contre le clergé; il déclara d'ailleurs qu'il ne devait pas de compte au roi, mais seulement au souverain pontife; que, quant au droit ecclésiastique de la Skanie, il ne voulait pas l'appliquer dans les dispositions contraires au droit canonique, ce serait s'exposer à la damnation éternelle. La paix fut plusieurs fois négociée; mais la lutte se renouvelait bientôt, et, comme le roi voulait maintenant reprendre tous les fiefs que ses ancêtres avaient donnés au diocèse de Lund, il éclata une terrible révolte parmi les paysans de l'archevêque, les *Kotkarle* (hommes de hutte ou locataires), qui cultivaient les domaines du métropolitain et étaient absolument dépendants de lui. Ils se plaignaient de ce que la tyrannie des laïques les privait d'entendre la parole de Dieu, et ils parcouraient la campagne armés de massues et de gourdins, en se livrant aux plus terribles violences, qui laissèrent longtemps un souvenir d'épouvante. — Quelque temps après survint un événement qui enflamma davantage les passions et poussa le roi aux extrémités. Christophe désirait, en effet, faire couronner son fils Erik ; mais l'archevêque, non content de s'y refuser, menaça encore de l'excommunication quiconque sacrerait le prince ; la conséquence fut qu'aucun des évêques n'osa se charger de cette cérémonie. Une diète, convoquée à Nyborg à cette occasion, se sépara sans que le roi eût atteint son but. Il prit alors le parti de faire emprisonner le métropolitain récalcitrant, et cette mesure fut exécutée avec succès par le propre frère du prélat, *Niels Erlandsen*, qui était fidèle au roi. Le prisonnier fut traité de la manière la plus outrageuse : on le lia sur un cheval, on le dépouilla de son costume ecclésiastique, on lui mit sur la tête un bonnet orné d'une queue de renard, et, dans cet accoutrement, on le conduisit par terre à *Hagenskov*, près Assens. Le moment était venu d'appliquer la constitution de Veile et de mettre le royaume en interdit. Mais Erlandsen ne trouva d'assistance que chez les évêques de Roeskilde et d'Odense, *Peder Bang* et *Regner*. Lorsque ces prélats eurent fulminé l'interdit sur leur diocèse, ils prirent la fuite ; le dernier se rendit dans l'île de Rügen, qui dépendait de l'évêché de Roeskilde, et il excita le prince *Jarimar* à envahir la Sélande. Au milieu de cette confusion, Christophe Ier mourut subitement à Ribe (1259), empoisonné par le prévôt du chapitre, *Arnfast*, qui, d'après une tradition, d'ailleurs peu digne de foi, aurait commis ce crime en donnant la communion au roi.

II

Erik Glipping. — Régence. — Guerre de Sudjutland. — Négociations avec la cour pontificale. — Guerre avec la Norvège. — Révolte de la noblesse. — Erik Menved. — Régence. — Difficultés avec le duc Valdemar de Sudjutland. — Les régicides. — Nouvelle lutte avec l'Église. — Jean Grand. — Expédition en Suède et dans le nord de l'Allemagne.— Révolte de la noblesse. — Affaiblissement du royaume par l'engagement de beaucoup de territoires. — Naissance de la ligne hanséatique et ses conséquences.

Erik Glipping, fils du roi Christophe, n'ayant que dix ans, le royaume restait sans maître et courait risque de se dissoudre. Mais heureusement la reine mère *Marguerite*, surnommée *Sorte Grete*, à cause de son teint noir, et *Sprænghest* (crève-cheval), en sa qualité d'intrépide cavalière, était aussi distinguée par sa prudence que par son sang-froid. Elle prit les rênes du gouvernement et réunit autour d'elle les partisans de la dynastie. Pour amener une réconciliation avec J. Erlandsen, elle lui ouvrit les portes de la prison; mais cet homme opiniâtre ne montra pas moins d'hostilité et ne voulut pas entendre parler d'accord avant que le pape eût jugé sa cause. Il offrit même au duc de Sudjutland le trône de Danemark, excommunia l'évêque de Viborg, qui avait couronné Erik Glipping, et nomma le régicide Arnfast évêque d'Aarhuus. *Jarimar de Rügen*, qui avait fait une descente en Sélande, ravageait l'île avec la plus grande barbarie, et il mit en complète déroute les paysans Sélandais, appelés aux armes par la régente, dans la sanglante bataille de Nestved, où périrent plusieurs milliers de paysans, jusqu'à 10,000, selon quelques rapports (1259). L'évêque de Roeskilde défendit d'enterrer en terre sainte ceux qui avaient succombé en combattant pour le roi, ce qui, d'après les idées d'alors, équivalait à leur fermer les portes du ciel. Jarimar passa ensuite dans la Skanie, qui fut également ravagée de la manière la plus affreuse; mais ici, il finit par périr de la main d'une paysanne skanienne. Pour comble de malheur, le duc de Sudjutland et les comtes de Holstein firent aussi irruption dans le royaume. Après la mort du duc Valdemar

(1257), son frère *Erik* avait demandé à lui succéder ; mais le roi Christophe Ier lui refusa l'investiture et fit retrait du fief vacant. La reine mère était bien disposée à lui conférer l'investiture personnelle, mais il la voulut héréditaire, et elle refusa. On en vint à un combat (1261), à *Lohede*, où l'armée royale fut battue à cause de la trahison de ses chefs *Pierre Finsen* et *Iver Tagesen ;* le roi et la régente tombèrent au pouvoir de l'ennemi. Cependant Marguerite ne perdit pas courage, elle nomma le duc *Albrecht* de Brunsvig administrateur du royaume pendant son absence, et par d'habiles négociations elle réussit d'abord à recouvrer la liberté, puis à tirer de captivité son fils *Erik*. Le duc Albrecht ne gouvernait pas à la satisfaction du peuple, c'est pourquoi il dut déposer le pouvoir au bout de quelques années et quitter le Danemark.

Un des plus grands soucis de Marguerite fut de mettre fin aux différends avec l'archevêque, et, après avoir vainement employé d'autres moyens, elle finit par porter plainte à Rome contre le turbulent prélat. Ses doléances n'obtinrent d'abord pas grand accueil ; mais comme il en arrivait toujours de nouvelles, parfois appuyées par des évêques du royaume, la cour pontificale en vint à soupçonner que la cause de l'archevêque n'était pas parfaitement pure, et, pour faire une plus ample enquête, elle envoya en Danemark un légat papal, maître *Gerhard*. Celui-ci se déclara entièrement en faveur du roi et de la reine, et il ordonna à Erlandsen, sous menace d'anathème, de se rendre à Rome pour se purger des accusations portées contre lui ; mais le métropolitain ne s'inquiéta ni du roi ni du pape et continua à exercer ses fonctions. Quelque temps après, il reçut du pape *Urbain* une lettre où le pontife lui reprochait de troubler l'Église danoise par son orgueil et sa malice ; et l'on eût cru que c'en était fait de l'archevêque. Mais Urbain étant venu à mourir sur ces entrefaites, Erlandsen reprit courage et se hâta d'aller à Rome se justifier auprès du nouveau pape *Clément IV*. Il réussit complétement. Un nouveau légat, *Guido*, fut envoyé en Danemark, et, peu après son arrrivée (1266), il cita le roi à comparaître devant lui à Slesvig ; le monarque refusa avec raison de se rendre dans une ville appartenant à son ennemi, le duc de Sudjutland, et il en appela au jugement direct du pape. Guido, sans se préoccuper de cet appel, condamna le roi à payer à l'archevêque une énorme indemnité et, sur le refus d'Erik, il mit de nouveau le royaume en interdit, mesure qui ne réussit pas mieux que la première fois, puis il quitta le pays. Les choses en restèrent là pendant plusieurs années, sans qu'aucun des adversaires voulût céder. A la fin la reine mère se rendit à Rome pour agir en faveur de son fils et, après de longues négociations, on conclut, en 1273, un accord par lequel le roi devait payer à l'archevêque 15,000 marcs d'argent fin et le rétablir dans toutes ses dignités. Erlandsen quitta Rome alors pour remonter sur son siège archiépiscopal dont il avait été si longtemps privé; mais dans l'île de Rügen, d'où il pouvait déjà apercevoir le Danemark, il fut surpris par la mort et ne remit pas les pieds dans sa patrie, sur laquelle il avait attiré tant de calamités. En 1275, un légat papal leva solennellement l'interdit qui avait duré dix-sept ans, si l'on compte depuis sa première proclamation en 1259; mais il y avait eu plusieurs interruptions, et c'est seulement depuis 1266 jusqu'à sa levée définitive qu'il fut ininterrompu; pourtant il ne fut pas observé rigoureusement, même dans cette période, et encore moins dans la précédente.

Tout le règne d'Erik Glipping fut très-agité et rempli de luttes intérieures et de guerres avec l'étranger. Le roi de Norvège, *Magnus Lagabœti,* avait épousé *Ingeborg,* fille d'Erik Plovpenning, mais la grande dot qui lui avait été promise ne lui fut pas livrée immédiatement. Depuis, le manque d'argent, les troubles civils et principalement les guerres avec les ducs de Sudjutland, où étaient en grande partie situés les fonds dotaux, empêchèrent les rois de Danemark d'exécuter la convention. De là de longs différends; la querelle s'aggrava tellement que les Norvégiens commencèrent, en 1284, à s'armer en course; cette guerre, à quelques interruptions près, dura environ vingt-cinq ans, et elle fut conduite avec une cruauté et une violence qui rappelaient les pirateries des Vendes dans les anciens temps. La puissante marine que le Danemark avait possédée peu auparavant, sous Valdemar le Victorieux, était en ruines par suite des troubles intestins; aussi les côtes sans défense, ainsi que les villes, furent-elles une proie facile pour l'ennemi. Bien que Erik Glipping ne pût se défendre contre les Norvégiens, il intervint pour-

ACCOMMODEMENT AVEC L'ÉGLISE.

tant dans les luttes intestines qui désolaient la Suède, où les frères *Valdemar* et *Magnus*, plus tard surnommé *Ladelaas*, se disputaient le trône. Le roi de Danemark soutint d'abord le duc Magnus; mais, comme la solde convenue n'était pas payée aux auxiliaires danois, commandés par le marsk (maréchal) *Stig Andersen* et le comte *Jacques de Halland*, il prit parti pour Valdemar. Cette guerre dura plusieurs années; elle consista surtout à piller les provinces frontières et elle ne rapporta à Erik ni gloire ni avantage.

La paix avec le duc Erik de Slesvig après la bataille de Lohede avait été imposée au roi, et il se proposait de ne pas la maintenir plus longtemps que les circonstances ne l'exigeraient. Les occasions de discorde ne pouvaient manquer, et, comme le duc ne voulait pas reconnaître la suzeraineté du roi, Erik envahit le Sudjutland (1274), conquit tout le duché et le conserva pendant douze ans. Le duc Erik mourut l'année après, et son fils *Valdemar* demanda vainement à être investi du duché de Sudjutland; aussi fit-il alliance avec le roi de Norvège, avec le turbulent Jacob Erlandson et d'autres seigneurs danois malintentionnés. Ses prétentions n'étaient plus bornées au Sudjutland : il réclamait aussi *Ærœ*, *Als* et *Femern*, comme biens paternels, et il fit même entendre qu'il avait droit au trône de Danemark. Ses plans ambitieux échouèrent pourtant par la ruse d'Erik Glipping, qui s'empara du duc (1283) et le força à faire une humble confession de sa faute, à abandonner ses prétentions sur Ærœ, Als et Femern, et à se reconnaître le fidèle et obéissant vassal du roi. Cependant on laissa sans solution, comme pour se ménager à l'avenir de nouveaux prétextes de guerre, le point même de la contestation, qui était l'hérédité du fief. Le duc, brûlant du désir de se venger, fit alliance avec quelques nobles danois mécontents du roi. Le Danemark, en effet, n'était pas seulement affligé alors des prétentions d'un clergé séditieux, mais encore de l'insubordination d'une noblesse effrénée, qui se soulevait contre le roi et complotait des trahisons avec les Norvégiens et les autres ennemis de l'État. Le manque de foi, l'injustice et les mœurs désordonnées d'Erik Glipping, qui occasionnaient sans cesse des plaintes et des troubles, augmentaient encore le mal. A une diète tenue à Nyborg, en 1282, le roi avait été forcé de signer une promesse écrite de gouverner mieux et plus équitablement, d'après les anciennes lois et coutumes, et d'accorder en même temps diverses nouvelles garanties pour prévenir l'abus de la puissance royale. Mais, comme il ne tarda pas à violer sa parole, le mécontentement se fit jour de nouveau, et à la fin douze nobles, qui tous appartenaient aux plus grandes familles du pays, se conjurèrent dans le dessein de priver le roi de la vie. Les chefs du complot étaient le marsk *Stig Andersen*, que le roi avait déshonoré en séduisant sa femme, pendant que le mari était absent pour une expédition en Suède, et *Jacques de Halland*, que le roi avait dépouillé pendant plusieurs années de son fief héréditaire, le comté du Halland septentrional. Déguisés en moines et conduits par le chambellan même du roi, *Ranild Jonsen*, qui trahissait son maître endormi, ils pénétrèrent dans une grange du village de *Finderup*, près Viborg, où le roi avait cherché un gîte après avoir passé la journée à chasser, et ils lui firent cinquante-six blessures (1286). C'était le troisième roi de Danemark qui tombait sous le poignard des assassins dans l'espace d'un peu plus de trente ans.

Le fils d'Erik Glipping, *Erik Menved*, n'ayant que douze ans à la mort de son père, sa mère *Agnès* fut nommée régente pour le temps de sa minorité. Pour détacher le duc Valdemar de Sudjutland de son alliance avec les régicides et garantir le royaume contre les attaques de ce côté, elle prit le duc pour corégent; par cette mesure, il fut bien gagné à la cause de la couronne; mais son amitié dut être chèrement payée par la cession d'Ærœ, d'Als et de Femern, îles sur lesquelles il avait si longtemps élevé des prétentions. La cause des régicides fut ensuite portée à une diète nationale (dannehof), où neuf d'entre eux furent déclarés coupables et condamnés au bannissement. Cependant ceux-ci s'étaient réfugiés chez *Eirik Præstahataré*, roi de Norvège, qui, irrité de n'avoir pas été mis en possession de l'héritage de sa mère Ingeborg, leur concéda la forteresse de *Konungahella* (Kongshelle) dans le Vik. L'un des bannis, Ranild Jonsen, possédait un château fortifié dans l'îlot de *Hjelm*, près de la côte orientale du Jutland; ils obtinrent en outre la possession de *Varbjerg* et de *Hunehals* dans le Halland, et ils fortifièrent même l'îlot de Sprogœ dans le Grand-Belt pour s'en faire un repaire. Les eaux danoises étaient ainsi entourées d'un réseau de citadelles, d'où les bannis, sous la conduite de Stig Andersen et de Jacques de Halland, commencèrent à se déchaîner avec une incroyable fureur contre leur propre patrie. Ils portèrent le meurtre, l'incendie, le pillage dans les îles de Sélande, de Fionie, de Langeland, de Laaland et sur les côtes ouvertes du Jutland, et ils mirent en cendres nombre de villes situées près de la mer.

Cette déplorable situation du royaume s'aggrava encore lorsque éclata une nouvelle lutte entre l'Église et la royauté. Le clergé prit le parti de la noblesse, et ces deux ordres puissants travaillèrent en commun à écraser la puissance monarchique. Le chef du clergé dans ce combat était *Jean Grand*, cousin de Jacob Erlandsen et neveu de Pierre Bang de Roeskilde, et membre, comme eux, de la famille de Skjalm-Hvide. Il était en outre apparenté avec les régicides, qui appartenaient presque tous à cette célèbre race. Prévôt du chapitre de Roeskilde, il fut élu archevêque de Lund, en 1289, malgré la persistante opposition du roi et de la reine mère, qui le soupçonnaient d'être complice de l'assassinat d'Erik Glipping. Mais, après qu'il se fut purgé de cette accusation par un serment solennel, ils consentirent à ce qu'ils ne pouvaient empêcher sans jeter un nouvel ennemi dans les rangs, déjà trop serrés, de ceux qu'ils avaient déjà. Cette condescendance ne servit pourtant à rien : l'archevêque manifesta bientôt les dispositions les plus hostiles au roi en entretenant des relations patentes avec le roi de Norvège et les bannis. Il permit à ceux-ci d'élever la forteresse de *Hunehals* sur le territoire diocésain et défendit à ses paysans, sous peine d'excommunication et de confiscation de leurs biens, d'aider le roi contre les Norvégiens ; sa violente haine contre tout ce qui était au roi alla jusqu'à faire exhumer les combattants qui avaient péri au service du roi et jeter leurs cadavres dans la mer. Bien que l'emprisonnement de Jacob Erlandsen eût entraîné de graves inconvénients, Erik Menved fut forcé de recourir au même moyen contre le non moins opiniâtre Jean Grand. L'archevêque et le prévôt de son chapitre, *Jacob Lange*, furent insidieusement faits prisonniers par le frère du roi, Christophe, qui se conduisit envers les prisonniers avec la brutalité qui le caractérisait. L'archevêque fut jeté dans un cachot à Sœborg dans la Sélande septentrionale, et il y fut traité avec une telle dureté qu'il se forma dès abcès et des ulcères par tout son corps. Longtemps après, le roi lui proposa de lui rendre la liberté, contre le payement d'une forte somme, la cession de l'île de Bornholm et la promesse de ne pas chercher à se venger ; mais l'indomptable prélat répondit qu'il aimerait mieux être coupé en morceaux que de souscrire à de telles conditions. Cependant le monarque avait relâché Jacob Lange, qui profita de sa liberté pour se rendre aussitôt à Rome et rapporter au pape ce qui s'était passé. *Boniface VIII*, l'un des pontifes les plus impérieux qui aient jamais occupé le siège de saint Pierre, envoya immédiatement une lettre au roi pour lui enjoindre, du ton le plus sévère, de relâcher l'archevêque et de s'entourer de conseillers plus raisonnables, qui ne le tromperaient pas par des bavardages et des mensonges, d'où résultaient des malheurs si effroyables. Peu avant l'arrivée de cette lettre, l'archevêque avait réussi à s'échapper de sa prison et à se réfugier à Bornholm, d'où il se rendit auprès du pape, qui le reçut comme un martyr de la cause religieuse. Un procès en règle fut instruit par la cour pontificale ; le roi avait pour défenseur son chancelier *Martin Mogensen,* homme très-subtil, qui était versé dans toutes les finesses de la jurisprudence. Mais, comme on pouvait s'y attendre, la sentence fut défavorable au roi ; tandis que son adversaire était absous sur tous les points, il était lui-même condamné à payer une indemnité de 49,000 marcs d'argent fin, et, jusqu'à ce que cette somme fût versée, le royaume devait être frappé d'interdit. Cette mesure aurait dû être prise immédiatement après l'incarcération de l'archevêque ; mais Jean Grand était si détesté, et sa conduite si généralement désapprouvée, que non-seulement le clergé de tous les autres diocèses, mais aussi le chapitre de Lund même s'opposa à l'application de la constitution de Veile. Comme le roi ne pouvait ni ne voulait payer une somme si considérable, le royaume fut mis en interdit par le légat *Isarnus* (1298) et il resta dans cette situation pendant cinq ans. Bien que cette sentence ne fût pas observée plus rigoureusement que les précédentes, jointe pourtant à d'autres calamités dont souffrait le royaume, elle finit par devenir accablante ; aussi le roi se résolut-il à faire une tentative de réconciliation auprès du pape, en lui écrivant cette lettre de soumission : « Je prie Votre

Sainteté de me traiter avec miséricorde, afin que tout le royaume ne soit pas ruiné et que le peuple ne périsse pas ; car ce n'est qu'un troupeau, et qu'a-t-il fait ? Que le glaive de Pierre rentre dans le fourreau et que le représentant du Christ, ou mieux, que le Christ lui-même me guérisse l'ouïe, afin que je puisse rentrer dans l'église du Christ et entendre la parole de Dieu. Quels que soient les fardeaux que Votre Sainteté mettra sur mes épaules, si je le puis, je ne refuserai pas de les porter, si lourds qu'ils soient. Que dois-je dire de plus ? Parle, Seigneur, et ton serviteur obéira. » Cette lettre, qui fut remise par *Esger Juel*, prévôt du chapitre de Ribe, produisit son effet. Le pape abaissa aussitôt l'indemnité de 49,000 à 10,000 marcs et il leva l'interdit (1303). En même temps, pour assurer la paix à l'avenir, il fut décidé que Jean Grand serait nommé évêque dans un autre pays, et Isarnus, qui avait gagné la faveur du roi, fut nommé archevêque de Lund.

Pendant la lutte avec le clergé, les bannis, de concert avec les Norvégiens, avaient continué leurs courses dévastatrices sur les côtes du Danemark, secrètement assistés par nombre de familles nobles avec lesquelles ils étaient apparentés. Le roi fut, au contraire, plus heureux avec le duc Valdemar de Sudjutland, qu'il vainquit à la sanglante bataille de *Grœnsund*, et qu'il força à rompre ses relations avec les bannis, et à céder les îles d'Ærœ, d'Als et de Femern, dont il s'était emparé sous la régence. C'est seulement en 1309 que fut signée à *Copenhague* une paix définitive avec la Norvège, dont le roi *Hâkon V* reçut le Halland septentrional, partie comme indemnité pour la succession de sa mère, partie comme fief héréditaire. Plusieurs des bannis furent compris dans cet accord et rentrèrent dans leur patrie ; mais ils se rendirent bientôt coupables de nouvelles violences et durent reprendre le chemin de l'exil. La paix de Copenhague fut, avec quelques modifications, confirmée à *Helsingborg* (1310) par un nouveau traité, auquel prirent part les trois royaumes du Nord. C'est que, avant comme après la paix avec la Norvège, Erik Menved avait pris une part active aux troubles civils qui désolaient la Suède, où son beau-frère *Birger* avait à lutter contre ses frères rebelles, *Erik* et *Valdemar*. L'ambitieux duc suédois Erik qui n'aspirait pas seulement à renverser son frère du trône, mais encore à réunir la Norvège à la Suède par un mariage avec *Ingeborg*, fille de Hákon V, et qui nourrissait peut-être secrètement l'espoir de réunir les trois États du Nord, avait longtemps semé la zizanie entre le Danemark et la Norvège, pour empêcher Erik de prêter secours à Birger. Maintenant que la paix avait fermé la Norvège aux régicides, ils trouvèrent une retraite auprès du duc suédois. Erik Menved fit diverses expéditions contre ce dernier, et il raffermit quelque temps le trône chancelant de Birger, sans pouvoir cependant le prémunir contre les suites de ses folies et de sa cruauté, qui finirent par lui coûter la vie et le trône à son fils.

Erik Menved ne pouvait oublier les brillantes conquêtes de ses ancêtres dans le nord de l'Allemagne, et il fit, surtout dans les dernières années de son règne, plusieurs vigoureuses tentatives pour y rétablir la domination danoise. Il passa la mer à diverses reprises avec de nombreux navires et de grandes armées, et, bien qu'il eût échoué au siége de *Stralsund*, il s'empara pourtant de *Rostock* et de *Wismar*; il acquit une influence considérable dans les affaires du nord de l'Allemagne, de sorte que la puissante ville de *Lübeck* le choisit même pour protecteur.

Le Danemark déploya des forces militaires considérables dans ses guerres, aussi bien avec la Suède qu'avec l'Allemagne; si le résultat ne répondit pas aux efforts, c'est par la faute de la noblesse déloyale et turbulente, qui paralysait sans cesse l'activité du roi. L'esprit séditieux de cette caste se manifesta surtout dans une expédition en Suède (1309) : bon nombre de nobles, à la tête desquels étaient *Niels Brok*, *Timme Lauritsen* et *Niels Uffesen*, déclarèrent sans façons au roi qu'ils n'étaient pas tenus de servir plus longtemps qu'ils ne le voulaient, et quittèrent l'armée sans autre formalité. Erik Menved, qui s'était avancé loin en Suède, fut ainsi exposé au plus grand danger, et, si ses mercenaires allemands ne lui étaient pas restés fidèles, c'en eût été fait de lui. Les nobles firent ensuite une conjuration, dans le but de préparer pour Erik Menved le même sort qu'avait subi son père; mais ce complot fut découvert et déjoué à temps. Après cet échec, ils excitèrent à la révolte les paysans du Nordjutland; ceux-ci triomphèrent d'abord d'une partie des troupes royales à *Kolding*, mais ils furent peu après attaqués à l'improviste par toute l'armée du roi et complétement défaits. Ils durent alors se soumettre, payer de grosses amendes et même travailler à la construction de diverses forteresses destinées à les maintenir en respect. Ensuite un grand nombre de nobles furent condamnés à mort comme traîtres à la patrie; quelques-uns furent exécutés, d'autres s'enfuirent à l'étranger et grossirent la bande des exilés. Le plus dangereux de ces rebelles était le propre frère du roi, *Christophe,* qui, bien qu'il eût reçu de nombreuses preuves de l'indulgence et de la magnanimité du roi, continua pourtant à lui témoigner des sentiments hostiles et déloyaux. Il entra dans l'alliance des ennemis d'Erik, les Allemands, les Suédois et les Norvégiens, et il ravagea les côtes de sa patrie, de concert avec les assassins de son père et les ennemis mortels de son frère.

La lutte avec la noblesse devint d'autant plus périlleuse que le roi, dans les dernières années de son règne, eut à soutenir un nouveau combat contre le clergé, allié encore une fois avec les seigneurs laïques. La querelle fut engagée cette fois par un homme à l'hostilité duquel le roi devait le moins s'attendre, par *Esger Juel,* qui l'avait assisté fidèlement dans ses démêlés avec Jean Grand, et qui l'avait si bien soutenu auprès du pape. Erik Menved avait récompensé ses services en l'aidant à monter sur le siége épiscopal d'Aarhuus et en contribuant à le faire nommer archevêque de Lund pour succéder à Isarnus. Mais, après avoir atteint la plus haute dignité ecclésiastique du royaume, le métropolitain défendit à ses paysans de payer les contributions au roi et confirma l'odieuse constitution de Veile; il finit par s'allier avec le prince Christophe et les bannis, et se remit à jouer en tout le rôle de Jacob Erlandsen et de Jean Grand. Cette fois pourtant le roi l'emporta, car l'interdit qu'Esger Juel fulmina sur le royaume ne produisit aucun effet, et le prélat dut finalement s'enfuir en Suède, car, après la prise de la forteresse métropolitaine de *Hammershuus,* les insulaires de Bornholm se mirent du côté du roi et lui jurèrent fidélité.

Erik Menved mourut en 1319, après trente-trois ans de règne et à l'âge de quarante-cinq ans seulement, sans laisser d'enfants, bien qu'il ait eu quatorze fils, mais ceux-ci furent malheureusement tous enlevés par une mort prématurée; ainsi fut ouvert l'accès au trône pour le misérable Christophe, bien que Erik Menved, sur son lit de mort, eût conseillé aux États de ne pas l'élire roi. Erik Menved était un prince noble et équitable, méritant un meilleur destin que de passer sa vie en lutte avec une noblesse et un clergé séditieux et un frère dénaturé. Son équité était si universellement reconnue, que les princes étrangers le choisissaient fréquemment pour arbitre de leurs différends. On peut surtout lui reprocher ses goûts fastueux et ses nombreuses guerres, qui n'étaient pas toutes nécessaires. Elles furent d'autant plus dispendieuses qu'elles étaient faites par des armées extrêmement considérables pour le temps ; ainsi il avait dans l'expédition en Suède, dont il a été parlé, 60,000 hommes de troupes (parmi lesquels 2,500 cavaliers cuirassés de fer), dont l'entretien coûtait quotidiennement 1,000 marcs d'argent. Ces grandes dépenses mirent continuellement le roi dans des embarras financiers et le forcèrent, soit à engager beaucoup de fiefs et de revenus de la couronne, surtout à des nobles allemands qu'il employait constamment à combattre sa noblesse séditieuse, soit à charger ses sujets de contributions, qui furent au nombre des causes de révoltes. Ces engagements, qui prirent une inquiétante extension dans les dernières années du règne d'Erik, dépouillèrent la couronne de ses revenus et mirent le royaume dans la dépendance des étrangers, car l'engagiste recevait toutes les redevances dues à la couronne, et les châteaux, les forteresses qui se trouvaient dans les territoires engagés lui étaient transférés avec faculté d'y mettre garnison. A la mort d'Erik Menved, non-seulement toutes les conquêtes meklenboūrgeoises pour lesquelles il avait fait tant de sacrifices étaient comme perdues, mais toute la Fionie avait été engagée aux comtes de Holstein, Geert et Jean; les îles de Laaland, de Falster, d'Ærœ et de Femern tout entières, avec de grands fiefs dans le Nordjutland, avaient été données en gage à divers seigneurs regnicoles ou étrangers; une grande partie du Bleking était également engagée, de même que toute la Skanie l'était au marsk Louis Albertsen, un Allemand; l'île de Langeland avait été cédée à la veuve d'un prince de la maison ducale de Sudjutland; le Halland septentrional appartenait au roi de Norvège depuis la paix de Copenhague (1309), et le Halland méridional, avec l'île de Samsœ, avait été donné en fief au déloyal frère du roi, le duc Christophe. Ces circonstances, ainsi que les vices et l'incapacité du successeur d'Erik Menved, expliquent la dissolution du royaume qui suivit bientôt la mort de ce prince.

Depuis le milieu du treizième siècle commençait à se former sur les côtes méridionales de la Baltique une puissance qui fut un vrai fléau pour le Danemark. Les Valdemar avaient mis fin aux sanglantes incursions des Vendes, mais celles-ci furent remplacées par les envahissements généralement plus pacifiques, mais non moins pernicieux, des *villes hanséatiques*. La grande *Confédération de la Hanse,* qui vint à jouer un rôle si important non-seulement en Danemark, mais encore dans l'histoire universelle, eut des origines fort modestes. Elle ne comprenait d'abord que quelques villes du nord de l'Allemagne qui s'unissaient pour exécuter de concert de grandes entreprises commerciales ou pour armer à frais communs des navires de guerre destinés à protéger leur flotte marchande contre les pirates qui, pendant tout le moyen âge, infestèrent les mers septentrionales. Au treizième siècle, les villes alliées n'étaient qu'au nombre de dix à douze, dont l'unique but était le commerce pacifique; elles ne demandaient pas encore la domination, mais seulement la tolérance. Ce chiffre s'éleva peu à peu par l'accession de nouvelles villes, et l'union peu étroite vint à former, avec le temps, une société fortement liée, qui se soumettait à des lois et à des tribunaux communs, et prenait dans des assemblées des décisions obligatoires pour toutes les villes. Cependant il se passa environ un siècle avant qu'elle eût pleinement conscience de sa force; mais, une fois sur la pente, elle marcha à pas de géants. Les villes unies étaient au nombre de quatre-vingts, et elles dominaient sur les mers avec une puissance dont on n'a vu d'autre exemple que de nos jours dans l'empire maritime de l'Angleterre. Leurs envoyés étaient reçus comme des rois, ils faisaient la loi aux nations et décidaient de la guerre et de la paix. La mer du Nord et l'océan Atlantique étaient couverts de leurs flottes, et l'Angleterre même dut plier devant elles; mais le principal siége de leur puissance était la Baltique, où elles s'approprièrent, à l'exclusion de toutes les autres nations maritimes, le commerce du Danemark, de la Norvège, de la Suède, de la Pologne et de la Russie.

Pour s'expliquer comment une poignée de négociants allemands purent ainsi se rendre maîtres du Nord, il faut se rappeler que la formation de la Hanse tombe précisément entre 1240 et 1340, période dans laquelle le Danemark fut affligé de presque tous les malheurs et les revers qui peuvent atteindre un pays, et à la fin de laquelle il ne fut pas loin d'une complète dissolution. Tandis que les forces du *Danemark* se consumaient en de sanglants combats entre la royauté, le clergé, la noblesse et les paysans ; en des luttes éternelles avec les ducs de Sudjutland et les comtes de Holstein; dans des guerres maritimes avec la Norvège, pendant lesquelles la moitié des villes du pays furent détruites,— la *Suède* n'était pas plus épargnée, et la puissance de la *Norvège* était minée par des guerres civiles intérieures. Par suite de la tournure qu'avait prise la conduite de la guerre, les rois ne se préoccupaient d'ailleurs plus que de l'armée de terre et laissaient tomber la flotte en ruines, tandis que les villes hanséatiques avaient toujours des forces maritimes qui leur donnaient une prépondérance décidée dans leurs guerres avec les royaumes septentrionaux. A quoi il faut ajouter que les rois d'alors, manquant des plus simples notions commerciales, ne s'inquiétaient pas si le négoce était entre les mains de leurs sujets ou des étrangers, et souvent pour un avantage passager concédaient aux villes hanséatiques les priviléges les plus funestes. — Ce qui attirait surtout en Danemark les négociants de ces villes, c'était l'importante pêcherie de harengs qui se faisait sur les côtes de la Skanie. Ce poisson fréquenta d'abord les parages de Rügen et émigra ensuite vers la Skanie, au commencement du treizième siècle; il doit ensuite, d'après un ancien rapport, avoir quitté le Sund au commencement du quinzième siècle (1425) et s'être transporté sur les côtes de la Norvège, de l'Écosse et de l'Angleterre, mais il est certain que la pêche des harengs dans le Sund était encore extraordinairement abondante et lucrative dans la première partie du seizième siècle. Le commerce se conforma aux migrations du hareng. Dès les premières années du treizième siècle, avant même que la confédération hanséatique fût fondée, des navires du nord de l'Allemagne, et surtout de *Lübeck,* se rendaient en nombre dans le Sund pour y pêcher le hareng. Dans le même temps, Lübeck devint une ville danoise par les conquêtes de Valdemar II, et ce monarque chercha à se concilier ses nouveaux sujets en leur accordant de grands priviléges (1203). Ils n'obtinrent pas seulement la liberté de pêcher sans autre restriction que l'obligation de payer les droits ordinaires, mais on leur accorda aussi sur les côtes des places de débarquement où ils pouvaient apprêter et saler le hareng. Ce poisson était ensuite envoyé sur tous les marchés de l'Europe, où les harengs de Skånie étaient préférés aux autres à cause de leur qualité supérieure. Les marchands eurent en outre le droit de prendre un syndic parmi leurs compatriotes pour juger leurs différends, et aucun Danois ne pouvait, sans leur consentement, s'établir ou exercer un métier dans les lieux d'entrepôt. Il n'était d'ailleurs jamais permis à l'étranger de faire le commerce en détail ; mais les Lübeckois ne devaient maintenant plus être considérés comme aubains : ils purent donc importer, vendre à l'aune des étoffes, de la toile et tout ce qui se mesure ; au poids, tout ce qui se pèse. Plus tard, lorsqu'ils cessèrent de faire partie du Danemark (1226), ils auraient dû perdre leurs priviléges ; mais, une fois qu'ils furent établis dans le pays, il était difficile de se débarrasser d'eux, et les temps malheureux qui suivirent ne favorisèrent que trop leurs prétentions. Pendant les guerres civiles entre Abel et Erik Plovpenning, ils prirent parti pour le premier ; aussi, à son avénement, furent-ils récompensés par de nouveaux priviléges, qui furent aussi étendus à *Wismar*, *Rostock*, *Stralsund* et *Hambourg* ; *Lübeck* continua pourtant à jouer le rôle principal. Ces villes, avec Lünebourg, formaient une union plus étroite dans la ligue hanséatique et étaient appelées ordinairement les *six villes vendiques*. Sous Erik Glipping, moins d'un demi-siècle après Valdemar le Victorieux qui avait pu mettre en mer des flottes de mille navires, le Danemark se trouvait réduit à emprunter trente vaisseaux à la ligue hanséatique pour défendre le Sund contre les pirates norvégiens, et quelques années après il dut, à a demande de ces villes, s'engager à interdire à ses sujets tout commerce avec la Norvège. Les nombreuses expéditions d'Erik Menved en Meklenbourg et en Poméranie favorisèrent l'extension du commerce des Lübeckois, car, ayant toujours entretenu de bons rapports avec le roi, le privilége qu'ils avaient obtenu, sous Valdemar II, de faire le commerce à *Falsterbo* et à *Skanœr*, fut étendu à toutes les villes de Danemark où il leur plairait de s'établir.

Il va de soi qu'un pays ainsi livré à la rapacité des commerçants étrangers devait s'épuiser et s'appauvrir, et que l'énergie et l'esprit d'entreprise devait disparaître des villes. Le Danemark, malgré son heureuse situation pour le commerce, n'avait presque pas de navires marchands ni de négociants; c'étaient les villes hanséatiques qui en profitaient, au détriment des indigènes, et, bien que le pays fournît quantité de produits susceptibles d'être travaillés, il n'y avait pas de fabriques, et le corps des artisans était appauvri et découragé, car les Allemands importaient manufacturées presque toutes les denrées dont on avait besoin. Les grains achetés en Danemark y revenaient sous forme de farine; la bière danoise, brassée avec le *pors* ou piment aquatique (*myrica gale*), qui, auparavant, était la boisson ordinaire et préférée, dut faire place à la forte bière allemande, brassée avec du houblon. Les objets même les plus communs et les plus simples, comme les chaussures, les vêtements, le mobilier, etc., étaient importés d'Allemagne. Les pêcheries, qui avaient été une industrie si importante, déchurent de plus en plus, lorsque les regnicoles durent acheter de l'étranger le poisson qui venait en si grande abondance sur leurs rivages. Car non-seulement les autres nations maritimes furent exclues des pêcheries de Skanie, mais les sujets danois eux-mêmes souffraient de la prépondérance de la ligue hanséatique; le roi de Danemark ne pouvait faire pêcher et saler qu'en des jours déterminés le poisson nécessaire aux besoins de sa cour. Ce funeste monopole des villes hanséatiques nous fait comprendre pourquoi la bourgeoisie danoise, bien que favorisée en beaucoup d'autres points, ne joua, pendant tout le moyen âge, qu'un médiocre rôle dans l'État: sans commerce, sans industrie et sans capitaux, elle devait tomber dans le néant.

DEUXIÈME DIVISION

1319-1397.

I

Christophe II. — Capitulations royales. — Divisions intestines. — Le comte Geert de Holstein. — Le duc Valdemar de Sudjutland monte sur le trône. — Le comte Jean. — Gouvernement intérimaire. — Niels Ebbesen. — Valdemar le *Restaurateur* reconstitue le royaume. — Révolte. — Réunion de la Skanie. — Expédition dans l'île de Gotland. — Guerre avec la Ligue hanséatique. — La race d'Abel s'éteint dans le Sudjutland.

Après la mort d'Erik Menved (1319), le plus proche héritier était son frère Christophe ; mais beaucoup d'électeurs, qui connaissaient ses mauvais penchants, votèrent pour le duc Erik de Sudjutland, dont l'avénement aurait amené la réunion de cet important duché. Christophe, néanmoins, avec l'aide de son frère utérin Jean de Holstein et des nombreuses et puissantes familles dont il avait été le chef pendant la lutte contre Erik Menved, réussit à monter sur le trône, auquel il avait si longtemps aspiré.

A l'avénement de Christophe II se manifestèrent les conséquences de la guerre que le clergé et la noblesse avaient, d'abord isolément, plus tard de concert, faite à la puissance royale pendant près de quatre-vingts ans : les rois désormais durent, à leur avénement, signer et confirmer par serment une *capitulation* (haandfæstning), qui leur laissait à peine l'ombre du pouvoir. L'inconvénient de cet acte n'était pas de restreindre l'autorité monarchique et de donner aux sujets une part dans le gouvernement ; car l'exemple de beaucoup de pays montre qu'une telle constitution se concilie fort bien avec la félicité et la prospérité sociale. Mais, outre que les capitulations liaient les mains au roi dans des cas où le chef de l'État aurait eu besoin de toute la liberté de ses mouvements, elles avaient le tort de ne donner de priviléges qu'à deux ordres, la noblesse et le clergé, et des priviléges très-injustes et funestes, tandis que les droits des bourgeois et des paysans passaient comme inaperçus. La considération et l'influence politique de ces derniers ordres furent réduites par les capitulations dans la même mesure que s'accroissaient celles de la noblesse et du clergé. Les priviléges des deux premiers ordres qui jusqu'ici étaient principalement fondés sur la coutume, furent désormais inscrits dans la loi et inattaquables; le roi qui cherchait à les modifier ou à les supprimer, devenait non-seulement un parjure, mais il s'exposait aussi à l'émeute. Ces capitulations qui, sans ôter au roi le pouvoir de faire le mal, quand il le voulait, l'empêchaient de faire le bien qu'il désirait, se perpétuèrent pendant trois cent quarante ans, jusqu'à l'établissement de l'autocratie. Celle que Christophe II signa et jura, le 25 janvier 1320, confirmait d'abord tous les priviléges acquis par le *clergé :* aucun ecclésiastique ne devait être cité devant les tribunaux civils; aucun évêque, emprisonné ou banni sans la permission du pape; les paysans des domaines ecclésiastiques ne devaient pas être jugés par les tribunaux civils, mais bien par le clergé qui obtenait ainsi les amendes afférentes. Les propriétés et les personnes ecclésiastiques étaient exemptes d'impôts, de charges et de redevances, quel qu'en fût le nom. De même les priviléges de la *noblesse* furent confirmés et accrus : tous les nobles étaient autorisés à lever sur leurs paysans les amendes de 3 *ou* 9 marcs et plus s'ils y avaient droit; *ils ne devaient pas être tenus d'aller en guerre hors du royaume; et lorsqu'ils étaient faits prisonniers en combattant pour le roi, soit à l'intérieur, soit à l'étranger, la couronne devait payer leur rançon dans le délai de moins d'un an et les indemniser de toutes les dépenses; faute de quoi ils pouvaient, sans forfaire à leurs priviléges nobiliaires, se refuser à tout autre service militaire.* Ainsi la condition propre et primitive des grands priviléges de noblesse, savoir l'obligation de s'équiper à ses frais et de suivre le roi en guerre, à l'étranger comme à l'intérieur, était considérablement restreinte, en même temps que lesdits priviléges étaient renouvelés et augmentés. Le roi ne devait pas entreprendre de guerre sans le consentement de la noblesse et des prélats, ni conférer de fiefs aux Allemands, ni les admettre dans son conseil ; tous les châteaux royaux du Nordjutland devaient être rasés, à l'exception de Ribe, de Kolding et de Skanderborg. Aucune personne, noble ou non, ne pouvait être emprisonnée avant d'avoir été citée et jugée, d'abord au tribunal cantonal ou provincial, puis au tribunal du roi, et, si le condamné n'était pas satisfait du jugement du roi, il avait la faculté d'en appeler à la diète nationale, qui devait se tenir chaque année à Nyborg ; personne ne pouvait être appelé directement au tribunal du roi, et le monarque ne devait pas en vouloir à celui qui soutenait contre lui la loi et le droit du pays. Les lois ne pouvaient être faites, modifiées ou abrogées qu'aux diètes annuelles avec le *consentement de toute la nation* d'après la proposition des prélats et des *meilleurs citoyens* (les nobles). Il n'y avait que des dispositions générales en faveur des *paysans* : ils ne devaient pas être traités avec injustice par les procureurs du roi, ni contraints de transporter les bagages du roi au-delà des limites de leur canton. Il n'est rien dit de l'*ordre des bourgeois,* si ce n'est que les commerçants pouvaient vendre librement leurs marchandises et les exporter sans être frappés de droits extraordinaires. Enfin, toutes les contributions qui avaient été imposées depuis le temps de Valdemar II devaient être abolies ; Christophe avait, au contraire, à payer toutes les dettes contractées envers les regnicoles par son prédécesseur, et, jusqu'à ce qu'il se fût acquitté, les engagistes devaient conserver leur nantissement.

Ce prince, qui voulait avoir la couronne à tout prix, souscrivit à toutes les exigences, et il lui en coûta d'autant moins qu'il était décidé à ne tenir aucune de ses promesses. Dès qu'il eut été reconnu sous le nom de Christophe II, il mit à contribution la noblesse et le clergé, admit des Allemands dans son conseil, retira en tout ou en partie les fiefs qui avaient été donnés en gage aux créanciers de la couronne et excita bientôt par là le mécontentement universel. Il trouva dans la succession de son frère la querelle avec le diocèse de Lund à propos de l'île de Bornholm. L'archevêque Esger Juel, qui, dans les dernières années du règne d'Erik Menved, avait vécu dans l'exil en Suède, s'était ensuite rendu auprès du pape à Avignon, d'où il fit adresser aux évêques danois l'ordre de ne pas couronner le roi pendant l'absence du métropolitain. Quelque temps après Esger Juel retourna en Danemark, accompagné d'un légat papal, qui rétablit la paix entre le roi et l'archevêque, aux conditions suivantes : le diocèse de Lund recouvrait l'île de Bornholm, en remboursant au marsk (maréchal) Louis Albertsen les avances qu'il avait faites pour prendre et défendre Bornholm avec Hammershuus : les autres différends, quels qu'ils fussent, étaient censés vidés par cet arrangement. Au bout de quelque temps le roi, avec son fils Erik, fut couronné par l'archevêque ; mais la querelle se ralluma à l'occasion d'une somme d'argent que le roi réclamait à l'archevêque. L'île de Bornholm devait être le gage de cette créance, mais l'ex-maréchal, Louis Albertsen, défendit l'île contre le roi, qui dut faire assiéger le château de Hammerhuus par son maréchal *Pierre Vendelbo*. Après seize mois de résistance désespérée, et lorsque l'archevêque Esger Juel était déjà mort, Louis Albertsen remit l'île au roi, qui lui promit en retour une très-grosse somme d'argent. C'est seulement sous le suivant archevêque, *Charles,* que Bornholm fit retour au diocèse, lorsque Christophe eut été dépossédé du trône. Ainsi finit l'ancienne lutte entre le clergé et la puissance royale : car désormais l'Église avait atteint, en Danemark, l'indépendance politique dont elle jouissait dans d'autres pays et l'avait fait confirmer par les capitulations. Les rois s'accoutumèrent peu à peu à un état de choses qu'ils ne pouvaient changer. Les rapports entre les rois et le clergé furent depuis, non-seulement pacifiques, mais encore amicaux, parce que les évêques, commençant à redouter la puissance toujours croissante de la noblesse, firent cause commune avec les rois contre les seigneurs laïques.

Tandis que Christophe II était encore en lutte contre le clergé, la noblesse leva l'étendard de la révolte contre lui. Elle était conduite par le drost (majordome) *Laurits Jonsen,* le marsk *Louis Albertsen,* un Allemand, et *Knud Porse,* trois hommes puissants et turbulents, qui voulaient profiter de la triste situation du pays pour agrandir leurs possessions, déjà considérables. Christophe sut pourtant se maintenir assez bien dans les six premières années de son règne; mais, après la mort du duc Erik de Sudjutland (1325), il se prit de querelle avec le comte *Geert le Grand* de Holstein, à propos de la tutelle du jeune duc *Valdemar.* Cette lutte devint la source des plus amères humiliations pour Christophe et eut les plus fâcheuses suites pour le Danemark. Le comte envahit le royaume, où les mécontents firent partout cause commune avec lui, de sorte que Christophe, après quelque résistance, dut abandonner le trône et se réfugier dans le Meklenbourg. Après qu'il eut fait, avec l'aide des princes de Meklenbourg et de Poméranie, une tentative infructueuse pour recouvrer son royaume, ses ennemis déclarèrent le trône vacant et, sur la proposition du comte Geert, élurent pour roi le duc Valdemar (1326). A ce titre, celui-ci signa une capitulation ne différant de celle de Christophe qu'en quelques points où elle étend encore davantage la puissance de la noblesse. Outre le droit que cet ordre avait déjà de lever les amendes de 3 et 9 marcs, il obtint les amendes de composition pour le meurtre et fut exempté, sans aucune restriction, du service militaire à l'intérieur ou à l'extérieur et de l'obligation de se rendre au camp du roi. Les châteaux royaux de Skanie et de Halland devaient être entièrement rasés, à l'exception de Helsingborg, de Skanœr et de Falkenberg; la noblesse, au contraire, était libre de fortifier ses châteaux et ses domaines, à volonté, comme les bourgeois l'étaient pour les villes. Tant que vivait le roi, son successeur ne devait pas être désigné, et aucune promesse ne devait être faite à propos d'une future élection. Pour rendre complète l'indépendance du clergé envers l'État, il fut décidé que les membres de cet ordre ne pourraient occuper des emplois civils. Le nouveau roi récompensa ainsi ses partisans : Knud Porse eut le *Halland méridional*, *Samsœ* et le comté de *Kallundborg*, et bientôt aussi le titre de duc, et il acquit une telle considération, que la reine douairière de Suède, *Ingeborg*, fille du roi Hâkon V de Norvège, ne dédaigna pas la main de ce personnage; le marsk Louis Albertsen obtint tout le *canton de Jellinge*, les villes de *Ribe* et de *Kolding*, avec le droit de battre monnaie, les douanes et tous les revenus royaux, et le droit à toutes les amendes imposées par le *tribunal provincial* de *Viborg;* le drost Laurits Jonsen eut *Langeland* et *Ærœ;* le comte Jean de Holstein, *Laaland, Falster*, et fut confirmé dans la possession de *Femern*, et le comte Geert reçut tout le *Sudjutland comme fief héréditaire*.

Ce morcellement du royaume, joint au gouvernement tyrannique des Holsteinois, provoqua le mécontentement général et la révolte de plusieurs provinces, ce dont le roi Christophe II profita pour essayer de remonter sur le trône. Il s'allia avec son frère utérin le comte Jean, qui était en difficulté avec le comte Geert sur le partage du butin; et, avec son appui, il fit de si notables progrès, que Geert fut amené à signer le traité de Ribe (1330). Valdemar vit la fin de son court règne et dut se contenter du Sudjutland; en place de ce duché Geert reçut la *Fionie comme fief héréditaire* et une grande partie du Nordjutland en nantissement de 40,000 marcs; et si le duc Valdemar venait à mourir sans héritiers légitimes, le Sudjutland devait échoir à Geert, et la Fionie faire retour au Danemark; le comte Jean conservait les îles de Laaland, de Falster et de Femern et, en retour des services qu'il avait rendus au roi et des avances qu'il lui avait faites, il recevait la *Sélande* et la *Skanie*. Christophe II racheta au prix de ces énormes sacrifices une couronne qu'il avait si peu la force de porter; mais il n'avait pas encore atteint le terme de ses humiliations. Il s'engagea dans une guerre qui finit pour lui par de nouvelles pertes et de nouvelles défaites, tandis que son adversaire le comte Geert gagnait, après un combat acharné, la bataille de *Lohede* (1331). Le fils aîné du roi, Erik, qui avait été, plusieurs années auparavant, couronné comme successeur de son père, fuyant sur un cheval qui s'abattit, fut tellement meurtri qu'il mourut peu après. Par la paix de *Kiel*, au commencement de l'année suivante, le comte Geert obtint le *Nordjutland* et la *Fionie*, comme nantissement d'une somme de 100,000 marcs, et il fut convenu que ces deux provinces ne pourraient être rachetées partiellement et successivement, mais que la somme totale devrait être payée *en une seule fois*; ce qui revenait à dire que la cession était définitive. Le comte Jean eut également soin de s'assurer une partie du butin qui restait disponible. Il est douteux que, après ce traité, le roi Christophe conservât un point du Danemark, un seul château, où il pût demeurer. A la fin de sa vie, sa considération était tombée si bas, que deux simples nobles, *Henri Breyde* et *Jean Ellemose*, osèrent l'attaquer et mettre le feu à sa maison dans la ville de Saxkjœbing. Il ne sauva sa vie qu'en sautant par la fenêtre; les incendiaires se saisirent de lui et le conduisirent au comte Jean, dans l'espoir d'une grande récompense;

mais celui-ci ne voulut pas d'un prisonnier devenu trop insignifiant pour être craint. Christophe II mourut en 1332, peu après cette profonde humiliation. C'est bien le prince le plus mauvais et le plus malheureux qui se soit assis sur le trône de Danemark ; mais ses infortunes méritent à peine d'exciter la compassion ; car elles étaient méritées et il recueillait ainsi les fruits de ce qu'il avait semé dans sa révolte contre son frère Erik Menved.

Après la mort de Christophe, le pays fut huit années sans roi et subit tous les malheurs qui devaient résulter d'une telle situation. Le royaume était divisé entre une dizaine de seigneurs étrangers ou indigènes, qui vexaient et pressuraient les habitants, foulaient au pied les lois et le droit, méprisaient la langue, les mœurs et tout ce qui était national. Les provinces de *Skanie*, de *Halland* et de *Bleking*, ces antiques dépendances du Danemark, se révoltèrent contre les Allemands et se donnèrent au roi de Suède *Magnus Smek*. Celui-ci, pour mieux s'en assurer la possession, paya au comte Jean les 34,000 marcs pour lesquels il avait reçu ces provinces en nantissement. L'un des fils du défunt roi, *Otte*, qui avait tenté de recouvrer par les armes le trône de ses ancêtres, avait perdu la désastreuse bataille de *Taphede* et était tombé en la puissance du comte Geert ; l'autre, *Valdemar*, vivait dans l'exil à la cour de l'empereur Louis, et l'ancien royaume de Danemark semblait être sur le point de se dissoudre, lorsqu'il se présenta enfin un sauveur dans la personne du noble Jutlandais *Niels Ebbesen*. Il avait été personnellement outragé par le comte Geert, et il avait publiquement porté un défi mortel à son ennemi qui était aussi le tyran du pays ; après une telle déclaration, il était, selon les usages et les coutumes d'alors, pleinement en droit de tuer le comte, où et quand il pourrait. En ce temps, le comte Geert essayait de faire un échange avec le duc Valdemar ; il voulait céder à celui-ci le Nordjutland et obtenir en retour le Sudjutland avec une forte somme d'argent. Ce marché aurait été fort avantageux pour le comte Geert, qui aurait ainsi eu des États contigus, et, au lieu d'avoir affaire aux turbulents et opiniâtres Jutlandais du Nord, il aurait eu pour sujets les patients Jutlandais du Sud, avec lesquels il avait d'ailleurs beaucoup de relations, ayant été tuteur de Valdemar et ayant lui-même gouverné ce duché pendant quatre ans. Valdemar entra d'abord dans ce projet et conclut avec Geert, le 11 février 1340, un accord préliminaire, en se réservant de réfléchir s'il valait mieux pour lui garder le fief paternel ou l'échanger contre le Nordjutland aux conditions proposées. Cependant, lassé depuis longtemps d'être un instrument dans la main de Geert, il s'était mis en rapport avec le prince fugitif, Valdemar, et les amis que ce dernier avait en Allemagne; peu après il rompit ouvertement avec Geert, entra en lutte avec lui et assaillit la ville de Ribe, qui était entre les mains des Holsteinois. Les Nordjutlandais s'étaient soulevés en même temps contre les oppresseurs allemands. Le comte Geert, dans la prévision de cet orage, avait déjà réuni des troupes mercenaires en Allemagne, et il s'avança avec une puissante armée pour dompter la révolte jutlandaise. Partout où il passait avec ses bandes sauvages, il portait le viol, l'incendie, le meurtre. A la fin il se jeta dans Randers avec 4,000 hommes; mais il y fut assailli par Niels Ebbesen qui, à la tête de 60 hommes seulement, pénétra la nuit dans la ville remplie d'ennemis et abattit de sa propre main le tyran du Danemark dans la nuit du 1er au 2 avril 1340. Cet exploit donna la première impulsion à la délivrance du Danemark et acquit à Niels Ebbesen des titres éternels à la reconnaissance de la patrie. Les Holsteinois, qui avaient perdu leur chef, tombèrent de la présomption dans le découragement: ils furent pourtant attaqués et expulsés. Niels Ebbesen continua son glorieux combat pour l'indépendance de la patrie, jusqu'à ce qu'il périt dans une rencontre à Skanderborg dès 1342 ou peut-être plus tôt.

Valdemar, le plus jeune fils de Christophe II, avait passé ces dernières années en Allemagne et suivi d'un œil attentif les événements dont le Danemark était le théâtre. Plusieurs Danois de distinction, qui étaient fatigués de la domination des Holsteinois, nouèrent des relations avec lui et lui promirent fidélité et assistance; quelques-uns se rendirent personnellement auprès de lui. Ses parents d'Allemagne, surtout son beau-frère, l'électeur Louis de Brandebourg, fils de l'empereur Louis, l'assistèrent dans ses tentatives pour remonter sur le trône de ses ancêtres; et ils agissaient de la sorte, non-seulement par affection, mais aussi par intérêt; car l'électeur espérait ainsi se faire donner la grosse dot qui lui avait été promise lors de son mariage avec la fille de

Christophe II, mais dont il n'avait encore rien reçu. La mort du comte Geert donna une nouvelle tournure aux affaires. Trois semaines après cet événement (avril 1340) fut tenue à Spandau, dans le Brandebourg, une réunion où les représentants des divers intéressés signèrent un accord préliminaire, d'après lequel Valdemar devait être proclamé roi de Danemark, bien qu'il eût un frère plus âgé. Celui-ci, *Otte*, devait être remis en liberté lorsqu'il se serait désisté de toute prétention à la couronne de Danemark ; Valdemar devait épouser la fille du comte Geert, *Élisabeth*, sœur des comtes de Holstein, et recevoir à cette occasion une dot de 24,000 marcs ; cette somme viendrait en déduction de celle par laquelle le Nordjutland avait été engagé aux Holsteinois, et une bonne partie de ce duché devait lui être remise ; mais le reste du duché continuait à servir de gage pour 35,000 marcs, et la Fionie pour 41,000. Cependant les arrangements définitifs qui furent pris bientôt après à Lübeck et à Sœnderborg amenèrent une remarquable modification : au lieu de la comtesse Élisabeth de Holstein, le roi Valdemar devait épouser *Helvig*, sœur du duc Valdemar ; et celui-ci consentit, comme le comte Geert l'avait désiré, à céder ses possessions de Sudjutland aux comtes de Holstein, et à recevoir en gage le Nordjutland ; la dot restait la même, et le roi avait la faculté de racheter du duc le reste du Nordjutland ; ce qui permettait au duc Valdemar de dégager à son tour le Sudjutland des mains des Holsteinois ; accord assez avantageux pour le roi, mais non pas au même degré pour le duc Valdemar. Le roi épousa aussitôt Helvig ; Otte renonça à toute prétention au trône ; il entra ensuite dans l'ordre des Chevaliers Teutoniques et délivra ainsi son frère de l'appréhension qu'il ne revînt sur cette renonciation. Lorsque les points les plus importants eurent été réglés de cette manière, Valdemar se rendit en Jutland et fut solennellement proclamé roi à l'assemblée de Viborg (1340), après quoi il promulgua, au lieu de capitulation, un acte d'amnistie pour tout ce qui s'était passé dans les malheureuses années précédentes.

Le but de tous ses efforts fut de rassembler les parties éparses du royaume de Danemark ; mais il ne put l'atteindre qu'après beaucoup de mauvaises années remplies de travaux, de combats et de périls. Il n'était d'ailleurs pas très-scrupuleux dans le choix des moyens; il ne se faisait pas conscience de reprendre par ruse ce qui avait été enlevé par force. Il commença par la *Sélande ;* soit par rachat ou négociation, soit par force ou par des combats sanglants, dans lesquels il était assisté par le peuple exaspéré qui attaquait et massacrait les Holsteinois partout où il les rencontrait, il réussit enfin, — mais seulement après cinq années d'efforts, — à recouvrer toute cette importante partie du royaume. *Laaland* et *Falster* vinrent bientôt après, et il racheta dans ce temps ou dans les suivants d'importantes parties du *Nordjutland*. Il s'occupa ensuite de la *Fionie,* que les Holsteinois détenaient comme garantie d'une créance de 41,000 marcs. En profitant habilement des circonstances, et en se servant de l'épée là où la prudence et l'adresse ne suffisaient pas, il amena les comtes de Holstein à lui céder, par le traité de Nebbegaard (1348), la moitié de la Fionie et à lui accorder d'autres conditions favorables qui lui donnaient espoir de recouvrer prochainement l'autre moitié de cette île. Il s'éleva pourtant plus tard des doutes sur l'interprétation de ces conditions, et le restant de la Fionie donna lieu à de sanglants combats où le roi tantôt subit la défaite, tantôt remporta de brillantes victoires, comme à la bataille livrée près du château de Gamborg dans la partie nord-ouest de la Fionie (1357).

Les grandes dépenses que dut faire Valdemar, soit pour faire la guerre, soit pour racheter fiefs et châteaux, le contraignirent d'imposer à ses sujets de lourdes contributions. Pour prévenir le mécontentement, il convoqua tous les ordres du royaume à une diète, à Ringsted (1349), où il rendit compte de l'emploi des sommes à lui accordées, et le peuple, qui reconnut le bon emploi des deniers publics, fut d'autant plus disposé à faire de nouveaux sacrifices. Un autre moyen dont il usa pour se procurer les sommes nécessaires fut de vendre l'*Esthonie,* province éloignée et inutile pour le Danemark; il la céda aux Chevaliers Teutoniques pour 19,000 marcs, qui servirent à dégager des parties plus importantes du royaume. Son vœu le plus ardent était de recouvrer les provinces skaniennes ; mais comme les circonstances, au commencement de son règne, ne favorisaient pas ce plan, il l'ajourna pour le moment et confirma même la cession faite à Magnus Smek qui en retour lui paya une somme d'argent. Il ne perdit pourtant

pas de vue son dessein, mais continua à observer d'un œil attentif
les affaires de Suède, où il y avait beaucoup de troubles, de sorte
que ce prudent monarque pouvait espérer de trouver une occasion
favorable pour faire valoir ses prétentions avec plus d'avantage.

La reconstitution du royaume eût été accomplie plus rapidement, si les sujets avaient été fidèles ; mais ce n'était pas toujours
le cas. Les hommes intelligents et réfléchis comprenaient assez
que Valdemar avait bien mérité du royaume, mais il restait pourtant beaucoup de mécontents, surtout dans la noblesse et notamment parmi les *nobles du Jutland*. Durant la précédente période
de désorganisation, l'aristocratie s'était accoutumée à la violence
et à l'arbitraire ; aussi ne pouvait-elle s'accommoder de la rigoureuse équité avec laquelle Valdemar le Restaurateur appliquait
les lois aux grands comme aux petits. On l'accusait de tyrannie,
parce qu'il réunissait à la couronne et employait pour le bien du
pays les nombreux domaines que la noblesse s'était appropriés
pendant les troubles. En beaucoup d'endroits les paysans se joignaient à la noblesse séditieuse, parce qu'ils trouvaient insupportables les charges et les corvées que le roi leur imposait. On
venait à oublier peu à peu les calamités dont Valdemar avait
délivré le royaume, et l'on ne sentait plus que le poids du fardeau actuel, qui était pourtant une suite nécessaire des malheurs
précédents. Pendant plusieurs années Valdemar eut à lutter
contre les Jutlandais révoltés, qui étaient principalement conduits par le puissant et riche seigneur jutlandais *Niels Bugge*, de
Hald, et par *Klaus Limbek*, noble d'origine holsteinoise, qui possédait de grands domaines aussi bien dans le Nordjutland que
dans le Sudjutland. Ils s'alliaient avec les comtes de Holstein et
avec l'inconstant Valdemar, duc de Sudjutland, qui, bien que
beau-frère du roi, était souvent du côté de ses ennemis ; parfois
aussi avec les ducs de Mecklenbourg. Plusieurs fois on se mit
d'accord ; mais, dès que les comtes de Holstein recommençaient
à se remuer, les Jutlandais mécontents se remettaient aussi en
mouvement. Pendant la lutte survint un événement qui porta
l'exaspération au plus haut degré. Trois des principaux seigneurs
jutlandais, *Niels Bugge*, *Uffe Stigsen*, et *Peder Andersen*, qui
s'étaient rendus auprès du roi à Slagelse pour négocier et qui
s'en retournaient sans avoir conclu la paix, mais pourtant avec

un sauf-conduit, furent assassinés en chemin, à Middelfarsund, vers le jour de l'an en 1359. Les soupçons se portèrent universellement sur le roi. A la vérité il se purgea par un serment solennel, confirmé d'après les prescriptions de la loi par un certain nombre de nobles cojurants; mais beaucoup continuèrent à croire qu'il était coupable. Après plusieurs années de luttes généralement victorieuses, le roi finit par conclure la paix avec ses ennemis étrangers (1360), et en même temps avec ses sujets un arrangement qui dura quelques années. Celui-ci fut confirmé à la diète de Kallundborg (1360), où fut aussi adoptée une ordonnance qui avait pour but de délimiter les droits du roi et des sujets et d'affermir la paix et l'ordre dans le pays. Dans ce document, le roi promet de maintenir les anciennes lois et coutumes, ainsi que les droits reconnus de la noblesse, du clergé, des bourgeois et des paysans : tous les présents s'engagent à poursuivre les brigands, les incendiaires et autres qui troublent le pays, et à faire de leur mieux pour que les crimes contre le roi et la couronne de Danemark soient jugés et punis ; lorsque le monarque ou ses procureurs poursuivent les malfaiteurs d'après la loi, on ne doit pas leur en vouloir, comme s'ils agissaient par haine et par inimitié ; d'autre part, le roi ne doit pas non plus haïr ni poursuivre ceux qui cherchent dans la loi une protection contre les injustices commises par lui ou ses serviteurs. On a appelé cette ordonnance une capitulation, et, si l'on doit la regarder ainsi, il serait à souhaiter que toutes les capitulations fussent conçues dans le même esprit. Car ce n'est pas seulement au roi, mais aussi aux ordres, qu'elle prescrivait des devoirs ; elle ne contient pas, comme les précédentes et les suivantes, une énumération particulière des priviléges de la noblesse et du clergé, mais seulement une confirmation générale de ces droits et de ceux des bourgeois et des paysans. Par suite de sa nature particulière, elle ne fut pas seulement scellée par le roi, mais tous les évêques et une grande partie des nobles présents s'obligèrent, par la main et le sceau, à observer ses dispositions. C'est une grande preuve de la prudence et de la force avec lesquelles Valdemar le Restaurateur, dans des temps si difficiles et troublés, savait maintenir les prérogatives royales et aussi les droits des ordres faibles contre la puissante noblesse et le clergé.

Valdemar s'approchait de plus en plus du but vers lequel il tendait depuis longtemps : la réunion des provinces skaniennes. Le roi Magnus Smek était en lutte continuelle contre l'indisciplinable noblesse de son royaume, laquelle avait même l'appui d'Erik son propre fils et corégent. Dans son embarras, il demanda du secours au roi de Danemark, qui se montra disposé à en donner, mais en se le faisant largement payer par le simple Magnus Smek. Ce dernier, en compagnie de la reine *Blanca* et de son fils *Hákon* visita Valdemar à Copenhague (1359), et, dans cette entrevue, il doit avoir promis la rétrocession des provinces skaniennes, si Valdemar voulait l'assister contre ses sujets rebelles et son fils insoumis. La rancuneuse Blanca détestait son fils Erik et cherchait la protection de Valdemar pour son favori *Bengt Algotsson ;* c'est surtout elle qui menait ces négociations. L'alliance entre les rois fut affermie par les fiançailles de *Marguerite,* fille du roi, alors âgée de sept ans, avec le fils de Magnus, Hákon, âgé de vingt ans, qui était aussi souple et docile envers son père que son frère Erik était opiniâtre et hostile. L'année suivante (1360), Valdemar passa en Skanie, occupa tout le pays et détermina Magnus Smek à lui livrer les documents, qui attestaient les droits de la Suède sur ces provinces, savoir : l'acte d'achat du comte Jean et l'hommage que les habitants de la Skanie, du Halland et du Bleking, avaient prêté à la couronne suédoise. D'après une tradition peu digne de foi, dès que Valdemar fut en possession de ces documents, il se hâta de les détruire. Après avoir si bien réussi en Skanie, le roi de Danemark s'arma pour une expédition à *Visby,* dans l'île de *Gotland,* une des villes les plus riches de toute l'Europe et le principal entrepôt du commerce de la Ligue Hanséatique dans la Baltique. Comme motif de cette expédition contre Visby, on allègue généralement des chansons satiriques que les habitants auraient chantées contre le roi ; mais il est plus vraisemblable qu'il cherchait une occasion de porter un coup au commerce des villes Hanséatiques et de se rendre maître des richesses de Visby. La ville fut prise, les murs rasés, et un immense butin enlevé (1361). A partir de ce jour la réputation de Visby déclina, une partie de son commerce se transporta dans la ville de Copenhague, désormais florissante, et il ne resta que le souvenir de sa grandeur passée.

Après la conquête de l'île de *Gotland,* Valdemar prit le titre de *Roi des Goths* (de Goters Konge); mais la destruction de Visby et l'occupation des provinces skaniennes remit en mouvement tous ses anciens ennemis. La nation suédoise força Magnus Smek à rompre les fiançailles de son fils avec Marguerite et à déclarer la guerre à Valdemar; les comtes de Holstein, dont la sœur *Élisabeth,* fille de Geert le Grand, fut maintenant promise à Hákon, le duc Valdemar de Sudjutland, et un peu plus tard le duc *Albert* l'ancien de Mecklenbourg, qui était apparenté tout à la fois avec les maisons royale de Suède et comtale de Holstein, firent alliance avec les villes Hanséatiques contre Valdemar le Restaurateur. Soixante-dix-sept de ces cités lui envoyèrent en une fois autant de déclarations de guerre; mais il se moqua de leur nombre, en les comparant à une troupe d'oies criardes, et bientôt, tant par force que par ruse, il détruisit la puissante coalition. Dans la guerre maritime qui éclata, on entendit enfin parler, après un long silence, d'une flotte danoise; et elle combattit avec gloire contre celle des villes Hanséatiques, accoutumée à la victoire. Celle-ci éprouva un si grand échec, que son amiral, un bourgmestre de Lübeck, fut exécuté à son retour. Après ce revers, quelques-unes des villes Hanséatiques demandèrent d'abord un armistice au Danemark, ce qui décida les autres à conclure une de ces paix dites perpétuelles. Pendant que ces événements avaient lieu, la princesse *Élisabeth* partit du Holstein, à une date avancée de l'automne, pour aller épouser en Norvège le roi Hákon, mais elle fut jetée par la tempête sur les côtes danoises. Valdemar la reçut avec la plus grande courtoisie, mais, sous divers prétextes et sous apparence de sollicitude pour sa personne, il ne voulut pas lui permettre de reprendre la mer dans une saison si orageuse. Cependant il envoya aussitôt un message à Hákon et à Magnus Smek, qui vinrent de suite; et l'on conclut le mariage entre Hákon et Marguerite (1363), bien que celle-ci n'eût pas encore accompli sa onzième année. Lorsque peu après *Christophe,* fils de Valdemar, mourut des suites d'une blessure qu'il avait reçue dans un combat contre la flotte hanséatique, ce mariage prit une importance particulière, en ouvrant la perspective d'une union entre le Danemark et la Norvège, dont le roi était Hákon. L'infortunée princesse de Holstein échangea contre une cellule monastique le trône qui lui avait été destiné.

Si les ennemis de Valdemar étaient déjà exaspérés contre lui, ils le furent encore bien davantage par cette affaire. Les Suédois exclurent le prince Hákon de la succession, déposèrent Magnus Smék et prirent pour roi le fils de sa sœur, *Albert* de Mecklenbourg, fils du duc Albert l'ancien ; et peu après la conclusion de la paix perpétuelle, les villes Hanséatiques firent une nouvelle alliance avec le Holstein, le Mecklenbourg et la Suède. Pendant quelques années, Valdemar réussit à maîtriser la fortune et força plusieurs de ses ennemis à faire la paix ; mais, en 1368, une grande partie des plus puissantes familles nobles du Jutland se soulevèrent et entrèrent dans une alliance formelle avec les ennemis extérieurs du royaume ; le roi fut forcé de quitter ses États et d'aller chercher des secours à l'étranger. La situation du Danemark devint affreuse : les comtes de Holstein envahirent le Jutland, Albert attaqua la Skanie ; les villes Hanséatiques ravagèrent les côtes et les îles ; les alliés avaient fait de si grands progrès, qu'ils se disposaient déjà à partager entre eux les provinces danoises. Cependant l'habile *Henning Podbusk*, que Valdemar avait institué régent pour le temps de son absence, réussit, mais au prix de grands sacrifices, à détacher de la coalition ses plus dangereux ennemis, les villes Hanséatiques. Par le traité de Stralsund (1370), la Ligue Hanséatique obtint la liberté de commerce, en gros et en détail, dans tout le Danemark ; le droit d'établir toute sorte d'ouvriers étrangers dans les villes qui lui étaient cédées et d'importer en franchise tout ce qui leur était nécessaire ; la douane du Sund fut totalement abolie pour les poissons et réduite presque à rien pour les navires et les autres marchandises ; enfin toutes les villes maritimes de la Skanie, avec les bourgs et les cantons qui en dépendaient, furent cédées à la Ligue pour quinze ans. Henning Podbusk et les autres membres du conseil royal durent souscrire à une autre prétention de ces orgueilleux marchands : c'est que, après la mort de Valdemar, les villes Hanséatiques prendraient part à l'élection du roi et que Valdemar ne pourrait rentrer dans son royaume avant d'avoir ratifié ce traité.

Après de longues hésitations, Valdemar accepta cette paix et rentra dans ses États (1372), où les résultats de trente ans de travaux étaient presque totalement anéantis. Il réussit pourtant,

grâce à sa rare habileté et à l'infatigable activité qu'il déploya
pendant les trois dernières années de sa vie, à rétablir l'ordre
dans son royaume et à guérir les plus douloureuses blessures de
la guerre. Il eut encore assez de force pour envahir le Nordfrisland, en 1374, et châtier les turbulents Frisons qui refusaient de
payer l'impôt. En se faisant donner en gage des parties du Sudjutland, l'une après l'autre, il travaillait sans relâche à la réunion
de ce pays au royaume; les perspectives semblaient maintenant
plus favorables que jamais, le dernier duc de la race d'Abel,
Henri, étant mort sans enfants, en 1375. Peu auparavant ou
immédiatement après ce décès, le roi avait prudemment pris des
mesures pour s'assurer la possession du Sudjutland, en occupant
Haderslev, Aabenraa, Tœnder, Als avec Sœnderborg et Nordborg,
et en mettant dans ces villes et ces châteaux des fonctionnaires
royaux. Mais les comtes de Holstein qui, d'après le traité de
Ribe (1330), croyaient pouvoir élever des prétentions sur le Sudjutland, s'armèrent, et une guerre sérieuse semblait devoir s'engager lorsque Valdemar fut surpris par la mort, la même année
(1375), au château de Gurre.

Valdemar III avait reçu le surnom de *Atterdag* (nouveau jour
ou le Restaurateur), soit parce que, grâce à ses grandes qualités,
le jour recommença à percer les ténèbres où le Danemark était
depuis longtemps plongé, soit, comme d'autres l'expliquent, parce
qu'il aimait à répéter le proverbe : *I Morgen er det atter Dag* (le
jour reparaîtra demain), lorsque ses projets rencontraient des
obstacles inattendus, et que, au lieu de les abandonner, il en
ajournait la réalisation jusqu'au moment favorable. Le peuple
ingrat le surnommait Valdemar *le Mauvais* (den Onde), parce que
ce prince, rigoureux lui-même dans l'accomplissement de ses
devoirs royaux, exigeait de ses sujets des efforts et des sacrifices,
et parce que la situation du royaume le forçait à leur imposer
de lourdes charges. D'anciennes annales, écrites par un ecclésiastique contemporain, se plaignent amèrement de là dureté de ce
monarque : « Au temps de Valdemar, y lit-on, tous les bons usages furent abolis en Danemark; ni le soldat, ni le bourgeois, ni
le marchand, n'avaient de repos; personne n'avait le temps de
manger, de dormir ou de se reposer ; mais tous étaient forcés de
travailler et de se fatiguer sans cesse, sous peine d'encourir la

disgrâce du roi. » Le Danemark a pourtant eu peu de rois qui aient si bien mérité de la patrie que Valdemar Atterdag. Bien qu'il ait eu, pour ainsi dire, à reconstituer l'État de toutes pièces et à combattre sans cesse ses sujets rebelles et les ennemis étrangers, il trouva pourtant le loisir de pourvoir à l'amélioration intérieure du royaume; il fit construire des routes, creuser des canaux, cultiver des terres désertes, endiguer des rivières, élever des moulins à eau et édifier une grande quantité de châteaux et de forteresses. Il parcourait lui-même continuellement le royaume, rendait justice dans les assemblées et veillait à l'exécution des lois. Il releva la flotte danoise de son anéantissement et entretint pour le service des navires un certain nombre de marins de profession, pour lesquels il fit préparer des logements à Vordingborg. Une preuve de l'activité de ce grand roi, c'est que, sans négliger l'administration de son royaume, il fit de nombreux voyages à l'étranger, où il était toujours bien accueilli à cause de ses rares talents de négociateur et de médiateur. Il se rendit bien des fois en Allemagne, visita le pape au sud de la France et fit même un rapide pèlerinage dans la lointaine Palestine.

Sous le règne de Valdemar Atterdag se propagea (1350) en Danemark l'épidémie meurtrière connue sous le nom de *peste noire* (den sorte Dœd); elle fit de tels ravages dans les pays voisins que, à Lübeck par exemple, elle doit avoir enlevé deux mille cinq cents personnes dans vingt-quatre heures, et quatre-vingt-dix mille dans un été; mais ce dernier chiffre doit être fort exagéré. En Danemark aussi, où elle doit avoir été apportée par un navire sans équipage, qui échoua dans le Vendsyssel, elle sévit avec tant de violence que, d'après certains rapports, peut-être exagérés, dans certaines localités il ne resta pas un habitant sur cent.

II

Le roi Olaf. — Union du Danemark et de la Norvège. — Le Sudjutland est donné en fief à Gerhard de Holstein. — Marguerite tutrice de Erik de Poméranie. — Guerre avec Albert de Suède. — Union des trois royaumes du Nord. — La noblesse devient héréditaire. — Origine du conseil du royaume. — Les grands fonctionnaires.

Avec Valdemar Atterdag et Henri de Sudjutland, qui moururent tous deux dans la même année, s'éteignit la ligne virile de la dynastie estridienne. Les plus proches héritiers étaient *Albert le jeune de Mecklenbourg*, petit-fils de Valdemar par *Ingeborg*, sa fille aînée, et fils du duc *Henri de Mecklenbourg;* et *Olaf*, petit-fils de Valdemar par *Marguerite*, sa fille cadette, et fils du roi *Hákon* de Norvège. Les sentiments hostiles que la maison de Mecklenbourg avait depuis longtemps montrés à l'égard du Danemark, firent que le peuple était peu disposé à élire Albert. L'antipathie fut augmentée par la propre imprudence d'Albert qui, sans demander le consentement des États, prit le titre de roi et même, aussitôt après la mort de Valdemar, fit alliance avec les ennemis du Danemark, les comtes de Holstein, qui menaçaient précisément alors d'envahir le Jutland. Aussi Olaf, qui avait la puissante recommandation d'un ami de la dynastie, *Henning Podbusk*, personnage prudent et considérable, obtint-il la majorité des suffrages et fut-il élu roi de Danemark. Avant son couronnement, Hákon et Marguerite souscrivirent, au nom de leur fils, âgé de six ans, une capitulation qui reproduit en général celles de 1320 et de 1326. Seulement, en raison de l'oppression que les paysans se plaignaient d'avoir subie sous le règne de Valdemar III, on ajouta qu'ils ne pourraient être arbitrairement forcés de bâtir les maisons, les châteaux et les forteresses du roi; mais on supprima une des dispositions qui restreignaient le pouvoir royal, la faculté d'appeler du tribunal du roi à une diète générale.

Albert de Mecklenbourg, aidé de son oncle, le roi Albert de Suède, des comtes de Holstein et de plusieurs princes allemands, recourut aux armes pour faire valoir ses prétentions à la couronne de Danemark ; mais, lorsque sa flotte eut été dispersée par la tempête, il signa avec ses alliés un armistice, par lequel fut ajourné le règlement de la querelle. A la mort du roi Hákon (1380), Olaf devint aussi roi de Norvège, et ce fut le commencement d'une union entre ce royaume et le Danemark, union qui dura, sans interruption, pendant quatre cent trente-quatre ans, jusqu'à ce qu'elle fût rompue par les armes de l'étranger.

Tandis que le royaume s'augmentait ainsi du côté du nord, il diminuait vers le sud. Aussitôt après la mort de Valdemar Atterdag, les comtes de Holstein s'étaient emparés du Sudjutland et, pour s'en assurer la possession, ils avaient fait alliance avec le duc de Mecklenbourg et les autres ennemis du Danemark. Pour détruire cette coalition, qui pouvait facilement devenir dangereuse pour le trône mal affermi d'Olaf, Marguerite, qui exerçait la régence au nom de son fils mineur, se hâta de conclure avec les comtes, en 1376, un armistice, par lequel ils devaient conserver le duché, jusqu'à ce que l'on pût se mettre d'accord sur les conditions d'une paix définitive. L'affaire resta en cet état pendant dix ans, au bout desquels Marguerite se décida finalement à céder aux comtes le Sudjutland, comme fief *héréditaire*, mais *indivisible* (1386), de sorte que l'un des comtes, *Gerhard VI*, fut seul investi du duché de Sudjutland, après avoir rendu hommage au roi de Danemark et s'être engagé à le suivre en guerre avec un nombre d'hommes déterminé. Cet acte, auquel Marguerite s'était décidée si difficilement et que, à l'occasion, elle chercha plus tard à annuler, était l'œuvre de la nécessité. Le roi de Suède et le duc de Mecklenbourg menaçaient chaque jour d'envahir le royaume, et, bien que les villes Hanséatiques eussent, au bout de quinze ans, rendu la Skanie sans résistance (1385), on ne pouvait pourtant compter sur l'amitié de ces marchands égoïstes. Si donc Marguerite avait continué à s'opposer au vœu des comtes de Holstein, il eût été à craindre qu'ils ne s'unissent avec les autres ennemis du royaume pour lui faire une guerre dans laquelle le Danemark, sans regagner le Sudjutland, aurait eu à subir encore de plus grandes pertes. Marguerite n'avait ainsi que le choix entre deux maux, et elle préféra le moindre. Gerhard VI fut le premier qui s'appela duc de *Slesvig*; ses prédécesseurs s'étaient tous appelés *ducs de Jutland* ou de *Sudjutland* (Hertuger af Jylland ou Sœnderjylland).

L'année suivante, Olaf mourut (1387) à l'âge de dix-sept ans. Un imposteur, qui parut quelques années après et se donna pour le prince défunt, fit bien quelque bruit, mais sans causer de troubles, parce que l'on n'ajoutait pas foi à ses récits invraisemblables. Après avoir été pris et convaincu de mensonge, il fut condamné à périr sur le bûcher et brûlé à Falsterbo, en Skanie.

Lorsque le trône fut redevenu vacant par la mort d'Olaf, le duc *Albert le jeune* chercha de nouveau à faire valoir ses prétentions, mais les Danois ne voulurent pas d'un roi venu d'un pays hostile comme le Mecklenbourg, et ils élurent pour régente Marguerite, qui, par la manière dont elle avait gouverné pendant la minorité de son fils, avait gagné l'affection et le respect de tous ; l'acte d'hommage porte que les électeurs « acceptaient l'honorable princesse et dame, Madame Marguerite, fille de Valdemar, roi des Danois, pour mandataire, maître et administrateur du royaume de Danemark, jusqu'à ce qu'ils fussent d'accord avec elle pour l'élection d'un roi ». En Norvège, au contraire, où l'archevêque *Vinald* de Throndhjem était pour Marguerite un ami aussi actif que Henning Podbusk l'était en Danemark, elle fut, au commencement de l'année suivante (1388), reconnue héritière de son fils Olaf, mort sans enfant, et proclamée reine pour la durée de sa vie. Sur son désir, le grand conseil de Norvège se déclara prêt à élire pour roi héréditaire *Erik de Poméranie,* son petit-neveu (fils de la fille de sa sœur Ingeborg), âgé de cinq ans seulement, à l'exclusion du duc Albert le jeune de Mecklenbourg qui, en qualité de neveu de Marguerite, était plus rapproché du trône. Cependant le duc Albert était déjà mort, mais la nouvelle n'en était pas encore arrivée en Norvège. Le drost (connétable) *Hákon Jonsson,* qui était de l'ancienne famille royale de Norvège, fut amené à renoncer à ses prétentions au trône. L'année suivante (1389), Erik fut proclamé roi de Norvège, mais il devait rester sous la tutelle de Marguerite jusqu'à ce qu'il atteignît l'âge légal.

Le roi Albert de Suède était, par sa mère Euphémie, petite-fille de Hákon V et sœur de Magnus Smek, apparenté avec la famille royale de Norvège, et, après la mort de son neveu, le duc Albert le jeune, il comptait devenir roi de ce pays ; ses espérances ayant été déçues, il fut enflammé de la plus violente haine contre Marguerite, qu'il détestait déjà parce que son neveu Albert le jeune avait été privé par elle des couronnes de Danemark et de Norvège. Longtemps il avait donné jour à sa colère dans d'impuissantes et ignobles invectives contre Marguerite, qu'il n'appelait jamais autrement que « la reine sans culotte » ou « la femme de moine », par allusion à l'innocente amitié qui unissait Marguerite et l'abbé de Sorœ ; il voulut recourir à des moyens plus efficaces et équipa une armée pour envahir le Danemark. Il prit aussi après la mort de son neveu le titre de roi de Danemark, de même qu'auparavant il s'était appelé roi de Norvège. Mais, en voulant ajouter deux couronnes à celle qu'il portait déjà, il perdit tout. La noblesse suédoise était factieuse, turbulente, et si riche, que quelques-uns de ses membres possédaient de plus grands domaines et avaient plus de revenus que le roi lui-même. Ces puissants seigneurs, mécontents d'Albert, surtout parce qu'il attirait tant d'Allemands dans le royaume, se mirent en relations avec Marguerite, et elle leur promit son appui, à condition qu'ils la reconnaîtraient pour reine de Suède, ce à quoi ils adhérèrent. Cependant la guerre éclata, et les deux armées se livrèrent à *Falkœping*, en Westergœtland, le 24 février 1389, une bataille qui décida pour longtemps des destinées du Nord. La section danoise de l'armée coalisée était commandée par *Ivar Lykke*, la section norvégienne par *Henri Parrov*, et la section suédoise par *Erik Ketilsson Puke*. Albert se hasarda imprudemment, avec sa cavalerie lourdement armée, dans un marécage couvert d'une glace légère ; les chevaux y restèrent empêtrés ; le roi lui-même fut fait prisonnier avec son fils et un grand nombre de nobles holsteinois et mecklenbourgeois. Il fut conduit devant Marguerite, qui lui rendit raillerie pour raillerie : comme il avait déclaré ne pas vouloir porter sa couronne avant d'avoir en sa puissance la reine Marguerite, elle lui fit mettre sur la tête un bonnet de fou, avec une queue de dix-neuf aunes de longueur, si d'ailleurs on doit croire cette tradition.

Cependant la Suède n'était pas conquise par la victoire de Falkœping ; longtemps après que les provinces méridionales eurent rendu hommage à la reine, la capitale et les parties septentrionales du royaume continuèrent à lui opposer de la résistance. Stockholm souffrit terriblement dans cette lutte ; tandis que les

Danois l'assiégeaient au dehors, elle était tourmentée à l'intérieur : le parti suédois et le parti allemand, dont les membres
étaient nommés *Hættebrœdre* (Frères à chaperon), s'attaquaient
avec une effroyable cruauté. Sa reddition fut retardée de plusieurs années par les secours que lui apportaient des corsaires
équipés dans les villes mecklenbourgeoises de Rostock et de
Wismar; on les appelait *Fetaliebrœdre* (Frères ravitailleurs ou Vita-
liens), parce qu'ils approvisionnaient la ville, et *Ligedelere* (égali-
taires), parce qu'ils partageaient le butin par portions égales ;
pendant bien des années ils écumèrent terriblement les eaux
danoises. Les villes Hanséatiques, dont le commerce était troublé
par ces pirates, qui finirent par n'épargner ni ami ni ennemi,
cherchèrent à faire relâcher Albert pour mettre fin à ce désordre ;
mais Marguerite n'en voulut pas entendre parler avant d'avoir
Stockholm en sa puissance. Après de longues négociations à
Helsingborg, à *Falsterbo* et au château de *Lindholm* (1393-1395), on
se mit enfin d'accord aux conditions suivantes : Albert, qui était
depuis sept ans prisonnier au château de *Lindholm*, en Skanie,
devait être remis en liberté ; Stockholm devait être engagée pour
trois ans aux villes Hanséatiques pour garantie d'une somme de
60,000 marcs d'argent. Si Albert ne payait pas la somme dans cet
espace de temps, la ville serait livrée à Marguerite, ou bien Albert
se reconstituerait prisonnier. Marguerite pouvait sans crainte
souscrire à cet arrangement, car il était bien certain qu'Albert ne
pourrait jamais payer la somme fixée et qu'il ne se soumettrait
pas à une nouvelle captivité. Aussi, au bout de trois ans, les villes
Hanséatiques livrèrent-elles sans difficulté à la reine la ville de
Stockholm.

Les importants congrès de Helsingborg, Falsterbo et Lindholm,
où les conseils des trois royaumes se réunirent pour délibérer en
commun, n'avaient sans doute pas eu seulement pour objet la
rançon du roi Albert, mais encore l'union des États et l'élection
d'Erik comme roi de Danemark et de Suède. Lorsque Albert eut
été remis en liberté, Marguerite continua de travailler en faveur
de son pupille, le jeune roi de Norvège, et elle le fit aussi élire et
reconnaître comme roi de Danemark, à la fin de 1395 et au commencement de 1396. Il ne restait donc à gagner que la Suède.
Lorsque Marguerite proposa aux Suédois l'élection d'Erik, ils

firent encore beaucoup d'objections, disant qu'ils lui souhaitaient un long règne, et qu'ils n'avaient pas besoin d'autre roi tant qu'elle vivrait. Mais ils finirent par céder à ses instances sérieuses et pressantes ; Erik fut donc élu roi de Suède à *Skara*, le 11 juin 1396, et il reçut l'hommage de ses nouveaux sujets sur la pierre de Mora, près Upsala. Marguerite était sur le point d'atteindre le but dont elle s'était approchée avec tant de lenteur et de prudence : l'Union des trois royaumes du Nord. Au commencement de l'année 1397, des envoyés du Danemark, de la Norvège et de la Suède se réunirent à *Kalmar*, et le roi de seize ans fut couronné en leur présence par les archevêques de Lund et d'Upsala ; là fut aussi préparé un projet d'*Union* perpétuelle entre le Danemark, la Norvège et la Suède, qui fut rendu public le jour de la Sainte-Marguerite, le 13 (ou le 20) juillet 1397. Dans ce *projet*, ou plutôt *ce certificat* de ce qui avait été délibéré et adopté à Kalmar (car on ne connaît pas, et il n'y eut sans doute jamais d'acte authentique de la fondation de l'Union), se trouvent les dispositions suivantes : « Les trois royaumes devaient être unis à perpétuité et jouir de la paix sous un seul roi ; si le monarque laissait des fils, l'un d'eux devait être proclamé roi des trois royaumes ; si, au contraire, il mourait sans enfants, les États des trois royaumes devaient élire de concert un roi commun. Chaque royaume devait être gouverné d'après ses propres lois et coutumes, mais était tenu de prêter secours aux autres en cas de guerre. Les personnes bannies d'un pays ne pouvaient trouver asile dans les autres. Le roi, de concert avec ses conseillers dans chaque royaume, avait le droit de conclure des alliances et des traités avec les puissances étrangères, et ce qui aurait été ainsi fait devait être en vigueur dans les trois royaumes. » Bien que ce projet d'Union n'eût pas reçu la confirmation légale, ses dispositions furent pourtant à l'avenir regardées comme valides et obligatoires pour les États.

La grande idée de Marguerite était d'unir les trois royaumes septentrionaux en un seul État politique, et de tourner ainsi vers un but commun des forces qui s'annulaient mutuellement en se combattant. Elle avait su se concilier la nation suédoise, en rendre flexible et traitable la noblesse, auparavant récalcitrante et séditieuse, confondre les intérêts du Danemark et ceux de la Suède, en adoptant les inimitiés de la Suède et en lui faisant adopter les siennes, et jeter ainsi les bases d'une Union sur lesquelles la postérité pourrait édifier ultérieurement. Les Norvégiens, les Danois et les Suédois étaient, par la communauté d'origine, de mœurs, d'usages et de langue, par l'identité de développement et de civilisation, aussi rapprochés les uns des autres que pouvaient l'être les divers peuples d'autres nations européennes, et ils formaient ainsi, comme par la situation du pays, un tout complet en soi. Le plan de Marguerite paraissait donc être susceptible de réussite, car il ne s'agissait que de réunir ce qui l'avait déjà été, mais s'était séparé dans le cours des temps. Les avantages d'une telle Union étaient évidents. Tout le commerce du Nord avait passé aux villes Hanséatiques, qui ne recueillaient pas seulement les profits de l'élève du bétail et des pêcheries du Danemark, mais s'étaient aussi approprié le monopole des nombreux et importants produits de la Norvège et de la Suède. Si l'on réussissait à fusionner les trois royaumes, on n'aurait pas eu de difficulté à se rendre maître de la mer du Nord et de la Baltique, à briser la domination de la Hanse et à entreprendre soi-même un commerce florissant, qui aurait apporté le bien-être chez des peuples exploités par les négociants étrangers. La Suède avait été longtemps exposée aux redoutables attaques de la Russie, et le Danemark avait, à plusieurs reprises, été sur le point de se dissoudre par l'intrusion des Allemands. Une fois unis, les royaumes du Nord seraient en état de tenir tête aux ennemis de l'Est aussi bien qu'à ceux du Sud, de faire respecter leur indépendance et de prendre une place importante parmi les États européens. — L'Union scandinave ne devint pourtant jamais ce que sa grande fondatrice avait voulu et espéré. Au contraire, elle augmenta les divisions au lieu de les faire disparaître, elle suscita la haine et la discorde au lieu de l'amitié et de la conciliation, et, après une vie de malaise et de convulsions, elle finit dans le sang par les massacres de Christian II. Qu'un plan si bien combiné et destiné à produire des avantages si évidents ait échoué, cela tenait à plusieurs circonstances qu'il n'appartenait pas à Marguerite de changer, mais que le temps et ses successeurs pouvaient seuls modifier. Les royaumes, bien que unis sous un même roi, ne pouvaient oublier qu'ils avaient formé des États différents, et ils continuèrent à nourrir l'ancienne jalousie de l'un à l'égard de l'autre.

La *Suède* surtout se plaignait d'être négligée ; elle accusait le roi commun de vouloir faire du Danemark l'État principal et de regarder la Suède comme un pays conquis. Les Suédois étaient mécontents d'avoir à obéir à des procureurs ou à des fonctionnaires danois, d'être trop lourdement imposés et de payer des sommes qui sortaient du pays pour être employées au profit du Danemark à des guerres sans intérêt pour la Suède. Ces plaintes étaient en général peu fondées et exagérées ; des Suédois étaient placés en Danemark comme des Danois en Suède, et le but de l'Union était précisément que, en cas de guerre, l'un des royaumes aidât l'autre de ses ressources et de ses troupes. Mais ce fut un malheur pour la jeune confédération que, dès le début, le Danemark fût impliqué dans une guerre longue et coûteuse, qui fit croire aux Suédois que l'Union leur imposerait plus de charges qu'elle ne leur procurerait d'avantages. Dans les cent années précédentes, la Suède avait été un malheureux pays déchiré par les guerres civiles. Dans ce long espace de temps, pas un seul roi n'était resté sur le trône jusqu'à sa mort. Les monarques nationaux ou étrangers étaient, l'un après l'autre, expulsés par les nobles révoltés. Marguerite était trop habile et trop ferme pour eux ; mais ses successeurs ne réussirent pas mieux que les précédents rois de Suède. Une cause importante de la marche chancelante de l'Union et de sa courte durée fut enfin la circonstance que le Projet, bien que l'on ne niât pas la validité de ses dispositions, n'avait pas été converti en acte légal, selon les règles en vigueur, et, encore bien plus, que son contenu même était très-défectueux ; il laissait indécises beaucoup de questions qui auraient dû être réglées, et en réglait d'autres d'une manière très-imparfaite. Son défaut le plus essentiel était non-seulement de ne pas établir l'hérédité de la couronne, ce qui aurait prévenu toutes les luttes électorales, mais encore de ne tracer aucune règle pour l'élection. Il était facile de prévoir que, lors de la vacance du trône, chaque nation s'efforcerait de mettre sur le trône commun son propre candidat, ou même de saisir l'occasion pour rompre l'Union en se donnant un roi particulier.

En *Norvège*, les esprits étaient beaucoup plus favorables à l'Union ; il y avait quelque chose de blessant pour le sentiment national des Suédois dans la circonstance que l'Union avait été à l'origine effectuée par la force des armes. Ce n'était pas le cas pour la Norvège, que le roi Olaf avait unie pacifiquement avec le Danemark, en joignant l'héritage de son père au royaume qui lui venait de son aïeul maternel. Erik de Poméranie était apparenté avec Marguerite, que les Norvégiens avaient élue pour reine, et il fut proclamé roi par droit héréditaire, comme on le remarqua expressément. Autre circonstance importante : la noblesse norvégienne, qui avait été presque anéantie dans les guerres civiles précédentes, était trop faible pour fomenter des troubles aussi graves que ceux qu'excitait l'aristocratie suédoise, ou pour s'opposer aux vœux communs du clergé et des autres ordres. Mais les nombreux obstacles que la Suède opposait à l'Union étaient pourtant de telle nature qu'ils auraient pu être surmontés si Marguerite avait eu des successeurs habiles, prudents, énergiques et capables de continuer l'œuvre commencée. Les efforts de tels princes pour maintenir et faire durer l'Union auraient sans doute été couronnés de succès, d'autant plus que l'Union avait un puissant appui dans le clergé suédois, qui savait mieux que les autres ordres apprécier les bienfaits de ce régime, et qui, en outre, avait beaucoup à se plaindre de la noblesse violente et puissante. Malheureusement tous les rois de l'Union, à l'exception du dernier, étaient assez mal doués, et le premier même fut faible et incapable à un haut degré. Si le dernier, *Christian II*, avait de grandes qualités, elles étaient ternies par la violence de son caractère, qui hâta une rupture depuis longtemps menaçante.

Les résultats définitifs de l'Union de Kalmar furent bienfaisants pour la Suède, où se développèrent vigoureusement, pendant les luttes avec le Danemark, les ordres des bourgeois et des paysans, animés par le sentiment de leur force et l'amour de la patrie; ils furent au contraire déplorables pour le Danemark, dont les forces se consumèrent dans de vains efforts pour soumettre la Suède, et où les ordres des bourgeois et des paysans, accablés des charges excessives que leur imposaient des guerres perpétuelles, déclinèrent autant que prospérèrent ceux de Suède. La puissante noblesse suédoise contribua grandement au développement de l'aristocratie en Danemark et à l'affermissement de ce régime par l'institution d'un *Rigsraad* (conseil du royaume). Jusqu'à la fin du treizième siècle, les charges des féudataires et des hommes de guerre avaient été à peu près proportionnées à leurs priviléges ; mais après la lutte sanglante qui eut lieu à la fin du treizième et au commencement du quatorzième siècle, la noblesse réussit à arracher à Christophe II une capitulation, d'après laquelle elle fut dispensée de faire le service militaire à ses frais, en même temps que ses anciens priviléges étaient maintenus, et même considérablement augmentés. On n'en resta pas là : presque à chaque nouvelle capitulation, la noblesse obtint de nouveaux priviléges, qui étaient autant d'atteintes portées aux droits des autres citoyens. Aussi longtemps que de grands devoirs furent attachés aux priviléges de la noblesse, quiconque voulait se soumettre à ceux-là était admis à participer à ceux-ci ; mais maintenant que les avantages commençaient à l'emporter de beaucoup sur les charges, les nobles travaillèrent à empêcher l'admission des étrangers dans leur ordre et à rendre *héréditaires* leurs priviléges purement *personnels*. On ne peut naturellement donner de date certaine au changement qui fit de la noblesse de fief une *noblesse héréditaire;* la transition eut lieu peu à peu, à la faveur des circonstances. Plus les familles nobles voyaient croître leurs priviléges, leur puissance et leurs richesses, plus elles étaient disposées à les accaparer pour elles et leurs descendants, et plus elles étaient à même d'exclure ceux qui voulaient les partager. En s'attribuant l'hérédité, elles obtinrent la possession perpétuelle, sinon de tous les domaines de la couronne, du moins d'une grande partie de ceux que les rois avaient conférés à vie aux hommes de guerre comme indemnités de leurs services féodaux. Les richesses de cet ordre furent en outre augmentées par des dons que les rois faisaient aux serviteurs méritants, par les nantissements qu'ils donnaient à leurs créanciers, et qu'ils ne pouvaient jamais dégager faute d'argent, et trop souvent aussi, dans ces temps de troubles, par des procès injustes et de violentes usurpations, dont les faibles étaient les victimes.

Le pouvoir de la noblesse, après avoir été intimement consolidé par l'établissement de l'*hérédité* et par les *capitulations*, renouvelées au début de chaque règne, se manifesta aussi à l'extérieur par des institutions analogues à celles qui étaient répandues dans toute l'Europe, et qui rendirent encore plus tranchées les distinctions entre les nobles et les roturiers. On vit paraître les *lettres de noblesse,* les *écussons et armoiries fixes,* les *noms de familles nobles,* et même *diverses classes* de nobles avec des rangs différents. La première lettre de franchise nobiliaire que l'on possède est de l'année 1334 ; elle émane de Valdemar Eriksen, duc de Sudjutland. Ces documents portent d'habitude : « Nous acceptons un tel pour notre *homme* (feudataire), et nous le déclarons, avec ses descendants, franc et libre de tout *service militaire* (leding), *impôt* (stœd) et *corvée* (inne), » où l'on voit que l'obligation de prendre part aux expéditions militaires est encore regardée comme la condition de l'exemption d'impôt et des priviléges nobiliaires. Mais différentes de ces lettres de franchise sont les *lettres de noblesse* proprement dites ou *lettres d'écusson,* qui ne paraissent qu'au commencement du quinzième siècle, sous Erik de Poméranie. Dans ces documents, il n'est pas question de service militaire ; c'est le droit de porter un écusson et des armoiries nobles qui est considéré comme l'essence de la noblesse, de sorte qu'il n'était pas nécessaire de posséder un domaine pour être anobli. Ces lettres d'écusson portent : « Nous avons octroyé et donné à un tel et à ses descendants légitimes la liberté et la franchise dont jouissent les chevaliers et écuyers, avec écusson et heaume à perpétuité. » L'usage pour le guerrier de porter sur son bouclier et sur son heaume quelque *signe distinctif,* ordinairement un animal, remonte jusqu'aux temps païens ; mais, jusqu'à une date assez récente du moyen âge, il n'y avait pas de fixité dans cet usage ; le fils adoptait souvent une marque différente de celle de son père, et beaucoup de frères portaient des écussons différents. C'est seulement au quatorzième siècle que chaque famille noble eut ses armoiries ; mais ce n'est que plus tard que la noblesse prit des *noms de famille* fixes. Pendant presque tout le moyen âge, les nobles avaient coutume de s'appeler et de signer seulement de leur prénom, auquel on ajoutait le nom du père avec la terminaison *sen* (fils), comme font encore les paysans, par exemple : *Niels Christensen* (Nicolas, fils de Christian) ; *Peder Nielsen* (Pierre, fils de Nicolas). Cet usage était si général, que plusieurs nobles allemands établis en Danemark, abandonnèrent leur nom de famille pour en prendre un selon la manière danoise. Pour prévenir la confusion qui résultait du nombre des noms identiques et de leur variation perpétuelle, Frédéric Ier (1526) ordonna à la noblesse d'adopter des noms fixes; beaucoup de personnages continuèrent pourtant, jusqu'à la révolution de 1660, à s'appeler à l'ancienne mode, par exemple : *Christen Thomæsen* (Chrétien, fils de Thomas Sehested). Les nobles danois prenaient ordinairement pour nom de famille le nom de l'animal qui figurait sur leur écusson, comme *Galt* (porc), *Oxe* (bœuf), *Griis* (porcelet), *Grib* (griffon), *Juel* (chouette), ou bien se nommaient d'après une particularité corporelle, comme *Lange* (long), *Lille* (petit); au contraire, les nobles allemands ou autres, qui venaient en Danemark, prenaient le nom d'un de leurs principaux domaines, devant lequel ils plaçaient la particule *von* ou *de*. — La principale classe nobiliaire se composait des *chevaliers*, qui pourtant n'avaient pas de priviléges particuliers, mais bien un plus haut rang : les *écuyers* (væbnere ou svende) étaient ceux des nobles qui n'avaient pas encore été faits chevaliers, ce qui ne les empêchait pas de pouvoir s'élever aux plus hauts postes de l'État, tout comme les chevaliers. Les *varlets* (knapper) étaient d'une classe inférieure et servaient les autres nobles. Outre le nom de *hærmænd* (hommes de guerre), qui avait trait seulement aux devoirs des nobles et à leurs rapports avec le roi, on employait en général, dans les anciens temps, pour désigner les nobles en général, les expressions de *Gode Mænd* (bons hommes), de *Rigets bedste Mænd* (meilleurs hommes du royaume), ou de *frie og frels mænd* (hommes libres et francs); celle de *adel* (noble) est d'origine plus récente; on ne la trouve pas dans les capitulations avant Frédéric Ier, dans la première partie du seizième siècle; il est vrai que cette dénomination avait été déjà employée, quoique sous une forme un peu différente (*Rigets ædlinger*, les nobles du royaume), dans la capitulation du roi Jean. Par opposition, les bourgeois et les paysans étaient qualifiés de *non libres* (ufrie), épithète qui rappelait à l'origine leur assujettissement à la taille, mais qui plus tard reçut une signification plus odieuse, impliquant une idée de servitude.

Après les capitulations et l'établissement de l'hérédité, rien n'eut une influence plus décisive, pour l'affermissement de l'aristocratie, que l'institution du *Conseil du royaume* (Rigsraad), composé des principaux seigneurs ecclésiastiques et laïques du pays. De bonne heure il fut question d'un *Conseil royal* (kongeligt Raad), dont les membres n'avaient d'autre influence que celles que les

rois leur accordaient volontairement, ou qu'ils gagnaient par leur
expérience et leur habileté. Il dépendait du roi de suivre ou de
rejeter leur *conseil*, et il les nommait ou les congédiait tout
comme les autres fonctionnaires. A la fin du quatorzième et au
commencement du quinzième siècle, ce conseil subalterne se
transforma en un *Conseil du royaume*, indépendant et en possession de droits confirmés par les capitulations, et qui eut désormais
un pouvoir politique égal ou plutôt supérieur à celui du roi. Bien
que l'on ne puisse préciser la date de l'institution du Rigsraad, il
n'est pourtant pas difficile de signaler plusieurs circonstances qui
ont favorisé son développement dans le cours de la période ci-dessus indiquée. Tels sont les fréquents voyages de Valdemar Atterdag, pendant lesquels le Conseil exerçait la régence ; et, pendant
la dernière absence involontaire de ce monarque, on voit déjà
quelle autorité s'arrogeait le *Conseil royal;* de son propre chef, il
conclut la paix avec les ennemis du royaume, céda toute une province et s'engagea même à ne pas laisser rentrer le roi avant qu'il
eût souscrit aux conditions de cette paix. Vint ensuite la régence
de Marguerite, d'abord pendant la minorité d'Olaf, ensuite pendant
celle d'Erik, et, bien que cette reine fût extrêmement habile et
ferme, il était inévitable que les grands fonctionnaires du royaume
prissent une importance extraordinaire pendant les nombreuses
années où le pays fut sans roi majeur. Marguerite eut pour successeur Erik de Poméranie, et le règne de ce prince, faible et
incapable, favorisa précisément les empiétements inouïs d'une
noblesse puissante et ambitieuse ; mais le couronnement de l'œuvre fut l'Union avec la Suède. Dans ce royaume, sous des monarques faibles et après beaucoup de révolutions, l'autorité était
tombée à rien ; le Conseil du roi était devenu un Conseil d'État
indépendant, et dans la main duquel le roi n'était qu'un instrument sans initiative, mais forcé d'obéir à l'impulsion qui lui était
donnée. La noblesse danoise s'imagina qu'une telle constitution
était la meilleure de toutes, et elle ne négligea pas de profiter,
pour l'introduire en Danemark, de l'excellente occasion que lui
offrait l'Union. Comme, malgré cette Union, les royaumes conservaient leur constitution propre, et qu'il en résultait des compli-
cations et des luttes, le Conseil tira de ces faits une importance
qu'il n'avait pas eue auparavant. Car, dans les nombreuses négo-

ciations qui eurent lieu entre les royaumes, leurs envoyés ne se présentaient pas comme conseillers du roi, mais comme plénipotentiaires de l'État auxquels ils appartenaient. Comme il y avait déjà des Rigsraads norvégien et suédois, l'ancien Conseil royal (kongelig Raad) danois prit, par analogie, le titre de « det danske Riges Raad », et les droits dont ceux-là jouissaient lui furent aussi reconnus sans difficulté. Il ne figure pas sous ce dernier nom dans le Projet de l'Union de Kalmar, en 1397, mais bien dans le Projet de renouvellement en 1436, et, trois années plus tard, il agit comme représentant de tout l'État, en déposant Erik de Poméranie et en appelant au trône Christophe de Bavière. Dans la première capitulation postérieure à l'Union de Kalmar, celle de Christian Ier (Erik de Poméranie et Christophe de Bavière n'en signèrent probablement point), on lit déjà que « le roi ne devait entreprendre aucune affaire importante qui intéressât le royaume et la couronne de Danemark sans l'aveu et l'assentiment du Rigsraad ». L'institution de ce Conseil changea l'essence de la constitution danoise et donna à la noblesse un centre dont elle avait manqué jusqu'alors, et d'où elle put travailler avec plus d'impunité et de sécurité à restreindre la puissance royale en étendant ses propres prérogatives. Auparavant, les rois avaient affaire à tous les nobles et à tous les ecclésiastiques du royaume, et il ne leur était pas difficile de se faire un parti parmi eux ; désormais ils furent entourés d'un conseil de vingt membres environ, pris parmi les plus puissants magnats du pays, qui, d'après leur situation, étaient appelés non-seulement à gouverner directement de concert avec le roi, mais aussi à veiller sur les droits des ordres privilégiés et avoir l'œil sur toute démarche du roi qui aurait tendu à diminuer ces droits.

Le nombre des conseillers du royaume varia suivant les temps ; il n'était parfois que de treize membres, parfois il s'élevait presque au double ; mais plus tard il fut fixé à vingt-trois. L'archevêque du royaume et tous les évêques, avec quelques prieurs des monastères les plus importants, étaient, en vertu de leurs fonctions, membres du Rigsraad ; les autres furent, pendant toute la durée de l'institution, à l'exception des douze années qui précédèrent le coup d'État qui mit fin pour toujours au pouvoir du Rigsraad et de l'aristocratie, choisis directement par le roi, entre les nobles des différentes parties de la monarchie : le Jutland, la Fionie, la Skanie, la Sélande, de façon que la noblesse de chaque région eût toujours quelques-uns des siens au Conseil pour veiller à ses intérêts. Dans les temps catholiques, les membres ecclésiastiques avaient la première place au Rigsraad ; après eux venaient le *Grand Maître de la maison du roi* (Hofmester) et le *Maréchal* (Marsk) ; ensuite, les autres conseillers laïques, rangés selon leur ancienneté. Lors de la Réformation, les évêques et les autres prélats ayant perdu leur siége au Rigsraad, la première place fut occupée par les plus hauts fonctionnaires, le *Grand Maître de la maison du roi*, le *Chancelier royal* et le *Maréchal*.

Dans la précédente partie du moyen âge, les rois exerçaient leur autorité par l'intermédiaire d'un *Connétable* (Staller), d'un *Maître d'hôtel* (Kjœgemester) et d'un *Échanson* (Mundskjænk), chargés de diverses fonctions à la cour ; d'un *Chambellan* (Kammermester), qui avait l'intendance des revenus royaux ; d'un *Aumônier de la cour*, qui en était le seul homme lettré et qui avait toutes les écritures dans ses attributions. Dans le cours des temps, ces emplois subirent diverses modifications ; les fonctions furent autrement réparties, et on les désigna par de nouveaux noms. Le titre de *Drost* (Dapifer), qui a la même signification que Kjœgemester, et qui paraît s'être originairement appliqué au maître d'hôtel du roi, fut donné, dans les treizième et quatorzième siècles, au premier fonctionnaire du royaume, chargé de toute l'administration intérieure, de l'intendance des domaines et des revenus royaux, de l'inspection des châteaux et forteresses, de rendre la justice au nom du roi, etc. Il semble avoir eu en général le commandement supérieur lorsque le roi n'était pas présent. Mais comme la grande autorité dont il jouissait pouvait facilement donner lieu à des abus, elle fut peu à peu restreinte, et cet emploi finit par être totalement aboli après le règne d'Erik de Poméranie. Le *Maître d'hôtel* (Rigets Hofmester) obtint dès lors la première place parmi les conseillers laïques, et c'est à lui que fut confiée l'administration intérieure et l'intendance de la cour, des domaines de la couronne et des revenus du roi. Le *Chancelier* (Kantsler), qui était presque toujours un ecclésiastique, faisait la correspondance du roi, expédiait tous les documents émanés du roi, dirigeait les négociations avec les puissances étrangères ; il avait aussi à surveiller l'administration de la justice, au nom du roi, et à délivrer l'expédition des jugements et d'autres pièces judiciaires. Mais le Drost et les autres grands fonctionnaires prenaient souvent part aussi à cette dernière besogne. Cependant, lorsque le pouvoir judiciaire du roi s'accrut peu à peu en importance et en étendue, surtout après qu'un tribunal royal particulier eut été institué à la fin du treizième et au commencement du quatorzième siècle, on jugea nécessaire de confier à un fonctionnaire spécial tout ce qui concernait l'administration de la justice. Pour le distinguer du Chancelier royal, on l'appela *Chancelier du royaume* (Rigets Kantsler), et c'était toujours un laïque. Il n'avait pas d'autre rang au Rigsraad que celui qui lui appartenait par droit d'ancienneté, tandis que, au contraire, comme on l'a déjà remarqué, après la Réformation, le chancelier royal occupa toujours le second rang. Pendant quelque temps aussi il est question d'un *Chancelier supérieur* (œverste Kantsler), qui paraît avoir eu les deux autres sous sa direction. Le *Marsk* (Maréchal) qui, dans les anciens temps, portait le nom de *Staller* (Connétable), et qui était préposé aux écuries du roi, eut ensuite la direction des forces militaires. Au seizième siècle fut aussi créé un *Amiral du royaume* (Rigsadmiral), qui avait la direction de la flotte et des forces maritimes et qui était aussi membre du Rigsraad.

TROISIÈME DIVISION

(1397-1448)

I

Régence de Marguerite. — Erik de Poméranie. — Guerre de Slesvig. — Soulèvement en Suède. — Renouvellement de l'Union de Kalmar. — Erik de Poméranie est déposé. — La reine Philippa. — Le régime municipal. — Mœurs du clergé.

Après que Marguerite eut fondé l'Union des trois royaumes, elle s'occupa de recouvrer le Slesvig. Peu d'années après que Gerhard VI eut reçu l'investiture héréditaire de ce duché, il s'éleva des difficultés entre le vassal et la suzeraine : l'un refusant les services militaires qu'il devait à l'autre, et pour cette raison l'investiture ne fut pas renouvelée à l'avénement d'Erik de Poméranie. Les hostilités n'éclatèrent pourtant pas pendant la vie de Gerhard, et l'affaire prit une autre tournure, lorsqu'il eut succombé (1404) dans une expédition contre les Ditmarches, laissant trois fils mineurs : *Henri*, *Adolphe* et *Gerhard*, dont le plus âgé n'avait que sept ans. La duchesse douairière *Élisabeth* fut dans le plus grand embarras : d'un côté, les Ditmarchais menaçaient de l'attaquer ; de l'autre, le frère de son mari, le *comte Henri*, évêque d'Osnabrück, réclamait, les armes à la main, un grand territoire et une part dans le gouvernement ; en outre, les nobles Slesvigois, qui avaient été adjoints à la duchesse comme corégents, cherchaient à la priver de toute autorité. Pressée par tant d'ennemis, elle résolut de se jeter entre les bras de Marguerite, qui saisit avec joie cette occasion de se mêler des affaires du Slesvig. La reine lui promit de la protéger contre ses ennemis, mais elle lui fit payer chèrement cette assistance. Elle suivit exactement la sage politique de son père Valdemar : soit par achat, soit par prêt sur nantissement, soit par des négociations, elle acquit les villes du duché l'une après l'autre, et de cette façon elle était sur le point d'expulser totalement les Holsteinois du Slesvig, lorsque Élisabeth finit par s'apercevoir qu'elle n'avait rien à gagner à l'amitié de Marguerite. La duchesse fit alors la paix avec son beau-frère le comte Henri ; après quoi elle fit la guerre au Danemark avec des chances diverses. Plusieurs traités furent conclus et bientôt après rompus, tantôt par un parti, tantôt par l'autre.

Pendant ces luttes, Marguerite mourut en 1412, à Flensborg, où elle s'était rendue pour négocier la paix avec la duchesse. « La mort, dit un historien suédois, mit fin à sa vie, mais non à sa renommée qui vivra à perpétuité. » Sa profonde politique est plus visible dans la conduite des affaires extérieures du royaume, dans la fondation de l'Union de Kalmar, dans ses prudentes relations avec les villes Hanséatiques qui, pendant son règne, furent sur un pied de paix et d'amitié à l'égard du Danemark, sans essayer de s'opposer à une Union, qui pourtant, selon toutes probabilités, devait avoir des conséquences funestes pour leur commerce. Elle ne montra pas moins d'habileté dans l'administration intérieure des trois royaumes septentrionaux, où elle sut maintenir la paix et l'accord, malgré les nombreux germes de mécontentement et de révolte, qui fermentaient en Suède. L'indisciplinable noblesse de ce royaume, qu'aucun de ses prédécesseurs n'avait pu dompter, dut se courber devant le puissant esprit de Marguerite, et se prêter à la restitution de tous les domaines de la couronne et des biens des paysans libres, qu'elle s'était appropriés depuis 1363, où commença le règne agité du roi Albert, et dut même s'engager à démolir, sur l'ordre de la reine, les forteresses qui avaient été construites pendant les quarante dernières années. Marguerite força de même la noblesse danoise à rendre les biens de la couronne, qu'elle avait usurpés, depuis la dernière absence de Valdemar, et lui défendit d'élever un plus grand nombre de maisons fortes. Dans une autre circonstance, elle obtint d'un grand nombre de nobles une déclaration écrite par laquelle ils s'engageaient tout à la fois à observer les lois et à seconder la reine dans ses efforts pour le maintien de la paix publique. L'*hospitalité* forcée avait été longtemps une plaie pour le pays, surtout pour ceux qui habitaient près des voies publiques, et, bien que plusieurs dispositions législatives eussent été prises à cet égard, elles n'avaient pourtant pas eu l'effet désiré, parce que les auberges et les hôtelleries étaient encore rares à cette époque. Marguerite mit fin à cet abus par une mesure efficace, en ordonnant qu'il serait établi, de quatre en quatre milles, des hôtelleries où les voyageurs pourraient obtenir toute sorte de vivres, au même prix que dans la ville la plus voisine. Marguerite observait d'un œil jaloux, tous les actes de la noblesse et s'opposait à tout ce qui avait l'apparence d'une usurpation sur les droits de la couronne; c'est ce qui ressort d'une tradition, d'après laquelle elle défendit aux Rosenkrands de porter un lion dans leurs armoiries, ce qu'elle considérait comme une outrecuidance de la part d'un noble. Elle avait aussi coutume de dire « qu'elle voulait secouer le verger (abildgaard), endiguer le ruisseau (bæk) et briser le verre (bæger) », jeux de mots par lesquels elle faisait allusion à trois puissantes familles nobles : les Abildgaard, les Limbeck et les Beger. Pendant que Marguerite tenait ainsi continuellement la noblesse dans les limites convenables, elle se montrait très-libérale envers l'Église et flattait le clergé; aussi était-elle extraordinairement chérie de cet ordre. Pour fusionner les peuples, Marguerite envoyait en Suède beaucoup de fonctionnaires danois, de même que beaucoup de Suédois étaient placés en Danemark; ce qui, joint à quelques contributions qu'elle imposa à la Suède, la rendit moins populaire dans ce royaume qu'en Danemark et en Norvège. Pourtant, là aussi, on avait pour cette grande reine un tel respect, que durant sa vie il ne s'y manifesta aucun signe extérieur de mécontentement.

Erik de Poméranie avait été, dès 1400, proclamé majeur en Suède, et, un peu plus tard, probablement aussi dans les autres royaumes; mais la reine continua pourtant, jusqu'au jour de sa mort, à avoir la voix prépondérante dans le gouvernement, et il aurait été heureux pour le Danemark et les royaumes alliés qu'elle eût vécu plus longtemps pour diriger, par sa sagesse, l'inepte Erik de Poméranie. Lorsqu'il fut abandonné à lui-même, il laissa bientôt voir combien il était au-dessous de la grande mission de gouverner tout le Nord. Pendant vingt-cinq ans, le maître des trois royaumes septentrionaux fit aux ducs de Slesvig une guerre infructueuse, dans laquelle il perdit totalement l'estime de ses sujets, épuisa les forces de l'État et sema les germes d'un mécontentement, qui produisit la première rupture de l'Union et finalement lui fit perdre la couronne. Le traité conclu peu avant la mort de Marguerite fut rompu et les ducs cités à comparaître devant la diète de Nyborg (1413), pour y entendre le jugement de leur affaire. Dans cette grande assemblée des hauts personnages ecclésiastiques et laïques du royaume, le fief de Slesvig fut solennellement déclaré forfait, parce que les jeunes ducs et leur père avaient négligé de faire renouveler l'investiture dans le délai légal ; parce qu'ils s'étaient refusés à faire le service féodal auquel ils étaient tenus et avaient même commis des actes de félonie contre le royaume. Ce jugement, que l'empereur confirma, fit une telle impression sur la duchesse douairière, qu'elle envoya son fils aîné, *Henri*, alors âgé de seize ans, auprès du roi pour lui demander très-humblement l'investiture, avec promesse de s'acquitter du service militaire habituel. Mais Erik exigea la cession de tout le duché, avec les villes et les forteresses, après quoi le prince aurait des droits à sa faveur. Le parti ducal ne crut pourtant pas devoir se fier à cette promesse, et les hostilités recommencèrent avec une violence nouvelle. Le roi fit occuper plusieurs fois le duché par de grandes masses de troupes, venues des trois royaumes ; mais il se laissait sans cesse repousser par les forces ennemies, beaucoup moindres, et, malgré tous ses efforts, il ne put s'emparer de la forteresse de *Gottorp*.

Après quatorze ans de guerre, il porta la cause devant le tribunal de l'empereur *Sigismond* (1424) et il se rendit lui-même à *Ofen*, en Hongrie, où se trouvait l'arbitre suprême. Celui-ci se prononça complétement en faveur du roi de Danemark, et Erik était si sûr de son affaire que, même avant le prononcé du jugement, il partit pour un pèlerinage en Terre-Sainte, sans s'inquiéter de l'avenir, comme si la sentence de l'empereur devait suffire à réduire le Slesvig et à éloigner tous les périls. Les ducs ne voulurent naturellement pas se soumettre au jugement, et la guerre recommença au retour du roi. Erik envahit de nouveau le Slesvig et investit Gottorp avec une grande armée ; mais ayant reçu une déclaration de guerre de la part des *villes Hanséatiques*, il en conçut une telle crainte qu'il leva aussitôt le siége et fit une retraite précipitée, qui causa de grandes pertes à son armée. Pendant la guerre avec la Ligue Hanséatique la flotte danoise, sous la propre conduite du roi, réussit bien à infliger à l'ennemi un important échec; mais ce succès ne fut que passager et les villes Hanséatiques continuèrent à dominer sur mer. La principale ville commerciale de la Norvège, *Bergen,* fut même saccagée plusieurs fois pendant cette guerre par une flotte de corsaires Hanséatiques, sous la conduite de *Barthélemy Voet.* Mais les relations hostiles de la Ligue avec les royaumes unis eurent pourtant une heureuse conséquence : les négociants hollandais et anglais étendirent leur commerce en Danemark, en Norvège et en Suède et firent peu à peu concurrence aux marchands Hanséatiques dans les eaux septentrionales. Le projet de la Ligue était de s'emparer de l'importante ville commerciale de *Copenhague,* qui fut attaquée, en 1428, par une flotte de deux cent quarante navires et douze mille hommes de débarquement; mais, grâce aux bonnes mesures prises par le roi et la reine *Philippa,* princesse anglaise, cette attaque fut repoussée. Cependant les deux parties, lasses d'une lutte sans issue, commençaient à désirer la paix; Erik aussi, en raison des troubles graves qui avaient éclaté en Suède. De même, dans plusieurs villes Hanséatiques, les bourgeois s'étaient soulevés contre le conseil, par suite du mécontentement qu'excitait la cessation du commerce pendant cette guerre sans fin. Après de longues négociations, la paix fut conclue avec le Holstein, à Vordingborg (1435) : le roi cédait à *Adolphe,* le seul des frères qui fût encore en vie, *non pas héréditairement,* mais seulement à lui pour sa vie, et à ses héritiers pour deux ans après sa mort, *la libre possession* du Slesvig, à l'exception de Haderslev, de l'île de Ærœ, du canton occidental de Fœr et de la péninsule de List dans l'île de Sild. La paix conclue avec les villes Hanséatiques leur confirma leurs anciens priviléges commerciaux, mais elles devaient accorder la réciprocité aux négociants septentrionaux dans leurs ports.

En Suède avait longtemps fermenté un secret mécontentement, alimenté par les continuelles levées d'hommes et de subsides pour la guerre holsteinoise. On se plaignait aussi des nobles étrangers que le roi introduisait dans le royaume et à qui il confiait les châteaux et les fiefs; le clergé était blessé de ce que Erik de Poméranie avait élevé à la dignité d'archevêque d'Upsala son chancelier, *Jean Jerechini,* étranger décrié pour ses mauvaises mœurs. Celui-ci fut à la fin forcé de donner sa démission et il fut envoyé en Islande, comme évêque de Skalholt; mais, comme il continuait à se mal conduire, il fut jeté dans une rivière et noyé par les Islandais. Quelques années après la fin de la guerre de Slesvig, l'explosion des hostilités fut occasionnée principalement par l'effroyable cruauté avec laquelle un foged (procureur royal) de Dalécarlie traitait ses subordonnés. Il se nommait *Jens* ou *Jœsse Eriksen*, et l'on n'est pas certain s'il était Danois de naissance. D'après la tradition, si toutefois il faut y ajouter foi, il aurait enlevé aux paysans leurs chevaux et leurs bœufs; forcé les femmes enceintes à traîner de lourdes charges de foin, jusqu'à ce qu'elles succombassent sous le fardeau; fait couper le nez et les oreilles à ceux qui se plaignaient, et suspendu à la fumée divers paysans jusqu'à ce qu'ils fussent suffoqués. *Engelbrekt Engelbrektsson*, noble Dalécarlien et propriétaire de mines, résolut de mettre fin à cette tyrannie. Il se rendit lui-même auprès du roi pour se plaindre de Jens Eriksen, offrant d'engager sa vie comme garantie de la vérité de ses paroles. Le roi ordonna aussitôt au Conseil suédois de faire une enquête sur l'affaire; ce qui eut lieu; mais Jens Eriksen n'ayant pas été destitué, Engelbrekt se présenta de nouveau au roi, qui cette fois le reçut d'un air irrité. « Te voilà encore avec tes plaintes! lui dit-il. Va-t'en et ne reparais plus devant moi! » Engelbrekt obéit, mais, en quittant le roi, il dit qu'il saurait bien revenir. Lorsque l'insuccès de la dernière démarche d'Engelbrekt fut connu, un soulèvement éclata en Dalécarlie, mais il fut bientôt apaisé par la destitution de Jens Eriksen. Pourtant Engelbrekt ne voulut pas laisser passer cette occasion de soustraire son pays à la domination étrangère, et bientôt, de concert avec un puissant seigneur, *Erik Puke*, il fomenta une nouvelle révolte qui se répandit dans toute la Suède. Le Conseil du royaume se réunit à *Wadstena* pour prendre des mesures contre le soulèvement qui se propageait au loin; mais Engelbrekt marcha sur cette ville à la tête de mille paysans, fit irruption dans la salle des séances et demanda que le Conseil relevât la nation du serment de foi et hommage au roi. Quelques-uns des évêques lui représentèrent l'illégalité de sa révolte, tant que restait ouverte la perspective d'une solution pacifique. Mais, sans répondre un mot, il les saisit au collet et les jeta l'un après l'autre dehors vers les paysans. Après cette scène personne n'osa plus résister, et la lettre de désaveu fut écrite et envoyée au roi, comme l'exigeait Engelbrekt.

Lorsque Erik apprit ces événements, il se rendit à Stockholm à la fin de 1434. Le Conseil du royaume se défendit de toute participation à la révolte et se déclara prêt à continuer d'obéir au roi, s'il voulait maintenir les lois et la constitution suédoises. Pour aplanir les difficultés, une assemblée fut convoquée pour l'année suivante, et elle se réunit en effet, bien qu'Engelbrekt eût tout fait pour l'en empêcher; ce fut surtout grâce aux efforts de l'archevêque Olaf et du brave bailli de Stockholm, *Hans Krœpelin*. A la Diète de *Halmstad* (1435), où se trouvèrent tous les conseillers des trois royaumes, fut conclu un traité que le roi signa ensuite, lors de son arrivée à Stockholm. D'après ce traité, Erik devait être de nouveau reconnu roi, à condition de confirmer toutes les libertés de ses sujets; les châteaux et les fiefs du royaume ne devaient pas être donnés à d'autres qu'aux regnicoles, à l'exception de *Stockholm*, de *Kalmar* et de *Nykœping*, que le roi pouvait à son gré confier à des Norvégiens et à des Danois : un drost (majordome) et un marsk (maréchal), tous deux indigènes, devaient être nommés par le roi pour gouverner en son absence. Erik choisit pour drost un sage vieillard, *Christian Nilsson Vasa*, et pour marsk le jeune et ambitieux *Karl Knutsson Bonde*, et il donna des étrangers pour commandants aux trois places fortes susmentionnées et à quelques autres châteaux. Cette mesure ayant produit du mécontentement, les conseillers le prièrent de la modifier; mais il répondit avec une opiniâtreté inopportune qu'il ne voulait pas dire oui à toutes leurs réclamations, et il les accusa même d'avoir causé la révolte.

Aussitôt après le départ du roi éclata une nouvelle révolte, à laquelle prirent part plusieurs des conseillers. Ils ne se joignirent pourtant pas à Engelbrekt, que la noblesse haïssait, parce qu'il soutenait toujours les droits du peuple, mais bien à Charles Knutsson, homme dont les intentions étaient beaucoup moins pures que celles d'Engelbrekt, et qui n'avait d'autre but que de satisfaire son ambition. Dans les élections qui eurent lieu pour la nomination d'un président, Charles Knutsson obtint 23 voix, Engelbrekt, 3, et Erik Puke, 2. Cependant, pour apaiser le mécontentement des nombreux partisans d'Engelbrekt, on le mit à la tête de l'armée. Il parcourut de nouveau la Suède, prenant et rasant les châteaux royaux. Il envahit même aussi les provinces skaniennes ; mais, dans le cours de ses victoires, il fut assassiné par un noble, *Måns Bengtsson,* que le Président prit aussitôt sous sa protection. Alors la guerre civile avec toutes ses horreurs commença à désoler la Suède ; trois partis se disputèrent le pouvoir : les royalistes, les adhérents de Charles Knutsson et les amis d'Engelbrekt, qui se joignirent à *Erik Puke.* Le Président triompha dans cette lutte, mais par des moyens qui ternissent sa mémoire. Il fit assassiner Erik Puke ; exécuter, en violation de la loi et sans jugement, *Broder Svensson,* brave chevalier suédois, qui s'était fort distingué dans la guerre maritime contre les villes Hanséatiques ; et, plus tard, lorsque le vieux drost Christer Nilsson Vasa et l'archevêque Olaus travaillèrent au maintien de l'Union, il fit emprisonner le premier, et l'opinion publique le soupçonna d'avoir empoisonné le dernier avec du lait d'amande. Pendant que l'on combattait avec acharnement des deux côtés, le parti modéré fit plusieurs tentatives pour consolider l'Union chancelante ; la plus remarquable d'entre elles est celle qui eut lieu en 1436 : à un congrès de députés des trois royaumes, on convint d'un projet de renouvellement de l'Union, lequel fut rédigé par les trois archevêques du Nord, de concert avec un chevalier danois, un norvégien et un suédois. D'après ce remarquable projet, les trois royaumes devaient continuer à être unis et gouvernés par un même roi, chacun d'eux conservant ses propres lois et ses libertés. Après la mort du roi, quarante électeurs de chaque État, représentant tous les ordres, se réuniraient à *Halmstad* pour élire le roi commun ; les députés danois devaient être l'archevêque de Lund, les évêques de Roeskilde et de Ribe, le drost et le marsk, les cinq justiciers et un certain nombre de nobles des diverses provinces du royaume, douze bourgmestres des principales villes, deux paysans nobles du Jutland, deux de la Skanie, deux de la Fionie, et probablement autant de la Sélande[1]. Si le roi ne laissait qu'un fils légitime,

---

[1] C'est du moins ce que porte l'édition plus exacte du projet d'union de 1436, donnée par Hadorph, dans les additions à la *Chronique rimée de Suède,* tome II, page 117. Hvitfeldt ne mentionne pas de paysans nobles pour la

celui-ci devait être pris en sérieuse considération lors du vote ; mais, s'il en avait plusieurs, les États avaient la faculté de choisir celui d'entre eux qui leur paraîtrait le plus capable. S'il n'y avait pas de fils légitime, les États pouvaient élire, soit un prince étranger, soit un indigène, et, dans ce dernier cas, le sort désignerait le royaume dans lequel serait pris le futur monarque. Si les cent vingt électeurs ne pouvaient se mettre d'accord, ils devaient désigner douze d'entre eux, quatre pour chaque royaume, que l'on enfermerait dans un même local, jusqu'à ce qu'ils eussent choisi un roi. Chaque royaume aurait un drost (majordome), un marsk (connétable ou maréchal), un maître d'hôtel, un grand chancelier et un chancelier de la maison du roi, qui tous devaient être indigènes. Le roi devait tous les ans résider dans chaque royaume, plus ou moins longtemps selon les circonstances, mais, en général, quatre mois ; il ne pouvait être dispensé de ce devoir que pour des causes graves. Il devait toujours avoir avec lui deux conseillers de chacun des royaumes où il ne se trouvait pas, pour conférer avec eux des besoins des trois États. Lorsque la guerre éclatait, les trois royaumes devaient unir leurs forces comme s'ils n'en eussent fait qu'un, mais ils ne pouvaient l'entreprendre qu'après des délibérations communes et avec le consentement de tous. — Ce projet était de beaucoup préférable à celui de 1397, surtout parce qu'il contenait des règles fixes pour l'élection du roi, qu'il établissait une plus étroite union entre les royaumes au moyen d'un conseil commun, et qu'il fixait les droits et les devoirs réciproques du roi et des sujets. Il aurait peut-être donné de la consistance à l'Union s'il avait été pris pour base lors de sa fondation ; mais, maintenant que la discorde avait jeté de profondes racines et s'était étendue au loin, il venait trop tard ; il ne fut d'ailleurs jamais qu'un projet sans force légale.

Cependant il se passa en Danemark des événements qui accélé-

Sélande. Il faut sans doute lire, comme le professeur Paludan-Müller l'admet et l'a fait remarquer à l'auteur : deux paysans nobles du Jutland, deux de Skanie, deux de Fionie, deux de Sélande et un de Laaland ; le chiffre de 4 chevaliers doit être changé en celui de 9, comptés de la même manière pour les diverses provinces. C'est seulement ainsi que l'on trouve le nombre de 40 électeurs, et qu'il y a autant de paysans nobles que de chevaliers.

rèrent la chute d'Erik de Poméranie. Dans ce royaume aussi l'on se plaignait de l'incapacité du roi, à laquelle on attribuait le soulèvement de la Suède ; de la mauvaise monnaie qu'il faisait frapper et des nombreuses charges qui étaient la conséquence de ses longues et malheureuses guerres. Il excitait aussi un grand mécontentement en attirant dans le pays nombre de nobles étrangers, surtout poméraniens, auxquels il conférait les principaux fiefs et châteaux au détriment de l'aristocratie danoise ; mais le plus grand grief que l'on avait contre lui, c'étaient ses efforts afin de faire reconnaître pour corégent et pour héritier présomptif son cousin *Bugislav*, duc de Poméranie. Il fit plusieurs fois à cet égard des propositions qui furent toujours repoussées par le Conseil du royaume, et finit par quitter avec dépit le Danemark, en 1438, emportant ses joyaux, ses bijoux et ses papiers les plus importants ; il se rendit dans l'île de *Gotland*, accompagné de sa favorite, *Cécilie,* une des dames de la cour de la feue reine Philippa. Le Conseil se considéra dès lors comme maître du Danemark, et il alla si loin dans ses prétentions, qu'il sacrifia les résultats que le roi avait si péniblement obtenus dans une lutte de vingt-cinq ans ; pour gagner un allié dans le duc Adolphe de Slesvig et pour le détourner de se prononcer en faveur des paysans du Nordjutland, qui avaient commencé à s'insurger violemment contre la noblesse et les prélats, il lui céda de sa propre autorité la ville de Haderslev et l'île d'Ærœ et déclara le Slesvig un fief libre et héréditaire. Ensuite il résolut de déposer Erik et d'élire un nouveau roi. Ses regards se tournèrent tout naturellement vers *Christophe de Bavière*, neveu d'Erik : car la reine Marguerite, en faisant proclamer roi Erik de Poméranie, avait aussi fait rendre hommage à Catherine (mère de Christophe), sœur de ce prince, pour le cas où il mourrait sans postérité. Le Conseil offrit donc à Christophe la couronne de Danemark, et, de Lübeck, où il s'était rendu pour recevoir le nouvel élu, il adressa à Erik de Poméranie une lettre de désaveu, par laquelle il lui refusait pour l'avenir foi et hommage (1439). La Suède ne tarda pas à suivre cet exemple. Après sa déposition, Erik passa dix ans dans l'île de Gotland, d'où il capturait les navires suédois, pour se venger de cette nation contre laquelle il était particulièrement irrité. Lorsqu'il fut contraint de quitter cette retraite, il se rendit en Poméranie, où il passa les dix dernières années de sa vie, et il mourut à Rügenwalde, à l'âge de soixante-dix ans (1459).

Erik de Poméranie était incontestablement un monarque faible, incapable et bien au-dessous de la situation où le sort l'avait placé; mais il n'était ni mauvais ni lâche. Il aurait peut-être pu porter honorablement la couronne ducale de Poméranie; mais la triple couronne du Nord était trop lourde pour sa tête. Malgré les nombreux reproches qu'il y a à lui faire, on l'a calomnié à divers égards. Par exemple on dit généralement qu'il fit exécuter *Abraham Brodersen*, favori de Marguerite, parce qu'il était jaloux de l'influence dont ce personnage jouissait auprès de la reine et pour déshonorer celle-ci; mais Brodersen était un seigneur violent et tyrannique, qui s'était rendu coupable de beaucoup de méfaits et qui finalement s'était comporté avec lâcheté dans la guerre de Holstein, ce qui lui attira un châtiment bien mérité. Lorsque les Hanséates attaquèrent la ville de Copenhague, en 1428, le roi se serait enfui et caché auprès de l'abbé de Sorœ; mais la victorieuse résistance de Copenhague est précisément due aux mesures prudentes et efficaces prises par Erik. Une des plus graves imputations est la cruauté avec laquelle il aurait traité la sage reine *Philippa*, qui a si bien mérité du royaume. Après l'issue malheureuse de l'expédition qu'elle avait envoyée contre *Stralsund*, Erik aurait maltraité à coups de pied la malheureuse reine enceinte, de sorte qu'elle en serait tombée malade et se serait retirée au cloître de Vadstena, où le chagrin aurait peu après mis fin à ses jours. Mais le tout est une fable, inventée postérieurement, qui n'a trouvé créance qu'à cause du décri dans lequel Erik était tombé. La reine ne fut jamais enceinte; d'après les relations contemporaines, elle vécut dans les meilleurs termes avec son mari et elle n'entra pas au cloître, mais mourut par hasard à Vadstena, dans un voyage en Suède.

Copenhague, cette ville importante que déjà Valdemar le Restaurateur s'était fait céder temporairement par l'évêque de Roeskilde, devint sous le règne d'Erik une possession définitive de la couronne, moyennant une riche indemnité donnée à l'évêché de Roeskilde. Sous Christophe de Bavière, successeur de ce prince, elle devint la capitale du royaume e la résidence du roi, au lieu de Roeskilde, dont l'évêque reçut encore une importante indemnité à cette occasion. Erik s'efforça de faire progresser Copenhague, en lui attribuant les mêmes droits qu'aux villes les plus favorisées du royaume, et par d'autres mesures conformes aux idées alors régnantes sur les besoins d'une ville. Dans une ordonnance de 1422 se trouvent les premières traces des *règlements de corporation* (laugstvang), interdisant aux ouvriers d'exercer plus d'un métier et d'empiéter sur les professions étrangères, et aux paysans de se mêler de l'industrie et du commerce, qui étaient exclusivement réservés aux habitants des villes. D'après la même ordonnance, les bourgmestres devaient à l'avenir être exclusivement pris dans le corps des marchands et ne devaient pas être déposés sans le consentement du roi. Erik de Poméranie donna des droits municipaux d'abord à *Helsingœr* (Elseneur) et à *Landskrona* et il favorisa l'accroissement de ces villes en leur octroyant de grands privilèges. Il eut aussi le mérite d'avoir le premier conçu l'idée d'établir une *université* en Danemark ; il en obtint l'autorisation du pape *Martin V* (1419), mais il n'en put profiter à cause des guerres. Au reste, des restrictions diminuaient considérablement la portée de cette autorisation : celle-ci devant être annulée, si l'Université n'était pas fondée dans le délai de deux ans, et la théologie, qui était presque l'unique science alors cultivée, n'y devant pas être enseignée.

Sous le règne d'Erik de Poméranie, un concile fut tenu à Copenhague (1425) sous la présidence de l'archevêque *Peder Lykke*, et ses décrets donnent de curieux renseignements sur les mœurs et les affaires du temps. Il y est défendu aux ecclésiastiques de fréquenter les cabarets et de se livrer à la gourmandise et à l'ivrognerie ; de tenir des concubines dans leur maison et de visiter les couvents de nonnes sans le consentement de leurs supérieurs. Ils ne devaient pas porter d'armes si ce n'est dans le cas de nécessité, pour leur sûreté ; ni de vêtements précieux, ouverts sur le dos ou le côté, pourvus de larges manches pendantes et garnis extérieurement de fourrures et de larges bordures : car leur gloire devait être à l'intérieur. L'anathème est fulminé contre ceux qui cherchaient à faire sortir un coupable ayant trouvé asile dans un sanctuaire ; sur ceux qui transformaient les églises en forteresses et en blockhaus ; sur tous ceux qui diminuaient la dîme ou entreprenaient quoi que ce fût sur les droits de l'Église. Les excommuniés ne pouvaient être relevés de l'anathème qu'à l'heure de la mort, et ceux qui mouraient avant d'en avoir été absous ne devaient pas être inhumés en terre sainte. Les foudres de l'Église sont également fulminées contre toutes les personnes, *de quelque haut rang qu'elles soient*, qui empêchaient quelque inculpé de se soumettre à la juridiction ecclésiastique. Les sorcières, les magiciens, les devineresses étaient frappés d'excommunication. Comme le pays avait été longtemps affligé de sécheresse et de mauvais temps, il fut ordonné aux prêtres de faire des processions solennelles pour apaiser « Dieu et la sainte Vierge ». Enfin des prières sont prescrites dans chaque église pour le roi, la reine et *Marguerite Valdemarsdatter* (fille de Valdemar), qui avait été la grande bienfaitrice de l'Église danoise.

II

Christophe de Bavière. — Soulèvement des paysans. — Scission dans la Ligue Hanséatique. — Lübeck. — Abaissement de l'ordre des paysans. — La servitude de la glèbe. — Déclin général des libertés populaires. — État de l'industrie.

Christophe de Bavière vint d'abord en Danemark à titre de Président de l'État (Rigsforstander), mais l'année suivante, en 1440, il fut proclamé roi à l'Assemblée de Viborg, après avoir promis de signer une capitulation qui lui serait présentée plus tard. Ensuite il parcourut le royaume, suivant l'ancienne coutume, pour recevoir l'hommage dans les assemblées provinciales ; comme le Conseil du Royaume avait cette fois élu le roi et que plus tard il continua à s'arroger le même droit, l'hommage de la nation n'était plus qu'une vaine et insignifiante formalité. Le premier acte de Christophe après son avénement fut de confirmer le traité désavantageux que le Conseil avait conclu avec le duc Adolphe, de sorte que le Slesvig fut reconnu comme fief héréditaire. Ensuite, il tourna son attention vers les deux autres royaumes et il chercha à s'y faire proclamer roi comme en Danemark, ce qui lui réussit en effet après beaucoup d'entrevues et de négociations. En Suède *Karl Knutsson*, après s'être débarrassé de ses rivaux les plus dangereux, gouvernait sous le titre de Président; mais il s'était fait beaucoup d'ennemis par son administration tyrannique et arbitraire. Aussi, lorsque Christophe lui fit la proposition séduisante de lui céder la Finlande et l'île d'Œland à titre de fiefs et de le dispenser de rendre compte de ses actes, il se décida à remettre temporairement le pouvoir à un autre, dans l'espoir que ce qui était ajourné n'était pas perdu. Christophe fut ensuite couronné en Suède (1441), mais il dut d'abord signer une capitulation qui remettait presque entièrement le pouvoir entre les mains de la noblesse et du Conseil, et ne laissait pas d'autre lien entre les royaumes que la personne du roi commun. Christophe dut cette couronne principalement au clergé suédois et surtout à l'archevêque d'Upsala, *Nils Ragvaldsson*, ce que l'ancienne chronique d'un monastère suédois exprime en ces termes : « Christophe a été proclamé roi avec le consentement des prélats; Dieu fasse que ce soit aussi avec le consentement du ciel ! » En Norvège, Christophe rencontra plus de difficultés, car Erik de Poméranie y avait un grand parti, et ses efforts, pour faire reconnaître comme héritier présomptif son neveu Bugislav, n'y avaient pas excité le mécontentement, la Norvège étant de longue date un royaume héréditaire ; le Conseil avait en outre promis, en 1388, qu'après la mort de ce prince un de ses agnats aurait droit au trône. Cependant Christophe, avec l'aide du clergé, réussit également à s'y faire proclamer roi et couronner, en 1442. Après quoi il fut aussi couronné en Danemark (1443), où l'on avait ajourné le sacre pour n'avoir pas l'air de se séparer des autres royaumes, en adoptant un roi particulier.

Pendant qu'il était occupé à gagner les couronnes de Suède et de Norvège, son trône en Danemark avait été sur le point d'être renversé par plusieurs soulèvements du peuple, surtout en Fionie et dans le Nordjutland, qui était dévoué à Erik de Poméranie et de plus durement opprimé par la noblesse et le clergé. La première révolte, qui commença dès 1438, vers le temps où Erik quitta le Danemark, et qui se communiqua de la Sélande aux autres provinces, semble s'être apaisée, ou du moins avoir été réprimée sans grande effusion de sang ; mais, en 1441, éclata dans le Nordjutland une des jacqueries les plus dangereuses qui aient jamais désolé le Danemark. L'armée des paysans, qui doit s'être élevée à 25,000 hommes, défit les troupes ennemies dans une bataille où périrent les deux chefs ennemis. Le cadavre de l'un d'eux, *Eske Brock,* qui était surtout odieux aux paysans pour ses cruautés, fut haché en pièces et douze seigneurs faits prisonniers furent tous exécutés. Mais peu après le roi vint lui-même en Jutland avec une grande armée, et les paysans durent battre en retraite. Après que les *insulaires de Mors* et les *habitants du pays de Thy* eurent été, par la persuasion et des promesses d'amnistie, attirés en dehors de la forte barricade de voitures, derrière laquelle l'armée des paysans s'était retranchée sur une haute éminence, les *habitants du pays de Vendel,* qui ne voulaient pas entendre parler de reddition, furent vaincus à la suite d'un sanglant combat, où quelques milliers d'entre eux paraissent avoir succombé. Dix de leurs chefs, qui avaient été faits prisonniers, parmi lesquels un noble, *Henri Tagesen*, de la famille de *Reventlov,* furent mis sur la roue. Une partie des paysans obtinrent leur pardon, mais ils durent payer une forte rançon pour sauver leur vie. Lorsque les paysans eurent été ainsi domptés, il fut défendu, par une ordonnance générale, de porter d'autres armes que le couteau court ordinaire, et il fut enjoint au clergé de veiller à l'exécution de cette mesure en excommuniant ceux qui voudraient s'y soustraire. De même la longue discussion à propos des dîmes, qui avait duré pendant tout le moyen âge, fut enfin résolue au profit du clergé (1443). Dans beaucoup de localités en effet on ne voulait payer sur les terres acquises que le quinzième de la redevance au lieu du dixième; et c'est surtout de la dîme épiscopale que la noblesse, comme le clergé, refusait de s'acquitter, parce que les évêques avaient de très-gros revenus. Mais, lorsque l'affaire eut été examinée par le Conseil et le roi, il fut décidé que, « d'après le précepte de la Bible et le louable exemple des autres pays », chacun devrait payer la dîme complète, qui serait partagée entre le prêtre, l'église et l'évêque.

Christophe de Bavière, qui comprenait parfaitement combien était pernicieux le monopole du commerce concédé à la Ligue Hanséatique dans les pays septentrionaux, s'efforça de l'annuler en accordant aux Hollandais, aux Anglais et aux Écossais, les mêmes libertés commerciales dont les Hanséates avaient seuls joui jusqu'alors. Il éleva le péage du Sund et refusa longtemps de confirmer les priviléges des Hanséates; et, s'il finit par le faire, ce fut seulement sous condition que les marchands septentrionaux jouiraient de la réciprocité dans les ports allemands, et que les Hanséates ne mettraient pas obstacle au commerce des autres nations dans les eaux septentrionales. Les projets du roi pour restreindre la domination commerciale des Hanséates dans les royaumes du Nord furent heureusement favorisés par une scission qui eut lieu vers ce temps dans la Ligue Hanséatique. Peu avant l'avénement de Christophe, la jalousie commerciale avait amené une violente querelle entre les villes de la Baltique et celles de la Hollande, de la Zélande et de la Frise. Malgré la trêve qui fut conclue au bout de quelques années, les deux partis se considérèrent depuis cette époque comme des ennemis, et la rupture devint irréparable. Cette scission vint bien à point pour les rois de Danemark qui sentaient les besoins du royaume et qui s'efforçaient de briser le joug commercial imposé aux États du Nord par les villes de la Baltique. On attribue aussi à Christophe un plan dont la réussite aurait porté un coup mortel au commerce des Hanséates. Il n'aspirait pas à moins qu'à surprendre la ville de *Lübeck* pour la mettre sous la domination danoise. Il entra, dit-on, dans un complot avec plusieurs princes allemands qui, sous prétexte de prendre part à un tournoi, se rendirent à Lübeck, accompagnés d'un grand nombre de soldats. Ceux-ci étaient déguisés en pages et leurs armes étaient placées dans des tonneaux vides. En même temps le roi s'approchait du port avec une flotte bien équipée; un incendie ayant accidentellement éclaté dans la ville, les conjurés se déclarèrent trop tôt, dans la pensée que le roi donnait l'assaut. Ils furent désarmés par les bourgeois, qui eurent la modération d'expulser ces hôtes dangereux sans leur faire d'autre mal. A la vérité, ce récit ne mérite pas d'être cru de tous points, mais il montre quelle idée l'on se faisait du roi. — Bien que la Suède ne fût pas non plus satisfaite de ce monarque, elle ne le fut d'ailleurs jamais pendant la durée de l'Union avec le Danemark, on n'en vint pourtant pas aux hostilités patentes. Christophe de Bavière appela, au commencement de son règne, un grand nombre de ses compatriotes ; comme on s'en plaignit, aussi bien en Danemark qu'en Suède, il eut la prudence de les renvoyer aussitôt. Les Suédois se plaignaient vivement de l'énormité des sommes que le roi réunissait de diverses manières et emportait en Danemark ; mais, d'après ce qu'il déclara dans ses derniers moments, le trésor qu'il avait formé était destiné à de nouvelles tentatives pour soumettre Lübeck, entreprise non moins utile pour la Suède que pour le Danemark et la Norvège. Le peuple suédois donnait à Christophe le surnom de *Roi de l'écorce* (Barke-Konung), parce que, dans une disette, il avait fallu faire du pain avec un mélange d'écorce et de farine, comme si le monarque eût été responsable de la température et de la fertilité du sol. Mieux fondés étaient les griefs des Suédois sur l'attitude passive de Christophe en présence des pirateries de son prédécesseur Erik de Poméranie. Le roi ne se préoccupait pas de ces plaintes, mais il les écartait par des plaisanteries, disant « qu'il fallait bien que son oncle se procurât aussi des moyens de subsistance ». — Après un règne court, mais assez remarquable, il mourut en 1448.

On a parlé précédemment de la place élevée et honorable que l'ordre des paysans tenait dans la société, aussi bien pendant l'antiquité que pendant la première partie du moyen âge, et l'on a remarqué comment il commençait à déchoir dès le temps des Valdemar. Pourtant, aux débuts de cette période, au milieu du treizième siècle, les paysans nobles ou propriétaires formaient encore une partie nombreuse et influente du corps social ; réunis avec les autres ordres dans les assemblées et les diètes, ils prenaient part à l'élection des rois, à la législation, à l'administration de la justice, au vote des impôts et à d'autres actes politiques importants. Bien que les fermiers n'eussent pas dans l'État une situation aussi considérable que celle des propriétaires, ils formèrent pourtant encore quelque temps une classe respectée, participant, sinon à tous, du moins à plusieurs droits de ceux-ci. Jusqu'à la fin du quatorzième siècle, les plus modestes classes de l'ordre des paysans sont mentionnées comme aptes à voter dans les assemblées provinciales. Le patronat (vornedskab) était une relation naturelle de dépendance et de protection entre le fermier et le propriétaire, et, pendant une grande partie de cette période, il n'entraînait pas la *servitude de la glèbe* (stavnsbaand) ou *servitude personnelle*, du moins en ce qui concerne les agriculteurs proprement dits, les bryder ou fermiers et les régisseurs. Il se présente sous cette forme douce et naturelle non-seulement en Sélande et dans les îles voisines, où il devint plus tard si oppressif, mais encore en Jutland, en Fionie, en Skanie, à Bornholm, où la servitude personnelle ne s'établit jamais. La *corvée* (hoveri) également était alors en général modérée et en corrélation naturelle avec l'état des choses et le mode de culture. Mais vers le commencement du quinzième siècle se manifeste une modification attristante dans la condition de l'ordre des paysans en général et des fermiers en particulier, transformation préparée dans le siècle précédent. Beaucoup de propriétaires étaient devenus fermiers ; les fermiers de certaines parties du pays avaient perdu la liberté et avaient été *soumis à la servitude de la glèbe* (stavnsbundne), et la corvée devenait peu à peu de plus en plus lourde et insupportable. Le *patronat postérieur* consistait en ce que le paysan, considéré comme attaché à la terre, ne pouvait quitter le domaine où il était né, sans la permission du propriétaire et le payement d'une somme d'argent. Le serf de la glèbe était en outre obligé de cultiver, quelque mauvais qu'il fût, le lot que le seigneur voulait lui donner en fermage et aux conditions que ce dernier jugeait à propos de lui imposer ; l'oppression finit par aller si loin que le maître faisait commerce de ses serfs et les vendait comme des bêtes brutes. Cette situation ne différait de l'esclavage antique qu'en ce que le sexe féminin n'était pas attaché à la glèbe et que le seigneur ne pouvait tuer ou mutiler ses serfs, lesquels avaient aussi la faculté d'hériter et de posséder des biens propres.

Il y a pourtant encore à la fin du quatorzième siècle des traces du soin que l'on prenait de sauvegarder les droits des fermiers. Il est dit en effet dans un article de la capitulation du roi Olaf, « que les régisseurs et les fermiers, après avoir donné l'avertissement légal au maître du sol, pouvaient quitter le domaine qu'ils avaient à administrer ou à cultiver ». Mais, dès le commencement du quinzième siècle, on trouve dans les actes de donation, de partage, d'échange et d'autres documents, des témoignages de plus en plus fréquents et de plus en plus précis de la corrélation du patronat avec la servitude de la glèbe. En 1446 parut une ordonnance pour l'île de Laaland, appelée *Laalands Vilkaar* (conditions de Laaland), où il est défendu « à tout *serf* de la couronne, du clergé ou de la noblesse, *ou de tout autre maître,* de vendre des chênes ou du hêtre, de pêcher, de chasser, de tenir des lévriers ou d'autres chiens de chasse ». Il est dit en outre « qu'aucun homme pourvu de tous ses membres et assez bien constitué pour pouvoir cultiver un lot de terre, ne peut être journalier, et que le procureur du roi, à défaut du propriétaire, doit le pourvoir d'une habitation et d'une parcelle de terre, *après l'avoir soustrait à l'autorité de son patron pour le soumettre à celle du roi, d'après la loi du pays* ». Il ressort de là que le serf était regardé comme la propriété du seigneur et que celui-ci pouvait forcer sinon tous les serfs, du moins les journaliers, à prendre la culture d'un lot de terre, ou bien céder, contre indemnité, son droit au roi. Un traité conclu à Kalmar, en 1483, se sert de l'énergique expression suivante : « Chaque noble doit être le roi de ses propres paysans, » ce qui avait trait spécialement au droit que possédait le seigneur de lever les amendes imposées à ses paysans; mais ces termes trop vagues et trop compréhensifs ouvrirent carrière à toute sorte d'oppression et d'abus. La croyance, alors généralement répandue en Suède, que tous les paysans danois étaient serfs, produisait une mauvaise impression sur les paysans suédois et les confirmait dans leur répugnance pour une union plus intime avec le Danemark, qu'ils supposaient devoir leur préparer le même sort. Aussi, pour affaiblir et effacer cette opinion, le roi Jean fit-il faire, en 1497, une enquête judiciaire à l'effet de prouver que l'esclavage n'existait pas en Danemark ; mais par prudence on se garda d'examiner la situation de la Sélande ; on se borna à la Fionie, où la condition des paysans était beaucoup meilleure que dans les autres îles. Au commencement du seizième siècle, la dépendance des paysans était telle, que des seigneurs réclamèrent un serf, né dans leur domaine, mais qui depuis s'était établi comme bourgeois dans une ville; c'est pourquoi le roi Jean rendit une ordonnance (1504), où il dispensa de retourner à la glèbe les bourgeois de cette catégorie, *lorsqu'ils avaient servi en guerre avec arquebuse et flèche*. Il n'était pourtant pas besoin de cette condition, dans les anciens temps, pour l'affranchissement de l'esclave qui avait acquis droit de cité dans une ville. Le patronat atteignit enfin son plus haut degré d'abomination, lorsque les seigneurs se mirent à vendre leurs serfs; ce que Christian II défendit dans une ordonnance de 1521, qui porte : « A l'avenir est abolie la détestable coutume, contraire au christianisme et jusqu'ici répandue dans les îles de Sélande, Laaland, Falster et Mœn, de vendre et de céder de pauvres paysans, des chrétiens, tout comme on ferait de bêtes brutes. » Mais cette ordonnance fut, avec les autres lois de Christian II, brûlée à l'assemblée de Viborg, lorsque ce monarque eu tété détrôné par la noblesse victorieuse. D'après ce qui vient d'être dit, on doit admettre que le servage des fermiers ne devint général en Sélande et dans les îles voisines que dans les dernières années du quatorzième siècle au plus tôt ; qu'il remonte en tout cas au commencement du quinzième siècle, et que, depuis, l'oppression alla toujours en augmentant.

Comme on l'a remarqué, dans les anciens temps où les domaines de la noblesse étaient encore petits et dispersés, la *corvée*, au lieu d'être oppressive, était plutôt une institution commode et appropriée aux besoins du temps, en ce que le fermier payait en travail une partie des redevances auxquelles il était tenu envers le propriétaire du sol. Le nombre des jours de travail était ordinairement peu considérable et *généralement* fixé par la coutume ou l'accord mutuel entre le fermier et le seigneur, et correspondait à une diminution du prix de fermage annuel. Il en fut ainsi jusque vers la fin du quinzième siècle ; mais alors, la noblesse ayant commencé à réunir en grands domaines ses propriétés dispersées et à introduire un meilleur mode de culture, la corvée fut de beaucoup augmentée et devint *illimitée*, de sorte que le fermier pouvait, en tout temps, être dérangé de son propre travail pour faire des corvées dans la réserve du seigneur. Dès lors, sous l'influence combinée du servage et de la corvée, l'ordre des paysans descendit à un tel degré de misère et de mépris que les termes de *paysans et esclaves* (bœnder og trælle), que porte la capitulation de Frédéric Ier, devinrent synonymes. — Si l'on demande quelles sont les causes *générales* qui amenèrent ce profond abaissement de l'ordre des paysans, la réponse n'est pas difficile à trouver. C'est une conséquence du malheureux état de déchirement où se trouva le Danemark depuis la mort de Valdemar Seir jusqu'à l'avénement de la grande Marguerite. Dans cette longue période de près d'un siècle et demi, il y a à peine une seule année de paix, à peine une année où le pays n'ait pas été désolé par les luttes intestines les plus ruineuses entre la royauté, la noblesse et le clergé, ou bien par des guerres le plus souvent malheureuses avec tous les pays voisins : la Norvège, la Suède, l'Allemagne, les villes Hanséatiques, le Holstein et le Sudjutland. Cependant la noblesse s'éleva à une puissance dont on ne trouve guère d'analogue dans d'autres pays de l'Europe, tandis que, au contraire, l'ordre des paysans devint d'année en année plus faible, plus pauvre et moins en état de défendre ses droits. Les capitulations furent le couronnement de l'édifice et donnèrent le caractère de la légitimité à la domination que la noblesse avait conquise par la violence. Parfois le désespoir donna aux paysans le courage d'entrer en lutte contre leurs tyrans; mais ces tentatives, sous Christophe Ier, Erik Glipping, Erik Menved, Valdemar le Restaurateur et Christophe de Bavière, aboutirent toutes à rendre la misère des paysans plus profonde et la domination de la noblesse plus solide. Il n'était pas possible que les paysans mal armés, avec leurs faux, leurs haches, leurs gourdins, leurs fourches et autres armes d'occasion, pussent longtemps tenir tête aux nobles à cheval et couverts de fer, dont un seul pouvait abattre beaucoup de ses adversaires avant d'être blessé. Les spoliations des Hanséates ruinèrent en général la fortune du pays; mais leurs effets se firent d'abord et plus particulièrement sentir aux ordres inférieurs, qui s'occupaient de produire et de mettre en œuvre les matières premières. L'Union de Kalmar, qui semblait devoir porter à l'apogée la grandeur du Danemark, finit par une lutte énervante, pendant laquelle succomba le dernier reste de force dans l'ordre des paysans, tandis que la puissance de la noblesse et du clergé fut complétée par l'institution du Conseil du royaume. La *noblesse allemande,* qui immigra en nombre, surtout au quinzième siècle, où le Danemark eut une série de rois d'origine allemande, exerça aussi une pernicieuse influence sur la condition des paysans. C'est qu'en Allemagne, depuis longtemps déjà, non-seulement les hommes, mais encore les femmes, étaient soumis au servage, et le meilleur indice de l'action que les nobles allemands eurent sur le sort des paysans danois, c'est que les termes indigènes de *bryde* (régisseur) et de *dagsværk* (travail à la journée) furent remplacés par les mots *foged* et *hoveri,* empruntés à l'allemand *vogt* et *hofarbeit.*

C'est une circonstance remarquable, mais non inexplicable, que le servage ne dépassa pas les limites des îles de Sélande, Laaland, Falster et Mœn. La résidence du roi était en Sélande, et la plupart des nobles s'y groupaient dans le voisinage de la cour ; le clergé y avait également de plus grandes possessions que dans aucune province du royaume, et surtout les riches domaines du diocèse de Roeskilde. Laaland et Falster étaient des séjours de prédilection pour la noblesse et les prélats, à cause de leur fertilité et de l'étendue de leurs forêts remplies de gibier. Le perfectionnement du mode de culture, qui semble s'être produit plus tôt en Sélande qu'en Jutland, dut aussi contribuer à rendre les travaux des paysans beaucoup plus précieux pour les maîtres, à qui il importait d'autant plus d'attacher les fermiers à la glèbe. C'est en Sélande que la noblesse commença d'abord à élever des châteaux fortifiés, et l'aristocratie de cette île fut de bonne heure en possession de plus grands priviléges que celle des autres provinces, ces dernières n'ayant été admises à y participer que par la capitulation du prétendant Valdemar Eriksen (1326). Il était d'ailleurs plus facile de dominer la population d'une petite île que celle de pays étendus comme le Jutland et la Skanie, cette dernière ayant en outre un appui dans le voisinage de la Suède. Et, dans ces plus grandes provinces, les révoltes de paysans prenaient une force qui les rendait redoutables, alors même qu'elles étaient comprimées. Outre que les fréquentes jacqueries de la Sélande furent réprimées avec cruauté, cette île subit plusieurs autres grands revers ; la défaite de Nestved entre autres, où 10,000 paysans doivent avoir succombé, lors de l'invasion de Jarimar (1259), était suffisante pour causer un tort irréparable à la population assez peu considérable de cette île.

En regardant d'un peu plus près la constitution intérieure du Danemark et les rapports mutuels des ordres dans les siècles où le servage se développa, on voit que ce n'était pas un fait isolé, mais qu'il était en connexion intime avec la ruine générale des libertés nationales, avec l'appauvrissement et l'affaiblissement des villes, et avec la perte pour les bourgeois et les paysans de tous droits politiques. Dans les anciens temps, on tenait annuellement à *Nyborg* une diète nationale (Dannehof), où se réunissaient les quatre ordres ; et la capitulation du roi Olaf, vers la fin du quatorzième siècle, en prescrit encore la convocation régulière. Mais les ordres inférieurs parurent de plus en plus rarement dans ces assemblées, parce que leur vote n'avait aucune signification vis-à-vis des puissants ordres de la noblesse et du clergé. Aussi, dans les temps suivants, n'entend-on plus parler que des *herredage* (jours des seigneurs), ainsi appelés parce que les *seigneurs* (herrer) seuls, c'est-à-dire la noblesse et les prélats, prenaient part à ces diètes. C'est seulement dans les occasions extraordinaires, comme lors de l'élection du roi ou d une demande de contributions inaccoutumées, que les quatre ordres étaient convoqués à un *Rigsdag* (jour du royaume), où pourtant les votes des bourgeois et des paysans signifiaient peu de chose ou rien, et n'étaient considérés que comme une confirmation de ce que le Conseil du royaume, la noblesse et les prélats avaient décidé. C'est ainsi que furent peu à peu retirés aux ordres inférieurs le *droit de voter les impôts et la puissance d'adopter ou de rejeter les lois*, qui pourtant, même d'après la première capitulation de 1320, devaient appartenir à *toute la nation* (hele folket). En même temps, l'institution des *sandemænd* et des *nævninger*, qui rendaient leur libre verdict dans les assemblées judiciaires à la campagne, s'écroula en partie. Les lensmænd, ou baillis royaux, faisaient remplir les moindres offices judiciaires dans les assemblées cantonales (herredsthing), par leurs procureurs et leurs greffiers ignorants et corruptibles, et, bien que les nævninger et les sandemænd n'eussent pas perdu toute influence sur les jugements, leur pouvoir n'était plus qu'une ombre de ce qu'il avait été. Au contraire, les emplois judiciaires les plus importants et les plus lucratifs, dans les assemblées provinciales (landsthing), furent exclusivement réservés à la noblesse par une disposition expresse de la capitulation de Christian II; et, comme le tribunal suprême du royaume, le Rigsraad et le chancelier, se composait également de membres de la noblesse, cet ordre eut ainsi entre les mains toute l'administration de la justice. Dans ces circonstances défavorables pour la liberté nationale, il ne faut pas s'étonner si les villes perdirent aussi leur indépendance administrative et les grands priviléges dont elles avaient joui. Les lois municipales ne furent plus l'œuvre des bourgeois, mais du roi; la puissance judiciaire ne fut plus exercée par les bourgeois et le conseil, mais bien par le procureur du roi; le bourgmestre et le conseil de la ville finirent même par être à la nomination du roi.

Tandis que les droits publics des municipalités et de l'ordre des paysans étaient de plus en plus diminués et réduits à si peu de chose que le peuple perdit presque le sentiment de leur valeur, les sources de la prospérité des villes se tarissaient aussi et l'impuissance des cités réagit sur l'ordre des paysans. Bien que de nombreuses dispositions législatives réservassent aux villes le monopole du commerce et de l'industrie, la noblesse et les prélats s'attribuèrent pourtant peu à peu, non-seulement une bonne partie de ces sources de bénéfice, mais en tirèrent encore meilleur parti que les habitants des villes. Dans le cours du quinzième siècle, ils acquirent en effet le droit d'importer dans les villes, *sans payer de droits de douane et d'octroi*, tout ce que produisaient leurs propres domaines réservés, ainsi que les redevances payées par leurs fermiers;—et d'en exporter également *en franchise* tout ce dont ils avaient besoin dans leurs châteaux. Ce ne fut pas tout, car les seigneurs achetaient des paysans des environs leurs marchandises et les importaient comme leurs propres produits dans les villes, où ils les vendaient, non pas aux bourgeois, mais directement aux négociants des villes Hanséatiques. Quelques-uns de ces grands propriétaires possédaient même des navires sur lesquels ils expédiaient leurs denrées à l'étranger. De la même manière, ils achetaient plus de marchandises qu'il ne leur en fallait, et les transportaient *en franchise* dans leurs châteaux, où elles étaient vendues aux paysans des environs. Bien que les nobles, lorsqu'ils possédaient des maisons dans les villes, fussent, comme les autres habitants, soumis aux contributions municipales, ils savaient pourtant en général s'y soustraire en invoquant leurs priviléges. Les bourgeois, qui avaient à supporter les charges et redevances municipales, et en outre à payer la douane et l'octroi, ne pouvaient supporter la concurrence de ces rivaux, pouvant à la fois acheter et vendre à meilleur marché qu'eux. Si l'on considère en même temps que tout le *commerce extérieur* était entre les mains des Hanséates, on voit facilement la triste situation des commerçants danois dans leurs propres villes. Les Hanséates y jouissaient d'une si grande considération, que les bourgmestres et les autres membres du magistrat dans plusieurs villes étaient de purs Allemands. D'ordinaire, pourtant, les négociants ne s'établissaient pas eux-mêmes en

Danemark ; mais ils y avaient des représentants surnommés les *Pebersvende* (garçons poivriers), qui, après s'être enrichis en Danemark, retournaient s'établir comme marchands dans leur ville natale. Les *métiers*, l'autre branche de l'industrie des villes, n'étaient pas plus florissants ; car les cités danoises n'étaient pas seulement remplies de trafiquants allemands, mais encore d'artisans de la même nation, et ce que ceux-ci ne fabriquaient pas était importé d'Allemagne. Malgré de nombreuses prohibitions, il y avait dans le pays, près de chaque cloître et château, diverses espèces d'artisans : tailleurs, cordonniers, charpentiers, maçons, menuisiers, forgerons, etc., qui ne travaillaient pas seulement pour les habitants de la localité, mais aussi pour les paysans du voisinage.

Une circonstance qui nuisait beaucoup au commerce et à l'industrie était la mauvaise situation où se trouva le *système monétaire* pendant tout le moyen âge. Comme on l'a dit plus haut, au temps de Valdemar II, un mark de monnaie ne valait pas plus du tiers d'un mark d'argent ; mais plus tard la proportion devint encore moindre. Bien que cet état de choses excitât de nombreuses plaintes, surtout de la part du clergé, dont les revenus se trouvaient ainsi réduits de beaucoup, la différence entre le prix nominal et le prix réel continua pourtant à augmenter au point que, d'après une plainte de l'archevêque Jean Grand, de l'année 1296, il fallait dix livres de la nouvelle monnaie pour en faire une d'argent pur. Dans la continuelle pénurie d'argent dont souffraient les rois, ils cherchaient en effet une ressource dans le retrait des anciennes monnaies et dans l'émission de nouvelles de même valeur nominale, mais d'un moindre titre, que chacun était tenu de recevoir en payement sous de fortes peines. Ces démonétisations étaient très-fréquentes, et à la fin elles eurent lieu chaque année. La confusion devint d'autant plus grande que la monnaie n'avait pas la même valeur dans toutes les provinces du royaume ; mais qu'un mark de Skanie valait plus qu'un mark de Sélande, et celui-ci tantôt plus, tantôt moins qu'un mark jutlandais. Cette détérioration des monnaies eut, entre autres conséquences funestes, celle de mettre en faveur les monnaies étrangères, parce que les Hanséates et les autres marchands étrangers refusaient la monnaie du pays et exigeaient le payement en pièces de bon aloi. De cette façon, l'ancienne manière danoise de compter par mark, œre, œrtug et penning, fit place aux numérations anglaise par livre sterling et shilling, et française ou néerlandaise par gros; lesquelles furent à leur tour supplantées par la numération allemande en mark, schilling et pfennig, avec 16 schillings pour un mark et 12 pfennigs pour un denier. L'excellente reine *Philippa*, femme d'Erik de Poméranie, réussit pour quelque temps à remédier à la dépréciation de la monnaie en frappant des pièces de bon titre et en concluant avec les villes Hanséatiques un traité où le rapport de la monnaie danoise avec les monnaies étrangères était exactement déterminé; mais bientôt après le même désordre recommença. C'est seulement vers la fin du moyen âge que le monnayage devint un peu meilleur, grâce au roi *Jean*, qui fut aussi le premier à frapper des monnaies de plus grande valeur, comme des nobles, des gylden, des daler, tandis qu'auparavant l'on ne frappait que de petites monnaies et que l'on ne se servait des grosses pièces que pour les comptes. Outre ces entraves au commerce et au trafic, il y avait encore une autre circonstance importante qui paralysait l'activité des négociants danois, savoir : la difficulté qu'il y avait alors à *emprunter des capitaux*. D'après les idées courantes, propagées au moyen âge par le clergé, le prêt à intérêt était considéré comme un acte blâmable, assimilé à l'usure. Aussi le clergé et la noblesse, qui étaient en possession de presque toute la richesse du pays, ne prêtaient-ils leur argent que contre nantissement en terre et en immeubles, dont le prêteur conservait la jouissance jusqu'au remboursement. Mais comme ces conditions étaient beaucoup plus injustes qu'un intérêt même élevé, et qu'en outre très-peu de marchands possédaient des terres, les commerçants danois ne pouvaient opérer qu'avec un capital restreint; de sorte que, à ce point de vue encore, ils étaient inférieurs aux Hanséates, qui avaient de plus grosses sommes à leur disposition.

QUATRIÈME DIVISION

(1448-1536)

I

Christian Ier élu roi de Danemark. — Il est successivement reconnu roi de Norvège et de Suède, duc de Slesvig, et comte de Holstein. — La nationalité danoise du Sudjutland souffre de la domination de comtes Holsteinois et de l'immigration de nobles allemands. — Soulèvement en Suède. — Voyages à l'étranger. — L'université de Copenhague. — Les villes Hanséatiques. — Le roi Jean. — Partage des duchés. — Soumission de la Suède. — Expédition dans les Ditmarches. — Soulèvement en Norvège et en Suède. — Guerre avec la Ligue Hanséatique. — Paul Laxmand.

Lorsque le trône fut devenu vacant par la mort subite de Christophe de Bavière, le Rigsraad ou Grand Conseil tourna ses vues vers le duc Adolphe de Slesvig. Il y avait bien un parti qui désirait mettre sur le trône un gentilhomme danois, *Knud Henriksen*, de la riche et puisante famille des *Gyldenstjerne*; mais, bien que la reine douairière, *Dorothée*, qui aimait ce seigneur et qui doit avoir songé à l'épouser, mît toute son influence au service de ce candidat, la victoire resta pourtant à un autre parti, qui était d'avis de saisir cette occasion pour réunir pacifiquement le Slesvig à la couronne danoise. Le Grand Conseil offrit donc le trône au duc Adolphe; mais celui-ci s'excusa sur son âge, bien qu'il n'eût que quarante-sept ans. Le vrai motif était qu'il préférait son duché de Slesvig et son comté de Holstein au royaume de Danemark. Celui-ci, en effet, au milieu des troubles qui avaient longtemps désolé et menaçaient encore le pays, avait peu d'attraits pour un prince qui, après avoir passé sa jeunesse dans les combats et l'adversité, avait appris à apprécier la paix et le repos.

Comme le duc était sans enfants, il désigna au choix du Grand Conseil le comte *Christian d'Oldenbourg*, fils de *Hedvige*, sœur d'Adolphe, et de *Diderik l'Heureux*, comte d'Oldenbourg, et apparenté avec l'ancienne dynastie danoise par *Richissa*, fille du roi Erik Glipping. Celui-ci accepta volontiers la couronne et il s'efforça, en épousant la reine douairière et en distribuant de grandes sommes d'argent aux principaux personnages du parti adverse, d'écarter les obstacles qui s'opposaient encore à son élection. Avant d'être proclamé roi, il souscrivit un document qui, dans la forme, se distingue des capitulations en ce que le futur monarque s'oblige, non pas envers tous les ordres du royaume, ou même envers la noblesse et le clergé, mais envers le Rigsraad seulement. Il y déclare qu'il est tombé d'accord avec le *Rigsraad du Danemark, agissant au nom de tous les habitants,* que, après sa mort, le Danemark aurait et conserverait le droit de choisir librement un roi, attendu que c'était une monarchie élective indépendante ; que les seigneurs étrangers ne devraient pas être introduits dans le Conseil ou investis des fiefs et châtellenies du royaume sans le consentement de la majorité des conseillers ; que le roi ne pourrait lever des impôts, commencer la guerre, ou donner des châteaux en fief, sans l'assentiment du Rigsraad ; que sa cour et ses domaines seraient administrés d'après la volonté du Rigsraad ; qu'il ne devrait, en général, entreprendre aucune affaire importante, qui concernât le royaume et la couronne de Danemark, sans l'autorisation de la majorité des conseillers. Les ordres des bourgeois et des paysans ne sont pas même mentionnés. Christian Ier se rendit ensuite aux assemblées provinciales, où l'élection eut lieu pour la forme, après quoi l'hommage fut rendu en plein air Après ce voyage, le fondateur de la dynastie danoise d'Oldenbourg fut sacré et couronné à Copenhague, le 28 octobre 1449.

Pendant que ces événements se passaient en Danemark, *Karl Knutsson* n'était pas resté inactif en Suède. Avec une suite de huit cents chevaliers et pages et d'autres hommes d'armes, il se rendit de Finlande à Stockholm, où il fut élu roi et reçut peu après l'hommage sur la pierre de Mora, près Upsala, le tout malgré l'opposition de la puissante famille Oxenstjerna et de tout le clergé, qui était dirigé par l'archevêque *Jœns Bengtsson Oxenstjerna.* Non content de cela, il aspirait encore à la couronne de Norvège. Il avait un adhérent dans l'archevêque de Throndhjem, *Aslak Bolt,* et, par les efforts de celui-ci, il parvint à être reconnu dans la partie septentrionale du royaume et couronné à Throndhjem (1449), bien que Christian Ier eût été proclamé roi par une précédente assemblée tenue à Oslo. Pour terminer la querelle entre les royaumes, douze conseillers danois et autant de suédois se réunirent en congrès à *Halmstad* (1450), et leur décision fut aussi inattendue que désagréable pour Karl Knutsson. Car les envoyés suédois convinrent avec ceux du Danemark que l'Union entre les royaumes serait renouvelée, aussitôt que Karl Knutsson ou Christian Ier serait mort, ou en tout cas après la mort de tous deux, et que le roi de Suède devrait de suite renoncer à ses droits sur la Norvège et céder ce royaume à Christian Ier. La question de l'île de Gotland, que Erik de Poméranie avait remise au Danemark, lorsqu'il ne put plus la défendre contre les Suédois, fut ajournée indéfiniment. Christian Ier se rendit ensuite en Norvège où, par suite de la mort d'Aslak Bolt, il n'y avait plus d'obstacle à son couronnement, qui eut lieu à Throndhjem (1450). En même temps fut conclu à Bergen un traité entre le Danemark et la Norvège, d'après lequel ces royaumes devaient toujours avoir le même roi, soit que la Suède entrât dans l'Union, soit qu'elle restât en dehors.

Karl Knutsson fut extrêmement irrité de ce qui avait été fait au congrès de Halmstad, et bientôt après éclata une guerre qui dura plusieurs années et qui fut faite avec la plus grande cruauté dans les provinces skaniennes, mais elle n'aboutit à rien de décisif. Cependant le gouvernement fort arbitraire de Karl Knutsson et surtout ses empiétements violents sur les droits du clergé le rendirent de jour en jour plus odieux en Suède et amenèrent finalement sa chute. L'archevêque *Jœns Bengtsson*, étant entré dans la cathédrale d'Upsala, s'y couvrit du heaume et de la cuirasse, après avoir déposé sur l'autel sa crosse épiscopale et son costume ecclésiastique, et il saisit l'épée en déclarant qu'il ne la déposerait pas avant d'avoir expulsé le tyran de l'Église. Karl Knutsson, alors abandonné de tous, dut s'enfuir du royaume, et il se rendit à Dantzig (1457), où il séjourna sept ans. Christian Ier fut ensuite appelé et couronné à Upsala comme roi de Suède. Le Grand Conseil de Suède poussa même si loin la prévenance que, d'après l'exemple et à l'incitation du Rigsraad norvégien, il nomma pour héritier présomptif le fils du roi, *Jean* (*Hans*), alors âgé de trois ans, de sorte que l'Union des trois royaumes semblait de nouveau assurée pour longtemps.

L'année suivante, le duc Adolphe mourut (1459) : en lui s'éteignit la ligne agnatique de l'ancienne maison comtale de Holstein, et il allait falloir décider la grande question de savoir si le Sudjutland, cette ancienne et importante province danoise, serait de nouveau unie au royaume ou de nouveau séparée. Il ne pouvait proprement y avoir aucun doute à cet égard : à la vérité le Slesvig avait été, au commencement du règne de Christophe de Bavière, reconnu comme fief libre et héréditaire : mais, d'après le droit féodal, aussi bien de l'Allemagne que du Danemark, l'hérédité était restreinte à la ligne agnatique, et le pays pouvait ainsi très-légitimement être soumis au retrait féodal et repris par la couronne danoise. Mais il y avait une difficulté : le duc Adolphe avait obtenu de son neveu Christian, lorsque celui-ci eut l'espoir de monter sur le trône danois, la renonciation à ses droits sur le Slesvig et la promesse que ce fief et le Danemark n'auraient jamais de maître commun. Ces actes n'avaient cependant aucune valeur, parce que Christian, en qualité de cognat du duc Adolphe, n'avait aucun droit sur le Slesvig, et ne pouvait abandonner de son chef les droits du royaume ; et, si même ils avaient pu l'engager *personnellement*, ils n'avaient pourtant rien d'obligatoire pour la couronne danoise. Au lieu d'user de son droit comme *roi de Danemark* et d'opérer le retrait du duché, comme fief tombé en déshérence, Christian Ier entra en négociations avec la noblesse et les prélats, leur promettant tout ce qu'ils exigeaient, pour être élu duc de Slesvig. Le motif de cette manière d'agir était que le roi espérait, par cette condescendance, gagner les prélats et la chevalerie du *Holstein*, comté sur lequel ses droits étaient douteux. Il parvint à ses fins, mais ce ne fut pas sans faire de grands sacrifices. Il dut acheter au prix de 43,000 gylden les droits que le comte *Otton de Schauemburg* prétendait avoir sur le Holstein, payer à chacun de ses frères, *Gerhard* et *Maurice,* 40,000 gylden, pour qu'ils abandonnassent leurs prétentions sur le Holstein et le Slesvig, et leur céder sa part (le tiers) de l'Oldenbourg et du Delmenhorst. Le payement de ces grosses sommes, joint à la dette

importante du duc défunt, mit le roi pour toujours en déficit et
le força d'imposer à ses sujets de lourdes contributions, ce qui
finit par provoquer le soulèvement de la Suède. Gerhard, l'un de
ses frères, dont il ne pouvait assouvir les exigences, fit plusieurs
incursions hostiles en Slesvig et en Holstein et troubla pendant
beaucoup d'années la paix de ces contrées. Ces maux n'étaient du
moins que passagers : beaucoup plus graves étaient les conséquences de la *capitulation* que la chevalerie et les prélats des
duchés firent signer à Christian Ier, en 1460 : par cet acte, le
Slesvig était séparé de la mère patrie, au moment où il paraissait
lui être réuni, et cela n'eut pas pour conséquence une solide
union avec le Holstein, pour laquelle étaient faits tous ces grands
sacrifices. Les priviléges que Christian Ier octroya, lors de son
élection à l'assemblée provinciale de Ribe, en 1460, et qui bientôt après reçurent quelques additions à Kiel, portaient que les
États du Holstein et du Slesvig, pays *qui devaient perpétuellement
rester indivis en totalité* (dat se bliuen ewich tosamende ungedeelt),
avaient de leur plein gré élu pour leur duc et comte Christian
d'Oldenbourg, sans avoir égard à sa qualité de roi de Danemark ;
après sa mort, ils pouvaient choisir librement entre ses enfants, ou,
à défaut d'enfants, entre ses héritiers légitimes, et, s'il ne laissait
qu'un fils qui fût roi de Danemark, les États auraient la liberté
d'élire pour comte-duc un autre de ses héritiers légitimes. Le roi
ne devait pas entreprendre de guerre ou lever d'impôts sans le
consentement des États, c'est-à-dire de la noblesse, des prélats et
des députés des villes, qui avaient alors le droit de cité ; une diète
provinciale (landtag) devait être tenue chaque année à Urnehoved
en Slesvig et à Bornhœved en Holstein ; il devait être institué
un marsk (connétable) et un drost (majordome), qui, de même
que tous les hauts fonctionnaires, seraient pris parmi les nobles
indigènes et ne pourraient être destitués sans l'assentiment du
conseil ; enfin chaque prélat et chevalier devait être totalement
exempt des droits de douane pour toutes les denrées à son usage.
— L'année suivante, le roi reçut aussi l'hommage à Hambourg,
comme seigneur (landsherre) de cette ville.

En négligeant de réunir le Slesvig aux possessions immédiates
de la couronne, Christian Ier commit une faute qui, au point de
vue politique, eut des conséquences funestes et de longue portée ;

de plus, l'Union qui fut renouvelée entre le Sudjutland danois et le Holstein allemand ne fut pas moins pernicieuse au point de vue *national*. Déjà quelque temps auparavant le platt-deutsch du Holstein avait commencé à se propager dans le Sudjutland. La politique, que suivirent le duc Abel et ses successeurs, de s'appuyer sur les comtes de Holstein, lors de leurs luttes avec la dynastie royale de Danemark, établit beaucoup de relations, rendit plus fréquents les rapports entre les deux pays, et facilita l'immigration des Holsteinois dans le Sudjutland. L'œuvre de germanisation fit encore de plus grands progrès lorsque les comtes de Holstein eux-mêmes devinrent ducs de Slesvig (1386-1459). Leur cour parlait l'allemand; leurs baillis et leurs autres fonctionnaires étaient allemands; la langue officielle de l'administration était le platt-deutsch. Cet idiome s'introduisit même dans les tribunaux, d'abord dans les contrées plus méridionales, et, pendant le cours du quinzième siècle, dans la partie moyenne du Slesvig, où il n'était pourtant employé que concurremment avec le danois. La domination des comtes de Holstein favorisa à un très-haut degré l'invasion déjà commencée des nobles holsteinois. Ceux-ci se trouvaient si bien dans les belles et riches campagnes du Sudjutland, sous le gouvernement de leurs propres concitoyens, promus à la dignité ducale, qu'ils se répandirent dans tout le pays comme un torrent irrésistible, qui emporta et submergea la noblesse danoise primitive. Les noms de nobles danois disparaissent de plus en plus, jusqu'à ce qu'ils soient totalement remplacés par des noms holsteinois dans le cours du quinzième siècle. Ce que la noblesse holteinoise était pour la campagne, les marchands allemands et les garçons de boutique Hanséates l'étaient pour les villes du Slesvig, où ils s'établirent en nombre. Cette intrusion, faiblement commencée sous les ducs de la race d'Abel, poursuivie avec succès sous les comtes de Holstein, se continua pendant l'union du Slesvig avec le Holstein, renouée par Christian Ier. Ce prince lui-même, né et élevé en Allemagne, ne pensait pas à arrêter l'invasion allemande, mais regardait la chose comme toute naturelle. Son fils, le duc Frédéric, y songeait encore moins, mais travaillait plutôt à rompre les liens qui unissaient le Slesvig au royaume. Bien que les rois de Danemark, Jean et Christian II, contemporains du duc Frédéric, fussent disposés à maintenir la nationalité danoise dans le Slesvig, ils ne pouvaient cependant guère y réussir, attendu que tout était enchevêtré avec le Holstein. Au reste, ce que l'on vient de dire de la germanisation du Slesvig, aux quatorzième et quinzième siècles, ne concerne que la langue officielle et administrative : l'*idiome national* se conserva intact et inexpugnable dans les limites qu'il avait depuis l'antiquité, et il résista, pendant plus de trois siècles, avec une merveilleuse ténacité, à des épreuves beaucoup plus rudes que celles qui lui sont infligées pour le moment.

Ainsi, Christian Ier régnait de l'Elbe au cap Nord, et de la mer du Nord aux frontières de la Russie ; mais ce grand royaume manquait d'un esprit vivifiant, aussi tomba-t-il bientôt en dissolution. En Suède, un sérieux mécontentement commença à se manifester dans l'année 1463, pendant que le roi faisait une expédition contre la Russie. Le peuple se plaignait des continuelles levées d'argent, donnait au roi le sobriquet de « bourse sans fond », et se refusait à payer de plus grandes contributions. Le roi, croyant que l'archevêque *Jœns Bengtsson* était l'instigateur de ces troubles, le fit emprisonner lors de son arrivée à Stockholm, puis conduire en Danemark ; ce fut le signal d'un soulèvement général.

L'évêque *Kettil Karlsson Vasa* prit les armes et commença à jouer, contre Christian Ier, le même rôle que l'archevêque avait joué contre Karl Knutsson. Dans cet embarras, le roi résolut de relâcher Jœns Bengtsson, et celui-ci oublia l'outrage qui lui avait été récemment infligé, pour satisfaire sa haine ardente contre Karl Knutsson, qui avait saisi l'occasion pour mettre fin à son exil et rentrer en Suède. L'évêque Kettil Vasa s'unit aussitôt avec l'archevêque, et Karl Knutsson dut une seconde fois descendre du trône (1465) et se rendre en Finlande, où il passa trois ans dans un tel dénûment, qu'il se plaignait de ne pouvoir payer une dette de 50 marcs. Son expulsion ne rendit pourtant pas le trône à Christian Ier; dans la lutte qui continuait entre les partis, *Erik Axelsson*, de la puissante famille de *Thott*, fut élu Président de l'État (Riksfœrestândare), et, avec son appui, Karl Knutsson fut une troisième fois replacé sur le trône de Suède, sur lequel il resta jusqu'à sa mort (1470), au milieu de troubles intérieurs continuels. Le sage et brave *Sten Sture l'ancien*, fils de la sœur du défunt roi, dont il avait soutenu, pendant les dernières années, le trône chancelant, fut alors élu Président.

Christian Ier avait espéré que la mort de Karl Knutsson lui ouvrirait de nouveau l'accès au trône de Suède ; mais, ayant été déçu et voyant que les négociations pacifiques ne menaient à rien, il résolut de recourir aux armes. Il s'approcha de Stockholm avec une grande flotte et débarqua une armée de 5,000 hommes, qui campa sur le *Brunkeberg,* colline située aux portes de la ville. Sten Sture proposa au roi un armistice et la reprise des négociations, s'il voulait retirer ses troupes ; mais Christian répondit : « Nous avons souvent entendu dire que les valets voulaient chasser les maîtres ; mais nous voulons d'abord user de nos bras, avant qu'il en soit ainsi à notre égard. » Le 10 octobre 1471, fut livrée une bataille sanglante et acharnée, dans laquelle l'armée suédoise, double en nombre, fut trois fois repoussée ; mais le quatrième assaut lui fut plus favorable par suite de la sortie de quelques milliers d'hommes de la garnison, qui attaquèrent les Danois par derrière. Christian Ier combattit avec la plus grande bravoure, et il abattit de sa propre main un des chefs ennemis ; mais peu après, il fut atteint d'une flèche qui lui traversa les deux joues ; il fallut l'emporter et la fuite devint générale. Un pont de corde, qui maintenait les communications avec les navires danois, se rompit sous le poids des fuyards et causa la mort de beaucoup d'hommes. Ceux qui restaient à terre se réunirent autour de l'étendard danois, qui était planté au milieu du Brunkeberg, et périrent honorablement au nombre d'environ 500.

Après cette expédition malheureuse, Christian Ier abandonna ses plans sur la Suède et se tourna vers les occupations pacifiques. Il entreprit, dans les années 1474 et 1475, deux coûteux voyages, l'un à *Rome,* où il se rendit auprès du souverain pontife, pour être relevé du vœu qu'il avait fait d'aller en pèlerinage à la Terre-Sainte ; l'autre à *Cologne,* pour servir de médiateur entre l'empereur Frédéric III et le célèbre Charles le Téméraire, duc de Bourgogne. Ces deux voyages doivent lui avoir coûté 70,000 gylden. La plus importante conséquence de sa visite à Rome fut que le pape Sixte IV l'autorisa à créer une université dans un lieu convenable de ses royaumes, et sans les restrictions qui rendaient illusoire la permission précédemment accordée à Erik de Poméranie. Après son retour, il s'occupa de la réalisation du projet, qui fut sur le point d'échouer, faute d'argent. Le roi envoya donc des lettres à tous les évêques du Danemark, pour les prier, « au nom de la gloire de la sainte Église et du royaume, de fournir une subvention pour fonder une Université, afin qu'une œuvre si belle, pour laquelle il s'était donné tant de peine, ne tombât pas à néant ». Après beaucoup de difficultés, l'Université fut enfin inaugurée le 1ᵉʳ juin 1479 ; elle reçut pour chancelier perpétuel l'évêque de Roeskilde, et ses premiers règlements lui furent donnés par l'archevêque de Lund, *Jean Brostorp*. Il fallut d'abord se contenter de trois professeurs, un en théologie et un en droit, qui vinrent tous deux de Cologne, et le troisième en médecine. Si mal pourvue de professeurs et d'argent, elle ne remplissait qu'imparfaitement sa destination, qui était de rendre superflus les voyages aux écoles étrangères. Aussi le roi *Jean*, successeur de Christian Iᵉʳ, rendit-il une ordonnance (1498), où il se plaignait de ce que « les enfants des nobles, des bourgeois et du peuple », ne profitaient pas des bienfaits de son père, mais continuaient à faire des voyages coûteux pour étudier aux universités étrangères ; il prescrit donc « que personne à l'avenir n'aille étudier à l'étranger avant d'avoir passé trois ans aux universités de Copenhague ou d'Upsala ». Mais cette ordonnance ne remédia pas au mal : les étudiants continuèrent à se rendre à Paris et à Cologne, et l'Université de Copenhague ne gagna en force et en considération qu'après la Réforme. Dans son voyage à l'étranger, Christian Iᵉʳ détermina aussi l'empereur à élever le Holstein, le Stormarn et les Ditmarches au rang de duché ; il fit aussi confirmer par l'empereur ses prétentions sur ce dernier pays, dont les habitants défendirent pourtant longtemps encore leur liberté héréditaire et ne cédèrent qu'à la force, environ cent ans plus tard, après une lutte sanglante.

Les projets de Christophe de Bavière pour détruire le monopole des villes Hanséatiques ne furent pas poursuivis par son plus proche successeur, et le joug des négociants allemands continua encore longtemps à peser sur le Nord. Leur insolence fut même plus grande que jamais, principalement à *Bergen*, le principal entrepôt de leur commerce septentrional, où ils osèrent refuser obéissance aux autorités royales et se livrer aux plus grandes violences. Ils assaillirent par exemple, en 1455, le bailli royal *Olaf Nielsen*, et le massacrèrent avec l'évêque de la ville et environ soixante autres personnes, après avoir mis le feu au monastère de Munkalif, où les fugitifs avaient cherché asile, et les auteurs de ce crime ne furent jamais punis. Bien que Christian Ier n'osât pas rompre ouvertement avec les villes Hanséatiques, malgré leurs nombreuses provocations, il chercha pourtant à diminuer leur influence en concluant des traités de commerce avec plusieurs États étrangers, comme l'Angleterre, l'Écosse, la France, la Bourgogne, les Pays-Bas. Peu après le voyage du roi à Rome (1475) parut une remarquable ordonnance sur le commerce, qui contient diverses dispositions ayant pour but d'encourager le commerce danois; mais il y en a encore davantage qui trahissent la prépondérance des Hanséates, et où le roi et le Conseil révèlent leur ignorance complète des principes généraux du commerce. D'après cette ordonnance, aucun marchand allemand ne devait à l'avenir passer l'hiver en Danemark ou y avoir une demeure fixe, n'ayant droit qu'à louer un logement des bourgeois; ils ne devaient pas non plus parcourir le pays, ni acheter des marchandises aux paysans, mais seulement se pourvoir dans les villes; la compagnie allemande de Copenhague devait être supprimée et devenir une compagnie danoise; mais ce ne fut qu'un changement de nom et sans portée, vu que les marchands danois faisaient le commerce avec l'argent de l'étranger, abus que l'ordonnance interdit bien, mais qu'elle ne put empêcher. Il fut permis aux marchands allemands de naviguer librement en Danemark et d'en exporter toutes sortes de marchandises, tandis que *les Danois ne devaient pas naviguer en Allemagne, mais seulement louer leurs navires à des négociants allemands, sans pouvoir expédier eux-mêmes de marchandises*. Les *nationaux* ne pouvaient mener les bœufs vers le sud que jusqu'à Ribe, Kolding, Assens et Falsterbo; les grains, le miel et les poulains ne pouvaient être exportés ni par les étrangers ni par les regnicoles; la bière allemande, qui était une marchandise fort importante, devait payer au roi les droits de douane; mais chaque noble (god mand) pouvait, sans acquitter ces droits, en importer autant qu'il lui en fallait pour les besoins de sa maison.

Le roi Christian fut continuellement à court d'argent; il avait pourtant, au commencement de son règne, augmenté considérablement ses revenus en opérant le retrait d'un grand nombre de domaines de la couronne, qui avaient été engagés dans les anciens temps. Il représenta en effet au Rigsraad que les engagistes avaient depuis longtemps touché le capital et les rentes de la somme prêtée, en jouissant des revenus des domaines engagés, dont quelques-uns l'étaient depuis le temps de Valdemar le Restaurateur, et il demandait en conséquence à les reprendre. L'affaire fut jugée usuraire, d'après les règles du droit canon, et les domaines furent adjugés au roi, « afin que les premiers engagistes, qui avaient reçu illégalement les revenus, ne fussent pas soumis aux supplices de l'enfer ». Les fâcheuses conséquences de cette pénurie d'argent se firent voir principalement lors du mariage de la princesse *Marguerite* avec le roi *Jacques III* d'Écosse. Christian I*er*, ne pouvant en effet pas verser plus de 2,000 gylden sur les 60,000 qui formaient le total de la dot de sa fille, abandonna la redevance que l'Écosse avait jusqu'ici payée pour les Hébrides et l'île de Man ; pour le reste de la somme, les groupes des Orcades et des Shetlands furent mis en gage avec le consentement du Rigsraad norvégien. Ces îles furent ainsi pour toujours séparées de la Norvège, attendu que l'on fut longtemps sans pouvoir les dégager, et que plus tard l'Écosse ne voulut plus les rendre, parce que la dette était trop vieille. Le retrait des domaines de la couronne fit beaucoup d'ennemis au roi, parmi les nobles, surtout dans la nombreuse famille de *Thott*, qui avait des possessions en Danemark et en Suède, et qui lui causa beaucoup d'embarras dans les deux royaumes. Un membre de cette famille, *Ivar Axelsson Thott*, qui était bailli de *Gotland*, refusa même absolument d'obéir au roi et se maintint indépendant dans cette île pendant nombre d'années.

Christian I*er* mourut le 21 mai 1481. C'était un bel homme, très-grand, et doué d'une force corporelle extraordinaire ; les historiens suédois du temps de l'Union eux-mêmes le louent de sa bonté et de sa piété ; c'était en outre un roi actif et entreprenant, d'une grande bravoure personnelle. On doit au contraire lui reprocher son défaut d'économie et la politique imprudente qui lui fit sacrifier le Slesvig pour acquérir le Holstein.

Bien que *Jean* (Hans) eût été, du vivant de son père, proclamé héritier présomptif en Danemark, en Norvège et en Suède, il y avait pourtant de grands obstacles à ce qu'il fût reconnu dans les deux derniers royaumes, et reçût l'hommage comme duc de Holstein et de Slesvig. En Danemark, son élection précédente fut confirmée à la diète de Kallundborg, où furent convoqués non-seulement les nobles et les prélats, mais encore les députés des bourgeois et des paysans. En Norvège, au contraire, *Sten Sture* avait gagné un parti, grâce à l'appui de l'archevêque *Gaute* de Throndhjem; mais, comme la plupart des Norvégiens étaient pour l'union avec le Danemark, un congrès se réunit à Halmstad, en 1483, et le roi Jean y fut aussi proclamé roi de Norvège. Il dut souscrire une capitulation qui montre à quelle hauteur s'était élevée la puissance de la noblesse et du clergé. Ce document confirme tous les anciens priviléges des ecclésiastiques; il met surtout en relief leur indépendance des tribunaux civils et leur droit de juger leurs subordonnés; il porte, en outre, que le roi ne doit se mêler en aucune façon de l'élection des évêques et des prélats. Cette question, qui avait occasionné au moyen âge tant de querelles entre les rois et les prélats, fut alors pour la première fois résolue dans une capitulation; néanmoins, comme la puissance des Papes déclinait fortement, l'intervention des rois dans les affaires de l'Église fut depuis plus fréquente que jamais. A l'égard de la noblesse, il fut réservé que personne ne pourrait faire partie du Rigsraad, sans être *noble* (ædling) indigène, de la classe des chevaliers ou des pages; si un membre du Rigsraad se séparait de ses collègues et cherchait à se concilier la faveur du roi, il devait être expulsé du conseil avec honte. Le roi devait gouverner et administrer ses royaumes et sa cour avec l'aide de nobles indigènes « ne pouvant mettre d'aucune manière au-dessus d'eux des *hommes de petite naissance* »; il ne devait non plus retirer l'investiture à aucun feudataire, si ce n'est avec l'assentiment des conseillers du royaume dans lequel le fief était situé. Ni le roi, ni la reine, ne devait acheter ou recevoir en nantissement de domaine de la noblesse; aucun homme non libre ne devait non plus acquérir par achat ou engagement un domaine franc, disposition par laquelle la noblesse s'assurait la possession perpétuelle des grands biens dont elle jouissait alors. Au contraire, les échanges entre les domaines nobles et ceux de la couronne (qui étaient en général au grand avantage de la noblesse) devaient être maintenus invariablement. Sous Marguerite, il avait été défendu aux nobles de fortifier leurs domaines ; mais cette prohibition fut alors levée « pour leur utilité et leur profit, ainsi que pour celui de l'État », comme s'exprime la capitulation. La noblesse fut en outre dispensée de comparaître, en certains cas, devant les tribunaux ordinaires du pays ; déjà Christian Ier avait fait du Rigsraad la juridiction compétente pour les affaires intéressant l'honneur de la noblesse (1466), et cette compétence fut étendue aux actions que le roi ou ses procureurs intentaient aux nobles ; pour le reste, la noblesse pouvait être aussi actionnée devant les tribunaux inférieurs. Aucune contribution générale ne devait être imposée au peuple et aux villes sans le consentement du Rigsraad, de la noblesse, des prélats et de « quelqu'un du peuple » ; la noblesse et le clergé, ainsi que leurs serviteurs étaient non-seulement exempts d'impôts, mais encore les paysans établis dans la paroisse où se trouvait la résidence de leur seigneur et qui participaient à la culture de son domaine réservé étaient dispensés de toute contribution. La seule charge à laquelle ces paysans pouvaient être soumis, était de voiturer, d'un canton à l'autre, le roi et ses envoyés, lorsqu'ils parcouraient le royaume. Le *dressel* ou trésor public et les archives de l'État devaient être placés, dans chaque royaume, sous la garde de deux seigneurs laïques et de deux seigneurs ecclésiastiques, et conservés en Danemark à Kallundborg. Il fut enfin convenu que le Rigsraad serait la juridiction devant laquelle le roi devrait porter toutes ses causes, et, s'il n'observait pas rigoureusement les prescriptions de la capitulation, les habitants du royaume pourraient non-seulement l'y obliger, mais seraient encore tenus sur leur honneur de l'y contraindre, sans forfaire par là à leur serment de fidélité.

Cette capitulation, qui contenait en même temps les conditions générales de l'union des royaumes, fut scellée par les conseillers danois et norvégiens ; on laissa une place libre pour les Suédois, qui n'avaient pas paru au congrès, afin qu'ils pussent ultérieurement donner leur adhésion. A une assemblée, qui fut tenue peu après à Kalmar, les conseillers suédois furent aussi d'accord d'accepter ces conditions ; mais le roi Jean n'en fut pas plus rapproché du trône suédois ; car l'artificieux président, *Sten Sture*, savait toujours trouver de nouveaux moyens dilatoires. Il traîna l'affaire en longueur quatorze ans, pendant lesquels il y eut de nombreuses entrevues, qui ne décidèrent rien ou dont les résolutions ne furent pas exécutées. Lorsqu'il semblait parfois que l'affaire allait prendre fin, les conseillers suédois, à l'instigation du Président de l'État, demandaient tout à coup l'ajournement du congrès, ou bien ils déclaraient qu'ils n'avaient pas des pouvoirs suffisants, ou encore exigeaient que l'île de Gotland fût préalablement cédée à la Suède. Jean n'y voulut pas consentir avant d'être couronné ; car la conséquence aurait été pour Sten Sture un nouveau titre à la reconnaissance de la Suède et la consolidation de sa puissance. C'est du moins ce qui eut lieu lors de la cession de l'île d'OEland, que le Président arracha au roi sans défiance, sous prétexte que tous les obstacles au couronnement de Jean seraient ainsi levés. Tandis qu'il protestait dans les congrès que son désir le plus ardent était de mettre Jean sur le trône de Suède, et que c'était seulement le peuple qui s'y opposait, il cherchait de toute manière à décréditer le roi auprès des Suédois. Il prétendait que Jean avait fait alliance avec les Russes pour la ruine de la nation, et il l'appelait dans ses lettres « l'odieux ennemi de Nous et du royaume ».

Tandis que Jean était occupé de ces négociations en Suède, il avait eu beaucoup d'ennuis à subir de la part de son frère Frédéric en Danemark. Il avait en effet, aussitôt après la mort de son père, travaillé à se faire élire duc de Holstein et de Slesvig; mais la reine mère, l'habile et impérieuse *Dorothée*, pensait que, puisque son fils aîné avait obtenu deux royaumes, le plus jeune, Frédéric, ne pouvait pas avoir moins que les deux duchés; elle chercha donc à persuader les États d'élire ce dernier pour duc. Les efforts du roi Jean pour maintenir l'union des duchés avec le royaume ne réussirent pas, parce que les prélats et la chevalerie, après plusieurs négociations, usèrent de leur droit d'élection pour nommer ducs les deux frères à la fois; et, à la suite de cet acte (1490), les duchés furent divisés en deux parties, celle de *Gottorp* et celle de *Segeberg*, partage qui fut continué ultérieurement et attira tant de malheurs sur le royaume. Le roi Jean traita son frère avec beaucoup de magnanimité; il lui laissa le choix entre les lots, et, après que Frédéric eut pris la partie gottorpienne, il

17

lui fut permis de l'échanger, dans le délai de quatre ans, avec la
partie de Segeberg. Mais celui-ci était toujours aussi mécontent
et insatiable ; il demanda une grosse somme d'argent, prit le titre
d'héritier de la Norvège (arving til Norge), réclama la moitié de
ce royaume, et de plus, en Danemark, les îles de Laaland, de
Falster et de Mœn, pour sa part dans la succession paternelle.
A cette occasion, le roi Jean convoqua, à Kallundborg (1494), une
diète (rigsdag), où se réunirent, outre le Rigsraad, quatre nobles
de chaque diocèse, un bourgmestre et un conseiller de chaque
ville et quelques paysans. Les prétentions du duc Frédéric y
furent entièrement rejetées, et il dut se contenter de ce qu'il avait
obtenu ; mais depuis il continua toujours à se montrer hostile
envers son frère, qu'il ne voulut pas aider dans ses guerres
contre la Suède, et plus tard contre la ville de Lübeck.

Après avoir vainement attendu pendant quatorze ans la couronne de Suède, le roi Jean finit par perdre patience, et, après la
mort de sa mère, Dorothée (1495), qui avait toujours conseillé la
paix, il résolut de faire valoir son droit par les armes. La situation de la Suède semblait précisément promettre une heureuse
issue à cette entreprise ; car Sten Sture, qui gouvernait le royaume
avec une grande habileté, depuis vingt-six ans, était alors engagé
dans une violente querelle avec le Riksråd et le puissant *Svante
Sture ;* il avait en outre un ennemi irréconciliable dans l'archevêque d'Upsala, *Jacob Ulfsson,* dont il assiégea le château de
Stækeborg. Lorsque le roi Jean fut arrivé en Suède avec une puissante armée, Sten Sture dut se renfermer dans Stockholm, où il
attendit les secours de ses amis les *Dalékarliens* (Dalkarlar), qui
jouèrent un rôle important dans tous ces troubles. Ceux-ci s'ap-
prochèrent de Stockholm ; mais leur armée, forte de 30,000 hommes, fut surprise par les Danois près de *Rotebro* et complètement défaite, le 28 octobre 1497. Lorsque les Danois revinrent
au camp avec les étendards qu'ils avaient conquis, Sten Sture
crut que c'étaient ses auxiliaires qui venaient le débloquer, et il
sortit de la ville pour faire jonction avec eux ; la rencontre imprévue d'ennemis, au lieu d'amis, jeta le désordre dans l'armée suédoise, qui prit la fuite, et le Président de l'État n'échappa qu'avec
peine. Après ces deux défaites, il ne fallait pas songer à la résistance : Stockholm se rendit aussitôt, et le roi Jean fut couronné

roi de Suède, le 26 novembre 1497, cent ans après la fondation de l'Union. Sten Sture, après s'être démis de ses fonctions de Président, fut investi de grands fiefs et en outre dispensé de rendre compte de la manière dont il avait gouverné jusqu'alors. Beaucoup de Suédois, ennemis de Sten Sture, étaient mécontents de l'indulgence avec laquelle était traité l'ex-Président de l'État, et ils excitèrent le roi à le faire exécuter; mais Jean repoussa ces conseils avec indignation. Il fut même médiateur d'un accord entre Sten Sture et son ennemi le plus inplacable, l'archevêque Jacob Ulfsson, qui le menaçait des foudres de l'Église, à cause des violences qu'il avait commises contre lui; service dont plus tard Sten Sture se montra peu reconnaissant.

Après avoir passé quelques années en Suède pour mettre en ordre les affaires embrouillées de ce royaume et fait nommer son fils *Christian* pour héritier présomptif, le roi Jean retourna en Danemark pour exécuter un projet conçu depuis longtemps : la conquête des Ditmarches. Les habitants de ce petit pays étaient animés de l'amour de la liberté et de l'indépendance, et, pendant plusieurs siècles, ils les avaient défendues avec courage contre les comtes de Holstein, qui avaient souvent tenté de soumettre leur pays, mais qui avaient toujours été repoussés avec perte. La nature du pays favorisait le courage des habitants; car le sol était partout très-marécageux et coupé d'une multitude de fossés et de canaux, qui rendaient extrêmement difficile la marche de l'ennemi. En outre tout le pays pouvait, en cas de besoin, être mis sous l'eau, lorsque l'on ouvrait les écluses des digues qui le protégeaient contre l'irruption des eaux de la mer. Les Ditmarches étaient gouvernées par quarante-huit élus, pris dans le sein du peuple, et elles n'avaient jamais obéi à un maître étranger, bien que les comtes de Stade, l'archevêque de Brême et les comtes de Holstein eussent à différentes époques été reconnus comme leurs protecteurs. Les habitants, ne voulant pas reconnaître le droit mal fondé que l'empereur Frédéric III avait donné sur le pays au roi Christian Ier, portèrent leurs plaintes à la cour pontificale. Le Pape défendit à quiconque d'attaquer les Ditmarches, qui furent déclarées domaines de l'Église, sous la suzeraineté de l'archevêque de Brême. La guerre avec la Suède avait longtemps empêché le roi Jean de faire valoir ses prétentions; mais, la soumission de ce

royaume lui ayant rendu les mains libres, il organisa une grande
expédition contre les Ditmarches. Les habitants de ce pays hâtèrent
eux-mêmes l'explosion des hostilités, en osant, dans leur outrecuidance, commencer les hostilités contre le frère du roi, le duc
Frédéric. Une armée considérable, dont le noyau était formé de
la garde dite Saxonne, corps de troupes mercenaires, célèbres
pour leur bravoure et leur indiscipline, envahirent les Ditmarches,
au commencement de l'année 1500. Elle était remplie de la confiance la plus présomptueuse et parlait avec mépris du misérable
ramassis de paysans, qui ne valaient pas la peine que l'on tirât
l'épée contre eux. Le junker (gentilhomme) *Thomas Slents*, qui
commandait la garde saxonne, demanda au roi, « si les Ditmarches étaient donc attachées au ciel, que l'on faisait tant de préparatifs pour les prendre ». La noblesse se dépouilla de sa lourde
armure et se para comme pour aller à un festin et non au combat; beaucoup de personnes s'étaient munies de grosses sommes
d'argent pour acheter aux soldats le riche butin que l'on comptait faire, et l'armée était suivie d'une quantité de voitures vides,
sur lesquelles on devait charger le butin. Mais cette présomptueuse attente fut cruellement déçue. Après que l'on eut occupé
quelques localités sans grand effort, on en vint aux prises à *Hem-
mingstedt*, où mille habitants des Ditmarches environ tinrent tête
à toute l'armée dano-holsteinoise, que l'on peut évaluer avec
vraisemblance à 15,000 hommes. Ils étaient commandés par
un paysan, *Wolf Isebrandt*, et leur étendard était porté par une
jeune fille, qui de ce jour voua sa vie à Dieu. L'armée enva-
hissante marchait en masse serrée sur une étroite chaussée,
ayant de chaque côté de profonds fossés, et elle souffrait beaucoup du tir des ennemis, postés dans un retranchement élevé,
auquel aboutissait la chaussée. Le temps était au dégel, la pluie
et la neige fouettaient le visage des agresseurs, et le chemin était
changé en marécage, où ne pouvaient avancer ni la cavalerie ni
l'artillerie; pour comble de malheur, les écluses furent ouvertes
au milieu de la lutte, de sorte que toute la contrée fut couverte
d'eau. La déroute fut affreuse; plusieurs milliers d'hommes doivent avoir succombé, et parmi eux la fleur de la noblesse holsteinoise et slesvigoise; les Danois perdirent en outre leur vieil étendard, le *Dannebrog*, qui depuis le temps de Valdemar le Victorieux

avait accompagné leur armée, et l'ennemi prit un immense butin d'or, d'argent et d'autres objets précieux.

Quelque grande et humiliante que fût la défaite, sa plus mauvaise conséquence fut pourtant l'effet que cette nouvelle produisit en Suède. Il s'y manifesta aussitôt des symptômes de mécontentement et des troubles, qui dégénérèrent bientôt en révolte ouverte. Sten Sture se mit de nouveau à la tête du gouvernement et, avant peu, les Suédois s'emparèrent de toutes les forteresses qui avaient des garnisons danoises, à l'exception des citadelles de Stockholm et de Kalmar. Celle de Stockholm fut courageusement défendue par la reine *Christine*, femme de Jean, et ne fut rendue qu'après huit mois de siége, lorsque sa garnison de 1,000 hommes fut réduite à 79 combattants. Trois jours après la reddition de la citadelle, le roi Jean arriva avec une flotte devant Stockholm, mais il dut se retirer sans avoir rien fait ; Kalmar ne fut pris que beaucoup plus tard après un siége de plusieurs années. La Norvège aussi, à l'instigation des Suédois, se souleva, en 1502, sous la conduite de *Knut Alfsson*, noble Norvégien, dont la famille paternelle était d'origine suédoise. Mécontent de la situation de la Norvège, ce personnage s'était rendu en Suède pour se joindre à Sten Sture. Ayant reçu du Président de l'État des troupes suédoises, il retourna en Norvège, où il fit de grands progrès avec l'appui de *Niels Ragvaldsen*, autre noble Norvégien mécontent. Il prit Agershuus et plusieurs forteresses dans la Norvège méridionale, et se mit à assiéger la forteresse de Bahuus, placée sous la garde de *Henri Krummedige*, son ennemi personnel. La domination du roi Jean commençait à être menacée en Norvège ; il y envoya alors avec des troupes son fils *Christian*, désigné comme héritier présomptif du trône, et ce prince fit preuve, dans cette première expédition, de tant de courage, de promptitude et de talents stratégiques, que la dangereuse révolte fut bientôt comprimée. Il débloqua d'abord Henri Krummedige, enfermé à Bahuus, et repoussa l'armée assiégeante, après plusieurs violents combats. Il prit ensuite la forteresse suédoise de Elfsborg, située sur le Gœta-Elf, et pénétra quelque temps après dans le Vestergœtland, où la forteresse d'Œresten tomba en son pouvoir. Lorsque Henri Krummedige eut les mains libres, il prit l'offensive et reconquit bientôt plusieurs des places dont Knut

Alfsson s'était emparé. S'étant rendu à Oslo dans le but d'assiéger Agershuus, il entra en négociation avec Knut Alfsson, qui vint le trouver sur son vaisseau, mais qui fut tué dans une querelle, malgré le sauf-conduit qui lui avait été donné. Sa mort mit fin à toute résistance et la Norvège fut tranquille pendant quelque temps. Mais peu d'années après, en 1508, éclata une nouvelle révolte, dont le chef était *Herluf Hydefad,* et à laquelle prit part *Charles,* évêque de Hammer. Elle fut réprimée avec sévérité par Christian, à qui le roi Jean avait remis, depuis 1506, le gouvernement de la Norvège.

En Suède, Sten Sture l'Ancien mourut vers la fin de l'année 1503, empoisonné, à ce que l'on prétend, par la fiancée de *Svante Nilsson Sture, Marthe Ivarsdatter,* veuve de Knut Alfsson, et il eut pour successeur élu *Svante Nilsson* qui, sans lui être apparenté, portait le même nom de famille que lui. La situation des affaires n'en fut pas changée, et les dernières années du règne de Jean se passèrent comme les seize premières, en négociations infructueuses et en entreprises militaires qui n'aboutirent à rien. Un an et demi environ après la mort de Sten Sture, un congrès fut convoqué à Kalmar (1505) pour résoudre la question de Gotland et quelques autres points litigieux, mais surtout pour que les conseils des trois royaumes pussent juger les plaintes que le roi Jean portait contre le parti de Svante Nilsson Sture, qui déniait ses droits à la couronne de Suède. Il n'y vint pas de Suédois, mais les Rigsraads danois et norvégien, après avoir examiné l'affaire, rendirent la sentence suivante : Les héritiers de Sten Sture, Svante Nilsson et plusieurs autres, avec leurs adhérents, s'étaient rendus coupables de trahison et de révolte, en se soulevant à main armée contre leur légitime seigneur et roi.

Les conseils des deux royaumes demandèrent ensuite à l'empereur Maximilien de confirmer ce jugement, et d'interdire à toutes les contrées et villes de l'Allemagne, sous peine d'être mises au ban de l'empire, d'entretenir des relations avec la Suède ou de lui porter des approvisionnements, aussi longtemps qu'elle serait en rébellion contre son roi légitime. L'empereur alla même plus loin : conformément aux idées surannées qui attribuaient à l'empereur romain une suprématie sur tous les royaumes et pays de la chrétienté, il mit la Suède au ban de l'empire pour la punir de sa révolte contre le roi Jean.

Dans le cours de ces années, la nation suédoise fut plusieurs fois lassée de cette lutte perpétuelle et souhaita d'en voir la fin; mais il s'était produit en Suède un nouveau personnage qui, par sa brillante éloquence, exerçait une grande influence sur le peuple et savait ajourner la paix, lorsqu'elle semblait être sur le point de se conclure. C'était *Hemming Gadd,* évêque de Linkœping, homme de grande science, mais encore plus grand guerrier, rempli d'une haine ardente contre le Danemark et le peuple danois, qu'il appelait dans ses discours « une nation de brigands, un ramassis de voleurs et de meurtriers de toutes les nations, éternels ennemis de l'humanité, qui, au milieu de jurons et de blasphèmes perpétuels, guettent les naufragés sur les bancs de sable du Jutland ». Il proposait toujours à la Suède l'exemple des Ditmarches, disant que « le Dieu qui avait sauvé sept paroisses de la domination danoise, saurait bien aussi sauver tout un royaume ».

Tandis que la situation était telle en Suède, le Danemark fut impliqué dans une périlleuse guerre avec les villes Hanséatiques, auxquelles le roi Jean voulait interdire le commerce avec ce royaume tant que la révolte durerait. Elles étaient, en outre, exaspérées des nombreuses restrictions que leur commerce commençait à souffrir en Danemark et en Norvège, surtout par suite d'un traité de commerce, que le roi Jean avait conclu avec Henri VII d'Angleterre, et où il avait accordé aux Anglais presque les mêmes droits qu'aux Hanséates. Le roi Jean montrait une active sollicitude pour la flotte danoise et, outre les navires que les villes et les feudataires étaient tenus de fournir, il avait lui-même fait construire de grands et beaux vaisseaux de guerre, qui servirent même de modèles à la flotte militaire des villes Hanséatiques. La guerre fut faite non sans succès par les habiles marins danois, *Otte Rud, Séverin Norby,* et *Jens Holgersen Ulfstand,* qui firent même une expédition dans le pays des Hanséates, y brûlèrent plusieurs villes et s'emparèrent de toute la marine militaire de Wismar. Cependant les îles et les côtes danoises furent aussi fort maltraitées par l'ennemi, de sorte que le roi Jean se décida, selon le désir des villes, à conclure la paix de Malmœ (1512), par laquelle les Hanséates s'obligèrent à ne rien importer en Suède, aussi longtemps que durerait la guerre avec le Danemark, et à payer au roi 30,000 gylden, comme indemnité de guerre. Ce fut la première paix avantageuse que le Danemark eût conclue avec les villes Hanséatiques, symptôme de leur déclin, quoiqu'elles aient continué encore quelque temps à jouer un grand rôle au Nord. Avec la Suède aussi fut conclu, la même année et dans la même ville, une sorte d'accord, par lequel les Suédois s'engagèrent, soit à verser au roi Jean une somme annuelle, soit à le mettre, lui ou son fils Christian, en possession du trône de Suède. Mais le tribut ne fut pas payé, et, après la mort de Svante Nilsson Sture, au commencement de cette même année (1512), ni Jean ni Christian ne furent reconnus rois, mais *Sten Sture le Jeune*, fils du précédent Président de l'État, fut élu pour lui succéder avec le même titre.

Peu après, le roi Jean mourut à Aalborg, sa ville natale, le 20 février 1513, après un long et remarquable règne. On le loue de son habile administration des revenus de l'État, de ses mœurs simples et égales, de sa prédilection pour les usages, la langue et la manière de vivre des Danois. Les auteurs suédois contemporains eux-mêmes disent de lui que c'était un homme loyal, juste et équitable, et il aurait mérité sans réserve ce témoignage, qui est confirmé par plusieurs beaux traits de sa vie, si son équité ne s'était montrée sous un aspect ambigu dans sa conduite avec le majordome (rigshofmester) du royaume, *Paul Laxmand*. Les richesses que possédait ce personnage donnent une idée de la puissance de la noblesse danoise à cette époque : il avait 5 châteaux avec les domaines ruraux et 900 fermes héréditaires qui en dépendaient, 14 moulins, plusieurs maisons et immeubles dans neuf des villes du royaume, un grand navire de guerre et trois autres moindres ; de plus, il était engagiste des châteaux de Sœlvitsborg et de Gjœngeholm, qui lui servaient de garantie pour de grosses sommes prêtées. Ces richesses, qu'il paraît avoir accrues par des moyens qui n'étaient pas toujours légitimes, lui suscitèrent des ennemis. Un jour qu'il sortait du château royal de Copenhague, où il avait eu un entretien amical avec le roi, il fut assailli et blessé grièvement par deux nobles, *Ebbe Strangesen* et *Bjœrn Andersen*, qui le jetèrent ensuite à demi mort dans le canal près de Hœibro (haut-pont), en disant par dérision : « Tu t'appelles Laxmand (homme saumon), nage maintenant comme un poisson. » Les assassins, dont l'un était un ennemi personnel de leur victime, ne furent aucunement inquiétés; mais, après le meurtre, Laxmand fut accusé de haute trahison. L'affaire fut poursuivie conformément à la procédure du temps, et, comme les parents de l'inculpé n'osaient prendre sa défense contre un demandeur de rang royal, le Rigsraad le déclara coupable d'avoir entretenu des relations criminelles avec les Suédois, et tous ses grands biens furent confisqués au profit du roi. Quelques-uns de ses juges furent ensuite enrichis par l'achat où le don de ses domaines. Cependant les enfants de Paul Laxmand portèrent plainte plus tard contre l'iniquité de ce jugement, et les conseillers du royaume de Suède rendirent témoignage que le condamné n'avait jamais été en relation quelconque avec eux. Sous Frédéric Ier, il fut question de casser ce jugement; mais, comme une grande partie des biens du condamné étaient passés en diverses mains, on en resta là; ses enfants durent renoncer à la succession paternelle; on ne leur restitua que l'héritage maternel. L'exécution du trésorier du roi, *Anders*, qui était accusé de concussion, mais que l'opinion publique jugeait innocent, donna lieu à beaucoup de méchants propos. Le roi Jean était parfois sujet à des accès de profonde mélancolie, qui touchaient à la folie, mal dont souffrit encore à un plus haut degré son fils Christian.

II

Christian II. — Conquête de la Suède. — Massacre de Stockholm. — Rapports du roi avec les ordres supérieurs et inférieurs. — Législation. — Commencement de la Réforme. — Lutte avec le duc Frédéric. — Révolte. — Exil de Christian II.

Le règne de *Christian II* a une importance particulière dans l'histoire du Danemark : il fut l'occasion d'une lutte entre les ordres supérieurs et inférieurs ; ceux-ci, qui avaient longtemps supporté avec patience le joug de la noblesse, firent un vigoureux effort pour le secouer. En même temps, des doctrines religieuses plus pures, qui venaient de l'étranger, commençaient à être connues en Danemark et à entrer en lutte contre les enseignements de l'Église catholique et contre des abus invétérés. Christian II, qui se mit du côté du peuple et à la tête du mouvement civil et religieux, tomba victime de cette entreprise et de la violence de son propre caractère ; mais le peuple continua encore longtemps le combat, et l'effervescence ne se calma qu'à l'introduction de la Réforme et à l'avénement de Christian III (1536). Le puissant édifice de l'aristocratie et de la théocratie fut secoué violemment, mais la dernière seule succomba par le triomphe de la Réforme ; la noblesse soutint l'orage, et la chute du clergé, qui jusqu'ici l'avait tenue en respect, lui donna la puissance absolue. Les ordres des bourgeois et des paysans, dont les forces avaient été épuisées par la lutte, furent ensuite réduits à supporter le joug pendant de longs siècles.

La capitulation de Christian II renfermait non-seulement les mêmes articles que celle de son père, mais encore diverses dispositions nouvelles, qui avaient pour but de restreindre ultérieurement la puissance royale et d'accroître les priviléges de la noblesse. Les plus importantes de ces restrictions étaient que le roi devait s'engager à ne pas inviter le Rigsraad ou les habitants à élire un de ses fils pour héritier présomptif de la couronne ; disposition par laquelle le Rigsraad cherchait à garantir son droit d'élection, dont les deux rois précédents n'avaient pas tenu compte, en faisant élire, de leur vivant, le futur roi. Les membres du Rigsraad devaient être investis des meilleurs fiefs du royaume, « afin de n'en être pas pour leurs frais et dépens, lorsqu'ils se rendaient aux diètes ou supportaient les autres charges du gouvernement ». Ce n'étaient pas seulement les châteaux et les fiefs qui furent réservés aux nobles : à l'avenir toutes *les fonctions judiciaires* devaient être exclusivement confiées à des nobles indigènes, et les hommes de petite naissance, que le roi Jean avait, contre sa promesse, placés dans les châteaux, les fiefs et les tribunaux provinciaux *devaient être tout d'abord destitués.* Auparavant, les rois avaient eu la faculté d'anoblir qui ils voulaient ; mais il fut maintenant décidé que, sans le consentement de tout le Rigsdag, le roi ne devait donner à aucun plébéien la liberté et la franchise dont jouissaient les nobles ; il n'y avait d'exception que pour ceux qui, par leurs exploits militaires, se rendaient dignes de cet honneur. Si un plébéien laissait un bien franc, cette partie de son héritage ne devait pas échoir à ses parents non nobles, mais être vendue à des nobles, et la somme en provenant remise à ses héritiers. La faculté de nommer le greffier et le bailli d'un domaine appartenait non-seulement aux feudataires royaux, mais encore aux nobles engagistes d'un domaine de la couronne; tous les nobles étaient autorisés à lever, sur leurs paysans et subordonnés, la plus forte amende qui pût être imposée, savoir 40 marcs; les « hommes de bien », civils et ecclésiastiques, ne devaient pas être tenus de servir le roi à l'étranger, *à moins que le Rigsraad ne l'eût ordonné*, et le roi devait alors les indemniser de leurs dépenses. Enfin, la noblesse et les prélats eurent désormais, sans aucune restriction, le droit de faire le commerce avec les marchands étrangers.

Christian II, qui voyait parfaitement l'abus des priviléges de la noblesse et des prélats, souscrivit cette capitulation avec le ferme propos de ne pas l'observer. Il y avait déjà douze ans qu'il partageait avec son père les charges du gouvernement, et, depuis 1506 notamment, il avait eu toute l'administration de la Norvège, ce qui lui avait donné une excellente occasion de se mettre au courant de la constitution intérieure de l'État et de ses grands défauts. Il avait une intelligence lucide, une volonté ferme; avec ces qualités, unies à son amour pour le peuple opprimé, il serait devenu l'un des plus grands bienfaiteurs du Danemark, s'il n'avait pas été en même temps dominé par des passions effrénées, notamment une ardente soif de vengeance, qui le portait aux actes les plus cruels et les plus violents, et qui non-seulement anéantit ses plus beaux projets, mais lui fit perdre aussi le trône et la liberté. L'éducation qu'il reçut, tantôt complétement abandonné à lui-même, tantôt traité avec une rigueur inopportune, contribua à développer ses défauts naturels, et la circonstance qu'il avait été élevé quelque temps dans une maison bourgeoise, chez *Hans Metzenheim*, surnommé *Bogbinder* (l'ancien) ou le relieur, bourgeois de Copenhague, aisé et considéré, ne fut sans doute pas sans influence sur ses dispositions futures à l'égard des ordres supérieurs.

Christian II tourna d'abord son attention du côté de la Suède, où il y avait de grands troublés. Le Riksrâd avait d'abord nommé Président de l'État le vieil *Erik Trolle* et décidé que, conformément au traité de Malmœ, l'union avec le Danemark serait rétablie; mais *Sten Sture le ieune*, fils de Svante Nilsson, réussit à supplanter E. Trolle et à être lui-même élu Président. Dirigé par *Hemming Gadd*, il montra bientôt les dispositions les plus hostiles à l'égard du Danemark, et rompit toutes négociations; mais il ne put rien entreprendre de sérieux à cause d'une violente querelle avec l'archevêque d'Upsala, *Gustave Trolle*, fils d'Erik Trolle qui, avec toute sa puissante famille, se mit à la tête du parti danois. Vers ce temps, un légat du pape, *Arcembold*, vint en Danemark pour vendre des indulgences, et il en obtint la permission du roi moyennant une somme d'argent. Après avoir fait de grandes recettes, il pensait se rendre en Suède pour continuer ce commerce lucratif. Le roi croyait que Arcembold qui, en qualité d'envoyé immédiat du pape, jouissait au Nord d'une grande considération, pourrait lui être utile pour l'accomplissement de ses projets sur la Suède. Le légat lui promit aussi de favoriser ses vues de toutes manières; mais, arrivé en Suède, il se laissa gagner par Sten Sture, lui révéla tous les secrets que le roi lui avait confiés, et se déclara ouvertement contre l'archevêque qui avait excommunié Sten Sture. Irrité de cette trahison, le roi mit sous séquestre toutes les sommes d'argent, les marchandises, les céréales, le fromage, le beurre, que le légat avait reçus des gens pieux, et chercha même à s'emparer de sa personne. Gustave Trolle, qui avait soutenu un siége long et acharné dans son château fort de *Stækeborg*, avait cependant été forcé de se rendre au Président de l'État, après la tentative infructueuse faite par *Séverin Norby* et sa flotte pour le débloquer (1517).

L'année suivante, Christian II lui-même se rendit à Stockholm avec une flotte, dans l'espoir de surprendre la ville; mais cette entreprise ne réussit pas non plus. Pendant qu'il était encore avec ses navires devant Stockholm, il proposa une entrevue pacifique au Président de l'État, et demanda des otages pour sa sûreté. Ceux-ci furent aussi envoyés à bord de sa flotte, mais, un vent favorable s'étant élevé, Christian II leva l'ancre et fit voile pour le Danemark, emmenant les otages. Parmi eux, il y avait *Hemming Gadd* et le jeune *Gustave Vasa*, qui devint plus tard roi de Suède.

Après la reddition de Stækeborg, Gustave Trolle ne fut pas seulement déposé du siége métropolitain, mais encore enfermé dans un monastère, et son château fort rasé au niveau du sol. Ce traitement infligé à un si haut personnage provoqua une bulle papale, par laquelle Sten Sture et tous ses adhérents furent excommuniés, et toute la Suède mise en interdit. Christian II fut chargé de l'exécution de cette sentence; il équipa, dans ce but, une puissante armée à laquelle fournirent un contingent armé, non-seulement les feudataires civils et ecclésiastiques, mais encore toutes les villes du pays; et il prit en outre à sa solde un grand nombre de mercenaires étrangers, allemands, français, écossais. Ces troupes pénétrèrent en Suède sous la conduite d'*Otte Krumpen*, qui fit afficher sur les portes des églises la bulle papale, partout où il passait. Lorsqu'elles arrivèrent dans le Vestergœtland, Sten Sture marcha à leur rencontre, mais il fut battu, le 19 janvier 1520, dans le Bogesund, sur la glace du lac Asunda, et si grièvement blessé qu'il mourut un mois après. Par suite de ce décès et de la défaite d'une grande troupe de paysans suédois, vaincus devant *Upsala*, le vendredi saint de l'année 1520, après un combat sanglant et acharné, toute la Suède se soumit à l'exception de Stockholm, que l'héroïque veuve du Président, *Christine Gyllenstjerna*, continua à défendre. Otte Krumpen ayant promis une amnistie générale au nom du roi, les seigneurs laïques et ecclésiastiques de Suède se déclarèrent prêts à reconnaître Christian II pour roi de leur pays. Ce monarque arriva lui-même avec une flotte, devant Stockholm, au commencement de l'année; il était accompagné de Hemming Gadd qui, dans sa captivité, avait changé d'opinion, et qui, après avoir passé toute sa vie dans une lutte continuelle contre les Danois, se mit sur ses vieux jours à prendre leur défense. Ses conseils, joints à ceux de Mathias, évêque de Strengnæs, déterminèrent Christine à ouvrir les portes de Stockholm à Christian II, qui fut ensuite couronné roi de Suède, le 4 novembre 1520.

Pour les fêtes du couronnement, se réunirent à Stockholm un grand nombre de prélats et de nobles qui, traités fort amicalement par le roi, ne soupçonnaient aucun danger; mais, au bout de trois jours, les affaires prirent une autre tournure. La plupart des seigneurs suédois, ecclésiastiques ou laïques, qui se trouvaient à Stockholm, furent, le mercredi 7 novembre, appelés au château, dont la porte fut ensuite fermée. Là comparut, comme accusateur, l'archevêque *Gustave Trolle*, qui demanda le châtiment des ennemis de l'Église et des siens, qui l'avaient destitué de ses fonctions et avaient fait raser son château de Stækeborg ; en les punissant, concluait-il, le roi mériterait la faveur divine et les louanges de toute la chrétienté. Comme le roi ne voulait pas avoir l'air de violer sa promesse d'amnistie générale, il avait suivi avec empressement le conseil que lui donnait *Diderik Slaghoek*, savoir de juger les inculpés non comme rebelles, mais comme ennemis de l'Église. Ce personnage, que Arcembold avait amené en Danemark, était docteur en droit canon, et exerçait en même temps la médecine. Il avait beaucoup d'intelligence et une grande habitude des affaires, ce qui lui donnait de l'influence auprès du roi ; c'était d'ailleurs un homme de mœurs dissolues et un cœur corrompu. Tous ceux qui avaient signé la résolution prise par le Riksdag (diète du royaume), et en vertu de laquelle l'archevêque avait été déposé et incarcéré, furent aussitôt jetés en prison : il n'y eut d'exception que pour l'évêque *Brask*, de Linkœping, qui avait mis sous son sceau un billet dans lequel il déclarait qu'il prenait part malgré lui à la condamnation de l'archevêque, et pour un autre évêque qui se joignit à G. Trolle, comme accusateur. Les autres seigneurs suédois, qui avaient été attirés au château, furent de même retenus prisonniers pendant la nuit. Le lendemain, jeudi, 8 novembre, à neuf heures du matin, ils furent réunis, et *Jens Andersen Beldenak*, évêque de Fionie, — le seul Danois qui ait trempé dans cette affaire, — leur demanda si ceux qui s'étaient conjurés contre le pape et contre la sainte Église romaine n'étaient pas hérétiques ; à quoi ils ne pouvaient répondre qu'affirmativement. Cette déclaration fut suffisante pour que le cruel monarque fît exécuter les accusés. Le même jour, vers midi, environ quatre-vingt-dix des principaux personnages de Suède, nobles, ecclésiastiques et bourgeois, furent conduits à l'échafaud, dressé au milieu de la place du marché de Stockholm, et décapités l'un après l'autre. Plusieurs des spectateurs, qui ne pouvaient retenir leurs larmes et leurs sanglots, furent saisis et mis à mort comme les autres. Les suppliciés restèrent trois jours sur place sans être inhumés, et, comme il vint à tomber de la pluie, l'eau rougie se répandit dans toutes les rues de Stockholm, de sorte que toute la ville semblait nager dans le sang. Le troisième jour, les cadavres furent portés hors de la ville, et, au lieu d'être enterrés, furent brûlés, comme on le faisait pour les hérétiques. Les restes de Sten Sture, et ceux d'un jeune enfant qui lui était né pendant son excommunication, furent exhumés et jetés sur le bûcher. Pour se donner l'apparence de n'avoir été que l'exécuteur de la sentence du pape, le roi n'épargna même pas ses fidèles partisans, comme l'évêque *Mathias de Strengnæs,* qui fut au nombre des suppliciés de Stockholm, et *Hemming Gadd,* dont la tête tomba quelque temps après sous la hache du bourreau, en Finlande, où il travaillait avec zèle pour la cause du roi. Ce massacre, connu sous le nom de *Bain de sang de Stockholm* (Stockholms blodbad), fut réprouvé non-seulement par les Suédois, mais encore par les Danois; Otte Krumpen doit avoir résigné son commandement, et le brave *Séverin Norby* ne cacha pas l'horreur que lui causait ce crime, et il donna asile à beaucoup de Suédois sur ses navires, dans le port de Stockholm. En retournant en Danemark, Christian traversa plusieurs provinces de Suède, et il marqua son passage par de nouvelles cruautés. C'est ainsi qu'il fit noyer l'abbé du monastère de *Nydal* et divers moines, parce que pendant la guerre ils avaient refusé des vivres à ses troupes ; et à Jœnkœping, il fit pendre un certain Ribbing avec tous ses gens; d'après une tradition, qui repose sans doute sur une méprise, les deux jeunes fils de Ribbing doivent avoir été au nombre des suppliciés. Christian II croyait avoir étouffé dans le sang l'esprit séditieux des Suédois; c'est en quoi il se trompait complétement. Le massacre de Stockholm porta un coup mortel à l'Union septentrionale. Le noble *Gustave Vasa,* dont le père avait été exécuté à Stockholm, s'était enfui du Danemark au péril de sa vie, et était allé se mettre à la tête des Dalékarliens comme libérateur de la Suède. Des bandes venues de toutes les provinces de la Suède se réunirent peu à peu sous ses drapeaux, et, lorsque presque toutes les troupes de Christian II eurent été expulsées, il fut élu roi de Suède (1523), et alors l'Union fut rompue pour toujours.

Tandis que Christian II perdait par ses cruautés la couronne de Suède, il se faisait aussi haïr, en Danemark, de la noblesse et du clergé, par son gouvernement arbitraire et le dédain qu'il faisait des ordres supérieurs. Il était au contraire aimé du peuple et des bourgeois, quoiqu'il leur imposât de lourdes contributions à cause de la longue guerre de Suède et qu'il frappât de la monnaie de bas titre; et il protégeait toujours ces ordres contre l'oppression des autres. Bien que lié par une capitulation expresse, il gouvernait comme si elle n'eût pas existé, soumettait aux impôts la noblesse et le clergé, ne consultait pas le Rigsraad ou ne suivait pas ses conseils. Il excitait encore le mécontentement des ordres supérieurs, en s'entourant de personnes de basse extraction, qu'il élevait aux dignités et à qui il donnait sa confiance. L'un d'eux, *Diderik Slaghoek*, a déjà été mentionné; mais *Sigbrit* jouissait d'une plus grande influence encore. C'était une Néerlandaise qui s'était enfuie de son pays à cause des guerres civiles et s'était établie comme maîtresse d'hôtel à Bergen, où Christian II, pendant son séjour en Norvège comme prince héritier, fit connaissance avec sa fille, la belle *Dyveke*, qui devint sa maîtresse. Par sa grande intelligence et ses vues étendues, surtout en matière commerciale, Sigbrit acquit une grande influence auprès du prince, et, lorsqu'il fut devenu roi, il lui confia toute l'administration des douanes et la consulta sur toutes les affaires importantes de l'État, mais surtout à l'égard des nombreuses mesures nouvelles qu'il prenait en faveur du commerce et des villes. Comme Néerlandaise, elle estimait par-dessus tout les ordres des bourgeois et des paysans, et professait au contraire un profond mépris pour la noblesse, ce dont elle ne se cachait pas. Lorsque le roi se rendait chez Sigbrit pour s'entretenir avec elle des affaires publiques, on voyait parfois des gentilshommes de la cour, appartenant aux principales familles, qui se tenaient à la porte de la maison de Sigbrit, située sur l'Amagertorv, attendant que le roi sortît, sans oser entrer, quoique l'on fût au cœur de l'hiver et qu'il gelât très-fort, de sorte qu'ils tremblaient de froid, et que, pour s'échauffer, ils battaient la semelle et se frottaient les mains.

L'influence de Sigbrit ne reposait pas sur les relations de sa fille avec le roi, car elle la conserva longtemps après la mort de Dyveke, en 1517. Cet événement fut, pour Christian II, l'occasion d'un acte très-arbitraire et illégal, qui donna un nouvel aliment à la haine de la noblesse. Le commandant du château de Copenhague, *Torben Oxe*, gentilhomme dont le caractère n'était d'ailleurs pas connu sous les rapports les plus avantageux, s'était épris de Dyveke, et Sigbrit n'aurait peut-être pas été fâchée qu'un mariage eût lieu entre sa fille et un noble personnage comme Torben Oxe. La mort subite de Dyveke causa toutes sortes de rumeurs, et beaucoup de gens chuchotaient que ce décès n'était pas naturel, qu'il y avait eu empoisonnement. La chronique nommait divers coupables, mais on croyait généralement que la jeune fille était morte après avoir mangé des cerises empoisonnées, que Torben Oxe lui aurait envoyées, et le roi lui-même partageait ce soupçon. Le secrétaire de Torben Oxe, *Hans Faaborg*, homme méprisable, qui cherchait à se donner de l'importance et à se mettre en faveur par la délation, avait rapporté au roi que Torben était fort libre dans ses manières avec Dyveke, et que notamment il s'était permis un badinage grossier et inconvenant avec elle, dans le propre appartement du roi. Torben Oxe, que le roi lui-même interrogea sur cette affaire, avoua sans dissimulation qu'il avait aspiré aux faveurs de Dyveke, mais il déclara en même temps qu'il n'avait pas atteint son but. Le roi, rempli de colère, fit intenter une action contre Torben Oxe devant le Rigsraad, en l'accusant tout à la fois, semble-t-il, d'avoir empoisonné Dyveke et souillé la couche royale. Mais le haut tribunal acquitta le prévenu, parce que la loi ne punissait pas les projets. A la nouvelle de ce jugement, le roi s'écria avec emportement : « Si j'avais eu au Rigsraad autant d'amis que Torben Oxe y a de parents, la sentence aurait été tout autre ; mais, eût-il le col aussi épais que celui d'un taureau, il perdra pourtant la tête ! » Bien que le Rigsraad fût seul compétent dans les affaires de ce genre concernant les nobles, le roi porta la cause de Torben Oxe devant un tribunal composé de douze paysans des environs de Copenhague. Leur sentence fut : « Qu'ils ne jugeaient pas Torben Oxe, mais que ses propres actions le condamnaient, » arrêt singulier, qui ne déterminait ni le crime ni la peine, mais qui suffit au roi pour faire exécuter son rival, bien que la puissante famille du condamné, toute la cour et la reine elle-même eussent intercédé pour lui.

Le roi traitait les ecclésiastiques avec aussi peu de ménagement que les nobles, et les querelles qu'il eut avec plusieurs des évêques, du royaume montrent, d'une manière frappante, combien la situation du clergé dans l'État était changée depuis le treizième et le quatorzième siècle, où aucun roi n'offensait impunément quelque haute autorité ecclésiastique. Christian II entra en lutte violente avec l'évêque de Fionie, déjà mentionné, *Jens Andersen,* que le peuple surnommait *Beldenak* à cause de sa calvitie. Ce personnage était doué de grandes facultés intellectuelles, mais il était en même temps connu pour son humeur querelleuse, son orgueil et son avarice. Il s'occupait plutôt de commerce et d'autres affaires temporelles que de sa mission religieuse, et il est notamment connu pour avoir été le premier, parmi les prélats, qui ait fait conduire des bœufs engraissés jusqu'à l'Elbe, où ils étaient directement et avantageusement vendus aux Hollandais. Cet exemple fut ensuite imité par les prélats et la noblesse, et ce dernier ordre finit par s'approprier presque exclusivement ce commerce lucratif qui, d'après les lois du pays, aurait dû être réservé aux villes. Sous le roi Jean, il avait été souvent mêlé aux affaires de l'État, et une fois il avait, sans pouvoirs suffisants, conclu avec les Lübeckois un traité par lequel le roi s'engageait à leur payer une somme d'argent très-considérable. Christian II lui demanda le remboursement de cette somme, évaluée à 80,000 gulden : il était irrité contre le prélat à cause des actes arbitraires qu'il s'était permis dans l'exercice de ses fonctions, et de son manque d'égards vis-à-vis de la reine mère, qui avait sa résidence près d'Odense. Jens Andersen n'ayant pas voulu obtempérer à cette réclamation, le roi le fit jeter en prison, et ne le relâcha qu'au bout de trois ans environ, lorsqu'il se fut humilié, eut fait excuse à la reine douairière, et se fut engagé à payer la somme exigée : le roi devait, jusqu'à l'entier remboursement, avoir la faculté de prélever les deux tiers des revenus temporels du siége épiscopal. Plus tard, il suivit Christian II en Suède, comme on l'a vu, et l'aida à préparer le massacre de Stockholm. — Le roi imposa au chapitre métropolitain de Lund toute une série d'archevêques. *Aage Sparre,* que le chapitre avait élu, n'ayant pu obtenir la confirmation du roi, les chanoines élurent le chancelier royal, *George Skodborg;* celui-ci n'ayant pas non plus voulu se plier aux volontés de Christian ni lui céder l'île de Bornholm, le roi conféra la plus haute dignité ecclésiastique du royaume à l'odieux et méprisable Diderik Slaghoek, puis s'empara tout à la fois de l'île de Bornholm et du château d'Aarhuus, en Skanie, qui appartenait au siége métropolitain.

Dans tout ce que l'on a dit précédemment, Christian II a agi en maître cruel ou despotique; il se montre sous un jour plus favorable dans ses *lois*, et, bien que les pénalités y soient trop sévères et que certaines de ses institutions n'aient pas été suffisamment préparées, l'œuvre législative de ce monarque est pourtant un monument impérissable de son esprit clair et libre, indépendant de beaucoup d'erreurs et de préjugés du temps; un témoignage de son amour pour les ordres des bourgeois et des paysans, et de sa sollicitude pour la moralité et l'instruction du peuple. Dans ces lois, on trouve aussi des traits isolés de philanthropie et de souci pour les opprimés et les malheureux, qui font un beau contraste avec la dureté ordinaire de ce prince. Comme son activité législative s'étendit presque à toutes les branches de l'administration intérieure, ses lois jettent aussi beaucoup de jour sur les mœurs et sur toute la constitution du pays à la fin du moyen âge, et montrent les maux presque incroyables dont souffrait l'État. Outre plusieurs ordonnances, Christian II promulgua deux grandes lois qui portent le titre peu exact de loi ecclésiastique et de loi civile; celle-là pourrait être appelée loi pour la campagne; celle-ci, loi pour les villes. Cette dernière fut promulguée le 6 janvier 1522, l'autre peu auparavant. Toutes deux étaient destinées à faire un tout, un nouveau code national.

Étendre le commerce du Danemark et restreindre celui des villes Hanséatiques, favoriser les progrès des villes et enlever aux ordres supérieurs les privilèges commerciaux qu'ils s'étaient arrogés, et que le roi lui-même avait confirmés par sa capitulation, tel était le principal but des efforts de Christian II. Il défendit donc aux évêques et aux autres ecclésiastiques, aux seigneurs et aux baillis royaux, aux paysans et au reste du peuple d'acheter à la campagne autre chose que ce dont ils avaient besoin pour leur propre consommation; ils ne devaient non plus exporter ni céréales, ni chevaux, ni bœufs; mais ces marchandises, comme toutes les autres, devaient être menées dans les villes danoises et vendues au prix du cours. De même, il était interdit aux Hanséates de faire acheter les produits du pays ou de faire vendre leurs propres marchandises par des colporteurs et des maquignons qui trompaient les paysans et minaient le commerce des villes. Pour favoriser davantage *Copenhague,* dont la situation favorable pour le commerce extérieur n'avait pas échappé à sa perspicacité, il avait le projet de faire de cette ville l'entrepôt du commerce de la Baltique, plan dont l'exécution aurait ruiné les Lübeckois; aussi ne le lui pardonnèrent-ils jamais. Il détermina quelques marchands hollandais entreprenants à s'établir dans cette ville, qui était le sujet de sa sollicitude spéciale, et il chercha également à y faire venir les riches *Fugger* d'Augsbourg. Chaque année, le bourgmestre et un conseiller de chaque ville du royaume devaient s'y réunir pour discuter en commun sur ce qui pourrait être utile au commerce et aux cités. On voit combien de tels congrès auraient contribué à vivifier l'esprit public et à faire naître la coopération entre tous les bourgeois du pays. Une cause de grande confusion dans le commerce et les échanges était la *diversité des poids et mesures* en usage dans les différentes provinces; aussi le roi ordonna-t-il que les poids et les mesures de longueur et de capacité seraient identiques dans tout le royaume, et ramenés au type usité à Copenhague et à Malmœ. La facilité des communications intérieures, qui est si importante pour le commerce, était une des grandes préoccupations du roi; et, à cet effet, il fit la première tentative de création de la *poste,* en ordonnant qu'il serait institué dans chaque ville deux ou trois *coureurs* qui devaient porter les lettres, hiver et été, moyennant deux skillings par chaque mille parcouru. Il imposa de même aux cantons et aux paroisses l'entretien des chemins, et il ordonna que si quelque voyageur éprouvait du dommage par suite du mauvais état des chemins, il serait indemnisé par la paroisse en défaut.

Une des pires entraves au développement du commerce étranger était le traitement injuste et cruel que les naufragés subissaient souvent sur les côtes du Danemark. Les feudataires et les évêques, qui possédaient le *droit de bris* (strandret), s'emparaient des épaves maritimes, et parfois les habitants de la côte massacraient tout l'équipage naufragé pour pouvoir le dépouiller impunément. Christian II mit fin à cet abus révoltant par son *ordonnance sur le varech* (forordning om vrag), par laquelle il fut permis aux naufragés de sauver eux-mêmes leurs biens, et aucun sauveteur ne pouvait, sous peine de mort, s'en mêler sans en être requis. Si, au contraire, les naufragés demandaient du secours, le bailli ou le commissaire du rivage étaient tenus de leur en procurer; les épaves devaient être déposées, sous bonne garde, dans l'église la plus voisine, et les sauveteurs recevoir une indemnité fixée. Si une épave était jetée à la côte sans naufragé vivant, elle devait rester dans l'église un an et un jour, à la disposition du légitime propriétaire, s'il se présentait dans ce délai. Le bailli devait rendre *publiquement* compte des épaves, afin que le roi « n'encourût pas de reproches ». Christian II mérite d'autant plus d'être loué de cette mesure, qu'elle lui fit perdre annuellement 70,000 gylden de revenu. Comme la plupart des naufrages avaient lieu sur les côtes du Jutland, les évêques de cette contrée subirent aussi une grande diminution de revenus, et quelques-uns d'entre eux s'en plaignirent au roi. Il leur représenta que le droit de varech était contraire à l'esprit du christianisme; à quoi ils objectèrent qu'il n'y avait pas dans la Bible de prohibition à cet égard; mais ils furent réduits au silence lorsqu'il leur demanda : « N'avez-vous donc jamais lu les cinquième et sixième commandements? »

Le roi prit diverses mesures pour la sauvegarde de la *moralité, du bon ordre, de la police et de la bonne administration de la justice*, aussi bien dans les villes qu'à la campagne. Les femmes dissolues devaient habiter un endroit spécial de la ville, et il n'y avait pas d'action pour les pertes de vêtements et d'argent que l'on avait faites dans ces maisons en jouant et en buvant. *Les magiciens et les sorcières ne devaient plus être brûlés comme auparavant*, mais fouettés et expulsés de la ville; et la même peine devait être appliquée à ceux qui, après avoir été avertis, persistaient à recourir à leurs conseils. Les malades et les infirmes seuls pouvaient mendier, mais avec une permission de l'autorité; les lépreux, dont il y avait un grand nombre au moyen âge, devaient se distinguer des autres mendiants en frappant un bâton contre un morceau de bois. Les habitants des villes ne devaient pas seulement nettoyer la rue et le ruisseau vis-à-vis de leurs maisons; mais il était de plus enjoint à chacun de *frotter les tables, les bancs et le plancher*, les samedis et les veilles des grandes fêtes. Aucun bourgeois ne devait faire la noce plus de deux jours, savoir le dimanche et le lundi, et il ne devait pas avoir plus d'invités *que n'en pouvait contenir sa demeure*. A la campagne, les paysans ne pouvaient pas faire de fêtes pendant l'été ni au temps des récoltes; mais « les jours fériés et la nuit de la Saint-Jean, ils peuvent parcourir les rues en dansant et se livrer à d'autres plaisirs et réjouissances ». Plusieurs dispositions législatives concernant les mœurs montrent combien elles étaient encore grossières : il était défendu aux plaideurs de comparaître en état d'ivresse, de menacer, frapper et provoquer les juges; et à ceux-ci, qu'ils fussent laïques ou ecclésiastiques, de jurer et de s'emporter en invectives, lorsqu'ils siégeaient sur leur tribunal. Les pauvres, et en général ceux qui ne pouvaient eux-mêmes défendre leur cause, devaient être pourvus d'un avocat nommé d'office. Les plus proches héritiers étaient tenus de se charger de l'éducation des orphelins, et, à défaut de parents, le juge devait donner un tuteur à ceux-ci.

Christian II était l'ami et le protecteur des *paysans* opprimés. On a déjà dit qu'il interdit « l'usage, mauvais et contraire à l'esprit du christianisme de vendre de pauvres paysans, des chrétiens, comme des créatures irraisonnables » ; de plus, l'ordonnance ajoute : « Que les paysans de Sélande, de Laaland, de Falster et de Mœn, dont le maître agit déloyalement et les traite avec injustice et contre la loi, peuvent quitter le domaine qu'ils cultivent pour s'établir dans un autre, comme font les paysans du Jutland, de la Fionie et de la Skanie, » disposition qui, sans abolir le servage de la glèbe, le restreignait pourtant considérablement. A une date plus récente du moyen âge, les baux pouvaient être généralement rompus après trois mois d'avertissement, aussi bien de la part du fermier que de celle du propriétaire; et il n'y avait alors pas d'arrhes (indfæstning) à payer lors de l'entrée en jouissance; mais le fermier ne devait que le cens (landgilde) et les corvées. Dans le cours du quinzième siècle, il était d'un usage assez général de faire des baux de longue durée, parfois à vie, et le fermier avait à payer une certaine somme en prenant possession des terres amodiées. Cette coutume était à l'avantage aussi bien du fermier que du propriétaire; mais des seigneurs déloyaux se permettaient parfois de congédier prématurément leurs fermiers sous des prétextes insignifiants. Pour prévenir cet abus, le roi ordonna de fixer par le bail une certaine période, avant l'expiration de laquelle les fermiers ne devaient pas être renvoyés, tant qu'ils entretenaient les terres en bon état et payaient régulièrement le cens. Le bailli, *avec douze paysans,* avait à juger si le prix du bail était raisonnable. Les paysans furent dispensés des battues et des longs charrois pendant le temps des récoltes, et il fut défendu aux seigneurs de *forcer* leurs paysans à prendre des bœufs en pension. Les paysans obtinrent en outre la faculté d'envoyer leurs enfants dans les villes pour apprendre le métier qu'ils voulaient. Plusieurs préceptes législatifs de Christian II ont pour but de déterminer les paysans à s'appliquer à l'horticulture, fort négligée; mais beaucoup plus efficace à cet égard fut l'exemple de diverses familles mandées de Hollande et établies à Amager. Cet établissement eut lieu probablement à l'instigation de Sigbrit et de la reine *Élisabeth,* qui était une princesse néerlandaise, sœur de l'empereur Charles-Quint.

L'*instruction* publique était un des sujets qui tenaient le plus au cœur de Christian II, et il fit de nombreuses et importantes améliorations pour le progrès, aussi bien des écoles savantes que des écoles primaires. Il fut enjoint aux prêtres et aux marguilliers d'enseigner aux enfants, en même temps que le catéchisme, la lecture et l'écriture en langue danoise. Les bourgeois, après avoir fait instruire leurs enfants dans la lecture, l'écriture et le calcul, devaient leur faire apprendre un métier, « afin qu'ils pussent subvenir à leurs besoins s'ils tombaient dans la pauvreté ». Le roi s'efforça de tirer les écoles latines de la pitoyable situation où elles se trouvaient, en leur donnant un règlement fort bon pour l'époque; il fit brûler une grande quantité de vieux livres scolaires barbares et hors d'état de servir, et il en fit composer d'autres mieux appropriés à leur destination; les appointements des professeurs furent considérablement augmentés, mais ils durent à l'avenir passer des examens. Comme ils usaient souvent de châtiments corporels très durs, il leur défendit sévèrement de recourir à des punitions qui pouvaient altérer la santé ou la vigueur des élèves. Il était d'usage alors que les écoliers pauvres allassent mendier et chanter aux portes pour se procurer des moyens de subsistance; le roi abolit cette mauvaise coutume, qui exerçait nécessairement une funeste influence sur le caractère et la moralité des écoliers, et il enjoignit aux parents de pourvoir à l'entretien de leurs enfants ou de les placer dans une autre condition. Il fut également interdit aux élèves de se déguiser au temps du carnaval pour faire toutes sortes de mauvais tours, ou de quitter l'école en automne pour aller à la pêche. Tous ceux qui étaient destinés aux études devaient être envoyés à l'école latine, « et non pas mis chez des maîtres illettrés, qui les perdaient d'abord dans leur jeunesse et leur causaient un tort irréparable ».

Le grand pouvoir, le luxe et l'immoralité du clergé excitaient l'indignation de Christian II, qui fit plusieurs lois pour les réprimer ; mais en cela, comme en plusieurs des autres mesures prises par lui, il n'observa pas la prudence et la modération que les circonstances exigeaient, et il ne fit qu'accroître l'aversion que le clergé avait déjà pour lui. Il défendit, par exemple, aux ecclésiastiques d'acheter des propriétés ou d'en recevoir par héritage, « à moins qu'ils ne voulussent suivre le précepte de saint Paul qui, dans sa première Épître à Timothée, leur conseille de prendre une épouse et de vivre dans le saint état du mariage, comme leurs ancêtres avaient fait ». L'Église danoise devint presque totalement indépendante de Rome par l'érection d'un tribunal suprême, siégeant à Roeskilde, et composé de membres laïques et ecclésiastiques, dont les jugements, aussi bien dans les affaires religieuses que dans les affaires civiles, n'étaient pas susceptibles d'appel au pape. Parmi les nombreux abus qui s'étaient introduits dans l'Église était l'absentéisme : beaucoup d'ecclésiastiques ne vivaient pas dans leurs paroisses ou diocèses, mais bien dans les villes ou à la cour, où ils s'occupaient d'intérêts temporels, tandis que leurs fonctions étaient remplies par des chapelains et des vicaires. Le mal alla si loin que, par exemple, un évêque de Ribe, sacré à la fin du quinzième siècle, ne célébra pas la messe dans sa cathédrale avant la quatorzième année du siècle suivant ; il ne faut pas s'étonner si, avec de pareils exemples sous les yeux, le bas clergé se permettait de négliger le service. Christian II enjoignit sévèrement aux évêques de remplir les devoirs de leur charge, et, comme l'ignorance des ecclésiastiques était aussi grande que leur paresse et leur nonchalance, il leur défendit à l'avenir d'ordonner prêtre tout candidat qui n'aurait pas étudié à l'Université de Copenhague, et prouvé par un examen qu'il était assez versé dans l'Écriture sainte pour donner l'enseignement religieux. Pour rétablir la discipline monastique, dont le déclin provenait en grande partie de ce que les cloîtres s'étaient soustraits à la surveillance des évêques par la permission du pape, il les replaça sous la juridiction épiscopale, et il interdit la mendicité à tout autre qu'aux frères quêteurs; les diacres ne devaient plus aller asperger d'eau bénite les mets, aux jours de fête, et les nonnes ne pouvaient prendre l'habit avant leur vingt-cinquième année accomplie. Il fut enjoint aux prélats de porter le costume ecclésiastique et de ne pas se vêtir comme des laïques ; le cortège armé des évêques fut réduit à 14 hommes, et celui des archevêques à 20 ; et il leur fut défendu « de se faire précéder de fifres et de trompettes, en dérision de la sainte Église ». — La plupart des institutions de Christian II succombèrent avec lui et, après son expulsion, ses lois furent brûlées par la noblesse, à la diète provinciale de Viborg, «*comme nuisibles et contraires aux bonnes mœurs* » ; mais, malgré leur prétendue « nocuité et immoralité », une grande partie d'entre elles furent reproduites dans les ordonnances des rois postérieurs, moins pourtant qu'il n'eût été à désirer, surtout en ce qui concerne l'ordre des paysans.

Beaucoup des réformes religieuses du roi Christian II furent provoquées par les doctrines de Luther qui commençaient à se répandre en Allemagne et qu'il suivait avec attention et sympathie. Il fut bientôt tellement convaincu de leur utilité, qu'il chercha à les introduire en Danemark. Il fut, après le propre souverain de Luther, le premier prince de l'Europe qui prêta l'oreille aux nouvelles prédications, et dès 1519, deux ans après les débuts de Luther, il demanda à son oncle maternel, l'électeur Frédéric de Saxe, un théologien de Wittenberg, pour propager la Réforme en Danemark. A son appel vint à Copenhague, en 1520, maître *Martin Reinhard*, qui prêcha dans l'église de Saint-Nicolas, les dimanches et les jours de fête. Mais, comme il ne savait pas le danois, ses paroles devaient être traduites par un interprète et l'on dit que celui-ci était *Paul Elixsen,* moine carmélite de Helsingœr (Elseneur), professeur à l'Université de Copenhague. Par ses propres méditations et par la lecture des premiers écrits de Luther, il était arrivé à reconnaître les graves abus qui s'étaient introduits dans l'Église catholique ; il se fit l'auxiliaire de Reinhard et devint un ardent propagateur de la Réforme. Cependant des prédications en langue étrangère devaient nécessairement perdre de leur force en passant en danois par l'intermédiaire d'un traducteur, et les gestes dont Reinhard accompagnait ses paroles, non comprises de ses auditeurs, leur paraissaient risibles. Le clergé de Copenhague tira parti de cette circonstance : un enfant, revêtu d'un costume pareil à celui de Reinhard, courut par les rues en contrefaisant les paroles et les gestes du prédicateur, et le rendit si ridicule, que celui-ci n'osa plus remonter en chaire. En outre, Paul Eliæsen aussi se retira, parce qu'il pensait que Luther commençait à dépasser les limites raisonnables. Il avait voulu une réforme des coutumes religieuses et de la vie chrétienne ; mais Luther attaqua bientôt le dogme lui-même et ébranla l'Église sur ses fondements en rejetant la puissance et l'autorité du pape. Paul Eliæsen, qui voulait, au point de vue de la doctrine, rester un catholique orthodoxe, devait totalement désapprouver le Réformateur. Ses ennemis prétendaient au contraire que son changement d'opinion avait été produit par la promesse d'un riche canonicat que lui auraient faite les évêques catholiques. Il cessa dès lors d'avoir des relations avec Martin Reinhard, et depuis il combattit la Réforme, par la parole et la plume, aussi vivement qu'il l'avait d'abord soutenue ; cette inconstance lui valut le surnom de *Paul Vendekaabe* (tourne-casaque). Lorsque Reinhard, abandonnant l'espoir de faire plus, s'en fut retourné en Allemagne, le roi chercha à faire venir en Danemark Luther lui-même. Mais il ne réussit pas ; on envoya au contraire à Copenhague *Karlstadt*, qui était alors ami de Luther, mais qui resta peu de temps dans cette ville, probablement parce que les circonstances forçaient alors le roi à battre en retraite.

Un orage commençait en effet à se former au-dessus de la tête de Christian II et menaçait de le perdre. La Suède était en pleine révolte ; les Lübeckois déclaraient la guerre au Danemark ; de sérieuses contestations s'étaient élevées entre le roi et son oncle paternel, le duc *Frédéric*, et parmi les nobles et les prélats fermentait un mécontentement qui éclata bientôt ouvertement. De plus Christian II étaient en relations tendues avec la cour de Rome, partie à cause de ses réformes religieuses, partie à cause du massacre de Stockholm, où deux évêques avaient été exécutés.

Mais comme le pape voulait ménager Christian II, qui était beau-frère du puissant empereur Charles-Quint, l'affaire fut arrangée à l'amiable, et le nonce apostolique *Jean-François de Potentia*, qui fut à cette occasion envoyé en Danemark, déclara le roi innocent de toute participation au massacre. Toute la faute fut attribuée à Diderik Slaghoek, devenu archevêque de Lund, qui, pour ce crime et beaucoup d'autres mauvaises actions, fut condamné à mort, et d'abord mené sous la potence, puis brûlé le 24 janvier 1522 sur le Gammeltorv (ancien marché) de Copenhague, tout près de l'hôtel de ville. Le roi nomma ensuite à l'archevêché de Lund son secrétaire *Jean Weze*, et c'était le quatrième métropolitain qu'il imposait au chapitre de Lund dans le courant de quatre années. — Le point capital du différend entre Christian II et son oncle était l'investiture du Holstein que le roi avait obtenue pour lui, lors d'une visite qu'il fit à son beau-frère l'empereur Charles-Quint. Le duc se crut offensé par cet acte et il remit sur le tapis ses anciennes prétentions à l'héritage présomptif en Norvège, à la succession paternelle en Danemark, au payement d'une somme d'argent, etc., prétentions qui avaient déjà été réduites à néant sous le roi Jean ; il refusa en outre d'aider le roi dans la guerre contre les Lübeckois. Un accord fut pourtant conclu, en 1522, à *Bordesholm*, où le roi, pressé par tant d'ennemis, céda, renonça au droit d'être investi du duché de Holstein, permit au duc de rester neutre pendant la guerre avec Lübeck et promit de lui payer une somme d'argent ; mais il viola lui-même ce traité peu de temps après, en faisant forcer les archives communes de Segeberg, et, à ce que l'on dit, saisir et brûler divers papiers importants pour le duc.

Christian se hâta ensuite de gagner la Sélande, où les Lübeckois menaçaient d'attaquer Copenhague ; mais ils durent se retirer sans rien faire, parce que le roi rassembla une armée de 10,000 paysans et prit les mesures les plus vigoureuses pour la défense. Cependant, comme le manque d'argent devenait de plus en plus grand, et que le roi ne pouvait plus se dissimuler la dangereuse fermentation qui agitait la noblesse et les prélats, il résolut de convoquer une diète (herredag) à Kallundborg, vers la fin de l'année 1522. Le jour arrivé, tous les évêques et les nobles jutlandais s'abstinrent de paraître, sous prétexte que le vent et le temps les avaient empêchés de passer en Sélande. Pour la commodité des seigneurs jutlandais, on convoqua une assemblée nationale (rigsdag) à Aarhuus, où furent appelés aussi deux bourgeois de chaque ville et quatre paysans de chaque canton, et le roi lui-même se rendit en Jutland. Mais une partie des prélats et des seigneurs laïques du Jutland s'étaient déjà ligués à Viborg, à la fin de décembre 1522, pour détrôner Christian II et le remplacer par son oncle. Ils composèrent un *cahier de doléances* (klageskrift) où ils cherchaient à justifier leur conduite, et où ils se plaignaient d'abord et surtout des atteintes portées aux libertés de l'Église; des violences de toute sorte commises contre les ecclésiastiques; de l'autorisation que le roi donnait aux hérétiques de corrompre la foi chrétienne « par les ruses et les malices luthériennes »; de la disposition des biens de l'Église confiée à « des esclaves et des scribes » (Jean Weze) : « causes pour lesquelles Dieu avait pendant sept ans affligé ces royaumes par la peste, la maladie, la disette, la guerre et les troubles ». Il était dit en outre que le roi avait injustement ôté la vie à beaucoup d'hommes innocents et, malgré sa capitulation, imposé des contributions aux nobles « comme à des paysans »; fait venir des étrangers et, au lieu de suivre le conseil du Rigsraad, s'était confié « à des tyrans, à des fourbes et à des sorcières (Sigbrit), pour le malheur éternel, l'asservissement et la perte des États danois ». Peu après le roi reçut une *lettre de désaveu* (opsigelsesbrev) de même contenu, qui lui fut portée à Veile par le sénéchal (landsdommer) *Mogens Munk*.

Ce coup déconcerta totalement Christian II; au lieu d'agir, il eut recours aux prières et aux promesses; mais les conseillers jutlandais connaissaient la mauvaise foi du roi et puis ils s'étaient trop avancés pour pouvoir reculer. Le roi avait encore de son côté, outre la Norvège, toutes les îles, la Skanie entière, avec trois fortes places de guerre, Kallundborg, Malmœ et Copenhague, dont les bourgeois lui étaient complétement dévoués. Si, dès les débuts de la révolte des conseillers jutlandais, il avait agi avec vigueur et réuni toutes les forces dont il pouvait disposer, pour arrêter le torrent avant qu'il prît son cours et devînt irrésistible, il aurait peut-être réussi à se rendre maître de la rébellion. Mais les nombreux revers qui l'assaillaient l'avaient découragé et troublé, et, comme les négociations ne pouvaient remédier à rien, il se rendit à *Copenhague,* irrésolu et abattu. La situation devint bientôt désespérée, car les révoltés agissaient avec énergie et promptitude; ils s'emparèrent non-seulement de tout le Jutland, mais encore de la Fionie; les défections se succédèrent; des troubles éclatèrent aussi dans les provinces orientales, près des frontières desquelles Gustave Vasa était en mouvement; les Lübeckois armaient à toute force leur flotte dans le dessein de bloquer Copenhague et de barrer le passage du Sund. Le roi, après avoir perdu les premiers moments, n'avait que de faibles moyens à opposer aux nombreux et puissants ennemis qui l'avaient assailli si inopinément. Il était entièrement dépourvu d'argent; les lansquenets et cavaliers étrangers, qu'il avait à sa disposition, étaient beaucoup moins nombreux que ceux de ses ennemis, et opposer des bourgeois et des paysans, novices dans le maniement des armes, à des soldats exercés, pour qui la guerre était un métier, c'eût été sacrifier ceux-là en pure perte. Mais le pire était le mauvais état de la flotte militaire. Par suite des sacrifices qu'imposait la guerre de Suède, la flotte avait été négligée dans les dernières années; aucun nouveau navire n'avait été construit ou acheté; les anciens étaient en grande partie délabrés et hors d'état de servir. En restant à Copenhague, Christian II avait donc à craindre d'être cerné; à la fin contraint de se rendre à ses ennemis acharnés, et fait prisonnier par son oncle et les Lübeckois. Il ne vit donc pas d'autre expédient que de quitter le royaume et de chercher secours à l'étranger. Après avoir nommé *Henri Gjœ* commandant de Copenhague et avoir obtenu des bourgeois de cette ville, ainsi que de ceux de *Malmœ,* la promesse qu'ils se défendraient bravement, jusqu'à ce qu'il pût leur amener des renforts, dans trois mois, comme il l'espérait, il s'embarqua le 13 avril 1523 avec ses trois petits enfants et la reine âgée de vingt-deux ans. Il ne revit Copenhague que neuf ans plus tard, et il était alors prisonnier à bord d'un des navires de son oncle. Les bourgeois de cette ville, les uns descendus au bord de la mer, les autres montés sur les remparts, suivirent avec des regards attristés leur roi qui s'éloignait, jusqu'à ce que la pointe de Skovshoved le dérobât à leurs yeux. Divers personnages des plus méritants du Danemark quittèrent leurs parents et leurs amis pour suivre le roi exilé, trait qui les honore, mais qui parle aussi en faveur de Christian II. Il expia cruellement ses fautes, d'abord par neuf années de vie errante dans les pays étrangers, où il eut beaucoup d'avanies à subir; ensuite par une captivité de vingt-sept ans, où il avait été attiré insidieusement, contre la foi et la loi, et où il fut traité pendant quelques années avec une cruauté inhumaine. Et pendant ce temps les rois se succédaient sur le trône de ses ancêtres, ses enfants vivaient dans l'exil et la reine mourait, à l'âge de vingt et quelques années, dans la misère et l'abandon [1].

III

Frédéric Ier. — Guerre civile. — Séverin Norby. — Rapports avec la Suède et Lübeck. — Propagation de la Réforme. — Christian II envahit la Norvège. — Guerre du Comte. — Mœurs et manière de vivre. — Idiome national.

Le même Mogens Munk, qui avait porté à Christian II la lettre de désaveu, remit aussi au duc Frédéric l'invitation que lui adressait la noblesse jutlandaise de prendre les rênes du gouvernement. Ce prince ne dédaigna pas de s'emparer de la couronne de son neveu et il fit aussitôt alliance avec les ennemis de Christian II, les Lübeckois, qui lui promirent de l'aider de tout leur pouvoir,

---

[1] Le peuple sentit vivement la perte de son protecteur, et ses doléances sur ses malheurs et ceux de Christian II sont exprimées dans un beau chant populaire où il est dit :

> Le vieil aigle s'est envolé
> Avec ses aiglons si petits,
> Et les autres oisillons furent si effrayés
> Se voyant lors sans ressource.
>
> Maintenant le faucon (la noblesse) est perché au sommet du chêne
> Déployant ses ailes ;
> Il va si cruellement opprimer
> Les autres oiseaux qui sont dans les bois.
>
> Maintenant tous les autres oisillons
> Se tiennent cois comme des pierres ;
> Ils ont perdu leur beau chant ;
> Dieu veuille qu'il leur revienne.

à condition qu'il leur rendrait toutes les libertés commerciales, dont ils avaient été privés par son prédécesseur. Il fût ensuite proclamé roi à la diète provinciale de Viborg, après avoir souscrit une capitulation qui était encore plus onéreuse pour le roi et plus avantageuse à la noblesse que celle de Christian II. Les évêques et les autres prélats devaient à l'avenir être pris dans la *noblesse*, et c'est seulement lorsqu'il se distinguait par une science extraordinaire qu'un plébéien pouvait s'élever à ce haut rang. Les droits de l'Église catholique furent confirmés dans les termes les plus exprès, et les possessions qu'avait perdues l'archevêché de Lund, entre autres l'île de Bornholm, devaient lui être restituées. Le roi s'obligea à ne permettre à aucun des disciples de Luther de prêcher « contre la sainte Église romaine et notre saint-père le pape », et à priver au contraire ces hérétiques de la vie et de leurs biens, partout où on les rencontrerait. Le droit pour les sujets de se dégager de leur serment de fidélité, lorsque le roi ne se conformait pas à la capitulation, droit dont la noblesse jutlandaise et le clergé avaient naguère fait un usage si étendu, fut exprimé encore avec plus de netteté et de précision qu'auparavant. Les priviléges de la noblesse furent non-seulement renouvelés, mais encore étendus. Il est dit dans la capitulation même que les nobles lèveraient les amendes imposées à leurs propres paysans et serviteurs, comme faisaient *les prélats et la chevalerie du Slesvig;* mais l'historien aristocratique, *Hvitfeldt*, qui vivait à la fin du même siècle, rapporte que Frédéric Ier conféra à la noblesse danoise les priviléges dont jouissait celle de Slesvig, c'est-à-dire la *juridiction capitale et criminelle* (hals og haand), le *droit de déshérence* et les amendes jusqu'à 40 marcs, « priviléges excessifs, ajoute-t-il, et tels qu'aucun roi de Danemark n'en avait accordé de pareils; c'est pourquoi le souvenir de ce monarque doit être, pour nous (la noblesse) et nos descendants, sacré et impérissable ».

Après avoir reçu l'hommage en Jutland, Frédéric Ier se rendit par la Fionie en Sélande, où le pays découvert fut bientôt occupé par ses troupes, et Kallundborg se rendit par la trahison du commandant, *Claude Eriksen*, qui fut surnommé « Slippeslot » (lâche-château); mais les bourgeois de *Copenhague* et de *Malmœ* opposèrent une belle résistance et firent plus du double de ce qu'ils avaient promis à Christian II ; car ils ne se rendirent qu'au commencement de l'année 1524, à *Jean Ranzau*, le brave chef de l'armée de Frédéric Ier, après environ huit mois de siége, lorsqu'ils manquèrent de vivres et qu'ils n'eurent plus d'espoir d'être débloqués. La Norvège, qui était d'ailleurs très-dévouée à Christian II, mais où la noblesse danoise était depuis longtemps déjà très-influente, se soumit également; après quoi le roi promulgua une capitulation où ce pays était reconnu comme libre royaume électif, ainsi que le Danemark, et, en conséquence, Frédéric Ier déposa le titre d'héritier de la Norvège (arving til Norge), que ses descendants reprirent pourtant.

Cependant Christian II parcourait l'Angleterre, l'Allemagne et les Pays-Bas pour demander des secours, et il réussit aussi à former une armée importante dans le Nord de l'Allemagne. Mais, comme il manquait d'argent, elle se dispersa sans avoir rien fait. En Danemark, au contraire, le monarque exilé avait un parti considérable, qui travaillait en sa faveur avec le plus grand zèle, attendant une occasion favorable pour prendre des mesures décisives. D'intrépides corsaires, comme le *marin Clément* (skipper Klement), *Claude Kniphoff* et d'autres, troublaient sans cesse le commerce des Hanséates et des Suédois dans la mer du Nord et la Baltique; mais c'est surtout le brave Fionien *Séverin Norby*, bailli de l'île de Gotland, qui se distingua par son zèle et son activité à soutenir Christian II et à nuire à ses ennemis. Lorsque enfin il ne put plus tenir tête aux Suédois et aux Lübeckois, qui assiégeaient *Visborg*, dans l'île de Gotland, il livra celle-ci au Danemark, avec le consentement de Christian II, ne voulant pas que cette importante possession fût perdue pour la couronne de Danemark. Cette cession ne changea pourtant rien à la situation ; car il garda le commandement de l'île et continua à faire la guerre aux Suédois et aux Lübeckois.

Le beau-frère de Christian II, l'empereur *Charles-Quint*, avait été jusqu'alors empêché de lui prêter assistance, à cause de ses guerres avec François Ier, roi de France ; mais lorsqu'il eut vaincu et fait prisonnier ce dangereux adversaire, au commencement de l'année 1525, la perspective devint plus brillante pour Christian II. Séverin Norby ne manqua pas de profiter de la tournure favorable que prenaient les affaires. De Gotland il fit une incursion en Skanie, où le peuple était, comme dans le reste du Danemark, très-mécontent du gouvernement, et afflua en masse sous ses drapeaux. Frédéric Ier n'était pas prêt à la guerre, il manquait tout à la fois d'argent et de soldats, de sorte que, au commencement, Séverin Norby fit de grands progrès. Mais lorsque enfin *Jean Ranzau* passa en Skanie avec des troupes, une armée de paysans de 8,000 hommes fut d'abord battue aux portes de *Lund*, par trahison, comme Séverin Norby s'en plaignit depuis; et peu après, une autre armée de 24,000 hommes eut le même sort, à *Brunktofte Lund*, bois situé à un mille de Landskrona. Le chef, *Otte Stisen*, doit avoir été des premiers à prendre la fuite. Les deux batailles furent terriblement meurtrières pour les paysans et Lund subit de grandes violences de la part des soldats victorieux, qui massacrèrent soixante des bourgeois sans défense de la ville, en partie réfugiés dans l'église. Après ces événements, la jacquerie skanienne dut se soumettre. Séverin Norby, qui était enfermé à Landskrona, où il attendit vainement que Christian II lui portât secours, dut enfin se rendre, mais à des conditions très-avantageuses; car on craignait chaque jour que le royaume ne fût envahi par le roi fugitif, avec l'aide de son beau-frère. Norby dut s'engager à livrer la place de Visborg, mais en retour il devait avoir *Sœlvitsborg*, *Rœnneby* et plusieurs possessions dans le Bleking. Après diverses difficultés, Visborg se rendit et Norby arriva sain et sauf dans le Bleking, au grand mécontentement des Lübeckois, qui auraient bien voulu avoir en leur possession cet adversaire dangereux. Il ne put cependant s'abstenir de continuer ses hostilités contre la Suède et les villes Hanséatiques, qui, en conséquence, l'attaquèrent de concert avec Frédéric Ier, et, après la prise de ses châteaux et la destruction de la plupart de ses navires, il dut chercher son salut dans la fuite. Sur l'ordre du roi Christian, il se rendit en Russie, afin d'y chercher des secours pour reconquérir la Finlande et la Norvège; mais le czar *Vasili IV* le retint pendant longtemps captif à Moscou et chercha vainement à le déterminer à entrer à son service. A la fin l'empereur Charles-Quint et son frère le roi Ferdinand obtinrent, par de pressantes instances, que Norby fût relâché (1528). Il se rendit ensuite dans les Pays-Bas et plus tard en Italie, où il succomba au service de l'empereur Charles-Quint, lors du siége de Florence (1530), précisément à une époque où sa fidélité et sa bravoure militaire auraient été d'un grand service au roi détrôné.

Les Lübeckois, auxquels le roi Frédéric Ier devait en grande partie son trône, furent richement récompensés de leurs services ; car ils obtinrent non-seulement la confirmation de leurs priviléges commerciaux, mais de plus les revenus de Gotland leur furent cédés pour quatre ans, article qui fut bientôt changé contre la possession de Bornholm pour cinquante ans. Gustave Vasa, qui était devenu roi de Suède (1523), avait aidé Frédéric Ier contre Christian II ; les relations entre ces deux monarques voisins étaient néanmoins très-tendues ; car Frédéric Ier ne pouvait abandonner entièrement l'idée de renouveler l'Union de Kalmar. Cependant les deux rois eurent une entrevue personnelle à Malmœ (1524), où les Lübeckois employèrent leurs bons offices pour la conclusion d'un traité d'après lequel l'indépendance des deux royaumes fut reconnue. Le différend continua pourtant pendant plusieurs années à propos des frontières, Gustave réclamant le Vigen en Norvège, l'île de Gotland et le Bleking ; mais à la fin il consentit à laisser ces provinces au roi de Danemark. La crainte de l'ennemi commun, Christian II, retint les épées au fourreau et maintint les deux rois si étroitement unis qu'ils s'engagèrent plus tard à s'assister mutuellement de leurs navires et de leurs troupes, en cas de nouvelle attaque du prince exilé.

L'introduction de la Réforme tentée par Christian II n'avait pas réussi ; l'avénement de Frédéric Ier et sa capitulation semblaient affermir plus que jamais les priviléges de l'Église et du clergé catholique. Cependant l'attention avait été éveillée et attirée sur les graves abus qui régnaient dans l'Église, et la nécessité d'améliorer sa doctrine et sa constitution se faisait de plus en plus sentir. On était arrivé à la plénitude des temps où la théocratie et le catholicisme allaient tomber sous les efforts de l'esprit nouveau, qui prévalait avec une force irrésistible. Les abus étaient devenus si grands, qu'il suffisait de les signaler pour montrer la nécessité de les réformer. La doctrine primitive du christianisme avait été altérée et cachée sous une quantité de nouveaux enseignements, qui contribuaient tantôt à rendre les consciences timorées, tantôt à les plonger dans un périlleux assoupissement ; on prenait pour de la piété l'accomplissement des pratiques extérieures; le culte des saints avait remplacé le culte de Dieu; le pardon procurait la rémission de tous les péchés, pourvu que l'on eût les moyens de l'acheter. Le *service divin* avait lieu en latin, comme s'il avait eu pour but de n'éveiller ni la pensée ni le sentiment; il était défendu de traduire la Bible dans l'idiome vulgaire, afin que le peuple ne pût connaître ses vérités. Le *clergé catholique* ne pouvait étayer solidement l'édifice religieux chancelant, car il était ignorant, corrompu et immoral. On voyait souvent dans les tavernes et les cabarets des ecclésiastiques qui s'abandonnaient à l'ivrognerie et aux plus grossières débauches; les prêtres, ne pouvant se marier, scandalisaient les paroissiens en entretenant des concubines, sans être réprimandés par leurs supérieurs, qui prenaient la même liberté. Les plus mauvais bruits circulaient dans le public sur la vie des nonnes et des moines, et il fut plus d'une fois prouvé que la renommée n'était pas pire que la vérité. *L'Église était gouvernée* de la manière la moins justifiable et la moins consciencieuse par les évêques, qui regardaient leurs fonctions ecclésiastiques comme l'accessoire et leurs affaires mondaines comme le principal: on en a vu plus haut des exemples frappants. Les chanoines, qui étaient en général de jeunes nobles et qui devaient à l'influence de leur famille leurs douces et grasses prébendes, fréquemment cumulées, mettaient souvent les études de côté et faisaient remplir par des vicaires leurs fonctions ecclésiastiques, tandis qu'eux-mêmes s'amusaient à courir le gibier, à s'exercer au maniement des armes et à de semblables passe-temps nobiliaires. A la campagne, les évêques laissaient vacantes une grande quantité de cures pour s'en approprier les revenus, ou les faisaient desservir par des « prêtres lecteurs », personnages illettrés et ignorants, qui avaient peine à lire un sermon dans un livre, et dont le maigre traitement pouvait à peine les faire vivre. Dans beaucoup d'églises, le service divin n'était célébré que deux ou trois fois par an et, en 1530, les seize églises du diocèse d'Aarhuus n'avaient pas plus de deux prêtres. Dans ces circonstances, l'instruction religieuse du peuple était, on peut le deviner, fort négligée, d'autant plus que les offices se faisaient en latin. A la fin du quinzième siècle, il est vrai, un évêque de Ribe imposa aux prêtres de son diocèse le devoir d'expliquer chaque dimanche un fragment des Évangiles dans la langue du pays; mais c'est Christian II qui, le premier, introduisit dans tout le royaume l'obligation de prêcher en danois. Ces sermons consistaient pour la plupart en légendes plus propres à amuser qu'à instruire et à édifier. Il n'y avait absolument pas d'écoles à la campagne, et celles qui existaient dans les villes furent extrêmement mauvaises jusqu'à ce que Christian II s'efforçât de les améliorer. Depuis longtemps déjà les plus hautes fonctions ecclésiastiques étaient, mais non pas exclusivement, occupées par des nobles; et, au commencement de la Réforme, tous les évêques danois, à l'exception de Jens Andersen Beldenak, étaient nobles. En 1519, après la mort de l'archevêque Birger, dont le père avait été simple marguillier, le chapitre de Lund doit avoir décidé qu'à l'avenir les archevêques ne pourraient être pris que dans la noblesse; la capitulation de Frédéric Ier enchérit encore à cet égard en prescrivant que les nobles auraient la préférence pour *toutes* les hautes fonctions ecclésiastiques. Pourtant la noblesse, qui aspirait à la possession libre et illimitée de tous les grands domaines de l'Église et des monastères, devint l'ennemie la plus dangereuse du clergé au commencement de la Réforme. Le clergé catholique ne pouvait attendre aucune protection du roi, dont les prédécesseurs avaient trop souffert des excès de la théocratie, pour qu'il ne saisît pas avec joie l'occasion de briser la puissance de cet ordre. On ne pensait pas, aux débuts, que la noblesse gagnerait tout ce que le clergé aurait perdu. Encore plus critique était la situation des ecclésiastiques vis-à-vis du peuple : après avoir été précédemment respectés et aimés du peuple et s'être noblement distingués en prenant la défense des opprimés, ils avaient complétement changé plus tard; leurs mœurs dissolues blessaient les sentiments de la multitude, et leur ignorance excitait son mépris; devenus fiers, mondains et aristocrates, ils avaient séparé leur cause de celle de la basse classe et par là perdu ses sympathies. Ils tombèrent donc, sans qu'une main se remuât pour les secourir, victimes de la haine du peuple, de l'avidité de la noblesse, de la peur et de la jalousie du gouvernement; leur propre corruption les avait depuis longtemps préparés à cette chute.

Bien que Frédéric Ier favorisât la Réforme, elle ne fut pourtant pas introduite par un coup d'autorité, mais elle fut propagée librement parmi le peuple par des hommes sortis de son sein et qui se mirent à la tête du mouvement religieux de l'époque. Le chef de la Réforme en Danemark fut *Jean Tausen*, fils d'un pauvre paysan de Fionie, né en 1494. Ses éminentes facultés intellectuelles lui gagnèrent des protecteurs qui le firent étudier, après quoi il fut admis comme moine au monastère d'Antvorskov. Dans sa vingt-deuxième année, il entreprit, probablement aux frais du monastère, un voyage à l'étranger pour terminer ses études. Inscrit comme étudiant à l'école de Rostock (1516), il y prit le grade de magister en 1519 et fit l'année suivante des leçons sur Aristote. A son retour, en 1521, il fut nommé professeur de théologie à l'Université de Copenhague. Mais le prieur du cloître d'Antvorskov, qui voulait se faire honneur de ce frère si bien doué et espérait le voir devenir un soutien du catholicisme, l'envoya une seconde fois à l'étranger, en lui recommandant de visiter les écoles strictement catholiques de Cologne et de Louvain. L'attente du prieur fut déçue. Jean Tausen se rendit bien à ces écoles, mais il fut peu édifié de ce qu'il entendait, et fut au contraire attiré par la réputation de Luther. Il partit en 1523 pour Wittenberg, où il suivit une année les prédications de Luther et fut entièrement gagné aux nouvelles doctrines. Mais le prieur de sa communauté, l'ayant rappelé subitement (1524), le fit, aussitôt après son retour, jeter dans la tour des prisonniers à Antvorskov. De là il fut envoyé, l'année suivante, au monastère des Johannites à Viborg, afin que le prieur, *Pierre Jensen*, qui était connu pour sa science et son éloquence, le convainquît de ses erreurs ou lui imposât silence par force. Cependant, après quelques mois de séjour au cloître de Viborg, il sut si bien gagner l'amitié et l'assentiment de P. Jensen, qu'il obtint la permission de prêcher dans l'église du monastère, après la fin des vêpres. Ses prédications attirèrent un si grand concours de bourgeois de Viborg, que le prieur regretta de les avoir autorisées, et commença à songer à jeter Tausen en prison pour éviter de plus grands malheurs. Lorsque celui-ci remarqua que le prieur avait changé de sentiment, il fit un jour, à la fin de son sermon, connaître à ses auditeurs le danger qu'il courait et leur demanda protection. Beaucoup des assistants lui offrirent aussitôt un refuge assuré dans leur maison, dussent-ils s'exposer aux plus grands périls ; après quoi Tausen se rendit chez un des bourgeois les plus considérés de la ville, qui était frère du bourgmestre de Viborg (1526). En même temps arriva dans cette ville *George Sadolin*, qui, comme Tausen, avait été auditeur de Luther à Wittenberg, et il prit une part active à la propagation des nouvelles doctrines parmi les habitants. Le recteur de l'école latine de la ville se décida à leur accorder l'église de Saint-Jean (différente de la chapelle du monastère de ce nom) pour y prêcher; mais, comme elle ne pouvait contenir la grande multitude des auditeurs, Tausen prêcha dans le cimetière, du haut de l'escalier du clocher. Cette position étant incommode pour le prédicateur et les assistants, il résolut de se rendre dans la spacieuse église des Graabrœdre (frères gris); mais les moines ne voulant pas le laisser entrer, il prêcha plusieurs fois dans l'ossuaire, en dehors de l'église. A la fin, les bourgeois furent si irrités de ce que les moines ne voulaient pas leur accorder l'usage de l'église, qu'ils en brisèrent les portes et se mirent en possession du sanctuaire. L'évêque de Viborg, *George Friis*, finit par perdre patience, et un jour il envoya quelques-uns de ses hommes d'armes pour s'emparer de Tausen, au milieu de ses prédications. Lorsque le chef des soldats ordonna à Tausen de cesser sa prédication et de se rendre aussitôt auprès de l'évêque, son maître, le réformateur répondit sans crainte : « Je suis ici au service d'un Seigneur bien plus grand; mais j'irai lorsque j'aurai fini. » Le chef de la troupe armée menaçant de recourir à la force, les bourgeois en furent extrêmement émus : les uns se pressèrent autour de Tausen pour le protéger; les autres coururent chercher des armes dans la rue voisine; les femmes en apportèrent elles-mêmes à leurs maris. Les soldats de l'évêque effrayés se retirèrent sans avoir rempli leur mission. Ainsi soutenu par le dévouement des bourgeois, Tausen continua, de concert avec Sadolin, à travailler à la propagation de la Réforme dans la ville de Viborg.

Leurs efforts furent puissamment corroborés par la *traduction du Nouveau Testament*, que *Jean Mikkelsen*, autrefois bourgmestre de Malmœ, et actuellement exilé volontaire à la suite de Christian II, avait faite et publiée, avec une subvention du roi, à Anvers (1524). Ce livre fut importé en nombre par des marchands hollandais et lu avec avidité par la population du Danemark, qui vit par là plus clairement combien fausses et mal fondées étaient beaucoup des doctrines de l'Église catholique. Les évêques prohibèrent bien la vente et la lecture de ce livre dangereux; mais cette interdiction ne fit qu'exciter encore davantage le désir de posséder cette traduction, et la prohibition fut levée peu après par ordre du roi. Non moins infructueuse fut la disposition pénale décrétée par les évêques dans une assemblée à Copenhague (1524) : « Quiconque propagerait les erreurs enseignées par le moine défroqué Luther devait être puni d'emprisonnement »; car Frédéric Ier s'opposa à tout emploi de la force. Les évêques chargèrent alors Paul Eliæsen de parcourir le royaume pour réfuter les nouvelles doctrines; mais il ne put rien faire; car les luthériens détestaient ce Paul Tourne-casaque, à cause de sa défection, et les catholiques le tenaient en suspicion parce qu'il avait autrefois fait cause commune avec les luthériens, d'autant plus qu'il continuait à proclamer l'utilité de plusieurs réformes religieuses. Tandis que le clergé catholique avait à s'opposer de toutes ses forces à l'hérésie, qui de jour en jour gagnait plus de terrain sur l'Église, celle-ci était également pressée d'un autre côté. La noblesse regardait en effet avec envie les grandes richesses et les revenus considérables dont le clergé était en possession, et elle se plaignait notamment de ce que les prélats levaient les amendes sur les paysans en beaucoup de cas où les possesseurs des biens nobles pensaient avoir eux-mêmes droit à ce revenu. De même, en beaucoup de localités et surtout en Jutland, se manifesta une grande répugnance à payer la dîme. Dans toute cette querelle, c'étaient seulement les préparatifs menaçants de Christian II qui empêchaient l'explosion de troubles sérieux; car le roi, la noblesse et le clergé redoutaient également l'exilé. C'est aussi pourquoi la noblesse et le clergé, à une diète en 1525, se déclarèrent disposés à aider le roi contre Christian II, en payant une forte contribution de guerre : celui qui avait 100 marcs de revenus fixes devait fournir un cavalier complétement armé, et celui qui avait 50 marcs un arquebusier à cheval.

Cependant le roi se montrait toujours de mieux en mieux disposé pour les luthériens, sans pourtant violer les priviléges accordés au clergé catholique. Dans les duchés, où *Herman Tast*, en 1522 et 1525, avait propagé et presque établi la Réforme, le prince royal Christian professait ouvertement les doctrines luthériennes, et le roi ne s'opposait aucunement à leur propagation. Dès son couronnement (1524), il avait mis au jour ses croyances religieuses en prenant pour chapelain un ecclésiastique luthérien; quelque temps après, il montra encore plus clairement de quel côté il penchait, en ne tenant pas compte des abstinences prescrites par l'Église et en commençant à manger de la chair et d'autres aliments dont l'usage était défendu pendant le carême. Un des plus hauts fonctionnaires du pays, le majordome *Mogens Gjœ* se déclara encore plus ouvertement pour le protestantisme en communiant à la manière luthérienne sous les deux espèces. La protection accordée par le roi à Tausen, comme il l'avait fait plus tôt pour Herman Tast, fut d'une grande importance pour les progrès de la Réforme. A la fin d'octobre 1526, quelque temps après que Tausen se fut échappé du monastère de Viborg, Frédéric Ier lui donna une lettre de sauvegarde, par laquelle il défendait à quiconque de lui faire du mal; et il le prit pour son propre chapelain, tout en le laissant à Viborg pour prêcher l'Évangile aux bourgeois de la ville. Les progrès de la Réforme dans cette cité furent assurés par la fondation d'une école évangélique, où *George Sadolin* fut placé comme professeur.

L'exemple donné par Viborg trouva bientôt des imitateurs dans d'autres villes, et d'abord à *Malmœ*, où la traduction du Nouveau Testament, faite par l'ancien bourgmestre regretté, Jean Mikkelsen, avait sans doute trouvé le meilleur accueil et ainsi préparé ce qui arriva; le bourgmestre d'alors, *George Kok*, ou comme on l'appelait *George le Monnayeur* (Jœrgen Mœnter), parce qu'il avait été quelque temps maître-monnayeur, aimait aussi et favorisait la Réforme. Le premier qui, dans cette ville, prêcha contre le catholicisme, fut *Claude Mortensen*, surnommé *Tœndebinder* (le tonnelier), homme illettré, mais rempli d'enthousiasme pour la nouvelle doctrine, et en possession d'un courage inébranlable et d'une puissante éloquence (1527). N'ayant pas d'église à sa disposition, il prêchait sous la voûte du ciel dans un pré en dehors de la ville; mais comme l'herbe était foulée aux pieds et endommagée par la multitude d'auditeurs qui se pressaient à ses prédications, le clergé dut à la fin, sur la demande des bourgeois, lui laisser l'usage d'une église dans la ville. La Réforme cessa pourtant quelque temps d'être prêchée à Malmœ, l'opposition du clergé catholique, et notamment de l'archevêque élu, Aage Sparre, ayant forcé Claude Mortensen à quitter la ville la même année; mais, partout, dans le royaume, la nouvelle doctrine prenait de jour en jour plus d'extension. Les prêtres commençaient aussi à se marier; Jean Tausen doit en avoir donné le premier exemple en épousant la sœur de George Sadolin, acte qui lui attira beaucoup de reproches de la part des catholiques. Tous ces faits mettaient les évêques dans le plus grand embarras, et ils ne savaient que faire pour arrêter l'hérésie qui se montrait partout. Paul Eliæsen continuait à parcourir le pays, prêchant pour des sourds; ce fut également en vain que tous les évêques firent des mandements contre la pernicieuse hérésie de Luther. Dans leur détresse, ils résolurent de faire venir deux célèbres docteurs allemands, *Jean Eck* et *Kochlæus,* pour combattre les Protestants. Ils écrivirent à Eck une lettre remplie des flatteries les plus exagérées, avouant humblement qu'ils n'étaient pas eux-mêmes de taille à soutenir la lutte; ils l'invitèrent à venir en Danemark; qu'ils représentaient comme un pays où coulaient le miel et le lait, et où il ne manquerait d'aucun des biens de la vie. Mais Eck et Kochlæus étaient tous deux trop occupés en Allemagne pour accepter cette flatteuse invitation.

Pendant que les deux partis combattaient ainsi, l'un pour introduire la nouvelle doctrine, l'autre pour conserver sa puissance et maintenir l'ancienne foi, deux remarquables diètes furent tenues à Odense : la première à la fin de l'année 1526, la seconde dans l'été de 1527. A l'une et l'autre furent discutées beaucoup d'affaires qui concernaient la constitution civile et la situation du royaume en général; mais en même temps les questions religieuses, qui agitaient les esprits, furent mises en délibération et d'importantes décisions furent prises. Le but des prélats était d'arrêter le roi dans la voie qu'il avait suivie jusqu'ici en matière religieuse, et de lui imposer des mesures propres à étouffer l'hérésie, qui de jour en jour faisait plus de progrès dans le royaume. Mais leurs efforts échouèrent contre le refus positif du roi, et ne servirent, comme toute entreprise avortée, qu'à fortifier le parti opposé. Les évêques cherchèrent en même temps à sauvegarder leurs avantages et leurs priviléges temporels; mais l'affaire prit une telle tournure qu'ils jugèrent plus prudent de sacrifier une partie de leurs droits à la noblesse jalouse, pour pouvoir conserver le reste. A la diète de 1526, on se mit sans difficulté d'accord sur deux points qui étaient importants pour le roi, et qui ne froissaient pas sensiblement les intérêts du clergé : 1° les évêques et les autres prélats devaient demander la confirmation de leur dignité, non pas à la cour de Rome, mais à l'archevêque de Lund ; 2° les sommes importantes qu'il y avait d'ordinaire à payer au pape, dans de telles occasions, devaient dorénavant appartenir à la couronne. Pour se faire des conseillers laïques du royaume et de la noblesse des alliés contre l'hérésie luthérienne, favorisée par le roi, les prélats se mirent d'accord avec eux sur un point qui, jusqu'alors, avait excité beaucoup de querelles et de mécontentement, savoir : la diminution du domaine de la noblesse, qui avait lieu à la suite de l'acquisition de biens nobles par l'Église. Les évêques et les prélats s'obligèrent donc désormais à n'acheter ou à ne prendre en gage de tels biens, que s'ils devaient retourner à leurs héritiers nobles ; et si l'acquéreur ecclésiastique n'était pas d'origine noble, les héritiers du vendeur étaient autorisés à reprendre le bien sans plus de formalités. En retour de cette importante concession, les membres laïques du Grand Conseil promirent, tant en leur nom qu'en celui de toute la noblesse, de maintenir l'Église et ses serviteurs en possession de leurs priviléges et de leurs droits, et, en particulier, de les assister de toutes leurs forces contre les doctrines hérétiques de Luther. Tout le Grand Conseil en commun adressa donc au roi des doléances très-énergiques, pour lui rappeler sa capitulation et ses serments, et pour le prier de conserver à tous et à chacun, particulièrement aux serviteurs de l'Église, leurs priviléges, et de maintenir la foi de l'Église dans sa vraie forme, comme les rois ses prédécesseurs avaient fait dans cet ancien royaume chrétien ; le Conseil invita aussi le roi à ne pas empiéter sur le domaine des évêques en accordant des lettres de sauvegarde aux prédicateurs de la nouvelle doctrine, ou en donnant l'autorisation de prêcher sans avoir consulté l'évêque. Si le roi ne tenait pas compte de ces remontrances, il s'exposerait à attirer de grands malheurs sur lui, sur sa maison et sur tout le royaume. Frédéric I*er* répondit à ces doléances évasivement et par un refus : il ne savait pas qu'il se fût jamais conduit autrement qu'en seigneur et en roi chrétien, rendant justice à chacun, ecclésiastique ou laïque, et il voulait continuer à agir de même. Il n'avait jamais enjoint à personne de prêcher autre chose que la parole divine et l'Évangile, et ses lettres de sauvegarde n'avaient pas d'autre but que de protéger les intéressés contre la violence et l'injustice, ce qui était son devoir royal. — On en resta là à cette diète; mais à celle d'Odense, dans l'été de 1527, l'affaire fut reprise. Dans l'intervalle, cependant, la fermentation chez le peuple du Jutland avait atteint un degré inquiétant; il se montrait partout récalcitrant envers le clergé, et il refusait de payer la dîme et d'autres redevances. Aussi la première chose que demanda le Rigsraad fut que le roi réduisît à l'obéissance le peuple rebelle et punît les meneurs. Il renouvela ensuite ses doléances sur la nouvelle doctrine prêchée par des moines échappés de leur monastère, et demanda que le roi ne [protégeât pas de telles gens ou ne leur donnât pas la permission de prêcher ; si les défroqués ne retournaient pas dans leur cloître, ils devaient être bannis du royaume. A l'égard du premier point, le roi remarqua que, si le clergé avait des griefs contre le peuple, celui-ci ne se plaignait pas moins du clergé et lui reprochait d'exiger des redevances et des prestations indues et illégales; qu'il était donc juste d'entendre les deux parties. Quant à la nouvelle doctrine, il dit que la foi était une affaire libre, dans laquelle chacun devait suivre sa conscience; il ne voulait contraindre personne; car il était maître et juge de la vie et des biens, mais non de l'âme. Dorénavant il ne donnerait plus de lettres de sauvegarde ; mais si, contre son attente, on voulait violenter, ou molester les prédicants, il ne manquerait pas de les prendre sous sa protection. Comme moyen d'aplanir les difficultés entre le peuple et le clergé, il proposait de réunir en Jutland les prélats et la noblesse dans une assemblée à laquelle seraient également convoqués les bourgeois et quelques paysans de chaque canton ; mais le Grand Conseil repoussa vivement ce projet et demanda que l'affaire fût décidée à la diète d'Odense.

Pour humilier les prélats et pour abattre leur courage, le roi s'unit alors à la petite noblesse. Celle-ci, loin d'être satisfaite des concessions qu'elle avait obtenues à la précédente diète, demandait aux prélats d'autres sacrifices. Le roi et la noblesse de concert proposèrent donc l'abolition du droit que les évêques et les prélats avaient de lever l'amende sur les paysans de la noblesse et de la couronne, lorsque ceux-ci étaient condamnés par un tribunal ecclésiastique. Les prélats résistèrent d'abord avec énergie, représentant les dangers qui résulteraient de discordes intestines; rappelant que les nobles et les prélats avaient au fond les mêmes intérêts; qu'ils étaient congénères et devaient rester unis. Mais le roi et la noblesse ne se laissèrent pas émouvoir par ces représentations; et les prélats jugèrent à propos de céder, dans l'espoir de regagner par là l'appui des conseillers laïques contre le roi. Ils offrirent d'abandonner leurs droits aux amendes, excepté dans quelques rares circonstances, et ils renoncèrent à quelques petites redevances payées par le peuple, à condition que la jouissance entière de la dîme serait assurée à la noblesse. Mais, en retour de ces grands sacrifices, ils exigèrent sérieusement l'application des mesures qu'ils avaient demandées contre les prédicants. Ce projet fut appuyé auprès du roi par le Rigsraad. Mais Frédéric fut inébranlable; il accepta le droit de lever les amendes, et il n'objecta rien contre la disposition relative à la dîme; mais il ne voulut pas entendre parler de persécution contre les prédicants; les ecclésiastiques qui voulaient se marier ou quitter leur cloître devaient agir selon leur conscience et sous leur propre responsabilité; le roi n'avait pas à s'en mêler. En conséquence, on rédigea une résolution de la Diète, qui règle la question des amendes et de la dîme, mais qui ne contient rien sur la nouvelle doctrine ou ses propagateurs.

Les prélats avaient eu le dessous aux Diètes d'Odense, et le roi avait si clairement manifesté ses sentiments, que ces faits ne pouvaient qu'encourager à un haut degré les adhérents des nouvelles doctrines et favoriser la propagation de celles-ci. C'est surtout à Malmœ que ces conséquences se firent sentir. Claude Mortensen y revint, après un an d'absence environ (1528), accompagné de *Jean Spandemager* (le fabricant de seaux), qui avait dû quitter la ville avec lui, et qui l'aida activement dans ses prédications. A eux se joignit bientôt *François Vormördsen,* qui avait étudié scientifiquement l'Écriture sainte. Tous les rites catholiques furent exclus de la célébration de l'office divin, qui se fit désormais en danois, au moyen d'une traduction des Psaumes de David, due à Vormordsen. Avec l'autorisation du roi, on fonda également dans cette ville un établissement d'instruction supérieure, où les premiers pasteurs de l'Église évangélique du Danemark furent formés sous la direction de quelques-uns des plus savants réformateurs. Les moines, et surtout les membres des ordres mendiants, à qui personne ne voulait plus faire l'aumône, quittèrent volontairement leur monastère, ou bien en furent chassés par des violences et des insultes. A Viborg, où Tausen et Sadolin avaient continué à travailler pour la Réforme avec un zèle infatigable, la version danoise des chants religieux fut également introduite, et le service divin eut lieu selon les rites luthériens; et, comme les protestants y étaient devenus les plus forts, les moines détestés eurent, comme à Malmœ, beaucoup d'avanies à endurer, jusqu'à ce qu'ils finissent par quitter la ville. La Réforme avait dès lors fait tant de progrès à Viborg, que la présence de Tausen ne paraissait plus être nécessaire dans cette ville; c'est pourquoi le roi l'appela à *Copenhague* (1529). Là il prêcha dans l'église de Saint-Nicolas, la même où Reinhard et Paul Eliæsen avaient pour la première fois, huit ans plus tôt, annoncé la doctrine évangélique. Mais les circonstances et les dispositions du peuple avaient considérablement changé dans l'intervalle, de sorte que Tausen eut le succès le plus complet, et la plupart des bourgeois de la ville adoptèrent la Réforme.

Les trois villes de *Viborg, Malmœ* et *Copenhague*, devinrent dès lors les principaux centres du protestantisme, qui de là se répandit dans tout le pays avec une force irrésistible. Un important moyen de propagande fut la traduction des Psaumes de David et du Nouveau Testament, faite par le savant *Christian Pedersen*, un des compagnons d'exil de Christian II, et publiée l'année de l'arrivée de Tausen à Copenhague. Elle se distinguait des traductions plus anciennes par sa langue plus pure et meilleure, et le peuple la lut avec une telle ardeur, qu'il fallut avant peu en faire une nouvelle édition.

A cette époque se préparait en Allemagne la célèbre diète d'Augsbourg (1530), qui, dans l'attente des catholiques, devait amener l'oppression des luthériens, et les évêques danois croyaient que le même résultat serait atteint en Danemark par une assemblée des principaux seigneurs ecclésiastiques et laïques du royaume. Aussi demandèrent-ils que les chefs des luthériens fussent invités à comparaître devant le roi et le Rigsraad, afin que les points controversés fussent examinés et jugés ; et, si les protestants étaient convaincus d'une hérésie justement frappée des foudres de l'Église, les prélats espéraient que le roi serait forcé de leur retirer sa protection et de se conformer à sa capitulation, où il s'était engagé par serment à défendre l'Église romaine et à punir les hérétiques de mort et de la confiscation de leurs biens. Les chefs de la Réforme, qui avaient la conscience d'être supérieurs à la plus grande partie du clergé catholique ignorant, et qui étaient en outre assurés de l'appui du roi et de beaucoup des membres laïques du Rigsraad, n'étaient pas non plus opposés à une telle assemblée, où ils auraient une occasion de développer et défendre publiquement leur foi. Le roi ne pouvait pas se refuser au désir, en apparence équitable, des prélats, et il espérait en même temps que, à la faveur des dispositions dominantes dans la nation et le Rigsraad, il trouverait une occasion d'introduire des améliorations religieuses, ou tout au moins de procurer aux protestants une situation plus sûre et de nouveaux avantages, comme il l'avait fait à la diète d'Odense, en 1527. Il consentit donc à la convocation d'une diète à Copenhague (1530), où les deux partis pourraient exposer leur cause et défendre leurs opinions devant le roi et le Grand Conseil ; après quoi un jugement définitif pourrait être rendu dans les querelles de religion. Le clergé catholique avait réussi à faire appeler à cette réunion un docteur *Stageführ*, de Cologne, et un autre théologien allemand, qui pourtant ne lui rendirent pas de bien grands services.

Dans les premiers jours, après l'ouverture de la diète, les protestants se tinrent tranquilles sans répondre aux vives plaintes des catholiques, contre les nombreux hérétiques qui sapaient les fondements de la religion ; aussi les prélats croyaient-ils déjà avoir gagné la partie, lorsque, le huitième ou le dixième jour, Tausen exposa soudainement la profession de foi des protestants en 43 articles, dont la principale proposition était que : « L'Écriture sainte, purgée de toutes les additions et innovations humaines, était l'unique règle et la seule loi d'après laquelle tout chrétien devait vivre et se gouverner. » Les ecclésiastiques protestants répartirent entre eux ces articles et les prirent chaque jour pour texte de deux prêches faits dans l'église du Saint-Esprit, au milieu d'un immense concours d'auditeurs. Non-seulement ils se livrèrent à de violentes attaques contre la doctrine de l'Église catholique, mais ils se permirent aussi les déclarations les plus acerbes contre leurs adversaires. Les prélats cherchèrent d'abord à mettre fin à l'affaire, sans que les points de discussion théologique fussent traités; en conséquence, ils présentèrent au roi des remontrances pour lui rappeler sérieusement sa capitulation, et ils déclarèrent que les luthériens, « dont les artifices étaient condamnés comme hérésies par le pape, l'empereur, les universités et les savants de tous les pays », devaient sans autre enquête être punis et maintenus en respect par l'emploi de la force et des mesures coercitives. Cependant ils virent bientôt qu'il fallait recourir à d'autres procédés pour faire quelque impression sur le roi et la partie du Rigsraad qui était favorablement prédisposée pour les protestants. Ils présentèrent donc vingt-sept articles, où ils cherchaient à réfuter les opinions protestantes comme fausses et en contradiction avec la doctrine de la sainte Église; ils demandèrent également, dans le post-scriptum, que les luthériens fussent invités à répondre et qu'ensuite un jugement tranchât le différend. Ces vingt-sept articles étaient remplis d'exagérations et de fausses interprétations; c'est pourquoi les protestants disaient qu'ils renfermaient « autant de mensonges que de points ». Bientôt après ils présentèrent leur réponse dans une apologie, composée également de vingt-sept articles, où ils réfutaient et repoussaient les accusations des catholiques, et justifiaient la doctrine protestante, telle qu'ils la professaient. Cet écrit était suivi de l'énumération de douze griefs contre l'administration des évêques. La coupable négligence de ceux-ci y est dévoilée sans ménagements, ainsi que leur défaut de sollicitude à pourvoir les paroisses de prêtres méritants, leur grande avarice, et il est affirmé, non sans raison, que les évêques n'en portaient que le nom, sans l'être dans leurs fonctions et leurs actes. Jusqu'alors les discussions des deux partis avaient eu lieu en danois; mais peu à peu les catholiques furent plus gênés par l'emploi de cette langue, qui restreignait l'utilité de l'intervention de leurs auxiliaires allemands c'est pourquoi ils demandèrent au roi, à plusieurs reprises, que les controverses eussent lieu en latin. Mais les protestants ne voulurent absolument pas y consentir; il leur importait trop que le peuple pût suivre les délibérations et fût ainsi associé au jugement à rendre. Pendant la diète, les bourgeois de Copenhague furent dans un état de grande surexcitation, nourrie et entretenue par les violentes prédications des théologiens protestants. Les prêtres catholiques se plaignaient de ne pouvoir passer dans la rue sans être exposés aux outrages, aux menaces et aux insultes, et même aux voies de fait; on était surtout irrité contre le docteur allemand *Stageführ*, contre lequel les enfants chantaient même des couplets satiriques dans les rues. Les dispositions n'étaient pas meilleures à la cour; un des ecclésiastiques catholiques, qui assistaient à la diète, se plaignait non-seulement de la partialité du roi, mais encore davantage de certains « chiens de cour » (*hofhunde*), expression qui faisait sans doute allusion au nom de *Mogens Gjœ* (gjœe aboyer) et de ses parents. Dans ces circonstances les prélats perdirent l'espoir du succès et aspirèrent seulement à se retirer de l'affaire à la sourdine. Il s'était, en outre, élevé des contestations sur le juge compétent pour trancher le différend : les catholiques pensaient que c'était le pape ou un concile général; les protestants déclaraient au contraire que les querelles théologiques ne pouvaient être décidées que d'après la parole de Dieu non falsifiée, et qu'ils ne connaissaient d'autres juges que ceux qui suivaient l'Écriture sainte comme règle de leur jugement. La retraite des prélats encouragea les protestants, et ils adressèrent au roi une supplique pour l'inviter à pousser plus énergiquement la Réforme, en prenant part immédiatement à l'administration de l'Église; mais le roi ne voulut pas s'y prêter. Vers la fin de la diète, les prélats, irrités du ton provoquant des luthériens, offrirent soudainement de tenir un colloque avec eux; mais, pris au mot, ils cherchèrent des défaites, et cette conférence n'eut pas lieu. La Diète fut enfin dissoute, sans qu'une décision propre eût été prise sur la querelle théologique. Le roi déclara seulement que, jusqu'à ce que l'affaire fût jugée par un concile général, il prendrait les deux partis sous sa protection particulière; ce qui était en parfaite conformité avec le recez d'Odense (1527) et les dispositions qu'il contient.

A la faveur de ces circonstances, la Réforme fit de si grands progrès pendant les trois dernières années du règne de Frédéric Ier, qu'elle fut introduite dans presque toutes les villes du royaume : Helsingœr (Elseneur) fut une des villes qui persistèrent le plus longtemps dans la foi catholique. Le triomphe de la Réforme fut pourtant, en plusieurs localités, accompagné de désordres et de violences considérables. Le 3 juillet 1530, par exemple, une bande de bourgeois, conduits par le bourgmestre *Ambroise Bogbinder* (le Relieur), pénétra dans l'église de Notre-Dame, à Copenhague, y détruisit les ornements sacrés, brisa les images des saints et dispersa les archives ecclésiastiques. C'est seulement lorsque le procureur de la ville arriva avec une troupe armée qu'il fut possible d'arrêter la dévastation et de sauver le précieux grand autel que la foule furibonde était en train de détruire. Dans d'autres villes, il y eut des scènes analogues. Au commencement la persécution s'attaqua principalement aux ordres mendiants, mais bientôt elle s'étendit aussi aux autres moines, et même quelques évêques, comme George Friis, à Viborg, n'étaient pas à l'abri des outrages et des violences lorsqu'ils se montraient en public. La noblesse fut particulièrement zélée à expulser les moines, afin de pouvoir s'emparer ensuite des riches domaines des monastères. Parmi les pires persécuteurs, on cite le majordome de l'État, *Mogens Gjœ,* que les moines appelaient : « Le traban et le valet du diable. »

Une circonstance qui contribua essentiellement à la chute rapide du catholicisme fut la situation précaire où se trouvaient plusieurs des plus hauts dignitaires de l'Église. L'archevêque de Lund, *Aage Sparre,* était reconnu du roi, mais il ne pouvait obtenir la confirmation du pape; aussi était-il sans autorité dans ces temps difficiles, et finit-il par donner sa démission. Dans la personne de l'évêque de Fionie, *Jens Andersen Beldenak,* tous les prélats danois avaient reçu l'humiliation la plus sensible, lorsque, à la Diète de Copenhague (1530), il fut condamné par le Rigsraad à la perte de ses droits civils, à cause de quelques expressions injurieuses pour le roi. La même année l'évêque de Viborg, *George Friis,* fut, à l'occasion d'une querelle peu importante, excommunié par le pape, qui se priva ainsi de l'un de ses plus zélés défenseurs. *Lage Urne,* évêque de Roeskilde, énergique mais sage adversaire

20

de la Réforme, mourut en 1529, et le roi lui donna pour successeur *Joachim Rœnnov*, homme fier et ambitieux, et en même temps fort égoïste. Il n'était pas absolument opposé à la Réforme, pourvu qu'elle s'établît sans troubler beaucoup l'ordre civil, et surtout sans réduire son autorité épiscopale ou les revenus de son diocèse. Il n'obtint sa nomination qu'en payant une somme d'argent considérable au roi, à qui il appartenait, d'après le recez de la Diète d'Odense (1527), de confirmer les élections épiscopales ; il dut en outre promettre de ne pas entraver la propagation du protestantisme dans son diocèse. Ces faits, joints à toute sa conduite chancelante et indécise, firent qu'il ne gagna jamais de véritable influence auprès des Catholiques, bien que, après la mort de Frédéric Ier, il se soit opposé à l'extension de la Réforme. Un seul des évêques du royaume, *Knud Gyldentsjerne* d'Odense, successeur de Beldenak, se distingua par de sages concessions aux exigences du temps. Il appela *George Sadolin* de Viborg à Odense, et lui fit traduire le petit catéchisme de Luther, qui fut ensuite distribué aux ecclésiastiques du diocèse, avec invitation de s'en servir pour l'instruction du peuple.

Les efforts de Séverin Norby pour remettre Christian II sur le trône avaient échoué ; le roi expulsé résolut alors de recourir aux armes pour reconquérir ses royaumes, aussitôt que les circonstances seraient de nature à lui donner l'espoir de réussir. Son puissant beau-frère, l'empereur Charles-Quint, séjournant en Allemagne et dans les Pays-Bas, en 1530-31, était plus rapproché des États septentrionaux ; il avait conclu la paix avec la France, et ses autres ennemis avaient dû céder devant ses armes victorieuses, de sorte que Christian pouvait maintenant attendre de lui un concours plus énergique qu'il ne l'avait obtenu jusqu'ici. Il réussit en effet à équiper en Hollande une flotte avec laquelle il fit une descente dans la Norvége méridionale vers la fin de l'année 1531. L'ancien archevêque d'Upsala, *Gustave Trolle*, que les progrès de Gustave Vasa avaient forcé de quitter la Suède, s'était depuis rendu auprès de son ancien ami et protecteur, Christian II, dont il soutenait les intérêts en Norvége de la manière la plus active. Déguisé en mineur, il avait parcouru le pays et préparé le retour de Christian II, en nouant des relations avec l'archevêque de Trondhjem, *Olaf Engelbrektsen*, l'évêque d'Oslo, *Hans Reff*, et l'évêque *Mogens* de Hammer. Aussitôt après son arrivée, Christian II reçut l'hommage des États réunis à Oslo et le Rigsraad norvégien envoya à Frédéric Ier une lettre de désaveu. Dès que la nouvelle de ces événements parvint en Danemark, une flotte fut équipée en toute hâte et envoyée en Norvége sous la conduite de l'évêque Knud Gyldenstjerne. Les Lübeckois, qui craignaient la ruine de leur commerce si Christian II remontait sur le trône, et surtout si c'était avec l'appui des *Hollandais,* donnèrent à quelques-uns de leurs navires l'ordre de se joindre à la flotte danoise. Bien que Christian II eût obtenu de grands succès aux débuts de sa campagne, il ne put pourtant prendre la forteresse d'*Agershuus* ni s'emparer d'autres places fortes ; aussi fut-il contraint d'entrer en négociations avec Knud Gyldenstjerne, à qui il demanda un sauf-conduit pour une entrevue personnelle avec son oncle. Le prélat lui promit « par son honneur épiscopal, par la foi, les lois et la loyauté, un sauf-conduit sûr et inviolable, qui devrait être respecté sous peine de la vengeance divine et de la damnation éternelle ». Bien que Knud Gyldenstjerne eût plein pouvoir pour traiter avec Christian II, il n'avait pourtant pas jugé à propos d'envoyer un message à Frédéric Ier pour l'informer de la situation des choses et lui demander de plus amples instructions. Il lui en vint, avant que les négociations avec Christian II fussent entièrement terminées ; elles portaient l'ordre de ne conclure aucun arrangement avec Christian, mais d'exiger qu'il se rendît à discrétion. L'évêque ne communiqua pourtant pas au roi détrôné ce changement important dans la situation ; aussi l'infortuné prince, comptant sur le sauf-conduit, s'embarqua-t-il sur la flotte qui le conduisit à Copenhague (juillet 1532). Le roi et le Rigsraad furent quelque peu embarrassés de la promesse faite au prisonnier ; mais bientôt on fut tiré d'embarras par la déclaration de Gyldenstjerne, affirmant que Christian avait violé quelques points du traité, de sorte que l'on n'était plus tenu de respecter le sauf-conduit. Après un délai de six jours, passés en discussion sur son sort futur, l'ex-roi fut conduit au château de Sœnderborg, où il fut quelque temps traité en prisonnier d'État, mais ensuite enfermé dans un petit cachot muré, qui ne recevait de jour que par une ouverture grillée, pratiquée à une grande hauteur. C'est dans cette misérable prison, où il n'avait pour société et pour serviteur qu'un nain norvégien, et ensuite un vieux soldat, que le malheureux roi trahi passa quelques-unes des premières années de sa captivité de dix-sept ans à Sœnderborg. Frédéric Iᵉʳ s'engagea vis-à-vis de huit membres du Rigsraad, dont quatre danois et quatre holsteinois, stipulant au nom de toute la noblesse, et ceux-ci s'engagèrent réciproquement envers lui, à ne jamais remettre Christian II en liberté, convention qui fut renouvelée à l'avénement de Christian III.

Frédéric Iᵉʳ mourut le jeudi saint, 10 avril 1533, à Gottorp, où il demeurait ordinairement, préférant les duchés au Danemark. Il était peu aimé du peuple, mais d'autant plus de la noblesse, aux exigences de laquelle il se pliait toujours. Sa conduite, d'abord envers son frère Jean, ensuite envers son neveu Christian II, ne donne pas une idée favorable de son caractère ; il mérite au contraire d'être loué pour sa sagesse et sa prudence lors de l'introduction de la Réforme.

Après la mort de Frédéric Iᵉʳ suivit un gouvernement intérimaire d'un ou proprement de trois ans ; car c'est seulement au bout de ce temps que le roi élu, Christian III, fut universellement reconnu. Peu après la mort de Frédéric Iᵉʳ, la noblesse et le clergé se réunirent en diète à Copenhague pour élire un roi ; mais les prélats soulevèrent d'abord la question religieuse. Ils se plaignirent du dommage que leur avait causé la noblesse à la diète d'Odense (1527) ; des progrès de l'hérésie luthérienne et des outrages qui étaient partout infligés à l'Église et au clergé. La noblesse ne voulut pourtant pas abandonner les droits qu'elle avait obtenus à cette occasion aux dépens du clergé, et les évêques finirent par reconnaître comme valable le recez d'Odense, qui leur assurait au moins la jouissance de la dîme. On supprima au contraire la liberté de conscience et le libre exercice du culte, dont les protestants avaient été en possession depuis la diète d'Odense (1527). En dépit de la vive opposition de quelques-uns des membres laïques du Rigsraad, on prit différentes mesures, qui firent sentir aux protestants que leur protecteur, Frédéric Iᵉʳ, était mort. Ainsi, il fut décidé qu'aucun curé ne pourrait être installé dans un diocèse *sans le consentement de l'évêque* et que *la messe serait rétablie;* toutes les cathédrales et les couvents d'hommes et de filles, avec ceux des ordres mendiants encore existants, devaient être maintenus ; les biens confisqués des monastères (dont la plupart étaient entre les mains de la noblesse) devaient être le sujet de plus amples négociations. On se mit ensuite à délibérer sur l'élection du roi; mais la querelle religieuse passionna aussi cette question. Quelques-uns des conseillers laïques voulaient mettre sur le trône *Christian,* le fils aîné de Frédéric Ier; mais, à cause de son zèle pour le luthéranisme, les évêques s'opposèrent de toutes leurs forces à son élection et votèrent pour le plus jeune des fils du feu roi, *Jean,* qui était encore enfant et qu'ils comptaient faire élever dans le catholicisme. La conséquence de ce différend fut que l'on résolut d'ajourner l'élection à l'année suivante, sous prétexte d'attendre l'arrivée des conseillers norvégiens; dans l'intervalle les affaires publiques seraient expédiées par le Rigsraad. Mécontents de cet ajournement, le majordome du royaume, *Mogens Gjœ* et le conseiller *Erik Banner,* qui n'avait pas voulu non plus souscrire aux mesures tendant à l'oppression des protestants, quittèrent la diète et se rendirent auprès du duc Christian, qu'ils excitèrent à s'emparer de la couronne, sans attendre la décision du Rigsraad. Mais Christian, craignant de donner le premier signal de la guerre civile, qui ne fut pourtant pas évitée, repoussa leur proposition et une autre analogue qui lui fut faite peu après par les Lübeckois.

Le premier usage que les prélats firent de leur victoire et du recouvrement de leur puissance fut d'intenter une action contre le détesté Jean Tausen, qu'ils assignèrent à l'hôtel de ville de Copenhague. Ils eurent l'habileté de l'accuser non-seulement d'hérésie, mais encore d'outrages contre les prêtres catholiques, qu'il avait traités « d'assassins des âmes, de loups déguisés en agneaux, de voleurs et de brigands, de lourdauds endurcis et aveugles ». Il ne fut condamné, « par faveur spéciale », qu'à perdre sa position à Copenhague et à quitter le diocèse dans le délai d'un mois; il ne devait non plus prêcher aucune part dans le royaume, ni rien faire imprimer, ni se mêler de questions religieuses. Tandis que Tausen était à l'hôtel de ville, les bourgeois s'étaient assemblés en armes, sur le vieux marché (Gammel Torv), prêts à défendre leur pasteur contre toute violence. Le tumulte augmenta, comme l'évêque Rœnnov sortait de l'hôtel de ville, et la foule était sur le point de le maltraiter lorsque Tausen s'approcha et lui sauva la vie en le prenant sous sa protection et en l'accompagnant à l'évêché. Conformément à la sentence, Tausen quitta Copenhague, mais une dangereuse effervescence se produisit parmi les bourgeois, de sorte que Rœnnov dut permettre au banni de revenir, sous condition qu'à l'avenir il se conduirait avec modération. De semblables scènes eurent lieu dans d'autres localités du royaume, comme les évêques cherchaient partout à expulser les pasteurs protestants. A la campagne où le peuple était encore en grande partie attaché à la foi et aux superstitions des ancêtres, le bannissement ne souleva pas beaucoup d'opposition ; mais, dans les villes, les bourgeois firent de la résistance et les évêques ne purent parvenir à leurs fins.

Le Rigsraad n'ayant pu se mettre d'accord pour l'élection d'un roi, le peuple commença à faire entendre sa voix. Pendant les dix années de règne de Frédéric Ier, il avait de nouveau senti le pouvoir oppressif de la noblesse, et regrettait Christian II, le protecteur du peuple, qui gémissait dans les cachots de Sœnderborg. Les bourgmestres de deux des villes les plus importantes du royaume, *Ambroise Bogbinder*, de Copenhague, et *Georges Kok* ou *Mœnter*, de Malmœ, se mirent à la tête du mouvement, et les ordres des bourgeois et des paysans se préparèrent à un nouvel effort pour secouer le joug de la noblesse et du clergé. Les Lübeckois, mécontents de ce que, à la fin de son règne, Frédéric Ier avait accordé aux Hollandais diverses libertés commerciales, se mêlèrent de la querelle. Leur bourgmestre, *Georges Wullenweber*, qui avec l'amiral *Marc Meier* s'était élevé de la plus humble origine aux plus hauts postes de la cité, se présenta à la diète de Copenhague et demanda que le Danemark rompît toute relation avec la Hollande. Le Rigsraad, ayant non-seulement repoussé cette prétention, mais encore conclu une alliance plus étroite avec les Hollandais, et leur ayant accordé pour trente ans la franchise du transit dans le Sund, Georges Wullenweber et Marc Meier firent alliance avec Ambroise Bogbinder et Georges Mœnter, dans le double but de remettre Christian II sur le trône et d'introduire la Réforme. Wullenweber paraît cependant avoir eu de tout autres projets cachés, et notamment avoir rêvé de faire entrer les villes les plus importantes du Danemark dans la Ligue Hanséatique, ce qui aurait donné à celle-ci un accroissement extraordinaire de force et de puissance. Le Rigsraad alors se fortifia par une alliance avec *Gustave Vasa*, dont la haine pour leurs ennemis communs, les Lübeckois et Christian II, fit un auxiliaire actif et empressé, et par une *union*, comme il est dit dans le traité, avec les duchés de Slesvig et de Holstein, union d'après laquelle les pays unis devaient soumettre à l'arbitrage tous leurs différends et s'aider mutuellement dans les guerres aussi bien offensives que défensives.

Le commandant des troupes lübeckoises, le comte *Christophe d'Oldenbourg*, d'après lequel toute cette guerre est nommée *guerre du comte* (Grevefeiden), était parent de Christian II. Après avoir dirigé une feinte attaque contre les duchés, pour faire dégarnir la Sélande, il s'avança à l'improviste contre cette île, où il débarqua à Skovshoved le 23 juin 1534. *Copenhague* lui ouvrit ses portes et les bourgeois de *Malmœ* expulsèrent de la ville et de la citadelle la garnison qu'y avait mise le Rigsraad. En peu de temps, la Skanie, la Sélande, la Fionie et les autres îles se soumirent au comte, qui reçut leur hommage au nom de Christian II. La noblesse dut, quoique bien à contre-cœur, céder à la pression des circonstances et reconnaître Christian II. Naturellement ce ne fut pas sans de grandes violences de la part des paysans irrités, qui attaquèrent les demeures et les châteaux des nobles et se vengèrent par le meurtre et l'incendie de leur oppression séculaire: « En ces jours, dit Hvitfeldt, il ne faisait pas bon être ou s'appeler noble; on entendait dire sans cesse qu'il faudrait tuer les loups, de sorte qu'il ne restât pas de petits après eux. Beaucoup de dames et de demoiselles se déguisèrent en paysannes et cherchèrent à se sauver de cette manière. » Les catholiques durent aussi sentir que leurs adversaires avaient maintenant la puissance entre les mains. Partout où passa le comte Christophe, le culte protestant fut établi; l'évêque Rœnnov fut déposé et sa place donnée à l'ancien archevêque d'Upsala, Gustave Trolle, qui reparut sur la scène et travailla en faveur de Christian II. Mais Rœnnov ayant racheté son siége épiscopal pour 10,000 marcs, Trolle devint évêque de Fionie, où Gyldenstjerne avait été déposé, comme coupable d'avoir fait emprisonner Christian II.

Les progrès menaçants du comte Christophe déterminèrent la noblesse et le clergé du Jutland à pourvoir à leur sécurité en nommant roi le duc *Christian*. Dans une assemblée qui fut tenue à cette occasion dans le village de *Ry,* près Skanderborg, les évêques firent bien encore quelques objections contre l'élection d'un luthérien ; ils finirent pourtant par céder à l'impérieuse nécessité. *Ove Bilde,* évêque d'Aarhuus, noble et digne personnage, et sans aucun doute le meilleur des évêques catholiques, avait les larmes aux yeux lorsqu'il scella l'acte d'élection : il sentait que par là il souscrivait l'arrêt de mort de l'Église catholique. Cependant le comte Christophe chercha aussi à porter ses armes en Jutland. Le marin *Clément* qui, déjà sous Frédéric Ier, s'était distingué comme défenseur de la cause de Christian II, fut envoyé dans cette péninsule, et il vit bientôt plusieurs milliers de paysans et de bourgeois réunis sous ses drapeaux. La noblesse rassembla bien une armée pour réprimer le mouvement à ses débuts ; mais elle fut totalement défaite aux environs d'Aalborg, après quoi les révoltés, commettant toutes sortes de violences contre la noblesse et les prélats, se répandirent dans la plus grande partie du Nordjutland. — Le parti du peuple était maintenant à l'apogée de sa puissance ; presque tout le Danemark obéissait au comte Christophe, et il y avait toute apparence que Christian II remonterait sur le trône ; mais les affaires prirent subitement une tournure différente. Christian III fit avec les Lübeckois une paix qui, malgré son élection au trône de Danemark, ne concernait que les duchés ; mais par là il obtint la libre disposition des troupes qui jusqu'alors avaient assiégé Lübeck, et il put envoyer son excellent général, *Jean Ranzau,* contre l'armée des paysans jutlandais, qui furent contraints de se renfermer dans Aalborg. Cette ville fut prise d'assaut, et Ranzau usa de la victoire avec une cruauté dont on trouve rarement des exemples, si ce n'est dans les guerres civiles. Il n'épargna que les femmes et les enfants ; tous les hommes, parmi lesquels il y avait seulement 2,000 paysans, furent passés par les armes ; le commandant Clément fut fait prisonnier, et deux ans plus tard décapité et mis sur la roue. Ranzau parcourut ensuite la contrée, ramenant partout les paysans à l'obéissance. Cette défaite porta un coup mortel à l'ordre énergique et vigoureux des paysans jutlandais ; la couronne et la noblesse s'emparèrent des biens des paysans qui avaient succombé, et les survivants furent condamnés, par les nobles siégeant au tribunal provincial de Viborg, à la perte de la vie et des biens. On leur fit bien grâce de la vie, et ceux qui le pouvaient rachetèrent leurs domaines et leurs anciennes libertés, mais les autres devinrent fermiers. Chacun des cantons rebelles dut souscrire un acte où il est dit : « Nous, soussignés, avec le reste du peuple rebelle du Nordjutland, ayant forfait notre vie et nos biens par notre rébellion contre le grand et puissant seigneur, sire Christian, élu roi de Danemark, nous avons, pour racheter notre tête des suites de cette trahison et de ce crime, cédé et abandonné, en notre nom comme en celui de nos héritiers, tous nos biens et nos propriétés au roi, à perpétuité, à moins qu'il ne veuille généreusement nous faire grâce. »

Jean Ranzau passa ensuite en Fionie et y remporta une victoire décisive (1535) sur l'*OExnebjerg,* colline située dans les environs d'Assens, où Gustave Trolle fut blessé mortellement ; il termina peu après sa vie agitée et pleine de vicissitudes. Les noblesses skanienne et sélandaise, qui n'avaient rendu hommage au comte que par contrainte, firent défection au moment où les Lübeckois commençaient à le trahir, et, conformément au traité, Gustave Vasa fit une invasion en Skanie et dans le Halland, où il eut les plus grands succès. Sur ces entrefaites, les Lübeckois envoyèrent à leur armée, pour la commander conjointement avec Christophe, le duc *Albert de Mecklenbourg,* qui avait épousé la nièce de Christian II ; mais, comme il s'éleva des difficultés entre les deux chefs, sa nomination fut plutôt nuisible qu'utile. Le *Sœndenfjelds,* ou partie méridionale de la Norvége, rendit hommage à Christian III peu après la victoire d'OExnebjerg, et l'archevêque *Olaf Engelbrektsen* échoua si complétement, dans ses tentatives de soulèvement du *Nordenfjelds* (Norvége au-delà des monts), qu'il dut s'enfuir du royaume. Sur mer aussi la victoire suivit les armes de Christian III. *Pierre Skram,* surnommé en raison de son courage l'*audacieux Danois* (Danmarks Vovehals), battit dans les eaux de Bornholm une grosse flotte lübeckoise, bien qu'il n'eût pas été élevé pour la marine et que jamais auparavant il n'eût commandé une escadre. Après que la mer eut été ainsi nettoyée, Jean Ranzau fut transporté avec son armée en Sélande et Copenhague fut investie par terre et par mer.

Ces désastres militaires occasionnèrent à Lübeck de grands

troubles, au milieu desquels fut renversé le parti de Marc Meier et de Wullenweber ; ce dernier fut d'abord destitué de ses fonctions de bourgmestre, puis jeté en prison, ensuite mis à la torture et finalement exécuté. L'auxiliaire de ses projets de grande portée, Marc Meier, qui s'était défendu seize mois au château de Varberg, dont il s'était emparé par ruse, ne fut pas mieux traité en Danemark; quoiqu'une sauvegarde lui eût été promise lors de sa capitulation. Lorsque Wullenweber eut été renversé, la ville de Lübeck conclut la paix avec le Danemark : ses privilèges commerciaux furent augmentés, et le délai pendant lequel elle devait encore conserver l'île de Bornholm fut porté à cinquante ans. La ville de *Copenhague*, qui avait été approvisionnée, fut désormais abandonnée à son propre sort et fut défendue par ses citoyens avec un courage incomparable. *Malmœ*, la seconde ville du royaume, qui n'était pas encore au pouvoir de Christian III, se rendit le 2 avril 1536, lorsque George Mœnter ne vit plus d'autre moyen de salut. Il fut ensuite envoyé à Copenhague pour engager les habitants à se rendre ; mais cette cité tint encore quatre mois, attendant vainement des secours de Hollande. L'empereur Charles-Quint n'avait pas soutenu la cause de son beau-frère captif, parce que les Lübeckois étaient à la tête des partisans de Christian II et que leur victoire aurait menacé de ruine le commerce des Pays-Bas dans la Baltique. Aussi la princesse *Marie*, gouvernante des Pays-Bas, avait même, au commencement, promis à Christian III de l'aider à gagner la couronne de Danemark ; mais, lorsque le comte palatin *Frédéric*, qui avait bien mérité de la maison impériale, eut épousé la princesse *Dorothée*, fille aînée de Christian II, il y eut un changement de politique. Il était trop tard. Le comte Frédéric eut beau rassembler divers navires et des troupes pour aller au secours de la ville assiégée, une incursion de Christian III dans l'Ostfrise anéantit ce plan. La famine devint à la fin si grande qu'il fallut manger de la chair de cheval, de chien, de chat, de corneille, et que des gens tombèrent morts dans les rues. Après un siége d'une année entière, Copenhague se rendit à discrétion, le 29 juillet 1536, et avec elle tomba le dernier rempart des libertés populaires.

De plusieurs traits, qui ont été précédemment rapportés de la vie grossière et scandaleuse des ecclésiastiques, de leur grande ignorance, de la corruption de la religion, on peut conclure que la moralité n'était pas généralement fort respectée au moyen âge. Lorsque les précepteurs du peuple étaient vicieux, comment aurait-il pu lui-même être vertueux et moral? Les traitements infligés aux navigateurs qui avaient le malheur de faire naufrage sur les côtes danoises font plutôt penser aux barbares païens de l'antiquité qu'à une nation chrétienne du seizième siècle. La faiblesse de la justice engendra une foule extraordinaire d'abus qui pourtant paraissent en général être plutôt des éclats passionnés de la brutalité et de la violence que des actes dictés par une perfidie calculée ou une méchanceté raisonnée. Lorsque l'on se réunissait pour les festins et les plaisirs de société, on se livrait à des excès de boisson capiteuse, ce qui donnait lieu à des querelles et des rixes, et, comme chacun portait ses armes avec soi, les fêtes se terminaient rarement sans effusion de sang. Les homicides y étaient si communs que, dans quelques contrées du Nord, les femmes portaient aux gildes (réunions de confrérie) le linceul de leur mari, afin de l'avoir sous la main, le cas échéant. La sécurité publique était troublée par un grand nombre de brigands qui, au milieu des nombreuses guerres civiles et par suite de l'insuffisance de la police, pouvaient impunément commettre des crimes, et la mer était infestée par des corsaires. Tandis que la loi interdisait aux autres citoyens de se faire justice, il était permis aux nobles de vider leurs querelles par l'épée et de s'attaquer l'un l'autre après s'être envoyé un défi. La noblesse considérait ce droit de troubler la paix du pays comme un de ses privilèges les plus importants, et il était soigneusement inséré dans les capitulations successives. Le sexe féminin souffrait beaucoup de la brutalité des hommes, et les murs des cloîtres ne le protégeaient pas toujours contre la violence et les mauvais traitements; l'immoralité dans cette direction était d'autant plus générale que le clergé donnait le pire exemple par sa vie de concubinage. Mais à côté de ces points noirs il y avait, chez les grands comme chez les petits, une sincérité, une simplicité, une franchise dans la manière de penser, qui séduit et attire, et que l'on chercherait vainement dans des siècles plus polis; et il faut bien se rappeler que l'histoire s'attache surtout à mentionner les grands crimes, et à décrire les raretés et les singularités, tandis qu'elle ne parle pas ou traite rapidement de ce qui ne diffère pas de l'ordinaire.

La nation avait en général un profond sentiment religieux, mais, faute d'aliment sain, elle s'égarait souvent dans des pratiques superstitieuses. Cette superstition, entretenue par l'avarice du clergé et l'ignorance du peuple, se manifestait dans la foi en la vertu miraculeuse des images et des reliques des saints. Chaque église et chaque monastère avait son saint, avec une ou plusieurs reliques, comme des fragments de la croix du Christ, de la verge d'Aaron, des dents, des phalanges, des cheveux, de la barbe de l'un des apôtres ou des pères de l'Église. Certaines églises jouissaient d'une singulière réputation de sainteté et voyaient accourir des pèlerins non-seulement du voisinage, mais encore de tout le pays : telle était l'église de *Saint-Knud*, à Odense, où le saint *national, saint Knud*, martyr, était inhumé. Il y avait aussi des sources sacrées, à l'eau desquelles on attribuait la vertu de guérir et qui, à certaines dates, surtout à la Saint-Jean, attiraient une grande affluence de perclus et de goutteux ; comme par exemple, la *fontaine de Sainte-Hélène*, située sur la côte de la Sélande septentrionale, près du tombeau de cette sainte, dont le corps avait été apporté flottant sur une meule de moulin. De même que les dieux du paganisme, chaque saint avait des attributions particulières : l'un devait être invoqué pour la guérison du mal de dents, l'autre pour les ophthalmies ; l'un protégeait les voyageurs, l'autre les bergers, un troisième les porchers, et il n'y avait guère d'acte ou de phase de la vie qui ne relevât d'un saint spécial.

Cependant les superstitions de ce genre étaient communes à toute l'Europe catholique ; il y avait au contraire d'autres croyances en des êtres surnaturels, qui n'avaient aucune relation avec la religion et qui étaient particulières au peuple danois. C'étaient, soit des restes du paganisme, soit des conceptions postérieures librement formées par l'imagination créatrice du peuple. Ces objets de la croyance populaire étaient des êtres, tantôt bons et inoffensifs, tantôt terribles et malfaisants, qui vivaient sur terre et sous terre, dans les bosquets et en mer, ou qui séjournaient secrètement dans les demeures humaines. Les *hommes* et les *femmes de mer* (Havmænd et Havfruer), ayant en haut de belles formes humaines, se terminant par le bas en queue de poisson, habitaient au fond de la mer dans des châteaux de cristal. Ils montaient quelquefois à la surface de l'eau, près du rivage, pour annoncer aux hommes des événements importants ou pour attirer les imprudents, qui se laissaient séduire par leurs belles paroles, dans les profondeurs des eaux, d'où ils ne revenaient jamais à la lumière du soleil. Le *roi* et *les filles des Elfes* (Ellekonge et Ellepiger), qui dansaient dans les prés et les bosquets au clair de la lune, étaient beaux d'aspect, mais traîtres envers ceux qui se livraient à eux. Le *roi de la falaise* (Klintekonge) trônait sur la Stevnsklint et dominait sur tout le canton de Stevns, dont les limites ne devaient être franchies par aucun roi de Danemark ; à Noël, les habitants de la contrée lui rendaient hommage en lui offrant des mets sur la falaise. Les *gobelins* (Nisser) et les *fées* (Huldrer) vivaient dans les maisons, où ils aidaient les serviteurs à soigner le bétail et à faire les autres travaux domestiques. Ils étaient doux et bons, tant qu'on ne leur faisait pas de niches et qu'on ne négligeait pas de leur donner des aliments, mais ils devenaient méchants et vindicatifs si on les offensait. Les *nains* (Dværge) et les *gens de la montagne* (Bjergfolk) habitaient sous terre, surtout dans des tertres, où on les voyait souvent danser pendant la nuit, tandis que le tertre était soulevé sur quatre piliers embrasés. Ces êtres souterrains étaient particulièrement redoutés, parce qu'ils enlevaient les enfants chrétiens et mettaient un des leurs à la place (Skifting), ce que l'on ne pouvait éviter qu'en faisant baptiser le nouveau-né immédiatement après sa naissance. Des restes de ces superstitions innocentes se sont conservés, çà et là, dans les campagnes, jusqu'à nos jours. La croyance à la *magie* et à la *sorcellerie* (Hexeri at Trolddom) était fortement enracinée au moyen âge, et les sorcières étaient fréquemment brûlées, lorsque, après avoir été jetées à l'eau, on constatait qu'elles ne pouvaient être submergées, ce que l'on regardait comme un indice infaillible de leurs relations avec le démon. Cette peine ne fut pas seulement appliquée au moyen âge : à la honte de la civilisation et de la législation, les procès de sorcellerie eurent lieu jusqu'au milieu du dix-septième siècle, et même au delà.

Les jours de fête, le peuple s'amusait à danser et à jouer ; la fête de Noël était, comme dans l'antiquité, la plus joyeuse et la plus solennelle de l'année. La veille, on plaçait sur une perche, en plein air, trois gerbes de céréales, afin que les oiseaux eussent aussi de la nourriture et pussent se réjouir de la naissance du Christ. Cette belle coutume, qui remonte à la plus lointaine antiquité, n'a pas encore entièrement disparu. Au commencement de l'été avaient lieu de belles réjouissances populaires, qui se maintiennent encore dans plusieurs localités : la *chevauchée de l'été au village* (ride Sommer i By). La jeunesse du village, parée pompeusement de feuillage, de guirlandes et de rubans bariolés, se réunissait autour d'un mai, sous la conduite d'un garçon et d'une fille, choisis pour être le roi et la reine de mai, et saluait l'arrivée de l'été par des chants, des danses et d'autres réjouissances. Le solstice d'été, ou *jour de la Saint-Jean* (St Hans Dag), était célébré par une fête analogue. Le *carnaval* (Fastelavn) était consacré, aussi bien à la campagne qu'à la ville, à des amusements folâtres, accompagnés de courses de chars et de chevaux ; on se déguisait et on se masquait alors pour faire toutes sortes d'espiègleries, comme dans le midi de l'Europe.

Les *aliments* les plus usités au moyen âge étaient solides et nutritifs. On préférait les viandes aux légumes, moins nourrissants ; le lard et le bœuf, beaucoup plus souvent salés que frais, fournissaient les plats de résistance dans chaque festin. De plus, le poisson, tantôt salé, fumé ou séché, tantôt frais et accommodé de diverses manières, était d'un bien plus grand usage que de nos jours. Le sel était d'abord le seul assaisonnement que l'on connût ; plus tard, lorsque les Hanséates eurent établi des comptoirs, on se servit d'une étonnante quantité de forts aromates de l'orient et du midi pour la préparation des mets. On faisait ordinairement deux repas chauds par jour : l'un à dix heures du matin, l'autre à cinq heures du soir. En outre, on déjeunait, tout en se levant, avec de la soupe à la bière, de même que l'on prend aujourd'hui du café ou du thé. Les boissons ordinaires étaient la bière et l'hydromel, et, en vue de ce dernier, on faisait de l'apiculture sur une si grande échelle, que les ruchers étaient aussi imposés à la dîme. La bière danoise, au contraire, fut bientôt dépréciée, parce qu'elle était brassée avec du piment royal (Pors), et qu'elle n'avait ni la force ni le bon goût de la bière allemande assaisonnée de houblon. Aussi cette dernière, dont il y avait une dizaine d'espèces, faisait-elle un des principaux articles d'importation pour les villes Hanséatiques ; les grands et les petits en faisaient une si grande consommation, que l'on comptait six pots par homme et par jour ; on attribuait annuellement à une nonne quatorze tonneaux de bière pour son usage. Les vins de France et d'Allemagne étaient également importés en grande quantité ; le brandevin, au contraire, n'était employé que comme médicament et ne se vendait que chez les pharmaciens. Le café, le thé et le chocolat étaient totalement inconnus et ne pénétrèrent en Danemark que dans la dernière moitié du dix-septième siècle. Les Danois, au moyen âge, étaient fort décriés pour leur gloutonnerie et leur penchant à l'ivrognerie. Pour ces causes, les écrits étrangers qualifient parfois le Danemark « de pays de cocagne » ; et un auteur anglais du moyen âge, pour exprimer l'enthousiasme dont les peuples même les plus éloignés furent saisis, lors de la prédication de la croisade par le pape Urbain, ne trouve pas de terme plus significatif que de dire : « Les Danois cessèrent alors de boire. » On ne peut pas non plus nier que cette mauvaise réputation, partagée d'ailleurs par les Allemands et les Septentrionaux en général, ne fût fondée. L'ivrognerie était un vice général chez nos ancêtres, et commun aux ecclésiastiques et aux laïques. Lors des funérailles, des noces et des baptêmes qui, malgré les prohibitions des rois et des lois municipales, duraient plusieurs jours de suite, on absorbait une quantité extraordinaire d'aliments et de boissons ; et l'excès à cet égard s'accrut sans cesse jusqu'à la fin du moyen âge. A la noce d'un noble, célébrée vers 1500, on but 72 tonneaux de bière allemande, 5 pièces de bière d'Ems, 3 pièces de bière de Prusse, 2 tonneaux de bière de Hambourg, 12 tonneaux d'hydromel, 640 pots de vin du Rhin, 800 pots de vin de France, sans compter 4 tonneaux de vinaigre et 1 liv. 1/2 de miel. La quantité des aliments était proportionnée ; on mangea : 4 vaches, 40 moutons fumés, 12 bœufs, dont 5 salés, 60 agneaux, 1 tonneau de sel. A un repas de funérailles, au quatorzième siècle, on usa en aromates seulement : 1 liv. 1/2 de safran, 12 livres de cumin, 3 livres d'anis, 4 liv. 3/4 de gingembre, 1 liv. 1/2 de cardamome, 1 livre de cannelle, 6 livres de poivre, 3 livres de raifort, 12 livres d'huile d'amande, 120 livres d'amandes. Une nonne recevait annuellement, pour son entretien : 2 porcs vivants, 6 agneaux, 2 moutons, 6 oies, 10 paires de poulets, 1/2 bœuf salé, 1/2 tonneau de poisson salé; outre une grande quantité de poisson séché et fumé, 8,000 livres de farine, une grande quantité de grain mondé et de pois, 4 boisseaux de sel de Lünebourg ; mais seulement 1 quartaut de beurre, article qui doit ainsi avoir été plus coûteux et moins employé qu'aujourd'hui dans l'économie domestique.

Quant au *costume*, on portait au moyen âge, sur le corps même, une chemise de *laine;* les vêtements de dessous en lin étaient extrêmement rares, même vers la fin du quinzième siècle. Sur la chemise, on mettait une veste et une jaquette étroite, et comme pardessus on avait un large manteau. Le pantalon descendait en général jusqu'aux pieds, vu que les hommes ne portaient pas de bas ; les femmes avaient des chausses d'étoffe cousues, parce que l'on ne savait pas encore tricoter. Autour de la taille était passé un ceinturon, auquel pendait l'arme ordinaire, un couteau ou poignard, coutume à laquelle on était si attaché, que les ecclésiastiques eux-mêmes portaient encore le couteau à leur baudrier un demi-siècle après la Réformation. On attachait aussi volontiers au ceinturon le couteau de table et la cuiller que chaque convive devait porter au festin. La coiffure consistait soit en chapeau que l'on pouvait rabattre sur le visage, soit en bonnets ou en capuchons de forme variée, et aussi, vers la fin du moyen âge, en chapeaux de feutre, parfois très-hauts. Le costume des femmes, encore plus soumis que celui des hommes aux variations de la mode, n'avait rien de très-remarquable, si ce n'est le haut collet et le précieux bonnet garni de perles, ainsi que le voile. Comme pardessus, les femmes portaient, ainsi que les hommes, des manteaux qui chez les riches étaient garnis de précieuses fourrures. Les vêtements des gens peu aisés étaient faits de vadmel (bure) ; ceux des riches l'étaient d'abord d'étoffes allemandes et anglaises, plus tard de coûteux tissus des Pays-Bas. Dans la première partie du moyen âge, la coupe était septentrionale ; mais, vers la fin de cette période, les brillantes modes de la cour de Bourgogne se répandirent dans toute l'Europe, et la reine Élisabeth, femme de Christian II, qui était Néerlandaise, doit avoir beaucoup contribué à leur propagation en Danemark.

De bonne heure des plaintes sur la somptuosité du costume se firent entendre ; dès le treizième siècle, Erik Glipping promulgua un édit somptuaire, où il est défendu de porter des vêtements découpés et chamarrés d'or et d'argent ; il est ajouté que l'on ne devrait pas regarder comme une honte de les faire durer une année et plus. On a mentionné plus haut un règlement postérieur fait, sous le règne d'Erik de Poméranie, par l'archevêque *Pierre Lykke,* à l'occasion du faste dans le costume du clergé. Cependant ce luxe augmenta extraordinairement vers la fin du moyen âge : l'or et les pierres précieuses, les perles, la soie, le velours, le damas, le brocart, broché d'or et d'argent, de précieuses fourrures de zibeline et d'hermine, servaient à la parure des hommes aussi bien que des femmes. De riches gentilshommes habillaient même de soie leurs serviteurs, et dans les cavalcades solennelles les chevaux étaient caparaçonnés d'étoffes précieuses et d'ornements d'or et d'argent. Une coutume singulière, mais moins coûteuse, qui régnait au quinzième siècle, était celle d'attacher des clochettes et des grelots aux manches des gentilshommes. Non moins bizarre était la mode d'allonger tellement la pointe des souliers qu'il fallait attacher celle-ci aux jambes ; plus un personnage était de haut rang, plus longue devait être la poulaine de ses chaussures. Comme exemple de somptuosité dans le costume, on peut citer la noce déjà mentionnée, qui eut lieu vers 1500. Le père de la fiancée, *Ole Stisen,* membre du Grand Conseil, acheta pour la parure de sa fille : 8 aunes de brocart d'or, 35 aunes de velours, 13 aunes de damas, 35 aunes d'étoffe anglaise, 16 aunes de taffetas (Sindal), une grande quantité d'hermine, 27 aunes de fil de perles, sans compter 6 onces de perles pour orner le chapeau de la fiancée et le poignet de la chemise du fiancé ; divers bijoux d'or, dont le poids total s'élevait à 2 livres, et en outre un diadème, une chaîne, un collier et une grande fibule. Ces exemples de somptuosité dans le costume, les mets et les boissons ne sont pas isolés, et l'on pourrait en citer beaucoup d'autres. Combien grandes devaient être les richesses de la noblesse ! et combien le pays doit avoir été pressuré pour entretenir le luxe et la prodigalité de cet ordre ! Et pourtant il est certain que ces abus devinrent encore plus grands après la Réforme, où les richesses de l'aristocratie s'augmentèrent si considérablement par la sécularisation d'une grande partie des domaines de l'Église, et continuèrent ainsi à s'accroître sans cesse jusqu'en 1660, c'est-à-dire jusqu'à ce que la noblesse perdît sa puissance et ses abondantes sources de revenus.

L'*architecture* était alors fort peu avancée en Danemark. La plupart des maisons dans les villes étaient en charpente ; les parois souvent en torchis, et les toits en paille ; aussi les incendies étaient-ils très-fréquents et faisaient-ils beaucoup de mal. Quelques-uns des rois les plus récents, Erik de Poméranie et Christian II, cherchèrent par des édits et des exemptions d'impôts, à déterminer les habitants des villes à bâtir des maisons en murs. Les cheminées étaient peu fréquentes au douzième siècle, et les vitres rares et coûteuses au quinzième ; c'est pourquoi on les remplaçait ordinairement par de la corne ou du parchemin. Les rois et les nobles élevaient des châteaux et des forts solides et durables ; mais la beauté et la commodité devaient le plus souvent céder aux nécessités de la défense ; il fallait autant que possible se mettre à l'abri des assauts de l'ennemi. Les plus belles constructions ont été édifiées par les riches ecclésiastiques, dont le sens artistique était formé par le séjour dans les pays étrangers, d'où ils faisaient ordinairement venir l'architecte. Les monastères étaient le plus souvent fondés dans un beau site et bâtis en style gothique ; pas un seul d'entre eux n'a conservé sa forme primitive, parce que, après l'introduction de la Réforme, ils furent pour la plupart transformés en châteaux, le reste tomba peu à peu en ruine par vétusté ou fut même détruit violemment de la main de l'homme. Les églises étaient construites dans le même style que les monastères, et leur nombre était beaucoup plus grand que de nos jours, bien que la population ait augmenté si considérablement. Ainsi Roeskilde avait 28 églises, Lund 27, Viborg 22, Slesvig 17, Ribe 14, Aarhuus 9. Aussi bien à la campagne que dans les villes, il s'est conservé des églises qui remontent jusqu'aux onzième et douzième siècles. Les cathédrales de Roeskilde, de Ribe, de Lund et de Viborg, la première construite à la fin du onzième siècle, les trois dernières au milieu du douzième, donnent un splendide témoignage de l'art de construire en Danemark au commencement du moyen âge, et de la force qu'avait alors l'enthousiasme religieux. Les églises souffrirent aussi beaucoup pendant et après la Réformation ; un assez grand nombre furent rasées, et presque toutes perdirent leurs ornements les plus beaux et les plus originaux. On n'épargna même pas des monuments comme les cathédrales de Ribe et de Viborg, mais, dans la barbarie des temps postérieurs, on les mutila et on les transforma sans le moindre goût.

La situation de tout le moyen âge fut telle, qu'il ne peut être grandement question de *sciences*. La connaissance même de la littérature latine, que possédaient quelques lettrés dans la période précédente, comme Saxo nous en fournit un si remarquable exemple, et l'intelligence des lois nationales, où se distinguèrent André Sunesen et Gunner, se perdirent peu à peu. Les savants peu nombreux qu'il y avait encore s'adonnèrent de plus en plus à d'infructueuses rêveries sur les questions subtiles et absurdes, dont s'occupaient les obscures théologie et philosophie du temps. Divers Danois se firent une grande réputation dans les études de ce genre; on peut citer entre autres *Martin Mogensen*, le chancelier d'Erik Menved, que ce prince envoya à Rome à l'occasion de ses différends avec Jean Grand; il écrivit un manuel de dialectique, qui se répandit partout. Plusieurs savants danois, qui s'étaient établis à Paris, eurent l'insigne honneur de devenir recteurs de cette célèbre Université. Au quatorzième siècle, on ne nomme pas moins de quatre Danois, qui parvinrent à cette dignité. L'un d'eux était maître *Pierre de Dacie*, qui était non-seulement théologien et philosophe, mais qui se fit aussi connaître de toute l'Europe pour sa science de mathématicien et d'astronome. La *musique* et l'art *médical* eurent quelques adeptes, surtout parmi les ecclésiastiques. Un des plus célèbres médecins était *Henri Harpestreng*, chanoine de Roeskilde au treizième siècle, dont le traité médical est écrit en danois, mais la forme sous laquelle nous le possédons est un peu plus récente que le temps de l'auteur; c'est un des plus importants monuments de la langue et le plus ancien après les lois provinciales. Les *voyages d'étude à l'étranger* continuèrent, comme on l'a déjà dit, même après que le Danemark eut été doté d'une université; mais *Paris* et *Bologne* eurent à soutenir la concurrence de *Cologne*, de *Louvain*, d'*Erfurth* et d'autres villes allemandes. Outre ce qui a été dit précédemment du mauvais état des écoles, il faut encore faire remarquer que tous les livres étaient écrits en latin et ne péchaient pas moins par le manque de goût que par la grossière ignorance, de sorte que Christian II eut raison de faire brûler une grande partie d'entre eux. Le recueil des proverbes danois par *Pierre Lolle* faisait exception parmi les livres d'école ordinairement écrits en latin; il ne s'en distinguait pourtant qu'à demi; car le texte danois qui figure à côté du latin n'est qu'une traduction de ce dernier, qui paraît avoir été l'essentiel dans l'enseignement. Le cours des études durait de seize à vingt ans, et, pendant ce long espace de temps, les écoliers n'apprenaient, comme Christian Pedersen s'en plaint, « ni à parler correctement le latin ni à bien écrire dans leur langue maternelle ». Le grec n'était absolument pas étudié dans les écoles et assez mal enseigné à l'Université. Faute d'autres établissements d'éducation, on plaçait aux écoles latines même les enfants qui n'étaient pas destinés aux études; aussi le nombre des élèves y était-il extraordinairement grand : au temps de la Réforme, il y en avait 700 à l'école de Ribe et non moins de 900 à Roeskilde. Celle d'Aarhuus se distingua honorablement des autres, tant que *Martin Bœrup* en fut recteur (1491-1526). Il était fils d'un paysan, mais il quitta la charrue à l'âge de vingt-cinq ans, et se fit admettre par charité à l'école d'Aarhuus, à la tête de laquelle il fut placé plus tard, et devint l'un des maîtres les plus méritants du Danemark. Il n'a pas laissé d'écrits; mais ses disciples, les réformateurs *Jean Tausen* et *Georges Sadolin*, et plusieurs autres des personnages les plus distingués du temps, sont des témoignages vivants de l'esprit qui l'animait. *Paul Eliæsen* avait du savoir, et il publia plusieurs traités et mémoires. Comme directeur du collège des Carmes à Copenhague, et plus tard comme professeur à l'Université, il eut une influence stimulante et vivifiante sur ses disciples dévoués et favorisa ainsi la Réformation, même à son insu.

Bien que le peuple fût élevé dans l'ignorance, parce qu'il n'y avait pas d'écoles pour son instruction, il n'était pourtant pas privé de toute culture intellectuelle. Il était vivement attaché au souvenir des exploits des ancêtres et le perpétuait dans des *Chansons populaires* (Folkesange), aussi appelées *Chants héroïques* (Kjæmpeviser). Tout ce qui se passait de grand et de remarquable, de gai ou de triste, était mis par le peuple en chansons et se transmettait ainsi de génération en génération. Il s'en faut pourtant beaucoup que tous ces chants soient historiques ; une bonne partie d'entre eux traitent d'amour heureux et malheureux ; d'autres, des êtres merveilleux dont nos ancêtres peuplaient toute la nature : filles des Elfes, hommes de mer, gobelins et nains, et de leur action sur les destinées humaines. Quelques-uns contiennent des réminiscences et traditions des temps païens, mais singulièrement transformées d'après les idées et les mœurs des temps postérieurs ; la plus grande partie date pourtant des quatorzième et quinzième siècles, et d'autres sont plus récents. Ils étaient chantés aussi bien dans la salle des chevaliers, que dans la chambrée des serviteurs, dans la maison du bourgeois comme dans la hutte du paysan ; et en beaucoup d'endroits on les entend encore résonner dans cette dernière. Ils étaient le bien le plus précieux de la nation, et ils sont pour nous un monument inappréciable de la manière de penser, des mœurs et de toute la condition intellectuelle de nos ancêtres. La philosophie de ceux-ci s'est aussi exprimée dans une quantité de *proverbes* qui se transmettaient oralement de génération en génération et qui exprimaient, avec une énergique brièveté, une règle de conduite ou une appréciation de quelque circonstance importante de la vie. Ils furent recueillis dès le quinzième siècle par *Pierre Lolle,* juge provincial du Halland, et imprimés pour la première fois en 1506. Un témoignage remarquable de l'attachement de nos ancêtres à l'histoire de la patrie, c'est le choix qui fut fait de la *Chronique danoise rimée* (den danske Riimkrœnike) pour être le premier livre danois imprimé après l'introduction de l'imprimerie dans le pays. Cet ouvrage fut lu avec tant d'avidité qu'il eut plusieurs éditions en peu de temps. Cette histoire de la patrie, en vers, doit avoir été composée en 1470 par frère *Niels* (Nicolas), de Sorœ, et elle fut éditée pour la première fois à Copenhague en 1495. C'est seulement après avoir été depuis quelque temps répandu à l'étranger que l'*art de l'imprimerie* fut introduit en Danemark. Le premier livre que l'on sache être sorti des presses danoises est une relation en latin du siége de Rhodes par les Turcs ; il fut imprimé en 1482 à *Odense,* par un imprimeur ambulant, *Jean Snell;* c'est sans aucun doute le plus ancien incunable non-seulement du Danemark, mais de tous les royaumes du Nord. Un livre parut à Slesvig en 1486 ; mais Copenhague fut le principal siége de l'imprimérie danoise, après que *Godefroi de Ghemen* s'y fut établi. Il édita d'abord, en 1483, une grammaire latine et, en 1495, la *Chronique danoise rimée ;* peu après parut « l'Histoire de Charlemagne et de ses douze pairs », par Christian Pedersen, « l'Expédition du Turc contre Rhodes », et d'autres livres d'histoire romanesque, avec diverses lois danoises et quelques livres d'éducation. La ville de Ribe vint après celle de Copenhague, et la *Loi jutlandaise* y fut imprimée en 1504. Aussi bien avant que longtemps après l'introduction de l'imprimerie en Danemark, beaucoup d'ouvrages furent édités à l'étranger, comme à Paris, à Anvers, à Leipzig et dans d'autres villes.

La *langue danoise* eut à soutenir une rude lutte pour son existence dans les derniers siècles du moyen âge. A la fin de la période précédente, c'est-à-dire au milieu du treizième siècle, cet idiome avait encore conservé une grande ressemblance avec la langue mère, l'ancien norrain ou islandais, aussi bien dans les désinences et les flexions que dans la prononciation et le vocabulaire ; mais elle subit à ces divers points de vue un changement considérable dans le cours de la présente période. Une grande quantité des anciens mots tombèrent en désuétude, et des expressions ou des tournures étrangères, surtout allemandes, s'introduisirent dans la langue, les désinences des mots furent apocopées, et beaucoup de flexions et de formes se perdirent. Il ne pouvait certes pas en être autrement, si l'on considère les nombreuses influences ennemies auxquelles la langue danoise était exposée dans ces siècles, et l'on devrait plutôt s'étonner de ce que la langue nationale ne périt pas entièrement, si la vie de la nation et de la langue n'étaient pas si étroitement liées ensemble que l'une succombe rarement avant l'autre. Le danois était pour ainsi dire absolument inculte ; car les savants méprisaient la langue maternelle et ne se servaient que d'un latin barbare. Tous les documents publiés furent écrits dans ce dernier idiome, jusqu'à ce que le roi Olaf, à la fin du quatorzième siècle, imposât l'usage du danois dans les actes publics ; mais, après ce temps encore, la plupart des documents publics et privés, même les testaments, les actes de vente, les constitutions d'hypothèque, furent écrits en latin ; parce que les ecclésiastiques étaient les seuls qui tinssent la plume. L'importante occasion que la langue avait de se développer dans les assemblées publiques lui fut ôtée, lorsque le peuple en fut peu à peu exclu. La langue principale dans l'office divin était le latin; mais il faut remarquer que, dans tout le cours du moyen âge, les prédicateurs parlèrent ordinairement en danois pour le peuple; il y avait aussi des légendes pieuses et des cantiques en danois. On a des exemples que les canons des conciles furent traduits du latin en langue vulgaire à l'usage des laïques. Malgré tout, le danois restait dans une situation très-humble; le latin tenait la place d'honneur. L'allemand contribua encore plus immédiatement que le latin à la corruption de la langue nationale. Les Hanséates accaparèrent tout le commerce du pays et vinrent même à occuper pendant nombre d'années des provinces entières; leurs envoyés parcouraient le royaume d'un bout à l'autre; leurs marchands et leurs artisans s'établissaient dans les villes. Le Slesvig fut uni avec le Holstein, et la noblesse holsteinoise se répandit dans tout le Danemark. Plusieurs princes allemands, qui montèrent l'un après l'autre sur le trône danois, Erik de Poméranie, Christophe de Bavière et Christian Ier, aimaient la langue et les mœurs allemandes et appelèrent un grand nombre de leurs compatriotes, qui supplantèrent presque entièrement la noblesse danoise. Le roi Jean et Christian II préféraient la langue nationale, et le dernier encouragea les écrivains à se servir du danois; mais Frédéric Ier et Christian III n'entendaient ou ne parlaient pas la langue du pays dont ils étaient rois [1].

[1] Comme *Rosenvinge*, dans son Choix d'anciennes sentences danoises (Udvalg af gamle danske Domme. Fœrste Samling, préface, p. x, note 3), a contesté la justesse de cette expression quant à Christian III et l'a qualifiée « d'assertion sans fondement », je crois utile de démontrer brièvement qu'elle est parfaitement justifiée. Un témoignage positif, attestant que Christian III *ne comprenait pas* le danois, doit avoir échappé à l'attention de Rosenvinge. Il se trouve dans une dédicace, adressée à la reine *Sophie*, femme de Frédéric II, et placée en tête d'un vieux livre danois de prières, qui est conservé en manuscrit à la Bibliothèque royale de Copenhague, composé vers 1580 par une dame noble, qui avait été marraine de la princesse *Anna*, fille de la reine, née en 1574. Dans la préface de cet ouvrage, qu'elle dédia à la reine, afin qu'elle pût se familiariser avec la langue danoise, il est dit : « C'est un honneur et une grande consolation pour nous autres Danois, que nos rois et reines parlent ou *puissent comprendre* notre langue maternelle, pour le cas où quelqu'un aurait à *exposer lui-même son affaire ;* ce que notre feu dernier roi, Christian III, de glorieuse

Sous Frédéric Ier, on abusa tellement de l'allemand que, à la diète de Copenhague, en 1530, le Rigsraad se trouva amené à rappeler au roi que les *délibérations de la diète devaient avoir lieu en danois,* selon une excellente coutume ancienne. Cinq sur sept des derniers rois étant ainsi Allemands, de même qu'une grande partie de la noblesse, des commerçants et des artisans, tandis que la maigre littérature du temps était en latin, il y avait toute apparence que le danois devait se corrompre entièrement et tomber au rang d'un patois méprisé ; mais la langue vulgaire montra sa vitalité dans une lutte pour son émancipation ; car, bien qu'elle ait extérieurement subi de grands changements, sa structure même et son caractère propre ne furent pas altérés, et le vocabulaire resta en très-grande majorité composé d'anciennes racines danoises. Le domaine de la langue s'étendit aussi considérablement, lorsque l'idiome norvégien se fondit avec le danois pendant l'Union ; la perspective d'unifier les langues septentrionales disparut au contraire lors de la rupture de l'Union avec la Suède. Ce fut cependant la Réforme qui garantit la langue vulgaire des périls qui jusqu'alors avaient menacé son indépendance. Le grand

mémoire, et sa défunte vertueuse reine Dorothée, auraient fait volontiers, *s'ils l'avaient pu.* » (Voyez *Minerva* pour 1788, 3e trimestre, p. 261.) Un témoignage si positif, émané d'une dame noble, qui avait été contemporaine de Christian III, au moins dans la dernière partie de son règne (où l'on supposerait plutôt qu'il avait appris le danois), et qui paraît avoir été bien au fait des affaires de la cour, — un tel témoignage n'est pas infirmé par la conclusion que Rosenvinge pense pouvoir tirer de la fréquente présence de Christian III aux séances des tribunaux. Il n'est pas exact d'ajouter, comme fait le même auteur, que « l'on se contentait pourtant de dire », auparavant, que Christian III ne savait ni parler ni écrire le danois. Quatre écrivains, *Nyerup* (loc. cit), Baden (*Antiquariske Notitser,* p. 201) E.-C. Werlauff (*Prüsskrift om det danske Sprog i Slesvig,* p. 58, rem. f.), N.-M. *Petersen* (*Danske Sprogs Historie,* p. 190), se sont précédemment servis de la même expression, et un cinquième, Behrmann (*Christian den Andens Fængsels Historie;* p. 183), l'a reproduite.

Quant à la critique que Rosenvinge (même ouvrage, t. II, p. xxi, no 30) fait de mon appréciation de Frédéric Ier : « Qu'il était peu aimé du peuple, mais d'autant plus de la noblesse » (6e édit.; p. 305), assertion à laquelle il oppose les paroles de Holberg (*Danmarks Historie,* t. II, p. 269) : « Qu'il était aimé de tous ses sujets », je ne pense pas que ma manière de voir ait besoin d'une justification particulière. Il suffit de renvoyer aux faits constatés et, puisque les paroles de Holberg sont citées, aux nombreux écrits qui ont paru sur l'histoire de Frédéric Ier, dans les cent ans qui se sont écoulés depuis la publication de l'histoire de Holberg. Au reste, ce dernier ajoute très-naïvement : « De tous ses sujets, c'étaient pourtant les nobles qui l'aimaient le mieux. »

mouvement intellectuel qui agita le peuple, pendant la lutte pour la réformation de l'Église et de la religion, anima aussi la littérature d'une nouvelle vie, et l'imprimerie récemment inventée procura aux livres une diffusion rapide, jusqu'alors inconnue. La Bible fut traduite et lue partout, et, pendant le long combat avec les catholiques, les protestants se servirent de la presse avec efficacité pour répandre leurs doctrines parmi le peuple au moyen de nombreux écrits et opuscules. Tandis que l'on cultivait et travaillait ainsi la langue vulgaire, les éléments divers qui jusqu'ici avaient fermenté et s'étaient combattus dans la langue, s'organisèrent peu à peu et il se développa une forme fixe, qui depuis est devenue dominante.

L'homme qui mérita le mieux de cette renaissance de la langue était le noble *Christian Pedersen,* le père de la littérature danoise, dont il a déjà été plusieurs fois question. Avant même de se produire comme écrivain danois, il publia à Paris, à l'instigation de l'évêque Lage Urne et avec une subvention de Christian II, la *première édition de Saxo*, après avoir eu beaucoup de peine à se procurer un des rares manuscrits existants, et il sauva ainsi cet ouvrage important. Pendant son séjour à Paris, il publia aussi un recueil de légendes et de sermons, le *Jertegnspostil* (Sermonnaire des miracles), où il travailla, dans la mesure des lumières qu'il possédait alors, à l'instruction religieuse de ses compatriotes. Après son retour en Danemark, il adopta le protestantisme et suivit ensuite Christian II dans son exil en Hollande, où il publia une traduction du Nouveau Testament et des Psaumes de David. Plus tard il entra en Danemark et continua à enrichir la littérature danoise de quantité d'écrits, dont les uns ont pour objet la pédagogie qui lui tenait au cœur, dont les autres traitent d'histoire et de médecine; tous se distinguent par la pureté, la beauté et la limpidité du langage. Ses mérites rendront son nom immortel dans la littérature, qu'il contribua tant à animer d'une nouvelle vie et d'une nouvelle activité.

FIN DU PREMIER VOLUME.

TABLE DES MATIÈRES

DU PREMIER VOLUME

	Pages
DE LA TRANSCRIPTION DES NOMS PROPRES	
AVANT-PROPOS DE LA PREMIÈRE ÉDITION	V
AVANT-PROPOS DE LA SECONDE ÉDITION	IX
BIBLIOGRAPHIE	XII

INTRODUCTION

COUP D'ŒIL SUR LES TEMPS PAÏENS

. — La plus ancienne population du Nord. — Mythologie. — Culte. — Poésies des Skalds. — La langue. — Les runes.   1

II. — L'esprit national. — La vie de corsaire, les expéditions des Normands. — Les combats singuliers. — L'éducation militaire. — Les frères d'armes. — La vendetta. — L'exposition des enfants. — La condition des femmes. — L'hospitalité. — Le culte des morts. — Le *Hàvamàl*.   19

III. — La constitution politique. — Les divers petits États. — Les hommes libres, les propriétaires, les chefs. — Le roi, son élection. — Les *Things* ou assemblées. — La justice. — Les esclaves. — Le *Rigsmàl*.   33

IV. — Manière de vivre. — Aliments. — Métiers. — Commerce. — Costume. — Armes. — Demeures.   46

PREMIÈRE PÉRIODE

DEPUIS LA RÉUNION DES PETITS ÉTATS ET LES PREMIÈRES PRÉDICATIONS
DE L'ÉVANGILE JUSQU'A LA MORT DE VALDEMAR LE VICTORIEUX ET À
LA PROMULGATION DE LA LOI JUTLANDAISE, EN 1241.

PREMIÈRE DIVISION

JUSQU'A LA RUPTURE DE L'UNION DU DANEMARK ET DE L'ANGLETERRE (1042)

I. — Paganisme et christianisme. — Les empereurs francs, Charlemagne et Louis le Pieux. — Les rois jutlandais, Godfred, Hemming, Harald

Klak. — L'archevêque Ebbe et Halitger; Anschaire, Autbert, Rembert. 53

II. — Gorm l'ancien ; réunion des petits États. — Henri l'Oiseleur. — Le christianisme persécuté. — Thyra Dannebod. — Le Dannevirke. — Harald Blaatand. — Ses relations avec la Norvége. — Propagation du christianisme. — Les archevêques Unni et Adaldag. — Les empereurs Otton I et II. — Lutte du paganisme et du christianisme. — Palnatoke. 61

III. — Svend Tveskjæg. — Les corsaires de Jomsborg. — Sigvald l'artificieux. — Expédition de Svend en Angleterre. — Olaf Tryggvason, Sigride Storráda. — Bataille de Svoldr. — Harald. — Knud le Grand. — Conquête de l'Angleterre. — Introduction complète du christianisme en Danemark. — Ecclésiastiques anglais. — Thinglid. — Voyage de Knud à Rome. — Hardeknud. — Traité du Gœtaelf. — Fin de l'union du Danemark et de l'Angleterre. 67

DEUXIÈME DIVISION

DE 1042 A 1157

I. — Magnus le Bon. — Svend Estridsen. — Lutte avec Harald Hardrâdé. — Expédition en Angleterre. — Les Vendes. — Affaires ecclésiastiques. — L'archevêque Adalbert. — Adam de Brême. — L'ordre de succession. — Harald Hein. — Knud le Saint. — Établissement de la théocratie. — Olaf Hunger. 84

II. — Erik Eiegod. — L'archevêque Liemar. — Voyage à la cour pontificale. — Canonisation de saint Knud. — Pèlerinage. — Gildes. — Progrès de la bourgeoisie. — Origines des villes. — Niels. — Institution de l'archevêché de Lund. — Le célibat des prêtres. — Knud Lavard. — Magnus Nielsen. — Bataille de Fodevig. — Erik Emune. — L'évêque Eskil. — Erik Lam. — Les Vendes. — Guerre civile. — Vetheman. — L'empereur Frédéric Barberousse s'immisce dans les affaires danoises. — Partage du royaume. — Bataille de Gradehéde. 96

TROISIÈME DIVISION

1157-1241

I. — Valdemar le Grand. — Relations avec l'Allemagne. — Absalon. — Expédition contre les Vendes. — Expédition en Norvége. — L'archevêque Eskil. — Les prétendants à la couronne. — Révolte des paysans en Skanie. — Knud VI. — Rapports avec l'Allemagne. — Frédéric Barberousse. — Conquête du Holstein. — Expédition sur les côtes de la Baltique. — Différend avec Philippe-Auguste, roi de France. — Législation ecclésiastique. — Autorité croissante du Clergé. — Le monachisme. . . 112

II. — Valdemar le Victorieux. — Agrandissement territorial du Danemark. — L'empereur Frédéric II. — L'évêque Valdemar. — Expédition en Esthonie. — Captivité de Valdemar. — Albert d'Orlamunde. — Bataille de Bornhœved. 126

III. — Législation nationale. — Lois provinciales. — Administration de la justice. — Origine de la noblesse. — Organisation de l'armée navale. — Classes, condition et occupations des paysans. — Agriculture. — Communauté des terres. — Commerce. — Science. — Langage. . . . . 132.

DEUXIÈME PÉRIODE

DE LA MORT DE VALDEMAR II ET DU COMMENCEMENT DES GUERRES DU SLESVIG JUSQU'A L'INTRODUCTION DE LA RÉFORME (1241-1536)

PREMIÈRE DIVISION

1241-1319

I. — Erik Plovpenning. — Le Sudjutland est donné en fief. — Abel. — Le développement du régime municipal et son déclin. — Christophe Ier. — Guerre du Sudjutland. — Lutte entre l'Église et la royauté. — Jacob Erlandsen. 155

II. — Erik Glipping. — Régence. — Guerre de Sudjutland. — Négociations avec la cour pontificale. — Guerre avec la Norvége. — Révolte de la noblesse. — Erik Menved. — Régence. — Difficultés avec le duc Valdemar de Sudjutland. — Les régicides. — Nouvelle lutte avec l'Église. — Jean Grand. — Expédition en Suède et dans le nord de l'Allemagne. — Révolte de la noblesse. — Affaiblissement du royaume par l'engagement de beaucoup de territoires. — Naissance de la Ligue Hanséatique et ses conséquences. 170

DEUXIÈME DIVISION

1319-1397

I. — Christophe II. — Capitulations royales. — Divisions intestines. — Le comte Geert de Holstein. — Le duc Valdemar de Sudjutland monte sur le trône. — Le comte Jean. — Gouvernement intérimaire. — Niels Ebbesen. — Valdemar le *Restaurateur* reconstitue le royaume. — Révolte. — Réunion de la Skanie. — Expédition dans l'île de Gotland. — Guerre avec la Ligue hanséatique. — La race d'Abel s'éteint dans le Sudjutland. 185

II. — Le roi Olaf. — Union du Danemark et de la Norvége. — Le Sudjutland est donné en fief à Gerhard de Holstein. — Marguerite tutrice d'Erik de Poméranie. — Guerre avec Albert de Suède. — Union des trois royaumes du Nord. — La noblesse devient héréditaire. — Origine du conseil du royaume. — Les grands fonctionnaires. 202

TROISIÈME DIVISION

1397-1448

I. — Régence de Marguerite. — Erik de Poméranie. — Guerre de Slesvig. Soulèvement en Suède. — Renouvellement de l'Union de Kalmar. — Erik de Poméranie est déposé. — La reine Philippa. — Le régime municipal. — Mœurs du clergé. 218

II. — Christophe de Bavière. — Soulèvement des paysans. — Scission dans la Ligue Hanséatique. — Lübeck. — Abaissement de l'ordre des paysans. — La servitude de la glèbe. — Déclin général des libertés populaires. — État de l'industrie. 230

QUATRIÈME DIVISION

1448-1536

I. — Christian Ier élu roi de Danemark. — Il est successivement reconnu roi de Norvége et de Suède, duc de Slesvig et comte de Holstein. — La nationalité danoise du Sudjutland souffre de la domination de comtes Holsteinois et de l'immigration de nobles allemands. — Soulèvement en Suède. — Voyages à l'étranger. — L'université de Copenhague. — Les villes Hanséatiques. — Le roi Jean. — Partage des duchés. — Soumission de la Suède. — Expédition dans les Ditmarches. — Soulèvement en Norvége et en Suède. — Guerre avec la Ligue Hanséatique. — Paul Laxmand. 244

II. — Christian II. — Conquête de la Suède. — Massacre de Stockholm. — Rapports du roi avec les États supérieurs et inférieurs. — Législation. — Commencement de la Réforme. — Lutte avec le duc Frédéric. — Révolte. — Exil de Christian II. 265

III. — Frédéric Ier. — Guerre civile. — Séverin Norby. — Rapports avec la Suède et Lübeck. — Propagation de la Réforme. — Christian II envahit la Norvége. — Guerre du Comte. — Mœurs et manière de vivre. — Idiome national. 286

FIN DE LA TABLE DU PREMIER VOLUME

PARIS. — TYPOGRAPHIE GEORGES CHAMEROT, RUE DES SAINTS-PÈRES, 19. — 5693.

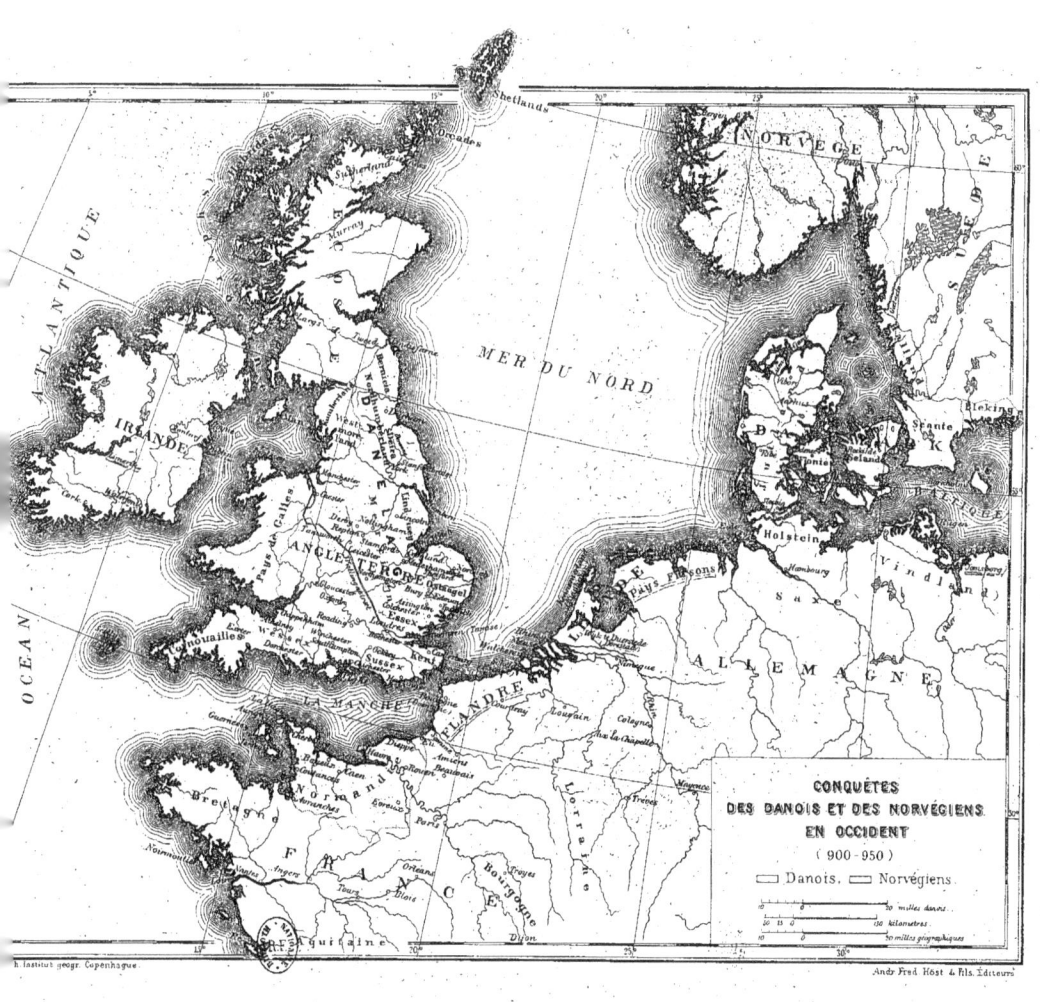

TABLE GÉNÉALOGIQUE DES ROIS DE DANEMARK, DEPUIS GORM L'ANCIEN JUSQU'A VALDEMAR II LE VICTORIEUX

TABLE GÉNÉALOGIQUE DES ROIS DE DANEMARK, DEPUIS VALDEMAR II LE VICTORIEUX JUSQU'A L'AVÈNEMENT DE LA DYNASTIE D'OLDENBOURG.

www.ingramcontent.com/pod-product-compliance
Lightning Source LLC
Chambersburg PA
CBHW070220240426
43671CB00007B/717